Philosophie Tle

Un ouvrage écrit et coordonné par

Matthieu Contou
Professeur agrégé de philosophie,
enseignant au lycée Samuel de Champlain
de Chennevières-sur-Marne

Guillaume Pigeard de Gurbert
Professeur agrégé de philosophie,
enseignant en classe préparatoire
au lycée Gay-Lussac de Limoges

Avec la participation de
Barbara Cassin
de l'Académie française
Directrice de recherche émérite au CNRS

Les auteurs et les éditions Le Robert remercient pour leur contribution à la rédaction de l'ouvrage : Baptiste Calméjane, Agnès Grivaux, Aude Lambert, Aurore Lierville, Perig Pitrou.

Les auteurs et les éditions Le Robert remercient pour leur contribution à l'ouvrage : Souleymane Bachir Diagne, Marc Ballanfat, Reda Benkirane, Alexandre Breton, Marc Buhot de Launay, Marc Crépon, Michel Hulin, Carl Lacaud, Sandra Laugier, Jean Mariani, Géraldine Roux, Ana Paula Rueda Molina, Benoit Vermander.

Le Robert

Votre manuel en version numérique
sur manuelnumerique.com

Biblio
MANUELS

Couverture :
Salvador DALÍ, *Julien de Médicis d'après le Tombeau de Julien de Médicis de Michel-Ange*, v. 1982,
Fundació Gala-Salvador Dalí,
Figueras, Espagne.

Responsables éditoriales : Anne Andrault, Bérengère Baucher

Édition : Charlotte Lebot

Secrétariat d'édition : Séphora Markarian, Agnès Vizy

Conception graphique de la couverture : Laurence Durandau, Eddy Pierrel

Conception graphique de l'intérieur : Marina Delranc / Terre-Lune

Composition : Nadine Aymard, Aude Cotelli

Infographies : Emmanuelle Audebrand / Terre-Lune, Joëlle Parreau

Iconographie : Valérie Delchambre, Édith Garraud, Gaëlle Mary, Laurence Vacher

Correction : Catherine Lainé

Fabrication : Stéphanie Parlange

ISBN : 978-2-32101-543-7

UN MANUEL NOUVEAU

pour

le nouveau programme du nouveau baccalauréat

1. Le manuel et le nouveau programme

Ce manuel suit la lettre et l'esprit du nouveau programme (publié au B. O. spécial du 25 juillet 2019).

Avec la réforme du baccalauréat, et la suppression des séries, l'enseignement philosophique fait désormais partie du tronc commun de la voie générale aussi bien que technologique. Ce n'est donc pas un enseignement de spécialité (elle existe en première et en terminale et possède son programme propre). Le programme le souligne : « L'enseignement de la philosophie dans les classes terminales s'adresse à tous les élèves, quels que soient leur parcours et les études auxquelles ils se destinent. »

Les notions

Le programme de philosophie est composé de **notions**, et non de thèmes : une notion détermine un champ de problèmes spécifiques qui demandent à être posés, instruits et, quand cela est possible, résolus. Un thème appellerait un exposé de connaissances. C'est parce qu'il est composé de notions que le programme de philosophie est un **programme *philosophique*** qui ne dissocie pas les connaissances et la réflexion critique, la culture acquise et le questionnement actif. Pas de thèmes, donc.

Le nouveau programme de la voie technologique n'est pas différent par nature de celui de la voie générale : le premier comporte simplement moins de notions parce qu'il est adapté au volume horaire de l'enseignement philosophique dans la voie technologique. **Le programme de la voie générale** est composé, en plus des sept notions du programme de la voie technologique (en gras), communes aux deux, de dix autres : **l'Art**, le Bonheur, la Conscience, le Devoir, l'État, l'Inconscient, **la Justice**, le Langage, **la Liberté**, **la Nature**, la Raison, **la Religion**, la Science, **la Technique**, le Temps, le Travail, **la Vérité**.

Ce manuel consacre un chapitre à chaque notion et aux problèmes essentiels qu'elle soulève. Il signale en outre, à chaque fois que cela est nécessaire ou pertinent, les liens que telle ou telle notion entretient avec telle ou telle autre.

Le programme indique en effet que les notions doivent être traitées selon « les **problèmes** que soulèvent leur **définition et** leur **articulation** entre elles. » Comment, par exemple, traiter de la Liberté sans interroger ses relations au Travail, ou de la Science sans examiner ses rapports avec la Religion ?

Cette complémentarité essentielle entre les notions est ainsi indiquée à la fin de chaque texte : par exemple, ▶ L'ART ▶ LE BONHEUR

Tout au long de l'année, l'élève est ainsi rendu attentif aux usages multiples qu'un même texte permet : par exemple, tel texte du chapitre sur la Liberté peut servir pour une dissertation portant sur le Travail, ou réciproquement. Il conçoit de cette façon un réseau de notions qui le prépare efficacement aux sujets du baccalauréat. Les sujets de dissertation peuvent en effet porter sur une ou plusieurs notions. De même, un texte à expliquer peut engager une ou plusieurs notions.

Les auteurs

Le programme comprend aussi une liste d'auteurs, représentants des trois périodes suivantes : l'Antiquité et le Moyen Âge, la période moderne, la période contemporaine. (voir p. 568) Les textes qui peuvent donner lieu à des sujets de baccalauréat sont obligatoirement choisis dans les œuvres de ces derniers.

La liste d'auteurs du nouveau programme s'est enrichie de philosophes chinois, indiens, arabes, contemporains, sans oublier des philosophes femmes. Cet enrichissement à la fois culturel et philosophique a été pris en compte par ce manuel, qui propose un choix de textes abordables, exigeant et conforme aux directives du nouveau programme.

Tous les auteurs n'ont pas à être étudiés. Le choix des auteurs abordés en cours est laissé à l'appréciation de chaque professeur en fonction de ses options pédagogiques, de ses compétences et de l'élaboration de son cours.

Cette liste n'est toutefois pas exclusive : d'autres auteurs qui n'y figurent pas peuvent légitimement être mobilisés avec profit dans l'année et servir efficacement le jour de l'examen. Raison pour laquelle d'autres auteurs que ceux qui figurent dans la liste officielle du nouveau programme ont également été retenus dans ce manuel.

Les auteurs, les œuvres, et les textes n'ont de toute façon pas à être étudiés dans une perspective d'érudition ni même d'histoire de la philosophie. Ils sont au cœur du programme car ils constituent « la matière même de l'enseignement de la philosophie ». C'est là en effet que l'on rencontre la philosophie à l'œuvre. Mais cette « matière » demande encore à être informée, c'est-à-dire mise en forme, ce qui ne peut se faire qu'en dégageant le problème que pose chaque texte.

Ce que l'élève doit chercher dans un texte, c'est « la manière singulière dont un auteur formule un problème et en examine les différents aspects », comme le dit le programme.

C'est pourquoi le traitement des auteurs est au service du traitement des notions et des problèmes qu'elles soulèvent. C'est ce qui fait l'unité et la cohérence d'un programme philosophique de notions. Le programme est clair : « l'enseignement de la philosophie ne vise pourtant pas la connaissance des doctrines philosophiques ni celle de l'histoire des systèmes philosophiques », et il ne s'agit pas non plus « de parcourir toutes les étapes de la construction historique de la philosophie ni d'envisager tous les problèmes philosophiques que l'on peut légitimement poser ».

L'enjeu pour les élèves est d'acquérir « une culture philosophique initiale » qui leur permette de « s'orienter dans les problèmes majeurs de l'existence et de la pensée ». Pour que cette culture ne soit pas reçue comme une simple quantité de connaissance externes, mais forme un authentique savoir *philosophique*, il faut que chaque élève se l'approprie personnellement, en pleine responsabilité intellectuelle. Cela ne peut se faire que s'il fait l'effort de penser à la première personne, car la pensée ne se délègue pas. (voir P. 553)

Penser par soi-même, ce n'est pas pour autant penser tout seul. Penser tout seul, c'est rester prisonnier de ses opinions, c'est donc ne pas penser. Les œuvres, les textes, le manuel mais d'abord et surtout le professeur sont là pour former et nourrir la pensée des élèves.

Les perspectives

Le programme encadre, en outre, le traitement conjoint des notions et des textes à l'intérieur de trois perspectives, à savoir :
– l'existence humaine et la culture ;
– la morale et la politique ;
– la connaissance.

Les textes retenus dans chaque chapitre concernent directement au moins l'une de ces perspectives. Comme pour les notions, dont le traitement spécifique ne doit pas négliger les problèmes communs à plusieurs d'entre elles, si chaque perspective a son unité propre, elle doit également ouvrir à telle ou telle autre. Il s'agit dans tous les cas de ne pas limiter le traitement des notions à « une dimension unique de l'expérience humaine », comme il est stipulé dans le programme, qui donne les exemples suivants : « la notion de *raison* peut être abordée dans une réflexion sur la **connaissance**, mais tout aussi bien dans une perspective **pratique** [...] *l'art* ou *la technique* peuvent donner lieu à une réflexion **morale**, à une interrogation sur le type de **connaissance** qu'ils procurent, mais aussi sur leur place dans **l'existence** humaine et la **culture**. » Le manuel indique les renvois d'un texte de tel chapitre à tel autre (voir NOTION Y, texte X) et permet ainsi d'élargir l'analyse d'une notion, mais aussi de la limiter par un éclairage critique, voire contradictoire.

Les repères

Le programme comprend enfin des « repères » qui sont des « distinctions lexicales et conceptuelles » fréquentes et utiles en philosophie. Le manuel les traite lorsque la lecture d'un texte les appelle. Ainsi, le sens particulier d'un repère s'inscrit à l'intérieur de l'instruction du problème déterminé, faute de quoi les repères ne sont que des mots. Ils ne sont pas non plus des définitions figées : leur sens peut varier en fonction du texte et du problème abordé. Dans le manuel, on pourra donc trouver un repère plusieurs fois, avec des sens différents, notamment selon la « perspective » envisagée : par exemple, le repère **contingent / nécessaire** n'aura pas le même usage selon qu'on traite d'un problème de connaissance (voir LA VÉRITÉ, texte 7) ou d'un problème d'ordre pratique (voir LA LIBERTÉ, texte 1).

L'esprit des repères est d'acquérir un savoir-faire philosophique : produire des distinctions, en particulier entre des termes voisins, voire synonymes dans la langue courante, distinctions sans lesquelles il n'est pas possible de poser ni d'instruire un problème.

Les chapitres du manuel, aussi bien dans leur architecture que dans le détail de leur contenu, mettent en œuvre ce savoir-faire. Par exemple, le chapitre sur le « langage » interroge sa différence avec la « communication », celui sur la raison aborde la distinction entre « raisonnable » et « rationnel », ou encore, à propos d'un texte de Hegel, entre « raison » et « entendement ».

Si, en terminale, la pensée philosophique reste élémentaire, la langue dans laquelle elle s'énonce se doit d'être précise.

2. Les épreuves

À l'écrit, l'élève a le choix entre deux types d'épreuves : l'explication de texte et la dissertation. L'explication vise à identifier, à examiner et à interroger le problème précis que pose un texte. De même, la dissertation est « l'étude méthodique et progressive d'un **problème** que l'analyse d'une **question** permet de construire ». Le sujet propose au candidat une question qu'il lui appartient d'interroger pour en dégager un problème. Une question appelle une réponse : par exemple « – Vous reste-t-il du pain ? – Non. » L'attitude philosophique critique qui permettrait de transformer une telle question en problème consisterait, en étant attentif aux mots mêmes de la question, à souligner que demander s'il en « reste » suppose qu'il y en ait eu. Mais y en a-t-il eu ? Imaginons une question de dissertation qui demande : « Peut-on rester libre en travaillant ? » Partant de cette question, il serait pertinent de dégager le problème suivant : « Étions-nous libres avant de travailler ? » C'est la même attention à la lettre d'un texte qui permet de mettre au jour le problème qu'il pose.

3. Les modalités de l'apprentissage

Les exercices : le manuel propose des exercices ouverts, allant de la distinction conceptuelle jusqu'à la dissertation complète, en passant par la rédaction de paragraphes ou d'introductions qui sont signalés ainsi dans le cours des chapitres : **VERS LE BAC**

Les méthodes : à la fin du manuel, l'élève trouvera les méthodes aussi bien pour les épreuves écrites obligatoires (dissertation et explication de texte) que pour l'épreuve d'oral du second groupe, conformes à la Note de service qui les définit (B. O. spécial du 13 février 2020).

4. Le manuel, mode d'emploi

• **Arrêt sur image :** chaque chapitre s'ouvre sur une image empruntée aux différents arts, qui offre un accès concret à la dimension problématique de la notion.

• **La notion en question :** ensuite vient une **introduction** qui identifie les difficultés essentielles de chaque notion, dans l'ordre où elles se découvrent.

• **Panorama :** une présentation du **sommaire** de chaque chapitre indique l'esprit de chaque texte et ses relations aux autres notions du programme.

• Les chapitres sont divisés en plusieurs **parties** dont les introductions présentent le problème spécifique de chaque texte.

• Chaque texte est lui-même précédé d'une brève présentation qui conduit au **problème** qu'il pose et il est suivi de questions qui aident à sa compréhension.

• Chaque chapitre comprend une quinzaine de textes dont cinq ou six font l'objet d'**explications** de passages précis facilement repérables pour aider les élèves à **lire par eux-mêmes**.

• **X DIT AUSSI :** certains textes sont enrichis d'une **citation** éclairant le texte, en le prolongeant ou par contraste.

• **REPÈRES :** les **repères** sont définis à la suite des textes qui en appellent l'utilisation.

• **AUX FRONTIÈRES DE LA PHILOSOPHIE :** des textes autres que philosophiques viennent illustrer, approfondir ou questionner un texte philosophique, fournissant ainsi des **exemples précis** pour chaque notion.

• **MATIÈRE À PENSER :** des encadrés fournissent des **cas concrets** empruntés à la **culture générale** (science, politique, économie, religion, etc.) sur lesquels l'élève peut exercer sa pensée, dans l'esprit du texte qu'ils concernent. Le programme de philosophie est en effet « ouvert aux acquis des autres disciplines ».

• **Ce que disent les mots :** un éclairage sur chaque notion à partir des mots de différentes langues.

• **CINÉ** PHILO **:** un regard cinématographique sur les notions.

• **Iconographie :** une iconographie variée, accompagnée d'une présentation et suivie de questions, illustre et enrichit chaque notion.

En résumé, ce manuel propose :
– un choix exigeant de textes abordables qui couvre la diversité du nouveau programme ;
– une approche de chaque notion par les problèmes qu'elle pose et en relation à l'ensemble du programme ;
– des textes expliqués ;
– une illustration des notions par des textes littéraires, une riche iconographie et des « matières à penser » puisées dans les autres disciplines ;
– des méthodes détaillées et concrètes ;
– des exercices pour préparer le baccalauréat ;
– des éclairages par les mots et le cinéma.

Cet ouvrage, conçu de façon à laisser, par sa richesse et son ouverture, le professeur libre de ses choix dans son enseignement, se veut un manuel nouveau.

Matthieu Contou et
Guillaume Pigeard de Gurbert

SOMMAIRE

LA CONSCIENCE 77

Voie générale

LE DEVOIR 109

Voie générale

L'ÉTAT 143

Voie générale

L'INCONSCIENT 169

Voie générale

LA JUSTICE 195

Voie générale et voie technologique

LE LANGAGE 225

Voie générale

LA LIBERTÉ 261

Voie générale et voie technologique

LA NATURE 295

Voie générale et voie technologique

LA SCIENCE 391

Voie générale

LA TECHNIQUE 425

Voie générale et voie technologique

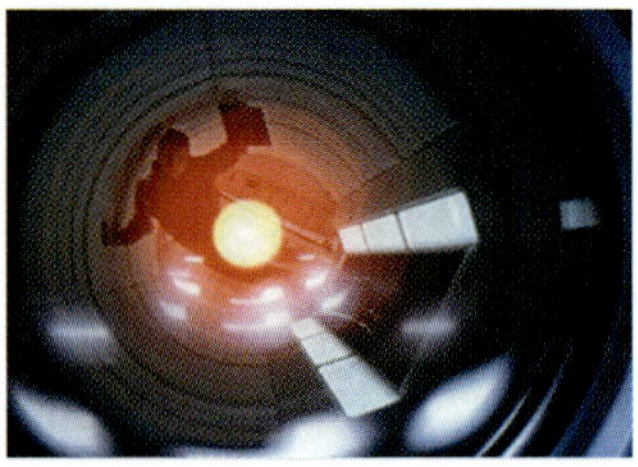

LE TEMPS 457

Voie générale

LE TRAVAIL 485

Voie générale

LA VÉRITÉ 517

Voie générale et voie technologique

ANNEXES 547

Jean-François MILLET, *L'Angélus*, 1857-1859, musée d'Orsay, Paris.

Millet peint des scènes prosaïques de la vie paysanne, vie de labeur et de misère mais aussi de piété. Dans ce tableau, le clocher à l'arrière-plan sonne l'Angélus, qui est l'heure de la prière pour les morts. En l'entendant, le couple de paysans s'arrête de travailler la terre pour prier. En regardant la peinture, on entend la cloche. Cézanne a peint la montagne Sainte-Victoire avec des couleurs qui ont les odeurs de la Provence : « L'odeur toute bleue des pins, qui est âpre au soleil, doit épouser l'odeur verte des prairies qui fraîchissent là chaque matin, avec l'odeur des pierres, le parfum de marbre lointain de la Sainte-Victoire. »
Avec l'« Alchimie du verbe », Rimbaud dote les voyelles de couleurs : « A noir, E blanc, I rouge, U vert, O bleu ». Sa *Lettre du Voyant* (à Paul Demeny, le 15 mai 1871) définit la poésie comme « un immense et raisonné dérèglement de tous les sens ».

ARRÊT SUR IMAGE

L'art est-il une libération des cinq sens ?

L'ART EN QUESTION

L'art n'est pas d'abord intéressant mais saisissant. Une œuvre d'art se signale par l'effet qu'elle nous fait. Que serait une œuvre d'art sans le frisson, de plaisir ou d'horreur, qu'elle provoque ? Dans ces conditions, loin de se proposer docilement à la réflexion philosophique, les œuvres d'art semblent, au contraire, lui signifier son congé. Si bien que le tout premier problème que l'art pose à la philosophie est celui de savoir si une philosophie de l'art est tout simplement possible.

1 ART ET PHILOSOPHIE L'art n'est donc pas pour la philosophie un objet quelconque mais un défi. La philosophie se demande si l'art est un pur objet d'émotion ou s'il peut être questionné et éveiller la réflexion. Le travail de la philosophie serait alors de retrouver dans les œuvres d'art ce qui semblait leur être étranger : un sens, voire des idées. (p. 20 à p. 25)

2 IMITATION ET CRÉATION Si la philosophie est l'amour de la sagesse, l'art ne représente-t-il pas un danger dans la mesure où non seulement il ne se soucie pas de respecter les valeurs morales mais il exacerbe notre sensibilité ? L'art imite si bien le réel qu'il parvient à nous le faire éprouver. Le paradoxe est que l'imitation artistique n'est pas une simple copie mais une création originale. Or l'originalité artistique n'échappe-t-elle pas à toute règle comme à toute définition possibles ? (p. 26 à p. 33)

3 LE FOND ET LA FORME Peut-être l'opposition entre ce que l'art donne à sentir et ce qu'il donne à penser est-elle trop étanche et, pour tout dire, trop abstraite ? Pour comprendre la différence entre la simple sensation et l'émotion esthétique, ne faut-il pas réévaluer les rapports intimes entre le fond et la forme ? L'art ne nous rend-il pas sensible à la langue du sensible ? (p. 34 à p. 39)

4 LES GOÛTS ET LES COULEURS Mais qu'est-ce qui fait la valeur d'une œuvre d'art ? Qu'est-ce qui permet de dire qu'une œuvre est belle ? Y a-t-il des critères de beauté comme il y a des critères de vérité ? Les jugements que nous portons sur l'art sont-ils indépendants de nos valeurs culturelles et de nos normes sociales ? (p. 40 à p. 45)

PANORAMA DE LA NOTION

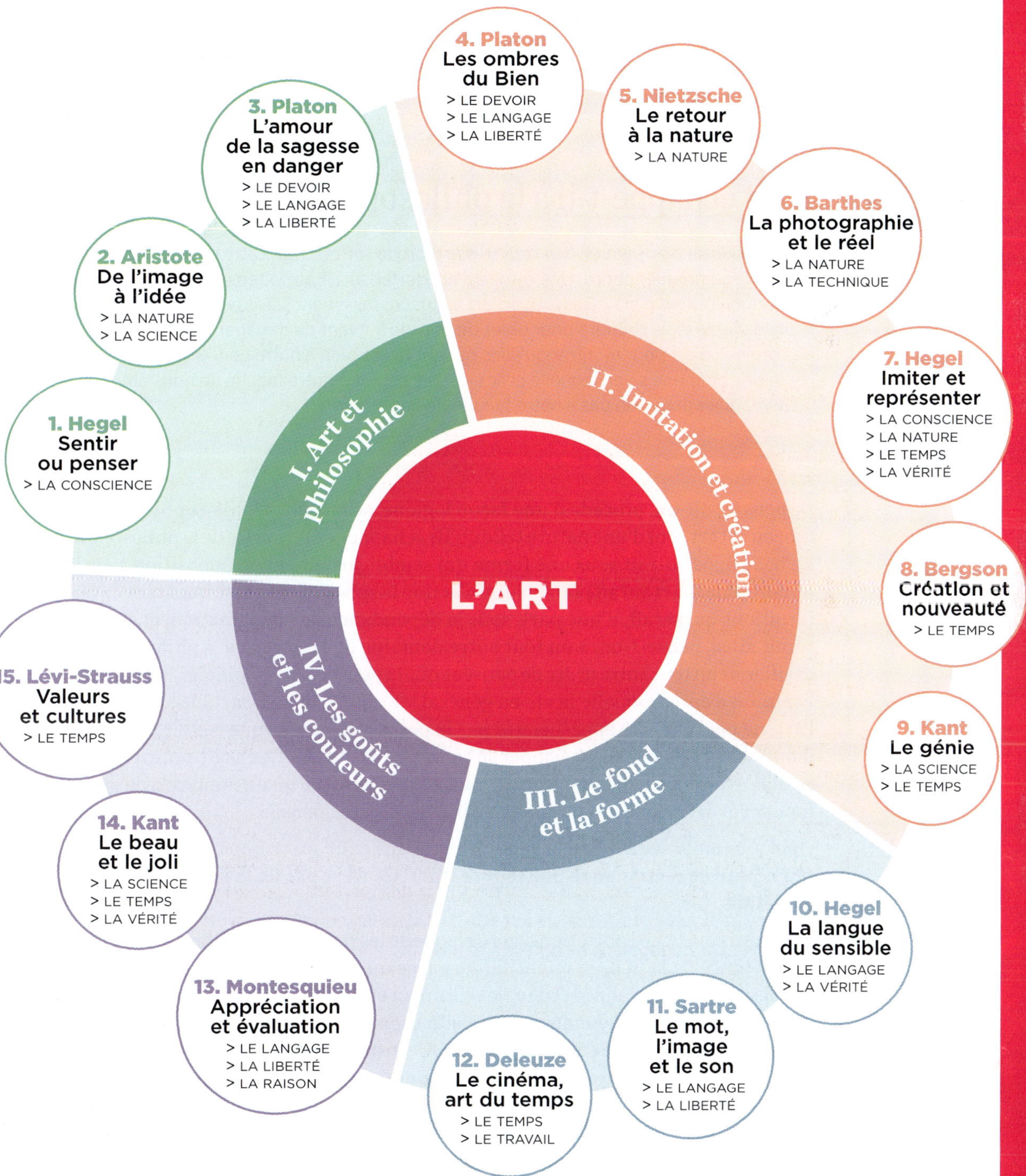

Art et philosophie

Loin de s'offrir à l'analyse philosophique, les œuvres d'art se présentent d'emblée comme des objets étrangers au domaine de la pensée. L'art met-il la philosophie en vacances ? (texte 1, Hegel) **En proposant des images de la nature qui n'en retiennent que les caractéristiques générales, la représentation artistique ne prépare-t-elle pas le passage de l'image à l'idée ?** (texte 2, Aristote) **Mais une œuvre qui donnerait à penser sans nous toucher serait-elle encore une œuvre d'art ? Peut-on s'intéresser à l'art en y restant insensible ?** (texte 3, Platon)

Georg Wilhelm Friedrich HEGEL
1770-1831

TEXTE 1

L'art échappe-t-il à la philosophie ?

Qu'elle séduise ou dégoûte, une œuvre d'art fait de l'effet. C'est cette décharge affective qui la signale au premier abord. Une œuvre d'art qui laisserait parfaitement insensible serait-elle encore une œuvre d'art ? Dès lors, si l'art est nécessairement saisissant, n'empêche-t-il pas la philosophie de le prendre pour objet de pensée ? Avant de dégager le contenu intellectuel des œuvres d'art pour montrer qu'elles parlent bel et bien à notre pensée, Hegel relaie l'opinion commune selon laquelle celles-ci s'adressent à notre faculté de nous émouvoir ou d'imaginer mais non pas à notre faculté de comprendre.

La pensée, dit-on, procède d'une façon logique, scientifique, philosophique, mais le beau et l'art sont d'une nature telle qu'ils échappent à l'emprise de la philosophie. Le beau apparaîtrait sous une forme qui semble justement en opposition avec la philosophie. L'art aurait pour champ d'action la sphère de nos sentiments et de nos intuitions qui serait, d'une part, sous la dépendance de l'imagination, et s'adresserait ainsi, pense-t-on, à un tout autre domaine de l'esprit que la philosophie et éveillerait un tout autre ordre de pensées que la pensée philosophique. On professe l'opinion d'après laquelle la vie en général, et tout ce qui en participe, y compris l'art, ne peuvent être appréhendés par la pensée. Il semble que ce soit justement dans l'art qu'on cherche à échapper au concept, car son objet, pense-t-on, est incompatible avec la pensée, avec le concept, et l'on détruit ce qu'une œuvre a de spécifiquement artistique lorsqu'on veut y introduire une pensée.

Quelques mots seulement au sujet de cette difficulté qu'on voudrait opposer à la possibilité de reconnaître une œuvre d'art. Ce n'est pas ici le lieu d'insister sur les détails.

En ce qui concerne l'objection d'après laquelle les œuvres d'art échapperaient à la compétence de la pensée scientifique, parce qu'elles auraient leur origine dans l'imagination indisciplinée et dans le sentiment et qu'infiniment variées et multiples elles s'agiraient à leur tour que sur l'imagination et le sentiment, elle semble encore aujourd'hui jouir d'une certaine autorité. Cette manière de voir se rattache à l'opinion d'après laquelle le réel en général, la vie de la nature et de l'esprit en particulier, se trouvent déformés ou même détruits, dès qu'on cherche à les appréhender, qu'au lieu de les rapprocher de nous, la pensée conceptuelle ne fait qu'approfondir le fossé qui nous en sépare, si bien que l'homme, en voulant se servir de la pensée comme d'un moyen de saisir la vie et le réel, manque son but et arrive à un résultat opposé. Il nous est impossible de soumettre ici cette question à une analyse détaillée. Nous pouvons seulement indiquer le point de vue auquel nous entendons nous placer pour écarter cette difficulté ou impossibilité ou maladresse.

S'il est un fait qu'on ne saurait contester, c'est que l'esprit possède le pouvoir de se considérer lui-même, qu'il est doué d'une conscience qui le rend capable de se penser lui-même et tout ce qui jaillit de lui. C'est qu'en effet la pensée constitue la nature la plus intime et essentielle de l'esprit. Par cette conscience pensante qu'il a de lui-même et de ses produits, quelle que soit l'apparence de liberté et même d'arbitraire que puissent présenter ceux-ci, l'esprit, s'il y est vraiment immanent, se comporte conformément à son essence et à sa nature. Or, l'art et ses œuvres, en tant que jaillis de l'esprit et engendrés par lui, sont eux-mêmes de nature spirituelle, alors même que leur représentation affecte une apparence sensible, si cette apparence est pénétrée d'esprit. Sous ce rapport déjà, l'art est plus proche de l'esprit et de sa pensée que la nature extérieure, inanimée et inerte ; l'esprit ne retrouve que lui-même dans les produits de l'art.

Georg Wilhelm Friedrich HEGEL, *Esthétique*, Introduction, 1, I, § 3, 1835, trad. S. Jankélévitch, 1944.

▶ LA CONSCIENCE

1 Les œuvres d'art donnent-elle congé à l'idée d'une philosophie de l'art ?

2 En quoi une œuvre d'art est-elle un ouvrage de l'esprit ?

HEGEL DIT AUSSI

« À vrai dire, le terme esthétique[1] n'est pas tout à fait celui qui convient. »

Georg Wilhelm Friedrich HEGEL, *Esthétique*, Introduction, 1, I, § 3, 1835, trad. S. Jankélévitch, 1987.

1 Le mot *esthétique* vient du grec *aisthèsis* qui désigne l'ensemble de ce qui est senti par les sens, d'où le mot français *anesthésie* : privation de sensations.

? Avons-nous la sensation ou l'idée de la beauté ?

→ VERS LE BAC

Analyser le terme de *représentation* en exploitant les trois sens du préfixe *re-* : le sens de répétition (reproduction), le sens de différenciation (refaire, faire autrement) et le sens temporel (faire à nouveau, une autre fois).

AUX FRONTIÈRES DE LA PHILOSOPHIE

L'écrivain Patrick Chamoiseau disqualifie les approches théoriques ou savantes qui prétendent expliquer l'art. Le besoin d'explication, qui empêche selon lui de rencontrer les œuvres, trahit un refus de se laisser troubler par elles.

« Vouloir expliquer c'est comme une crainte en face de la déroute. Comme la mobilisation pulsionnelle d'une assise quand la tempête se lève. L'explication enlève les plis et les ombres, et supprime l'épaisseur. L'explication a ceci d'invalidant qu'elle nous permet de rester inchangé, de ne pas livrer notre imaginaire à l'aventure de l'œuvre. De ne pas se grandir d'elle, ou grandir avec elle. L'explication qui ne sait pas se taire est souvent une facilité, au pire une pauvreté. *Devant* l'œuvre, ne pas demeurer inchangé. »

Patrick CHAMOISEAU, *Méditations, auprès d'Ernest Breleur*, 2006.

? L'art demande-t-il à être expliqué ?

ARISTOTE
384 av. J.-C.-
322 av. J.-C.

TEXTE 2 COMMENTÉ

L'art est-il un spectacle ?

Le théâtre tragique offre pour Aristote le modèle de l'art. Tout ce qui y est représenté nous apparaît en effet sous la forme d'un spectacle. Or tout spectacle suppose un spectateur qui se trouve à distance des acteurs qui, eux, jouent sur la scène. Cette distance entre le spectacle et le spectateur permet à ce dernier de prendre du recul par rapport à la nature dans sa réalité immédiate. Ainsi, en substituant aux choses naturelles une représentation, l'art éduque dès le plus jeune âge à la réflexion.

À l'origine de l'art poétique dans son ensemble, il semble bien y avoir deux causes, toutes deux naturelles. Imiter est en effet, dès leur enfance, une tendance naturelle aux hommes – et ils se différencient des autres animaux en ce qu'ils sont des êtres fort enclins à imiter et qu'ils commencent à apprendre à travers l'imitation – comme la tendance commune à tous, de prendre plaisir aux représentations ; la preuve en est ce qui se passe dans les faits : nous prenons plaisir à contempler [*theôrountes*] les images les plus exactes de choses dont la vue nous est pénible dans la réalité, comme les formes d'animaux les plus méprisés et des cadavres. Une autre raison est qu'apprendre est un grand plaisir non seulement pour les philosophes, mais pareillement aussi pour les autres hommes – quoique les points communs entre eux soient peu nombreux à ce sujet. On se plaît en effet à regarder les images car leur contemplation [*theôrountas*] apporte un enseignement et permet de se rendre compte de ce qu'est chaque chose, par exemple que ce portrait-là, c'est un tel ; car si l'on se trouve ne pas l'avoir vu auparavant, ce n'est pas en tant que représentation que ce portrait procurera le plaisir, mais en raison du fini dans l'exécution, de la couleur ou d'une autre cause de ce genre.

L'imitation, la mélodie et le rythme [...] nous étant naturels, ceux qui à l'origine avaient les meilleures dispositions naturelles en ce domaine, firent peu à peu des progrès, et à partir de leurs improvisations, engendrèrent la poésie. Mais la poésie se divisa suivant le caractère propre à chacun ; ceux qui avaient une âme noble imitaient les belles actions et celles de leurs pareils, ceux qui étaient plus vulgaires imitaient les actions des hommes bas, en composant d'abord des blâmes, tout comme les autres composaient des hymnes et des éloges.

ARISTOTE, *Poétique*, IV, 1448 b, IVe siècle av. J.-C.,
trad. M. Magnien, 2002.

▶ LA NATURE
▶ LA SCIENCE

LA CHOSE ET SA REPRÉSENTATION

La chose telle qu'elle se présente immédiatement nous saisit. Le comble de ce saisissement semble résider dans la présence d'un cadavre. La poésie, qui vaut pour l'art en général, n'a d'autre origine que de rendre le cadavre présentable, c'est-à-dire d'instaurer une distance qui permette de ne plus subir la présence des choses en les abordant par leur représentation. La représentation élimine les détails insignifiants pour ne retenir d'une chose que ce qu'il y a de commun en elle. Ainsi la représentation artistique éveille le processus théorique d'apprentissage en identifiant en toute chose le commun. L'art rend ainsi plaisante la chose répugnante. Il y a un plaisir de la pensée à retrouver la puissance de comprendre dont les choses l'avaient d'abord privée.

SPECTACLE ET THÉORIE

Les mots *spectacle* et *théorie* sont synonymes en grec : le verbe *theôreô* signifie aussi bien assister passivement à un spectacle qu'examiner activement en spectateur extérieur. Une œuvre d'art n'est donc pas tant un objet des sens que de la pensée. La position de spectateur met la pensée à l'abri de la violence des choses, comme un cadavre. L'art ne livre pas les choses telles qu'elles sont, il en produit une image qui prépare l'idée.

1 **Le spectateur peut-il être impassible ?**

2 **Qu'apprend-on au contact de l'art ?**

ARISTOTE

« La poésie est plus philosophique, et de nature plus élevée que l'histoire, car la poésie raconte plutôt le général, et l'histoire le particulier. »

ARISTOTE, *Poétique*, IV, 1451 b, IVe siècle av. J.-C., trad. M. Magnien, 2002.

? L'art nous débarrasse-t-il du singulier ?

AUX FRONTIÈRES DE LA PHILOSOPHIE

Boileau reprend l'idée d'Aristote selon laquelle l'art n'a pas à restituer le plus fidèlement les choses telles qu'elles sont, mais au contraire à les représenter pour en offrir des copies débarrassées des horreurs de la nature et dès lors propices à la réflexion.

« Il n'est point de serpent, ni de monstre odieux.
Qui, par l'art imité, ne puisse plaire aux yeux :
D'un pinceau délicat l'artifice agréable
Du plus affreux objet fait un objet aimable.
Ainsi, pour nous charmer, la Tragédie en pleurs
D'Œdipe tout sanglant fit parler les douleurs,
D'Oreste parricide exprima les alarmes,
Et, pour nous divertir, nous arracha des larmes. »

Nicolas BOILEAU, *L'Art poétique*, chant 3, 1674.

? L'art peut-il au contraire rendre odieux ce qui est naturellement plaisant ?

MATIÈRE À PENSER

L'écran cinématographique

Le champ cinématographique (ce que l'on voit sur l'écran) vaut moins par ce qu'il montre que par ce qu'il cache et que le cinéaste donne précisément à voir. Comme l'explique le critique André Bazin, « l'écran n'est pas un cadre comme celui du tableau, mais un *cache* qui ne laisse percevoir qu'une partie de l'événement » (*Qu'est-ce que le cinéma ?*, 1994). Si bien que le sens d'un plan cinématographique, à la différence d'un tableau ou d'une photographie, ne réside pas en lui, mais dans la relation à ce qu'il signifie en le cachant. Le gros plan sur un visage terrifié signifie sans équivoque la présence hors-champ de l'être ou de la chose terrifiante. Aussi, le sens d'une image cinématographique n'est pas contenu dans l'image elle-même, mais dans sa relation à ce qu'elle cache.
Dans *Les Temps modernes*, Charlie Chaplin exploite la puissance comique de relation entre le montré et le caché, le champ et le hors-champ. Alors que Charlot est menotté à un policier qui le conduit en prison, il prend en chemin un cigare dans une boutique ambulante et offre des bonbons à des enfants. Si le buraliste perçoit Charlot comme un client, c'est que son champ de perception, à la différence de celui du spectateur, n'inclut pas sa main menottée à celle du policier.

Charlot et un policier dans *Les Temps modernes*, réalisé par **Charlie CHAPLIN**, 1936.

? Le cinéma est-il l'art de montrer en cachant ?

PLATON
428 av. J.-C.-
348 av. J.-C.

TEXTE 3 COMMENTÉ

L'art est-il un danger pour la philosophie ?

Platon considère l'art, et en premier lieu la poésie, comme un danger terrible pour la philosophie. La puissance de la parole du poète est telle que les émotions dont elle parle nous affectent comme si nous les éprouvions nous-mêmes.
Le sort d'un héros malheureux nous arrachera des larmes tout comme au récit d'un sort ridicule nous serons secoués de rires. Le propre de la poésie, n'est-ce pas de nous toucher personnellement ? Les sentiments dont parle le poète ne sont-ils pas contagieux ?

SOCRATE : Le plus grand des méfaits de la poésie, nous ne l'en avons pas encore accusée : c'est qu'elle est capable de contaminer même les sages, à l'exception de quelques-uns en très petit nombre ; ce qui est, je pense, tout ce qu'il y a de plus horrible !

GLAUCON : Et pourquoi ne le serait-elle pas ? au moins s'il est vrai qu'elle ait cette action !

SOCRATE : Examine la question tout en m'écoutant. C'est un fait, sans doute, que les meilleurs d'entre nous, quand ils entendent Homère, ou tel autre parmi les tragiques, imiter un héros qui est dans le deuil, qui remplit de ses lamentations une longue tirade ou qui, en chantant, se frappe la poitrine, ils y trouvent, tu le sais bien, du plaisir, ils se laissent aller, ils suivent le mouvement, ils s'associent aux émotions exprimées, ils louent gravement comme un bon poète celui qui, le plus possible, les aura placés dans de telles dispositions.

GLAUCON : Je le sais bien ! Et comment en serait-il autrement ?

SOCRATE : Mais, quand un chagrin personnel survient à tel d'entre nous, réfléchis-tu en revanche que nous nous parons de l'attitude contraire, si nous sommes capables de garder notre calme et de nous résigner ? dans la conviction que cela est d'un homme, tandis que la manière d'être que nous louions alors est d'une femme ?

GLAUCON : J'y réfléchis, dit-il.

SOCRATE : Est-elle donc de mise, repris-je, cette louange ? est-il de mise, qu'en voyant un homme se comporter d'une façon dont on ne voudrait pas se comporter soi-même, dont au contraire on aurait honte, on n'en soit pas dégoûté, mais qu'au contraire, on s'y plaise et qu'on la loue ?

GLAUCON : Non, par Zeus ! dit-il, cela n'a pas l'air raisonnable !

SOCRATE : Oui, en effet ! repris-je ; à condition au moins que tu envisages la question en ce sens...

GLAUCON : En quel sens ?

SOCRATE : ... à condition que tu te mettes dans l'esprit que cet élément de l'âme, que nous contenions de force lors de nos malheurs personnels ; celui qui est affamé de pleurs, de lamentations congrues, et même jusqu'à s'en assouvir ; celui qui est, de nature, fait pour en avoir envie, c'est lui que gorgent en ces occasions les poètes, c'est à lui qu'il complaisent ; que, d'un autre côté, ce qu'il y a en nous de meilleur, en tant qu'il n'a reçu, ni du raisonnement ni de l'habitude, une suffisante éducation, relâche sa surveillance à l'égard de cet autre élément, pleureur professionnel : « C'est, allègue-t-il, d'afflictions étrangères qu'il a le spectacle, et, pour lui-même, il n'y a rien de vilain, si un autre homme, qui se proclame homme de bien, mène un deuil hors de propos, à louer cet homme et à avoir pitié de lui » ; il y trouve au contraire, juge-t-il, un profit : le plaisir ; et de ce plaisir il n'accepterait pas d'être frustré, pour avoir méprisé le tout de l'œuvre poétique ! Il y a en effet, je crois, peu de gens à qui il appartienne de faire ce raisonnement : que, fatalement, c'est à nos émotions personnelles qu'ira profiter la substance de ces émotions étrangères ; quand on a nourri l'apitoiement en ces dernières, il n'est pas aisé d'en contenir la force dans celles qui sont les nôtres !

PLATON, *La République*, X, 605c-606d, IVe siècle av. J.-C., trad. L. Robin, 1940.

▶ LE DEVOIR
▶ LE LANGAGE
▶ LA LIBERTÉ

LA MORT DE LA PHILOSOPHIE

Si la philosophie est cette prise de recul qui permet la maîtrise de soi, la poésie menace directement son existence. La poésie exalte en effet les sentiments les plus violents, qu'elle « établit maîtres, alors qu'il les faut maîtrisés » (606d). La poésie substitue ainsi à l'âme philosophe, qui se gouverne elle-même, l'âme tyran, dominée par les passions. Ainsi insiste Platon : « celui qui l'écoute, il faut qu'il se tienne sur ses gardes, craignant pour le bon ordre de sa république intérieure [*auto politeias*] » (608a-b). De même, s'il est impératif de soumettre la musique à un régime philosophique, c'est que « rien ne nous plonge plus profondément au cœur de l'âme que le rythme et l'harmonie » (401d). Platon ménage toutefois une place à la musique, alors qu'il exclut la poésie et la peinture, à condition qu'elle se plie à la mesure et à l'harmonie en raison de leur vertu pédagogique d'éveiller chez l'enfant le goût précoce du nombre et de l'ordre, c'est-à-dire du rationnel « avant que la raison lui soit venue » (402a). En outre, la musique n'est admise dans l'éducation de l'âme qu'à la condition qu'elle ne prétende pas se suffire à elle-même, mais qu'on la soumette aux exigences du langage rationnel : « Nous obligerons la mesure et la mélodie à se conformer aux paroles [*logos*], et non les paroles à la mesure et à la mélodie » (400a).

L'ART DU SPECTACLE

La poésie menace d'assiéger « la citadelle de l'âme [*tês psuchês akropolin*] » (560b), comme le dit Platon dans *La République*. Il y voit un véritable cheval de Troie : en exaltant les désirs violents, les poètes se font « les panégyristes de la tyrannie » (568b). Il ne s'agit donc pas tant de les chasser de la cité que de l'âme. Platon ajoute d'ailleurs que « le poète imitatif installe une mauvaise république [*kakên politeian*] dans la propre âme de chacun » (605b). Réfutant par anticipation la conception d'Aristote **(texte 2)**, Platon ne croit pas que le « spectacle [*theôroun*] » (l. 35) des émotions que produisent les poètes soit synonyme de mise à distance. Pour Platon le spectacle poétique installe le spectateur dans la passivité. Le spectacle de la pitié changera insensiblement les « afflictions étrangères [*allotria pathê*] » (l. 35) des acteurs ou des personnages en « émotions personnelles » (l. 40-41) du spectateur, l'imitation du risible contaminera l'âme au point de produire un bouffon, et le spectacle de l'amour produira dans l'âme emportements, peines et joies. Tout bien considéré, Platon se fait une idée de la poésie beaucoup plus puissante que celle d'Aristote : « N'est-il pas vrai, dit-il, que l'imitation poétique donne en nous la réalité à de semblables sentiments ? » (606d).

1 Y a-t-il une force des mots ?

2 En quel sens l'art est-il spectaculaire ?

PLATON DIT AUSSI

« Un différend existe de longue date entre la philosophie et l'art des poètes. »

PLATON, *La République*, X, 607b, IVe siècle av. J.-C., trad. L. Robin, 1940.

? Peut-on concevoir une relation de communauté entre l'art et la philosophie ?

→ VERS LE BAC

Que penser du fait que les mots *spectacle* et *théorie* soient synonymes en grec ? À l'aide des textes 2 et 3, rédiger deux paragraphes, l'un qui interroge l'unité de ces deux mots, l'autre leur opposition.

Imitation et création

Les œuvres d'art ne sont pas des choses réelles, mais des copies des choses qui ont ce pouvoir quasi magique de se faire passer pour elles. Cette confusion, qui fait prendre l'image pour la chose, ne représente-t-elle pas un danger pour la philosophie, cet exercice de la distinction et cette maîtrise de soi ? (texte 4, Platon) **L'art ne permet-il pas au contraire de retrouver une présence aux choses et à la nature que la vie quotidienne nous dérobe ?** (texte 5, Nietzsche) **Est-ce à dire que l'art se contente de reproduire fidèlement le réel, comme une photographie ?** (texte 6, Barthes) **L'art ne vise-t-il pas à recréer la nature plutôt qu'à l'imiter ?** (texte 7, Hegel) **Que serait en effet une œuvre d'art sans nouveauté ?** (texte 8, Bergson) **L'originalité n'est-elle pas la griffe de toute création artistique ?** (texte 9, Kant)

PLATON
428 av. J.-C.-
348 av. J.-C.

TEXTE 4 COMMENTÉ

L'artiste est-il un illusionniste ?

En 399 avant J.-C., Socrate est condamné à mort pour immoralité. Sa sagesse a été prise pour une faute, dangereuse pour la cité athénienne. Inversement, les honneurs, les richesses, et tous les autres faux biens sont devenus des vertus. Pour Platon, une telle confusion des valeurs trouve son origine chez les poètes, et en particulier dans la poésie d'Homère, qui présente les plaisirs du corps et les passions comme des biens. Le poète produit la confusion du Bien et de ses contrefaçons. La poésie est-elle cette tromperie qui fait prendre l'ombre du bien pour le Bien ?

SOCRATE : Penses-tu que, si Homère avait réellement été en état d'être utile aux hommes eu égard à la vertu, lui ou Hésiode, penses-tu que leurs contemporains les auraient laissés être des rhapsodes itinérants ? qu'ils ne leur auraient pas été plus attachés qu'à leur or et qu'ils ne les auraient pas contraints de rester près d'eux dans leurs demeures ? ou que, faute de le leur avoir persuadé, ce ne serait pas eux qui les conduiraient par la main, partout où ils iraient, jusqu'à ce qu'ils eussent, des principes de conduite possédés par ces poètes, pris une part convenable ?

GLAUCON : À mon avis, dit-il, ton langage, Socrate, est vrai de tout point !

SOCRATE : Posons donc cette thèse que, à commencer par Homère, tous les praticiens de la poésie sont des imitateurs de simulacres de vertu, ainsi que des autres choses dont traitent leurs poèmes : que la vérité, ils ne l'atteignent pas, mais qu'ils sont pareils, nous le disions tout à l'heure au peintre qui fera, lui qui n'entend rien à la bourrellerie, un bourrelier, lequel sera un réel bourrelier au jugement de ceux qui ne s'y entendent pas mieux et dont l'examen part de la considération des couleurs et de la figure ?

GLAUCON : Hé oui ! absolument.

SOCRATE : De même donc, nous dirons, je crois, que, le praticien de la poésie colore, lui aussi, au moyen de mots et de phrases, tels ou tels objets des divers arts, lui qui ne s'entend à rien d'autre qu'à imiter ; et en conséquence au jugement d'autres gens qui lui ressemblent, dont l'examen part de la considération des paroles, dès qu'on emploiera le vers, le rythme, la musique, à parler de la bourrellerie, alors au jugement de ces gens-là on en aura parlé excellemment, et aussi bien si on leur parlait de commandement des armées, aussi bien si on leur parlait de n'importe quoi d'autre, tant il y a de force naturelle dans le charme magique de ces moyens ! En vérité, quand on a dépouillé des couleurs de la musique les œuvres des poètes et qu'on les prend en elles-mêmes, tu n'ignores pas quel en est l'aspect, pour en avoir en effet sans doute fait toi-même l'expérience.

GLAUCON : Oui, dit-il, je l'ai faite !

SOCRATE : Ainsi donc, repris-je, ne ressemblent-ils pas à ces visages qui, sans avoir de beauté, respirent la jeunesse mais qui n'offrent plus aux regards le même aspect quand ils ont perdu leur fleur ?

GLAUCON : Absolument ! dit-il.

PLATON, *La République*, X, 600d-601b, IVᵉ siècle av. J.-C., trad. L. Robin, 1940.

▶ LE DEVOIR
▶ LE LANGAGE
▶ LA LIBERTÉ

ART ET MORALE

Platon compare la cité où vivent Socrate et ses concitoyens à une caverne au fond de laquelle règnent les ombres. Le soleil qui se trouve à l'extérieur représente l'idée morale de Bien. Ces ombres qui monopolisent la caverne de la vie sociale sont donc des valeurs en trompe-l'œil. Le philosophe redescendu dans la caverne, c'est Socrate devant ses juges : ébloui par la vue du Soleil, titubant encore dans l'obscurité, il paraît « ridicule » dans « les tribunaux », obligé de « disputer à propos des ombres de la Justice » (*La République*, VII, 517d), lui, le sage qui a vu le Bien. Cette allégorie morale de la caverne présente les artistes comme des faussaires qui font passer les intérêts personnels et matériels pour des biens, et les attitudes égoïstes pour des comportements vertueux. Ces « simulacres de vertu » sont les ombres du Soleil ; qui est le vrai Bien. Lorsque Platon dénonce l'artiste comme un « charlatan » (*La République*, X, 598d), il porte contre lui une accusation morale. L'art met l'âme de chaque homme, y compris du plus sage, en danger moral. Il est capable de la séduire avec des propos trompeurs qui confèrent un clinquant artificiel à de fausses valeurs.

1. L'art est-il le royaume de l'illusion ?
2. Qu'est-ce qu'un simulacre ?

PLATON DIT AUSSI

« Mais quoi ? Faire dire à un homme, à l'homme de tous le plus avisé qu'à ses yeux la plus belle chose au monde, c'est quand "aux tables le pain et les viandes abondent", et que, "allant puiser le vin au cratère, l'échanson vient l'offrir et le verser dans les coupes", estimes-tu, toi, que ce soit quelque chose de bien convenable à faire entendre à un jeune, pour l'inciter à la modération ? Ou bien ceci : "mourir de faim est le plus lamentable destin que l'on puisse accomplir" ? Ou encore la façon dont, sans peine, Zeus oublie les desseins que, seul éveillé pendant que dormaient les autres Dieux tout comme les humains, il a médités ; et cela, pour avoir eu grande envie de faire l'amour, et pour avoir ressenti à la vue d'Héra un tel coup de foudre qu'il ne consent même pas à gagner la chambre à coucher, mais veut s'unir à elle sur place, par terre, se déclarant possédé d'une si forte envie, qu'il n'avait même pas connu la pareille quand, pour la première fois, "il s'étaient unis d'amour à l'insu de leurs parents" ? »

PLATON citant l'*Odyssée* (IX, 8-10, XII, 342) et l'*Iliade* (XIV, 292-351) d'Homère, dans *La République*, III, 390b-c, IVᵉ siècle av. J.-C., trad. L. Robin, 1940.

? L'art doit-il respecter la morale ?

→ VERS LE BAC

À partir de l'exemple d'une œuvre d'art pertinente, rédiger un paragraphe qui interroge le rapport entre l'art et le devoir moral.

Friedrich NIETZSCHE
1844-1900

TEXTE 5

L'art est-il nécessairement artificiel ?

Si l'art se définit comme ce que l'homme ajoute à la nature, en quoi se différencie-t-il de la technique ou du monde du travail, qui supposent la séparation de l'homme et de la nature ? Pour Nietzsche, l'art est un raz-de-marée d'émotions qui met littéralement hors de soi. Loin de se poser en s'opposant à la nature, l'artiste fait fondre les frontières factices de la subjectivité, de l'individualité, du moi, qui l'en séparent dans la vie quotidienne. Par exemple, le théâtre d'Épidaure, en Grèce, épouse la pente naturelle de la colline et se fond dans la nature environnante. L'œuvre n'est plus un objet docilement offert au regard de la raison, c'est un monde dans lequel l'individu se perd. L'art œuvre-t-il ainsi à la fusion de l'homme et de la nature ?

Le satyre, comme le berger de notre moderne idylle[1], est né de la nostalgie de l'origine et de l'état de nature[2]. Mais quelle poigne chez le Grec, et quelle intrépide vigueur à concevoir son homme des bois ! Et que de sensiblerie pudibonde dans le batifolage de nos modernes avec la complaisante image de leur pâtre à pipeau, mièvre et gracile ! – La nature intouchée par la connaissance, encore verrouillée aux intrusions de la civilisation, voilà ce que le Grec apercevait dans son satyre. Mais il ne l'assimilait pas pour autant au singe. Au contraire. C'était l'archétype même de l'homme, l'expression de ses émotions les plus hautes et les plus fortes. [...] Et notre pâtre pomponné et factice l'eût offusqué, cet homme, lui dont l'œil trouvait une satisfaction sublime à s'attarder aux signes grandioses et purs de toute altération inscrits sans voile au front de la nature. Là en effet, l'image archétypale de l'homme était lavée de toutes les illusions de la civilisation ; là se dévoilait l'homme vrai, le satyre barbu en liesse de son dieu, devant qui l'homme civilisé se réduisait aux dimensions d'une mensongère caricature. La sphère de la poésie n'est pas extérieure au monde, comme une impossible chimère sortie du cerveau d'un poète. Elle se veut exactement le contraire, l'expression sans fard de la vérité, et c'est précisément pour cette raison qu'elle doit rejeter loin d'elle la parure mensongère de la prétendue réalité de l'homme civilisé. Entre cette vérité proprement naturelle et cette civilisation de mensonge qui prétend à la seule réalité, le contraste est ici le même qu'entre l'éternel noyau des choses, la chose en soi, et l'ensemble du monde phénoménal.

Friedrich NIETZSCHE, *La Naissance de la tragédie*, § 8, 1872,
trad. Ph. Lacoue-Labarthe, 1994.

1 Poème pastoral, récit amoureux naïf.
2 Retour à une vie proche de la nature.

▶ LA NATURE

1 L'art offre-t-il un retour à la nature ?

2 Peut-on être, plutôt que le spectateur, l'acteur d'une œuvre d'art ?

NIETZSCHE DIT AUSSI

« La forme du théâtre grec évoque un vallon solitaire, en montagne. »

Friedrich NIETZSCHE, *La Naissance de la tragédie*, § 8, 1872,
trad. Ph. Lacoue-Labarthe, 1978.

? L'art doit-il épouser la nature ?

Roland BARTHES
1915-1980

TEXTE 6

La photographie est-elle un art ?

Lorsque la photographie est inventée au début du XIXe siècle, elle est perçue comme une technique de reproduction du monde visible. Simple appareil enregistreur, l'objectif du photographe semble cantonné au documentaire, au reportage ou à archiver passivement une empreinte de ce qui se présente à lui. On a ainsi longtemps dénié à la photographie le statut d'art. De fait, si le romancier ou le peintre peuvent imaginer leurs personnages et les scènes qu'ils représentent, le photographe n'est-il pas dépendant du réel ?

Il me fallait d'abord bien concevoir, et donc, si possible, bien dire (même si c'est une chose simple) en quoi le Référent de la Photographie n'est pas le même que celui des autres systèmes de représentation. J'appelle « référent photographique », non pas la chose *facultativement* réelle à quoi renvoie une image ou un signe, mais la chose *nécessairement* réelle qui a été placée devant l'objectif, faute de quoi il n'y aurait pas de photographie. La peinture, elle, peut feindre la réalité sans l'avoir vue. Le discours combine des signes qui ont certes des référents, mais ces référents peuvent être et sont le plus souvent des « chimères ». Au contraire de ces imitations, dans la Photographie, je ne puis jamais nier que la chose a été là. Il y a double position conjointe : de réalité et de passé. Et puisque cette contrainte n'existe que pour elle, on doit la tenir, par réduction, pour l'essence même, le noème[1] de la Photographie. Ce que j'intentionnalise dans une photo (ne parlons pas encore du cinéma), ce n'est ni l'Art, ni la Communication, c'est la Référence, qui est l'ordre fondateur de la Photographie.

Roland BARTHES,
La Chambre claire.
Note sur la photographie, 1980.

1 L'objet réel auquel se réfère toute photographie.

▶ LA NATURE
▶ LA TECHNIQUE

1 Une photographie est-elle nécessairement le reflet fidèle de la réalité ?

2 La photographie modifie-t-elle la relation entre l'art et la technique ?

Henri CARTIER-BRESSON,
Derrière la gare Saint-Lazare, 1932,
musée Carnavalet, Paris.

On se représente parfois la photographie comme une technique plutôt qu'un art. Cette photo réfute ce lieu commun. Elle offre une composition qui ne doit rien au hasard mais tout au génie de l'œil du photographe, qui a su cadrer et créer sa photo. Les jeux de miroir entre l'homme et ses doubles structurent l'image.

? La photographie ne fait-elle qu'enregistrer le réel ?

Georg Wilhelm Friedrich HEGEL
1770-1831

TEXTE 7 **COMMENTÉ**

La représentation artistique est-elle une reproduction ?

À l'origine de toute œuvre d'art, il y a une idée que l'artiste œuvre à réaliser. Ainsi, lorsque Titien, peintre italien de la Renaissance, fait un portrait, il ne peint pas un individu dans la singularité de son existence. Il part d'une idée, qui est par définition universelle, et qu'il cherche à exprimer dans son tableau. Le portrait d'un roi ou d'un pape n'est réussi qu'à la condition de représenter la royauté ou la papauté en personne. Représenter un modèle est-ce donc l'imiter fidèlement ou le recréer ?

Pour qu'un portrait devienne une œuvre d'art, au sens vrai du mot, il faut qu'il exprime l'unité de l'individualité spirituelle et qu'il fasse apparaître, avant tout, le caractère spirituel. À cela contribuent toutes les parties du visage, et le peintre qui possède un sens physiognomonique affiné peut traduire la particularité d'un individu, en mettant l'accent sur les traits et les parties dans lesquelles cette particularité s'exprime de la façon la plus claire et la plus vivante. C'est ainsi qu'un portrait peut être très ressemblant, exécuté avec beaucoup d'application, mais pour ainsi dire sans vie ; alors qu'une esquisse faite en quelques traits par une main de maître sera infiniment plus vivante et d'une vérité frappante, car elle exprimera par ces quelques traits, choisis parmi les plus significatifs, le fond même du caractère qu'une exécution plus appliquée et plus exacte, mais moins vivante, ne réussit qu'à rendre invisible. Le mieux à faire en l'occurrence est de s'en tenir au juste milieu entre l'esquisse et l'imitation fidèle de la nature. C'est ainsi qu'avait procédé Titien dans ses magnifiques portraits qui donnent une impression d'individualité et de vie spirituelle qu'on reçoit rarement d'une physionomie réelle. C'est comme dans les descriptions de grands exploits et événements que donne un historien artiste : le tableau qu'il nous en offre est plus convaincant et plus vrai que celui que nous offriraient ces mêmes exploits et événements si nous en avions été les témoins oculaires. La réalité est chargée d'apparences, de choses accessoires et contingentes, de sorte qu'il nous arrive souvent de ne pas voir la forêt à travers les arbres et de laisser passer à côté de nous les choses les plus grandes en ne leur prêtant pas plus d'attention qu'à un incident de la vie journalière. Ce qui fait la grandeur des actes et des événements, c'est leur signification et l'esprit qui leur est immanent, et c'est ce que nous donne une description vraiment historique qui n'accepte pas sans réserve ce qui est purement extérieur, mais fait ressortir avant tout ce en quoi l'esprit s'explicite d'une façon vivante. C'est en procédant de la même manière que le peintre doit présenter la signification spirituelle et le caractère de son personnage.

Georg Wilhelm Friedrich HEGEL, « La Peinture », *Esthétique*, II, c, 1835, trad. S. Jankélévitch, 1944.

▶ LA CONSCIENCE
▶ LA NATURE
▶ LE TEMPS
▶ LA VÉRITÉ

→ VERS LE BAC

Rédiger une dissertation sur le sujet suivant : « L'artifice est-il nécessairement une tromperie ? »

PERSONNE ET PERSONNAGE

Le peintre ne cherche pas à reproduire la copie d'une personne singulière mais à exprimer l'esprit d'un personnage. Ainsi dans le portrait de Charles Quint de 1548, Titien peint l'empereur au repos sur un fauteuil. La tenture de brocart et une majestueuse colonne constituent le décor extérieur qui indique le rang impérial du personnage. Mais le sens impérial de ce portrait se voit surtout dans les mains. Proches l'une de l'autre, l'une gantée, l'autre nue, elles expriment une maîtrise de soi et des autres, comme le remarque l'historien de l'art Erwin Panofsky dans *Le Titien, questions d'iconographie* (2004). Ce n'est pas la singularité physique d'un individu qu'il s'agit de peindre mais l'universalité de l'esprit du personnage. Les portraits de Titien épurent la réalité en éliminant l'accidentel pour ne retenir que l'essentiel (le spirituel) du personnage peint : non sa particularité physique mais plutôt son esprit. Il est d'ailleurs frappant que Titien plonge souvent les corps de ses personnages dans l'obscurité pour concentrer la lumière sur les visages et les mains, comme on le voit dans *L'homme au gant.*

L'ARTISTE ET L'HISTORIEN

La vérité d'un événement ou d'un personnage se trouve moins dans le récit qu'en fait une personne qui l'a vécu ou qui l'a connu, que dans l'œuvre de l'historien produite après coup, avec le recul. Ce dernier révèle ce qui est important et a une dimension historique alors que le témoin direct reste attaché à l'anecdotique. La peinture peut ainsi avoir une fonction historique, lorsqu'elle s'affranchit du vécu pour reconstituer le sens historique d'une scène. Le paradoxe est que c'est cette recréation de l'événement qui en délivre la vérité, et non le récit de celui qui l'a vécu. Il n'y a pas de vérité immédiate. L'art n'est pas la reproduction du réel, mais sa libre représentation qui permet d'en révéler le sens profond.

1 **L'artiste doit-il être extérieur à son modèle ?**

2 **L'imitation peut-elle être créatrice ?**

TITIEN, *Charles Quint*, 1548, Alte Pinakothek, Munich.

TITIEN, *L'homme au gant*, 1520, musée du Louvre, Paris.

HEGEL DIT AUSSI

« Il n'y a pas de héros pour son valet de chambre [...]. S'il en est ainsi, ce n'est pas parce que celui-là n'est pas un héros, mais parce que celui-ci est un valet. Ce dernier ôte les bottes du héros, l'aide à se coucher, sait qu'il préfère le champagne, etc. Pour le valet de chambre, les héros n'existent pas ; en effet, ils n'existent que pour le monde, la réalité, l'histoire. »

Georg Wilhelm Friedrich HEGEL, *La Raison dans l'Histoire*, 1822, trad. K. Papaioannou, 1965.

? L'accidentel et l'anecdotique peuvent-ils avoir une valeur artistique ?

MATIÈRE À PENSER

Vérité de l'artifice

Le reflet des colonnes dans l'eau dote le patio de la Alberca du palais de l'Alhambra, à Grenade (Espagne), de son double immatériel. De plus, le ciel se réfléchit sur la surface de l'eau du bassin. L'art architectural islamique fait ainsi un usage religieux de l'eau, qui n'est plus ici un élément naturel mais l'épiphanie du divin, c'est-à-dire la présence sensible d'une réalité purement spirituelle, plus exactement une théophanie (de *théo*, « dieu », et *phanie*, « apparence »).

« Le goût pour les bassins d'eau, où les créatures mais aussi les œuvres des hommes, trouvent leur reflet, est largement répandu en terre d'islam [...]. Certes l'illusion créée par l'effet de transparence ou de miroir séduit le regard. Elle peut égarer et tromper, mais elle peut aussi témoigner de la présence du suprasensible et détourner les idolâtres de leur attachement béat au monde sensible. Loin d'être une simple apparence, elle est une occasion méditée de l'apparition du divin, qui subjugue les récalcitrants et les amène à reconnaître l'Unique. »

Souâd AYADA, *L'Islam des théophanies*, II, 4, 2010.

? L'art imite-t-il la nature ?

Henri BERGSON
1859-1941

TEXTE 8

Qu'est-ce que créer ?

L'artiste s'inspire du réel ainsi que de ses prédécesseurs. Mais ce qui fait le grand artiste, c'est la liberté avec laquelle il s'affranchit de l'existant pour créer du nouveau. Au regard de ses propres créations elles-mêmes, d'une œuvre à l'autre, il ne se répète pas, il fait du neuf. Entre *Notre-Dame de Paris* et *Les Misérables*, Victor Hugo ne recycle pas une recette, il crée. Cette nouveauté radicale qu'introduit chaque œuvre fait que le problème se pose de savoir si la création artistique est prévisible. **(voir Repères, texte 12, LE TEMPS, p. 478)**

Au cours de la Grande Guerre[1], des journaux et des revues se détournaient parfois des terribles inquiétudes du présent pour penser à ce qui se passerait plus tard, une fois la paix rétablie. L'avenir de la littérature, en particulier, les préoccupait. On vint un jour me demander comment je me le représentais. Je déclarai, un peu confus, que je ne me le représentais pas. « N'apercevez-vous pas tout au moins, me dit-on, certaines directions possibles ? Admettons qu'on ne puisse prévoir le détail ; vous avez du moins, vous philosophe, une idée de l'ensemble. Comment concevez-vous, par exemple, la grande œuvre dramatique de demain ? » Je me rappellerai toujours la surprise de mon interlocuteur quand je lui répondis : « Si je savais ce que sera la grande œuvre dramatique de demain, je la ferais. » [...]

Hamlet était sans doute possible avant d'être réalisé, si l'on entend par là qu'il n'y avait pas d'obstacle insurmontable à sa réalisation. Dans ce sens particulier, on appelle possible ce qui n'est pas impossible : et il va de soi que cette non-impossibilité d'une chose est la condition de sa réalisation. Mais le possible ainsi entendu n'est à aucun degré du virtuel, de l'idéalement préexistant. Fermez la barrière, vous savez que personne ne traversera la voie : il ne suit pas de là que vous puissiez prédire qui la traversera quand vous ouvrirez. Pourtant du sens tout négatif du terme « possible » vous passez subrepticement, inconsciemment, au sens positif. Possibilité signifiait tout à l'heure « absence d'empêchement » ; vous en faites maintenant une « préexistence sous forme d'idée », ce qui est tout autre chose. Au premier sens du mot, c'était un truisme[2] de dire que la possibilité d'une chose précède sa réalité : vous entendiez simplement par là que les obstacles, ayant été surmontés, étaient surmontables. Mais, au second sens, c'est une absurdité, car il est clair qu'un esprit chez lequel le *Hamlet* de Shakespeare se fût dessiné sous forme de possible en eût par là créé la réalité : c'eût donc été, par définition, Shakespeare lui-même. En vain vous vous imaginez d'abord que cet esprit aurait pu surgir avant Shakespeare : c'est que vous ne pensez pas alors à tous les détails du drame. Au fur et à mesure que vous les complétez, le prédécesseur de Shakespeare se trouve penser tout ce que Shakespeare pensera, sentir tout ce qu'il sentira, savoir tout ce qu'il saura, percevoir donc tout ce qu'il percevra, occuper par conséquent le même point de l'espace et du temps, avoir le même corps et la même âme : c'est Shakespeare lui-même.

Henri BERGSON, *La Pensée et le Mouvant*, chapitre III, 1934.

1 1914-1918.
2 Évidence, lieu commun.

▶ LE TEMPS

1. Qu'est-ce qui différencie la création de la fabrication ?
2. La répétition peut-elle être créatrice ?

Emmanuel KANT
1724-1804

TEXTE 9

Qu'est-ce que le génie ?

Il y a création artistique lorsqu'une œuvre introduit du nouveau qui déborde tout ce qui avait été déjà fait par le passé, y compris par l'artiste lui-même. C'est cette radicale nouveauté d'une œuvre qui la différencie d'un simple produit. La capacité d'un artiste, non seulement de s'affranchir de l'ancien, mais de dépasser ce qui était jusque-là conçu comme possible, nous l'appelons « le génie ». L'artiste auquel manque le génie est condamné à imiter les œuvres du passé, à reproduire le « déjà-fait ». Cette créativité a en outre ceci de tout à fait singulier que l'artiste qui en dispose n'est pas capable lui-même de l'enseigner.
Aucun artiste n'est sorti de l'atelier de Michel-Ange, ce qui prouve que celui-ci n'a pas su transmettre son art. Le génie n'est-il pas à l'origine de toute œuvre d'art ?

Tout art en effet suppose des règles sur le fondement desquelles un produit est tout d'abord représenté comme possible, si on doit l'appeler un produit artistique. Le concept des beaux-arts ne permet pas que le jugement sur la beauté de son produit soit dérivé d'une règle quelconque, qui possède comme principe de détermination un concept, et par conséquent il ne permet pas que l'on pose au fondement un concept de la manière dont le produit est possible. Aussi bien les beaux-arts ne peuvent pas eux-mêmes concevoir la règle d'après laquelle ils doivent réaliser leur produit. Or puisque sans une règle qui le précède un produit ne peut jamais être dit un produit de l'art, il faut que la nature donne la règle à l'art dans le sujet [...] ; en d'autres termes les beaux-arts ne sont possibles que comme produits du génie.

On voit par là que le génie est un talent, qui consiste à produire ce dont on ne saurait donner aucune règle déterminée ; il ne s'agit pas d'une aptitude à ce qui peut être appris d'une règle quelconque ; il s'ensuit que l'originalité doit être sa première propriété.

Emmanuel KANT, *Critique de la faculté de juger*, § 46, 1790,
trad. A. Philonenko, 1986.

▶ LA SCIENCE
▶ LE TEMPS

1 Peut-il y avoir une école d'art ?

2 À quoi reconnaît-on une création artistique ?

KANT DIT AUSSI

« Newton pouvait rendre parfaitement clair et déterminé non seulement pour lui-même, mais aussi pour tout autre et pour ses successeurs tous les moments de la démarche qu'il dut accomplir, depuis les premiers éléments de la géométrie jusqu'à ses découvertes les plus importantes ; mais aucun Homère [...] ne peut montrer comme ses idées riches de poésie et toutefois en même temps grosses de pensées surgissent et s'assemblent dans son cerveau, parce qu'il ne le sait pas lui-même et aussi ne peut l'enseigner à personne.»

Emmanuel KANT, *Critique de la faculté de juger*, § 47, 1790,
trad. A. Philonenko, 1986.

? Peut-on parler de génie en science ?

→ VERS LE BAC

L'originalité d'une œuvre d'art fait-elle obstacle à son explication ? Rédiger un paragraphe, en vous aidant du texte de Kant, qui montre que cette question pose effectivement problème.

Le fond et la forme

Si l'art ne fait pas que toucher mais donne encore et surtout à penser, c'est que les sensations qu'il provoque n'ont plus rien de naturel. Qu'est-ce donc qu'une émotion esthétique ? (texte 10, Hegel) **En art, le fond est indissociable de la forme. Si les œuvres d'art parlent, leur langage est radicalement différent de la communication ordinaire. En quoi la langue de l'art consiste-t-elle ?** (texte 11, Sartre) **Toutefois, chaque art se définit par la matière qui lui est propre et par les formes qu'il lui donne. Quelles sont la matière et les formes du cinéma ?** (texte 12, Deleuze)

Georg Wilhelm Friedrich HEGEL
1770-1831

TEXTE 10 COMMENTÉ

L'art est-il un langage ?

La richesse même des effets sensibles ressentis au contact d'une œuvre d'art ne réside-t-telle pas dans le fait qu'ils sollicitent à la fois notre faculté d'éprouver et notre faculté de comprendre ? Réduire l'art à l'impression qu'il fait n'est-ce pas rester sourd au sens qui se dit en lui dans la langue du sensible ?

L'art, dit-on, est le règne de l'apparence, de l'illusion, et ce que nous appelons beau pourrait tout aussi bien être qualifié d'apparent et d'illusoire. [...]

Rien de plus exact : l'art crée des apparences et vit d'apparences et, si l'on considère l'apparence comme quelque chose qui ne doit pas être, on peut dire que l'art n'a qu'une existence illusoire, et ses créations ne sont que de pures illusions.

Mais, au fond, qu'est-ce que l'apparence ? Quels sont ses rapports avec l'essence ? N'oublions pas que toute essence, toute vérité, pour ne pas rester abstraction pure, doit *apparaître*. [...] Mais l'apparence elle-même est loin d'être quelque chose d'inessentiel ; elle constitue, au contraire, un moment essentiel de l'essence. Le vrai existe pour lui-même dans l'esprit, apparaît en lui-même et est là pour les autres. Il peut donc y avoir plusieurs sortes d'apparences ; la différence porte sur le contenu de ce qui apparaît. Si donc l'art est une apparence, il a une apparence qui lui est propre, mais non une apparence tout court.

Cette apparence, propre à l'art, peut, avons-nous dit, être considérée comme trompeuse, en comparaison du monde extérieur, tel que nous le voyons de notre point de vue utilitaire, ou en comparaison de notre monde sensible et interne. Nous n'appelons pas illusoires les objets du monde extérieur, ni ce qui réside dans notre monde interne, dans notre conscience. Rien ne nous empêche de dire que, comparée à cette réalité, l'apparence de l'art est illusoire ; mais l'on peut dire avec autant de raison que ce que nous appelons réalité est une illusion plus forte, une apparence plus trompeuse que l'apparence de l'art. Nous appelons réalité et considérons comme telle, dans la vie empirique et dans celle de nos sensations, l'ensemble des objets extérieurs et les sensations qu'ils nous procurent. Et, cependant, tout cet ensemble d'objets et de sensations n'est pas un monde de vérité, mais un monde d'illusions. Nous savons que la réalité vraie existe au-delà de la sensation immédiate et des objets que nous percevons directement. C'est donc bien plutôt au monde extérieur qu'à l'apparence de l'art que s'applique le qualificatif d'illusoire.

Il est vrai que, comparé à la pensée, l'art peut bien être considéré comme ayant une existence faite d'apparences. [...] Mais il présente sur la réalité extérieure la même supériorité que la pensée : ce que nous recherchons, dans l'art comme dans la pensée, c'est la vérité. Dans son apparence même, l'art nous fait entrevoir quelque chose qui dépasse l'apparence : la pensée. »

Georg Wilhelm Friedrich HEGEL, *Esthétique*, Introduction, 1, I, §. 3, 1835, trad. S. Jankélévitch, 1944.

▶ LE LANGAGE
▶ LA VÉRITÉ

ESSENCE ET APPARENCE

Hegel pose le problème négligé du statut de l'apparence. Telle est la question oubliée qu'il faut poser à l'apparence : qu'est-ce qui apparaît dans l'apparence ? L'apparence est par définition indissociable du sens qui apparaît en elle. Une apparence qui ne ferait apparaître aucune essence est une notion contradictoire. L'apparence se définit par ce dont elle est l'apparence, c'est-à-dire l'essence. Dans une œuvre d'art, une essence apparaît. Hegel s'attache à retrouver la présence du sens là où il semblait absent, à savoir dans l'apparence sensible. À l'origine de toute œuvre d'art, il y a l'idée que l'artiste œuvre à réaliser dans une matière en lui donnant une apparence sensible. Par exemple dans les jardins à la française de Vaux-le Vicomte, le buis et l'if, arbustes à feuillage persistant, sont taillés en forme de solides géométriques, donnant ainsi à la nature l'apparence de l'éternité. Les arbres sont plantés de façon régulière et les allées dessinent des figures symétriques. Les idées géométriques qui se trouvaient à l'intérieur de l'esprit de l'architecte de ces jardins, André Le Nôtre (jardinier de Louis XIV, notamment pour les jardins de Versailles), s'extériorisent pour former une nature géométrisée. L'art fait que de pures idées géométriques contenues dans l'esprit prennent une apparence sensible et une existence matérielle. Hegel parle en ce sens de « l'apparence (ou du phénomène) de l'esprit » (*Phénoménologie de l'Esprit*, Préface, III, 1807, trad. J. Hyppolite, 1939), car le phénomène c'est ce qui apparaît (du verbe grec *phaïnô*, « paraître »).

LE SENSIBLE ET L'APPARENCE

Il faut donc distinguer l'apparence comme l'incarnation d'un contenu spirituel, et le sensible qui n'est qu'un effet naturel : l'une parle à l'esprit, l'autre affecte nos sens. Qu'est-ce qui fait la différence entre le bruit du tonnerre causé par l'orage, et le tonnerre qui éclate à l'acte I de *La flûte enchantée* de Mozart, annonçant l'arrivée de la Reine de la Nuit ? N'est-ce pas la présence sensible d'un sens qui fait de ce bruit autre chose qu'un bruit ? C'est la différence entre la simple sensation et l'émotion esthétique. L'esthétique hégélienne ne consiste pas à envisager les œuvres sous l'angle de la sensation, mais sous celui de l'apparence. Comme l'écrit Hegel, « le sensible se trouve ainsi élevé dans l'art à l'état d'apparence ». (*Esthétique*, Introduction, II, 1, 3, trad. J. Hyppolite, 1939). Dans l'art une couleur, un son, ne font pas sensation sans faire sens **(voir Matière à penser ci-après)**. C'est que « le sensible n'entre dans l'art qu'à l'état d'idéalité » c'est-à-dire animé d'un sens.

1 **Peut-on séparer le fond d'une œuvre de sa forme ?**

2 **Les œuvres d'art parlent-elles à nos sens ?**

Les jardins à la française de Vaux-le-Vicomte.

HEGEL DIT AUSSI

« L'art est le sensible spiritualisé ou le spirituel sensibilisé. »

Georg Whilhelm Friedrich HEGEL, *Esthétique*, Introduction, II, I, § 3, 1835, trad. S. Jankélévitch, 1944.

? Que voulons-nous dire quand nous disons d'une œuvre qu'elle nous a touchés ?

MATIÈRE À PENSER

Voir et concevoir

Au début du film *Le Crime était presque parfait* (Alfred Hitchcock, 1954), Grace Kelly porte une robe en dentelle rouge vif. En elle-même, cette couleur n'a pas de sens. Ensuite, Hitchcock lui fait porter des vêtements gris puis marron. Comme l'explique Hitchcock lui-même dans son livre d'entretiens avec le réalisateur François Truffaut, aux couleurs vives et gaies du début du film, il fait succéder des vêtements de couleurs « de plus en plus foncées au fur et à mesure que l'intrigue [devient] plus "sombre" » et que grandit le risque de l'erreur judicaire. Pour comprendre le sens du film, il ne suffit pas de regarder isolément ce rouge et ce gris. Il faut regarder le passage du rouge vif au gris, il faut comprendre le sens que véhiculent ces couleurs. Le sens figuré du film, à savoir le thème hitchcockien du « faux coupable », se lit dans le sens propre, c'est-à-dire dans l'assombrissement des couleurs.

Alfred HITCHCOCK, *Le Crime était presque parfait*, 1954.

? Qu'est-ce que le sens figuré d'une œuvre ?

MATIÈRE À PENSER

Entendre et comprendre

À la fin de l'opéra *Don Giovanni* de Mozart, le motif rythmique des diables et du Commandeur n'est pas un simple effet sonore : ce rythme a un sens, celui de l'inexorable justice divine. Et « ce n'est pas le feu de Bengale souvent maladroit de nos scènes d'opéra, ni la trappe qui s'ouvre, c'est la musique de plus en plus torturée de Mozart qui finit par flamber littéralement dans la grande séquence chromatique après la main tendue "*Eccola!*" » (Carl de Nys, « Mozart », *Histoire de la musique*, 1992). Comment dissocier les effets sonores de la signification qu'ils incarnent ? La musique n'est-elle ici pas l'unité vivante du sensible et du sens ?

Marc Callahan dans le rôle-titre de l'opéra *Don Giovanni*, mise en scène de Yoshi Oida à l'opéra Royal de Versailles, 2010.

? La musique peut-elle ne faire que du bruit ?

Jean-Paul SARTRE
1905-1980

TEXTE 11

La littérature est-elle un langage comme un autre ?

Dans son usage ordinaire, le langage est un instrument de communication. Il sert à échanger des idées ou à désigner des objets afin de les utiliser. Ce rapport pratique du mot à ce qu'il signifie est conventionnel : les mots *arbre* et *tree* désignent la même chose de deux façons différentes. Les mots du poète semblent moins représenter les choses que les rendre présentes, pour ainsi dire, en chair et en os, à même les mots. Qu'est-ce qui fait d'un mot un phénomène poétique ?

Le poète est hors du langage, il voit les mots à l'envers, comme s'il n'appartenait pas à la condition humaine et que, venant vers les hommes, il rencontrât d'abord la parole comme une barrière. Au lieu de connaître d'abord les choses par leur nom, il semble qu'il ait d'abord un contact silencieux avec elles puis que, se retournant vers cette autre espèce de choses que sont pour lui les mots, les touchant, les tâtant, les palpant, il découvre en eux une petite luminosité propre et des affinités particulières avec la terre, le ciel et l'eau et toutes les choses créées. Faute de savoir s'en servir comme signe d'un aspect du monde, il voit dans le mot l'image d'un de ces aspects. Et l'image verbale qu'il choisit pour sa ressemblance avec le saule ou le frêne n'est pas nécessairement le mot que nous utilisons pour désigner ces objets. Comme il est déjà dehors, au lieu que les mots lui soient des indicateurs qui le jettent hors de lui, au milieu des choses, il les considère comme un piège pour attraper une réalité fuyante ; bref, le langage tout entier est pour lui le Miroir du monde. Du coup, d'importants changements s'opèrent dans l'économie interne du mot. Sa sonorité, sa longueur, ses désinences masculines ou féminines, son aspect visuel lui composent un visage de chair qui représente la signification plutôt qu'il ne l'exprime. Inversement, comme la signification est réalisée, l'aspect physique du mot se reflète en elle et elle fonctionne à son tour comme image du corps verbal. [...]

Pour le poète, la phrase a une tonalité, un goût ; il goûte à travers elle et pour elles-mêmes les saveurs irritantes de l'objection, de la réserve, de la disjonction ; il les porte à l'absolu, il en fait des propriétés réelles de la phrase ; celle-ci devient tout entière objection sans être objection à rien de précis. Nous retrouvons ici ces relations d'implication réciproque que nous signalions tout à l'heure entre le mot poétique et son sens : l'ensemble des mots choisis fonctionne comme image de la nuance interrogative ou restrictive et, inversement, l'interrogation est image de l'ensemble verbal qu'elle délimite.

Comme dans ces vers admirables :

> Ô saisons ! Ô châteaux !
> Quelle âme est sans défaut ?[1]

Personne n'est interrogé ; personne n'interroge : le poète est absent. Et l'interrogation ne comporte pas de réponse ou plutôt elle est sa propre réponse. Est-ce donc une fausse interrogation ? Mais il serait absurde de croire que Rimbaud a « voulu dire » : tout le monde a ses défauts. Comme disait Breton[2] de Saint-Pol Roux[3] : « S'il avait voulu le dire, il l'aurait dit. » Et il n'a pas non plus voulu dire autre chose. Il a fait une interrogation absolue ; il a conféré au beau mot d'âme une existence interrogative. Voilà l'interrogation devenue chose.

Jean-Paul SARTRE, *Qu'est-ce que la littérature ?*, 1947.

1 Arthur Rimbaud, « Ô saison, ô châteaux », *Une saison en enfer*, 1873. 2 André Breton (1896-1966), écrivain. 3 Saint-Pol Roux (1861-1940), poète.

▶ LE LANGAGE
▶ LA LIBERTÉ

1 Un poème veut-il dire quelque chose ? 2 La sonorité d'un mot peut-elle avoir un sens ?

Gilles DELEUZE
1925-1995

TEXTE 12 COMMENTÉ

En quoi le cinéma est-il un art particulier ?

Chaque art est tributaire d'une matière particulière à laquelle il donne des formes inédites. La matière de la littérature, c'est le langage ; celle de la musique, ce sont les notes, les silences et le son, et celle de la peinture, la couleur et le dessin. Mais quelle est la matière propre au cinéma ? Deleuze montre que le cinéma est un art à part en ceci qu'il a pour élément propre le temps. Le cinéma est l'art du temps. Mais quelles sont les formes que l'art cinématographique donne au temps ?

C'est pourquoi les caractères par lesquels nous définissions précédemment la crise de l'image-action : la forme de la bal(l)ade[1], la propagation des clichés, les événements qui concernent à peine ceux auxquels ils arrivent, bref le relâchement des liens sensori-moteurs, tous ces caractères étaient importants, mais seulement à titre de conditions préliminaires. Ils rendaient possible, mais ne constituaient pas encore la nouvelle image. Ce qui constitue celle-ci, c'est la situation purement optique et sonore qui se substitue aux situations sensori-motrices défaillantes. On a souligné le rôle de l'enfant dans le néo-réalisme, notamment chez De Sica[2] (puis en France chez Truffaut[3]) : c'est que, dans le monde adulte, l'enfant est affecté d'une certaine impuissance motrice, mais qui le rend d'autant plus apte à voir et à entendre. De même, si la banalité quotidienne a tant d'importance, c'est parce que, soumise à des schémas sensori-moteurs automatiques et déjà montés, elle est d'autant plus susceptible, à la moindre occasion qui dérange l'équilibre entre l'excitation et la réponse (comme la scène de la petite bonne d'*Umberto D.*[4]), d'échapper soudain aux lois de ce schématisme et de se révéler elle-même dans une nudité, une crudité, une brutalité visuelles et sonores qui la rendent insupportable, lui donnant l'allure d'un rêve ou d'un cauchemar. De la crise de l'image-action à l'image optique-sonore pure, il y a donc un passage nécessaire. Tantôt c'est une évolution qui fait passer d'un aspect à l'autre : on commence par des films de bal(l)ade, à liaisons sensori-motrices relâchées, et l'on atteint ensuite aux situations purement optiques et sonores. Tantôt c'est dans le même film que les deux coexistent, comme deux niveaux dont le premier sert seulement de ligne mélodique à l'autre.

Gilles DELEUZE, *Cinéma 2. L'Image-temps*, 1985.

1 Deleuze joue sur les sens et les sonorités des mots *balade* (promenade) et *ballade* (air musical lent).

2 Vittorio De Sica (1901-1974) est un cinéaste italien, dont les films rompent avec le cinéma d'action hollywoodien en introduisant des thèmes sociaux.

3 François Truffaut (1932-1984) est un cinéaste français, appartenant, avec Jean-Luc Godard notamment, à la Nouvelle Vague.

4 *Umberto D.*, 1952, est un film de Vittorio De Sica sur la misère sociale.

▶ LE TEMPS
▶ LE TRAVAIL

LE CINÉMA D'ACTION

Deleuze distingue deux formes cinématographiques de temps : la forme propre au cinéma d'action, qui utilise le temps comme un simple moyen de mettre en valeur un mouvement (une course à cheval, une fuite en voiture, etc.) et la forme qui a le temps lui-même pour objet. Si le cinéma est l'art du temps, l'image-action représente alors une sorte d'enfance du cinéma puisqu'elle fait perdre le sens du temps au profit de l'intérêt pour l'action qui se déroule. La présence du temps y est subordonnée à la représentation d'un mouvement, or le mouvement se déroule dans l'espace. Ainsi l'action se déroule dans un temps spatialisé. Or le cinéma doit encore parvenir à libérer le temps de ses représentations spatiales. Pour Deleuze, le cinéma atteint en effet sa maturité lorsque l'image-action entre en crise : les personnages esquissent des actions, mais elles échouent.

DES TEMPS FORTS AUX TEMPS MORTS

Le passage de l'image-action à l'image-temps coïncide avec la fin d'un cinéma d'action dans lequel ce sont les temps forts qui dominent, pendant lesquels on ne voit pas le temps passer. La crise de ce cinéma du mouvement, plutôt que du temps proprement dit, se signale notamment par la présence de nouveaux personnages : les enfants. En effet, les objets qui permettent d'agir sont trop grands pour eux, en sorte que, lorsqu'ils s'en servent, ils sont maladroits et leur action est avortée. Les enfants rêvent, jouent, se baladent, s'ennuient. Ils incarnent le temps des vacances.
Le cinéma franchit une nouvelle étape en passant du temps de l'action incertaine à celui des temps morts, pendant lesquels il ne se passe rien, sinon, comme dans l'ennui, le fait que du temps passe et n'en finit pas de passer. **(voir l'exemple de *Pierrot le Fou* ci-après)** La logique du cinéma d'action fait que notre perception sensible d'une chose, d'une personne ou d'un paysage se limite à ce qui, en eux, concerne l'action : la pierre pour la lancer, le sheriff pour ne pas se faire arrêter, la montagne pour se cacher. Le cinéma des temps morts, lui, rompt le lien entre la perception et l'action. Dès lors, la sensation optique et visuelle s'élargit et se transforme pour percevoir les choses non plus en fonction de l'usage que nous pouvons en faire, mais pour elles-mêmes. Cette image optique-sonore est « pure » en cela qu'elle n'est pas au service de l'action. Cette perception gratuite livre le temps en lui-même, libéré de l'espace et du mouvement de l'action. **(voir LE TEMPS, texte 1, p. 460)**

1 En quoi le western appartient-il au cinéma d'action ?

2 Qu'est-ce qui différencie le cinéma de la photographie ?

Jean-Luc GODARD, *Pierrot le Fou*, 1965.

Dans cette séquence de *Pierrot le Fou* de Jean-Luc Godard, Marianne (Anna Karina) parcourt la plage de long en large en répétant : « Qu'est-ce que j'peux faire ? J'sais pas quoi faire ! » Ne faisant rien, elle s'ennuie. Le temps alors envahit l'écran où il ne se passe rien d'autre que du temps qui passe.

? Le cinéma nous rend-il le sens du temps que l'affairement quotidien nous dérobe ?

Les goûts et les couleurs

Selon le dicton, des goûts et des couleurs on ne peut pas discuter. Les émotions personnelles sont-elles incompatibles avec la discussion collective ? (texte 13, Montesquieu) Faut-il dès lors renoncer à évaluer les œuvres d'art et accepter qu'en art tout se vaut ? (texte 14, Kant) Comment ne pas prendre en compte, dans les jugements que nous portons sur l'art, le poids des valeurs propres à chaque culture ? (texte 15, Lévi-Strauss)

MONTESQUIEU
1689-1755

TEXTE 13

Peut-on disputer des goûts ?

« À chacun ses goûts » : ce dicton prétend soustraire l'art à toute discussion pour abandonner le beau à l'appréciation subjective de chacun. L'originalité qui signale l'œuvre d'art vient confirmer cet état de choses en privant l'examen de tous points de comparaison possibles. Faut-il renoncer à fonder une appréciation objective de l'art et se contenter de la diversité des impressions qu'il provoque selon les individus ?

Il n'est point à craindre que la discussion et l'analyse émoussent le sentiment ou refroidissent le génie dans ceux qui posséderont d'ailleurs ces précieux dons de la nature. Le philosophe sait que dans le moment de la production, le génie ne veut aucune contrainte ; qu'il aime à courir sans frein et sans règle, à produire le monstrueux à côté du sublime, à rouler impétueusement l'or et le limon tout ensemble. La raison donne donc au génie qui crée une liberté entière ; elle lui permet de s'épuiser jusqu'à ce qu'il ait besoin de repos, comme ces coursiers fougueux dont on ne vient à bout qu'en les fatiguant. Alors elle revient sévèrement sur les productions du génie ; elle conserve ce qui est l'effet du véritable enthousiasme, elle proscrit ce qui est l'ouvrage de la fougue, et c'est ainsi qu'elle fait éclore les chefs-d'œuvre. Quel écrivain, s'il n'est pas entièrement dépourvu de talent et de *goût*, n'a pas remarqué que dans la chaleur de la composition une partie de son esprit reste en quelque manière à l'écart pour observer celle qui compose et pour lui laisser un libre cours, et qu'elle marque d'avance ce qui doit être effacé ?

Le vrai philosophe se conduit à peu près de la même manière pour juger que pour composer ; il s'abandonne d'abord au plaisir vif et rapide de l'impression ; mais persuadé que les vraies beautés gagnent toujours à l'examen, il revient bientôt sur ses pas, il remonte aux causes de son plaisir, il les démêle, il distingue ce qui lui a fait illusion d'avec ce qui l'a profondément frappé, et se met en état par cette analyse de porter un jugement sain de tout l'ouvrage.

On peut, ce me semble, d'après ces réflexions, répondre en deux mots à la question souvent agitée, si le sentiment est préférable à la discussion pour juger un ouvrage de *goût*. L'impression est le juge naturel du premier moment, la discussion l'est du second.

MONTESQUIEU, *Essai sur le goût*, 1757.

▶ LE LANGAGE
▶ LA LIBERTÉ
▶ LA RAISON

1 Le beau peut-il être l'objet d'un examen réfléchi ?

2 Qu'est-ce qu'avoir mauvais goût ?

Ce que disent les mots

Imitation ou représentation ?

L'acception « esthétique » du terme ***art***, qui domine très largement pour nous, est d'origine très récente – tout comme le sens « artistique » du terme ***esthétique***, qui signifie d'abord et jusque chez Kant ce qui a trait à la sensation et à la perception (***aisthêsis,*** mot grec formé sur ***aisthanomai***, « sentir, percevoir, entendre »). ***Ars*** en latin et ***tekhnê*** en grec, traduits régulièrement par *art*, renvoient aux pratiques de l'artisan et de l'homme de l'art plutôt qu'à celles de l'artiste. (voir LA TECHNIQUE p. 430) C'est seulement au XVIIe siècle qu'apparaît la notion de **« beaux-arts »** (***schöne Kunste*** en allemand, ***belle arti*** en italien, ***fine arts*** en anglais), avec l'institutionnalisation des Académies.

La problématique essentielle, qui perdure de la ***tekhnê*** grecque aux beaux-arts, est celle de la ***mimêsis*** (formé sur ***mimos***, « mime ») : selon qu'on l'interprète comme **« imitation »**, avec Platon, ou comme **« représentation »**, avec Aristote, la valeur de l'art change du tout au tout. Cette différence de traduction est constitutive de l'histoire de l'art et de l'histoire de la philosophie.

Si la ***tekhnê*** du peintre ne fait qu'imiter par le dessin et la couleur le lit que je vois, alors le lit peint est une copie du lit sensible. Or le lit sensible n'est lui-même, selon Platon, qu'une copie, une « image » (***eikôn***), de l'***eidos*** lit, c'est-à-dire de l'« idée », de la « forme », de l'« essence » du lit, bref du vrai lit. Dans la perspective platonicienne, le lit de Van Gogh ne sera jamais qu'une imitation d'imitation, « un moindre être au carré ». On comprend que Platon chasse l'artiste hors de la cité, qu'il soit peintre ou poète – avec une exception pour le musicien (***mousikos***, comme « muse » et « musée »), car sa *tekhnê* est d'abord de la science mathématique. D'ailleurs, ***eidos***, formé sur ***oraô***, « voir », signifie d'abord simplement l'« aspect extérieur » de quelque chose, le « visage » de quelqu'un, en vient à désigner « l'idée » même, l'être dans sa transcendance, mouvement que l'on nommera au sens propre « idéalisme ».

Vincent Van GOGH, *La Chambre de Van Gogh à Arles*, 1888, musée Van Gogh, Amsterdam.

Mimêsis est généralement traduit par **« représentation »**. Ce *re-* de « re-présentation » indique l'apport propre de l'art, faisant droit à un autre positionnement de la mimêsis, non pas « moindre être », mais nouvelle appréhension de ce qui est. Si l'art ne faisait qu'imiter, nous ne prendrions aucun plaisir à voir des peintures de cadavres ou à entendre des tragédies (voir ART p. 22). C'est pourquoi l'art a, dans la cité grecque, une fonction politique évidente, en particulier l'institution du théâtre qui relève de ce que l'on peut appeler l'être-ensemble des citoyens et qui, d'Aristote aux tragédies de Corneille et de Racine, « purge » les passions (c'est la ***catharsis***) en faisant éprouver terreur et pitié.

Emmanuel KANT
1724-1804

TEXTE 14

Quelle est la différence entre le beau et le joli ?

Les connaissances scientifiques produisent des jugements dont la vérité est universelle, c'est-à-dire qui sont vrais pour tous. Les lois de Newton comme les propriétés du triangle ne varient pas qu'elles soient connues par un Mexicain ou un Grec. Mais pour ce qui concerne le jugement sur la beauté d'une œuvre d'art, cette universalité peut-elle se retrouver ?
Les concepts garantissant la forme d'universalité des jugements scientifiques sont absents de la création artistique. L'absence de concepts ou de règles prédéfinis condamne-t-elle à renoncer à distinguer le joli, qui varie selon les individus, et la beauté, idée qui prétend valoir pour tous ?

Dès que l'on porte un jugement sur des objets uniquement d'après des concepts, toute représentation de beauté disparaît. On ne peut donc indiquer une règle d'après laquelle quelqu'un pourrait être obligé de reconnaître la beauté d'une chose. On ne veut pas se laisser dicter son jugement par quelque raison ou par des principes lorsqu'il s'agit de savoir si un habit, une maison, ou une fleur sont beaux. On veut examiner l'objet de ses propres yeux, comme si la satisfaction qu'on y prend dépendait de la sensation ; et cependant, si l'on déclare alors que l'objet est beau, on croit avoir pour soi toutes les voix et l'on prétend à l'adhésion de chacun, bien que toute sensation personnelle ne soit décisive que pour le sujet et sa satisfaction propre.

Par où l'on voit que dans le jugement de goût on ne postule rien que cette universalité des voix par rapport à la satisfaction, sans la médiation des concepts, par conséquent on postule la possibilité d'un jugement esthétique qui puisse être considéré comme valable en même temps pour tous. En ce sens le jugement de goût ne postule pas lui-même l'adhésion de chacun (seul un jugement logique universel peut le faire parce qu'il peut présenter des raisons), il ne fait qu'attribuer à chacun cette adhésion comme un cas de la règle dont il attend la confirmation de l'accord des autres et non pas de concepts.

Emmanuel KANT, *Critique de la faculté de juger*, § 8, 1790, trad. A. Philonenko, 1986.

▶ LA SCIENCE
▶ LE TEMPS
▶ LA VÉRITÉ

1 Peut-on prouver qu'une chose est belle ?

2 L'art peut-il être conceptuel ?

KANT DIT AUSSI

« Est beau ce qui plaît universellement sans concept. »

Emmanuel KANT, *Critique de la faculté de juger*, § 8, 1790, trad. A. Philonenko, 1986.

? Peut-on faire la science du beau ?

→ VERS LE BAC

Rédiger une dissertation sur le sujet suivant : « Peut-on mesurer la valeur d'une œuvre d'art ? »

MATIÈRE À PENSER

Mathématique de la création

Richard P. Taylor, professeur de physique à l'université de l'Oregon, montre dans son article « Fractal Analysis of Pollock's Drip Paintings » (*Nature*, juin 1999) que les peintures de Pollock répondent à une structure géométrique rigoureuse relevant des fractales. Cette structure géométrique, qui se développe en se reproduisant, a permis d'identifier des peintures attribuées à Pollock comme n'étant pas de l'artiste. De plus, la présence de cette distribution géométrique des jets de couleurs augmente chez Pollock au fil des années, en sorte que l'on est capable de dater ses toiles. Ainsi, ce qui semblait relever de la pure fantaisie du peintre et d'une spontanéité sans règles du geste, reproduit un ordre rigoureux que l'on peut mesurer.

Jackson POLLOCK, *Rythme d'automne*, 1950, Metropolitan Museum of Art, New-York.

Yellow fractal, Victor Habbick Visions.

Coquille de nautile.

Claude
LÉVI-STRAUSS
1908-2009

TEXTE 15

La beauté est-elle une valeur culturelle ?

On a vite fait de prendre sa culture pour « La » culture. Toute culture est ethnocentrique. Elle se regarde elle-même comme « La » culture et se représente toutes les autres cultures comme des phénomènes de sous-culture, voire de non-culture. À cet égard, si les cultures ont quelque chose en commun c'est bien leur ethnocentrisme. De ce point de vue, le problème se pose de savoir si le beau est une idée universelle ou une valeur relative.

L'attitude la plus ancienne, et qui repose sans doute sur des fondements psychologiques solides puisqu'elle tend à réapparaître chez chacun de nous quand nous sommes placés dans une situation inattendue, consiste à répudier purement et simplement les formes culturelles : morales, religieuses, sociales, esthétiques, qui sont les plus éloignées de celles auxquelles nous nous identifions. « Habitudes de sauvages », « cela n'est pas de chez nous », « on ne devrait pas permettre cela », etc., autant de réactions grossières qui traduisent ce même frisson, cette même répulsion, en présence de manières de vivre, de croire ou de penser qui nous sont étrangères. Ainsi l'Antiquité confondait-elle tout ce qui ne participait pas de la culture grecque (puis gréco-romaine) sous le même nom de *barbare* ; la civilisation occidentale a ensuite utilisé le terme de *sauvage* dans le même sens. Or derrière ces épithètes se dissimule un même jugement : il est probable que le mot *barbare* se réfère étymologiquement à la confusion et à l'inarticulation du chant des oiseaux, opposées à la valeur signifiante du langage humain ; et sauvage, qui veut dire « de la forêt », évoque aussi un genre de vie animale, par opposition à la culture humaine. Dans les deux cas, on refuse d'admettre le fait même de la diversité culturelle ; on préfère rejeter hors de la culture, dans la nature, tout ce qui ne se conforme pas à la norme sous laquelle on vit. [...]

L'humanité cesse aux frontières de la tribu, du groupe linguistique, parfois même du village ; à tel point qu'un grand nombre de populations dites primitives se désignent elles-mêmes d'un nom qui signifie les « hommes » (ou parfois – dirons-nous avec plus de discrétion ? – les « bons », les « excellents », les « complets »), impliquant ainsi que les autres tribus, groupes ou villages ne participent pas des vertus ou même de la nature humaine. [...] Dans les Grandes Antilles, quelques années après la découverte de l'Amérique, pendant que les Espagnols envoyaient des commissions d'enquête pour rechercher si les indigènes avaient ou non une âme, ces derniers s'employaient à immerger des Blancs prisonniers, afin de vérifier, par une surveillance prolongée, si leur cadavre était ou non sujet à la putréfaction. [...]

En refusant l'humanité à ceux qui apparaissent comme les plus « sauvages » ou « barbares » de ses représentants, on ne fait que leur emprunter une de leurs attitudes typiques. Le barbare, c'est d'abord l'homme qui croit à la barbarie.

Claude LÉVI-STRAUSS, *Race et histoire*, 1952.

▶ LE TEMPS

1 Y a-t-il des arts primitifs ?

2 Qui décide de ce qui relève d'une sous-culture ?

BOURDIEU ET DARBEL DISENT AUSSI

« Si l'amour de l'art est bien la marque de l'élection séparant, comme par une barrière invisible et infranchissable, ceux qui en sont touchés de ceux qui n'ont pas reçu cette grâce, on comprend que les musées trahissent, dans les moindres détails de leur morphologie et de leur organisation, leur fonction véritable, qui est de renforcer chez les uns le sentiment d'appartenance et chez les autres le sentiment de l'exclusion. »

Pierre BOURDIEU et Alain DARBEL, *L'Amour de l'art*, 1966.

Un musée est-il un lieu de culture ou de culte ?

MATIÈRE À PENSER

Le mépris du contemporain

Le peintre italien Giorgio Vasari (1511-1574) rapporte dans son livre sur les *Vies des artistes* (1550), que Michel-Ange, encore jeune et peu connu, sculpte à Florence un Cupidon endormi fait sur le modèle des statues antiques. La ressemblance est telle qu'on lui donne le conseil suivant.

« "Si tu le mettais en terre, je suis certain qu'il passerait pour un marbre antique, en l'arrangeant de manière qu'il paraisse vieux et en l'envoyant à Rome, où tu en tirerais beaucoup plus d'argent qu'en le vendant ici." On raconte que Michel-Ange l'arrangea de manière qu'il parût antique, et ce n'est pas étonnant, car il avait assez de génie pour le faire, et même mieux. » On raconte ensuite qu'il fut vendu pour deux cents ducats à un cardinal. Vasari poursuit alors : « Le cardinal ayant appris, d'un homme qui s'y entendait, que la statue avait été faite à Florence redemanda son argent et rendit la statue. Cette histoire, conclut Vasari, ne tourna pas à la louange du cardinal, qui ne se rendit pas compte que la qualité d'une œuvre consiste dans sa perfection, qu'on peut la rencontrer dans une œuvre moderne aussi bien que dans un antique, et que c'est une grande vanité de s'attacher au mot plutôt qu'au fait. En tout cas, Michel-Ange en retira une grande réputation. »

Giorgio VASARI, *Vies des artistes*, 1550, trad. L. Leclanché reprise par V. Gerard Powell, 2007.

La valeur que nous attribuons aux œuvres est-elle indépendante des préjugés de l'époque ?

Pablo PICASSO, *Buste de femme ou de marin* (étude pour *Les Demoiselles d'Avignon*), 1907, musée national Picasso, Paris.

Masque de danse, style du maître d'Essankro, av. 1963, musée du quai Branly-Jacques Chirac, Paris.

Pour être sensible à la beauté d'un art, faut-il connaître la culture à laquelle il appartient ?

CINÉ PHILO

At Eternity's Gate

JULIAN SCHNABEL, 2018

Julian Schnabel est un peintre et cinéaste américain. Son dernier film, *At Eternity's Gate,* sorti sur Netflix, porte sur Van Gogh (1853-1886), l'un des peintres fondateurs de l'art moderne, à la vie tourmentée qui interroge sur la proximité entre le génie et la folie.

Ce n'est pas un film pour expliquer Van Gogh, mais pour le voir. Julian Schnabel a tourné dans les lieux mêmes où Van Gogh a vécu, il a marché dans ses pas : « Quand on voit Gauguin et Van Gogh qui discutent dans la rue, dit Schnabel, cela pourrait se passer aujourd'hui. Gauguin demande à Van Gogh pourquoi il a besoin de peindre en regardant la nature, pourquoi il veut copier ce qu'il voit. Et Van Gogh lui répond que, chaque fois qu'il regarde un paysage, il voit quelque chose qu'il n'a jamais vu. Il ne s'agit donc pas de copier mais de faire l'expérience du regard. » Comme le dit Van Gogh au Docteur Gachet, qui le soigne à Arles : « Je suis mes tableaux. »

Vincent Van GOGH, *Autoportrait,* 1887-1888, musée Van Gogh, Amsterdam.

LE BONHEUR

LE CARAVAGE, *La Diseuse de bonne aventure*, v. 1595, musée du Louvre, Paris.

Le Caravage (1571-1610) est un peintre baroque. Célèbre pour son « clair-obscur », il humanise le divin et introduit en Italie la « peinture de genre », c'est-à-dire des scènes de la vie quotidienne, qui peuvent comme ici donner une leçon au spectateur attentif. Dans ce tableau, un jeune homme se fait lire son avenir dans les lignes de la main par une bohémienne. Tandis qu'elle captive son regard où il lit la perspective flatteuse d'une vie heureuse, elle lui dérobe sans qu'il s'en aperçoive la bague qu'il porte à l'annulaire.

ARRÊT SUR IMAGE

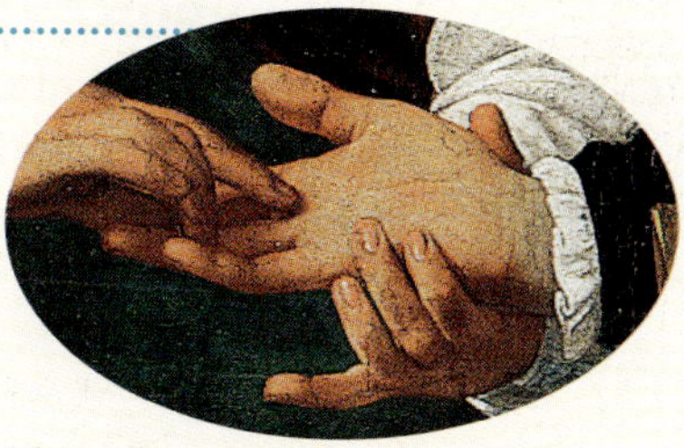

1 Le Caravage critique ici l'illusion d'un bonheur hypothétique qui rend aveugle à la réalité du présent. Ne questionne-t-il pas plus largement la représentation du bonheur comme un « cadeau tombé du ciel » ?

2 Être heureux, est-ce une affaire d'« aventure » ?

LE BONHEUR EN QUESTION

Le mot *bonheur* se compose du préfixe *bon-* et du substantif *heur*, qui dérive du latin *augurium*, « présage (favorable ou non) », d'où « bonne chance », puis « sort, condition, destinée ». À s'en tenir au mot, le bon-heur, c'est le « bon présage » et le mal-heur, le « mauvais ».

Le bonheur semble renvoyer à un événement futur qui nous arrive. On retrouve cette idée dans le terme anglais *happiness*, « bonheur », qui dérive du verbe *to happen*, « arriver ». Si le bonheur ne dépend pas de notre volonté, mais de circonstances extérieures sur lesquelles nous n'avons pas de prise, on comprend qu'il soit entouré de superstitions. Ainsi s'explique la fortune des diseuses de bonne aventure et autres astrologues. Quand on pense n'avoir aucun pouvoir sur l'avenir, on croise les doigts pour que le bon se réalise plutôt que le mauvais. Pour s'attirer les faveurs du sort ou repousser ses mauvais coups, ne s'arme-t-on pas de « porte-bonheur », comme une patte de lapin ou un fer à cheval ?

1 BONNE FORTUNE ET BONHEUR Si le bonheur ne dépend pas de notre volonté mais nous arrive, n'est-il pas, non seulement vain, mais contradictoire de vouloir le chercher ? C'est cette démission que la philosophie interroge. Qui pourrait vivre sans chercher à être heureux ? Le bonheur n'est-il pas la fin que poursuivent les êtres humains ? La philosophie doit redéfinir le bonheur pour en faire le résultat d'une conduite, et parvenir par là à construire un concept indépendant de ce que dit le mot. (p. 50 à p. 59)

2 BONHEUR ET MALHEUR DE L'HOMME Le bonheur constitue alors une fin que les hommes poursuivent. La difficulté est de savoir en quoi consiste au juste le bonheur. L'être humain est-il naturellement heureux ? Ou d'emblée malheureux, parce qu'il sait qu'il va mourir ? Le bonheur est-il de ce monde-ci ? (p. 60 à p. 64)

3 BONHEUR INDIVIDUEL ET BIEN-ÊTRE COLLECTIF Le bonheur dépend-il de mon économie psychique personnelle ? Ou bien relève-t-il de l'économie sociale et politique ? Pourrait-on le quantifier ? (p. 65 à p. 71)

4 BONHEUR ET TEMPS Enfin, quel est donc le rapport entre bonheur et temps ? Le bonheur est-il lié au temps fugace du désir, ou bien à l'instant du plaisir, au vécu du moment présent ? Et si ce n'était pas un état, mais une manière d'être et d'agir ? (p. 72 à p. 75)

PANORAMA DE LA NOTION

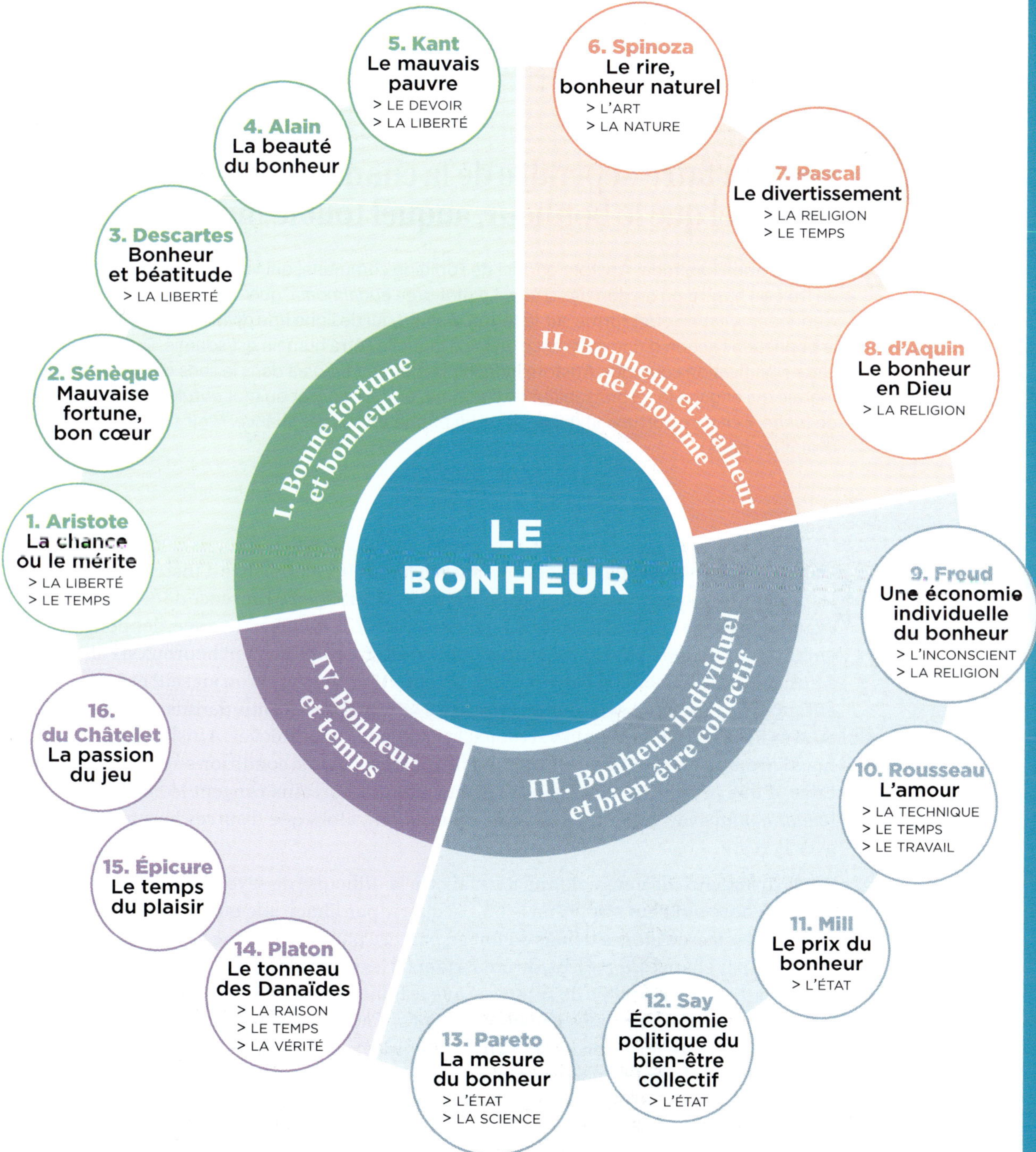

Bonne fortune et bonheur

Le bonheur relève-t-il, comme le mot l'indique, de la chance qui nous arrive, ou est-il le résultat de notre conduite ? (texte 1, Aristote) **Comment pourrions-nous chercher à être heureux si cela ne dépend en rien de nous ?** (textes 2, Sénèque, et 3, Descartes) **Le bonheur n'est-il pas une question de volonté, qui engage non seulement ma vie mais aussi celle des autres ?** (texte 4, Alain) **Pour faire son devoir, faut-il renoncer à son bonheur ?** (texte 5, Kant)

ARISTOTE
384 av. J.-C.-
322 av. J.-C.

TEXTE 1

Peut-on faire dépendre de la chance un bien aussi essentiel que le bonheur, auquel tout le monde aspire ?

Comme à son habitude, Aristote part ici de l'opinion commune, qui voit dans le bonheur un fruit du hasard ou un don des dieux. Le mot grec *eudaimonia*, que l'on traduit par « bonheur », est en effet formé sur le terme *daimôn* qui désigne une divinité et qui lie le bonheur à l'action d'une puissance divine à laquelle l'être humain est soumis. Contre cette signification courante, Aristote infléchit le mot *eudaimonia* dans le sens d'une vertu morale qui engage la responsabilité de l'homme, pour l'opposer au mot *eutukhia* (dérivé de *tukhê*, « chance, fortune ») qui désigne un bonheur reçu par chance. (voir Ce que disent les mots)

Dans un grand nombre de nos actions, nous faisons intervenir à titre d'instruments les amis ou la richesse, ou l'influence politique ; et, d'autre part, l'absence de certains avantages gâte la félicité : c'est le cas, par exemple, de la bonne naissance, des bons enfants, de la beauté physique. On n'est pas, en effet, complètement heureux si l'on a un aspect disgracieux, si l'on est d'une basse extraction, ou si l'on vit seul et sans enfants ; et, pis encore sans doute, si on a des enfants ou des amis perdus de vices, ou si enfin, alors qu'ils étaient vertueux, la mort nous les a enlevés. Ainsi donc que nous l'avons dit, il semble que le bonheur ait besoin, comme condition supplémentaire, d'une prospérité de ce genre ; de là vient que certains rangent le bonheur [*eudaimonia*] avec la fortune favorable [*eutukhia*], alors que d'autres le rangent avec la vertu.

Cette divergence de vues a donné naissance à la difficulté de savoir si le bonheur est une chose qui peut s'apprendre ou s'acquérir par l'habitude ou quelque autre type d'exercice, ou alors s'il nous échoit en partage par une certaine faveur divine ou même par chance [*tukhê*]. Et, de fait, si jamais les dieux ont fait quelque don aux hommes, il est raisonnable de supposer que le bonheur est un présent divin, et ce au plus haut degré parmi les choses humaines, d'autant qu'il est la meilleure de toutes. Mais cette question serait sans doute mieux appropriée à un autre ordre de recherches. Il semble bien en tout cas que, même si le bonheur n'est pas envoyé par les dieux mais survient en nous par l'effet de la vertu ou de quelque étude ou exercice, il fait partie des choses les plus divines : ce qui constitue la récompense et la fin même de la vertu est de toute évidence un bien suprême, une chose divine et pleine de félicité. Mais en même temps, ce doit être une chose accessible au grand nombre, car il peut appartenir à tous ceux qui ne sont pas anormalement inaptes à la vertu s'ils y mettent quelque étude et quelque soin. Et s'il est meilleur d'être heureux de cette façon-là que par l'effet de la chance, on peut raisonnablement penser que c'est bien ainsi que cela se passe : si les choses de la nature sont par nature aussi bonnes qu'elles peuvent l'être, il en va de même à plus forte raison pour tout ce qui relève de l'art ou de toute autre cause, et notamment de la cause par excellence. Au contraire, abandonner au jeu du hasard ce qu'il y a de plus grand et de plus noble serait une solution par trop discordante.

ARISTOTE, *Éthique à Nicomaque,* I, 9, 1099 a-b, IVe siècle av. J.-C., trad. J. Tricot, 1959.

▶ LA LIBERTÉ
▶ LE TEMPS

1. La « beauté physique » (l. 4) est-elle indispensable pour être heureux ?
2. Qu'est-ce qu'un bonheur qu'on ne mérite pas ?

Jean-Baptiste HUGUES, *Œdipe à Colone,* 1885, musée d'Orsay, Paris.

Inspirée des tragédies de Sophocle, *Œdipe roi* et *Œdipe à Colone,* cette sculpture montre Œdipe, vieux et aveugle, aux côtés de sa fille Antigone, qu'il a conçue – sans le savoir – avec sa propre mère, et qui est donc aussi sa sœur. Dans la pièce *Œdipe roi,* Œdipe est accablé de malheurs : ainsi que l'oracle de Delphes l'avait prédit avant sa naissance, il tue son père, commet un inceste et se crève les yeux. Dans *Œdipe à Colone,* Sophocle raconte la mort surnaturelle d'Œdipe, qui disparaît, comme appelé par les dieux, purifié de ses crimes involontaires, et peut être finalement libéré de ses malheurs.

? Y a-t-il des malheurs insurmontables ?

ARISTOTE DIT AUSSI

« Le bien pour l'homme consiste dans une activité de l'âme en accord avec la vertu, et, au cas de pluralité de vertus, en accord avec la plus excellente et la plus parfaite d'entre elles. Mais il faut ajouter : et cela dans une vie accomplie jusqu'à son terme, car une hirondelle ne fait pas le printemps, ni non plus un seul jour : et ainsi la félicité et le bonheur ne sont pas davantage l'œuvre d'une seule journée, ni d'un bref espace de temps. »

ARISTOTE, *Éthique à Nicomaque,* I, 6, trad. J. Tricot, 1959.

? Que signifie l'expression « une hirondelle ne fait pas le printemps » ?

→ VERS LE BAC

Rédiger une dissertation sur le sujet suivant : « Peut-on être heureux involontairement ? »

SÉNÈQUE
4 av. J.-C-65

TEXTE 2 COMMENTÉ

Notre bonheur est-il à la merci des événements ?

Tout en travaillant à ramener le bonheur sous la tutelle de la philosophie pour en faire le résultat d'un effort de l'âme, Sénèque dénonce la vanité qui consiste à se plaindre de son sort alors qu'il est inévitable et ne dépend en rien de nous. La vertu consiste, pour lui, à reconnaître la nécessité des événements pour les délester de leur charge d'affliction. La philosophie ne prétend pas nous prémunir contre les adversités de la vie, mais nous apprend à ne pas nous en attrister. Nous faisons notre malheur nous-mêmes en nous obstinant à imaginer comme évitable un état des choses inévitable.

Ce sera toujours la même chose de dire : « Le souverain bien, c'est l'âme qui dédaigne les événements fortuits et trouve son contentement dans la vertu », ou encore : « Le souverain bien, c'est l'âme invincible, possédant l'expérience des choses, calme dans l'action avec beaucoup de bienveillance et d'obligeance pour son entourage. » Il me plaît aussi d'indiquer la définition suivante : l'homme heureux est celui pour qui rien ne se trouve bon ou mauvais en dehors d'une âme bonne ou mauvaise ; cet homme pratique ce qui est honnête, il se contente de la vertu ; les accidents de la fortune ne peuvent ni l'exalter ni le briser, il ne connaît pas de bien plus grand que celui qu'il peut se donner à lui-même ; son vrai plaisir est le mépris des plaisirs. On peut, si l'on veut s'étendre encore, présenter la même idée sous telle ou telle autre face, tout en gardant le sens intact. Qui nous empêche de dire : la vie heureuse, c'est une âme libre, élevée, sans peur, constante, placée en dehors de la crainte et du désir ; il n'y a pour elle qu'un seul bien, l'honnêteté, et qu'un seul mal, l'indignité ? Tout le reste est un vacarme confus qui n'enlève ni n'ajoute rien à la vie heureuse, qui vient et qui s'en va sans accroître ni diminuer le souverain bien. Une fois celui-ci établi ainsi, la conséquence nécessaire, qu'on le veuille ou non, se trouve une gaieté continuelle, une joie profonde et venant du fond de l'être, parce que l'âme se réjouit de ses richesses et ne désire rien qui lui soit étranger. Que pèsent, à côté, des émotions corporelles minces, futiles et sans durée ?

SÉNÈQUE, *De la vie heureuse*, Ier siècle,
dans *Les Stoïciens*, trad. E. Bréhier, 1962.

▶ LE DEVOIR
▶ LA LIBERTÉ

ÉMOTIONS CORPORELLES

Au tout début du *De vita beata*, Sénèque souligne que le bonheur ne va pas de soi et que sa recherche requiert une étude philosophique pour déterminer précisément en quoi il consiste. Car si tout le monde le désire, lorsqu'il s'agit de le définir, « c'est le plein brouillard ». On peut déjà écarter ce qui n'entre pas dans la définition du bonheur : ce n'est pas la simple jouissance du corps, qui est éphémère. Le bonheur n'est pas la paix du corps, mais « la tranquillité de l'âme ». Sénèque mobilise souvent des métaphores maritimes pour décrire l'instabilité de l'âme humaine qui ne sait pas chercher le bonheur parce qu'elle se laisse ballotter par les événements. À l'inverse, il localise la vertu dans la fermeté de la volonté fondée sur la lucidité du jugement.

UNE ÂME LIBRE

Le bonheur ne peut être que le fruit d'une résolution, et non du hasard ou du destin. Comment pourrait-on appeler « heureuse » une existence soumise aux caprices de la fortune ? Loin d'abandonner la vie heureuse aux sortilèges de la superstition et de dispenser l'homme de tout effort, la philosophie le considère comme « l'artisan de sa vie », écrit-il ailleurs dans le même livre.

BIENVEILLANCE

La vie heureuse ne peut en outre être vertueuse que si elle s'étend au bonheur d'autrui et témoigne de la bienveillance « pour son entourage ». Cependant, si la vertu par excellence de l'âme consiste à « dédaigner les événements fortuits », et à se montrer obligeant envers autrui, Sénèque concède que celui « qui se dirige vers la vertu, même s'il a fait de grands progrès, ne peut pourtant se passer de la complaisance de la fortune [*fortunae indulgentia*], car il est encore dans la lutte au milieu des hommes. » Il ne suffit pas donc de décider d'être heureux, ni de veiller au bonheur des autres, il faut encore que les autres ne s'acharnent pas sur nous. Sénèque semble indiquer par là une limite à la pratique vertueuse du bonheur, l'état de pleine béatitude n'étant pas accessible à la vie parmi les mortels.

1 Qu'est-ce qu'un « événement fortuit » ? (l. 2) Citer un exemple.

2 Qu'est-ce qui explique que la gaieté dont parle Sénèque soit « continuelle » (l. 17) ?

REPÈRES contingent / nécessaire

C'est parce que nous nous représentons un événement **nécessaire** comme s'il était **contingent**, c'est-à-dire comme s'il avait pu ne pas se produire, que nous nous en scandalisons. La sagesse consiste à se représenter la **nécessité** de ce qui est nécessaire, c'est-à-dire de ne pas imaginer que ce qui de toute façon ne pouvait pas ne pas arriver, aurait quand même pu ne pas arriver.

SÉNÈQUE DIT AUSSI

« Le bonheur véritable est donc placé dans la vertu. Que nous conseille-t-elle ? De ne pas prendre pour un bien ou pour un mal ce qui n'est fait ni par vertu ni par méchanceté, puis de rester inébranlable en face du mal et à la suite du bien pour, autant que cela nous est permis, reproduire l'image de Dieu. Que te promet-on en échange de cette entreprise ? De grandes choses, et égales à celles que possède la divinité : tu ne subiras pas de contrainte, tu ne manqueras de rien, tu seras libre et en sécurité ; nul dommage ne t'atteindra ; tu ne tenteras rien en vain et tu ne trouveras point d'obstacle ; tout ira à ton gré ; rien n'arrivera qui te contrarie, qui soit contre ton opinion et ta volonté. « Quoi donc ? La vertu suffit pour vivre heureux ? » – Cette vertu parfaite et divine pourquoi ne suffirait-elle pas, pourquoi même ne contiendrait-elle point davantage ? Que peut-il manquer en effet à celui qui s'est placé en dehors de tout désir ? En quoi a-t-il besoin des choses extérieures celui qui a rassemblé en lui-même tout ce qu'il possède ? »

SÉNÈQUE, *De la vie heureuse*, Iᵉʳ siècle, dans *Les Stoïciens*, trad. E. Bréhier, 1962.

? Avoir consience d'avoir fait son devoir peut-il suffire à rendre heureux ?

Les vices et vertus : Allégorie de la Vanité, détail, fresque du XVᵉ siècle, Castello dei Castiglioni, Masnago.

Pour Sénèque, la vie malheureuse court après ces choses qui « sont brillantes à l'extérieur mais, à l'intérieur, misérables ». La recherche des plaisirs rend esclave du corps, replie chacun sur son propre intérêt et détourne de ses « devoirs » (*officiis*), comme celui de défendre sa patrie, fût-ce au péril de sa vie. La vertu est collective et soucieuse de l'autre et s'oppose à la volupté qui est égocentrée.

? Pour être heureux faut-il oublier les autres ?

René DESCARTES
1596-1650

TEXTE 3 **COMMENTÉ**

À quoi bon rechercher le bonheur s'il ne dépend pas de nous ?

Au tout début du *De vita beata* (« De la vie heureuse »), Sénèque souligne que le bonheur ne va pas de soi et que sa recherche requiert une étude philosophique pour déterminer précisément en quoi il consiste. Car si tout le monde le désire, lorsqu'il s'agit de le définir, « c'est le plein brouillard », écrit-il.
Dans cette *Lettre à la princesse Elisabeth du 4 août 1645*, Descartes explicite le sens de *vita beata* en se demandant comment la vie heureuse peut être vertueuse si elle dépend d'événements futurs qui ne dépendent pas de nous. L'expression française « vie heureuse », loin d'exprimer la pensée de Sénèque, ne la trahit-elle pas, puisque « l'heur » relève de ce qui est hors de nous ? Dès lors, ne faut-il pas écarter le mot *bonheur* pour en retrouver l'idée ?

Il [Sénèque] dit fort bien, au commencement, que *vivere omnes beate volunt, sed ad pervidendum quid sit quod beatam vitam efficiat, caligant* (tout le monde veut vivre heureux, mais quand il s'agit de voir clairement ce qui rend la vie heureuse, c'est le brouillard). Mais il est besoin de savoir ce que c'est que *vivere beate* (vivre heureux) ; je dirais en français vivre heureusement, sinon qu'il y a de la différence entre l'heur et la béatitude, en ce que l'heur ne dépend que des choses qui sont hors de nous, d'où vient que ceux-là sont estimés plus heureux que sages, auxquels il est arrivé quelque bien qu'ils ne se sont point procuré, au lieu que la béatitude consiste, ce me semble, en un parfait contentement d'esprit et une satisfaction intérieure, que n'ont pas ordinairement ceux qui sont le plus favorisés de la fortune, et que les sages acquièrent sans elle. Ainsi *vivere beate*, vivre en béatitude, ce n'est autre chose qu'avoir l'esprit parfaitement content et satisfait.

Considérant, après cela, ce que c'est *quod beatam vitam efficiat* (ce qui rend la vie heureuse), c'est-à-dire quelles sont les choses qui nous peuvent donner ce souverain contentement, je remarque qu'il y en a de deux sortes : à savoir, de celles qui dépendent de nous, comme la vertu et la sagesse, et de celles qui n'en dépendent point, comme les honneurs, les richesses et la santé. Car il est certain qu'un homme bien né, qui n'est point malade, qui ne manque de rien, et qui avec cela est aussi sage et aussi vertueux qu'un autre qui est pauvre, malsain et contrefait, peut jouir d'un plus parfait contentement que lui. Toutefois, comme un petit vaisseau peut être aussi plein qu'un plus grand, encore qu'il contienne moins de liqueur, ainsi, prenant le contentement d'un chacun pour la plénitude et l'accomplissement de ses désirs réglés selon la raison, je ne doute point que les plus pauvres et les plus disgraciés de la fortune ou de la nature ne puissent être entièrement contents et satisfaits, aussi bien que les autres, encore qu'ils ne jouissent pas de tant de biens. Et ce n'est que de cette sorte de contentement, de laquelle il est ici question ; car puisque l'autre n'est aucunement en notre pouvoir, la recherche en serait superflue.

René DESCARTES, *Lettre à la princesse Élisabeth du 4 août 1645.*

▶ LA LIBERTÉ

BONHEUR ET BÉATITUDE

« *Vivere beate* » (l. 11) : Descartes attire l'attention sur ce qu'il y a d'équivoque, voire de contradictoire dans la traduction de l'expression latine *vivere beate* par l'expression française « vivre heureusement ». Descartes propose de la traduire plutôt par « vivre en béatitude » : si cette traduction littérale n'est pas très heureuse (c'est le cas de le dire !), elle restitue néanmoins fidèlement l'idée exprimée par le latin de Sénèque. La béatitude s'oppose au bonheur en ce qu'elle est affaire de résolution et de jugement, et dépend donc de nous, alors que, comme le souligne Descartes, « l'heur ne dépend que des choses qui sont hors de nous ». Ne dit-on pas en français qu'une chose est arrivée « par un heureux hasard ». Descartes reprend la distinction stoïcienne entre « ce qui dépend de nous » et « ce qui ne dépend pas de nous ». D'un côté, nos œuvres propres, qui relèvent de notre liberté. De l'autre (le corps, les richesses, la considération), ce qui ne dépend pas de nous et nous fait dépendre du dehors, dieux ou êtres humains. **(voir LA LIBERTÉ, texte 6, p. 274)** Sénèque précise du reste lui-même que ce sont les « bienfaits de la raison » [*beneficio rationis*] qui engendrent la vie prétendument « heureuse ». Le malheur comme la béatitude sont à notre charge. Car si les bêtes pas plus que les pierres ne connaissent la crainte ni la tristesse, elles ignorent du même coup la béatitude. La sagesse est notre œuvre, ou n'est pas.

UNE QUESTION DE VOLONTÉ

« La recherche en serait superflue » (l. 27) : confondre le « souverain contentement » de la vie avec une vie « heureuse », c'est priver l'homme de toute initiative et le contraindre à être le spectateur passif de son existence, à attendre, impuissant, que le bon arrive, ou non. Il s'agit donc pour Descartes de redéfinir le « bonheur » afin de le constituer en objet de philosophie, en le faisant dépendre de l'analyse de la raison et de la fermeté de la volonté. Il ne faut donc pas confondre rechercher la béatitude et attendre le bonheur, comme Remus (dont le frère, Romulus, est le fondateur et premier roi légendaire de Rome) qui guette les « auspices » favorables sur le mont Aventin, pour reprendre l'exemple de Sénèque dans le *De brevitate vita* (« De la brièveté de la vie »). Sénèque ne parle d'ailleurs pas de recherche du bonheur, mais de recherche de la « vertu » ou de la « sagesse ».

1 **Expliquer : « les plus disgraciés de la fortune » (l. 23-24). Donner un exemple.**

2 **Pourquoi peuvent-ils être « entièrement » (l. 24) contents alors qu'il leur manque des biens essentiels comme la richesse ou la santé ?**

DESCARTES DIT AUSSI

> « Ma troisième maxime était de tâcher toujours plutôt à me vaincre que la fortune, et à changer mes désirs que l'ordre du monde ; et généralement, de m'accoutumer à croire qu'il n'y a rien qui soit entièrement en notre pouvoir, que nos pensées, en sorte qu'après que nous avons fait notre mieux, touchant les choses qui nous sont extérieures, tout ce qui manque de nous réussir est, au regard de nous, absolument impossible. Et ceci seul me semblait être suffisant pour m'empêcher de rien désirer à l'avenir que je n'acquisse, et ainsi pour me rendre content. »
>
> **René DESCARTES**, *Discours de la méthode*, 1637.

? Si le bonheur est une question de volonté, n'y a-t-il pas des malheurs inévitables ?

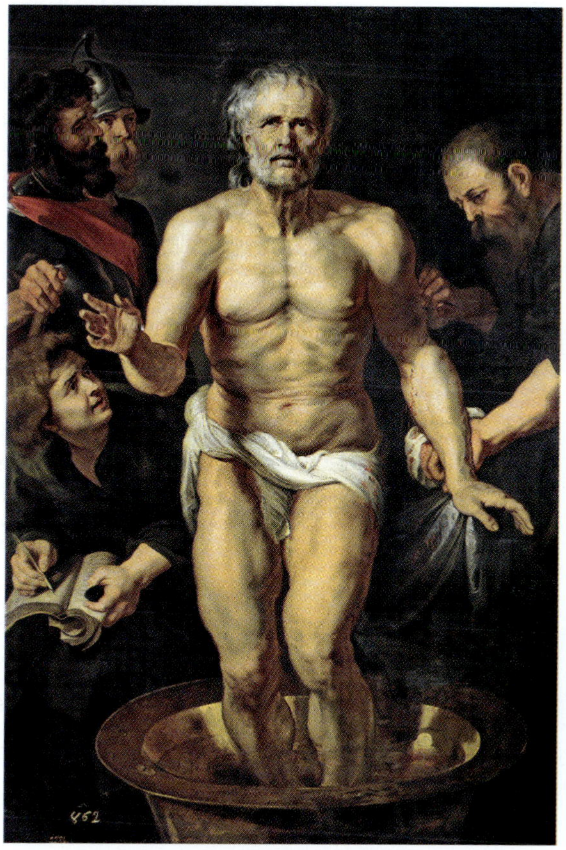

Pierre-Paul RUBENS, *La mort de Sénèque*, 1614, musée du Prado, Madrid.

ALAIN
1868-1951

TEXTE 4

Le malheur des uns fait-il vraiment le bonheur des autres ?

S'il est toujours possible qu'un malheur s'abatte sur nous, n'est-il pas nécessaire que nous ne soyons jamais heureux si nous ne nous occupons pas de l'être ? N'y a-t-il pas des vies qui seront malheureuses, moins à cause des situations rencontrées, que par manque de volonté d'être heureux ? S'il faut vouloir être heureux pour espérer l'être, n'est-ce pas aussi un devoir envers les autres que de travailler à son propre bonheur ? Le bonheur de ceux qui nous sont chers ne fait-il pas le nôtre ? Le sourire n'est-il pas une promesse de bonheur ?

Le bonheur est beau à voir ; c'est le plus beau spectacle. Quoi de plus beau qu'un enfant ? Mais aussi il se met tout à ses jeux ; il n'attend pas que l'on joue pour lui. Il est vrai que l'enfant boudeur nous offre aussi l'autre visage, celui qui refuse toute joie ; et heureusement l'enfant oublie vite, mais chacun a pu connaître de grands enfants qui n'ont point cessé de bouder. Que leurs raisons soient fortes, je le sais ; il est toujours difficile d'être heureux ; c'est un combat contre beaucoup d'événements et contre beaucoup d'hommes ; il se peut que l'on y soit vaincu ; il y a sans aucun doute des événements insurmontables et des malheurs plus forts que l'apprenti stoïcien ; mais c'est le devoir le plus clair peut-être de ne point se dire vaincu avant d'avoir lutté de toutes ses forces. Et surtout, ce qui me paraît évident, c'est qu'il est impossible que l'on soit heureux si l'on ne veut pas l'être ; il faut donc vouloir son bonheur et le faire.

Ce que l'on n'a point assez dit, c'est que c'est un devoir aussi envers les autres que d'être heureux. On dit bien qu'il n'y a d'aimé que celui qui est heureux ; mais on oublie que cette récompense est juste et méritée ; car le malheur, l'ennui et le désespoir sont dans l'air que nous respirons tous ; aussi nous devons reconnaissance et couronne d'athlète à ceux qui digèrent les miasmes[1], et purifient en quelque sorte la commune vie par leur énergique exemple. Aussi n'y a-t-il rien de plus profond dans l'amour que le serment d'être heureux. Quoi de plus difficile à surmonter que l'ennui, la tristesse ou le malheur de ceux que l'on aime ? Tout homme et toute femme devraient penser continuellement à ceci que le bonheur, j'entends celui que l'on conquiert pour soi, est l'offrande la plus belle et la plus généreuse.

ALAIN, « Propos du 16 mars 1923 », *Propos sur le bonheur*, 1925.

1 **Ceux qui digèrent les miasmes :** ceux qui prennent sur eux, savent garder le sourire alors que des malheurs les frappent et qui ainsi évitent de contaminer les autres.

1 En quoi le bonheur est-il un « spectacle » (l. 1) ?

2 Qu'y a-t-il de « généreux » (l. 22) dans le fait de veiller à son propre bonheur ?

Ce que disent les mots

La chance ou le mérite ?

Le mot grec **eudaimonia** qui signifie « bonheur » vient de **daimôn** qui désigne d'abord un dieu, une divinité, d'où l'idée d'une puissance divine à laquelle l'homme est soumis.

Dans le texte d'Aristote (texte 1), *eudaimonia* (*eu*, « bon, bien », puis *daimôn*), se différencie très nettement de **eutukhia**, composé à partir du même *eu*, « bon, bien », mais suivi de **tukhê**, « sort, fortune ». Pour Aristote, la politique doit permettre à l'homme non pas seulement de vivre, mais de bien (*eu*) vivre (*zên*). La *tukhê*, c'est « ce qui arrive » (le mot grec est formé sur **tugkhanô**, « se produire » ; en latin, le verbe **accidere**, « arriver », donne « accident »). **Eutukhêô**, c'est prospérer, réussir, avoir du bonheur, des succès. Il s'agit de savoir si le bonheur, *eudaimonia*, est du côté de la chance (*tukhê*), donc s'il se confond avec *l'eutukhia*, la bonne fortune, ou s'il est bien plutôt du côté de la vertu (**arêtê**, littéralement : « excellence »). Bref, si nous y pouvons ou non quelque chose, s'il nous tombe dessus ou s'il est de notre responsabilité de le faire arriver.

Dans ce second cas, il peut s'apprendre grâce à l'habitude (**ethos**, d'où « éthique »), l'étude (**mathêsis**, d'où « mathématique »), la pratique et l'exercice (**askêsis**, d'où « ascèse ») : c'est le domaine de l'« éthique » qui s'ouvre alors. Du coup, le **bonheur-eudaimonia** prend un sens moral, par opposition au **bonheur-eutukhia** qui, lui, ne relève que du hasard, de la chance, du destin, c'est-à-dire du dehors, de ce qui ne dépend pas de nous. L'usage du mot *eudaimonia*, « bon-heur », peut sembler alors aller au rebours de son étymologie, à moins de comprendre que le *daimôn* est pour de bon le « génie » de chacun, sa meilleure part et l'expression de sa personnalité même (ainsi le « démon » de Socrate) : le bonheur dépend en ce sens bien de nous et non de quelque divinité extérieure.

Pour isoler ce sens moral d'*eudaimôn*, « heureux », le grec utilise le mot **makarios**, « bienheureux », qui désigne d'abord les dieux, puis les saints. Le latin rend *makariôtês* par **beatitudo**, « félicité », « béatitude » (qui donne en français aussi bien *béat* que *béatification*, l'étape avant la canonisation). Afin de ne pas se laisser atteindre par les coups du sort et d'accéder à ce type de bonheur qui ne tient pas à l'« heur », mais à la « béatitude », il faut faire avec constance la distinction entre **« ce qui dépend de nous » et « ce qui ne dépend pas de nous »**. Descartes s'appuie sur le stoïcien Sénèque pour opérer cette distinction et conseille de changer plutôt ses désirs que l'ordre du monde. (texte 3, Descartes dit aussi) La béatitude est donc le fruit d'une résolution et non du hasard ou du destin, elle implique un travail sur soi.

Le lien entre bonheur et chance est évident dans le français *bonheur* comme dans l'anglais **happiness** (dérivé de *to happen*, « se produire »). De même, le mot allemand **Glück** véhicule la même équivoque du bonheur et de la chance que les mots *bonheur* et *happiness*. Le terme allemand **Glückseligkeit** dissocie le bonheur de la chance, comme Aristote a distingué *eudaimonia* et *eutukhia*.

Shakespeare reprend le mot *daimôn* au sens de fatalité dans *Othello* : Desdémone, l'épouse d'Othello, porte « un nom de mauvais augure ». En effet, Des-démone signifie étymologiquement « in-fortunée », « au destin funeste », « possédée par un mauvais (*des-*) génie (*daïmon*) ». En ce sens, le meurtre de Desdémone par Othello à la fin de la pièce n'est que la conséquence inévitable du sort dévolu à la mal-heureuse épouse dès avant sa naissance : **« O unhappy girl »** (« Ô fille malheureuse »), annonce Shakespeare dès la première scène. De l'acte I à l'acte V, c'est le mauvais démon qui tient ses promesses.

Emmanuel KANT
1724-1804

TEXTE 5 **COMMENTÉ**

Pour être vertueux, faut-il renoncer à être heureux ?

Se préoccuper de son bonheur conduit à se désintéresser du sort d'autrui pour se concentrer sur sa propre personne. À ce titre, le bonheur constitue un obstacle majeur à la moralité, qui ordonne de se soucier d'autrui, quitte à faire passer son bonheur après son devoir. Mais se désintéresser de son bonheur, c'est risquer de tomber dans le malheur ; et du malheur à la méchanceté, la conséquence n'est-elle pas inévitable ? La méchanceté n'est-elle pas bien souvent le résultat d'une vie miséreuse ?

Mais cette distinction du principe du bonheur et du principe de la moralité[1] n'est pas pour cela une opposition, et la raison pure pratique[2] ne veut pas qu'on renonce à toute prétention au bonheur, mais seulement, qu'aussitôt qu'il s'agit du devoir, on ne le prenne pas du tout en considération. Ce peut même, à certains égards, être un devoir de prendre soin de son bonheur : d'une part, parce que le bonheur (auquel se rapportent l'habileté, la santé, la richesse) fournit des moyens de remplir son devoir, d'autre part, parce que la privation du bonheur (par exemple la pauvreté), amène avec elle des tentations de violer son devoir.

Seulement travailler à son bonheur ne peut jamais être immédiatement un devoir et encore moins un principe de tout devoir.

Emmanuel KANT, « Examen critique de l'Analytique », *Critique de la raison pratique*, 1788, trad. F. Picavet, 1888.

1 Commandement absolu de faire notre devoir, sans qu'aucune circonstance ne puisse le relativiser.

2 La raison est « pratique » en cela qu'elle obtient de ses idées morales des effets dans l'expérience, et elle est « pure » parce qu'elle ne tient aucun compte, dans le « tu dois » qu'elle nous dicte, des circonstances de temps ou de lieu.

▶ LE DEVOIR
▶ LA LIBERTÉ

BONHEUR ET DEVOIR

« Distinction » /« opposition » : vouloir le bien parce que cela m'est avantageux, ce n'est pas faire preuve de moralité mais utiliser la morale à des fins personnelles. Par exemple, faire l'aumône en le claironnant pour en retirer un bénéfice social constitue une corruption de l'intention morale. C'est faire du devoir moral un moyen de son bonheur personnel alors qu'agir moralement, c'est agir par devoir. Toutefois, si, pour Kant, l'amour de soi et le respect du devoir sont fondamentalement distincts, ils ne sont pas pour autant opposés. Dès lors que la priorité du devoir n'est pas compromise, les exigences de l'amour de soi n'ont pas à être méprisées. Contre un certain fanatisme moralisateur, Kant rappelle dans *La Religion dans les limites de la simple raison* qu'« on ne saurait prétendre que l'homme, tant qu'il vit, renonce complètement au facteur physique du bonheur » (3e section, chapitre 2). Certes, le devoir commande catégoriquement, c'est-à-dire absolument, sans tenir compte d'aucune condition de temps ni de lieu. Mais Kant n'oublie pas que le malheur conduit à se replier sur soi et nourrit le penchant au mal. Le personnage de Thénardier dans *Les Misérables* de Victor Hugo incarne cette relation dangereuse entre le malheur économique et le vice moral. Dans le chapitre intitulé justement « Le mauvais pauvre » (3e partie, livre 8, chapitre 5), où il explique le titre de son roman, Hugo écrit : « sans doute ils paraissent bien dépravés, bien corrompus, bien avilis, bien odieux même, mais ils sont rares ceux qui sont tombés sans être dégradés ; d'ailleurs il y a un point où les infortunés et les infâmes se mêlent et se confondent dans un seul mot, mot fatal, les *misérables*. » À l'inverse, le bonheur desserre l'étau des forces centripètes et permet de se soucier des autres. Kant voit ainsi dans le bonheur, non pas un devoir moral, mais un moyen possible du devoir.

« TENTATIONS » ET CONTRAINTES

Il n'y a pas de mal à ce que le loup mange l'agneau puisque c'est dans sa nature et qu'il n'a pas la possibilité de faire autrement. Il n'y a en effet de mal que librement commis. La plus grande tentation de faire le mal qu'on puisse imaginer n'agit que si l'être humain décide d'y succomber. Il ne saurait y avoir de fatalité du mal : si le mal est nécessaire, ce n'est pas un mal mais un phénomène aussi naturel que les séismes ou les tempêtes. Aussi, les tentations de faire le mal que le malheur amène avec lui ne sont pas contraignantes. Elles nous y incitent sans nous déterminer à le faire.

1 Se désintéresser de son bonheur, est-ce une faute ?

2 Quelle est la différence entre ce qui est nécessaire et ce qui est obligatoire ?

KANT DIT AUSSI

« [La vertu] n'est pas encore le bien complet et achevé, en tant qu'objet de la faculté de désirer d'être raisonnables et finis ; car, pour être ce bien, il est exigé que s'y ajoute le *bonheur*, et, à vrai dire, pas seulement aux yeux intéressés de la personne qui se prend elle-même pour fin, mais même au jugement d'une raison impartiale, qui considère la vertu en général dans le monde comme une fin en soi. »

Emmanuel KANT, *Critique de la raison pratique*, Partie 1, livre 2, ch. 2, 1788, trad. F. Picavet, 1888.

? La morale peut-elle commander d'être malheureux ?

REPÈRES contrainte / obligation

Il faut prendre garde de ne pas confondre une décision libre avec une **contrainte** subie. Nous parlons souvent de nos **obligations** comme s'il s'agissait de **contraintes**, alors que les **obligations** qui peuplent nos existences et qui nous donnent l'impression illusoire d'y être soumis, ne nous obligent qu'à la condition que nous choisissions d'y obéir. Ce devoir de mathématiques qui est **obligatoire**, rien ne m'empêche de ne pas le rendre. Si je le rends, c'est que je l'ai décidé. Un feu rouge n'est pas un mur de pierre. Par conséquent, si je m'arrête au feu, c'est que telle est ma décision. Une **obligation** n'a de sens que pour un sujet libre de s'y soumettre ou de s'y soustraire. La philosophie nous apprend ainsi à identifier, sous l'apparence de notre impuissance, l'expression de notre liberté.

Cosette (Martine Havet) et Jean Valjean (Jean Gabin) dans *Les Misérables*, réalisé par **Jean-Paul LE CHANOIS**, 1958.

Dans *Les Misérables*, Victor Hugo montre comment les conditions de vie sociales peuvent avoir des effets sur la moralité.
Après de longues années passées au bagne, Jean Valjean vole presque mécaniquement les couverts en argent de l'évêque qui l'a nourri et hébergé.

? La pauvreté excuse-t-elle la méchanceté ?

Bonheur et malheur de l'homme

L'homme est-il par nature voué au malheur ? (texte 6, Spinoza) **Pourquoi les êtres humains passent-ils leur temps à poursuivre le bonheur ?** (texte 7, Pascal) **Le bonheur d'un être qui sait qu'il va mourir peut-il être de ce monde ?** (texte 8, Thomas d'Aquin)

Baruch SPINOZA
1632-1677

TEXTE 6

La nature de l'être humain le condamne-t-elle au malheur ?

Le rire, qui est propre à l'homme, n'est-il pas la manifestation de son aptitude naturelle au bonheur ? Spinoza le distingue de la raillerie, qui consiste à se moquer de quelqu'un, c'est-à-dire à rire contre quelqu'un. Le rire est cette joie où notre puissance de vie s'affirme librement alors que la raillerie est un rire triste qui cherche à affirmer sa puissance en affaiblissant autrui. Contre une religion ascétique, qui voudrait que l'être humain soit d'autant plus proche de Dieu qu'il est malheureux, Spinoza réhabilite le rire, et avec lui, ce que l'on appelle les « petits plaisirs », qui font le bonheur de la vie.

Entre la Raillerie (que j'ai dit être mauvaise [...]) et le rire, je fais une grande différence. Car le rire, comme aussi la plaisanterie, est une pure joie et, par suite, pourvu qu'il soit sans excès, il est bon par lui-même. Seule assurément une farouche et triste superstition interdit de prendre des plaisirs. En quoi, en effet, convient-il mieux d'apaiser la faim et la soif que de chasser la mélancolie ? Telle est ma règle, telle ma conviction. Aucune divinité, nul autre qu'un envieux, ne prend plaisir à mon impuissance et à ma peine, nul autre ne tient pour vertu nos larmes, nos sanglots, notre crainte et autres marques d'impuissance intérieure ; au contraire, plus grande est la Joie dont nous sommes affectés, plus grande la perfection à laquelle nous passons, plus il est nécessaire que nous participions de la nature divine. Il est donc d'un homme sage d'user des choses et d'y prendre plaisir autant qu'on le peut (sans aller jusqu'au dégoût, ce qui n'est plus prendre plaisir). Il est d'un homme sage, dis-je, de faire servir à sa réfection et à la réparation de ses forces des aliments et des boissons agréables pris en quantité modérée, comme aussi les parfums, l'agrément des plantes verdoyantes, la parure[1], la musique, les jeux exerçant le Corps, les spectacles et d'autres choses de même sorte dont chacun peut user sans aucun dommage pour autrui. Le Corps humain en effet est composé d'un très grand nombre de parties de nature différente qui ont continuellement besoin d'une alimentation nouvelle et variée, pour que le Corps entier soit également apte à tout ce qui peut suivre de sa nature et que l'Âme soit également apte à comprendre à la fois plusieurs choses. Cette façon d'ordonner la vie s'accorde ainsi très bien et avec nos principes et avec la pratique en usage ; nulle règle de vie donc n'est meilleure et plus recommandable à tous égards, et il n'est pas nécessaire ici de traiter ce point plus clairement ni plus amplement.

Baruch SPINOZA, *Éthique*, IVe partie, proposition 45, corollaire 2, « Scolie », 1677, trad. C. Appuhn, 1913.

1 Tout ce qui permet de « parer » le corps d'une belle apparence : bijoux, maquillage, vêtements.

▶ L'ART
▶ LA NATURE

1 En quoi consiste le fait de tenir « pour vertu nos larmes » (l. 7) ?

2 La joie peut-elle constituer une définition du bonheur, et le malheur consiste-t-il à être triste ?

MATIÈRE À PENSER

Réaliser son bonheur

Avec *It's a Wonderful Life* (*La Vie est belle*, 1946), Frank Capra nous invite à nous demander si, au lieu de dénigrer notre vie en la comparant avec une autre vie imaginaire, qui serait forcément meilleure, il ne faudrait pas, pour réaliser que notre vie est « prodigieuse » (*wonderful*), imaginer qu'elle aurait pu être bien pire.

Georges (James Stewart) et son envoyé du ciel, Clarence (Henry Travers) dans *It's a Wonderful Life* (*La Vie est belle*), réalisé par Frank CAPRA, 1946.

Le film commence alors que George Bailey (James Stewart) est sur le point de se suicider. Un envoyé du ciel sur terre va alors lui montrer ce qu'aurait été la vie sans lui. La ville, devenue Pottersville, serait tombée aux mains de M. Potter, un homme d'affaires avide qui s'enrichit en faisant des opérations immobilières aux dépens des familles modestes. George Bailley se rend compte, en pensant à tout ce qu'il aurait pu ne pas avoir, que sa vie est belle. L'idée est qu'on est malheureux, non pas tant du fait de la réalité de notre situation, mais parce qu'on ne connaît pas son bonheur. Sur cette image on voit Clarence (debout), l'envoyé de Dieu sur Terre, aux côtés de George qu'il vient tout juste de repêcher de l'eau où il s'était jeté. Clarence va lui montrer tout le malheur d'un monde dans lequel il n'aurait pas existé : ses enfants n'existent pas, son frère qu'il a sauvé est mort, etc.

Dernière image avec Antoine Doinel (Jean-Pierre Léaud) du film *Les Quatre cents coups*, réalisé par François TRUFFAUT, 1959.

Le visage sidéré d'Antoine Doinel (Jean-Pierre Léaud), découvrant la mer pour la première fois, est la dernière image des *Quatre cents coups*. La musique ralentit, puis s'arrête sur cet instant d'éternité.

? Pourquoi dit-on, pour parler d'un instant de bonheur, que « le temps s'est arrêté » ?

Blaise PASCAL
1623-1662

TEXTE 7 **COMMENTÉ**

Pourquoi un roi sans divertissement est-il malheureux ?

Si la définition du bonheur est difficile à produire, celle du malheur est assez évidente. Le malheur ne consiste-t-il pas dans l'ennui, cet état « insupportable » à l'être humain dans lequel il ne fait rien, où il ne se passe rien, et qui le renvoie à sa condition de mortel ? La moindre activité, parce qu'elle ouvre un horizon d'attente ou d'espoir, ne vaut-elle pas mieux que l'ennui ? Toute la richesse du monde et tous les privilèges sociaux ne sont rien sans la perspective d'une plus grande richesse ou d'un autre privilège. Il n'y a que la richesse du possible pour nous faire oublier la misère du présent.

Divertissement. – Quand je m'y suis mis quelquefois à considérer les diverses agitations des hommes et les périls et les peines où ils s'exposent, dans la cour, dans la guerre, d'où naissent tant de querelles, de passions, d'entreprises hardies et souvent mauvaises, etc., j'ai découvert que tout le malheur des hommes vient d'une seule chose, qui est de ne savoir pas demeurer en repos, dans une chambre. Un homme qui a assez de bien pour vivre, s'il savait demeurer chez soi avec plaisir, n'en sortirait pas pour aller sur la mer ou au siège d'une place. On n'achètera une charge à l'armée si cher, que parce qu'on trouverait insupportable de ne bouger de la ville ; et on ne recherche les conversations et les divertissements des jeux que parce qu'on ne peut demeurer chez soi avec plaisir.

Mais quand j'ai pensé de plus près, et qu'après avoir trouvé la cause de tous nos malheurs, j'ai voulu en découvrir la raison, j'ai trouvé qu'il y en a une bien effective, qui consiste dans le malheur naturel de notre condition faible et mortelle, et si misérable, que rien ne peut nous consoler, lorsque nous y pensons de près.

Quelque condition qu'on se figure, si l'on assemble tous les biens qui peuvent nous appartenir, la royauté est le plus beau poste du monde ; et cependant, qu'on s'en imagine [un roi] accompagné de toutes les satisfactions qui peuvent le toucher, s'il est sans divertissement, et qu'on le laisse considérer et faire réflexion sur ce qu'il est, cette félicité languissante ne le soutiendra point, il tombera par nécessité dans les vues qui le menacent, des révoltes qui peuvent arriver, et enfin de la mort et des maladies qui sont inévitables ; de sorte que, s'il est sans ce qu'on appelle divertissement, le voilà malheureux, et plus malheureux que le moindre de ses sujets, qui joue et qui se divertit.

De là vient que le jeu et la conversation des femmes, la guerre, les grands emplois sont si recherchés. Ce n'est pas qu'il y ait en effet du bonheur, ni qu'on s'imagine que la vraie béatitude soit d'avoir l'argent qu'on peut gagner au jeu, ou dans le lièvre qu'on court : on n'en voudrait pas s'il était offert. Ce n'est pas cet usage mol[1] et paisible, et qui nous laisse penser à notre malheureuse condition, qu'on recherche, ni les dangers de la guerre, ni la peine des emplois, mais c'est le tracas qui nous détourne d'y penser et nous divertit.

Blaise PASCAL, *Pensées*, Fragment 139, 1670.

1 Au repos.

▶ LA RELIGION
▶ LE TEMPS

UNE VIE INQUIÈTE

La « cause » du malheur des êtres humains : les hommes sont poussés à sortir du présent pour courir après le futur. Le réel leur inspire un dégoût qu'ils s'efforcent de chasser en pourchassant le possible. Aucune possession actuelle ne saurait rendre un homme heureux, qui court après ce qu'il n'a pas encore. Cette fuite perpétuelle hors de notre état actuel cause notre malheur dans la mesure où elle nous fait courir après ce que nous n'avons pas. La recherche du bonheur ne présuppose-t-elle pas que nous ne le possédons pas ?

VANITÉ DE L'EXISTENCE

La « raison » du malheur des êtres humains : mais pourquoi fuyons-nous le réel pour nous lancer à la poursuite du moindre possible ? Pascal remonte de la cause de notre malheur à sa raison qui, seule, l'explique. Se contenter d'expliquer notre malheur par cette fuite en avant, ce serait se contenter d'une cause sans pourquoi. Aussi Pascal interroge-t-il la raison de chasse au possible qui nous détourne du réel. La raison de notre malheur réside dans la misère de notre condition de mortel dont l'existence ne dure qu'un instant au regard de l'éternité. Si nous nous divertissons, c'est-à-dire si nous nous détournons de cette condition, c'est qu'elle est misérable.

LE FAUX BONHEUR

Ce qui prouve que le prétendu bonheur que les êtres humains poursuivent n'est qu'un leurre, c'est qu'il suffit qu'ils le possèdent pour s'en dégoûter aussitôt. Ce n'est pas la possession mais la chasse qu'ils recherchent. Sans doute Pascal fait-il aussi signe vers le seul état véritable de béatitude pour un philosophe chrétien : le bonheur que nous promet le Christ dans l'Évangile de Jean (18), dont le « royaume n'est pas de ce monde ».

DIVERTISSEMENT

Tous les jeux, chasses, danses et autres poursuites, ne sont rien d'autre que des occupations dont la raison est de nous empêcher de penser à la misère de notre condition. Ce que nous prenons pour les plaisirs de la vie se résume pour Pascal à des « tracas » ! Leur intérêt réel est de nous occuper pour que nous ne nous préoccupions pas de la mort. Dans son livre *Être et temps* (§ 41), Heidegger emprunte à Pascal ce concept de « divertissement » qu'il développe à travers l'opposition entre « l'affairement » (*Besorgen* en allemand) et le « souci » (*Sorge*) : l'affairement quotidien « divertit » du souci de la mort qui définit pourtant l'être de l'homme.

1. Pourquoi ne voudrait-on pas de l'argent ou du lièvre « s'il était offert » (l. 27) ?
2. De quoi le « divertissement » (l. 9) nous détourne-t-il ?

REPÈRES transcendance / immanence

Toute la misère de la condition **immanente** de l'être humain ne sert qu'à mettre au jour sa relation à un état **transcendant** qu'il ne connaîtra qu'après la mort, selon la croyance chrétienne. Si « ici » se dit « ici-bas » dans l'Ancien Testament, c'est pour indiquer un « là-haut » et signifier par-là la dépendance de la vie terrestre à un ailleurs divin. La **transcendance** a ici le sens religieux d'un au-delà.

→ VERS LE BAC

Distinguer « divertissement » et « loisir » en se référant à l'étymologie de ces deux termes : *divertere* en latin signifie « se détourner de », et loisir, qui se dit en grec ancien *skolê*, signifie « le temps libre », par opposition au travail, et a donné en français « scolaire ».
Lire le passage du *Théétète* (172c-176a) de Platon sur le loisir de philosopher.

Jacob JORDAENS, *Le roi boit*, huile sur toile, vers 1638-1640, musée des Beaux-Arts, Tournai.

Thomas d'AQUIN
1225-1274

TEXTE 8

Le bonheur de l'homme est-il en Dieu ?

Comment l'homme pourrait-il connaître le bonheur, dès lors qu'il sait qu'il va mourir ? La perspective inéluctable de la mort ne projette-t-elle pas par avance son ombre funeste sur la vie entière ? Le bonheur peut-il être de ce monde ? Comment lire dans la misère de notre condition temporelle ici-bas la promesse d'un bonheur éternel là-haut ?

Il est impossible que la béatitude de l'homme se rencontre en aucun bien créé[1]. La béatitude est en effet un bien parfait, et qui apaise totalement le désir ; car elle ne serait pas la fin dernière si, après elle, quelque chose restait encore à désirer. Or l'objet de la volonté, qui est la forme humaine de l'appétit, est le bien universel, de même que l'objet de l'intellect est le vrai universel ; d'où il résulte évidemment que rien ne peut apaiser la volonté de l'homme si ce n'est le bien universel. Or ce bien ne se rencontre en rien de créé, mais seulement en Dieu, parce que toute créature ne possède qu'une seule bonté participée[2]. C'est pourquoi Dieu seul peut combler la volonté de l'homme, comme il est dit au Psaume 102 : *C'est Lui qui comble de ses biens le désir*. C'est donc en Dieu seul que la béatitude de l'homme consiste.

Thomas d'AQUIN, *Somme théologique*, I, II, quaest.2, art.8, concl., 1485,
dans *Textes sur la morale*, trad. d'E. Gilson, 1925.

1 Dans la pensée chrétienne, Dieu est l'être éternel, et tout ce qu'il a créé est temporel et particulier.
2 Dérivée, qui dépend de la bonté de Dieu.

▶ LA RELIGION

1. La religion est-elle une promesse de bonheur ?
2. N'avoir plus rien à désirer, est-ce être heureux ?

AUX FRONTIÈRES DE LA PHILOSOPHIE

Jean de La Croix, mystique chrétien, situe le bonheur hors du monde et le définit comme indéfinissable. Toute la beauté du monde n'est rien au regard de ce « je-ne-sais-quoi » (*un no sé qué*, dit le texte espagnol original). Comment rechercherions-nous ce dont nous ne savons rien ? Dès lors, nous « attrapons » le bonheur comme on le dit d'une maladie qui donne la « fièvre ». Le bonheur ne se cherche pas, il s'atteint « d'aventure » (*por ventura*, en espagnol) c'est-à-dire qu'il nous atteint tel un authentique don du Ciel. C'est ce qu'on appelle la « grâce », qui dépend de la volonté de Dieu.

« Car lorsque la volonté
est touchée par l'être divin
elle ne peut se tenir payée
que par l'être divin,
mais sa beauté étant telle
qu'on ne la voit que par la foi,
elle la goûte en un je-ne-sais-quoi
que l'on atteint d'aventure. »

Jean DE LA CROIX, « Pour toute la beauté », 1958, trad. M. Milner, 1951.

? Y a-t-il une science du bonheur ?

Bonheur individuel et bien-être collectif

Le bonheur n'est-il pas compromis par la multiplicité conflictuelle des désirs propres à chaque individu ? (texte 9, Freud) Mais peut-on être heureux tout seul ? (texte 10, Rousseau) Chacun n'a-t-il pas intérêt au bonheur des autres ? (texte, 11 Mill) Dès lors, le bonheur n'est-il pas un problème d'économie politique ? (texte 12, Say) Si tel est le cas, y a-t-il une quantité maximum de bien-être collectif ? (texte 13, Pareto)

Sigmund FREUD
1856-1939

TEXTE 9

Le bonheur relève-t-il d'une économie individuelle des désirs ?

Freud pense l'individu comme un jeu de forces, ou pulsions, qui s'exercent sur le monde extérieur, et qui doivent trouver leur équilibre à l'intérieur de chacun, selon sa constitution psychique. Le bonheur est ainsi un problème d'économie interne propre à chaque individu : où et comment place-t-il son énergie, appelée aussi « *libido* » ou « désir » ?

Le programme que nous impose le principe de plaisir, devenir heureux, ne peut être accompli, et pourtant il n'est pas permis – non, il n'est pas possible – d'abandonner nos efforts pour le rapprocher d'une façon ou d'une autre de son accomplissement. On peut, pour y parvenir, s'engager sur des voies très diverses, privilégier soit le contenu positif du but, le gain de plaisir, soit le contenu négatif, l'évitement de déplaisir. Sur aucune de ces voies nous ne pouvons atteindre tout ce que nous désirons. Le bonheur, dans l'acception modérée où il est reconnu comme possible, est un problème d'économie libidinale individuelle. Il n'y a pas ici de conseil qui vaille pour tous ; chacun doit essayer de voir lui-même de quelle façon particulière il peut trouver la béatitude. Les facteurs les plus variés se proposeront pour montrer à son choix les voies à suivre. Il s'agit de savoir quelle quantité de satisfaction réelle chacun peut attendre du monde extérieur et dans quelle mesure il est susceptible de se rendre indépendant de lui ; enfin, quelle quantité de force il présume avoir pour le modifier selon ses souhaits. Ici déjà, en dehors des circonstances extérieures, la constitution psychique[1] de l'individu deviendra décisive. [...]

La religion porte préjudice à ce jeu du choix et de l'adaptation, du fait qu'elle impose à tous de la même façon sa propre voie pour l'acquisition du bonheur et la protection contre la souffrance.

Sigmund FREUD, *Le Malaise dans la culture*, 1930, trad. P. Cotet, R. Lainé, J. Stute-Cadiot, 1994.

1 Ni purement physique ni purement intellectuelle, et pour une part décisive, inconsciente.

▶ L'INCONSCIENT
▶ LA RELIGION

1. Pourquoi Freud conseille-t-il de ne pas mettre tous ses œufs dans le même panier ?
2. En quoi la religion est-elle une économie commune des désirs individuels ?

Jean-Jacques ROUSSEAU
1712-1778

TEXTE 10 COMMENTÉ

Peut-on être heureux tout seul ?

L'amour ne figure-t-il pas parmi les bonheurs qui naissent avec les relations sociales ? L'être humain ne connaissant à l'état de nature que le plaisir physique sexuel ponctuel peut-il être heureux ? La satisfaction des besoins individuels du corps au jour le jour suffit-elle à faire notre bonheur ?

Il faut remarquer que la société commencée et les relations déjà établies entre les hommes exigeaient en eux des qualités différentes de celles qu'ils tenaient de leur constitution primitive ; que la moralité commençant à s'introduire dans les actions humaines, et chacun avant les lois étant seul juge et vengeur des offenses qu'il avait reçues, la bonté convenable au pur état de nature n'était plus celle qui convenait à la société naissante ; qu'il fallait que les punitions devinssent plus sévères à mesure que les occasions d'offenser devenaient plus fréquentes, et que c'était à la terreur des vengeances de tenir lieu du frein des lois. Ainsi quoique les hommes fussent devenus moins endurants, et que la pitié naturelle eût déjà souffert quelque altération, cette période du développement des facultés humaines, tenant un juste milieu entre l'indolence de l'état primitif et la pétulante activité de notre amour-propre[1], dut être l'époque la plus heureuse et la plus durable. Plus on y réfléchit, plus on trouve que cet état était le moins sujet aux révolutions, le meilleur à l'homme, et qu'il n'en a dû sortir que par quelque funeste hasard qui pour l'utilité commune eût dû ne jamais arriver. L'exemple des sauvages qu'on a presque tous trouvés à ce point semble confirmer que le genre humain était fait pour y rester toujours, que cet état est la véritable jeunesse du monde, et que tous les progrès ultérieurs ont été en apparence autant de pas vers la perfection de l'individu, et en effet vers la décrépitude de l'espèce.

Tant que les hommes se contentèrent de leurs cabanes rustiques, tant qu'ils se bornèrent à coudre leurs habits de peaux avec des épines ou des arêtes, à se parer de plumes et de coquillages, à se peindre le corps de diverses couleurs, à perfectionner ou embellir leurs arcs et leurs flèches, à tailler avec des pierres tranchantes quelques canots de pêcheurs ou quelques grossiers instruments de musique, en un mot tant qu'ils ne s'appliquèrent qu'à des ouvrages qu'un seul pouvait faire, et qu'à des arts qui n'avaient pas besoin du concours de plusieurs mains, ils vécurent libres, sains, bons et heureux autant qu'ils pouvaient l'être par leur nature, et continuèrent à jouir entre eux des douceurs d'un commerce indépendant : mais dès l'instant qu'un homme eut besoin du secours d'un autre ; dès qu'on s'aperçut qu'il était utile à un seul d'avoir des provisions pour deux, l'égalité disparut, la propriété s'introduisit, le travail devint nécessaire et les vastes forêts se changèrent en des campagnes riantes qu'il fallut arroser de la sueur des hommes, et dans lesquelles on vit bientôt l'esclavage et la misère[2] germer et croître avec les moissons.

Jean-Jacques ROUSSEAU, *Discours sur l'origine et les fondements de l'inégalité parmi les hommes*, 2e partie, 1755.

1 Rousseau distingue l'amour-propre qui est une passion naturelle et l'amour de soi, qui en sera, dans la société civile, la dénaturation par excès, produite par le jeu inquiet des comparaisons.

2 La prospérité économique et technique, détournée de l'égalité politique, coïncide avec la misère sociale.

▶ LA TECHNIQUE
▶ LE TEMPS
▶ LE TRAVAIL

LE BONHEUR SOCIAL

« La société commencée » : en réalité, les prétendus « sauvages » sont déjà sortis de l'état de nature mais ne sont pas encore entrés dans la « société civile », qui se définit par l'introduction de la propriété privée, et se caractérise par le luxe et la rivalité généralisée. Le malheur des êtres humains vient de ce que le développement des sciences et des arts ne sert pas au « bonheur commun ». La vie de l'homme véritablement sauvage, qui vit isolé à l'état de nature, se trouve réduite à des plaisirs immédiats rudimentaires qui répondent aux besoins du corps. Rousseau dénonce le mythe d'un « bonheur originel » dont le prix est « l'imbécillité » de l'homme. Il ne s'agit pas pour lui d'opposer un prétendu bonheur naturel au malheur de la vie en société, mais, plus finement, de distinguer deux types de société, la nôtre, fondée sur le bonheur privé, et une autre société qui aurait pour fin le bonheur commun.

UNE AUTRE VIE

« Sauvages » : la découverte du Nouveau Monde a confronté les Européens aux modes de vie de tribus amérindiennes, qui étaient radicalement différents des leurs. Ces derniers ont voulu y voir des vies malheureuses, sauvages et privées des richesses de leur propre civilisation. Les prétendus sauvages vivent en réalité dans ce que Rousseau appelle la « société commencée », qui offre aux êtres humains les bonheurs de la vie collective sans ses malheurs qu'amène la propriété privée, sur laquelle reposent les inégalités sociales, qui ne doivent rien aux différences naturelles entre les hommes.

1 Qu'est-ce qu'un « commerce indépendant » (l. 28) ?

2 La politique a-t-elle pour fin le bonheur commun ?

ROUSSEAU DIT AUSSI

« Le bonheur n'est pas le plaisir ; il ne consiste pas dans une modification passagère de l'âme, mais dans un sentiment permanent et tout intérieur. »

Jean-Jacques ROUSSEAU, « Du bonheur public », 1762, *Fragments politiques*, 1799.

? Quel rapport y a-t-il entre la durée du bonheur et la vie en société ?

Théodore DE BRY, « Préparatifs pour un festin », gravure pour le *Brevis narratio*, colorisée par Jacques Le Moyne de Morgues, 1591, Service historique de la Défense, Vincennes.

? Qu'est-ce qu'un bonheur partagé ?

John Stuart MILL
1806-1873

TEXTE 11

Ai-je intérêt au bonheur d'autrui ?

Chacun se préoccupe de son propre bonheur et se voit par là conduit à ignorer voire combattre le bonheur des autres. Ainsi semble se former une sorte de conflit généralisé entre les bonheurs individuels. Cependant, comment ne pas voir qu'à ce compte la poursuite individuelle du bonheur produit le résultat opposé ? La recherche intéressée du bonheur ne doit-elle pas dès lors se concevoir au niveau général d'une société et non à celui des individus ?

Il me faut à nouveau répéter ce que les opposants à l'utilitarisme ont rarement l'équité de reconnaître, à savoir que le bonheur qui constitue la norme utilitariste de la conduite bonne [*right*] n'est pas le bonheur propre de l'agent, mais le bonheur de tous ceux concernés. Entre son propre bonheur et celui des autres, l'utilitarisme exige qu'il soit aussi impartial qu'un spectateur désintéressé et bienveillant le serait. Dans la règle d'or de Jésus de Nazareth se lit l'esprit tout entier de l'éthique de l'utilité. « Traite autrui comme tu voudrais être traité et aime ton prochain comme toi-même », voilà ce qui constitue la perfection idéale de la morale utilitariste. En tant que moyen de s'en rapprocher, l'utilité recommanderait, en premier lieu, que les lois et les formes d'organisation sociale placent le bonheur ou (pour parler de manière pratique) l'intérêt de chaque individu autant que possible en harmonie avec les intérêts du tout ; en second lieu, que l'éducation et l'opinion qui ont un tel pouvoir sur le caractère humain utilisent ce pouvoir de façon à établir dans l'esprit de chaque individu une association indissoluble entre son propre bonheur et le bien du tout, en particulier entre son propre bonheur et la pratique des modes de conduite, négatifs et positifs, que la considération pour le bonheur universel prescrit, afin que, de cette manière, non seulement il soit incapable de concevoir la possibilité d'un bonheur pour lui-même qui s'accorde avec une conduite opposée au bien général, mais encore qu'existe, en chaque individu, une impulsion directe à promouvoir le bien général qui soit l'un des motifs habituels de l'action, et que les sentiments qui lui sont reliés occupent une place importante et éminente dans l'existence sensible de chaque être humain.

John Stuart MILL, « L'Utilitarisme », chapitre II, 1861,
dans *L'Utilitarisme. Essai sur Bentham*,
trad. C. Audard et P. Thierry, 1998.

▶ L'ÉTAT

1. L'amour du prochain, est-ce utile ?
2. Comment faire pour que l'intérêt de chacun coïncide avec l'intérêt de tous ?

→ VERS LE BAC

Dans ce texte, Mill utilise comme synonyme le bien « universel » et le bien « général ». Dans un autre contexte et avec d'autres exemples, quelle distinction pourrait-on faire entre « universel » et « général » ?

Jean-Baptiste SAY
1767-1832

TEXTE 12

Le bonheur est-il un problème d'économie politique ?

L'économie s'est saisie du bonheur pour en faire un problème social et politique, c'est-à-dire collectif : nul individu ne saurait être heureux en dehors de relations pacifiques avec ses concitoyens et ses voisins étrangers. Le bonheur se définit comme un bien-être (*welfare* en anglais) collectif qui dépend de conditions matérielles.

L'économie politique, en nous faisant connaître les lois suivant lesquelles les biens peuvent être créés, distribués et consommés, tend donc efficacement à la conservation et au bien-être non seulement des individus, mais aussi de la société, qui, sans cela, ne saurait présenter que confusion et carnage. Quel triste spectacle nous offre l'histoire ! Des nations sans industrie, manquant de tout, poussées à la guerre par le besoin, et s'égorgeant mutuellement pour vivre... Voilà ce qu'était la société chez les anciens. Je ne parle point de la barbarie du Moyen Âge, de l'anarchie féodale, des proscriptions religieuses. Mais du moment qu'on acquiert la conviction qu'un État peut grandir et prospérer sans que ce soit aux dépens d'un autre, dès ce moment les nations peuvent avoir recours aux moyens d'exister les plus sûrs, les plus féconds, les moins dangereux ; et chaque individu, au lieu de gémir sous le fait des malheurs publics[1], jouit pour sa part des progrès du corps politique. Voilà ce qu'on peut attendre d'une connaissance plus généralement répandue des ressources de la civilisation. Au lieu de fonder la prospérité publique sur l'exercice de la force brutale, l'économie politique lui donne pour fondement l'intérêt bien entendu des hommes. Les hommes ne cherchent plus dès lors le bonheur où il n'est pas, mais là où l'on est assuré de le trouver. Si les nations n'avaient pas été et n'étaient pas encore coiffées de la balance du commerce, et de l'opinion qu'une nation ne peut prospérer si ce n'est au détriment d'une autre, on aurait évité durant le cours des deux derniers siècles cinquante années de guerre. C'est donc l'instruction qui nous manque, et surtout l'instruction dans l'art de vivre en société.

Jean-Baptiste SAY, *Cours complet d'économie politique pratique*, 1828.

1 Communs, par opposition à individuels ou privés.

▶ L'ÉTAT

1 Le commerce entre les nations contribue-t-il au bien être collectif ?

2 Pourquoi la « balance du commerce » (l. 18) est-elle une cause de guerre entre les pays ?

Avec le commerce triangulaire (XVIIe-première moitié du XIXe, siècle), les colons européens prennent des esclaves en Afrique qu'ils emmènent aux Amériques pour leur faire produire des marchandises vendues ensuite en Europe.

Wassily KANDINSKY, *L'arrivée des marchands*, 1905, collection privée.

Vilfredo PARETO
1848-1923

TEXTE 13

Le bonheur est-il quantifiable ?

Si le bonheur est un problème économique, on est alors en droit de le considérer comme une quantité qui se calcule. Mieux, le problème de savoir s'il existe pour une société donnée, voire pour l'humanité entière, une quantité maximale de bonheur possible, se pose. Cet optimum de bonheur collectif pose lui-même le problème de savoir comment additionner des choses qui semblent hétérogènes : on additionne l'unité à l'unité (un litre à un litre, un centimètre à un centimètre), mais comment additionner des « quantités de bonheur » ?

34. Laissons de côté la dernière partie, celle qui concerne les êtres sensibles ; – laquelle nous empêcherait de nous nourrir de viande et de poisson, et même de marcher, de peur d'écraser, quelque insecte, – et considérons-la sous la forme la plus raisonnable, celle de la poursuite du bonheur du genre humain. Ces termes nous trompent, ils nous paraissent clairs et ils ne le sont pas. Le « genre humain » n'est pas un individu qui ait des sensations simples de bonheur ou de malheur, mais c'est un ensemble d'individus qui éprouvent ces genres de sensation. La définition donnée suppose implicitement : 1° qu'on sait ce qu'est exactement le genre humain, s'il comprend uniquement les individus qui vivent à un moment donné, ou bien ceux qui ont vécu et ceux qui vivront ; 2° que les conditions du bonheur de chaque individu d'une collectivité donnée ne sont pas contradictoires ; sinon le problème qui consiste à assurer le bonheur de cette collectivité ressemblerait au problème de la construction d'un triangle carré ; 3° que les quantités de bonheur dont jouit chaque individu sont homogènes, de façon à pouvoir être additionnées ; sinon on ne voit pas comment on pourrait connaître la somme de bonheur dont jouit une collectivité ; et si cette somme est inconnue, nous n'avons aucun critérium pour savoir si, certaines circonstances étant données, la collectivité est plus heureuse que dans d'autres circonstances.

35. En réalité, ceux qui parlent du genre humain entendent par là d'ordinaire leur propre pays, ou tout au plus leur race ; et les très moraux peuples civilisés ont détruit, et continuent à détruire, sans le moindre scrupule, les peuples sauvages ou barbares. Mais supposons que par genre humain on entende tous les hommes ; il reste encore à résoudre de très graves questions : quand le bonheur des hommes actuellement vivants est en opposition avec celui des hommes à venir, qui doit l'emporter ? Quand, comme cela arrive souvent, le bonheur des individus actuels est en opposition avec le bonheur de l'espèce, qui doit céder ? [...]

36. Supposons une collectivité constituée par un loup et par un agneau ; le bonheur du loup consiste à manger l'agneau, celui de l'agneau à ne pas être mangé : Comment rendre cette collectivité heureuse ? [...]

37. [...] Comment peut-on comparer ces sensations agréables, ou pénibles, et les additionner ? Mais pour pousser jusqu'à l'extrême nos concessions, admettons que cela soit possible et essayons de résoudre ce problème : l'esclavage est-il ou n'est-il pas moral ? Si les maîtres sont nombreux et les esclaves en petit nombre, il se peut que les sensations agréables des maîtres forment une somme plus grande que celle des sensations pénibles des esclaves ; et inversement, s'il y a peu de maîtres et beaucoup d'esclaves. Cette solution ne serait cependant pas acceptée par ceux qui préconisent le principe du plus grand bonheur du genre humain. Pour savoir si le vol est, ou n'est pas, moral, devons-nous comparer les sentiments pénibles des volés, aux sentiments agréables des voleurs, et rechercher ceux dont l'intensité est la plus grande ? »

Vilfredo PARETO, *Manuel d'économie politique*, 1906, trad. d'A. Bonnet revue par l'auteur, 1909.

▶ L'ÉTAT
▶ LA SCIENCE

1 Le bonheur est-il une qualité de vie ou se définit-il par une certaine quantité de biens, déterminable par le calcul ?

2 Qu'est-ce qui fait qu'il y a conflit entre « le bonheur des individus actuels » (l. 25) et celui de l'espèce humaine ?

MATIÈRE À PENSER

Le bonheur à l'échelle d'une nation : les États-Unis et le Bhoutan

La constitution américaine

Existe-t-il un droit au bonheur ? Est-ce la fonction d'un État que de garantir ce droit ? Le bonheur est-il une affaire privée ou une question politique ? Ce sont ces problèmes que soulève la Déclaration d'indépendance américaine, 4 juillet 1776 :

« [...] Nous tenons pour évidentes par elles-mêmes les vérités suivantes : tous les hommes sont créés égaux ; ils sont doués par le Créateur de certains droits inaliénables ; parmi lesquels se trouvent la vie, la liberté et la recherche du bonheur [*pursuit of happiness*]. Les gouvernements sont établis parmi les hommes pour garantir ces droits, et leur juste pouvoir émane du consentement des gouvernés. Toutes les fois qu'une forme de gouvernement devient destructrice [*become destructive*] de ces fins [*ends*], le peuple a le droit de la changer ou de l'abolir et d'établir un nouveau gouvernement, en le fondant sur les principes et en organisant ses pouvoirs en la forme qui lui paraîtront les plus propres à lui donner la sûreté et le bonheur. »

Le Bouthan et le Bonheur National Brut

Doit-on mesurer la politique d'un État au bonheur de ses citoyens ? Cette question peut-elle se limiter au cadre national ou doit-elle se poser à l'échelle du monde ? L'impératif de la croissance économique est-il compatible avec le développement durable ?

« Le Bonheur National Brut (BNB) est un indice inventé en 1972 par le roi du Bhoutan Jigme Singye Wangchuck. Son intention était de remplacer le sacro-saint indice étendard du capitalisme à savoir le Produit Intérieur Brut (PIB). Contrairement à ce dernier, le BNB devait permettre d'évaluer une économie basée sur les valeurs spirituelles du boudhisme. Il est d'ailleurs encore utilisé actuellement lors de l'établissement des politiques économiques du Bhoutan.

Les principes :

Si le PIB mesure l'accroissement de la richesse matérielle produite au sein d'une nation (ceci est d'ailleurs discuté par certains économistes), le Bonheur National Brut essaie d'évaluer la richesse en termes plus psychologiques, prenant en compte toutes les dimensions de l'existence humaine, notamment autres que strictement économiques.

Les principaux principes régissant le Bonheur National Brut sont :

- Croissance et développement économique ;
- Conservation et promotion de la culture ;
- Sauvegarde de l'environnement et utilisation durable des ressources ;
- Bonne gouvernance responsable. »

(source : http://www.bhoutan.org/bonheur-national-brut/)

→ VERS LE BAC

Distinguer « quantité » et « qualité », « différence quantitative » et « différence qualitative ». Y a-t-il des choses que l'on ne peut pas mesurer ?
Rédiger un paragraphe pour traiter ce problème, en l'illustrant avec des exemples.

Bonheur et temps

Comment le bonheur est-il lié au temps ? Quel est le rapport entre le bonheur et le désir, qui fait passer d'un objet cause du désir à un autre, que l'on ne possède pas encore ? (texte 14, Platon) **Et quel est le rapport entre le bonheur et le plaisir, qui se vit au présent ?** (textes 15, Épicure, et 16, du Châtelet)

PLATON
428 av. J.-C.-
348 av. J.-C.

TEXTE 14 COMMENTÉ

Pourquoi courons-nous sans cesse après de nouveaux plaisirs ?

Notre existence ressemble au tonneau des Danaïdes qui se vide à mesure qu'on le remplit : aucun plaisir ne parvient à nous procurer une satisfaction durable, en sorte que nous sautons de plaisir en plaisir sans être jamais contents. Le bonheur est-il voué à n'être qu'une suite inconsistante de plaisirs, et la vie une fuite continuelle ? Mais si nous éprouvons ce manque, cela ne suppose-t-il pas que nous avons le sens d'un bonheur autre, capable de nous combler ?

– En général, les choses qui servent à l'entretien du corps participent moins de la vérité et de l'essence que celles qui servent à l'entretien de l'âme.

– Beaucoup moins.

– Et le corps lui-même, comparé à l'âme, n'est-il pas dans ce cas ?

– Si.

– Ainsi, ce qui se remplit de choses plus réelles, et qui est, lui-même plus réel, est plus réellement rempli que ce qui l'est de choses moins réelles et qui est lui-même moins réel.

– Oui.

– Par conséquent, s'il est agréable de se remplir de choses conformes à sa nature, ce qui se remplit plus réellement, et de choses plus réelles, jouira plus réellement et plus véritablement du vrai plaisir, et ce qui reçoit des choses moins réelles sera rempli d'une manière moins vraie et moins solide, et goûtera un plaisir moins sûr et moins vrai.

– La conséquence est tout à fait nécessaire, dit-il.

– Ainsi, ceux qui n'ont point l'expérience de la sagesse et de la vertu, qui sont toujours dans les festins et les plaisirs semblables, sont portés, ce semble, dans la basse région, puis de nouveau dans la moyenne, et errent de la sorte toute leur vie durant ; ils ne montent point plus haut ; jamais ils n'ont vu les hauteurs véritables, jamais ils n'y ont été portés, jamais ils n'ont été réellement remplis de l'être et n'ont goûté de plaisir solide et pur. À la façon des bêtes, les yeux toujours tournés vers le bas, la tête penchée vers la terre et vers la table, ils paissent à l'engrais et s'accouplent ; et, pour avoir la plus grosse portion de ces jouissances, ils ruent, se battent à coups de cornes et de sabots de fer, et s'entre-tuent dans la fureur de leur appétit insatiable, parce qu'ils n'ont point rempli de choses réelles la partie réelle et étanche d'eux-mêmes.

– C'est en parfait oracle, Socrate, que tu dépeins la vie de la plupart des hommes !

PLATON, *La République*, IX, 585d-586b, IVe siècle av. J.-C., trad. R. Baccou, 1936.

▶ LA RAISON
▶ LE TEMPS
▶ LA VÉRITÉ

LES DEGRÉS DE RÉALITÉ

Platon distingue dans le bien trois degrés de réalité, depuis la simple apparence de bien jusqu'à l'Idée de Bien en soi, en passant par les actions que nous faisons en nous conformant autant que faire se peut à cette Idée. Ces trois degrés s'élèvent du devenir à l'être. Les plaisirs du corps appartiennent aux simulacres de bien qui sont par nature éphémères. C'est pourquoi la vie du corps est vouée à errer. Confondre l'agréable et le bien c'est ainsi lâcher l'être pour l'ombre du devenir. Notre âme, elle, se définit par le sens du Bien en soi et des choses qui sont, au sens plein et absolu du verbe « être » en tant qu'opposé au devenir. Mais l'âme est elle-même une entité complexe qui contient une partie rationnelle qui l'élève vers le Bien, et une partie bestiale qui la lie au corps et, avec lui, aux plaisirs mouvants. Entre les deux se trouve une force qu'il revient à la partie rationnelle de s'annexer afin de gouverner la partie bestiale. La plupart des êtres humains laissent au contraire la partie bestiale gouverner, ce qui est la définition de l'injustice que Platon donne dans *La République* : ce qui est juste, c'est qu'une chose remplisse la fonction pour laquelle elle est faite ; ce qui est injuste c'est qu'elle fasse autre chose que ce pour quoi elle est faite. La vie sage et juste est celle dans laquelle la partie rationnelle de l'âme qui est faite pour gouverner gouverne ; la vie injuste est celle qui laisse gouverner la partie qui est faite pour obéir, comme si l'on taillait la vigne avec un couteau de boucher, ou que l'on coupait la viande avec une serpette, pour reprendre les images de Platon dans *La République* (353a-e). La philosophie est ce travail que l'âme fait sur elle-même pour être juste.

UNE ÉCHELLE DE VALEUR

Platon ne se contente pas de différencier les plaisirs éphémères et les biens durables, il les hiérarchise selon une échelle ascensionnelle qui part du bas pour s'élever vers la région supérieure des Idées. Non seulement ce qui devient a moins de réalité que ce qui est, mais il a surtout moins de valeur.

CONCORDE ET DISCORDE

Une vie qui s'abandonne aux plaisirs du corps reste rivée sur elle-même et se rend aveugle à ses voisins qu'elle est conduite à piétiner. Comme les voisins se comportent de la même façon, le conflit est inévitable. On comprend par contraste que l'universalité de l'Idée du Bien assure la concorde des âmes qui se tournent vers elle. Il y a une fonction politique de l'Idée de Bien.

1. Qu'est-ce qui rend l'appétit « insatiable » ?
2. L'être vaut-il mieux que le devenir, l'essence que l'apparence ?

Roberto BOMPIANI, *Le banquet romain,* fin du XIXe siècle, J. Paul Getty Museum, Los Angeles.

? Qu'est-ce qu'être insatiable ?

ÉPICURE
341 av. J.-C.-
270 av. J.-C.

TEXTE 15

Faut-il faire durer le plaisir ?

Dans l'opinion commune, « l'épicurisme » se confond avec l'injonction de profiter de la vie, que le mot d'ordre d'Horace, repris par Ronsard, « Cueille le jour » (*Carpe diem*), est censé exprimer. L'idée de « profiter » suppose pourtant un sentiment d'urgence qui véhicule une inquiétude quant à l'avenir qui ne durera pas toujours, inquiétude parfaitement contradictoire avec la philosophie d'Épicure. Dans ses *Maximes*, Épicure définit le plaisir comme un état d'emblée absolu, donc par nature indifférent à la durée. La durée ne change rien à un plaisir. Il n'y a donc pas à s'inquiéter de la durée du plaisir.

XVIII Le plaisir dans la chair ne peut s'accroître une fois supprimée la douleur du besoin, mais il est seulement varié. La limite du plaisir de la pensée naît du fait de se rendre compte de ces choses mêmes, et de celles du même genre, qui sont cause pour la pensée des craintes les plus grandes.

XIX Le temps infini contient un plaisir égal à celui du temps limité, si de ce plaisir on mesure les limites par la raison.

XX La chair pose les limites du plaisir comme illimitées, et illimité est le temps qui le lui procure. Mais la pensée, qui s'est rendu compte de la fin et de la limite de la chair, et qui a fait disparaître les craintes au sujet de l'éternité, procure la vie parfaite, et n'a en rien besoin, en plus, d'un temps infini ; mais ni elle ne fuit le plaisir, ni, quand les circonstances ont amené le moment de quitter la vie, elle ne meurt comme s'il lui manquait quelque chose de la vie la meilleure.

ÉPICURE, *Maximes capitales*, XVIII à XX, IIIe siècle av. J.-C., trad. M. Conche, 1987.

1 Pourquoi « les craintes au sujet de l'éternité » (l. 9) empêchent-elles d'être heureux ?

2 Peut-on mesurer les plaisirs du corps par la pensée ?

AUX FRONTIÈRES DE LA PHILOSOPHIE

Que Jupiter t'accorde plusieurs hivers, ou que celui-ci soit le dernier, qui heurte maintenant la mer Tyrrhénienne contre les rochers immuables, sois sage, filtre tes vins et mesure tes longues espérances à la brièveté de la vie. Pendant que nous parlons, le temps jaloux s'enfuit.
Cueille le jour, et ne crois pas au lendemain.

HORACE, *Odes*, I, 11, 8, « À Leuconoé », trad. Leconte de Lisle, 1873.

Le bonheur est dans le pré. Cours-y vite, cours-y vite.
Le bonheur est dans le pré. Cours-y vite. Il va filer.
Si tu veux le rattraper, cours-y vite, cours-y vite.
Si tu veux le rattraper, cours-y vite. Il va filer [...]
Saute par-dessus la haie, cours-y vite, cours-y vite.
Saute par-dessus la haie, cours-y vite ! Il a filé !

Paul FORT, « Le Bonheur », *Ballades françaises*, 1896-1958.

? Faut-il être indifférent au temps qui passe pour être heureux ?

Émilie du CHÂTELET
1706-1749

TEXTE 16

Le bonheur est-il autre chose que la passion du possible ?

Aux jeux de hasard, « avoir la main heureuse », c'est avoir de la chance. Cartes, dés et autres lotos représentent autant de figures emblématiques de sources de bonheur entendu comme un bien qui arrive par hasard. À cet égard, il est intéressant de remarquer que le mot de « fortune » désigne à la fois la chance et la richesse. Toutefois, le prix que nous accordons à ces jeux ne réside pas dans la possession d'un gain réel, mais dans l'incertitude où ils tiennent notre esprit. Le plaisir qu'on y prend témoigne pour un bonheur du virtuel.

Il est une passion très déraisonnable aux yeux du philosophe et de la raison, c'est la passion du jeu : il serait heureux de l'avoir, si on pouvait la modérer et la réserver pour le temps de notre vie où elle sera nécessaire, et ce temps c'est la vieillesse. Il est certain que l'amour du jeu a sa source dans l'amour de l'argent ; il n'y a point de particulier pour qui le gros jeu (et j'appelle gros jeu celui qui peut faire une différence dans notre fortune) ne soit un objet intéressant. Notre âme veut être remuée par l'espérance ou par la crainte ; elle n'est heureuse que par les choses qui lui font sentir son existence ; or le jeu nous met perpétuellement aux prises avec ces deux passions, et tient par conséquent notre âme dans une émotion qui est un des grands principes de bonheur qui soit en nous. Le plaisir que m'a fait le jeu a servi souvent à me consoler de n'être pas riche.

Émilie du CHÂTELET, *Discours sur le bonheur*, 1779.

1. Espérer être heureux peut-il suffire à nous rendre heureux ?
2. Peut-on vivre heureux sans passion ?

REPÈRES en acte / en puissance ; certain / probable

Si le joueur qui vient de gagner, rejoue aussitôt, c'est bien parce que le bonheur du jeu n'a pas pour objet le gain **en acte** mais **en puissance**. Entre le gain potentiel et le gain actuel, le temps intercale la contingence d'un délai dont l'issue est incertaine. « Faites vos jeux... les jeux sont faits » : les mots du croupier, au casino, confèrent de l'être aux gains. Non pas un être en acte qui se manifeste, mais un être en puissance qui sommeille. De l'un à l'autre, il y a la distance entre l'ennui du **certain** et l'excitation du **probable**.

Gaspare TRAVERSI, *La partie de cartes*, XVIIIe siècle
musée des Beaux-Arts, Rouen.

CINÉ PHILO

La Vie est belle

ROBERTO BENIGNI, 1997

La vita è bella (*La Vie est belle*) de Roberto Benigni est une comédie dramatique italienne. Guido Orefice, joué par Benigni lui-même, est un jeune juif italien qui arrive en 1938 à Arrezzo. Il tombe amoureux de Dora, une institutrice fiancée à un fonctionnaire fasciste, qu'il finit par séduire avec sa bonne humeur. Ils se marient, ils ont un fils, Giosuè, et ouvrent une librairie malgré les difficultés posées par l'administration fasciste. Cinq ans plus tard, la guerre éclate et les lois raciales entrent en vigueur : la famille est envoyée dans un camp de concentration où hommes et femmes sont séparés. Guido protège son fils de l'horreur en lui faisant croire que tout fait partie d'un jeu : le premier à obtenir 1 000 points gagnera un char d'assaut.

Le bonheur, et surtout celui de son fils, dépendent de sa ruse pour garder Giosuè caché des gardiens, en bonne santé, son innocence intacte. Dans l'une des scènes les plus mémorables, Guido sert de traducteur à un Allemand qui hurle des ordres aux détenus, mais il les traduit librement en italien pour calmer les craintes du petit. Ainsi, face à la tragédie et à la mort, Guido utilise la seule arme à sa disposition : l'humour.

LA CONSCIENCE

Johannes GRUMPP, *Autoportrait,* détail, 1646, musée des Offices, Florence.

Johannes Grumpp (1626-1728) est un peintre autrichien. C'est aux différentes versions de cet autoportrait qu'il doit l'essentiel de sa notoriété. Dans celle-ci, l'arrière-plan de la scène n'apparaît pas et l'attention du spectateur est donc immédiatement retenue par ses trois éléments centraux : de dos, la personne physique du peintre au travail ; à gauche, son image réfléchie dans un miroir ; à droite, la reproduction de celle-ci sur le tableau en cours.

ARRÊT SUR IMAGE

1 L'analyse des notions de « conscience » et de « conscience de soi » doit-elle tenir compte de l'histoire des techniques (invention du miroir, de la toile, etc.) ?

2 En matière de conscience de soi, qu'ajoute la reproduction picturale à l'image réfléchie par le miroir ?

3 Quel enseignement tirer du fait que la personne physique du peintre n'apparaisse que de dos ?

LA CONSCIENCE EN QUESTION

Le terme *conscience* dérive du latin *conscientia*, lui-même formé sur la base du verbe *conscire*, par l'ajout de l'adverbe *cum* (« avec ») au verbe *scire* (« savoir »). Si bien qu'en latin, la conscience signifie la connaissance partagée avec quelqu'un (confidence, connivence, etc.). Pour nous, cependant, ce partage de connaissance aurait plutôt lieu entre nous et nous-mêmes, en quelque sorte. Cela étant, notre concept de conscience n'est pas non plus à ce point homogène et chacun de ses usages pose des problèmes spécifiques.

1 LA CONSCIENCE IMMÉDIATE La conscience, c'est d'abord la conscience immédiate. Or, celle-ci révèle d'emblée une ambivalence : s'agit-il d'un état psychologique intime, de la retombée interne de notre expérience du monde ou bien, au contraire, du nom que nous donnons à notre exposition, à notre ouverture fondamentale aux réalités qui nous environnent ? De plus, comment interpréter le fait que son intensité puisse varier ? (p. 80 à p. 85)

2 CONSCIENCE DE SOI ET IDENTITÉ PERSONNELLE La conscience renvoie aussi assez souvent à ce que les philosophes appellent la « conscience de soi » ou la « conscience réfléchie » : celle qui consiste à prendre en vue ses propres pensées ou actions et, ce faisant, à se rapporter à soi-même comme à un objet sous-jacent à notre identité personnelle. Peut-on expliquer un tel phénomène et son rapport à la dignité de l'être humain ? (p. 86 à p. 89)

3 LA CONSCIENCE ET AUTRUI Quoiqu'elle introduise en nous un dédoublement des niveaux de l'expérience, la conscience de soi diffère de la relation consciente que nous entretenons avec autrui. Mais cette dernière se laisse-t-elle si facilement penser ? Par ailleurs, quel rôle lui attribuer dans la formation de notre propre conscience du monde et de nous-mêmes? (p. 90 à p. 94)

4 LA CONSCIENCE MORALE Le mot *conscience* a également une acception spécifiquement morale, et l'on parle même très littéralement de la « conscience morale », c'est-à-dire, dit-on aussi fréquemment, de la « voix intérieure » qui tantôt prescrit, tantôt interdit telle ou telle conduite. D'où émane-t-elle ? Est-elle innée ? Acquise ? (p. 95 à p. 101)

5 LA CONSCIENCE, UN MYTHE À DÉCONSTRUIRE ? Enfin, faut-il vraiment voir en la conscience un principe de notre expérience et de notre connaissance ? N'est-elle pas bien plutôt une illusion métaphysique, voire logico-grammaticale, sans fondement sensible digne de ce nom ou, *a minima*, une réalité secondaire, l'expression superstructurelle et proprement idéologique du type de vie que nous menons ? (p. 102 à p. 107)

PANORAMA DE LA NOTION

La conscience immédiate

Au terme *conscience*, nous associons un phénomène de résonance intérieure : percevoir et sentir que nous percevons, penser et sentir que nous pensons, désirer et sentir que nous désirons, etc. (texte 1, Descartes) Mais la conscience n'est-elle pas aussi toujours conscience *de* quelque chose et, par là même, conscience du monde extérieur à elle ? (texte 2, Sartre) Enfin, la conscience correspond-elle à un état psychologique invariable et permanent ? N'est-elle pas, au contraire, intermittente et, en tout cas, d'intensité plus ou moins importante, en fonction du coefficient d'adversité que nos tâches pratiques nous imposent d'affronter ? (texte 3, Bergson)

René DESCARTES
1596-1650

TEXTE 1 COMMENTÉ

« Penser » et « avoir conscience » : deux expressions pour une seule et même expérience ?

Dans les *Principes de la philosophie*, son dernier ouvrage, Descartes entreprend de rassembler l'ensemble de ses thèses philosophiques en une sorte de manuel propre à faciliter la diffusion et la popularisation de sa pensée. Au paragraphe 9 de la première partie, il explique ainsi en quelques lignes ce qu'il entend « [p]ar le mot de penser ». Or, si le mot *conscience* n'y intervient jamais, le phénomène psychologique que celui-ci désigne y occupe en revanche une place absolument centrale.

Par le mot de penser, j'entends tout ce qui se fait en nous de telle sorte que nous l'apercevons immédiatement par nous-mêmes ; c'est pourquoi non seulement entendre, vouloir, imaginer, mais aussi sentir, est la même chose ici que penser. Car si je dis que je vois ou que je marche, et que j'infère de là que je suis ; si j'entends parler de l'action qui se fait avec mes yeux ou avec mes jambes, cette conclusion n'est pas tellement infaillible *que je n'aie quelque sujet d'en douter*, à cause qu'il se peut faire que je pense voir ou marcher, encore que je n'ouvre point les yeux et que je ne bouge de ma place ; car cela m'arrive quelquefois en dormant, et le même pourrait peut-être arriver si je n'avais point de corps : au lieu que, si j'entends parler seulement de l'action de ma pensée, ou du sentiment, c'est-à-dire de la connaissance qui est en moi, qui fait qu'il me semble que je vois ou que je marche, cette même conclusion est si absolument vraie que je n'en peux douter, à cause qu'elle se rapporte à l'âme, qui seule a la faculté de sentir, ou bien de penser en quelqu'autre *façon que ce soit*.

René DESCARTES, *Principes de la philosophie*, I, § 9, 1644, trad. abbé C. Picot, prieur du Rouvre, 1647.

▶ LA VÉRITÉ

L'EXPÉRIENCE DE LA PENSÉE

Descartes vise ici à définir la pensée (« Par le mot de penser, j'entends... »). Or, qu'est-ce que penser ? Est-ce produire un discours logiquement évaluable ? Articuler des énoncés susceptibles d'être vrais ou faux ? Telle n'est pas la voie empruntée par Descartes qui, fidèle à sa critique des raisonnements purement verbaux de la scolastique, choisit plutôt d'insister sur l'expérience ou l'épreuve subjective qui est la nôtre lorsque nous pensons. Une expérience qui a, à ses yeux, quatre propriétés distinctives : (1) plus que d'une simple « perception », il s'agit d'une « aperception » (« de telle sorte que nous l'apercevons ») ; (2) celle-ci n'a pas tant trait à des *contenus* mentaux qu'à des *opérations* psychologiques (« tout ce qui se fait ») ; (3) elle est immédiate (« immédiatement ») ; enfin, (4) elle est intérieure (« en nous », « par nous-mêmes »). Or, si le mot *conscience* ne figure nulle part dans cette définition de la pensée, apercevoir immédiatement par nous-mêmes tout ce qui se fait en nous, n'est-ce pas très précisément ce que l'on appelle « être conscient » ?

LE DOUTE MÉTHODIQUE

Répondre au scepticisme (doctrine philosophique opposée au dogmatisme, d'après laquelle l'esprit humain ne peut rien conclure de certaine) et refonder la connaissance sur une base scientifique certaine qui puisse permettre d'y échapper : telle est, il ne faut jamais l'oublier, la principale préoccupation de Descartes. D'où une stratégie argumentative fort originale qui consiste à retourner le scepticisme contre lui-même en transformant le doute subi en un doute volontaire et méthodique. C'est de cet aspect de l'entreprise philosophique de Descartes qu'il est ici question : parce qu'elle serait tout aussi prégnante si j'imaginais la chose ou si je rêvais, l'évidence physique (« l'action qui se fait avec mes yeux ou avec mes jambes ») ne saurait m'assurer de mon existence et doit donc être rejetée comme incertaine.

CERTITUDE ET INTÉRIORITÉ

À la différence de l'évidence physique, de ce que je crois savoir grâce à l'entremise de mon corps, l'évidence psychologique (« *l'action de ma pensée* »), c'est-à-dire la représentation mentale comme telle (le « sentiment [...] *qui fait qu'il me semble* que je vois ou que je marche »), délivre une connaissance (« la connaissance qui est en moi ») tout à fait indubitable (« *si* absolument vraie *que je n'en peux douter* »). Pourquoi ? Parce que cette connaissance est « en moi » et « se rapporte à l'âme ». Aussi, suffit-il d'en faire l'expérience pour la vérifier, sans qu'il soit besoin de la comparer à un état de choses objectif et externe.

1 **En quoi la définition que donne Descartes de la pensée dans cet extrait peut-elle paraître surprenante ?**

2 **Peu avant la chute de cet extrait, Descartes écrit : « du sentiment, c'est-à-dire de la connaissance qui est en moi ». Cette association entre sentiment et connaissance semble-t-elle aller de soi ?**

→ VERS LE BAC

Rédiger l'introduction de l'explication de cet extrait, en veillant tout particulièrement à rendre compte du problème qui y est traité, de la thèse qui y est défendue et de la structure de l'argumentation.

Homme pensif, sarcophage romain, IIe siècle, musée du Louvre, Paris.

Jean-Paul SARTRE
1905-1980

TEXTE 2

Être conscient, est-ce être en soi ou hors de soi ?

Le terme *phénoménologie* signifie littéralement « doctrine de l'apparence ». Chez Husserl, il désigne une théorie philosophique de la connaissance qui entend s'en tenir à la pure et simple description de ce qui apparaît à la conscience. Forgé par les tout premiers représentants de la tradition phénoménologique, le concept d'« intentionnalité » revient à affirmer que toute conscience est toujours conscience *de* quelque chose et, par conséquent, d'autre chose qu'elle-même.

La conscience et le monde sont donnés d'un même coup : extérieur par essence à la conscience, le monde est, par essence, relatif à elle. [...] Connaître, c'est « s'éclater vers », s'arracher à la moite intimité gastrique pour filer là-bas, par-delà soi, vers ce qui n'est pas soi, là-bas, près de l'arbre et cependant hors de lui, car il m'échappe et me repousse et je ne peux pas plus me perdre en lui qu'il ne se peut diluer en moi : hors de lui, hors de moi. Est-ce que vous ne reconnaissez pas dans cette description vos exigences et vos pressentiments ? Vous saviez bien que l'arbre n'était pas vous, que vous ne pouviez pas le faire entrer dans vos estomacs sombres et que la connaissance ne pouvait pas, sans malhonnêteté, se comparer à la possession. Du même coup, la conscience s'est purifiée, elle est claire comme un grand vent, il n'y a plus rien en elle, sauf un mouvement pour se fuir, un glissement hors de soi ; si, par impossible, vous entriez « dans » une conscience, vous seriez saisi par un tourbillon et rejeté au-dehors, près de l'arbre, en pleine poussière, car la conscience n'a pas de « dedans » ; elle n'est rien que le dehors d'elle-même et c'est cette fuite absolue, ce refus d'être substance qui la constituent comme une conscience. Imaginez à présent une suite liée d'éclatements qui nous arrachent à nous-mêmes, qui ne laissent même pas à un « nous-mêmes » le loisir de se former derrière eux, mais qui nous jettent au contraire au-delà d'eux, dans la poussière sèche du monde, sur la terre rude, parmi les choses ; imaginez que nous sommes ainsi rejetés, délaissés par notre nature même dans un monde indifférent, hostile et rétif ; vous aurez saisi le sens profond de la découverte que Husserl exprime dans cette fameuse phrase : « Toute conscience est conscience *de* quelque chose. » [...] Que la conscience essaye de se reprendre, de coïncider enfin avec elle-même, tout au chaud, volets clos, elle s'anéantit. Cette nécessité pour la conscience d'exister comme conscience d'autre chose que soi, Husserl la nomme « intentionnalité ».

Jean-Paul SARTRE, « Une idée fondamentale de la phénoménologie de Husserl : l'intentionnalité », dans *Situations I*, 1947.

▶ LA LIBERTÉ

1 À quelle image traditionnelle de la conscience, la notion d'« intentionnalité » impose-t-elle de renoncer ?

2 Pourquoi Sartre affirme-t-il que la conscience ne saurait jamais « coïncider [...] avec elle-même » (l. 23) ?

Ce que disent les mots

Entre morale et savoir, la construction du sujet

Conscience vient directement du latin **conscientia**, de *cum* (« avec ») et *scire* (« savoir »). Mais à quoi renvoie le « avec » ? Avec qui partage-t-on le savoir ? Avec autrui, évidemment, comme lorsqu'on lui fait une « confidence » ou qu'on est en « connivence » avec lui.

Cela étant, même en latin, le terme *conscientia* a ensuite rapidement désigné l'expérience de la faute (**conscientia scelerum**) et le remords qui en résulte : on partage alors le savoir avec soi-même, on se sait coupable et on en souffre (« l'esprit conscient de ses fautes s'applique l'aiguillon et le fouet », écrit Lucrèce dans *De rerum natura*, III). Dans le contexte juridique, **conscientia** et **conscius** renvoient à la culpabilité reconnue et à la condamnation prononcée.

Plus positivement, **conscientia** coïncide par suite aussi avec l'expérience de soi, qui se construit dans la récapitulation des souvenirs et la mémoire : « rien de plus agréable que la conscience d'avoir bien conduit sa vie » (Cicéron, *De la vieillesse,* 9). Le tribunal est ainsi à la fois intérieur et extérieur : il dérive de la conscience du regard de l'autre, ou de soi-même comme un autre – en latin **pudor,** en grec **aidôs**, que l'on rend par « pudeur » ou « honte », symbolisé par « Ils virent qu'ils étaient nus » d'Adam et Ève lorsqu'ils eurent goûté au fruit de l'arbre de la connaissance. (voir p. 93)

On dit souvent que les Grecs ne connaissaient pas la conscience : il existe de fait une grande diversité de termes sur lesquels on projette rétrospectivement la « conscience », que l'on fixe très tardivement sur le calque **suneidêsis** (**sun**, « avec », et **eidô**, **oida**, « je sais »). Pourtant, le héros grec, Achille ou Socrate, ne cesse de se parler à lui-même, et la pensée se définit, chez Platon, par exemple, comme « le dialogue intérieur de l'âme avec elle-même » (*Le Sophiste*, 263e). Elle ouvre à la fois sur la réflexivité du « connais-toi toi-même » et sur la dimension morale de la conscience qui exige l'accord de soi avec soi.

Ces composantes morales (Partie 4), psychologiques (réflexivité, Parties 2 et 3) et épistémiques (conscience *de*, intentionalité, texte 2, p. 82), sont co constitutives de l'idée même de sujet, face à soi, aux autres et aux objets du monde. Le français comme le latin n'ont qu'un seul mot. En revanche, l'anglais, au bout d'une longue histoire linguistique, distingue trois termes : **consciousness** pour la conscience morale, **conscience** pour la composante réflexive, et **awareness** (dérivé de **to be aware of something**, « savoir, avoir conscience de, se rendre compte de »), apparu plus tardivement (1828), signifie la présence d'un objet à la conscience. L'allemand, de son côté, distingue **Bewusstheit**, **Bewusstsein** (dérivé de **wissen**, « savoir »), en lien avec la conscience de soi et le rapport sujet-objet, de **Gewissen**, **Gewisstheit** (également de *wissen*), prônés en particulier par Luther sous la forme de la « liberté de conscience », et liés à l'autonomie du sujet moral, à la conviction et à la certitude.

Henri BERGSON
1859-1941

TEXTE 3

La conscience est-elle propre aux agents libres ?

Contrairement à bon nombre des philosophes qui se sont intéressés à la notion de conscience, Bergson ne l'analyse pas dans le cadre d'une théorie de la connaissance, mais dans celui d'une philosophie de la vie et de l'action. Dans cet extrait, il montre que la conscience correspond au corrélat psychologique de l'acte libre, volontaire et délibéré.

[L]a conscience, originellement immanente à tout ce qui vit, s'endort là où il n'y a plus de mouvement spontané, et s'exalte quand la vie appuie vers l'activité libre. Chacun de nous a d'ailleurs pu vérifier cette loi sur lui-même. Qu'arrive-t-il quand une de nos actions cesse d'être spontanée pour devenir automatique ? La conscience s'en retire. Dans l'apprentissage d'un exercice, par exemple, nous commençons par être conscients de chacun des mouvements que nous exécutons, parce qu'il vient de nous, parce qu'il résulte d'une décision et implique un choix ; puis, à mesure que ces mouvements s'enchaînent davantage entre eux et se déterminent plus mécaniquement les uns les autres, nous dispensant ainsi de nous décider et de choisir, la conscience que nous en avons diminue et disparaît. Quels sont, d'autre part, les moments où notre conscience atteint le plus de vivacité ? Ne sont-ce pas les moments de crise intérieure, où nous hésitons entre deux ou plusieurs partis à prendre, où nous sentons que notre avenir sera ce que nous l'aurons fait ? Les variations d'intensité de notre conscience semblent donc bien correspondre à la somme plus ou moins considérable de choix ou, si vous voulez, de création, que nous distribuons sur notre conduite. Tout porte à croire qu'il en est ainsi de la conscience en général. Si conscience signifie mémoire et anticipation, c'est que conscience est synonyme de choix.

Henri BERGSON, « La Conscience et la vie », *L'Énergie sprituelle*, 1919.

▶ LE DEVOIR
▶ LA LIBERTÉ

1 Pour Bergson, la conscience est-elle stationnaire ?

2 N'y a-t-il de conscience que face à un problème ?

ALAIN DIT AUSSI

« Celui qui agit avec vitesse et sûreté ne se pose pas de question ; il n'en a pas le temps. Celui qui suit son désir ou son impulsion sans s'examiner soi-même n'a point non plus occasion de parler, comme Ulysse, à son propre cœur, ni de dire Moi, ni de penser Moi. En sorte que, faute d'examen moral, il manque aussi de cet examen contemplatif qui fait qu'on dit : "Je sais que je sais ; je sais que je désire ; je sais que je veux." Pour prendre conscience, il faut se diviser soi-même. Ce que les passionnés, dans le paroxysme, ne font jamais ; ils sont tout entiers à ce qu'ils font et à ce qu'ils disent ; et par là ils ne sont point du tout pour eux-mêmes. [...] Qui s'emporte sans scrupule aucun, sans hésitation aucune, sans jugement aucun ne sait plus ce qu'il fait, et ne saura jamais ce qu'il a fait. »

ALAIN, *Les Vigiles de l'esprit*, 1947.

? Être conscient suppose-t-il l'aptitude à épouser le point de vue d'autrui ?

MATIÈRE À PENSER

Limites et intérêt philosophiques des conceptions scientifiques de la conscience

Sciences cognitives et neurosciences ont récemment accompli d'extraordinaires progrès. À telle enseigne que l'on dispose aujourd'hui d'une théorie scientifique de la conscience et de sa fonction. Mais qu'y entend-on par « conscience » ? Et est-ce à dire que les problèmes philosophiques que peut poser la conscience sont désormais obsolètes ?

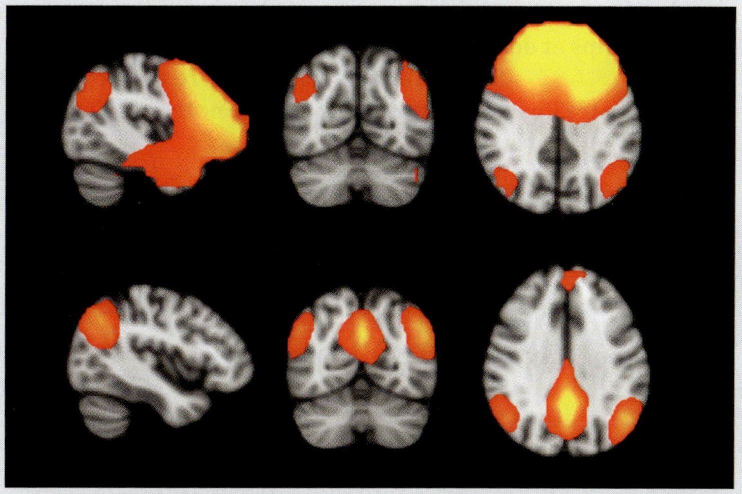

Plusieurs images (obtenues par scanner à résonnance magnétique et fMRI) d'un même cerveau au même moment, montrant l'activité cérébrale de la personne et permettant de détecter les maladies neurologiques.

« L'histoire récente de la neuropsychologie et de l'imagerie cérébrale offre un exemple significatif de la façon dont la conscience a été traitée et des questions qu'elle soulève en médecine. Apparemment, ce qui paraissait hors du domaine de la science non seulement y est entré, mais est devenu un objet d'étude et un champ de recherche prioritaires. Oubliant toutes les tentatives antérieures, notamment de la psychanalyse, on s'est mis à expliquer enfin comment il se fait que nous soyons conscients. D'ailleurs, la science pouvait-elle laisser plus longtemps un tel reste hors de son champ ? Si l'on n'explique pas la conscience, qu'explique-t-on de l'homme, ne rate-t-on pas l'essentiel ? Et la science s'est donc lancée à l'assaut du dernier bastion des mystères, inaugurant un de ces formidables chantiers de démystification qu'elle sait mettre en scène. Mais les mystères ne se sont-ils pas envolés plus loin, quand cette dernière science est arrivée ? La conscience expliquée a-t-elle quelque rapport avec celle qu'il s'agissait au départ d'expliquer ? N'est-elle pas un objet fabriqué sur mesure pour faire admettre l'étude d'autres objets et préparer l'exercice de nouveaux pouvoirs ? D'une façon plus générale, on peut se demander si ce n'est pas une caractéristique de la conscience d'échapper toujours, et pas seulement aux naturalistes. Difficile de prendre la pensée sur le fait. Toutes les questions relatives à la conscience semblent fabriquer leur objet. Il se pourrait bien cependant que l'étude des mécanismes cérébraux de la conscience, qui intéresse à la fois la science et la médecine, intéresse également la philosophie et s'avère une voie de recherche libératrice. Non pas que la question de ce que nous voulons dire d'ordinaire par "conscience" ait quoi que ce soit à attendre de l'état d'avancement des connaissances scientifiques ou médicales. Mais parce que la maladie, tout particulièrement, offre des occasions d'étendre l'usage du mot conscience au-delà des emplois ordinaires, c'est-à-dire de l'essayer dans des régions de la pensée où nos jugements restent fragiles ou mal assurés. »

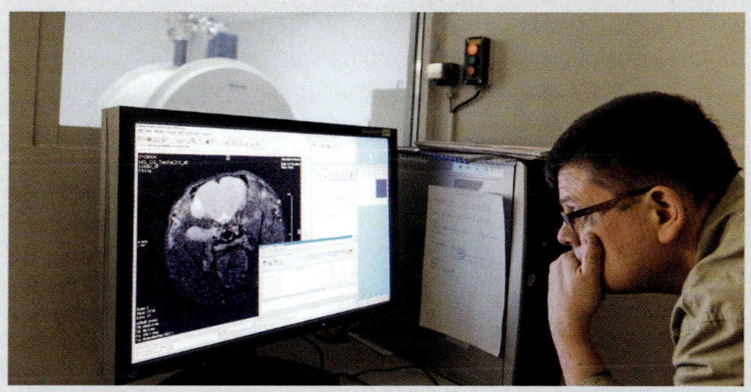

Un scanner pour l'observation du cerveau.

Emmanuel FOURNIER, « Conscience », *Dictionnaire de la pensée médicale*, dir. D. Lecourt, 2004.

Conscience de soi et identité personnelle

Qu'est-ce qu'avoir conscience de soi ? Avoir le pouvoir de penser par soi-même et de l'exprimer en disant « Je » ? (texte 4, Kant) Se ressaisir comme un être identique en dépit du temps et des changements, la conscience de soi reposant alors largement sur la mémoire ? (texte 5, Locke) Se reconnaître dans l'œuvre que l'on a faite comme en un miroir réfléchissant non notre image physique, mais celle de notre esprit et de notre liberté, pourtant en eux-mêmes invisibles ? (texte 6, Hegel)

Emmanuel KANT
1724-1804

TEXTE 4

Avoir conscience de soi, le privilège distinctif de la personne humaine ?

Dans son *Anthropologie du point de vue pragmatique*, Kant s'attache à décrire l'être humain tel qu'il est et non tel qu'il devrait être. Or, que déclare-t-il aux premières lignes de cet ouvrage ? Que l'expérience « en première personne » et la conscience de soi qu'elle présuppose distinguent l'être humain « de tous les autres êtres vivants » et fondent sa dignité spécifique de personne.

Posséder le *Je* dans sa représentation : ce pouvoir élève l'homme infiniment au-dessus de tous les autres êtres vivants sur la terre. Par là, il est une personne ; et grâce à l'unité de la conscience dans tous les changements qui peuvent lui survenir, il est une seule et même personne, c'est-à-dire un être entièrement différent, par le rang et la dignité, de *choses* comme le sont les animaux sans raison, dont on peut disposer à sa guise ; et ceci même lorsqu'il ne peut pas dire *Je*, car il l'a dans sa pensée ; ainsi toutes les langues, lorsqu'elles parlent à la première personne, doivent penser ce *Je*, même si elles ne l'expriment pas par un mot particulier. Car cette faculté (de penser) est l'entendement.

Il faut remarquer que l'enfant, qui sait déjà parler assez correctement ne commence qu'assez tard (peut-être un an après) à dire *Je* ; avant, il parle de soi à la troisième personne (Charles veut manger, marcher, etc.) ; et il semble que pour lui une lumière vienne de se lever quand il commence à dire *Je* ; à partir de ce jour, il ne revient jamais à l'autre manière de parler. Auparavant il ne faisait que se *sentir* ; maintenant il se *pense*.

Emmanuel KANT, *Anthropologie du point de vue pragmatique*, 1798, trad. M. Foucault, 1964.

▶ LE LANGAGE
▶ LA RAISON

1 En quoi « l'unité de la conscience dans tous les changements » importe-t-elle à la définition de la dignité de l'être humain ?

2 Dans *Qu'est-ce que les lumières ?*, Kant ramène l'idéal de ce courant de pensée à la devise « *Sapere aude !* » (« Ose te servir de ton propre entendement ! » ou « Aie le courage de penser par toi-même ! »). Quel rapport pourrait-on établir entre une telle devise et le propos qui est le sien dans cet extrait ?

John LOCKE
1632-1704

TEXTE 5

La conscience de soi est-elle le critère de l'identité personnelle ?

C'est à partir de la traduction française de l'*Essai philosophique concernant l'entendement humain* que l'usage proprement épistémologique du terme *conscience* a commencé à se répandre. Chez Locke, l'analyse d'une telle notion participe d'une réflexion qui porte plus exactement sur la continuité de l'identité personnelle.

Après ces préliminaires à la détermination de ce qui fait l'identité personnelle, il nous faut considérer ce que représente la personne ; c'est, je pense, un être pensant et intelligent, doué de raison et de réflexion, et qui peut se considérer soi-même comme soi-même, une même chose pensante en différents temps et lieux. Ce qui provient uniquement de cette conscience qui est inséparable de la pensée, et lui est essentielle à ce qu'il me semble : car il est impossible à quelqu'un de percevoir sans percevoir aussi qu'il perçoit. Quand nous voyons, entendons, sentons par l'odorat ou le toucher, éprouvons, méditons ou voulons quelque chose, nous savons que nous le faisons. Il en va toujours ainsi de nos sensations et de nos perceptions présentes : ce par quoi chacun est pour lui-même précisément ce qu'il appelle soi, laissant pour l'instant de côté la question de savoir si le même soi continue d'exister dans la même substance ou dans plusieurs. Car la conscience accompagne toujours la pensée, elle est ce qui fait que chacun est ce qu'il appelle soi et qu'il se distingue de toutes les autres choses pensantes. Mais l'identité personnelle, autrement dit la mêmeté ou le fait pour un être rationnel d'être le même, ne consiste en rien d'autre que cela. L'identité de telle personne s'étend aussi loin que cette conscience peut atteindre rétrospectivement toute action ou pensée passée ; c'est le même soi maintenant qu'alors, et le soi qui a exécuté cette action est le même que celui qui, à présent, réfléchit sur elle.

John LOCKE, *Identité et différence. L'Invention de la conscience*, 1694, trad. É. Balibar, 1998.

- LE DEVOIR
- LA RAISON
- LE TEMPS

1 Locke semble ici particulièrement soucieux de souligner que la conscience de soi est le critère exclusif de l'identité personnelle. Pourquoi ?

2 Quel est l'enjeu principal de la thèse défendue dans cet extrait ?

LEIBNIZ DIT AUSSI

« Je suis aussi de cette opinion que la consciosité ou le sentiment du moi prouve une identité morale ou personnelle. [...] Il semble que vous tenez, Monsieur, que cette identité apparente se pourrait conserver quand il n'y en aurait point de réelle. [...] [J]e tiens que ce cas n'est point possible au moins naturellement. Je ne voudrais point dire non plus que l'identité personnelle et même le soi ne demeurent point en nous et que je ne suis point ce moi qui ai été dans le berceau, sous prétexte que ne je me souviens plus de rien de tout ce que j'ai fait alors. Il suffit pour trouver l'identité morale par soi-même qu'il y ait une moyenne liaison de consciosité d'un état voisin ou même un peu éloigné à l'autre, quand quelque saut ou intervalle oublié y serait mêlé. »

Gottfried Wilhelm LEIBNIZ, *Nouveaux Essais sur l'entendement humain*, 1765.

? Quelle critique Leibniz adresse-t-il à la définition de l'identité personnelle proposée dans le texte 5 ?

Georg Wilhelm Friedrich HEGEL
1770-1831

TEXTE 6 COMMENTÉ

L'œuvre, un miroir de la conscience de soi ?

Réfléchissant à la notion de conscience de soi, on ne pense certainement pas en priorité à la philosophie esthétique. Chez Hegel pourtant, la réflexion sur l'art est intimement liée à l'analyse de cette notion. Car l'art est à ses yeux le premier des trois registres d'expression de ce qu'il nomme l'Esprit absolu (avant la religion et la philosophie), dernier stade du développement de l'Esprit où celui-ci parvient précisément à la conscience de soi.

Le besoin général et absolu, auquel répond l'art, tire son origine du fait que l'homme est un être doué de conscience et qui pense, c'est-à-dire que, de ce qu'il est, quelle que soit sa façon d'être, il fait un être pour soi[1]. Les choses de la nature n'existent qu'*immédiatement* et d'*une seule façon*, tandis que l'homme, parce qu'il est esprit, a une *double* existence ; il existe d'une part au même titre que les choses de la nature, mais d'autre part il existe aussi pour soi, il se contemple, se représente à lui-même, se pense et n'est esprit que par cette activité qui constitue un être pour soi. Cette conscience de soi, l'homme l'acquiert de deux manières : primo, *théoriquement*, parce qu'il doit se pencher sur lui-même pour prendre conscience de tous les mouvements, replis et penchants du cœur humain et d'une façon générale se contempler, se représenter ce que la pensée peut lui assigner comme essence, enfin se reconnaître exclusivement aussi bien dans ce qu'il tire de son propre fond que dans les données qu'il reçoit de l'extérieur. Deuxièmement, l'homme se constitue pour soi par son activité *pratique*, parce qu'il est poussé à se trouver lui-même, à se reconnaître lui-même dans ce qui lui est donné immédiatement, dans ce qui s'offre à lui extérieurement. Il y parvient en changeant les choses extérieures, qu'il marque du sceau de son intériorité et dans lesquelles il ne retrouve que ses propres déterminations. L'homme agit ainsi, de par sa liberté de sujet, pour ôter au monde extérieur son caractère farouchement étranger et pour ne jouir des choses que parce qu'il y retrouve une forme extérieure de sa propre réalité. Ce besoin de modifier les choses extérieures est déjà inscrit dans les premiers penchants de l'enfant ; le petit garçon qui jette des pierres dans le torrent et admire les ronds qui se forment dans l'eau, admire en fait une œuvre où il bénéficie du spectacle de sa propre activité. Ce besoin revêt des formes multiples, jusqu'à ce qu'il arrive à cette manière de se manifester soi-même dans les choses extérieures, que l'on trouve dans l'œuvre artistique.

Georg Wilhelm Friedrich HEGEL, *Esthétique*, 1835-1838,
trad. C. M. Bénard, 1852.

1 Les « choses de la nature », c'est-à-dire l'ensemble des êtres non libres, sont simplement « en soi » : elles sont purement et simplement ce qu'elles sont. Tandis que, doué de liberté et ayant à devenir ce qu'il n'est pas immédiatement, ce qu'il ne peut d'abord que se représenter, l'être humain entretient un rapport à soi : il est « pour soi ».

▶ L'ART
▶ LE BONHEUR
▶ LA LIBERTÉ
▶ LA RAISON
▶ LE TRAVAIL

LA DOUBLE EXISTENCE DE L'ÊTRE HUMAIN

Aux yeux de Hegel, la scission entre existence « en soi » et existence « pour soi » est le propre de la vie de l'esprit. Au premier de ces deux niveaux, l'être humain partage le sort de toute réalité naturelle et se développe donc conformément à un programme dont il n'est pas l'auteur, dont il n'a jamais actuellement conscience, et qu'il demeure par conséquent impuissant à modifier. Tout se passant ici sans aucun rapport à soi. Au second de ces deux niveaux, en revanche, l'être humain est, pour ainsi dire, concerné par lui-même : il se rapporte désormais à son être comme à ce dont il manque ou qu'il n'est pas encore, et cherche à le faire advenir en le réalisant.

CONSCIENCE DE SOI ET EXAMEN MORAL

Distinguant entre deux modalités d'acquisition de la conscience de soi, Hegel affirme que la première est d'ordre théorique. Cela étant, plusieurs de ses formulations (« parce qu'il doit se pencher », « mouvements, replis et penchants du cœur humain », « ce que la pensée peut lui assigner comme essence ») suggèrent que ce dédoublement de la conscience a plus particulièrement à voir avec l'enjeu moral de l'existence humaine : comme si c'était dans l'exacte mesure où l'être humain avait à exercer un contrôle éthique sur son action qu'il prenait aussi théoriquement conscience de lui-même.

CONSCIENCE DE SOI ET OBJECTIVATION DE L'ESPRIT

Au plan théorique, Hegel oppose classiquement le plan pratique, même s'il pense en fait moins à l'action (*praxis*) comme telle qu'à la production (*poïèsis*) d'une œuvre. Or, sur ce plan, la conscience de soi s'avère indissociable du processus d'objectivation de l'esprit : c'est dans et par l'objet extérieur que j'ai produit, que la réalité pourtant invisible de mon esprit s'exprime ou se manifeste sous forme sensible. Aussi, puis-je l'y reconnaître comme on reconnaît son image dans un miroir.

LA JOIE DE LA RECONNAISSANCE

La dialectique de l'« étranger » (« pour ôter au monde son caractère farouchement étranger ») et du « propre » (« pour ne jouir des choses que parce qu'il y retrouve une forme extérieure de sa propre réalité ») est inséparable d'une alternative entre frustration et jouissance : « farouchement étranger », le monde me résiste et m'impose sa différence, son altérité ; transformé par mon travail en une œuvre, il m'est devenu homogène et j'ai dorénavant plaisir à le contempler parce que je m'y retrouve chez moi, débarrassé de l'inquiétude qui me « pouss[e] à [m]e trouver [mo]i-même ». Le motif de la jouissance, ainsi, du reste, que celui de la théorie ou de la contemplation, ayant ici, bien évidemment, leur dimension proprement esthétique.

1 **Hegel distingue ici deux modes d'acquisition de la conscience de soi. De quelle part de lui-même l'homme prend-il conscience dans le premier cas ? L'enjeu d'une telle prise de conscience est-il bel et bien strictement théorique ?**

2 **Quel « besoin général et absolu » l'art satisfait-il ?**

REPÈRES théorie / pratique

Le terme **théorie** provient du grec *theoria* qui signifie « vision, contemplation ». Le terme **pratique** provient quant à lui du grec *praxis* qui signifie « action » et se distingue de *poiesis* qui désigne cette fois plus précisément la « production » d'une œuvre, la première ayant sa fin en elle-même, la seconde en dehors d'elle-même (l'*ergon*, l'« œuvre »). Les Grecs, et Aristote en particulier, opposaient la « vie théorétique », celle du philosophe, à la « vie active », celle de l'homme politique notamment. Plus tard, d'autres – qui pensaient plus exactement à la différence entre la théorie (*theoria*) et l'activité proprement productive (*poïèsis*) – opposeront également le « travail intellectuel » et le « travail manuel ». De façon générale, la distinction du théorique et du pratique a le plus souvent vocation à nous faire prendre conscience que ce qui est vrai au plan des idées et du discours (« en théorie ») ne l'est pas nécessairement au plan de l'action effective (« en pratique »), et inversement.

LACAN DIT AUSSI

« [L]e petit d'homme à un âge où il est pour un temps court, mais encore pour un temps, dépassé en intelligence instrumentale par le chimpanzé, reconnaît pourtant déjà son image dans le miroir comme telle. [...] L'assomption jubilatoire de son image spéculative par l'être encore plongé dans l'impuissance motrice et la dépendance du nourrissage qu'est le petit d'homme à ce stade d'*infans*[1], nous paraîtra dès lors manifester en une situation exemplaire la matrice symbolique où le *je* se précipite en une forme primordiale, avant qu'il ne s'objective dans la dialectique de l'identification à l'autre et que le langage ne lui restitue dans l'universel sa fonction de sujet. [...] Mais le point important est que cette forme situe l'instance du *moi*, dès avant sa détermination sociale, dans une ligne de fiction [...]. »

Jacques LACAN, « Le Stade du miroir comme formateur de la fonction du Je telle qu'elle nous est révélée dans l'expérience psychanalytique », *Écrits*, 1966.

1 Source latine du mot français *enfant* : « muet, qui ne parle pas », « encore incapable de parler ».

? La jubilation du nourrisson qui occupe ici Lacan est-elle de même nature que celle de l'enfant dont Hegel parle dans le texte 5 ?

La conscience et autrui

Si toute conscience est bel et bien conscience *de* la chose qu'elle vise, comment penser la coprésence de deux consciences sans réduire l'une à l'objet de l'autre ? (texte 7, Husserl) Par ailleurs, n'y a-t-il pas parfois un rapport entre le regard d'autrui et la conscience que j'ai de moi-même ? (texte 8, Sartre) Et l'intériorisation de ce regard n'est-elle pas aussi au principe des anticipations perceptives qui rendent le monde familier et, en ceci, distinct d'une nature vierge et inhumaine ? (texte 9, Deleuze)

Edmund HUSSERL
1859-1938

TEXTE 7 COMMENTÉ

Puis-je avoir conscience d'autrui comme d'un *alter ego* ?

Dans les *Méditations cartésiennes*, Husserl répète et approfondit la démarche que Descartes avait adoptée dans ses *Méditations métaphysiques*. Dès le début de la cinquième méditation, Husserl affronte le problème suivant : comment rendre compte de notre conscience immédiate d'un « autre je » (*alter ego*), c'est-à-dire d'une autre conscience ?

L'expérience est conscience personnelle, et, de fait, dans le cas de l'expérience d'un homme en général, nous disons que l'autre est lui-même devant nous *en chair et en os*. D'autre part, cette incarnation ne nous empêche pas d'admettre directement que ce n'est pas l'autre je lui-même, ni ses vécus et ses apparitions[1] eux-mêmes, ni rien de ce qui appartient à son essence propre elle-même, qui sont données originaires. Si c'était le cas, si ce qui est spécifiquement essentiel à l'autre était directement accessible, ce serait un simple moment de mon essence propre et, finalement, lui et moi ne ferions qu'un. [...] Il doit y avoir une certaine *médiateté de l'intentionnalité* partant de la strate sous-jacente du *monde primordial* qui est en tout cas toujours fondamentale, et qui représente un là-avec qui pourtant n'est pas lui-même là, et ne peut jamais devenir un lui-même-là. Il s'agit donc d'une sorte de *coprésentification*, d'une sorte d'*apprésentation*. [...]

Supposons [...] qu'un autre homme entre dans notre champ perceptif ; réduit au primordial cela signifie : dans le champ perceptif de ma nature primordiale apparaît un corps qui, en tant que primordial n'est naturellement qu'un simple élément de détermination de moi-même [...]. Puisque, dans cette nature et ce monde, mon corps propre est l'unique corps qui est originairement constitué et peut être constitué comme un corps propre [...], ce corps, là-bas, qui est néanmoins saisi en tant que corps propre doit tirer ce sens d'un *transfert aperceptif issu de mon corps propre*, et cela de manière à exclure [...] une justification par perception véritable. Il est d'emblée clair que seule une ressemblance liant, à l'intérieur de ma sphère primordiale, ce corps là-bas et le mien peut fournir le fondement de la motivation pour la *saisie analogisante* du corps là-bas comme *corps propre*.

Ce serait donc une certaine aperception assimilatrice, mais en aucun cas un raisonnement analogique. L'aperception n'est ni un raisonnement ni un acte de pensée.

Edmund HUSSERL, *Méditations cartésiennes*, Cinquième méditation, 1931, trad. M. de Launay, 1994.

1 C'est-à-dire ce qui « apparaît » à sa conscience : ses expériences intentionnelles.

▶ LA RAISON

LE PROBLÈME D'AUTRUI

Quelle que soit l'évidence sensible du corps et du comportement d'autrui (« l'autre est lui-même devant nous *en chair et en os* », « cette incarnation »), j'ai immédiatement conscience (« admettre directement ») que toute une dimension de sa présence n'y est pas réductible, tout en ne laissant cependant pas de s'imposer à moi. Quelle dimension ? Celle qui tient à sa propre conscience, c'est-à-dire au rapport à soi (« ses vécus et ses apparitions eux-mêmes », « son essence propre elle-même ») qui en fait un « autre je » : un *alter ego* (« l'autre je lui-même »). Telles sont, pour Husserl, les coordonnées initiales du problème spécifique qu'autrui pose à toute philosophie de la conscience.

LA « RÉDUCTION PHÉNOMÉNOLOGIQUE »

L'expression « réduit au primordial » renvoie à une exigence méthodologique propre à la démarche philosophique inventée par Husserl : la réduction phénoménologique. De quoi s'agit-il ? Du geste qui consiste à suspendre (*épochè*) notre croyance naturelle et *quasi* instinctive en la réalité objective du monde, pour mieux s'en tenir à sa seule phénoménalité, c'est-à-dire à l'évidence strictement subjective de son apparaître, indépendamment de tout jugement d'existence. Dans ces conditions, toute réalité perçue perd donc son altérité et ne correspond plus guère qu'à une pure et simple modification de ma propre conscience. Ce qui pose un problème spécialement épineux s'agissant d'autrui.

LA NOTION DE « CORPS PROPRE »

J'ai avec mon propre corps une relation très évidemment différente de celle que j'entretiens avec le corps d'autrui. Mon propre corps, je l'habite et y adhère pour ainsi dire intérieurement. Le corps d'autrui, en revanche, je le perçois tel un objet extérieur que je peux même toucher, voire étreindre, sans pourtant jamais jouir du rapport « touchant/touché » qui singularise le contact avec le mien. C'est pourquoi Husserl et, après lui, bien des philosophes contemporains distinguent la notion de « corps propre » ou de « chair » (*leib*) de celle de « corps objectif » (*körper*), comme entre un corps intrinsèquement conscient de soi et un corps, sinon inerte, du moins indifférent à soi. D'où la nouvelle forme que Husserl donne ici au problème qu'il affronte : sachant que, dans les conditions instaurées par la réduction phénoménologique, mon corps propre est le seul corps dont je puisse avoir l'expérience, comment expliquer que le corps d'autrui puisse lui aussi m'apparaître comme un corps propre, et non pas seulement comme un corps objectif privé de conscience de soi ? Réponse de Husserl : en proposant de considérer que le corps d'autrui est moins l'objet d'une perception que l'occasion d'un « *transfert aperceptif issu de mon corps propre* », c'est-à-dire d'une « saisie analogisante » fondée sur le relevé intuitif d'une ressemblance générique entre mon corps et celui d'autrui.

UNE RECONNAISSANCE INFRA-DISCURSIVE

Plutôt que d'un « *transfert aperceptif issu de mon corps propre* » et de « saisie analogisante », Husserl préfère finalement parler d'« aperception assimilatrice ». Simple variante rhétorique ? Pas seulement. Car en recourant à certains des termes qui interviennent dans les deux premières formules (« transfert », « analogisante »), Husserl pouvait donner le sentiment de renvoyer à un « raisonnement analogique » et, par conséquent, de n'avoir pas suffisamment différencié sa thèse de celle de Descartes qui, quant à lui, soutient que la reconnaissance d'autrui comme autre conscience résulte d'un jugement. Ce qui n'est aucunement le propos de Husserl, pour qui la conscience d'autrui comme *alter ego* ne dérive pas d'une opération intellectuelle (« [l]'aperception n'est ni un raisonnement ni un acte de pensée »), mais de l'« appariement » sensible et immédiat de deux champs d'expérience.

1 Pour Husserl, la rencontre d'autrui donnerait tout d'abord lieu à une expérience ambivalente. Quels en sont les deux pôles ?

2 À l'évidence, Husserl tient à ce que l'on distingue la « saisie analogisante » et l'« aperception assimilatrice » de tout « raisonnement » et de tout « acte de pensée ». Pourquoi ?

Jean-Paul SARTRE
1905-1980

TEXTE 8

Autrui, un « médiateur indispensable entre moi et moi-même » ?

Dans *L'Être et le Néant*, Sartre n'est pas loin d'identifier conscience et liberté. Car, pour lui, toutes deux attestent que, contrairement aux choses et aux réalités strictement naturelles, l'être humain n'*est* pas – n'a pas d'« essence » ou d'identité d'emblée donnée –, mais *existe* ou a à « se faire ». À quoi il ne manque cependant pas d'ajouter qu'en certaines circonstances, le rapport à autrui donne à l'être humain l'occasion de prendre conscience de lui-même comme d'un objet rivé à son identité. Dans l'expérience de la honte, notamment.

Considérons, par exemple, la honte. Il s'agit d'un mode de conscience dont la structure est identique à toutes celles que nous avons précédemment décrites. Elle est conscience non positionnelle (de) soi[1] comme honte et, comme telle, c'est un exemple de ce que les Allemands appellent « Erlebnis[2] », elle est accessible à la réflexion. En outre sa structure est intentionnelle, elle est appréhension honteuse *de* quelque chose et ce quelque chose est *moi*. J'ai honte de ce que je *suis*. La honte réalise donc une relation intime de moi avec moi : j'ai découvert par la honte un aspect de *mon* être. Et pourtant, bien que certaines formes complexes et dérivées de la honte puissent apparaître sur le plan réflexif, la honte n'est pas originellement un phénomène de réflexion. En effet, quels que soient les résultats que l'on puisse obtenir dans la solitude par la *pratique* religieuse de la honte, la honte dans sa structure première est honte *devant quelqu'un*. Je viens de faire un geste maladroit ou vulgaire : ce geste colle à moi, je ne le juge ni ne le blâme, je le vis simplement, je le réalise sur le mode du pour-soi. Mais voici tout à coup que je lève la tête : quelqu'un était là et m'a vu. Je réalise tout à coup toute la vulgarité de mon geste et j'ai honte. Il est certain que ma honte n'est pas réflexive, car la présence d'autrui à ma conscience, fût-ce à la manière d'un catalyseur, est incompatible avec l'attitude réflexive : dans le champ de ma réflexion je ne puis jamais rencontrer que la conscience qui est mienne. Or autrui est le médiateur indispensable entre moi et moi-même : j'ai honte de moi *tel que j'apparais* à autrui. Et, par l'apparition même d'autrui, je suis mis en mesure de porter un jugement sur moi-même comme sur un objet, car c'est comme objet que j'apparais à autrui. Mais pourtant cet objet apparu à autrui, ce n'est pas une vaine image dans l'esprit d'un autre. Cette image en effet serait entièrement imputable à autrui et ne saurait me « toucher ». Je pourrais ressentir de l'agacement, de la colère en face d'elle, comme devant un mauvais portrait de moi, qui me prête une laideur ou une bassesse d'expression que je n'ai pas ; mais je ne saurais être atteint jusqu'aux moelles : la honte est, par nature, *reconnaissance*. Je reconnais que je *suis* comme autrui me voit. [...] Ainsi autrui ne m'a pas seulement révélé ce que j'étais : il m'a constitué sur un type d'être nouveau qui doit supporter des qualifications nouvelles. Cet être n'était pas en puissance en moi avant l'apparition d'autrui car il n'aurait su trouver de place dans le pour-soi [...]. Mais cet être nouveau qui apparaît *pour* autrui ne réside pas *en* autrui ; j'en suis responsable, comme le montre bien ce système éducatif qui consiste à « faire honte » aux enfants de ce qu'ils sont. Ainsi la honte est *honte de soi devant autrui* ; ces deux structures sont inséparables. Mais du même coup, j'ai besoin d'autrui pour saisir à plein toutes les structures de mon être, le pour-soi renvoie au pour-autrui.

Jean-Paul SARTRE, *L'Être et le Néant*, III, 1, 1, 1943.

1 Par « conscience non positionnelle (de) soi », Sartre entend renvoyer à un registre préréflexif de la conscience de soi, c'est-à-dire aux situations où la conscience de soi est encore si bien enveloppée dans la perception, par exemple, que l'on n'a pas alors conscience de soi comme d'un objet distinct de connaissance.

2 Le terme allemand *Erlebnis* signifie littéralement « expérience vécue ».

▶ LE DEVOIR
▶ LA LIBERTÉ

1 Pourquoi Sartre affirme-t-il que « la honte n'est pas réflexive » (l. 16) ?

2 En quoi suis-je « responsable » (l. 33) de l'être que je suis aux yeux d'autrui ?

AUX FRONTIÈRES DE LA PHILOSOPHIE

Ce texte est extrait du livre de la Genèse. Il relate le moment où Ève succombe à la tentation de manger un fruit de l'arbre de la connaissance, malgré l'interdit divin, et où elle accède à une nouvelle conscience, celle du regard de l'autre. Cette prise de conscience de soi et du regard de l'autre sur soi conduit à la conscience de la faute.

La chute, enluminure dans un livre de prière juif, France, fin du XIIIe siècle, British Library, Londres.

« L'homme et sa femme étaient tous deux nus, et ils n'en avaient point honte. Le serpent était le plus rusé de tous les animaux des champs, que l'Éternel Dieu avait faits. Il dit à la femme : Dieu a-t-il réellement dit : Vous ne mangerez pas de tous les arbres du jardin ? La femme répondit au serpent : Nous mangeons du fruit des arbres du jardin. Mais quant au fruit de l'arbre qui est au milieu du jardin, Dieu a dit : Vous n'en mangerez point et vous n'y toucherez point, de peur que vous ne mouriez. Alors le serpent dit à la femme : Vous ne mourrez point ; La femme vit que l'arbre était bon à manger et agréable à la vue, et qu'il était précieux pour ouvrir l'intelligence ; elle prit de son fruit, et en mangea ; elle en donna aussi à son mari, qui était auprès d'elle, et il en mangea. Les yeux de l'un et de l'autre s'ouvrirent, ils connurent qu'ils étaient nus, et ayant cousu des feuilles de figuier, ils s'en firent des ceintures. Alors ils entendirent la voix de l'Éternel Dieu, qui parcourait le jardin vers le soir, et l'homme et sa femme se cachèrent loin de la face de l'Éternel Dieu, au milieu des arbres du jardin. Mais l'Éternel Dieu appela l'homme, et lui dit : Où es-tu ? Il répondit : J'ai entendu ta voix dans le jardin, et j'ai eu peur, parce que je suis nu, et je me suis caché. Et l'Éternel Dieu dit : Qui t'a appris que tu es nu ? Est-ce que tu as mangé de l'arbre dont je t'avais défendu de manger ? L'homme répondit : La femme que tu as mise auprès de moi m'a donné de l'arbre, et j'en ai mangé. Et l'Éternel Dieu dit à la femme : Pourquoi as-tu fait cela ? La femme répondit : Le serpent m'a séduite, et j'en ai mangé. »

Genèse 2:25-3:13, La Bible,
trad. L. Segond, 1910.

? Quel enseignement tirer du fait que le serpent soit ici représenté par un petit garçon ?

Gilles DELEUZE
1925-1995

TEXTE 9

Qu'est-ce qu'autrui apporte à ma conscience du monde ?

Cet extrait de Gilles Deleuze est issu d'un commentaire de *Vendredi ou les Limbes du Pacifique*, roman philosophique dans lequel Michel Tournier s'attache à la figure de Robinson Crusoé, le personnage central de la fiction éponyme de Daniel Defoe. En partie contre Sartre et sa célèbre formule « l'enfer, c'est les autres » (*Huis clos*, 1943), Gilles Deleuze y soutient que, en principe pleinement partie prenante de ma conscience immédiate du monde, l'intériorisation de la présence d'autrui introduit dans mon champ perceptif l'ensemble des liens virtuels et potentiels qui me protègent de l'inhumanité originelle de la réalité.

La partie de l'objet que je ne vois pas, je la pose en même temps comme visible pour autrui ; si bien que, lorsque j'aurai fait le tour pour atteindre à cette partie cachée, j'aurai rejoint autrui derrière l'objet pour en faire une totalisation prévisible. Et les objets derrière mon dos je les sens qui bouclent et forment un monde, précisément parce que visibles et vus par autrui. Et cette *profondeur* pour moi, d'après laquelle les objets empiètent ou mordent les uns sur les autres, et se cachent les uns derrière les autres, je la vis aussi comme étant une *largeur possible* pour autrui, largeur où ils s'alignent et se pacifient (du point de vue d'une autre profondeur). Bref, autrui assure les marges et transitions dans le monde. Il est la douceur des contiguïtés et des ressemblances. Il règle les transformations de la forme et du fond, les variations de profondeur. Il empêche les assauts par-derrière. Il peuple le monde d'une rumeur bienveillante. Il fait que les choses se penchent les unes vers les autres, et de l'une à l'autre trouvent des compléments naturels. Quand on se plaint de la méchanceté d'autrui, on oublie cette autre méchanceté plus redoutable encore, celle qu'auraient les choses s'il n'y avait pas d'autrui. Il relativise le non-su, le non-perçu ; car autrui pour moi introduit le signe du non-perçu dans ce que je perçois, me déterminant à saisir ce que je ne perçois pas comme perceptible pour autrui. En tous ces sens, c'est toujours par autrui que passe mon désir, et que mon désir reçoit un objet. Je ne désire rien qui ne soit vu, pensé, possédé par un autrui possible. C'est là le fondement de mon désir. C'est toujours autrui qui rabat mon désir sur l'objet.

Que se passe-t-il quand autrui fait défaut dans la structure du monde ? Seule règne la brutale opposition du soleil et de la terre, d'une lumière insoutenable et d'un abîme obscur : « la loi sommaire du tout ou rien ». Le su et le non-su, le perçu et le non-perçu s'affrontent absolument, dans un combat sans nuances [...].

Gilles DELEUZE, « Michel Tournier et le monde sans autrui »,
Logique du sens, Appendices, II, 1969.

▶ LE BONHEUR
▶ LA NATURE

1. Quelle propriété de la perception explique qu'elle soit le plus souvent partielle ?
2. Faut-il nécessairement conclure de l'étrangeté d'une réalité à son hostilité ?

→ VERS LE BAC

Rédiger l'introduction de la dissertation suivante : « La conscience d'autrui m'est-elle étrangère ? »

La conscience morale

Analyser la notion de conscience, c'est aussi avoir à examiner ce qu'est la « voix intérieure » que l'on associe à la conscience morale. D'où émane-t-elle et quelle en est la fonction ? S'agit-il de celle d'un dieu en nous, soucieux de prévenir nos écarts de conduite (texte 10, Platon), ou bien celle de notre cœur, par opposition à celle de la raison ? (texte 11, Rousseau) Est-ce, à travers elle, la société qui nous parle (texte 12, Durkheim) ou, plus précisément, les parents de notre enfance ? (texte 13, Freud)

PLATON
428 av. J.-C.-
348 av. J.-C.

TEXTE 10

La conscience morale, un démon intérieur ?

Dans l'*Apologie de Socrate*, Platon donne sa version du plaidoyer proposé par Socrate, son maître en philosophie, lors du procès à l'issue duquel celui-ci fut condamné à mort. Or, en un certain point de cet exercice, conscient de la bizarrerie culturelle de son abstinence politique, Socrate s'en explique en faisant alors référence à une « voix » intérieure qui rappelle d'assez près celle qu'il est usuel d'associer à la notion de conscience morale.

Une chose toutefois pourra sembler étrange : alors que, bien sûr, je prodigue à tout vent mes conseils en privé et que je me mêle des affaires de tout le monde, je n'ai pas l'audace de m'occuper des affaires publiques et de monter à la tribune de l'Assemblée du peuple, dont vous êtes les membres, pour donner des conseils à la cité. Cela tient à ce que, comme vous me l'avez maintes fois et en maints endroits entendu dire, se manifeste à moi quelque chose de divin, de démonique[1], dont précisément fait état Mélétos[2] dans l'action qu'il a intentée, en se comportant comme un auteur de comédie. Les débuts en remontent à mon enfance. C'est une voix qui, lorsqu'elle se fait entendre, me détourne toujours de ce que je vais faire, mais qui jamais ne me pousse à l'action. Voilà ce qui s'oppose à ce que je me mêle des affaires de la cité, et c'est là – pour ma part je le crois – une opposition particulièrement heureuse. Car, sachez-le, Athéniens, si j'avais entrepris de me mêler des affaires de la cité, il y a longtemps que je serais mort et que je ne serais plus d'aucune utilité ni pour vous, ni pour moi-même.

PLATON, *Apologie de Socrate*, IVe siècle av. J.-C.,
dans *Apologie de Socrate – Criton*,
trad. L. Brisson, 2005.

1. Du terme grec *daimon*, qui s'applique à l'ensemble des entités polymorphes et mythologiques qui ont le statut d'intermédiaires entre l'humain et le divin. En un sens plus large, il peut également servir à désigner un dieu.
2 Avec Anytos et Lycon, l'un des trois accusateurs de Socrate.

▶ LE DEVOIR
▶ LA JUSTICE
▶ LA NATURE
▶ LA RAISON

1 Comme bien d'autres philosophes après lui, Socrate commence ici par identifier ce que nous appellerions la conscience morale à « quelque chose de divin ». Comment comprendre pareil réflexe ?

2 Socrate affirme que la « voix » intérieure dont il parle « [l]e détourne toujours de ce qu['il] v[a] faire, mais [...] jamais ne [l]e pousse à l'action ». En va-t-il de même avec la conscience morale ?

Jean-Jacques ROUSSEAU
1712-1778

TEXTE 11

La conscience morale, un principe inné ?

Extrait de « La profession de foi du vicaire savoyard », célèbre développement du livre IV de son ouvrage *Émile ou De l'éducation*, ce texte de Rousseau présente la conscience morale comme « un principe inné [et universel] de justice et de vertu », inscrit au fond du cœur de l'être humain et non de sa raison.

Je n'ai qu'à me consulter sur ce que je veux faire : tout ce que je sens être bien est bien, tout ce que je sens être mal est mal : le meilleur de tous les casuistes[1] est la conscience ; et ce n'est que quand on marchande avec elle qu'on a recours aux subtilités du raisonnement. Le premier de tous les soins est celui de soi-même : cependant combien de fois la voix intérieure nous dit qu'en faisant notre bien aux dépens d'autrui nous faisons mal ! Nous croyons suivre l'impulsion de la nature, et nous lui résistons ; en écoutant ce qu'elle dit à nos sens, nous méprisons ce qu'elle dit à nos cœurs ; l'être actif obéit, l'être passif commande. La conscience est la voix de l'âme, les passions sont la voix du corps. Est-il étonnant que souvent ces deux langages se contredisent ? et alors lequel faut-il écouter ? Trop souvent la raison nous trompe, nous n'avons que trop acquis le droit de la récuser ; mais la conscience ne trompe jamais ; elle est le vrai guide de l'homme : elle est à l'âme ce que l'instinct est au corps ; qui la suit obéit à la nature, et ne craint point de s'égarer. [...]

Toute la moralité de nos actions est dans le jugement que nous en portons nous-mêmes. S'il est vrai que le bien soit bien, il doit l'être au fond de nos cœurs comme dans nos œuvres, et le premier prix de la justice est de sentir qu'on la pratique. [...]

Rentrons-en nous-mêmes, ô mon jeune ami ! examinons, tout intérêt personnel à part, à quoi nos penchants nous portent. Quel spectacle nous flatte le plus, celui des tourments ou du bonheur d'autrui ? Qu'est-ce qui nous est le plus doux à faire, et nous laisse une impression plus agréable après l'avoir fait, d'un acte de bienfaisance ou d'un acte de méchanceté ? Pour qui vous intéressez-vous sur vos théâtres ? [...] S'il n'y a rien de moral dans le cœur de l'homme, d'où lui viennent donc ces transports d'admiration pour les actions héroïques, ces ravissements d'amour pour les grandes âmes ? [...] Voit-on dans une rue ou sur un chemin quelque acte de violence et d'injustice ; à l'instant un mouvement de colère et d'indignation s'élève au fond du cœur, et nous porte à prendre la défense de l'opprimé : mais un devoir plus puissant nous retient, et les lois nous ôtent le droit de protéger l'innocence. Au contraire, si quelque acte de clémence ou de générosité frappe nos yeux, quelle admiration, quel amour il nous inspire ! [...]

Jetez les yeux sur toutes les nations du monde, parcourez toutes les histoires. Parmi tant de cultes inhumains et bizarres, parmi cette prodigieuse diversité de mœurs et de caractères, vous trouverez partout les mêmes idées de justice et d'honnêteté, partout les mêmes notions de bien et de mal. [...]

Il est donc au fond des âmes un principe inné de justice et de vertu, sur lequel, malgré nos propres maximes, nous jugeons nos actions et celles d'autrui comme bonnes ou mauvaises, et c'est à ce principe que je donne le nom de conscience.

Jean-Jacques ROUSSEAU, *Émile ou De l'éducation*, 1762.

1 Nom donné aux individus, et notamment aux théologiens, qui s'emploient à résoudre les cas de conscience à l'aide de règles rationnelles et/ou religieuses.

▶ L'ÉTAT
▶ LA JUSTICE

1 Peut-on vraiment s'en tenir à la seule intime conviction du cœur à l'heure d'apprécier la moralité d'une action ?

2 À quel devoir Rousseau fait-il allusion aux dernières lignes du troisième paragraphe de cet extrait ?

MATIÈRE À PENSER

Qu'est-ce qu'un « objecteur de conscience » ?

Dire, comme Rousseau, par exemple, que la conscience morale est « un principe inné de justice et de vertu » logé « au fond des âmes » encourage à y voir la source d'un droit naturel qu'il devient alors envisageable d'opposer, telle Antigone vis-à-vis de Créon dans la tragédie de Sophocle, à un état contestable du droit positif. De là quelques notions capitales en matière de philosophie politique, comme celles de « droit de résistance », de « désobéissance civile » et, surtout – puisque le terme *conscience* intervient dans le nom qu'on lui donne –, d'« objection de conscience ».

Lorsqu'un individu refuse d'accomplir certains actes ou d'obtempérer à certains ordres émanant d'une autorité dont il dépend, parce qu'il les juge en contradiction avec ses convictions religieuses, politiques, voire philosophiques, il peut sous certaines conditions faire état de sa « liberté de conscience » et être protégé par le statut d'« objecteur de conscience ». Ainsi, les Quakers, refusant de combattre avec les Anglais contre les Français et les Indiens, ont fait adopter ce droit par l'État de Pennsylvanie en 1756. En France, un statut d'objecteur de conscience, très précaire et limité, est accordé pour la première fois en 1963 à l'occasion de la guerre d'Algérie. En Allemagne, où l'obéissance d'un Eichmann au régime nazi a fait l'objet d'une réflexion de fond menée par la philosophe Hannah Arendt, le refus du service militaire touche en 1995 plus de la moitié de la classe d'âge qui aurait dû être incorporée (160 000 sur 300 000). En Argentine, la controverse sur « la loi de l'obéissance dûe » a divisé le pays à la fin de la dictature (1976-1983). La Charte des droits fondamentaux de l'Union européenne stipule à l'article 10, point 2, consacré à la « Liberté de pensée, de conscience et de religion » : « Le droit à l'objection de conscience est reconnu selon les lois nationales qui en régissent l'exercice. » L'objection de conscience s'étend aujourd'hui à de nombreux autres domaines que l'armée, tels que la santé ou la bioéthique.

Timbre édité par le Centre de défense des objecteurs de conscience de Gérard Leretour (sans doute en 1936).

Des membres d'une association d'aide aux migrants manifestent contre le crime de solidarité, Journée mondiale des migrants, Paris, 2018.

? La morale doit-elle guider la politique ?

Émile DURKHEIM
1858-1917

TEXTE 12

La force impérative des prescriptions de notre conscience morale émane-t-elle des normes sociales ?

Dans ce texte issu de *L'Éducation morale*, un cours de sociologie dispensé à la Sorbonne en 1902-1903, Durkheim avance que la « voix » intérieure dont on parle volontiers pour caractériser les manifestations de notre conscience morale, est en réalité celle de « la société qui parle en nous ».

Toutes les fois où nous délibérons pour savoir comment nous devons agir, il y a une voix qui parle en nous et qui nous dit : voilà ton devoir.

Et quand nous avons manqué à ce devoir qui nous a été ainsi présenté, la même voix se fait entendre, et proteste contre notre acte. Parce qu'elle nous parle sur le ton du commandement, nous sentons bien qu'elle doit émaner de quelque être supérieur à nous ; mais cet être, nous ne voyons pas clairement qui il est ni ce qu'il est. C'est pourquoi l'imagination des peuples, pour pouvoir s'expliquer cette voix mystérieuse, dont l'accent n'est pas celui avec lequel parle une voix humaine, l'imagination des peuples l'a rapportée à des personnalités transcendantes, supérieures à l'homme, qui sont devenues l'objet du culte, le culte n'étant en définitive que le témoignage extérieur de l'autorité qui leur était reconnue. Il nous appartient, à nous, de dépouiller cette conception des formes mythiques dans lesquelles elle s'est enveloppée au cours de l'histoire, et, sous le symbole, d'atteindre la réalité. Cette réalité, c'est la société. C'est la société qui, en nous formant moralement, a mis en nous ces sentiments qui nous dictent si impérativement notre conduite, ou qui réagissent avec cette énergie, quand nous refusons de déférer à leurs injonctions. Notre conscience morale est son œuvre et l'exprime ; quand notre conscience parle, c'est la société qui parle en nous. Or, le ton dont elle nous parle est la meilleure preuve de l'autorité exceptionnelle dont elle est investie.

Émile DURKHEIM, *L'Éducation morale*, 1925.

▶ LE DEVOIR
▶ LA RELIGION

1 Comparer cet extrait de Durkheim au texte 10. Quelles conclusions en tirer ?

2 À quel type de sanction proprement sociale s'expose-t-on lorsque l'on agit sans tenir compte des prescriptions de notre conscience morale ?

REPÈRES transcendant / immanent

Par « personnalités **transcendantes** », Durkheim entend ici désigner des entités identifiées à des personnes mais appartenant à un ordre de réalité séparé, extérieur et supérieur à la nature (« surnaturel »). À l'inverse, l'adjectif **immanent** s'applique à des réalités situées sur le même plan que toutes celles qui forment la nature et lui demeurent pour ainsi dire intérieures.

AUX FRONTIÈRES DE LA PHILOSOPHIE

La conscience morale prend parfois les traits d'une instance persécutrice à laquelle il paraît impossible de se soustraire. Victor Hugo le montre dans « La Conscience », le poème de *La Légende des siècles* qu'il a consacré à la figure biblique de Caïn.

« Caïn, ne dormant pas, songeait au pied des monts.
Ayant levé la tête, au fond des cieux funèbres,
Il vit un œil, tout grand ouvert dans les ténèbres,
Et qui le regardait dans l'ombre fixement.
"Je suis trop près", dit-il avec un tremblement.
Il réveilla ses fils dormant, sa femme lasse,
Et se remit à fuir sinistre dans l'espace.
[...]
Et Caïn dit : "Cet œil me regarde toujours !"
Hénoch dit : "Il faut faire une enceinte de tours
Si terrible, que rien ne puisse approcher d'elle.
Bâtissons une ville avec sa citadelle,
Bâtissons une ville, et nous la fermerons."
[...]
Quand ils eurent fini de clore et de murer,
On mit l'aïeul au centre en une tour de pierre ;
Et lui restait lugubre et hagard. "Ô mon père !
L'œil a-t-il disparu ?" dit en tremblant Tsilla.
Et Caïn répondit : "Non, il est toujours là."
Alors il dit : "Je veux habiter sous la terre
Comme dans son sépulcre un homme solitaire ;
Rien ne me verra plus, je ne verrai plus rien."
On fit donc une fosse, et Caïn dit : "C'est bien !"
Puis il descendit seul sous cette voûte sombre.
Quand il se fut assis sur sa chaise dans l'ombre
Et qu'on eut sur son front fermé le souterrain,
L'œil était dans la tombe et regardait Caïn. »

Victor HUGO, « La Conscience »,
La Légende des siècles, 1859.

Francois CHIFFLART,
illustration de « La Conscience »,
La Légende des siècles, Victor Hugo, av. 1901.

Pourquoi Caïn ne parvient-il pas à échapper à « l'œil » qui le persécute ?

JANKÉLÉVITCH DIT AUSSI

« La conscience spéculative – la bonne, l'heureuse conscience – est une contemplation, mais la mauvaise conscience est une condamnation ; c'est une conscience qui s'accuse elle-même, qui a horreur de soi. Cette fois, une retraite stratégique n'est plus possible, et la conscience, acculée dans ses derniers retranchements, [...], la conscience est directement aux prises avec elle-même ; et comme elle ne peut ni se regarder en face, ni se détourner de cette vue, elle est tourmentée par la honte et les regrets. C'est l'un des éléments essentiels de la mauvaise conscience que cette affreuse solitude d'une âme qui a dû renoncer à toute diversion et qui éprouve une sorte d'horreur panique ou d'agoraphobie morale [...] à se sentir nue en présence du seul témoin auquel on ne puisse rien cacher, puisque ce témoin c'est moi-même. [...]
Ce n'est donc pas sans raison que la morale traditionnelle parle métaphoriquement du « tribunal » intérieur [...]. Dans cette confrontation secrète où ma personne est directement mise en cause, la conscience morale n'a pas à *connaître* une action qui n'est que trop connue mais à l'évaluer ; elle n'est pas représentation, mais appréciation intuitive du donné, d'un donné qui est moi. »

Vladimir JANKÉLÉVITCH, *La Mauvaise Conscience*, 1936.

Qui est le juge qui préside ce que Jankélévitch appelle le tribunal intérieur ?

Sigmund FREUD
1856-1939

TEXTE 13 COMMENTÉ

L'émergence de la conscience morale est-elle liée à la liquidation du complexe d'Œdipe ?

« Le moi et le ça » est l'un des essais fondateurs de ce que l'on nomme la « seconde topique » de Freud. « Topique », parce que la théorie en cause revient à comparer l'esprit – ou l'âme – à un système de « lieux » psychiques (en grec, *topos* signifie « lieu »). « Seconde », parce qu'une « première » topique la précéda, qui ne distinguait pas encore le ça, le moi et le surmoi, mais l'inconscient (*Ics*), le préconscient (*Pcs*) et la conscience (*Cs*). Ici, il est plus particulièrement question de la genèse du surmoi et, par conséquent, de la conscience morale précisément.

Lors de la disparition du complexe d'Œdipe, les quatre tendances qu'il comporte se grouperont de telle sorte qu'une identification au père et une identification à la mère en résultent : l'identification au père conservera l'objet maternel du complexe positif et remplacera en même temps l'objet paternel du complexe inversé ; ceci vaudra de façon analogue pour l'identification à la mère. Dans la marque plus ou moins forte des deux identifications se reflétera l'inégalité des deux dispositions sexuelles.

On peut donc admettre comme résultat le plus général de la phase sexuelle dominée par le complexe d'Œdipe, une sédimentation dans le moi qui consiste dans la production de ces deux identifications accordées de quelque façon l'une à l'autre. Cette modification du moi garde sa position particulière, elle s'oppose au reste du contenu du moi comme idéal du moi ou sur-moi.

Cependant le sur-moi n'est pas simplement un résidu des premiers choix d'objet du ça, mais il a aussi la signification d'une formation réactionnelle énergique contre eux. Sa relation au moi ne s'épuise pas dans le précepte : tu *dois* être ainsi (comme le père), elle comprend aussi l'interdiction : tu *n'as pas le droit* d'être ainsi (comme le père), c'est-à-dire tu n'as pas le droit de faire tout ce qu'il fait ; certaines choses lui restent réservées. Ce double visage de l'idéal du moi dérive du fait que l'idéal du moi a fait tous ses efforts pour le refoulement du complexe d'Œdipe, et même qu'il ne doit sa naissance qu'à son renversement. Le refoulement du complexe d'Œdipe n'a évidemment pas été une tâche facile. Les parents, en particulier le père, ayant été reconnus comme l'obstacle à la réalisation des désirs œdipiens, le moi infantile en vue d'accomplir ce refoulement se renforça en érigeant en lui ce même obstacle. Il emprunta d'une certaine façon au père la force nécessaire, emprunt qui est un acte extraordinairement lourd de conséquences. Le sur-moi conservera le caractère du père ; plus le complexe d'Œdipe a été fort et plus son refoulement s'est produit rapidement (sous l'influence de l'autorité, de l'instruction religieuse, de l'enseignement, des lectures), plus sévère sera plus tard la domination du sur-moi comme conscience morale, voire comme sentiment de culpabilité inconscient.

Sigmund FREUD, « Le moi et le ça », *Essais de psychanalyse*, 1923, trad. A. Bourguignon, P. Cotet, A. Cherky, 1981.

▶ LE DEVOIR
▶ L'INCONSCIENT
▶ LA RELIGION

LA FORME COMPLÈTE DU COMPLEXE D'ŒDIPE

Dans *Œdipe roi*, la tragédie de Sophocle, Œdipe découvre progressivement que la femme qu'il a épousée est en réalité sa propre mère, Jocaste, et l'inconnu qu'il a tué peu avant ses noces avec elle, Laïos, son père. Son autoanalyse lui ayant révélé que la vie psychique des petits garçons oscillait entre le désir sexuel de la mère et le vœu de mort du père, Freud appelle donc « complexe d'Œdipe » la constellation des fantasmes et des sentiments avec lesquels l'enfant est aux prises entre 3 et 6 ans à peu près et au mieux... Toutefois, le temps passant, la prise en considération de la bisexualité psychique de l'être humain – thèse que Freud emprunte très tôt à son grand ami Wilhelm Fliess – vient enrichir la notion de complexe d'Œdipe. D'où l'affirmation que, dans sa forme complète – qui est aussi la plus répandue au plan clinique –, le complexe d'Œdipe possède une face positive *et* une face négative, et ne repose pas sur deux, mais, par conséquent, sur *quatre* tendances : désir sexuel de la mère et agressivité à l'égard du père pour la face positive, désir sexuel du père et agressivité à l'égard de la mère pour la face négative, et ce, qu'il s'agisse du psychisme masculin ou du psychisme féminin. L'orientation sexuelle effective du sujet adulte dépendant finalement de la prédominance du versant positif ou négatif de son complexe d'Œdipe, c'est-à-dire du sexe du parent auquel il aura en définitive préféré s'identifier plutôt que de continuer à lui envier sa ou son partenaire sexuel.

LA FORMATION DU SURMOI

Dans la dernière phase du complexe d'Œdipe, l'enfant est en somme placé devant une alternative : (1) s'obstiner à parvenir à ses fins et tomber malade (névrose, voire psychose) pour avoir ainsi prétendu échapper à l'interdit de l'inceste ; (2) y renoncer ou, plus exactement, les déplacer sur un objet exogamique autorisé, en transformant ses anciens rivaux en modèles. Auquel cas, une image de soi profondément intriquée à celle des parents se forme et émerge à l'intérieur du sujet, que Freud nomme « idéal du moi ou sur-moi », parce que celle-ci vient alors occuper dans le psychisme la même position surplombante que celle que les parents réels, ces « grandes personnes », occupaient naguère, physiquement et moralement, vis-à-vis du « petit » enfant.

LE « DOUBLE VISAGE DE L'IDÉAL DU MOI »

Freud affronte ici une difficulté qu'il résout parfois ailleurs en distinguant « idéal du moi » et « sur-moi » ou, du moins, en présentant le premier comme une structure particulière du second. L'injonction contradictoire « tu *dois* être ainsi (comme le père) » / « tu *n'as pas le droit* d'être ainsi (comme le père) » renvoyant tantôt à l'idéal du moi, c'est-à-dire à une représentation imaginaire de soi édifiée sur le modèle des parents (du père en l'occurrence), tantôt au surmoi à proprement parler, c'est-à-dire à une fonction du psychisme résultant de l'intériorisation et de la réappropriation des interdits que les parents, « en particulier le père », avaient jadis opposés – le plus souvent implicitement – au désir incestueux de leur enfant.

DU SURMOI À LA CONSCIENCE MORALE

Pour Freud, l'intériorisation des interdits parentaux n'est cependant que la matrice primitive du surmoi. Car, outre que ces interdits ont eux-mêmes été transmis aux parents et sont donc, de ce fait, au moins en partie liés à une culture déterminée, l'influence des diverses autorités éducatives (« l'influence [...] de l'instruction religieuse, de l'enseignement, des lectures ») prend ensuite le relais et vient ainsi augmenter en même temps qu'« impersonnaliser » l'interdit parental originel. En sorte que le surmoi peut, dès lors, prendre la figure plus englobante de ce que l'on nomme « la conscience morale ».

1 Au début de l'une des phrases de cet extrait, parlant de l'idéal du moi ou surmoi, Freud évoque son « double visage ». Quelles en sont les deux faces ?

2 La frustration du désir est-elle au principe de la capacité à idéaliser ?

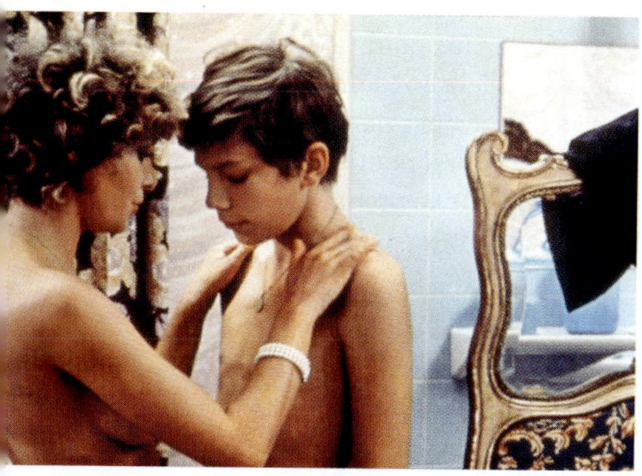

Louis MALLE, *Le Souffle au cœur*, 1971.

Atteint d'un souffle au cœur, Laurent, un jeune adolescent de quatorze ans, se rapproche de plus en plus de sa mère, une jeune femme d'origine italienne, légère et gaie, mais sourdement mécontente de son quotidien. Dès lors, leur relation prend un tour très nettement incestueux, que Louis Malle, le réalisateur, se contente de faire valoir sans jamais le condamner. Quant au père de Laurent, il est régulièrement absent et sa femme lui est fréquemment infidèle. Toutes les conditions sont donc réunies pour que les désirs infantiles du jeune adolescent se réveillent sans rencontrer l'obstacle moral dont il aurait besoin pour réorienter sa libido et échapper à l'étouffement...

La conscience, un mythe à déconstruire ?

À partir de l'époque moderne, la conscience accède au statut de principe philosophique. Mais le « moi » dont il devient alors si fréquemment question n'est-il pas une pure et simple illusion métaphysique (texte 14, Hume), **voire un mirage logico-grammatical ?** (texte 15, Nietzsche) **Et comment la conscience pourrait-elle bien être un principe, s'il est vrai qu'elle n'est qu'un reflet proprement idéologique des structures matérielles et sociales de l'existence que l'on mène ?** (texte 16, Marx)

David HUME
1711-1776

TEXTE 14

L'expérience sensible atteste-t-elle l'existence du « moi » ?

Pour Hume, qui entend toujours s'en tenir aux données de l'expérience immédiate, « ce que nous appelons notre Moi » n'est en vérité qu'une illusion, consistant à imaginer une substance simple là où la perception de nos états intérieurs ne révèle jamais rien d'autre qu'une succession désordonnée d'impressions sensibles particulières.

Il est des philosophes qui imaginent que nous sommes à chaque instant intimement conscients de ce que nous appelons notre MOI, que nous en sentons l'existence et la continuité d'existence, et que nous sommes certains, avec une évidence qui dépasse celle d'une démonstration, de son identité et de sa simplicité parfaites. [...] Pour moi, quand je pénètre le plus intimement dans ce que j'appelle *moi-même*, je tombe toujours sur une perception particulière ou sur une autre, de chaleur ou de froid, de lumière ou d'ombre, d'amour ou de haine, de douleur ou de plaisir. Je ne parviens jamais, à aucun moment, à me saisir *moi-même* sans une perception et je ne peux jamais rien observer d'autre que la perception. Quand mes perceptions sont absentes pour quelque temps, quand je dors profondément, par exemple, je suis, pendant tout ce temps, sans conscience de *moi-même* et on peut dire à juste titre que je n'existe pas. Et si toutes mes perceptions étaient supprimées par la mort, si je ne pouvais plus penser, ni éprouver, ni voir, aimer ou haïr après la destruction de mon corps, je serais entièrement anéanti et je ne conçois pas du tout ce qu'il faudrait de plus pour faire de moi une parfaite non-entité. Si un homme, après une réflexion sérieuse et dénuée de préjugés, pense qu'il a une notion différente de *lui-même*, je dois avouer que je ne peux plus discuter avec lui. Tout ce que je peux lui concéder, c'est qu'il peut, tout autant que moi, avoir raison et que nous différons essentiellement sur ce point. Il se peut qu'il perçoive quelque chose de simple et de continu qu'il appelle *lui-même*, encore que je sois certain qu'il n'y a pas un tel principe en moi.

Mais laissant de côté certains métaphysiciens de ce genre, je peux me risquer à affirmer que les autres hommes ne sont qu'un faisceau ou une collection de perceptions différentes, qui se succèdent avec une rapidité inconcevable et sont dans un flux et un mouvement perpétuels. [...] L'esprit est une sorte de théâtre, où des perceptions diverses font successivement leur entrée, passent, repassent, s'esquivent et se mêlent en une variété infinie de positions et de situations. Il n'y a pas en lui à proprement parler de *simplicité* à un moment donné, ni d'*identité* à différents moments, quelque tendance naturelle que nous puissions avoir à imaginer cette simplicité et cette identité. La comparaison du théâtre ne doit pas nous égarer. Ce ne sont que les perceptions successives qui constituent l'esprit, et nous n'avons pas la plus lointaine idée du lieu où ces scènes sont représentées, ni des matériaux dont il est composé.

David HUME, *L'Entendement, Traité de la nature humaine*, Livre I et Appendice, 1739-1740, trad. P. Baranger et P. Saltel, 1995.

▶ LA RAISON

1 Dans la deuxième phrase de cet extrait, Hume donne un certain nombre d'exemples du genre de perceptions sur lesquelles on tombe lorsqu'on rentre en soi-même. Qu'ont-elles de commun ?

2 Comment expliquer l'existence de la « tendance naturelle » à laquelle Hume fait allusion aux dernières lignes de cet extrait ?

PASCAL DIT AUSSI

« Qu'est-ce que le moi ?
Un homme qui se met à la fenêtre pour voir les passants, si je passe par là, puis-je dire qu'il s'est mis là pour me voir ? Non, car il ne pense pas à moi en particulier ; mais celui qui aime quelqu'un à cause de sa beauté, l'aime-t-il ? Non, car la petite vérole, qui tuera la beauté sans tuer la personne, fera qu'il ne l'aimera plus.
Et si on m'aime pour mon jugement, pour ma mémoire, m'aime-t-on moi ? Non, car je puis perdre ces qualités sans me perdre moi-même. Où est donc ce moi s'il n'est ni dans le corps ni dans l'âme ? Et comment aimer le corps ou l'âme, sinon pour ces qualités, qui ne sont point ce qui fait le Moi puisqu'elles sont périssables ? Car aimerait-on la substance de l'âme d'une personne abstraitement et quelques qualités qui y fussent ? Cela ne se peut et serait injuste. On n'aime donc jamais personne mais seulement des qualités.
Qu'on ne se moque donc plus de ceux qui se font honorer pour des charges et des offices, car on n'aime personne que pour des qualités empruntées. »

Blaise PASCAL, *Pensées*, 1670.

? Quelle réponse Pascal apporte-t-il à la question qui ouvre cet extrait ?

Statue de Bouddha, Temple Wat Mahathat, parc historique Sukhothai, Thaïlande.

? Être libre et heureux suppose-t-il de renoncer à un point de vue égocentré ?

Friedrich NIETZSCHE
1844-1900

TEXTE 15

La conscience n'est-elle qu'un mirage logico-grammatical ?

Tout au long de ces lignes posthumes, Nietzsche adresse une critique à ce que l'on pourrait appeler l'« argument du *cogito* », en se montrant soudain plus cartésien que Descartes : plus respectueux que lui des quatre préceptes de sa méthode. (voir le premier Descartes dit aussi, p. 105) Car tel semble bien l'héritage qu'il retourne ici contre Descartes pour mieux lui opposer que la « chose pensante » dont il parle n'est en réalité qu'un mirage logico-grammatical.

Soyons plus prudents que Descartes qui est resté pris au piège des mots. *Cogito,* à vrai dire, n'est qu'un seul mot, mais le sens en est complexe. (Il ne manque pas de choses complexes que nous empoignons brutalement, croyant de bonne foi qu'elles sont simples.) Dans ce célèbre *cogito* il y a : 1° quelque chose pense ; 2° je crois que c'est moi qui pense ; 3° mais en admettant même que ce deuxième point soit incertain, étant matière de croyance, le premier point : quelque chose pense, contient également une croyance, celle que « penser » soit une activité à laquelle il faille imaginer un *sujet,* ne fût-ce que « quelque chose » ; et l'*ergo sum* ne signifie rien de plus. Mais c'est la croyance à la grammaire, on suppose des « choses » et leurs « activités », et nous voilà bien loin de la certitude immédiate. Faisons donc abstraction de ce « quelque chose » problématique et disons *cogitatur,* pour constater un état de fait sans y mêler d'articles de foi : nous nous ferons illusion une fois encore, car même la forme passive contient des articles de foi, outre des « états de fait » ; somme toute, c'est justement l'état de fait que l'on n'arrive pas à présenter tout nu ; les formules *cogito, cogitat, cogitatur,* contiennent toutes une « croyance » ou une « opinion ». Qui est-ce qui nous garantit que grâce à l'*ergo* nous n'enlevons pas quelque chose à cette croyance ou à cette opinion, si bien qu'il reste plus que ceci : « Quelque chose est cru, donc quelque chose est cru » – cercle vicieux ! Enfin, il faudrait pourtant savoir ce que c'est qu'« être » pour tirer le *sum* du *cogito* ; il faudrait de même savoir ce que c'est que *savoir* : on part de la croyance à la logique – à l'*ergo* avant tout – et non pas uniquement de la position d'un fait. Dans le savoir, la « certitude » est-elle possible ? La certitude immédiate n'est-elle pas peut-être une *contradictio in adjecto* ? Qu'est-ce que connaître par rapport à être ? Pour celui qui apporte sur tous ces points une croyance toute faite, la prudence cartésienne n'a plus de sens ; elle vient trop tard. Avant d'en venir au problème de l'« être », il faudrait avoir résolu le problème de la valeur de la logique.

Friedrich NIETZSCHE, *La Volonté de puissance*, I, 1901,
trad. G. Bianquis, 1935.

▶ LE LANGAGE
▶ LA VÉRITÉ

1 Dans cet extrait, Nietzsche nie-t-il l'existence du « phénomène conscience » ?

2 Associer la notion de conscience et celle de connaissance nuit-il à l'intelligence de la première ?

DESCARTES DIT AUSSI

« Le premier était de ne recevoir jamais aucune chose pour vraie, que je ne la connusse évidemment être telle [...] et de ne comprendre rien de plus en mes jugements, que ce qui se présenterait si clairement et si distinctement à mon esprit, que je n'eusse aucune occasion de le mettre en doute.
Le second, de diviser chacune des difficultés que j'examinerais, en autant de parcelles qu'il se pourrait et qu'il serait requis pour les mieux résoudre.
Le troisième, de conduire par ordre mes pensées, en commençant par les objets les plus simples et les plus aisés à connaître, pour monter peu à peu, comme par degrés, jusqu'à la connaissance des plus composés [...].
Et le dernier, de faire partout des dénombrements si entiers, et des revues si générales, que je fusse assuré de ne rien omettre. »

René DESCARTES, *Discours de la méthode*, I, 1637.

Quels éléments du texte de Nietzsche peuvent donner le sentiment qu'il avait ces quatre préceptes à l'esprit en le rédigeant ?

Louis Michel DUMESNIL, *La Reine Christine de Suède, entourée de sa cour, écoutant le philosophe René Descartes faisant une démonstration de géométrie*, av. 1781, Château de Versailles.

Les puissants de ce monde ont-ils intérêt à écouter les philosophes ? Pourquoi ?

DESCARTES DIT AUSSI

« [E]nfin, considérant que toutes les mêmes pensées, que nous avons étant éveillés, nous peuvent aussi venir quand nous dormons, sans qu'il y en ait aucune, pour lors, qui soit vraie, je me résolus de feindre que toutes les choses qui m'étaient jamais entrées en l'esprit, n'étaient non plus vraies que les illusions de mes songes. Mais, aussitôt après, je pris garde que, pendant que je voulais ainsi penser que tout était faux, il fallait nécessairement que moi, qui le pensais, fusse quelque chose. Et remarquant que cette vérité : *je pense, donc je suis*, était si ferme et si assurée, [...] je jugeai que je pouvais la recevoir, sans scrupule, pour le premier principe de la philosophie, que je cherchais.
Puis, examinant avec attention ce que j'étais, et voyant que je pouvais feindre que je n'avais aucun corps, et qu'il n'y avait aucun monde, ni aucun lieu où je fusse ; mais que je ne pouvais pas feindre, pour cela, que je n'étais point ; [...] je connus de là que j'étais une substance dont toute l'essence ou la nature n'est que de penser, et qui, pour être, n'a besoin d'aucun lieu, ni ne dépend d'aucune chose matérielle. »

René DESCARTES, *Discours de la méthode*, IV, 1637.

Au premier paragraphe de cet extrait, Descartes écrit : « pendant que je voulais ainsi penser que tout était faux, il fallait nécessairement que moi, qui le pensais, fusse quelque chose ». D'après Nietzsche, pourquoi cette inférence (opération logique consistant à admettre une proposition en raison du lien que celle-ci entretient avec d'autres propositions déjà tenues pour vraies) peut-elle paraître nécessaire ?

REPÈRES croire / savoir

À strictement parler, **croire** revient à tenir une chose pour vraie sans être cependant capable d'en apporter la preuve ou de le démontrer. De ce point de vue, la croyance a le statut d'une simple opinion (doxa), y compris lorsqu'elle est correcte (« opinion droite »). Quant au **savoir**, il se distingue de la croyance en ceci que sa prétention à la vérité est cette fois justifiée par des raisons : l'opinion avancée est non seulement droite, c'est-à-dire juste ou correcte, mais en outre elle ne l'est pas par hasard ou par chance, puisque j'ai alors des arguments qui permettent d'en démontrer le bien-fondé et la nécessité.

Karl MARX
1818-1883

Friedrich ENGELS
1820-1895

TEXTE 16 COMMENTÉ

La conscience n'est-elle qu'un reflet idéologique de l'existence matérielle des êtres humains ?

L'Idéologie allemande appartient aux écrits de jeunesse de Marx et fut en partie rédigée avec son ami Engels. Ils y défendent une conception matérialiste de l'histoire qui ne correspond pas encore au point de vue « scientifique » que le premier pensera avoir rejoint dans *Le Capital*. Il n'empêche que la critique de l'idéalisme - philosophique, moral, religieux ou autre - y est déjà totalement achevée. Or, comme cela est tout particulièrement sensible dans l'extrait qui suit, cette critique est aussi bien la critique de l'abstraction du concept philosophique de conscience.

La production des idées, des représentations, de la conscience est, de prime abord, directement mêlée à l'activité et au commerce matériels des hommes : elle est le langage de la vie réelle. Ici, la manière d'imaginer et de penser, le commerce intellectuel des hommes apparaissent encore comme l'émanation directe de leur conduite matérielle. Il en va de même de la production intellectuelle, telle qu'elle se manifeste dans le langage de la politique, des lois, de la morale, de la religion, de la métaphysique, etc., d'un peuple. Ce sont les hommes qui sont les producteurs de leurs représentations, de leurs idées, etc., mais ce sont les hommes réels, œuvrants, tels qu'ils sont conditionnés par un développement déterminé de leurs forces productives et du commerce qui leur correspond jusque dans ses formes les plus étendues. La conscience ne peut jamais être autre chose que l'être conscient, et l'être des hommes est leur processus de vie réel. Si, dans toute l'idéologie, les hommes et leur condition apparaissent sens dessus dessous comme dans une *camera obscura*[1], ce phénomène découle de leur processus de vie historique, tout comme l'inversion des objets sur la rétine provient de leur processus de vie directement physique.

Tout au contraire de la philosophie allemande, qui descend du ciel sur la terre, on s'élève ici de la terre au ciel ; autrement dit, on ne part pas de ce que les hommes disent, s'imaginent, se représentent, ni non plus de ce que l'on dit, pense, s'imagine et se représente à leur sujet, pour en arriver à l'homme en chair et en os ; c'est à partir des hommes réellement actifs et de leur processus de vie réel que l'on expose le développement des reflets et des échos idéologiques de ce processus. Les formations brumeuses du cerveau humain sont elles aussi des sublimés nécessaires du processus matériel de leur vie, empiriquement vérifiable et lié à des circonstances matérielles préalables. Par conséquent la morale, la religion, la métaphysique et tout le reste de l'idéologie, ainsi que les formes de conscience qui leur correspondent, ne conservent plus leur semblant d'indépendance. Elles n'ont ni histoire ni développement ; ce sont, au contraire, les hommes qui, en même temps qu'ils développent leur production et leur communication matérielles, transforment, avec cette réalité qui leur est propre, et leur pensée et les produits de celle-ci. Ce n'est pas la conscience qui détermine la vie, c'est la vie qui détermine la conscience. Dans la première conception, on part de la conscience comme individu vivant ; dans la seconde, qui correspond à la vie réelle, on part des individus eux-mêmes, réels et vivants, et l'on considère la conscience uniquement comme *leur* conscience.

Karl MARX, Friedrich ENGELS, *L'Idéologie allemande*, 1845-1846,
éd. établie et annotée par M. Rubel, 1982.

1 Le latin *camera obscura* signifie « chambre noire » en français, l'instrument optique dont bien des peintres se servaient avant l'invention de l'appareil photographique.

▶ LE LANGAGE
▶ LA RAISON
▶ LA RELIGION
▶ LE TRAVAIL

LA CRITIQUE DE L'IDÉALISME

Replonger la vie intellectuelle (les « idées », les « représentations ») et le type spécifique de présence à soi qu'elle engage (la « conscience »), dans le contexte pratique qui les occasionne et les justifie : « l'activité et [le] commerce matériels des hommes ». Se souvenir, par exemple, des rapports que l'on a pu établir entre la technique de l'arpentage et l'origine de la géométrie, ou bien encore entre les exigences du développement des échanges commerciaux et la naissance des systèmes de mesure, du calcul, de l'alphabet et de l'écriture. Bref, considérer que la vie intellectuelle (« idées », « représentations », « conscience ») est le « langage de la vie réelle », parce que, comme toute pratique intrinsèquement liée à la manipulation d'un système de signes, la pensée est, sinon toujours, du moins initialement et couramment fonction des besoins matériels de l'être humain. Tel est d'emblée le cœur de la stratégie argumentative que Marx et Engels opposent à l'idéalisme des intellectuels qu'ils critiquent dans *L'Idéologie allemande*.

LA NOTION D'IDÉOLOGIE

Pour Marx et Engels, l'idéologie est le système de représentations et de croyances qui émane de l'expérience d'une classe sociale déterminée et en exprime la vision du monde, tout en ayant vocation à légitimer les intérêts matériels qui la motivent. Ainsi est-ce, par exemple, du fait de l'évolution de la division du travail – laquelle a très rapidement abouti à la différenciation sociale des tâches manuelles et intellectuelles – que la conscience des hommes d'idées les conduit à décrire la condition humaine sous un angle incompréhensiblement abstrait et irréaliste (« sens dessus dessous comme dans une *camera obscura* ») aux yeux du profane injustement assujetti aux seuls impératifs de la production matérielle et aux conditions de vie que celle-ci suppose. Tout se passant comme s'il s'agissait là d'un mécanisme physique ou d'un phénomène naturel (« tout comme l'inversion des objets sur la rétine provient de leur processus de vie directement physique »).

UNE ÉMANATION DE LA VIE

À condition de ne pas s'en tenir à l'acception étroitement biologique du terme *vie* et d'y intégrer tout ce que l'existence humaine suppose de tâches pratiques et d'activités économiques et sociales concrètes, la phrase « Ce n'est pas la conscience qui détermine la vie, c'est la vie qui détermine la conscience » peut en définitive être considérée comme la thèse de cet extrait.

1 Traitant des « idées » et des « représentations », Marx et Engels recourent ici fréquemment au lexique de la production. Quelle lumière jettent-ils ainsi sur leur conception de la vie intellectuelle ?

2 Marx et Engels opposent leur propre démarche, « s'él[ever] de la terre au ciel », à celle « de la philosophie allemande, qui descend du ciel sur la terre ». À quel arrière-plan culturel font-ils alors implicitement référence ?

Marche de membres de la FDJ, de la police du peuple et d'activistes du SED sur la Marx-Engels-Platz à Berlin Est lors de la 2e Conférence du SED, 9 juillet 1952.

? Le « culte de la personnalité » des dirigeants politiques qui prévalait dans le monde soviétique n'est-il pas contradictoire avec le propos de Marx et de Engels dans le texte 16 ?

CINÉ PHILO

Matrix

ANDY ET LARRY WACHOWSKI, 1999

Dans *Matrix*, Neo, le héros du film (interprété par Keanu Reeves), est un jeune informaticien. Après avoir reçu des messages cryptés sur son ordinateur, il part à la recherche de Morpheus, le chef d'un groupe de résistance clandestin, qui lui révèle que le monde dans lequel il vit n'est qu'un monde virtuel. En réalité, les êtres humains sont gardés inconsciemment sous contrôle par des machines malveillantes : les gens sont, toute leur vie, branchés à une machine qui nourrit leurs cerveaux de stimuli sensoriels pour leur donner l'illusion de mener une vie « ordinaire ». Morpheus explique que, jusque-là, la réalité perçue par Neo est en fait un monde fictif de simulations générées par un ordinateur...
Ce film, largement commenté par les philosophes, illustre à la fois le problème posé par Platon dans son allégorie de la caverne, l'hypothèse sceptique de Descartes du malin génie, et l'expérience de pensée de Putnam du cerveau dans une cuve. Tous trois se posent les questions suivantes : sommes-nous véritablement conscients de la réalité qui nous entoure ? Si oui, qu'est-ce que cela change ?

LE DEVOIR

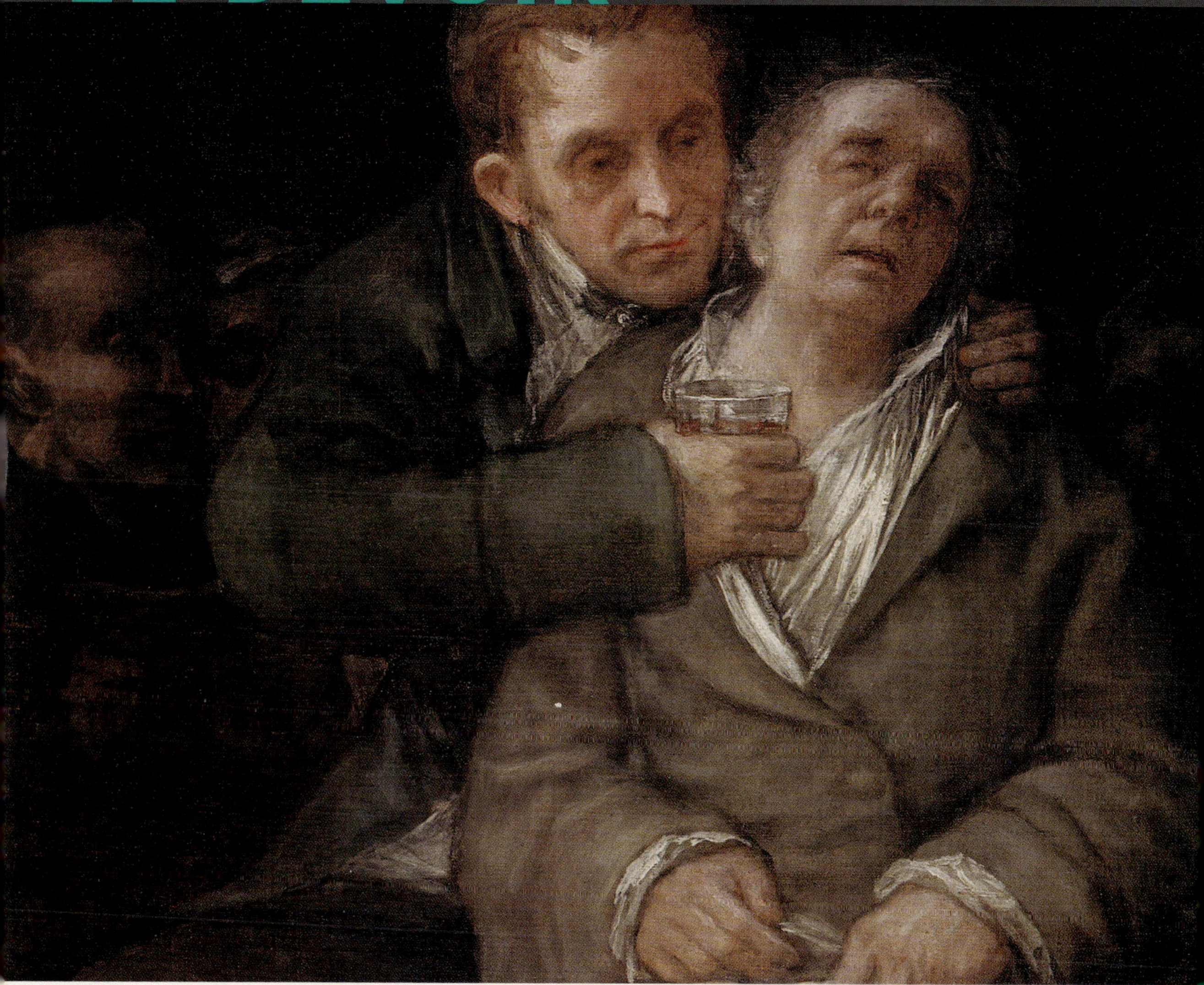

Francisco de GOYA, *Goya soigné par le docteur Arrieta*, détail, 1820, Institute of Arts, Minneapolis.

Entre 1818 et 1820, Francisco de Goya tombe gravement malade. Jusqu'à ce jour, nul n'a su déterminer la cause exacte de ce mal, ni même sa nature précise. Pour Goya, une chose est certaine : c'est son médecin, le Dr Arrieta, qui lui a sauvé la vie. D'où l'hommage qu'il lui rend dans ce tableau, où l'on découvre le médecin en train d'aider le peintre à se redresser pour boire un verre d'eau. Goya, homme des Lumières, et son médecin, homme de science, donnant ici à penser que le devoir de charité et la compassion n'incombent pas qu'aux hommes pieux.

ARRÊT SUR IMAGE

1 La compassion est un sentiment. Peut-elle faire l'objet d'une obligation ?

2 Certains philosophes parlent aujourd'hui d'une « éthique du *care* (soin) ». Qu'est-ce que le paradigme du soin est susceptible d'apporter à l'intelligence de notre vie morale et de nos devoirs ?

LE DEVOIR EN QUESTION

À l'origine, le terme français *devoir* est seulement un verbe. Issu du latin *debere*, c'est-à-dire de l'adjonction de la préposition *de* au verbe *habere* (« avoir »), il signifie littéralement : « avoir quelque chose en le tenant de quelqu'un », de l'argent ou tout autre objet. Aussi est-il primitivement indissociable des circonstances où il est question de don, de dette, de débiteur et de créancier, et des obligations coutumières ou légales qu'on y attache. Toutefois, la langue évoluant, il devint rapidement courant de recourir à l'infinitif substantivé *le devoir*, en entendant alors ainsi isoler un sens spécifiquement moral de l'obligation de rendre. C'est principalement en ce sens, mais non exclusivement, que la notion de devoir pose un certain nombre de problèmes philosophiques.

1 DEVOIR ET CONTRAINTE Quelle que soit la manière dont on le définit, le devoir renvoie toujours à l'idée de contrainte ou de coercition. Mieux, c'est à la résistance que l'on peut être tenté de lui opposer qu'on le reconnaît. Mais de quelle nature est le joug qu'il impose et quels sont exactement les partis en cause dans le conflit intérieur qu'il tend à susciter ? (p. 112 à p. 117)

2 LA DIVERSITÉ DES DEVOIRS Aussi satisfaisant qu'il puisse paraître, ce critère de la contrainte ne doit cependant pas faire oublier qu'au jour le jour, nous avons en fait moins affaire au devoir qu'à la diversité de ses figures. Quelles sont-elles et peut-on en établir la typologie ? (p. 118 à p. 123)

3 LE CAS PARTICULIER DES DEVOIRS ENVERS SOI-MÊME Parmi ces figures, les devoirs envers soi-même méritent une attention particulière. Car l'importance et le caractère prioritaire qu'on leur a longtemps prêtés sont aujourd'hui régulièrement remis en cause. À juste titre et légitimement ? (p. 124 à p. 129)

4 LE CONFLIT DES DEVOIRS Quoi qu'il en soit, une fois rappelée, la multiplicité de nos devoirs ne peut ensuite qu'inviter à s'interroger : n'y a-t-il pas lieu de craindre qu'en telle ou telle occasion, certains d'entre eux puissent s'avérer absolument incompatibles ? Mais qu'est-ce à proprement parler qu'un conflit de devoirs ? Est-il d'ailleurs assuré qu'il y ait là une notion véritablement consistante ? (p. 130 à p. 135)

5 LE DEVOIR EN PROCÈS Enfin, si l'on voit mal comment l'agent social qu'est l'être humain pourrait bien se passer d'honorer une quantité non négligeable d'obligations, ne faut-il pas pourtant aussi redouter les effets pervers d'une trop grande soumission au devoir ? (p. 136 à p. 141)

PANORAMA DE LA NOTION

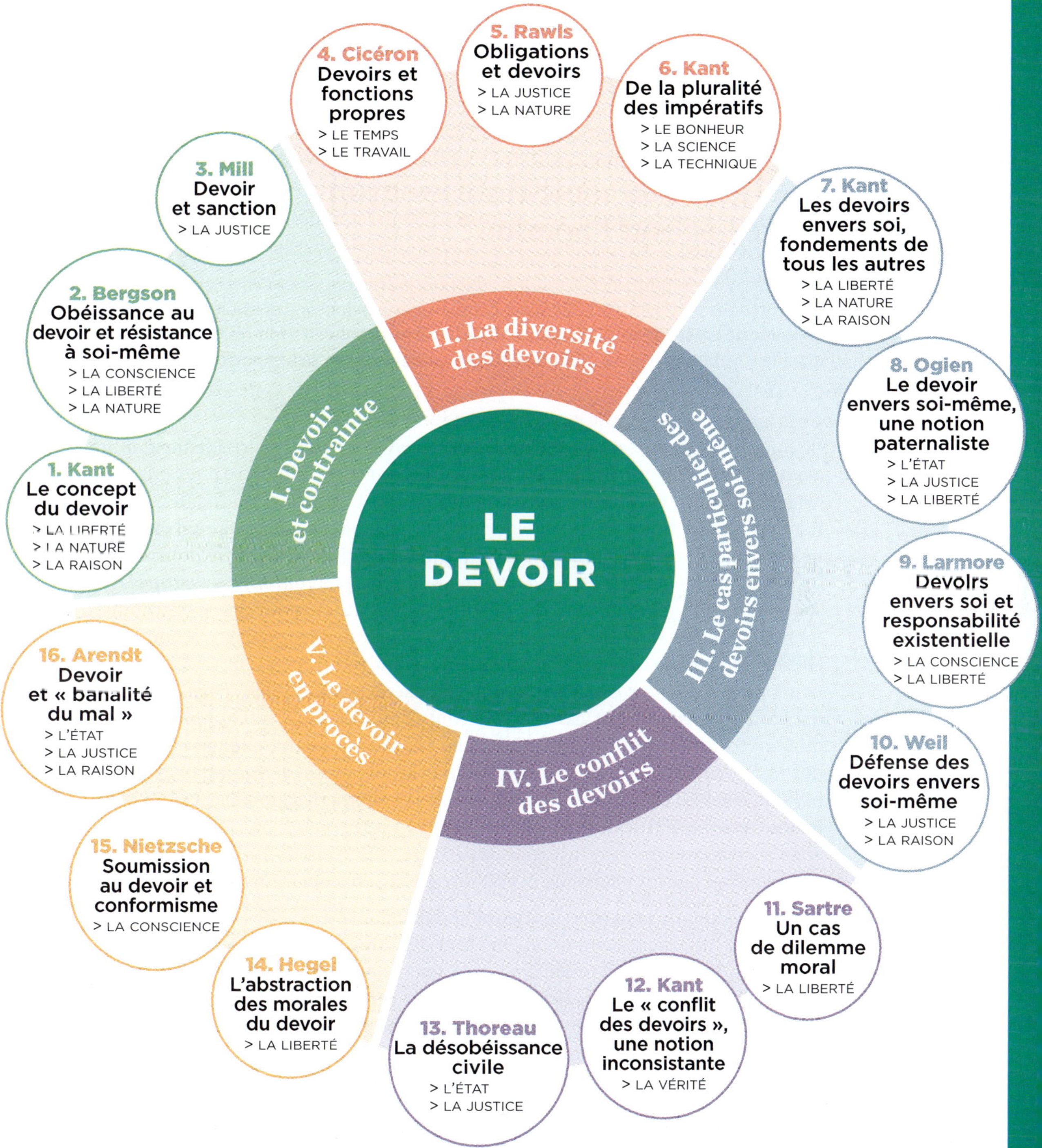

Devoir et contrainte

L'analyse de la notion de devoir conduit assez vite aux idées de contrainte et de conflit intérieur. Mais de quel genre de contrainte s'agit-il et d'où celle-ci émane-t-elle ? D'une loi morale inscrite dans la raison, qui, dans son usage pratique, viserait à vaincre nos impulsions naturelles ? (texte 1, Kant) Des normes sociales que nous avons eues et avons parfois encore à intérioriser, en dépit de la résistance que notre individualité leur oppose ? (texte 2, Bergson) Si bien que, par « devoir », il faudrait au fond entendre l'ensemble des conduites que l'on pourrait forcer quelqu'un à accomplir, sous peine de sanction ? (texte 3, Mill)

Emmanuel KANT
1724-1804

TEXTE 1

Quel genre de contrainte le devoir exerce-t-il sur l'homme ?

Précédée d'une fondation et d'une introduction, la *Métaphysique des mœurs* se divise en deux grandes parties. La première est consacrée à une doctrine du droit, forme « extérieure » de la liberté ; la seconde, à une doctrine de la vertu, ayant cette fois trait à la liberté que Kant qualifie d'« intérieure ». Au cœur de cette seconde doctrine, la notion de devoir.

Le *concept du devoir* est déjà en lui-même le concept d'une *coercition* (contrainte) exercée sur le libre arbitre par la loi ; or, cette contrainte peut être une contrainte *extérieure* ou une contrainte exercée *par soi-même*. L'*impératif*[1] moral indique, par l'intermédiaire de son décret catégorique (le devoir absolu)[2], cette contrainte qui ne concerne donc pas des êtres raisonnables en général (dont il se pourrait que certains soient aussi des êtres *saints*), mais des *hommes* comme *êtres naturels* raisonnables, qui sont suffisamment dépourvus de sainteté pour que le désir puisse éventuellement les prendre de transgresser la loi morale, bien qu'ils en reconnaissent eux-mêmes l'importance et bien que, même quand ils lui obéissent, ils ne le fassent pourtant que *de mauvais gré* (en lui opposant la résistance de leur penchant), ce en quoi consiste proprement la contrainte. Mais, dans la mesure où l'homme est pourtant un être *libre* (moral), le concept de devoir ne peut contenir nulle autre contrainte que la *contrainte exercée sur soi-même* (par la seule représentation de la loi), du point de vue de la détermination interne de la volonté (les mobiles), car c'est uniquement par là qu'il devient possible de concilier cette *coercition* (quand bien même elle serait extérieure) avec la liberté de l'arbitre – étant entendu alors que c'est dans cette mesure que le concept de devoir devient un concept éthique.

Les impulsions de la nature contiennent donc, dans l'esprit de l'être humain, des *obstacles* à l'accomplissement du devoir et des forces (en partie puissantes) qui y résistent – forces que l'homme doit en ce sens se juger capable de combattre et de vaincre par la raison, non pas seulement dans le futur, mais dès maintenant (dès lors qu'il en a l'idée) : bref, il doit se juger capable de *pouvoir* faire ce dont la loi lui commande inconditionnellement qu'il *doit* le faire.

Emmanuel KANT, « Premiers principes métaphysiques de la doctrine de la vertu », *Métaphysique des mœurs*, II, 1795, trad. A. Renaut, 1994.

1 Pour une définition de ce terme, voir le texte 6. 2 *Idem*.

▶ LA LIBERTÉ
▶ LA NATURE
▶ LA RAISON

1 D'après Kant, en quoi les « êtres *saints* » se distinguent-ils des « *êtres naturels* raisonnables » (l. 6-7) ?

2 Quel sens attribuer à la précision : « non pas seulement dans le futur, mais dès maintenant (dès lors qu'il en a l'idée) » (l. 21-22) ?

KANT DIT AUSSI

« Le concept du devoir exige donc *objectivement* de l'action qu'elle soit en accord avec la loi, mais il exige de la maxime de l'action, *subjectivement*, le respect pour la loi, en tant qu'unique mode de détermination de la volonté par celle-ci. Et c'est là-dessus que repose la différence entre la conscience d'avoir agi *conformément au devoir* et celle d'avoir agi *par devoir*, c'est-à-dire par respect pour la loi, la première des deux (la légalité) étant possible quand même des inclinations auraient été seules les fondements de la détermination de la volonté, alors qu'il faut que la seconde (la *moralité*), la valeur morale, soit placée uniquement en ceci que l'action a été faite par devoir, c'est-à-dire parce que la loi l'exige. »

Emmanuel KANT, *Critique de la raison pratique*, I, Livre 1, chap. 3, 1788, trad. J.-P. Fussler, 2003.

? Pourquoi exiger plus que la simple conformité au devoir ?

AUX FRONTIÈRES DE LA PHILOSOPHIE

Parmi les nombreux récits édifiants qu'on trouve dans la *Bible*, l'épisode de la ligature d'Isaac peut apparaître particulièrement propre à illustrer le rapport que bien des philosophes établissent entre l'obéissance au devoir et la mortification des inclinations naturelles.

« Quand ils furent arrivés à l'endroit que Dieu lui avait indiqué, Abraham y éleva l'autel et disposa le bois, puis il lia son fils Isaac et le mit sur l'autel, par-dessus le bois. Abraham étendit la main et saisit le couteau pour immoler son fils.

Mais l'Ange de Yahvé l'appela du ciel et dit : « Abraham ! Abraham ! » Il répondit : « Me voici ! » L'Ange dit : « N'étends pas la main contre l'enfant ! Ne lui fais aucun mal ! Je sais maintenant que tu crains Dieu : tu ne m'as pas refusé ton fils, ton unique. »

Genèse, 22 1-18, dans La Bible de Jérusalem *avec guide de lecture*, La Sainte Bible traduite en français sous la direction de l'École biblique de Jérusalem, 1979.

Le sacrifice d'Abraham (l'ange apparaît à Abraham pour lui dire de ne pas sacrifier son fils Isaac), XVe siècle, musée Vivenel, Compiègne.

? Dans les termes de Kant, Abraham agit-il ici « conformément au devoir » ou bien « par devoir » ?

Henri BERGSON
1859-1941

TEXTE 2

Obéir à son devoir, est-ce résister à soi-même ?

Envisagé du point de vue pragmatiste qui est ici celui de Bergson, le devoir paraît d'abord avoir deux faces : d'un côté, l'obligation sociale quotidienne, que l'on honore « presque toujours automatiquement » ; de l'autre, l'injonction morale, la résistance intérieure qu'on lui oppose et l'intensité spécifique du rapport à soi qui s'institue à l'occasion d'un tel conflit. Or, pour Bergson, seule la seconde correspond au devoir à proprement parler.

C'est la société qui trace à l'individu le programme de son existence quotidienne. On ne peut pas vivre en famille, exercer sa profession, vaquer aux milles soins de la vie journalière, faire ses emplettes, se promener dans la rue ou même rester chez soi, sans obéir à des prescriptions et se plier à des obligations. Un choix s'impose à tout instant ; nous optons naturellement pour ce qui est conforme à la règle. C'est à peine si nous en avons conscience ; nous ne faisons aucun effort. Une route a été tracée par la société ; nous la trouvons ouverte devant nous et nous la suivons ; il faudrait plus d'initiative pour prendre à travers champs. Le devoir, ainsi entendu, s'accomplit presque toujours automatiquement ; et l'obéissance au devoir, si l'on s'en tenait au cas le plus fréquent, se définirait par un laisser-aller ou un abandon. D'où vient donc que cette obéissance apparaît au contraire comme un état de tension, et le devoir lui-même comme une chose raide et dure ? C'est évidemment que des cas se présentent où l'obéissance implique un effort sur soi-même. Ces cas sont exceptionnels ; mais on les remarque, parce qu'une conscience intense les accompagne, comme il arrive pour toute hésitation ; à vrai dire, la conscience est cette hésitation même, l'acte qui se déclenche tout seul passant à peu près inaperçu. Alors, en raison de la solidarité de nos obligations entre elles, et parce que le tout de l'obligation est immanent à chacune de ses parties, tous les devoirs se colorent de la teinte qu'a prise exceptionnellement tel ou tel d'entre eux. Du point de vue pratique, il n'y a aucun inconvénient, il y a même certains avantages à envisager ainsi les choses. Si naturellement, en effet, qu'on fasse son devoir, on peut rencontrer en soi de la résistance ; il est utile de s'y attendre, et de ne pas prendre pour accordé qu'il soit facile de rester bon époux, bon citoyen, travailleur consciencieux, enfin honnête homme. Il y a d'ailleurs une forte part de vérité dans cette opinion ; car s'il est relativement aisé de se maintenir dans le cadre social, encore a-t-il fallu s'y insérer, et l'insertion exige un effort. L'indiscipline naturelle de l'enfant, la nécessité de l'éducation, en sont la preuve. Il n'est que juste de tenir compte à l'individu du consentement virtuellement donné à l'ensemble de ses obligations, même s'il n'a plus à se consulter pour chacune d'elles. Le cavalier n'a qu'à se laisser porter ; encore a-t-il dû se mettre en selle. Ainsi pour l'individu vis-à-vis de la société. En un certain sens il serait faux, et dans tous les sens il serait dangereux, de dire que le devoir peut s'accomplir automatiquement. Érigeons donc en maxime pratique que l'obéissance au devoir est une résistance à soi-même.

Henri BERGSON, *Les Deux Sources de la morale et de la religion*, 1932.

▶ LA CONSCIENCE
▶ LA LIBERTÉ
▶ LA NATURE

1 Peut-on obéir à son devoir sans en avoir conscience ?

2 Que prouvent « l'indiscipline naturelle de l'enfant » et « la nécessité de l'éducation » ?

DURKHEIM DIT AUSSI

« Le devoir, c'est la morale en tant qu'elle commande ; c'est la morale conçue comme une autorité à laquelle nous devons obéir, parce qu'elle est une autorité et pour cette seule raison. Le bien est la morale conçue comme une chose bonne, qui attire à elle la volonté, qui provoque les spontanéités du désir. Or, il est aisé de voir que le devoir, c'est la société en tant qu'elle nous impose des règles, assigne des bornes à notre nature ; tandis que le bien, c'est la société, mais en tant qu'elle est une réalité plus riche que la nôtre, et à laquelle nous ne pouvons nous attacher, sans qu'il en résulte un enrichissement de notre être. C'est donc, de part et d'autre, le même sentiment qui s'exprime, à savoir que la morale se présente à nous sous un double aspect : ici, comme une législation impérative et qui réclame de nous une entière obéissance, là, comme un magnifique idéal auquel la sensibilité aspire spontanément. »

Émile DURKHEIM, *L'Éducation morale*, 1925.

? Durkheim lie-t-il devoir et contrainte sociale comme Bergson au début du **texte 2** ?

MATIÈRE À PENSER

Peut-on avoir le devoir d'exprimer des sentiments ?

À première vue, l'expression des sentiments n'apparaît pas susceptible de faire l'objet d'une obligation. Élève et neveu d'Émile Durkheim, Marcel Mauss montre pourtant le contraire en s'appuyant sur l'étude des formes de la manifestation du deuil dans un certain nombre de tribus primitives australiennes.

Personnes en train de prier devant la dépouille d'un jeune homme tué au combat, 2000, Dasht-e-Ghala, Afghanistan.

« [C]e ne sont pas seulement les temps et conditions de l'expression collective des sentiments qui sont fixés, ce sont aussi les agents de cette expression. Ceux-ci ne hurlent et ne crient pas seulement pour traduire leur peur ou leur colère, ou leur chagrin, mais parce qu'ils sont chargés, obligés de le faire. [...] [C]e sont même souvent les cognats, les simples alliés qui sont obligés, souvent à l'occasion même de simples échanges de délégués ou à l'occasion d'héritages, de manifester le plus de chagrin.

Ce qui achève de démontrer cette nature purement obligatoire de l'expression du chagrin, de la colère et de la peur, c'est qu'elle n'est pas commune même à tous ces parents. Non seulement ce ne sont que des individus déterminés qui pleurent, et hurlent et chantent, mais ils appartiennent le plus souvent, en droit et en fait, a un seul sexe. [...] Mais même parmi les femmes, ce ne sont pas toutes celles qui entretiennent des relations de fait, filles, sœurs en descendance masculine, etc., ce sont des femmes déterminées par certaines relations de droit qui jouent ce rôle au plein sens du mot. Nous savons que ce sont d'ordinaire *les* mères (ne pas oublier que nous sommes ici dans un pays de parenté par groupe), les sœurs, et surtout la veuve du défunt. [...]

Mais ce sont non seulement les femmes et certaines femmes qui crient et chantent ainsi, c'est une certaine quantité de cris dont elles ont à s'acquitter. Taplin nous dit qu'il y avait une « quantité conventionnelle de pleurs et cris », chez les Narrinyerri. Remarquons que cette conventionalité et cette régularité n'excluent nullement la sincérité. Pas plus que dans nos propres usages funéraires. Tout ceci est à la fois social, obligatoire, et cependant violent et naturel ; recherche et expression de la douleur vont ensemble. »

Marcel MAUSS, « L'Expression obligatoire des sentiments (rituels oraux funéraires australiens) », *Journal de psychologie*, 18, 1921.

John Stuart MILL
1806-1873

TEXTE 3 COMMENTÉ

Le devoir est-il « quelque chose à quoi l'on a le droit de contraindre quelqu'un » ?

Avec Jeremy Bentham (1748-1832), Mill est l'un des deux pères fondateurs de l'utilitarisme, lequel revient à évaluer la moralité de nos actions à l'aune de leurs conséquences, et celles-ci, à celle de la peine ou du plaisir qu'elles procurent à l'agent comme à la communauté concernés. Ici, Mill soutient que seules les fautes ou les manquements qui méritent à nos yeux une punition révèlent la réalité proprement morale d'un devoir.

Sous toutes ses formes, la notion de Devoir comporte l'idée que l'on peut à bon droit forcer quelqu'un à l'accomplir. Le devoir est quelque chose à quoi l'on a le droit de contraindre quelqu'un, comme on contraint quelqu'un à rembourser une dette. Si nous ne pensons pas qu'on ait le droit de l'exiger de lui, nous n'appelons pas cela son devoir. Des raisons que suggèrent la prudence ou l'intérêt d'autres personnes peuvent militer contre la mise en application effective de cette contrainte ; mais la personne elle-même, cela est clair, n'aurait pas le droit de se plaindre. En revanche, il existe d'autres choses que nous aimerions que les gens fassent, nous les aimons ou les admirons s'ils les font, nous ne les aimons pas peut-être ou les méprisons s'ils ne les font pas ; cependant nous reconnaissons qu'ils ne sont pas contraints de les faire ; il ne s'agit pas là d'obligation morale ; nous ne les blâmons pas, c'est-à-dire que nous ne pensons pas qu'ils méritent une punition. La manière dont nous parvenons à l'idée que l'on mérite ou non une punition apparaîtra, peut-être, dans ce qui suit ; mais je pense qu'il n'existe aucun doute que cette distinction est à la base des notions de bien et de mal ; que nous appelons une conduite quelconque mauvaise ou employons, à la place, quelque autre terme pour désigner l'aversion ou la dépréciation, selon que nous pensons que cette personne devrait, ou ne devrait pas, être punie pour cela ; et nous disons qu'il serait bien de faire ceci ou cela ou, simplement, que ce serait désirable ou louable, selon que nous souhaitons voir la personne concernée, contrainte ou seulement incitée et exhortée à agir de cette manière.

Telle est, par conséquent, la différence caractéristique qui sépare non seulement la justice, mais la moralité, en général, des autres domaines : l'avantageux et la valeur.

John Stuart MILL, « L'Utilitarisme », 1861, dans *L'Utilitarisme. Essai sur Bentham*, Présentation, trad. C. Audard et P. Thierry, 1998.

▶ LA JUSTICE

LE CRITÈRE DU DEVOIR

Mill formule ici d'emblée sa thèse : c'est au fait que l'on puisse « à bon droit forcer quelqu'un à l'accomplir » – ou à s'en abstenir – que telle ou telle conduite peut être reconnue comme un *devoir* à proprement parler. Dans le langage traditionnel de la philosophie morale, cela revient à dire que seules les obligations que l'on appelle « parfaites » sont des devoirs. Car, contrairement aux « obligations imparfaites », qui forment l'essentiel de la morale *stricto sensu*, les « obligations parfaites » ont ceci d'original que leur transgression appelle immédiatement une *sanction* ou une *punition*. L'exemple retenu par Mill (« comme on contraint quelqu'un à rembourser une dette ») suggérant encore un peu plus que cette façon de définir le devoir aboutit à en faire une catégorie *juridique*, beaucoup plus que *morale*.

LE STATUT DE LA MORALE

Si seules les « obligations parfaites » sont des devoirs, et si ceux-ci sont donc indissociables de ce que le droit prévoit de prescrire ou d'interdire, qu'en est-il de nos obligations strictement morales ? À cette question, Mill apporte ici la réponse suivante : en matière de morale, il s'agit moins d'obligations que de conseils ou de recommandations et, par conséquent, d'approbation et de désapprobation. En d'autres termes, nous pouvons certes exhorter quelqu'un à faire quelque chose ou, à l'inverse, le lui déconseiller, mais en aucun cas nous n'avons alors le *droit* de l'y contraindre ou de le lui interdire. C'est que, aux yeux de Mill en tout cas, sur ce terrain rigoureusement moral, c'est moins la valeur de l'action projetée qui est en cause que son caractère avantageux ou non, l'essentiel consistant à se conformer aux impératifs de la prudence et, par là même, au seul critère de l'utilité.

LE BIEN ET LE MAL DU POINT DE VUE UTILITARISTE

Dans toute cette dernière partie de l'extrait, Mill tire, en deux temps, la leçon générale de son argumentation. D'une part, les « notions de bien et de mal » s'appliquent exclusivement soit aux cas où l'on estime que tout agent devrait pouvoir être contraint – et non pas seulement encouragé ou « incité » – à faire comme constaté, soit à ceux où l'on juge que tout agent devrait pouvoir être puni – et non pas seulement vaguement déprécié ou stigmatisé – pour avoir agi de la sorte. D'autre part, la considération de « l'avantageux » et de « la valeur » distingue les domaines de la justice et de la morale de tous les autres champs pratiques. Le droit différant toutefois de la morale en ceci que, visant moins à la vertu et au bien qu'à la paix et à la justice, il y attache des sanctions.

1 Si je suis le créancier, est-ce à moi d'exercer « le droit de contraindre quelqu'un [...] à rembourser une dette » (l. 2-3) ?

2 Comment appelle-t-on le type de propos que l'on tient lorsque l'on ne fait guère que recommander une action ?

MILL DIT AUSSI

« [I]l est bien connu que les auteurs, en éthique, divisent les devoirs moraux en deux classes, désignées par les expressions, mal choisies, de devoirs d'obligation parfaite ou imparfaite ; ces derniers étant ceux dans lesquels, bien que l'acte soit obligatoire, les occasions particulières de l'accomplir sont laissées à notre appréciation ; comme dans le cas d'actes de charité ou de bienfaisance que nous avons certes l'obligation d'accomplir, mais sans que le destinataire ou le moment en soient définis. Dans le langage plus précis des juristes philosophes, les devoirs d'obligation parfaite sont ceux en vertu desquels un droit correspondant appartient à une ou plusieurs personnes quelconques ; les devoirs d'obligation imparfaite sont ces obligations morales qui ne donnent naissance à aucun droit. On s'apercevra, je pense, que cette distinction coïncide exactement avec celle qui existe entre la justice et les autres obligations de la moralité. »

John Stuart MILL, « L'Utilitarisme », dans *L'Utilitarisme. Essai sur Bentham*, Présentation, 1861, trad. C. Audard et P. Thierry, 1998.

(?) Pourquoi Mill estime-t-il que le « langage » des « juristes philosophes » est « plus précis » que celui des auteurs qu'il évoque juste avant ?

Antoine MERLET, *Nuit du quatrième jour de confinement à Lyon*, 19 mars 2020.

Des mesures de confinement ont été prises par le gouvernement français pour limiter l'extension de l'épidémie de Covid-19 dès le 17 mars 2020. Malgré l'interdiction de se rassembler, un groupe de jeunes Lyonnais se promène la nuit.

(?) S'agissant d'obéissance au devoir, en quoi cette photo peut-elle paraître surprenante, voire paradoxale ?

La diversité des devoirs

S'il peut servir à isoler un concept relativement homogène du devoir, le critère de la contrainte n'est cependant pas rigoureusement le même en fonction *des* devoirs que nous avons à honorer dans la vie de tous les jours. Et de fait, constatant qu'ils varient selon l'âge, la profession ou le statut social, par exemple, ne faudra-t-il pas le rapporter à *ce qu'il convient* d'être et de faire afin de se montrer fidèle à *une* identité ? (texte 4, Cicéron) De même, conserve-t-il un sens identique de part et d'autre de la distinction des « obligations » et des « devoirs » (texte 5, Rawls), sans parler de celle que l'on peut aussi opérer entre les impératifs techniques, prudentiels et moraux ? (texte 6, Kant)

CICÉRON
106 av. J.-C.-
43 av. J.-C.

TEXTE 4

Nos devoirs diffèrent-ils en fonction des âges de la vie et des rôles sociaux ?

En règle générale, Cicéron adhère à une forme modérée de scepticisme. Pourtant, dans son *Traité des devoirs*, il adopte le point de vue des stoïciens et traduit *kathekon* – le terme grec dont ils se servent pour désigner la « fonction propre » d'un être, celle qui convient à sa nature – par le latin *officium*, rendu en français par « devoir ». Dans l'extrait suivant, il montre que le « convenable » ou l'« approprié » varie avec l'âge et le rôle social.

À chaque âge de la vie on attribue des devoirs différents ; autres sont ceux des jeunes gens, autres ceux des vieillards. Il appartient à un jeune homme de respecter ses aînés et de choisir parmi eux les meilleurs et les plus honnêtes pour s'appuyer sur leurs conseils et leur autorité ; l'ignorance d'une vie qui commence doit se régler sur la sagesse des gens âgés. Cette époque de la vie doit surtout être préservée de la débauche ; il doit s'exercer au travail pour endurcir l'âme et le corps, pour se montrer vigoureux dans les fonctions de la guerre comme dans celles de la paix ; quand les jeunes gens voudront se donner quelque relâche et se livrer à la joie, qu'ils se gardent de l'intempérance et qu'ils n'oublient pas le respect d'eux-mêmes, ce qui leur sera plus facile s'ils veulent que leurs aînés assistent même à ces amusements modérés. Pour les vieillards, il faut un effort corporel moindre, mais ils doivent davantage exercer leur esprit ; ils doivent donner tous leurs soins à prêter la plus grande assistance possible, par leurs avis et leur sagesse, à leurs amis, à la jeunesse et surtout à la république. Rien n'est plus à craindre pour un vieillard que de céder à l'abattement et à l'oisiveté. La vie luxueuse, honteuse à tout âge, est repoussante chez un vieillard ; s'il y ajoute une sensualité immodérée, le mal est double : il se déshonore lui-même, et les jeunes gens en sont plus effrontés dans leur intempérance.

Il appartient aussi à mon sujet de traiter des devoirs des magistrats, des particuliers et des étrangers. La charge propre d'un magistrat, c'est de bien comprendre qu'il représente la cité, qu'il doit en soutenir la dignité et l'honneur, observer les lois, distinguer les droits de chacun, et se rappeler que toutes ces obligations sont confiées à sa loyauté. Le particulier doit jouir de droits égaux à ceux de ses concitoyens sans s'abaisser au-dessous d'eux ni s'élever au-dessus ; dans la république, il doit vouloir un état de choses calme et honnête ; tel est celui que nous avons coutume de trouver et d'appeler un bon citoyen. Le devoir de l'étranger, qu'il soit de passage ou résident, c'est de se borner à ses propres affaires, de ne jamais s'inquiéter d'autrui, et de ne pas montrer de curiosité dans un État qui n'est pas le sien. Voilà comment on découvrira les devoirs, en se demandant ce qui est convenable et approprié aux caractères, aux circonstances et aux âges. Mais ce qui convient par-dessus tout, c'est de rester d'accord avec soi-même dans sa conduite et dans ses desseins.

CICÉRON, *Traité des devoirs*, I, XXIV, Ier siècle av. J.-C., dans *Les Stoïciens*, I, trad. É. Bréhier, 1962.

▶ LE TEMPS
▶ LE TRAVAIL

1 Quelle est la nature des obligations énumérées par Cicéron : morale, juridique, sociale ou esthétique ?

2 Au terme de cet extrait, Cicéron affirme que le plus grand des devoirs est de « rester d'accord avec soi-même ». Comment comprendre cette dernière formule ?

MATIÈRE À PENSER

Qu'est-ce que la déontologie professionnelle ? L'exemple des médecins

Nombre de professions possèdent ce que l'on nomme un « code déontologique » (du grec *deonta*, « devoirs », et *logos*, « parole, raison », d'où « doctrine ») établissant la liste des devoirs spécifiques que l'ensemble de leurs représentants ont à respecter. C'est, par exemple, le cas des médecins. Parmi les articles qui figurent au titre I (« Devoirs généraux des médecins ») de leur code déontologique, on trouve les suivants.

« Article R.4127-4. Le secret professionnel, institué dans l'intérêt des patients, s'impose à tout médecin dans les conditions établies par la loi. Le secret couvre tout ce qui est venu à la connaissance du médecin dans l'exercice de sa profession, c'est-à-dire non seulement ce qui lui a été confié, mais aussi ce qu'il a vu, entendu ou compris.

Article R.4127-7. Le médecin doit écouter, examiner, conseiller ou soigner avec la même conscience toutes les personnes quels que soient leur origine, leurs mœurs et leur situation de famille, leur appartenance ou leur non-appartenance à une ethnie, une nation ou une religion déterminée, leur handicap ou leur état de santé, leur réputation ou les sentiments qu'il peut éprouver à leur égard. Il doit leur apporter son concours en toutes circonstances. Il ne doit jamais se départir d'une attitude correcte et attentive envers la personne examinée.

Article R.4127-9. Tout médecin qui se trouve en présence d'un malade ou d'un blessé en péril ou, informé qu'un malade ou un blessé est en péril, doit lui porter assistance ou s'assurer qu'il reçoit les soins nécessaires.

Article R.4127-14. Les médecins ne doivent pas divulguer dans les milieux médicaux un procédé nouveau de diagnostic ou de traitement insuffisamment éprouvé sans accompagner leur communication des réserves qui s'imposent. Ils ne doivent pas faire une telle divulgation dans le public non médical.

Article R.4127-17. Le médecin ne peut pratiquer un acte d'assistance médicale à la procréation que dans les cas et les conditions prévus par la loi.

Article R.4127-18. Un médecin ne peut pratiquer une interruption volontaire de grossesse que dans les cas et les conditions prévus par la loi ; il est toujours libre de s'y refuser et doit en informer l'intéressée dans les conditions et délais prévus par la loi.

Article R.4127-19. La médecine ne doit pas être pratiquée comme un commerce. Sont interdits tous procédés directs ou indirects de publicité et notamment tout aménagement ou signalisation donnant aux locaux une apparence commerciale.

Article R.4127-21. Il est interdit aux médecins, sauf dérogations accordées dans les conditions prévues par la loi, de distribuer à des fins lucratives des remèdes, appareils ou produits présentés comme ayant un intérêt pour la santé. Il leur est interdit de délivrer des médicaments non autorisés.

Article R.4127-28. La délivrance d'un rapport tendancieux ou d'un certificat de complaisance est interdite. »

Code de déontologie médicale, 2019.

John RAWLS
1921-2002

TEXTE 5 **COMMENTÉ**

Y a-t-il lieu de distinguer entre les obligations et les devoirs ?

Dans sa *Théorie de la justice*, John Rawls dégage et harmonise les principes constitutifs de la social-démocratie (type de régime visant à réconcilier libéralisme politique, économie de marché et justice sociale), en conjuguant deux inspirations théoriques traditionnellement opposées : le contractualisme (doctrine consistant à associer l'émergence de l'État ou du pouvoir souverain à une convention originaire : le pacte ou le contrat social) de Rousseau et de Kant, et l'utilitarisme **(voir texte 3)** de Bentham, Mill et Sidgwick. Aux paragraphes 18 et 19 de ce même ouvrage, Rawls invite à faire la différence entre ce qu'il nomme les « obligations » et les « devoirs naturels », qu'ils soient « positifs » ou « négatifs ».

Les obligations se distinguent des autres exigences morales par de nombreuses caractéristiques. Tout d'abord, elles résultent d'actes volontaires, ces actes peuvent être des engagements exprimés ou tacites, comme des promesses et des accords, mais ce n'est pas nécessaire, par exemple lorsqu'on accepte des avantages. Ensuite, le contenu des obligations est toujours défini par une institution ou une pratique dont les règles précisent ce qui est exigé. Et, enfin, les obligations s'adressent normalement à des individus précis, à savoir ceux qui coopèrent ensemble au maintien de l'organisation en question. [...]

Alors que le principe d'équité rend compte de toutes les obligations, il existe de nombreux devoirs naturels, positifs et négatifs. [...] Voici des exemples de devoirs naturels : aider quelqu'un d'autre qui est dans le besoin ou en danger, à la condition que ce soit possible sans risques ni dommages excessifs pour soi-même ; ne pas nuire ni faire de tort à autrui ; ne pas infliger des souffrances inutiles. Le premier de ces devoirs, celui de l'aide mutuelle, est positif en ce qu'il ordonne de faire du bien à autrui ; au contraire, les deux derniers sont négatifs en ce qu'ils exigent de ne pas faire du mal. La distinction entre devoirs positifs et négatifs est claire intuitivement dans beaucoup de cas mais souvent elle perd son sens. [...]

À la différence des obligations, les devoirs naturels s'appliquent à nous, sans tenir compte de nos actes volontaires. De plus, ils n'ont pas de relation nécessaire avec des institutions ou des pratiques sociales ; leur contenu, en général, n'est pas défini par les règles de ces organisations. Ainsi, nous avons le devoir naturel de ne pas être cruels, le devoir d'aider autrui, que nous nous soyons ou non engagés à agir ainsi. Cela ne sert ni de défense ni d'excuse de dire que nous n'avons pas promis de ne pas être cruels ou vindicatifs, ni de venir en aide à autrui. En fait, une promesse de ne pas tuer, par exemple, serait normalement superflue, au point d'être absurde, et l'idée qu'elle établirait une obligation morale là où il n'en existait pas est fausse. Une telle promesse n'a de sens, si tant est qu'elle en ait, que lorsque, pour des raisons particulières, quelqu'un a le droit de tuer, peut-être dans une situation qui peut se produire lors d'une guerre juste. Un autre caractère propre aux devoirs naturels est qu'ils s'imposent entre les personnes, sans tenir compte de leurs relations institutionnelles ; ils s'imposent à tous en tant que personnes morales égales. En ce sens, les devoirs naturels s'exercent non seulement à l'égard d'individus précis, par exemple ceux qui travaillent ensemble dans le cadre d'une organisation particulière, mais, d'une manière générale, à l'égard des personnes. C'est surtout cet aspect qui peut justifier l'adjectif « naturel ».

John RAWLS, *Théorie de la justice*, 1971,
trad. C. Audard, 1987.

▶ LA JUSTICE
▶ LA NATURE

LA NOTION D'« OBLIGATION »

Dans cet extrait, Rawls se montre soucieux de différencier deux *espèces* à l'intérieur du *genre* « exigences morales ». Ici, il s'attache en premier lieu à celle des « obligations » et se pose donc la question suivante : comment « se distinguent[-elles] des autres exigences morales » ? Réponse ? Par quatre « caractéristiques » principales : (1) elles « résultent » d'« engagements » contractuels (« comme des promesses et des accords »), c'est-à-dire d'« actes volontaires » et officiellement « exprimés », même s'ils peuvent également demeurer « tacites » ; (2) elles intéressent des conduites réglées ou « défini[es] par une institution » ; (3) par suite, elles ne sont pas attachées à tous les individus, mais seulement à ceux qui « coopèrent ensemble au maintien » de cette institution – ainsi, par exemple, des obligations qui incombent au salarié d'une entreprise en vertu du contrat de travail qu'il a signé lors de son embauche – ; enfin, (4) elles obéissent toutes à ce que Rawls nomme « le principe d'équité », soit à la règle qui veut que lorsque je m'engage à limiter ma liberté pour mieux coopérer à une organisation collective et mutuellement avantageuse, j'ai alors aussi le droit de m'attendre à ce que chacun de mes collègues en fasse autant.

LA NOTION DE « DEVOIR NATUREL »

Seconde espèce du genre « exigences morales », à présent : les « devoirs » que Rawls appelle « naturels », lesquels se signalent par des caractéristiques systématiquement opposées à celles des « obligations ». En effet, (1) contrairement à celles-ci, les « devoirs naturels » ne répondent pas tous à un seul et même principe de validité, puisqu'il en existe en réalité deux sortes : les « positifs », qui enjoignent ou « ordonnent de faire », et les « négatifs », qui « exigent de ne pas faire » ou interdisent. Bien que, dans les faits, la frontière entre les deux puisse avoir tendance à s'estomper. (2) Les « devoirs naturels » ne sont pas la conséquence d'« actes volontaires » ou d'un engagement contractuel. Autrement dit, ils s'imposent à nous tout à fait indépendamment de ce que nous aurions promis ou de ce que nous pourrions promettre de faire. (3) Ils ne supposent aucun cadre institutionnel. Enfin, (4) ils n'affectent pas seulement une catégorie particulière d'individus – comme tous les salariés d'une entreprise, pour reprendre l'exemple donné plus haut –, mais « s'imposent à tous en tant que personnes morales égales », c'est-à-dire à ce que nous sommes tous par principe, avant de contracter quelque obligation particulière ; raison pour laquelle on peut précisément qualifier ces devoirs de « naturels » en entendant alors par là : « antérieurs aux exigences spécifiquement sociales qui nous incombent ».

1 Quels sont les principaux critères sur lesquels Rawls s'appuie pour distinguer les « obligations » des « devoirs naturels » ?

2 En quoi l'adjectif « naturel » convient-il à des devoirs qui « s'exercent non seulement à l'égard d'individus précis [...], mais, d'une manière générale, à l'égard des personnes » (l. 32-34) ?

→ VERS LE BAC

Rédiger l'introduction de la dissertation suivante : « Tous les hommes ont-ils les mêmes devoirs ? »

Emmanuel KANT
1724-1804

TEXTE 6

Peut-on établir une typologie des « impératifs » ?

Qu'il nous faille faire quelque chose, que l'on doive agir de telle ou telle manière, peut s'entendre de différentes façons. D'où l'utilité et l'importance de la typologie des « impératifs » que Kant établit dans cet extrait.

Tous les impératifs sont exprimés par une dimension de *devoir* [...]. Cela étant, tous les impératifs commandent soit *hypothétiquement*, soit *catégoriquement*. [...] [S]i l'action n'est bonne que comme moyen *en vue d'autre chose*, l'impératif est *hypothétique* ; si elle est représentée comme bonne *en soi*, par conséquent comme appartenant nécessairement à une volonté intimement conforme à la raison, s'il constitue le principe d'une telle volonté, il est alors *catégorique*. [...]

Toutes les sciences ont une partie pratique qui consiste en problèmes naissant du fait que quelque fin est possible pour nous, et en des impératifs énonçant comment cette fin peut être atteinte. Ces impératifs peuvent donc être désignés en général comme des impératifs de l'*habileté*. La question n'est pas du tout ici de savoir si la fin est raisonnable et bonne, mais simplement de déterminer ce qu'il faudrait faire pour l'atteindre. Les prescriptions qui s'imposent au médecin pour obtenir la guérison totale de son homme, et celles que doit suivre un empoisonneur pour être sûr de le tuer, ont la même valeur si on les envisage comme servant chacune à mener parfaitement à bien ce qui est visé. [...]

Il y a pourtant *une* fin que l'on peut supposer comme effectivement présente chez tous les êtres raisonnables [...] et ce but est celui qui consiste à viser le *bonheur*. [...] Or, on peut nommer *prudence* au sens le plus strict du terme l'habileté dans le choix des moyens appropriés à l'atteinte de notre plus grand bien-être personnel. Par conséquent, l'impératif qui se rapporte au choix des moyens en vue du bonheur personnel, c'est-à-dire la prescription de la prudence, est encore simplement *hypothétique* ; l'action n'est pas commandée absolument, mais elle ne l'est que comme moyen en vue d'un autre but.

Il y a enfin un impératif qui, sans ériger en principe, comme condition, quelque autre but à atteindre par une certaine conduite, commande immédiatement cette conduite. Cet impératif est *catégorique*. Il concerne, non pas la matière de l'action ni ce qui doit en résulter, mais la forme et le principe dont elle procède elle-même, et ce qui est essentiellement bon dans une telle action consiste dans l'intention, quelle qu'en puisse être l'issue. Cet impératif peut être appelé celui de la *moralité*.

Le fait de vouloir selon ces trois sortes de principes se diversifie aussi nettement par ce qu'il y a de différent dans la contrainte que subit la volonté. Pour précisément rendre perceptible cette différence, je crois qu'on ne pourrait les désigner de manière plus appropriée dans leur dimension ordonnatrice qu'en disant les choses ainsi : il s'agit ou bien de *règles* de l'habileté, ou bien de *conseils* de la prudence, ou bien de *commandements (lois)* de la moralité. [...] On pourrait aussi appeler les impératifs du premier type *techniques* (relevant de l'art), ceux du deuxième type *pragmatiques* (relevant du bien-être), ceux du troisième type *moraux* (relevant de la libre conduite en général, c'est-à-dire des mœurs).

Emmanuel KANT, « Fondation de la métaphysique des mœurs », 1785, dans *Métaphysique des mœurs*, I, 1795, trad. A. Renaut, 1994.

▶ LE BONHEUR
▶ LA SCIENCE
▶ LA TECHNIQUE

1 Considérant la définition qu'il en donne, pourquoi Kant appelle-t-il « hypothétique » le premier des deux impératifs ici distingués ?

2 À quels exemples pourrait-on penser afin d'illustrer l'impératif que Kant qualifie de « catégorique » ?

KANT DIT AUSSI

« Il n'y a [...] qu'un unique impératif catégorique et c'est celui-ci : *Agis seulement d'après la maxime grâce à laquelle tu peux vouloir en même temps qu'elle devienne une loi universelle.* »

Emmanuel KANT, « Fondation de la métaphysique des mœurs », 1785, dans *Métaphysique des mœurs*, I, 1795, trad. A. Renaut, 1994.

? En pratique, la considération de l'universel suffit-elle à garantir la moralité de notre conduite ?

REPÈRES singulier / particulier / général / universel

Le terme **universel** est d'usage courant. À rigoureusement parler, il appartient pourtant au vocabulaire technique de la quantification logique. De quoi s'agit-il ? De l'analyse qui permet de distinguer entre plusieurs types de propositions selon que ce qu'elles affirment intéresse un individu : **singularité** (Socrate), une classe déterminée ou une espèce d'individus ; **particularité** (les philosophes athéniens), l'ensemble formé par plusieurs espèces d'individus, c'est-à-dire un genre d'individus ; **généralité** (les Grecs) ou, enfin, absolument tous les individus ; **universalité** (les êtres humains). Lorsque Kant affirme que le devoir consiste à « agir seulement d'après la maxime grâce à laquelle on peut vouloir en même temps qu'elle devienne une universelle », il invite donc à conformer sa conduite à une norme qui pourrait valoir pour tous les hommes sans exception aucune : ni sociale, ni nationale, ni ethnique, ni sexuelle, ni même historique.

MATIÈRE À PENSER

Y a-t-il un « devoir de mémoire » ?

En septembre 2000, le philosophe français Paul Ricœur publialt *La Mémoire, l'histoire, l'oubli*. Or, dans cet ouvrage, dont l'avertissement signale d'emblée qu'il est aussi motivé par l'« idée d'une juste politique de la mémoire », Ricœur discute à plusieurs reprises la notion de « devoir de mémoire ». Avec bienveillance et pour en dire l'importance, mais non sans aussi faire valoir que le « devoir de mémoire » ne saurait se substituer au travail critique des historiens et à l'établissement scientifique, c'est-à-dire impartial, de la vérité des faits. D'où la polémique qui a accompagné la sortie de ce livre.

« Qu'en est-il [...] du prétendu devoir de mémoire ? [...] On ne peut [...] faire abstraction des conditions historiques dans lesquelles le devoir de mémoire est requis, à savoir, en Europe occidentale et en France particulièrement, quelques décennies après les événements horribles du milieu du XXe siècle. L'injonction ne prend sens que par rapport à la difficulté ressentie par la communauté nationale, ou par des parties blessées du corps politique, à faire mémoire de ces événements d'une manière apaisée. [...] C'est le rapport du devoir de mémoire à l'idée de justice qu'il faut interroger.
Premier élément de réponse : il faut d'abord rappeler que, parmi toutes les vertus, la vertu de justice est celle qui par excellence et par constitution est tournée vers autrui. [...]. Le devoir de mémoire est le devoir de rendre justice, par le souvenir, à un autre que soi.
Second élément de réponse : [...] [n]ous sommes redevables à ceux qui nous ont précédés d'une part de ce que nous sommes. Le devoir de mémoire ne se borne pas à garder la trace matérielle, scripturaire ou autre, des faits révolus, mais entretient le sentiment d'être obligés à l'égard de ces autres [...].
Troisième élément de réponse : parmi ces autres à l'égard desquels nous sommes endettés, une priorité morale revient aux victimes. Todorov mettait [...] en garde contre la propension à se proclamer victime et réclamer sans fin réparation. Il avait raison. La victime dont il est ici question, c'est la victime autre, autre que nous.
Telle étant la légitimation du devoir de mémoire en tant que devoir de justice, comment les abus se greffent-ils sur le bon usage ? Ce ne peuvent être eux-mêmes que des abus dans le maniement de l'idée de justice. C'est ici qu'une certaine revendication de mémoires passionnelles, de mémoires blessées, contre la visée plus vaste et plus critique de l'histoire vient donner à la profération du devoir de mémoire un ton comminatoire qui trouve dans l'exhortation à commémorer à temps et contretemps son expression la plus manifeste. »

Paul RICŒUR, *La Mémoire, l'histoire, l'oubli*, 2000.

Le cas particulier des devoirs envers soi-même

Parmi tous ceux qui nous incombent, les devoirs que nous aurions envers nous-mêmes posent un problème spécifique. Car si l'on peut certes commencer par les juger fondamentaux et prioritaires (texte 7, Kant), n'est-il pas tout aussi loisible d'y voir le symptôme théorique d'un « paternalisme moral » aujourd'hui encore trop répandu ? (texte 8, Ogien) Et pourtant, avoir des devoirs envers soi, n'est-ce pas malgré tout le propre d'un être existentiellement responsable (texte 9, Larmore) qui n'est, ni d'emblée ni toujours, l'agent rationnel qu'il *veut* être ? (texte 10, Weil)

Emmanuel KANT
1724-1804

TEXTE 7 COMMENTÉ

Les devoirs envers soi-même sont-ils les plus importants ?

Une fois le concept général *du* devoir établi, Kant distingue *les* devoirs selon qu'ils sont (1) « envers soi-même » ou « envers autrui », (2) « positifs » (devoirs de faire) ou « négatifs » (devoirs de ne pas faire, interdits) et, enfin, (3) « parfaits » ou « imparfaits ». (voir texte 3) Parmi eux, dit Kant, les devoirs envers soi-même sont les plus fondamentaux. Pourquoi ? Pourquoi plus que les « devoirs envers autrui » ? Kant s'en explique dans cet extrait.

Loin d'occuper le dernier rang, [l]es devoirs envers soi viennent en premier et sont les plus importants de tous, car [...] il est évident qu'on ne peut rien attendre d'un homme qui déshonore sa propre personne. Celui qui contrevient aux devoirs qu'il a envers lui-même rejette du même coup l'humanité et n'est plus en état de s'acquitter de ses devoirs envers les autres. [...] Aussi les devoirs envers soi sont-ils la condition première sous laquelle les devoirs envers autrui pourront être observés. [...] Un ivrogne ne fait de mal à personne [...] et pourtant il est un objet de mépris. Par ailleurs, nous ne sommes pas indifférents à la servilité rampante : on est convaincu qu'aucun homme ne doit s'y adonner, car il déshonore par là sa personne et perd son humanité. Celui-là avilit la valeur de son humanité qui, pour le profit qu'il espère en retirer, se laisse utiliser comme un jouet par autrui et fait tout ce que ce dernier lui demande. [...] Nous devons dans notre vie être dignes de notre humanité : tout ce qui nous en rend indignes nous rend incapables de tout et suspend l'homme en nous. [...]

Les vices de la chair sont également des vices contre soi-même [...]. Comme tels, ils n'entraînent aucun préjudice pour autrui, mais en s'y abandonnant l'homme déshonore sa propre personne et offense la dignité de son humanité dans sa propre personne. La plus grave offense qu'on puisse faire au devoir que l'on a envers soi-même est le suicide. [...] L'homme peut bien disposer de son état, mais point de sa personne, car il est lui-même une fin et non un moyen. [...] Quiconque agit de manière à ne pas pouvoir être une fin, se sert de lui-même comme d'un moyen et fait de sa personne une chose. [...]

Le principe des devoirs envers soi ne repose pas sur la faveur accordée à soi-même, mais sur l'estime de soi, ce qui signifie que nos actions doivent être conformes à la dignité de l'humanité. [...] Il y a en nous deux fondements de nos actions, l'inclination, qui correspond à notre animalité, et l'humanité, à laquelle nos inclinations doivent être subordonnées. Les devoirs envers nous-mêmes sont négatifs et restreignent notre liberté en rapport avec nos inclinations, lesquelles sont orientées vers notre bien-être.

Emmanuel KANT, *Leçons d'éthique*, 1775-1780, trad. L. Langlois, 1997.

▶ LA LIBERTÉ
▶ LA NATURE
▶ LA RAISON

LA PRIORITÉ MORALE DES « DEVOIRS ENVERS SOI »

À première vue, notre intuition morale nous conduirait plutôt à tenir les « devoirs envers autrui » pour plus importants que les « devoirs envers soi ». Pourquoi Kant dit-il donc ici le contraire ? Pour le comprendre, il faut être attentif à la distinction qu'il opère entre l'« homme », entendons l'individu empirique, et la « personne » morale, ainsi qu'au rôle qu'il fait jouer à la notion d'« humanité ». Aux yeux de Kant, en effet, c'est en tant qu'il n'est pas seulement un être naturel ou un animal, mais aussi un être libre, c'est-à-dire une personne précisément, par opposition à un bien ou à une chose, que l'homme a des devoirs envers lui-même. C'est, autrement dit, vis-à-vis de la personne en lui qu'il a d'abord des devoirs à « honorer ». Et, comme être un être libre ou une personne est justement la prérogative de l'être humain, c'est en définitive à l'égard de sa propre « humanité » que celui-ci doit prioritairement se conduire avec respect. Car qu'est-ce, par ailleurs, qu'avoir des « devoirs envers autrui », sinon être tenu de se rapporter à lui comme à une personne et, par conséquent, être tenu d'en reconnaître l'humanité ? Or peut-on « attendre d'un homme qui déshonore sa propre personne » qu'il en fasse autrement à l'endroit de celle d'autrui ? Tel est donc le principe de la thèse qui ouvre cet extrait : respecter en soi la distinction de l'être naturel ou de l'animal et de la personne humaine, pour mieux pouvoir le faire ensuite à l'égard d'autrui. Les « devoirs envers soi » s'avérant par là même « la condition première sous laquelle les devoirs envers autrui pourront être observés ».

LA NOTION DE « DIGNITÉ » HUMAINE

Ici, Kant ramène les devoirs envers soi à une obligation de *dignité*. La dignité propre à l'être humain résultant de l'irréductibilité de sa personnalité morale à son animalité, à la part de lui-même qui l'apparente à une chose potentiellement utilisable comme un simple moyen. En sorte que l'obligation de dignité alléguée correspond très exactement à la seconde formulation de l'impératif catégorique dans la deuxième section de la *Fondation de la métaphysique des mœurs* : « Agis de façon telle que tu traites l'humanité, aussi bien dans ta personne que dans la personne de tout autre, toujours en même temps comme fin, jamais simplement comme moyen. »

LE CAS PRATIQUE DU SUICIDE

Parmi l'ensemble des devoirs que l'être humain a envers lui-même, Kant accorde un statut tout particulier, paradigmatique, à l'obligation négative de ne pas attenter à sa propre vie. Ce dont on pourrait commencer par s'étonner. Attendu que, analysé comme une façon de disposer et, en l'occurrence, d'abuser – au sens proprement juridique du terme – de notre seul corps, cet acte n'aurait dès lors plus rien d'illégitime. Mais en supprimant l'être vivant que je suis, j'abolis également la personne morale ou l'être libre qui, pour ainsi dire, l'habite et, ce faisant, je me comporte alors comme si j'étais en droit de m'en servir comme d'une chose sans valeur intrinsèque. De là, l'exemplarité de l'interdit moral du suicide chez Kant.

AMOUR DE SOI ET « ESTIME DE SOI »

Kant profite de cette conclusion pour achever de dissiper l'apparent scandale moral qu'il y aurait à faire passer les « devoirs envers soi » *avant* les « devoirs envers autrui ». Comment ? En affirmant dorénavant plus explicitement que les premiers ne reposent aucunement sur une préférence égoïste, sur le privilège que le « moi » s'accorderait (« sur la faveur accordée à soi-même »), bref sur ce que l'on appelle traditionnellement « l'amour de soi », mais sur ce que Kant nomme « l'estime de soi », c'est-à-dire sur la légitime considération dont on devrait toujours témoigner à l'égard de la personne qui se distingue en nous de l'animal.

1 Au premier paragraphe de cet extrait, Kant donne trois exemples : l'ivrognerie, la « servilité rampante » et la vénalité. Qu'ont-ils de commun ?

2 La recherche active du bien-être est-elle immorale ?

Ruwen OGIEN
1947-2017

TEXTE 8

Le devoir envers soi-même, une notion paternaliste ?

Ruwen Ogien est un philosophe français de la morale, fortement influencé par le libéralisme politique et moral de John Stuart Mill. Dans son sillage, il a élaboré une éthique qu'il qualifie de « minimale », parce qu'elle ne repose que sur trois principes. Or, le premier d'entre eux revient précisément à nier l'existence des devoirs envers soi-même.

John Stuart Mill déplorait l'existence d'un penchant humain universel à étendre les limites « de ce qu'on peut appeler la police morale jusqu'à ce qu'elle empiète sur la liberté la plus incontestablement légitime de l'individu ». Je ne sais pas si ce penchant est universel, mais ce qui est sûr, c'est que, contrairement à ce qu'on pouvait attendre ou espérer, il n'a pas disparu dans nos sociétés démocratiques, laïques et pluralistes. Dans certaines de ces sociétés, on continue de stigmatiser ou de pénaliser le suicide assisté même lorsqu'il est réclamé de façon insistante par des malades incurables, l'usage des drogues même lorsqu'elles sont dites « douces », les échanges sadomasochistes même lorsqu'ils sont le fait d'adultes consentants, les grossesses pour autrui même sans compensations financières, la prostitution quelles que soient les conditions dans lesquelles elle est exercée, etc. Bref, la liberté de faire ce qu'on veut de sa propre vie du moment qu'on ne nuit pas à autrui y est toujours fortement contestée, tantôt au nom de la « dignité humaine » tantôt au nom de la « nature humaine ».

Pour qualifier ces interventions répressives de l'État (la pénalisation) et ces ingérences plus informelles de chacun et de tout le monde (la stigmatisation), on peut parler de « police morale » à la façon imagée de Mill, mais aussi, ce qui revient au même en un certain sens, de « paternalisme moral ». En effet, comme ces ingérences sont censées empêcher les gens de se causer volontairement des torts à eux-mêmes, on peut dire qu'elles sont « paternalistes », le paternalisme consistant précisément à protéger les gens d'eux-mêmes. Et comme elles sont justifiées par l'appel à la « dignité humaine » ou à la « nature humaine » plutôt qu'à la « prudence », à la « prévoyance » ou à « l'intérêt personnel », on peut dire qu'elles sont « morales ».

[...] [C]ontre le paternalisme moral, [j']invoqu[e] les principes d'une éthique minimale. Son idée centrale c'est que ce que nous faisons de nous-mêmes n'a pas d'importance morale, tant que nous ne causons pas de tort direct à autrui. C'est une conception qui repose sur trois principes seulement :

1. Indifférence morale du rapport a soi-même.
2. Non-nuisance à autrui.
3. Égale considération de chacun.

Pratiquement, l'éthique minimale nous demande d'éviter de juger « moral » ou « immoral » tout ce qui, dans nos façons de vivre ou nos actions, ne concerne que nous-mêmes. Pour l'éthique minimale, la vocation de la morale n'est pas de régenter absolument tous les aspects de notre existence, mais d'affirmer des principes élémentaires de coexistence des libertés individuelles et de coopération sociale équitable.

Ruwen OGIEN, *L'Éthique aujourd'hui. Maximalistes et minimalistes*, 2007.

▶ L'ÉTAT
▶ LA JUSTICE
▶ LA LIBERTÉ

1 Pourquoi des « sociétés démocratiques, laïques et pluralistes » peuvent-elles laisser espérer la disparition de toute « police morale » ?

2 Si « la vocation de la morale » est telle que Ruwen Ogien le dit en conclusion, comment la différencier du droit ?

MILL DIT AUSSI

« La seule raison légitime que puisse avoir une communauté pour user de la force contre un de ses membres est de l'empêcher de nuire aux autres. Contraindre quiconque pour son propre bien, physique ou moral, ne constitue pas une justification suffisante. Un homme ne peut pas être légitimement contraint d'agir ou de s'abstenir sous prétexte que ce serait meilleur pour lui, que cela le rendrait plus heureux ou que, dans l'opinion des autres, agir ainsi serait sage ou même juste. Ce sont certes de bonnes raisons pour lui faire des remontrances, le raisonner, le persuader ou le supplier, mais non pour le contraindre ou lui causer du tort s'il agit autrement. La contrainte ne se justifie que lorsque la conduite dont on désire détourner cet homme risque de nuire à quelqu'un d'autre. »

John Stuart MILL,
De la liberté, 1859,
trad. L. Lenglet à partir de celle de Ch. B. Dupont-White, 1990.

? Peut-on éduquer un enfant en se conformant à ce que Mill soutient dans ces lignes ?

MATIÈRE À PENSER

L'ouverture d'un droit au suicide médicalement assisté pose-t-elle un problème moral ?

Le 25 septembre 2019, la Cour constitutionnelle italienne a estimé qu'en cas de pathologie irréversible occasionnant des souffrances insoutenables, et à condition que le patient y ait expressément consenti et que cette pratique soit rigoureusement contrôlée par les autorités de santé publique, le « suicide [médicalement] assisté » était licite.

« En Italie, la décision est historique, puisque le Code pénal punit en théorie "l'instigation ou l'aide au suicide" par des peines comprises entre cinq ans et douze ans de prison.

"Je voudrais pouvoir choisir de mourir sans souffrir"

La Haute Cour était saisie du cas d'un responsable du Parti radical, Marco Cappato, qui avait conduit en 2017 en Suisse un célèbre DJ italien tétraplégique pour un suicide assisté. Fabiano Antoniani, dit "DJ Fabo", grand voyageur, pilote de motocross et musicien, était resté tétraplégique et aveugle à la suite d'un accident de la route en 2014. "Je me sens dans une cage. Je voudrais pouvoir choisir de mourir sans souffrir", avait écrit DJ Fabo au président italien, Sergio Mattarella, avant de demander à M. Cappato de le conduire en Suisse à l'âge de 40 ans. [...]

"À partir d'aujourd'hui, nous sommes tous plus libres, y compris ceux qui ne sont pas d'accord avec l'euthanasie", s'est félicité M. Cappato sur Facebook, évoquant une "victoire de la désobéissance civile". "Pour moi, aider DJ Fabo était un devoir, la Cour a établi que c'était son droit", a-t-il ajouté.

Pour l'Église, c'est un non catégorique

[...] Au moins 4 000 médecins catholiques seraient prêts à avancer l'objection de conscience face à "une dérive vers l'euthanasie et à une violation de notre code déontologique", selon le président de la puissante Association des médecins catholiques italiens (AMCI), Filippo Boscia. »

Le Monde avec AFP, 27 septembre 2019.

Charles LARMORE
Né en 1950

TEXTE 9

Les devoirs envers soi-même ont-ils un sens spécifiquement « existentiel » ?

Philosophe moral américain, Charles Larmore s'est fait connaître par les redoutables critiques qu'il a adressées à la *Théorie de la Justice* de John Rawls. (voir texte 5) Ici, il entend montrer que les arguments produits par Ruwen Ogien (voir texte 8) contre la notion de « devoir envers soi-même » ne sont pas absolument décisifs.

[S]i la morale nous demande de surmonter notre absorption dans nos projets particuliers pour accéder à un point de vue impersonnel, ne s'ensuit-il pas que ce que nous devons moralement à autrui, nous le devons également à nous-mêmes dans la mesure où ce point de vue nous demande précisément de nous regarder comme une personne quelconque parmi d'autres, n'ayant ni plus mais aussi ni moins d'importance que le reste de l'humanité ? C'est, après tout, une règle fondamentale de la morale de ne pas faire d'exceptions pour soi-même. [...]

Évidemment, il ne s'agit là que du point de départ de cette notion. Ce n'est pas suffisant. Le fait d'avoir un certain devoir moral envers soi-même ne consiste pas simplement en ce que je suis un homme parmi d'autres et que j'ai un tel devoir envers tout être humain [...]. Les devoirs envers nous-mêmes, ou ce qu'on tient pour tels, ont pour la plupart un caractère spécial puisqu'ils reflètent le rapport particulier que nous avons à nous-mêmes et qui est bien différent de celui que nous pouvons avoir à autrui. [...]

Or, le rapport à nous-mêmes à l'origine des devoirs que nous sommes censés avoir à notre égard est la façon exceptionnelle dont nous sommes responsables de nos propres pensées et actions. [...] Ce n'est pas simplement que nous possédons un contrôle sur ce que nous pensons et faisons bien plus complet que notre pouvoir sur la conduite d'autrui. Ce contrôle sans égal est l'expression directe de la capacité de nous engager, de choisir des possibilités, que personne d'autre ne peut exercer à notre place et qui est le rapport à soi fondamental qui fait de chacun de nous le moi ou le sujet qu'il est. Le genre de responsabilité en question est en ce sens « existentiel », constituant le fondement même de notre être.

Cela explique le caractère spécial de ce qu'on tient pour des devoirs envers nous-mêmes. Le devoir de développer nos talents, par exemple, vient de ce que nous seuls sommes en mesure de choisir lesquelles de nos possibilités nous allons tenter de réaliser. Nous n'avons pas de devoir parallèle de développer les talents d'autrui pour la simple raison que nous en sommes strictement incapables ; cela ne peut être que leur affaire. [...]

La notion de devoirs envers soi-même prend donc forme lorsque le point de vue moral est combiné avec le point de vue qui est le nôtre quand nous vivons notre vie du dedans comme cette vie que nous sommes seuls à vivre.

Charles LARMORE, « Réflexions sur l'idée de devoirs moraux envers soi-même », *Raison publique*, 2017.

▶ LA CONSCIENCE
▶ LA LIBERTÉ

1 Pourquoi « le point de vue impersonnel » qui définit la morale ne suffit-il pas à justifier la notion de « devoirs envers soi-même » ?

2 Pour Larmore, à quoi tient la spécificité des « devoirs envers nous-mêmes » ?

Éric WEIL
1904-1977

TEXTE 10

Les critiques des devoirs envers soi-même ne confondent-ils pas devoir et obligation ?

Le philosophe français Éric Weil est un spécialiste de Kant et de Hegel, mais il est aussi auteur d'une œuvre propre. Dans ce passage de sa *Philosophie morale*, il défend la notion de devoir envers soi-même contre les détracteurs qu'il lui pressent, en leur reprochant de l'interpréter « sur le modèle du devoir envers autrui et de l'obligation ».

Il faut craindre que même ceux qui laissent passer l'emploi du concept démodé du devoir ne protestent contre celui du devoir envers soi-même. Qu'il y ait des obligations envers autrui, passe encore [...]. Il en est autrement du concept du devoir envers soi-même, et pour diverses raisons.

La plus simple et la plus profonde des objections se formule ainsi : si les devoirs envers soi-même existent, qui sera le juge de ce qui est devoir et qui appréciera si tel acte, ou telle intention, est contraire ou non à ce devoir ? L'objection est profonde [...]. Cela, cependant, ne la légitime pas. En effet, elle confond devoir et obligation, et elle construit le devoir envers soi-même d'après le type de l'obligation envers autrui. Or, s'il est parfaitement correct de considérer le devoir envers autrui *aussi* comme une obligation, il n'est pas seulement cela, étant donné que le devoir implique l'acceptation raisonnable et libre, en un mot *voulue*, de l'obligation ; mais l'obligation subsiste même si elle n'est pas acceptée, et autrui *exige* de moi que je respecte ses droits et il se réclame du principe de l'universalité, même si je refuse ce principe, en en appelant à l'opinion, aux tribunaux, etc. Il n'en est pas de même du devoir envers soi : personne ne peut en exiger l'accomplissement, personne n'a le droit ou la possibilité d'en contrôler l'observation, et il ne se trouve pas de juge qui puisse m'y contraindre : en ce sens, le devoir envers moi-même ne peut jamais devenir obligation. Ce qui s'ensuit n'est pas qu'il ne puisse pas y avoir un tel devoir, mais seulement qu'il ne doit pas être interprété sur le modèle du devoir envers autrui et de l'obligation. [...]

Le concept de devoir envers soi-même exprime le fait que, pour lui-même, l'individu n'est pas pure raison [...]. Il se *veut* raisonnable : lui, raisonnable, veut agir, selon le principe de l'universalité, sur lui-même, être fini, passionnel, être de besoins et de désirs et exposé à la tentation. En ce sens, l'individu devient véritablement objet et matériau pour lui-même. [...] Le devoir envers soi-même se détermine comme le devoir d'être heureux en tant qu'être raisonnable.

Éric WEIL, *Philosophie morale*, 1961.

▶ LA JUSTICE
▶ LA RAISON

1 Dans ces lignes d'Éric Weil, quelle est la différence entre le devoir et l'obligation ?

2 En matière morale, la notion de travail a-t-elle un sens ?

Le conflit des devoirs

Parce qu'ils sont divers, nos devoirs peuvent en venir à s'entrechoquer à l'occasion d'un certain nombre de situations moralement indécises. Que faut-il donc penser de cette expérience du conflit des devoirs ? Qu'elle attesterait qu'en définitive, tout arbitrage moral reviendrait à engager sa responsabilité, à assumer la singularité d'une façon d'être, de voir et d'agir ? (texte 11, Sartre) **Ou, à l'inverse, qu'il n'y aurait là qu'une notion inconsistante, deux actions ne pouvant apparaître objectivement nécessaires au même moment ?** (texte 12, Kant) **Quitte à être ensuite bien forcé de reconnaître qu'entre nos obligations légales et notre sens du devoir, il importe parfois de parvenir à choisir ?** (texte 13, Thoreau)

Jean-Paul SARTRE
1905-1980

TEXTE 11 COMMENTÉ

Qu'est-ce qu'un dilemme moral ?

Tout à la fois philosophe et homme de lettres, Sartre fut toujours très sensible à l'expérience morale de l'être humain. Pour lui, cependant, celle-ci renvoie moins à l'application de normes de conduite valables pour tous, et quelles que soient les circonstances, qu'à la responsabilité la plus personnelle : à ce que je décide de faire et m'*engage* à être en telle ou telle *situation*, sans que rien ni personne ne puisse alors véritablement m'aider à légitimer mon choix. Ce que Sartre soutient ici en prenant l'exemple du dilemme moral.

[J]e citerai le cas d'un de mes élèves qui est venu me trouver dans les circonstances suivantes : son père était brouillé avec sa mère, et d'ailleurs inclinait à collaborer, son frère aîné avait été tué dans l'offensive allemande de 1940, et ce jeune homme, avec des sentiments un peu primitifs, mais généreux, désirait le venger. Sa mère vivait seule avec lui, très affligée par la demi-trahison de son père et par la mort de son fils aîné, et ne trouvait de consolation qu'en lui. Ce jeune homme avait le choix, à ce moment-là, entre partir pour l'Angleterre et s'engager dans les Forces Françaises Libres – c'est-à-dire, abandonner sa mère – ou demeurer auprès de sa mère, et l'aider à vivre. Il se rendait bien compte que cette femme ne vivait que par lui et que sa disparition – et peut-être sa mort – la plongerait dans le désespoir. Il se rendait aussi compte qu'au fond, concrètement, chaque acte qu'il faisait à l'égard de sa mère avait son répondant, dans ce sens qu'il l'aidait à vivre, au lieu que chaque acte qu'il ferait pour partir et combattre était un acte ambigu qui pouvait se perdre dans les sables, ne servir à rien : par exemple, partant pour l'Angleterre, il pouvait rester indéfiniment dans un camp espagnol, en passant par l'Espagne ; il pouvait arriver en Angleterre ou à Alger et être mis dans un bureau pour faire des écritures. Par conséquent, il se trouvait en face de deux types d'action très différents : une concrète, immédiate, mais ne s'adressant qu'à un individu ; ou bien une action qui s'adressait à un ensemble infiniment plus vaste, une collectivité nationale, mais qui était par là même ambiguë, et qui pouvait être interrompue en route. Et, en même temps, il hésitait entre deux types de morale. D'une part, une morale de la sympathie, du dévouement individuel ; et d'autre part, une morale plus large, mais d'une efficacité plus contestable. Il fallait choisir entre les eux. Qui donc pouvait

> l'aider à choisir ? [...] Quelle est l'utilité la plus grande, celle, vague, de combattre dans un ensemble, ou celle, précise, d'aider un être précis à vivre ? Qui peut en décider a priori ? Personne. Aucune morale inscrite ne peut le dire.
>
> **Jean-Paul SARTRE**, *L'Existentialisme est un humanisme*, 1946.

LA LIBERTÉ EN SITUATION

Au départ, *L'existentialisme est un humanisme* correspondait à une conférence prononcée à Paris le lundi 29 octobre 1945. C'est avant tout pour cela que Sartre s'y exprime à la première personne et en s'appuyant sur des exemples tirés de sa propre expérience. Quoi de plus naturel, en effet, lorsque l'on s'adresse à un auditoire dont il importe de maintenir et de stimuler l'attention ? Cela étant, ce style argumentatif a aussi ses raisons philosophiques. Car traiter d'un « cas », évoquer une rencontre (« un de mes élèves [...] est venu me trouver »), rappeler des « circonstances », rendre compte de l'état des relations qu'entretiennent les membres d'une famille (« son père était brouillé avec sa mère »), dire un mot de leur situation respective (« son frère aîné avait été tué dans l'offensive allemande de 1940 », « Sa mère vivait seule avec lui ») et des sentiments qu'elle leur inspire (« inclinait à collaborer », « avec des sentiments un peu primitifs, mais généreux, désirait le venger », « très affligée par la demi-trahison de son père et par la mort de son fils aîné, et ne trouvait de consolation qu'en lui »), tout cela, qui n'est sans doute pas sans rapport avec la compétence romanesque, est en réalité constitutif du point de vue *existentialiste* qui est celui de Sartre. Celui-ci consistant à considérer l'être humain comme un agent absolument *libre* et, par suite, intégralement *responsable* de ce qu'il devient, mais, tout autant, à se montrer attentif aux *situations* et aux êtres *réels* avec lesquels il lui faut pourtant aussi nécessairement composer.

ÉVALUATION ET CONSÉQUENTIALISME

Le raisonnement que Sartre prête ici à son élève relève d'une conception de l'appréciation morale que les philosophes contemporains qualifieraient de « conséquentialiste ». Car cette conception revient à estimer la valeur éthique d'une intention ou d'une action à l'aune de ses *conséquences*, probables ou réelles. Notons d'ailleurs que, envisagé sous cet angle, le problème de l'élève n'a pas encore la structure d'un dilemme. Attendu qu'il oppose alors une option certaine et efficace ou féconde (« au fond, concrètement, chaque acte qu'il faisait à l'égard de sa mère avait son répondant, dans ce sens qu'il l'aidait à vivre ») à une option incertaine et virtuellement stérile (« chaque acte qu'il ferait pour partir et combattre était un acte ambigu qui pouvait se perdre dans les sables, ne servir à rien »).

DEVOIR, DISCERNEMENT MORAL ET ENGAGEMENT

Examinée non plus seulement sous l'angle des conséquences de la conduite projetée, mais avec le souci de déterminer la *valeur intrinsèque* des *fins* distinguées (« aider un individu précis à vivre » ou entrer au service d'une collectivité menacée et « combattre dans un ensemble »), la situation de l'élève devient en revanche nettement plus aporétique. Pourquoi ? Parce que « [p]ersonne » ne peut « décider *a priori* » de la plus ou moins grande « utilité » de l'une ou l'autre de ces deux fins. Ce qui revient à suggérer qu'il ne pourra ici s'agir que de *s'engager*, c'est-à-dire d'assumer en première personne l'une ou l'autre perspective, sans le secours, sans la justification ou la garantie normative que pourrait apporter un corpus de règles déjà toutes faites et comme couchées dans un répertoire qu'il suffirait de consulter avant d'agir (« Aucune morale inscrite ne peut le dire »).

❶ La prise en considération de l'efficacité de notre conduite est-elle essentielle à son appréciation morale ?

❷ Dans la dernière phrase de cet extrait, pourquoi Sartre ajoute-t-il l'adjectif qualificatif « inscrite » au nom commun « morale » ?

Emmanuel KANT
1724-1804

TEXTE 12

Peut-on vraiment parler d'un « conflit des devoirs » ?

Envisagé du point de vue de Kant, un devoir exprime la « nécessité objective » d'une action. Or, face à un seul et même problème moral, deux règles d'action peuvent-elles être en même temps nécessaires ? Mais alors qu'en conclure ? Qu'il ne saurait exister de « *conflit des devoirs* » ? C'est en effet la thèse que Kant défend dans cet extrait.

Un *conflit des devoirs* serait, entre eux, le rapport qui ferait que l'un supprimerait l'autre (en entier ou en partie). Or, dans la mesure où le devoir et l'obligation en général sont des concepts qui expriment la *nécessité* objective pratique de certaines actions et comme deux règles opposées l'une à l'autre ne peuvent être en même temps nécessaires, mais qu'au contraire, si agir suivant l'une d'elles est un devoir, agir suivant la règle opposée, non seulement n'est pas un devoir, mais est même contraire au devoir, une *collision de devoirs* et d'obligations n'est absolument pas pensable. Toutefois, il se peut parfaitement que, dans un seul et même sujet et dans la règle qu'il se prescrit, se combinent deux *raisons* de l'obligation, dont l'une ou l'autre cependant n'est pas suffisante pour avoir pouvoir d'obligation, en sorte que, dès lors, l'une de ces raisons ne définit pas un devoir. Quand deux principes de ce genre viennent à s'opposer, la philosophie pratique ne dit pas que la plus forte obligation doit avoir le dessus, mais que le *principe d'obligation* qui est le plus fort conserve sa place.

Emmanuel KANT, « Introduction à la métaphysique des mœurs »,
Métaphysique des mœurs, I, 1795,
trad. A. Renaut, 1994.

▶ LA VÉRITÉ

1 Sur quel célèbre principe repose le raisonnement de Kant dans la première partie de l'extrait ?

2 Comment comprendre la nuance établie à la dernière phrase de ce texte ?

CAMUS DIT AUSSI

« Je me suis tu depuis un an et huit mois, ce qui ne signifie pas que j'aie cessé d'agir. J'ai été et suis toujours partisan d'une Algérie juste, où les deux populations doivent vivre en paix et dans l'égalité. J'ai dit et répété qu'il fallait faire justice au peuple algérien et lui accorder un régime pleinement démocratique, jusqu'à ce que la haine de part et d'autre soit devenue telle qu'il n'appartenait plus à un intellectuel d'intervenir, ses déclarations risquant d'aggraver la terreur. Il m'a semblé que mieux vaut attendre jusqu'au moment propice d'unir au lieu de diviser. [...] C'est avec une certaine répugnance que je donne ainsi mes raisons en public. J'ai toujours condamné la terreur. Je dois condamner aussi un terrorisme qui s'exerce aveuglément, dans les rues d'Alger par exemple, et qui un jour peut frapper ma mère ou ma famille. Je crois à la justice, mais je défendrai ma mère avant la justice. »

Albert CAMUS, propos cités dans « Albert Camus a exposé aux étudiants suédois son attitude devant le problème algérien », *Le Monde*, 14 décembre 1957.

? Comment apprécier la dernière phrase de cet extrait ? Est-elle légitime ? Scandaleuse ?

Ce que disent les mots

Que veut dire « tu dois » ? Dette, obligation et probabilité

Devoir est issu du latin **debere**, composé de **de-** et de **habere**, littéralement : « avoir (quelque chose) en le tenant de (quelqu'un) ».

Ce que l'on doit, c'est d'abord et très généralement de l'argent : on est **« redevable »** d'une **« dette »** (**debitum**). Mais cette dette nous oblige : on a le « devoir » de la rembourser. C'est de là que dérive l'anglais **duty** par exemple (qui peut signifier « devoir » ou « taxe »). On comprend comment cette reconnaissance constitutive de la dette détermine une nécessité que l'on peut qualifier de « morale » : il y va de l'institution sociale elle-même, de la réciprocité contractuelle qu'elle implique, bref des « mœurs » qui fondent la société ou, pour parler grec, de l'**« éthique »** (sur **ethos**, « habitude, coutume »). Enfin, quand la valeur ou le sens de l'obligation s'affaiblit, le verbe *devoir* sert à former quelque chose comme un futur périphrastique et à introduire une hypothèse : « Tu me dois mille euros », « tu dois aimer ton prochain comme toi-même » et « tu dois faire erreur ». Avec le verbe *devoir,* il s'agit donc à la fois d'une dette, d'une contrainte morale et d'une éventualité.

Cette amplitude de sens n'a rien de fortuit. C'est pourquoi il vaut la peine de s'arrêter un instant sur les mots qui disent la « dette ». Dans les langues latines comme le français, on rend ce qu'on doit, et c'est fini : on n'est plus redevable de rien. En allemand, il y va avec la dette d'une culpabilité : **Schuld** désigne en effet régulièrement et la « dette » et la **« faute »**, et **schuldig** se dit du **« coupable »** comme du **« débiteur »**. Ainsi que Nietzsche le souligne plus d'une fois, le devoir, *Schuld,* ce concept fondamental de la morale, remonte au concept très matériel de dettes, **Schulden**. Et il n'est pas impossible que la divergence entre la France et l'Allemagne en matière de dette européenne ne reflète cette ambiguïté-là.

On retrouve l'écho de *Schuld* et de **sollen** (l'un des verbes signifiant « devoir » en allemand) dans l'anglais **shall** et **should**, dont le sens, aujourd'hui très affaibli, sert simplement à exprimer le futur et le conditionnel. Mais **« you should do it »** signifie encore : « vous devriez faire cela », et équivaut à **« you ought to »**, le prétérit de **to owe**, « devoir » au sens d'« être en dette ». Dans ces deux langues, la panoplie des verbes et des auxiliaires qui servent à dire que l'on doit est exceptionnellement nuancée. En allemand comme en anglais, on distingue la nécessité inéluctable, qui se dit **müssen** (en allemand) et **must** (en anglais), de l'obligation strictement morale qu'expriment *sollen* (le « Tu dois » de Kant, qui renvoie à la loi morale et à l'autonomie du sujet se dit « *Du sollst* ») et *shall* ou *should.*

Henry David THOREAU
1817-1862

TEXTE 13

Que faire en cas d'opposition entre notre sentiment du devoir et nos obligations légales ?

Écrivain et philosophe américain du XIXe siècle, Henry David Thoreau n'a jamais cessé d'être scandalisé par l'esclavagisme qui prévalait encore aux États-Unis à son époque. C'est en grande partie ce qui explique son intérêt pour le concept de « désobéissance civile » et le problème qui lui est sous-jacent : lorsque la loi nous semble en conscience injuste et contraire au devoir, n'est-il pas légitime de nous soustraire aux obligations qu'elle nous impose ?

Il existe des lois injustes : devons-nous simplement nous contenter de leur obéir, devons-nous nous efforcer de les amender tout en continuant à leur obéir jusqu'à l'accomplissement de nos projets, ou bien encore devons-nous immédiatement les transgresser ? En règle générale, les hommes qui vivent sous un tel gouvernement estiment qu'il convient d'attendre jusqu'à ce qu'ils aient réussi à persuader la majorité de modifier les lois. Ils pensent que s'ils faisaient acte de résistance, le remède pourrait être pire que le mal. [...]

Tant qu'elle se conforme à la majorité, la minorité est impuissante et n'est même plus elle-même. En revanche, elle est irrésistible quand elle met toute sa force à faire de l'obstruction. S'il doit choisir entre emprisonner tous les hommes de bien ou mettre un terme à la guerre et à l'esclavage, l'État n'hésitera pas longtemps devant une telle alternative. Si mille citoyens décidaient de ne pas payer leurs impôts cette année, ils ne commettraient pas là une action aussi violente et sanglante que celle dont ils se rendent coupables en versant leur contribution pour permettre à l'État de faire acte de violence et de répandre le sang innocent. Telle est, en fait, la définition d'une révolution pacifique, si tant est qu'une telle chose soit possible. Si, comme ce fut le cas, le collecteur d'impôts ou tout autre fonctionnaire vient me demander : « Mais que dois-je donc faire ? », je lui répondrai : « Si vous souhaitez réellement faire quelque chose, alors démissionnez. » Lorsque le sujet a refusé son allégeance et que les fonctionnaires ont démissionné, la révolution est accomplie.

Henry David THOREAU, *Résistance au gouvernement civil*, 1849,
trad. S. Rochefort-Guillouet, 1994.

▶ L'ÉTAT
▶ LA JUSTICE

1 De prime abord, le syntagme « lois injustes » peut sembler contradictoire. Pourquoi ?

2 À quoi pensent ceux et celles qui jugent que la résistance active à une loi injuste pourrait s'avérer un « remède [...] pire que le mal » (l. 6-7) ?

REPÈRES légal / légitime

Est **légal** ce qui est conforme à l'état du droit positif, c'est-à-dire aux lois effectivement en vigueur dans un pays donné à un moment déterminé, quoiqu'on puisse penser par ailleurs de leur rapport à la justice ou à la morale : en France, pendant l'Occupation, pour les individus de confession juive, le port de l'étoile jaune était une obligation légale. Est **légitime**, en revanche, ce qui est conforme non plus à tel ou tel état historiquement situé du droit, mais au droit comme tel, à l'idée de justice, valable pour tout homme et en tout temps. Avec alors cette question : de quelle source dérive cette norme d'avant toute institution ?

LOCKE DIT AUSSI

« [S]i [d]es actes illégaux ont frappé la majorité du peuple ; ou si les méfaits et l'oppression n'ont touché que le petit nombre, mais dans des circonstances telles que tout le monde paraît menacé par le précédent ainsi créé et par les conséquences ; si tous sont en conscience persuadés que leurs lois, et avec elles leurs biens, leurs libertés et leurs vies – et peut-être même aussi leur religion – sont en danger, je ne vois pas comment on pourrait les empêcher de résister à la force illégale qu'on emploie contre eux. »

John LOCKE, *Le Second Traité du gouvernement civil*, 1690, trad. J.-F. Spitz et C. Lazzeri, 1994.

? Le droit de résistance ici évoqué par Locke est-il strictement analogue à la désobéissance civile dont il est question dans le **texte 12** ?

Affiche pour le recrutement de volontaires français pour la Légion étrangère, 1941-1944.

? À quelle fin précise les concepteurs de cette affiche de propagande ont-ils recours à l'expression « Faites votre devoir ! » ?

AUX FRONTIÈRES DE LA PHILOSOPHIE

Avec *Antigone*, Sophocle apporte sa conclusion à l'histoire tragique qui se noue dans *Œdipe roi* et se poursuit ensuite dans *Œdipe à Colone*. Étéocle, l'un des trois enfants d'Œdipe, a tué Polynice, son frère, qui voulait lui aussi accéder au trône de Thèbes. Considérant Polynice comme un paria et un traître, Créon, son oncle et l'actuel roi de la cité, interdit alors qu'on accomplisse pour lui les rites funéraires traditionnels. Déterminée à lui offrir la sépulture qui lui est refusée, un devoir qu'elle estime religieux et éminent par rapport aux lois positives de la cité, Antigone s'oppose ouvertement à Créon et lui désobéit.

« CRÉON : Connaissais-tu la défense que j'avais fait proclamer ?
ANTIGONE : Oui, je la connaissais : pouvais-je l'ignorer ? Elle était des plus claires.
CRÉON : Ainsi tu as osé passer outre à ma loi ?
ANTIGONE : Oui, car ce n'est pas Zeus qui l'avait proclamée ! Ce n'est pas la Justice, assise à côté des dieux infernaux ; non, ce ne sont pas là les lois qu'ils ont jamais fixées aux hommes, et je ne pensais pas que tes défenses à toi fussent assez puissantes pour permettre à un mortel de passer outre à de telles lois, aux lois non écrites, inébranlables, des dieux ! Elles ne datent, celles-là, ni d'aujourd'hui ni d'hier, et nul ne sait le jour où elles ont paru. Ces lois-là, pouvais-je donc, par crainte de qui que ce fût, m'exposer à leur vengeance chez les dieux ? Que je dusse mourir, ne le savais-je pas ? et cela, quand bien même tu n'aurais rien défendu. Mais mourir avant l'heure, je le dis bien haut, pour moi, c'est tout profit : lorsqu'on vit comme moi, au milieu des malheurs sans nombre, comment ne pas trouver de profit à mourir ? Subir la mort, pour moi, ce n'est pas une souffrance. C'en eût été une, au contraire, si j'avais toléré que le corps d'un fils de ma mère n'eût pas, après sa mort, obtenu un tombeau. De cela, oui, j'eusse souffert ; de ceci, je ne souffre pas. Je te parais sans doute agir comme une folle. Mais le fou pourrait bien être celui même qui me traite de folle. »

SOPHOCLE, *Antigone*, 441 av. J.-C., trad. P. Mazon, 1947.

? Si Antigone s'exprimait aujourd'hui, à quoi pourrait-elle bien en appeler plutôt qu'aux « lois non écrites, inébranlables, des dieux » ?

La Légion des volontaires français contre le bolchevisme (LVF) a été créée par une nébuleuse de partis collaborationnistes français le 8 juillet 1941. Ses membres ayant fait allégeance au IIIe Reich, elle comporte même une unité combattante, l'Infanterie Regiment 638, que les Allemands finissent par dissoudre pour l'intégrer à la Division SS Charlemagne en 1944.

Le devoir en procès

Sans conteste essentiel à toute forme de vie sociale, le devoir peut toutefois aussi susciter une soumission excessive, individuellement et collectivement problématique. Pourquoi ? Parce que, tel qu'on le définit trop souvent, celui-ci équivaudrait à un idéal abstrait, voire à une forme vide, nous laissant en fait sans ressource autre que la violence, face à la complexité et à l'urgence de l'action effective ? (texte 14, Hegel) Ou bien serait-ce plutôt qu'il contribuerait à la fabrique d'un conformisme (texte 15, Nietzsche) paradoxalement responsable de l'évanouissement de toute conscience morale ? (texte 16, Arendt)

Georg Wilhelm Friedrich HEGEL
1770-1831

TEXTE 14

Séparé du système des mœurs, le devoir n'est-il pas condamné à demeurer une exigence parfaitement abstraite ?

Hegel a critiqué la morale de Kant pour son formalisme. Car, à ses yeux, s'il faut certes louer Kant d'avoir su montrer que seul un être libre était susceptible d'avoir des devoirs, on peut, en revanche, lui reprocher d'avoir par trop séparé cette liberté du système déterminé de mœurs où elle a à s'accomplir et, par conséquent, de ne jamais nous offrir les moyens d'établir le contenu particulier de nos devoirs dans les situations effectives de l'existence.

Autant il est essentiel de mettre en relief la pure autodétermination inconditionnée de la volonté en tant que racine de l'obligation [...], autant le maintien du point de vue simplement moral, qui ne passe pas au concept de l'éthicité[1], rabaisse ce gain au rang d'un *formalisme vide* et la science morale au rang d'un bavardage sur *l'obligation pour l'obligation*. En partant de ce point de vue, aucune doctrine immanente des obligations n'est possible ; on peut certes importer un matériau pris *à l'extérieur* et en venir par là à des obligations *particulières*, mais, à partir de cette détermination de l'obligation en tant que *défaut de contradiction*, en tant *que concordance formelle avec soi* [...], on ne peut passer à la détermination d'obligations particulières [...]. – La *forme* kantienne suivante, la capacité d'une action à être représentée comme maxime *universelle*, occasionne certes la représentation *plus concrète* d'une situation, mais elle ne contient pour soi aucun autre principe que ce défaut de contradiction et que l'identité formelle. – Le fait qu'*aucune propriété* n'ait cours contient pour soi aussi peu de contradiction que le fait que ce peuple singulier ou cet autre, une famille, etc., n'existe pas, ou bien que le fait que, d'une manière générale, *aucun humain ne vive*. S'il est par ailleurs fixé et présupposé pour soi que la propriété et la vie humaine doivent être et être respectées, c'est alors une contradiction de commettre un vol ou un meurtre ; une contradiction ne peut se produire qu'avec quelque chose qui est, qu'avec un contenu qui, en tant que principe stable, réside d'avance en position de fondement. Ce n'est qu'en relation avec un tel principe qu'une action est ou bien en concordance ou bien en contradiction avec lui. Mais l'obligation, qui doit être voulue seulement en tant que telle, non en raison d'un contenu, *l'identité formelle*, est justement le fait d'exclure tout contenu et toute détermination.

Georg Wilhelm Friedrich HEGEL, *Principes de la philosophie du droit*, 1820, trad. J.-F. Kervégan, 1998.

1 Le terme *éthicité* est l'une des traductions françaises du mot allemand *Sittlichkeit*, lequel serait sans doute mieux rendu par l'expression « vie éthique ». Il désigne les coutumes (*Sitten*), les mœurs objectives d'une communauté ; toutes choses que les Grecs nommaient *ethos*.

1 Par « pure autodétermination inconditionnée de la volonté », (l. 1-2) Hegel désigne la capacité de l'être humain à être la cause souveraine de ses actions. En quoi est-elle la « racine de l'obligation » ?

2 Hegel critique-t-il ici une morale ou la morale ?

AUX FRONTIÈRES DE LA PHILOSOPHIE

« Je compte, Halévy, que vous ne réglerez point ces débats par les méthodes kantiennes, par la philosophie kantienne, par la morale kantienne. *Le kantisme a les mains pures*, **mais il n'a pas de mains**. Et nous, nos mains calleuses, nos mains noueuses, nos mains pécheresses nous avons quelquefois les mains pleines. »

Charles PÉGUY, *Victor-Marie, comte Hugo*, 1910.

(?) Toutes choses étant égales par ailleurs, Péguy adresse-t-il ici le même reproche que Hegel à la morale de Kant ?

Jean-Paul SARTRE, *Les Mains sales*, 1948.

Jean-Paul SARTRE, *Les Mains sales*, mise en scène de Jean Cocteau, André Luguet, Roland Bailly et François Périer, lors de la création au théâtre Antoine, Paris, mars 1948.

Dans *Les Mains sales*, Jean-Paul Sartre met en scène deux conceptions du marxisme respectivement incarnées par Hugo et Hoederer. Parce qu'elle est inspirée par l'existentialisme, sa propre philosophie, la première, celle de Hugo, a sa préférence, mais elle présente l'inconvénient d'être individualiste et, par conséquent, politiquement inepte ; parce qu'elle est dogmatique et absolument matérialiste, la seconde lui pose problème, mais elle est féconde et satisfaisante au plan collectif. Derrière cette alternative, une question : le souci de l'efficacité politique justifie-t-il qu'on compromette un idéal, qu'on se salisse les mains ?

(?) En matière morale, l'idéalisme est-il nécessaire ?

Friedrich NIETZSCHE
1844-1900

TEXTE 15

La soumission au devoir signale-t-elle le conformisme ?

Dans ce paragraphe du *Gai Savoir*, Nietzsche, qui est aussi l'auteur d'un ouvrage intitulé *La Généalogie de la morale*, fait valoir qu'en bien des cas marqués par l'oubli de la préhistoire de nos réflexes moraux ainsi que par notre « incapacité à créer de nouveaux idéaux », notre rapport au devoir confine au pur et simple conformisme.

Votre jugement : « voilà qui est juste » a une préhistoire dans vos impulsions, vos penchants, vos répulsions, vos expériences, vos manques d'expérience : « *Comment* ce jugement a-t-il pu se produire ? » devez-vous vous demander, et ensuite : « *Qu'est-ce qui* me pousse en somme à l'écouter ? » Vous pouvez obéir à son impératif comme un brave soldat qui perçoit le commandement de son officier. Ou bien comme une femme qui aime celui qui commande. Ou encore comme un flagorneur, un lâche qui craint celui qui commande. Ou enfin comme un imbécile qui obéit parce qu'il ne trouve rien à dire là contre. Bref, vous pouvez écouter votre conscience de cent manières différentes. *Mais que* vous entendiez tel ou tel jugement en tant que voix de votre conscience, *donc* que vous éprouviez quelque chose en tant que juste, voilà qui peut avoir son origine dans le fait que vous n'avez jamais réfléchi sur vous-même et accepté aveuglément tout ce qui vous fut prescrit en tant que *juste* depuis votre enfance : ou encore dans le fait que jusqu'à maintenant le pain quotidien et les honneurs vous furent assurés par cela même que vous nommez votre devoir [...]. La *solidité* de votre jugement moral pourrait toujours être une preuve précisément de misère personnelle, une preuve d'impersonnalité, votre « force morale » pourrait avoir sa source dans votre entêtement – ou dans votre incapacité de concevoir de nouveaux idéaux ! En un mot : si vous aviez pensé plus subtilement, observé mieux et appris davantage, ce « devoir » et cette « conscience » que vous dites vôtres, vous ne les nommeriez en aucun cas ni devoir ni conscience : la compréhension de *la manière même dont les jugements moraux ont jamais pu naître*, vous dégoûterait de ces termes pathétiques [...]. – Et voici que vous admirez l'impératif catégorique au-dedans de vous ? Cette « solidité » de votre jugement soi-disant moral ? Cette « absoluité » du sentiment qu'« en cela tous les autres doivent juger comme moi-même » ? Admirez plutôt ici votre *égoïsme* ! [...] C'est de l'égoïsme, en effet, que d'éprouver *son* jugement *propre* comme une loi universelle : et c'est un égoïsme aveugle, mesquin et sans exigence, parce qu'il trahit que vous ne vous êtes point encore trouvés vous-mêmes, que vous ne vous êtes point encore créé un idéal proprement personnel [...]. Qui en est encore à juger que « dans tel cas chacun devrait agir ainsi », n'a pas encore avancé de cinq pas dans la connaissance de soi-même : autrement il saurait qu'il n'y a, ni ne peut y avoir jamais d'actions identiques [...] – que si nos opinions, nos évaluations, nos tables de valeurs sont parmi les plus puissants leviers dans le rouage de nos actions, il reste que dans chaque cas particulier la loi de leur mécanisme est indémontrable. *Bornons-nous* donc à la purification de nos opinions et de nos évaluations, bornons-nous à la *création de nouvelles et propres tables de valeurs* : mais ne nous creusons plus la tête sur la « valeur morale de nos actions » !

Friedrich NIETZSCHE, *Le Gai Savoir*, 1882, trad. P. Klossowski, 1939.

▶ LA CONSCIENCE

1 Au regard du propos de Kant dans les textes 1, 6, 7 et 12, la façon dont Nietzsche critique ici la notion d'« impératif catégorique » paraît-elle justifiée ?

2 La « connaissance de soi-même » est-elle essentielle à la compétence morale ?

NIETZSCHE DIT AUSSI

« Quel est ce grand dragon que l'esprit refuse désormais d'appeler son seigneur et son Dieu ? Le nom du grand dragon, c'est "Tu-dois". Mais l'âme du lion dit : "Je veux !" "Tu-dois" lui barre la route, tout brillant d'or, couvert d'écailles, et sur chacune de ces écailles brillent en lettres d'or ces mots : "Tu dois". [...]
Créer des valeurs nouvelles, le lion lui-même n'y est pas encore apte ; mais s'affranchir afin de devenir apte à créer des valeurs nouvelles, voilà ce que peut la force du lion.
Pour conquérir sa propre liberté et le droit sacré de dire non, même au devoir, pour cela, mes frères, il faut être lion.
Conquérir le droit à des valeurs nouvelles, c'est pour un esprit patient et laborieux l'entreprise la plus redoutable. [...]
Ce qu'il aimait naguère comme son bien le plus sacré, c'est le "Tu-dois". Il lui faut à présent découvrir l'illusion et l'arbitraire au fond même de ce qu'il y a de plus sacré au monde, et conquérir ainsi de haute lutte le droit de s'affranchir de cet attachement ; pour exercer une pareille violence, il faut être lion. »

Friedrich NIETZSCHE,
« Des trois métamorphoses »,
Ainsi parlait Zarathoustra, I, 1883-1885,
trad. G. Bianquis, 1946.

Eugène DELACROIX, *Tête de lion*, av. 1863, musée du Louvre, Paris.

Dans le chapitre de *Ainsi parlait Zarathoustra* intitulé « Des trois métamorphoses », Nietzsche compare l'évolution morale de l'esprit à la succession des trois figures suivantes : (1) le chameau, (2) le lion, (3) l'enfant.

? Sachant que le chameau symbolise la soumission au devoir, le lion, la révolte contre cette servitude, à quoi la figure de l'enfant peut-elle bien correspondre ?

? En règle générale, dire : « Je veux ! » paraît plus aisé que d'accepter d'obéir à quiconque dit : « Tu dois. » Certains éléments de cet extrait permettent de comprendre pourquoi Nietzsche affirme le contraire. Lesquels ?

→ VERS LE BAC

Rédiger le plan détaillé de la dissertation suivante :
« Reconnaître ses devoirs, est-ce renoncer à sa liberté ? »

Hannah ARENDT
1906-1975

TEXTE 16 COMMENTÉ

L'obéissance au devoir est-elle un gage de moralité ?

Adolf Eichmann a organisé et supervisé la mise en œuvre de la « Solution finale ». En 1945, il fuit l'Europe et n'est donc pas jugé au procès de Nuremberg. Il est jugé à Jérusalem en 1961, un an après sa capture à Buenos Aires. Hannah Arendt suit son procès pour le *New Yorker*, d'où l'essai qu'elle publie deux ans plus tard : *Eichmann à Jérusalem*. Ici, ses observations lui permettent de montrer que l'obéissance – aveugle – au devoir est au cœur de ce qu'elle nomme la « banalité du mal ».

[A]utant qu'il pût en juger, il [Eichmann] agissait, dans tout ce qu'il faisait, en citoyen qui obéit à la loi. Il faisait son *devoir*, répéta-t-il mille fois à la police et au tribunal ; non seulement il obéissait aux *ordres*, mais il obéissait aussi à la *loi*. [...] Toujours très soucieux d'être « couvert », il n'avait pas seulement accompli ce qu'il considérait comme les devoirs d'un citoyen qui obéit à la loi, mais il avait aussi agi selon les ordres [...].

Pendant l'interrogatoire de police, on s'aperçut pour la première fois qu'Eichmann soupçonnait vaguement que l'enjeu de toute cette affaire dépassait largement la question du soldat exécutant des ordres clairement criminels dans leur nature et leur intention, lorsque avec une insistance marquée, il déclara soudain qu'il avait vécu toute sa vie selon les préceptes moraux de Kant, et particulièrement selon la définition kantienne du devoir. À première vue, c'était faire outrage à Kant et c'était aussi incompréhensible, dans la mesure où la philosophie morale de Kant est étroitement liée à la faculté humaine de jugement qui exclut l'obéissance aveugle. L'officier de police n'insista pas, mais le juge Raveh, intrigué ou indigné qu'Eichmann ait osé invoquer le nom de Kant en liaison avec ses crimes, décida d'interroger l'accusé. C'est alors qu'à la stupéfaction générale, Eichmann produisit une définition approximative, mais correcte, de l'impératif catégorique : « Je voulais dire, à propos de Kant, que le principe de ma volonté doit toujours être tel qu'il puisse devenir le principe des lois générales. » [...] Interrogé plus longuement, il ajouta qu'il avait lu la *Critique de la Raison pratique* de Kant. Il se mit ensuite à expliquer qu'à partir du moment où il avait été chargé de mettre en œuvre la Solution finale, il avait cessé de vivre selon les principes de Kant ; qu'il le savait, et qu'il s'était consolé en pensant qu'il n'était plus « maître de ses actes », qu'il ne pouvait « rien changer ». Ce que, au tribunal, il ne parvint pas à discerner est le fait qu'à cette « époque de crimes légalisés par l'État », comme il disait maintenant lui-même, il n'avait pas simplement écarté la formule kantienne comme n'étant plus applicable, il l'avait déformée pour lui faire dire maintenant : Agis comme si le principe de tes actes était le même que celui du législateur ou des lois du pays, ou, selon la formulation de « l'impératif catégorique dans le IIIe Reich » donnée par Hans Frank et qu'Eichmann connaissait peut-être : « Agis de telle manière que le Führer, s'il avait connaissance de ton action, l'approuverait. »

Hannah ARENDT, *Eichmann à Jérusalem. Rapport sur la banalité du mal*, 1963, trad. A. Guérin, 1966.

▶ L'ÉTAT
▶ LA JUSTICE
▶ LA RAISON

LA « BANALITÉ DU MAL »

Pour l'essentiel, Hannah Arendt rapporte ici les propos d'Eichmann au style indirect libre. Or, à l'écouter s'exprimer à travers elle, une première chose peut paraître un peu énigmatique : pourquoi Eichmann précise-t-il le sens du terme devoir en distinguant son obéissance aux ordres de son obéissance à la loi ? Gageons qu'il cherche ainsi à donner à penser que sa droiture morale est d'autant plus profonde et systématique qu'il veille tout à la fois à honorer les obligations attachées à son statut social dans l'institution du IIIe Reich, celles du haut fonctionnaire et de l'officier, et les devoirs civils du citoyen lambda d'une société politique déterminée. L'existence des devoirs naturels et seuls proprement moraux, ceux qu'il y a lieu d'exercer à l'égard de la personne humaine comme telle, lui demeurant manifestement inconnue.
Quant à la tranquillité avec laquelle ce criminel à nul autre pareil s'en tient à dire qu'il « faisait son devoir », elle est justement typique de ce que Arendt nomme dans le même ouvrage – c'est son sous-titre – la « banalité du mal ». Car, en l'occurrence, « faire son devoir » signifie « être couvert », c'est-à-dire ne pas être responsable, ne pas être l'authentique auteur de ses propres actions, lesquelles seraient en fait la conséquence d'un mécanisme bureaucratique et impersonnel auquel on ne saurait à proprement parler les imputer. La « banalité du mal » signifiant même plus précisément que le mal est alors commis sans qu'on y pense, sans jugement intercalaire, tel l'effet d'une pure et simple routine quotidienne, d'un geste machinal on ne peut plus ordinaire.

CULTURE ET BARBARIE

Premier point concernant ce passage : il n'est pas sûr que la « stupéfaction générale » dont Arendt commence par parler ne tienne qu'à la surprise d'entendre Eichmann – un homme médiocrement doté au plan intellectuel – citer l'un des plus grands philosophes allemands. Car il se pourrait bien qu'une telle « stupéfaction » ait également eu trait au vertige suscité par cette question : comment comprendre que la plus haute réalisation de la culture se soit avérée impuissante à détourner un homme de la barbarie ?
Deuxième point : la définition qu'Eichmann donne de l'impératif catégorique kantien est en effet « approximative » puisque celui-ci déclare : « Je voulais dire, à propos de Kant, que le principe de ma volonté doit toujours être tel qu'il puisse devenir le principe des lois générales. » Or quelle est plus exactement la première formule de l'impératif catégorique chez Kant ? « Agis seulement d'après la maxime grâce à laquelle tu peux vouloir en même temps qu'elle devienne une loi universelle. » Conclusion ? Outre qu'il confond « principe » et « maxime », Eichmann substitue l'idée de « lois générales » à celle de « loi universelle ». Ce qui n'est aucunement anecdotique. Attendu qu'en s'exprimant ainsi, il n'est déjà pas loin de soutenir ce qu'Hannah Arendt lui fait dire plus bas, à savoir : « Agis comme si le principe de tes actes était le même que celui du législateur ou des lois du pays. »

1 Une fois « chargé de mettre en œuvre la Solution finale », (l. 22) Eichmann « cess[e] de vivre selon les principes de Kant » (l. 23). Qu'en conclure quant au type de rapport qu'il entretenait avec la culture ?

2 Ce qu'Hannah Arendt affirme aux dernières lignes de cet extrait revient-il à dire que les nazis substituaient la politique à la morale ?

Procès d'Adolf Eichmann à Jérusalem, 1961.

CINÉ PHILO

La Princesse de Clèves

JEAN DELANNOY, 1961

La Princesse de Clèves (1961) est l'adaptation par Jean Delannoy de l'ouvrage éponyme de Madame de La Fayette, publié anonymement en 1678.
On y suit l'histoire d'amour impossible entre le jeune duc de Nemours et la Princesse de Clèves, mariée au Prince de Clèves, de vingt ans son aîné ; respectivement joués par Jean-François Poron, Marina Vlady et Jean Marais. Lors de la fête de noces, la princesse et le duc tombent éperdument amoureux l'un de l'autre, même si la princesse ne lui en donne jamais aucune marque.
La peur de n'être pas toujours maîtresse de sa passion lui fait avouer cet amour à son mari, l'implorant de l'éloigner de la cour : celui-ci y consent, mais, peu de temps après, se croyant trompé, il meurt de chagrin, l'accusant d'infidélité jusqu'à son dernier souffle. Ce reproche est insupportable pour la princesse : elle jure à son mari de lui rester fidèle à jamais. Elle aime Nemours, qui l'aime en retour, mais elle refusera toujours de le voir. La culpabilité que cet amour a fait naître en la princesse, et qui finira par la tuer, ne tient pas à ses actes mais à ses pensées. Cette histoire, écrite par une femme, décrit la vie d'une femme dirigée par le devoir auquel elle choisit de se soumettre, en lui sacrifiant son amour.

Robert DOISNEAU, *Des vacanciers se prennent en photo sur la plage*, 1963.

Dès 1936, Robert Doisneau photographie les premiers congés payés. Cette image de l'État-providence, garant de la solidarité nationale, donne l'idée d'un bien-être collectif en contradiction avec la vision courante de l'État comme instance étrangère et supérieure au peuple qui lui impose son pouvoir.

ARRÊT SUR IMAGE

L'État est-il la « chose du peuple », comme le dit l'étymologie latine du mot *république* (*res* : chose ; *publica* : du peuple) ?

L'ÉTAT EN QUESTION

L'État représente cette entité politique qui concentre une quantité de pouvoir qui excède la puissance dont dipose chaque individu et qui de ce fait s'impose à eux. Mais cette représentation de l'État ne peut suffire à en donner une définition, si définir c'est délimiter et distinguer. À s'en tenir là, en effet, l'État désigne indifféremment un régime totalitaire et un régime démocratique. Or, faute de cette distinction politique fondamentale, on ne peut pas donner de sens à ce que l'on appelle un « coup d'État » qui consiste justement à s'approprier le pouvoir politique par la force, c'est-à-dire sans légitimité démocratique. On voit que la notion d'État, sous l'unité apparente du mot, recouvre des idées et des réalités politiques radicalement différentes qu'il convient donc de mettre au jour et d'analyser. Comment ne pas différencier des sujets soumis à un État monarchique, militaire ou totalitaire, et des citoyens d'un État républicain ? De quel droit un État dispose-t-il du pouvoir politique et qu'est-ce qui l'autorise à l'exercer ? Tel est donc le premier problème.

1 MULTIPLICITÉ D'INDIVIDUS, UNITÉ POLITIQUE La diversité et la multiplicité des individus les exposent à des relations conflictuelles, voire violentes. Dès lors, la question de leur unification se pose de façon urgente. L'État peut-il ramener la multiplicité des volontés individuelles à une seule volonté ? La société n'oppose-t-elle pas à ce besoin d'unité politique l'existence de communautés particulières ? (p. 146 à p. 153)

2 SÉCURITÉ, LIBERTÉ ET BIEN-VIVRE L'État se caractérise par certaines fonctions fondamentales : garantir aux individus qui le constituent des droits qu'ils ne peuvent posséder par eux-mêmes, en premier lieu la sécurité, la liberté. Mais l'une peut-elle être garantie sans nuire à l'autre ? Faut-il définir l'État par ces finalités ? L'homme peut-il, au nom de sa sécurité, aller jusqu'à vouloir sa propre servitude ? (p. 154 à p. 158)

3 MYTHE ET RÉALITÉ L'unité politique de l'État ne s'affirme-t-elle pas aux dépens des libertés individuelles ? Mais l'unité abstraite des citoyens ne fait-elle pas oublier les divisions sociales ? La définition politique de l'État ne masque-t-elle pas la réalité économique des conflits entre les classes sociales ? Comment, d'un autre côté, veiller à ce que l'État n'écrase pas la diversité de la société ? (p. 159 à p. 163)

4 LES LIMITES DE L'ÉTAT Du fait de cette tendance qu'a l'État à abuser de ses fonctions, la question est de savoir comment mettre en œuvre des garde-fous susceptibles de limiter l'État. Ces limitations sont-elles de nature institutionnelle, individuelle ou internationale ? (p. 164 à p. 167)

PANORAMA DE LA NOTION

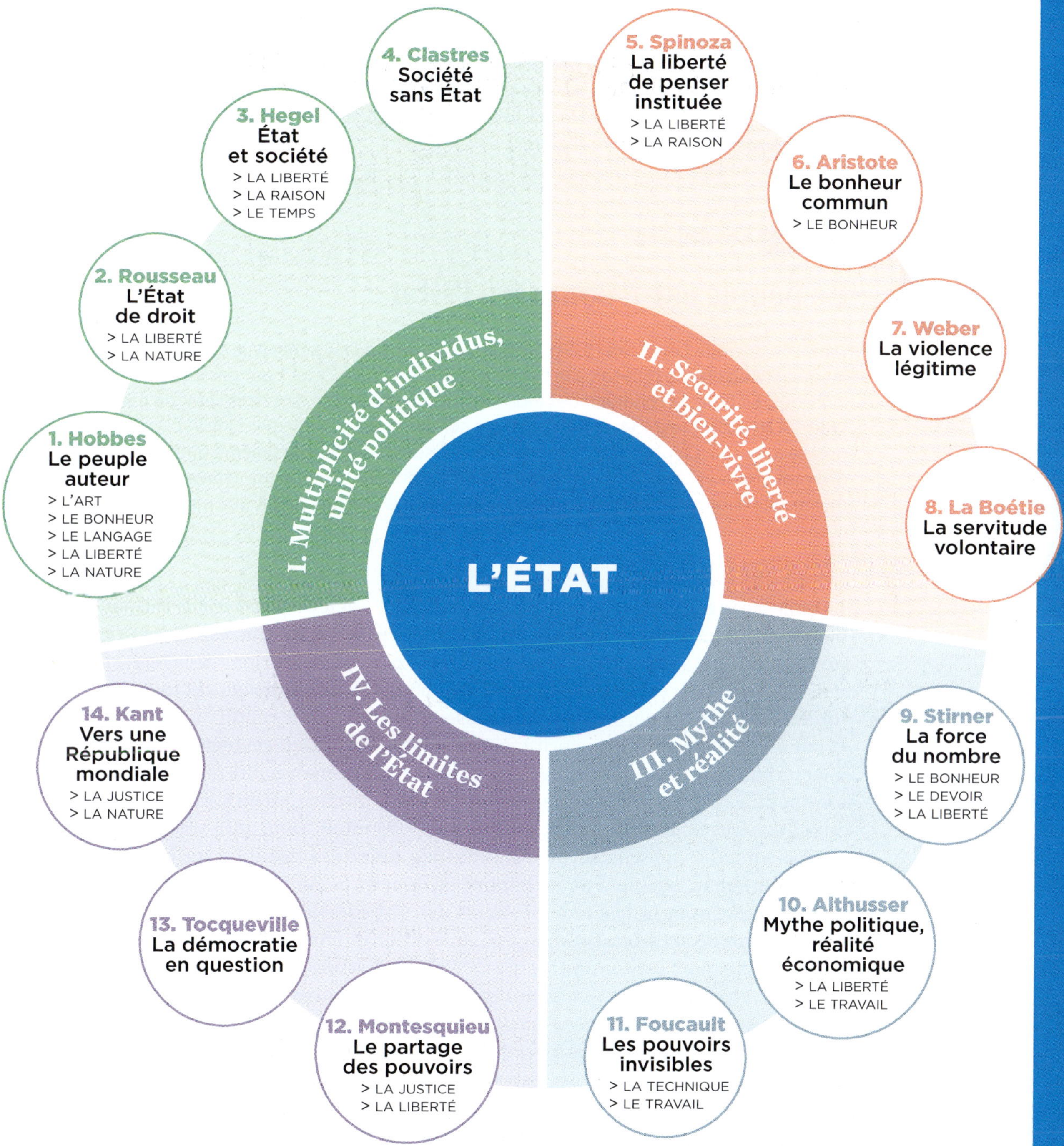

Multiplicité d'individus, unité politique

Un empire, un royaume ou une nation sont des réalités historiques sans unité. La notion d'État, elle, désigne un pouvoir politique qui s'impose à une multitude d'individus différents. En quoi cette unité consiste-t-elle ? Qu'est-ce qui la rend possible, voire nécessaire ? (texte 1, Hobbes) **L'État n'institue-t-il pas entre les individus des relations de droit, en lieu et place de rapports de force ?** (texte 2, Rousseau) **Mais quelle est la différence entre l'État et la société ?** (texte 3, Hegel) **Et l'État est-il la seule forme d'unité politique possible, ou une société peut-elle exister sans État ?** (texte 4, Clastres)

Thomas HOBBES
1588-1679

TEXTE 1 COMMENTÉ

Le peuple est-il soumis à l'État ?

Dans son ouvrage *Léviathan* (1651), Hobbes, marqué par la guerre civile qui déchire au même moment l'Angleterre, réfléchit à la nécessaire institution de l'État pour garantir l'unité des individus. En effet, la condition des individus sans État, c'est-à-dire dans l'état de nature (voir LA NATURE, texte 14, p. 326), est une condition structurellement invivable, où chacun rivalise avec chacun pour satisfaire ses désirs et ses passions, alors même que les forces diverses des individus sont relativement égales. Comment l'État peut-il ramener une multiplicité d'individus animés de désirs conflictuels à une unité politique pacifique ?

La seule façon d'ériger un tel pouvoir commun, apte à défendre les gens de l'attaque des étrangers, et des torts qu'ils pourraient se faire les uns aux autres, et ainsi à les protéger de telle sorte que par leur industrie et par les productions de la terre, ils puissent se nourrir et vivre satisfaits, c'est de confier tout leur pouvoir et toute leur force à un seul homme, ou à une seule assemblée, qui puisse réduire toutes leurs volontés, par la règle de la majorité, en une seule volonté. Cela revient à dire : désigner un homme, ou une assemblée, pour assumer leur personnalité ; et que chacun s'avoue et se reconnaisse comme l'auteur de tout ce qu'aura fait ou fait faire, quant aux choses qui concernent la paix et la sécurité commune, celui qui a ainsi assumé leur personnalité, que chacun par conséquent soumette sa volonté et son jugement à la volonté et au jugement de cet homme ou de cette assemblée. Cela va plus loin que le consensus ou la concorde : il s'agit d'une unité réelle de tous en une seule et même personne, unité réalisée par une convention de chacun avec chacun passée de telle sorte que c'est comme si chacun disait à chacun : *j'autorise cet homme ou cette assemblée, et je lui abandonne mon droit de me gouverner moi-même, à cette condition que tu lui abandonnes ton droit et que tu autorises toutes ses actions de la même manière.* Cela fait, la multitude ainsi unie en une seule personne est appelée une *RÉPUBLIQUE*, en latin *CIVITAS*. Telle est la génération de ce grand *LÉVIATHAN*, ou plutôt, pour en parler avec plus de révérence, de ce *dieu mortel*, auquel nous devons, sous le *Dieu immortel*, notre paix et notre protection. [...] Car en vertu de cette autorité qu'il a reçue de chaque individu de la République, l'emploi lui est conféré d'un tel pouvoir et d'une telle force, que l'effroi qu'ils inspirent lui permet de modeler la volonté de tous, en vue de la paix à l'intérieur et de l'aide mutuelle contre les ennemis de l'extérieur. En lui réside l'essence de la République, qui se définit : *une personne unique telle qu'une grande multitude d'hommes se sont faits, chacun d'entre eux, par des conventions mutuelles qu'ils ont passées l'un avec l'autre, l'auteur de ses actions, afin qu'elle use de la force et des ressources de tous, comme elle le jugera expédient, en vue de leur paix et de leur commune défense.*

Thomas HOBBES, *Léviathan*, II, 17, 1651,
trad. F. Tricaud, 1971.

▶ L'ART
▶ LE BONHEUR
▶ LE LANGAGE
▶ LA LIBERTÉ
▶ LA NATURE

GUERRE NATURELLE, SÉCURITÉ ARTIFICIELLE

Le pacte social est cet acte de parole par lequel chaque homme transfère sa puissance naturelle de se gouverner lui-même à une seule et même autorité politique, sous la condition qu'autrui donne également sa parole d'en faire autant. L'énonciation du pacte social est écrite en italique dans le texte de Hobbes pour souligner qu'il s'agit d'un acte de parole et non d'un texte écrit : « j'autorise [*I authorise*] ». Le langage est la puissance humaine de se libérer de la nature en produisant de l'artifice (on peut appeler un arbre « arbre » ou « *tree* »). L'État est ainsi une unité artificielle, une création langagière par laquelle les individus s'affranchissent de l'état de conflit où ils se trouvent par nature. La nature, pour ainsi dire artificielle, du pacte social est explicitée par Hobbes dans le chapitre précédent (chapitre 16), qui mobilise les métaphores théâtrales de « l'auteur » et de « l'acteur » pour expliquer les relations politiques entre le peuple et l'État : le peuple est l'auteur de la pièce que l'État joue pour lui, en sorte que le peuple est à la fois auteur et sujet du pouvoir politique (sujet sans être assujetti). Pour faire entendre que l'autorité politique se fonde sur le peuple qui en est l'auteur, il faudrait pouvoir dire en français « auteuriser », et parler d'« auteurité politique », comme la langue anglaise le dit. La politique ne se fonde donc ni sur la nature, ni sur un dieu, ni sur aucune réalité, mais sur un acte créateur humain, un acte langagier qui est aussi un acte de parole, au sens de la parole réciproque donnée. C'est parce que l'État est une création humaine et non pas divine qu'il n'est qu'un « dieu mortel ».

PROSPÉRITÉ ET BIEN-ÊTRE COLLECTIFS

L'institution d'un État a pour objectif d'assurer non seulement la sécurité des individus ainsi unis mais encore leur prospérité. L'État n'a pas pour seule raison d'être l'impératif sécuritaire, il assure encore le bonheur collectif.

RÉPUBLIQUE ET TYRANNIE

C'est le peuple lui-même qui s'assujettit à l'État qu'il a institué pour assurer sa survie et sa prospérité. **(voir LA NATURE, fin du texte 14, p. 326)** Le peuple est l'auteur du pacte social qui fonde la République, et la personne politique qui détient seul le pouvoir est l'acteur qui joue la pièce écrite par le peuple et pour le peuple. Cette personne politique peut être un homme, comme dans le cas d'une monarchie, ou une assemblée d'hommes, comme dans un régime parlementaire. Hobbes distingue la « personne » et l'« auteur ». L'anglais de Hobbes permet de souligner, comme le latin (où *auctoritas* est formé sur la racine *auctor*), le lien entre le terme *autorité* (*authority*) et la notion d'auteur (*author*). La personne qui détient l'autorité tient son pouvoir et son droit de l'auteur, qui est le peuple. L'État n'est donc pas, pour Hobbes, une puissance tyrannique qui s'exerce sur le peuple à son insu, mais un pouvoir fondé par le peuple lui-même et pour lui-même. C'est en cela qu'il est une République. D'ailleurs, le pouvoir souverain (sans partage) dont l'État est dépositaire n'est autorisé à jouer que la pièce écrite par le peuple, sans y ajouter la moindre ligne de son cru. Lorsqu'un citoyen enfreint la loi et se voit condamné par le pouvoir politique, il ne subit pas la violence de l'État, « il est l'auteur de sa propre peine » (chapitre 18).

1 **Dans une République, qui détient l'autorité politique ?**

2 **Pourquoi les individus acceptent-ils d'abandonner leur droit de se gouverner à une autre personne ?**

Jean-Jacques ROUSSEAU
1712-1778

TEXTE 2 COMMENTÉ

L'État met-il fin à la loi du plus fort ?

Dans *Du contrat social* (1762), Rousseau entend établir, ainsi que l'indique le sous-titre de l'ouvrage, les « principes du droit politique ». Il s'agit de montrer que l'émergence de l'État ne consiste pas dans la prolongation des rapports de force par d'autres moyens, mais que l'État est synonyme d'avènement du droit. Comment expliquer que l'État puisse rompre avec la loi du plus fort ?

Je suppose les hommes parvenus à ce point où les obstacles qui nuisent à leur conservation dans l'état de nature, l'emportent par leur résistance sur les forces que chaque individu peut employer pour se maintenir dans cet état. Alors cet état primitif ne peut plus subsister, et le genre humain périrait s'il ne changeait sa manière d'être.

Or comme les hommes ne peuvent engendrer de nouvelles forces, mais seulement unir et diriger celles qui existent, ils n'ont plus d'autre moyen pour se conserver, que de former par agrégation une somme de forces qui puisse l'emporter sur la résistance, de les mettre en jeu par un seul mobile et de les faire agir de concert.

Cette somme de forces ne peut naître que du concours de plusieurs : mais la force et la liberté de chaque homme étant les premiers instruments de sa conservation, comment les engagera-t-il sans se nuire, et sans négliger les soins qu'il se doit ? Cette difficulté ramenée à mon sujet peut s'énoncer en ces termes.

« Trouver une forme d'association qui défende et protège de toute la force commune la personne et les biens de chaque associé, et par laquelle chacun s'unissant à tous n'obéisse pourtant qu'à lui-même et reste aussi libre qu'auparavant ? » Tel est le problème fondamental dont le contrat social donne la solution. [...]

Si donc on écarte du pacte social ce qui n'est pas de son essence, on trouvera qu'il se réduit aux termes suivants. *Chacun de nous met en commun sa personne et toute sa puissance sous la suprême direction de la volonté générale ; et nous recevons en corps chaque membre comme partie indivisible du tout.*

À l'instant, au lieu de la personne particulière de chaque contractant, cet acte d'association produit un corps moral et collectif composé d'autant de membres que l'assemblée a de voix, lequel reçoit de ce même acte son unité, son *moi* commun, sa vie et sa volonté. Cette personne publique qui se forme ainsi par l'union de toutes les autres prenait autrefois le nom de *Cité* [...], et prend maintenant celui de *République* ou de *corps politique*, lequel est appelé par ses membres *État* quand il est passif, *Souverain* quand il est actif, *Puissance* en le comparant à ses semblables. À l'égard des associés ils prennent collectivement le nom de *peuple*, et s'appellent en particulier *Citoyens* comme participants à l'autorité souveraine, et *Sujets* comme soumis aux lois de l'État. Mais ces termes se confondent souvent et se prennent l'un pour l'autre ; il suffit de les savoir distinguer quand ils sont employés dans toute leur précision.

Jean-Jacques ROUSSEAU, *Du contrat social*, I, 6, 1762.

▶ LA LIBERTÉ
▶ LA NATURE

LA RUPTURE ENTRE L'ORDRE DE LA NATURE ET L'ÉTAT

Rousseau signale que l'émergence de l'État, compris comme émergence et institution du corps politique, n'est pas liée au caractère structurellement invivable de l'état de nature, mais à des évolutions historiques contingentes qui ont contribué à rendre cet état de nature invivable. La question centrale qui se pose alors est la suivante : qu'est-ce qui fonde l'émergence de l'État comme État légitime ? L'État semble tirer sa nécessité non de la simple survie naturelle, mais également de la substitution du droit à la force, qu'il introduit dans la vie humaine.

LA SINGULARITÉ DES RAPPORTS ENTRE LES INDIVIDUS AU SEIN DE L'ÉTAT

Rousseau montre que la question du droit et de la légitimité associés à l'émergence de l'État implique une conséquence importante : l'institution de l'État ne peut se faire sans garantir aux individus le maintien de leur liberté. L'émergence de l'État se fait donc à la fois en garantissant le maintien de la liberté individuelle, et en procédant de la liberté individuelle. L'émergence de l'État comme État légitime est le fruit d'un pacte, d'une association librement acceptée par chacun. C'est pourquoi l'individu qui se soumet désormais non plus à sa volonté mais à la volonté « générale » peut se reconnaître dans cette volonté, qui est la propriété de ce nouveau corps singulier qui a émergé suite à la libre association de chacun : le corps politique. L'État désigne alors le statut de ce corps une fois institué. Il donne lieu au développement d'une administration vouée au bon fonctionnement de ses services.

LE CARACTÈRE MORAL DE L'ÉTAT

C'est pourquoi Rousseau conclut ce passage en soutenant que le produit de l'association libre des individus est un corps moral et non naturel. Ce corps possède une volonté propre, qu'il exprime librement, et auquel participent les individus, à la fois collectivement, en tant que peuple, et individuellement, en tant que citoyen. L'État procède donc de la réunion des associés grâce au pacte. Il est fondé d'un point de vue moral, à la différence de la nation qui représente une communauté naturelle ou historique, renvoyant au partage d'une langue, d'une culture, etc. Il est, en outre, permanent, à la différence du gouvernement, qui exécute les décisions du souverain, et qui change selon les modalités prévues par la loi.

1 L'unité politique des individus peut-elle se passer d'un pouvoir qui les représente tous ?

2 Quelle est la différence entre la liberté des individus et celle des citoyens ?

Frontispice du *Léviathan* de Thomas Hobbes, 1651.

Dans son frontispice du *Léviathan* de Hobbes, Abraham Bosse représente la République, « multitude unie en une seule personne », sous la forme d'un souverain dont le corps est composé de nombreux corps d'êtres humains. Il représente ainsi ce « dieu mortel » que décrit Hobbes, dont le nom renvoie à une créature biblique, monstre marin redoutable, dont la puissance, inégalée, montre que le souverain une fois constitué est capable, par sa puissance, de garantir la sécurité, la paix et la prospérité.

? Qui est à la tête du corps politique ?

AUX FRONTIÈRES DE LA PHILOSOPHIE

Dans son discours du 25 janvier 1790, Maximilien de Robespierre (1758-1794), révolutionnaire intransigeant, dont la radicalité a été l'objet de nombreuses critiques, s'adresse aux membres de l'Assemblée nationale pour critiquer leur conception très restreinte de la citoyenneté. Par son discours, Robespierre nous permet de prendre conscience de l'étendue des droits et des devoirs du citoyen, dès lors que ces droits ne sont pas entravés par une partie de la société.

« Pourquoi sommes-nous rassemblés dans ce temple des lois ? Sans doute pour rendre à la Nation française l'exercice des droits imprescriptibles qui appartiennent à tous les hommes. Tel est l'objet de toute Constitution politique. Elle est juste, elle est libre, si elle le remplit ; elle n'est qu'un attentat contre l'humanité, si elle le contrarie. Vous avez vous-mêmes reconnu cette vérité d'une manière frappante, lorsqu'avant de commencer votre grand ouvrage, vous avez décidé qu'il fallait déclarer solennellement ces droits sacrés, qui sont comme les bases éternelles sur lesquelles il doit reposer ;
"Tous les hommes naissent et demeurent libres et égaux en droits.
La souveraineté réside essentiellement dans la Nation.
La loi est l'expression de la volonté générale. Tous les citoyens ont le droit de concourir à sa formation, soit par eux-mêmes, soit par leurs représentants, librement élus.
Tous les citoyens sont admissibles à tous les emplois publics, sans aucune autre distinction que celle de leur vertu et de leurs talents."
Voilà les principes que vous avez consacrés ; il sera facile maintenant d'apprécier les dispositions que je me propose de combattre, il suffira de les rapprocher de ces règles invariables de la société humaine.

[...] [L]a Nation est-elle souveraine, quand le plus grand nombre des individus qui la composent est dépouillé des droits politiques qui constituent la souveraineté ? Non, et cependant vous venez de voir que ces mêmes décrets les ravissent à la plus grande partie des Français. Que serait donc votre Déclaration des droits si ces décrets pouvaient subsister ? Une vaine formule. Que serait la Nation ? Esclave : car la liberté consiste à obéir aux lois qu'on s'est données, et la servitude à être contraint de se soumettre à une volonté étrangère. Que serait votre Constitution ? Une véritable aristocratie. Car l'aristocratie est l'état où une partie des citoyens est souveraine et le reste est sujet, et quelle aristocratie ! La plus insupportable de toutes, celle des riches.

Tous les hommes *nés et domiciliés* en France sont membres de la société politique, qu'on appelle la Nation française, c'est-à-dire citoyens français. Ils le sont par la nature des choses et par les premiers principes du droit des gens. Les droits attachés à ce titre ne dépendent ni de la fortune que chacun d'eux possède, ni de la quotité de l'impôt à laquelle il est soumis, parce que ce n'est point l'impôt qui nous fait citoyens ; la qualité de citoyen oblige seulement à contribuer à la dépense commune de l'État, suivant ses facultés. Or vous pouvez donner des lois aux citoyens, mais vous ne pouvez pas les anéantir. »

Maximilien de ROBESPIERRE,
« Le Marc d'argent », 25 janvier 1790.

Ici on s'honore du titre de citoyen,
affichette de la Révolution française, entre 1789 et 1794,
estampe anonyme, musée Carnavalet, Paris.

(?) Quelle est la différence entre un individu et un citoyen ?

Georg Wilhelm Friedrich HEGEL
1770-1831

TEXTE 3 **COMMENTÉ**

Quelle est la différence entre la société et l'État?

L'État rend possible la liberté collective en unifiant les individus. La société recouvre, elle, une diversité de communautés, d'intérêts particuliers, qui semblent faire obstacle à l'unité politique. L'État peut-il venir à bout de cette multiplicité que la société contient ? L'histoire est-elle la réalisation de ce travail d'unification de l'État ?

Si l'État est confondu avec la société civile[1] et si sa destination est située dans la sécurité et la protection de la propriété et de la liberté personnelle, l'intérêt des individus-singuliers comme tels est alors la fin dernière en vue de laquelle ils sont réunis, et il s'ensuit également que c'est quelque chose qui relève du bon plaisir que d'être membre de l'État. – Or celui-ci a un tout autre rapport à l'individu ; attendu qu'il est esprit objectif[2], l'individu n'a lui-même d'objectivité, de vérité et d'éthicité[3] que s'il en est membre. La réunion en tant que telle est elle-même le contenu et la fin véritables, et la destination des individus est de mener une vie universelle. [...] – Mais quelle est alors ou quelle a été l'origine historique de l'État en général, ou plutôt celle de chaque État particulier, de ses droits et de ses déterminations [;] a-t-il d'abord surgi de rapports patriarcaux, de la crainte ou de la confiance, de la corporation, etc., et comment ce sur quoi se fondent de tels droits a-t-il été saisi et s'est-il consolidé dans la conscience, comme droit divin, [droit] positif, ou bien comme contrat, coutume, etc., ceci ne concerne pas l'idée de l'État elle-même.

Georg Wilhelm Friedrich HEGEL, *Principes de la philosophie du droit*, § 258, 1820, trad. J.-F. Kervégan, 1998.

1 **Société civile :** par ce terme, Hegel entend une réalité très particulière. Il s'agit de la dimension de la société qui réside dans les intérêts et les besoins particuliers de chaque individu, et dans l'interdépendance et les échanges qui sont impliqués par la satisfaction de ces besoins particuliers et de ces intérêts.

2 **Esprit objectif :** chez Hegel, cette expression désigne le moment où l'activité spirituelle produit des réalités, des institutions, comme le droit et l'État, qui émergent dans le temps et sont possiblement vouées à disparaître.

3 **Éthicité :** chez Hegel, l'éthicité (ou vie éthique) renvoie au fait que l'idée de liberté se trouve effectuée, réalisée, sous la forme de lois, d'institutions, de mœurs dans la société.

▶ LA LIBERTÉ
▶ LA RAISON
▶ LE TEMPS

L'ÉTAT IMPLIQUE LE DÉPASSEMENT DES INTÉRÊTS PARTICULIERS

Hegel propose un renversement dans la compréhension de la rationalité de l'État : il ne s'agit pas de dire que la rationalité de l'État est issue de la rationalité des individus qui en deviennent les membres (par un pacte librement consenti, par exemple), mais que la rationalité même des individus dans la vie sociale et collective dépend de l'institution de l'État.

L'ÉTAT COMME PORTEUR DE RATIONALITÉ ET D'UNIVERSALITÉ

Sans l'État, les individus sont pris dans leurs intérêts particuliers et ils ne peuvent accéder que très imparfaitement à l'élément de l'universel. Selon Hegel, cette dimension d'universalité est associée à trois termes : *objectivité*, *vérité* et *éthicité*. L'individu n'est plus enfermé dans sa subjectivité particulière ; il peut accéder au monde objectif et le connaître véritablement, tout en développant avec les sujets qui l'entourent des relations marquées par la raison et la moralité, à une échelle non simplement individuelle mais collective.

1 En quoi l'État est-il une idée ? **2** Qu'est-ce qui définit une société ?

Pierre CLASTRES
1934-1977

TEXTE 4

Peut-il y avoir une société sans État ?

Dans *La Société contre l'État*, Pierre Clastres s'intéresse à des sociétés structurées très différemment des États européens modernes. En étudiant en détail l'organisation sociale de certaines tribus d'Indiens d'Amérique, notamment au Paraguay et au Brésil, il découvre que ces tribus sont organisées indépendamment de tout État. L'absence d'État est-elle nécessairement un manque ?

Les sociétés primitives sont des sociétés sans État : ce jugement de fait, en lui-même exact, dissimule en vérité une opinion, un jugement de valeur qui grève dès lors la possibilité de constituer une anthropologie politique comme science rigoureuse. Ce qui est en fait énoncé, c'est que les sociétés primitives sont *privées* de quelque chose – l'État – qui leur est, comme à toute société – la nôtre par exemple – nécessaire. Ces sociétés sont donc *incomplètes*. Elles ne sont pas tout à fait de vraies sociétés – elles ne sont pas *policées* – elles subsistent dans l'expérience peut-être douloureuse d'un *manque* – manque de l'État – qu'elles tenteraient, toujours en vain, de combler. Plus ou moins confusément, c'est bien cela que disent les chroniques des voyageurs ou les travaux des chercheurs : on ne peut pas penser la société sans l'État, l'État est le destin de toute société. On décèle en cette démarche un ancrage ethnocentriste d'autant plus solide qu'il est le plus souvent inconscient. La référence immédiate, spontanée, c'est, sinon le mieux connu, en tout cas le plus familier. Chacun de nous porte en effet en soi, intériorisée comme la foi du croyant, cette certitude que la société est pour l'État. Comment dès lors concevoir l'existence même des sociétés primitives, sinon comme des sortes de laissés pour compte de l'histoire universelle, des survivances anachroniques d'un stade lointain par ailleurs depuis longtemps dépassé ?

Pierre CLASTRES, *La Société contre l'État*, 1974.

1 De la société à l'État, y a-t-il nécessairement progrès ? (voir LE LANGAGE, texte 14, p. 256)

2 L'État est-il la seule forme d'association politique possible ?

→ VERS LE BAC

Rédiger une dissertation sur le sujet suivant : « À quoi l'État sert-il ? »

Leonard McCOMBE, *Familles guarani avec une mère allaitant son bébé*, 1964, La Chaco.

MATIÈRE À PENSER

Frontières et colonisation

Guillaume DELISLE, *Carte d'Afrique dressée pour l'usage du roy*, 1722.

Dans de nombreuses parties du monde, et à de nombreuses époques, on constate que les États, leurs frontières, leur nom même, subissent des changements, notamment sous l'effet des guerres ou de la colonisation. L'exemple africain est très parlant.

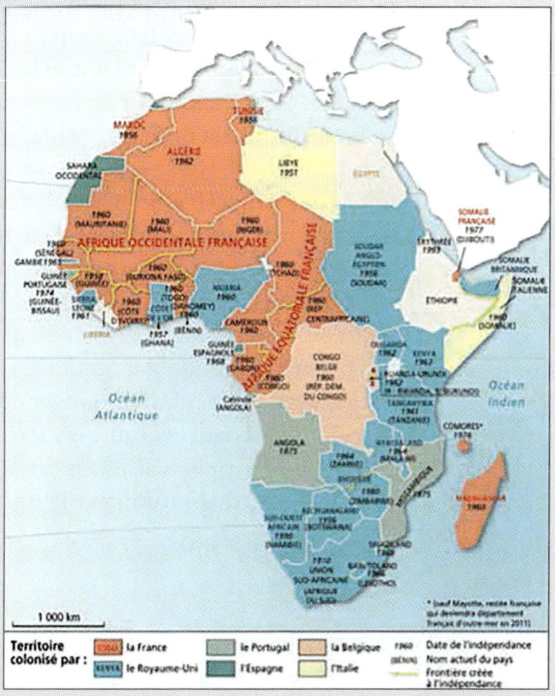

Afrique, de la colonisation aux indépendances.

Sécurité, liberté et bien-vivre

L'État a pour fonctions essentielles de garantir à la fois la sécurité et la liberté. Mais est-ce possible ? (texte 5, Spinoza) En permettant de constituer une vie collective, l'État assure-t-il le bien-vivre commun ? (texte 6, Aristote) Mais pour cela, il doit posséder le monopole de la violence, qu'il confisque aux individus. (texte 7, Weber) Dans ce cadre, l'État n'enlève-t-il pas d'un côté ce qu'il donne de l'autre aux individus ? Les individus peuvent-ils en arriver à vouloir leur propre servitude ? (texte 8, La Boétie)

Baruch SPINOZA
1632-1677

TEXTE 5

Pour garantir leur sécurité commune, les individus doivent-ils sacrifier leur liberté individuelle ?

La raison d'être de l'État réside dans l'impératif de sécurité. Celui-ci ne se réalise-t-il pas au détriment des libertés individuelles ? L'État n'est pas seulement compatible avec la liberté de l'individu, et notamment avec la liberté de penser, il la rend possible, mieux : il l'institue. Qu'est-ce qu'un État républicain ?

Ce n'est pas pour tenir l'homme par la crainte et faire qu'il appartienne à un autre que l'État est institué ; au contraire c'est pour libérer l'individu de la crainte, pour qu'il vive autant que possible en sécurité, c'est-à-dire conserve, aussi bien qu'il se pourra, sans dommage pour autrui, son droit naturel d'exister et d'agir. Non, je le répète, la fin de l'État n'est pas de faire passer les hommes de la condition d'êtres raisonnables à celle de bêtes brutes ou d'automates, mais au contraire il est institué pour que leur âme et leur corps s'acquittent en sûreté de toutes leurs fonctions, pour qu'eux-mêmes usent d'une Raison libre, pour qu'ils ne luttent point de haine, de colère ou de ruse, pour qu'ils se supportent sans malveillance les uns les autres. La fin de l'État est donc en réalité la liberté. Nous avons vu aussi que, pour former l'État, une seule chose est nécessaire : que tout le pouvoir de décréter appartienne soit à tous collectivement, soit à quelques-uns, soit à un seul. Puisque, en effet, le libre jugement des hommes est extrêmement divers, que chacun pense être seul à tout savoir et qu'il est impossible que tous opinent pareillement et parlent d'une seule bouche, ils ne pourraient vivre en paix si l'individu n'avait renoncé à son droit d'agir suivant le seul décret de sa pensée. C'est donc seulement au droit d'agir par son propre décret qu'il a renoncé, non au droit de raisonner et de juger ; par suite nul à la vérité ne peut, sans danger pour le droit du souverain, agir contre son propre décret, mais il peut avec une entière liberté opiner et juger et en conséquence aussi parler, pourvu qu'il n'aille pas au-delà de la simple parole ou de l'enseignement et qu'il défende son opinion par la Raison seule.

Baruch SPINOZA, *Traité théologico-politique*, chapitre XX, 1670, trad. C. Appuhn, 1913.

▶ LA LIBERTÉ
▶ LA RAISON

1 Que se passerait-il si l'État ne protégeait pas les individus ?

2 Quelles restrictions l'État impose-t-il aux individus ?

→ VERS LE BAC

Rédiger l'introduction du sujet de dissertation suivant : « A-t-on des devoirs envers l'État ? »

ARISTOTE
384 av. J.-C.-
322 av. J.-C.

TEXTE 6 **COMMENTÉ**

La vie collective assure-t-elle le bien-vivre commun ?

La vie collective semble se justifier par la nécessité d'assurer la sécurité que les individus ne sont pas capables, isolément, de garantir. L'État a-t-il pour seule fin de protéger la vie des individus ou permet-il encore et surtout de rendre possible le bien-vivre commun des citoyens ?

Si c'est pour avoir des biens en toute propriété que les hommes formèrent des communautés et se réunirent, la part qu'ils ont dans la cité doit être exactement proportionnelle à leur part de propriété, si bien que le raisonnement des oligarques[1] aurait, semble-t-il, une force probante (il n'est pas juste, disent-ils, que l'associé qui, sur cent mines[2], n'en a apporté qu'une et celui qui a versé tout le reste aient une part égale du capital initial et des intérêts) ; mais admettons que ce ne soit pas uniquement pour vivre, mais plutôt pour *vivre bien* (autrement il pourrait y avoir une « cité » d'esclaves ou d'autres êtres vivants en général ; mais en réalité, il n'y en a pas, parce que ni les uns ni les autres n'ont en partage ni le bonheur ni la vie de leur choix), ni non plus pour former une alliance afin de ne subir d'injustice de personne, ni pour faciliter les échanges et les relations mutuelles, car alors les *Étrusques*, les *Carthaginois* et tous les peuples liés entre eux par des traités seraient comme des citoyens d'une seule cité. Ces peuples ont, bien sûr, des conventions d'importation et des accords mutuels de sécurité et des pactes écrits d'alliance défensive, mais ils n'ont pas établi de magistratures communes à tous pour régler ces questions. [...] Il est donc évident que la cité n'est pas une simple communauté de lieu pour empêcher des injustices réciproques, et pour faciliter les échanges ; ce sont là, certes, des conditions indispensables s'il doit y avoir une cité ; néanmoins seraient-elles toutes réunies qu'on n'aurait pas encore une cité : une cité, c'est la communauté du *bien vivre* pour les familles et les groupes de familles en vue d'une vie parfaite et « autarcique ».

ARISTOTE, *Politique*, III, 10-13, IVe siècle av. J.-C., trad. J. Aubonnet, 1971.

1 Dans la Grèce antique, les oligarques sont ceux qui appartiennent à l'oligarchie, une forme d'organisation politique au sein de laquelle un petit groupe d'individus, rassemblés en des familles ou en des classes sociales restreintes, possède le pouvoir.

2 La mine correspond à une certaine somme de monnaie, équivalente à cent drachmes, c'est-à-dire à cent pièces d'argent pesant chacune 3,5 g.

▶ LE BONHEUR

LA NATURE SPÉCIFIQUE DE L'ASSOCIATION POLITIQUE

Aristote aborde sa réflexion sur la cité-État en questionnant la nature de l'association existant entre les individus. Dès le livre I de la *Politique*, il distingue la cité de la famille et du village : ces deux groupements ont pour fin la satisfaction des besoins et l'organisation de la vie religieuse. Il ajoute que l'association proprement politique n'est pas une association motivée par l'intérêt.

LA FINALITÉ DE L'ASSOCIATION POLITIQUE

Pour aborder la nature véritable de l'association politique à l'œuvre dans la cité-État, Aristote se tourne vers sa finalité : la cité vise le bien-vivre, c'est-à-dire qu'elle entend à la fois rendre les citoyens qui la composent heureux et vertueux. Elle a donc pour fin le bonheur et le souverain bien.

1. Pourquoi la cité est-elle irréductible à une association visant à satisfaire les besoins et les intérêts des individus ?
2. Peut-on bien vivre sans vivre dans une cité ?

Max WEBER
1864-1920

TEXTE 7 **COMMENTÉ**

Les finalités de l'État suffisent-elles à le définir ?

Le Savant et le Politique est un recueil de conférences données par Weber. Dans « Le métier et la vocation d'homme politique », Weber explore les finalités et l'éthique de cette activité particulière qu'est l'activité politique. Les diverses finalités que l'on peut accorder à l'État supposent-elles toutes, à titre de moyen, l'usage de la violence ? L'État se définit-il par ses fins ou par ce moyen ?

Qu'est-ce donc, du point de vue de l'analyse sociologique, qu'un groupement « politique » ? Qu'est-ce qu'un « État » ? Lui non plus ne se laisse pas définir sociologiquement par le contenu de ce qu'il fait. Il n'est presque aucune tâche dont un groupement politique ne se soit chargé à un moment ou à un autre ; il n'y en a aucune non plus, d'autre part, dont on puisse dire qu'elle ait été à toute époque, plus précisément toujours *exclusivement* propre aux groupements que l'on caractérise comme politiques aujourd'hui : les États, ou les groupements qui ont été historiquement les précurseurs de l'État moderne. Bien plutôt, l'on ne peut finalement définir sociologiquement l'État moderne que par un *moyen* spécifique qui lui appartient en propre, comme à tout groupement politique : la violence physique.

« Tout État se fonde sur la violence », disait Trotski[1] pour sa part à Brest-Litovsk. Ce qui est effectivement exact. S'il n'existait que des formations sociales auxquelles le moyen de la violence serait inconnu, alors la notion d'« État » aurait disparu, *alors* on aurait affaire à une situation que l'on peut désigner du nom d'« anarchie »[2], en ce sens spécifique. Bien entendu, la violence n'est pas le moyen normal ou le moyen unique de l'État (il n'est pas question de cela), mais elle est son moyen spécifique. De nos jours précisément, la relation de l'État à la violence est particulièrement intime. Dans le passé les groupements les plus divers [...] ont connu la violence physique comme moyen tout à fait normal. Aujourd'hui, en revanche, il nous faut dire que l'État est cette communauté humaine qui, à l'intérieur d'un territoire déterminé (le « territoire » appartient à sa caractérisation), revendique pour elle-même et parvient à imposer le *monopole de la violence physique légitime*. Car ce qui est spécifique à l'époque présente est que tous les autres groupements ou toutes les autres personnes individuelles ne se voient accorder le droit à la violence physique que dans la mesure où l'État la tolère de leur part : il passe pour la source unique du « droit » à la violence. La politique signifierait donc pour nous le fait de chercher à participer au pouvoir ou à influer sur sa répartition, que ce soit entre États ou, au sein d'un État, entre les groupes d'hommes qu'il inclut. [...]

De même que les groupements politiques qui l'ont précédé historiquement, l'État est un rapport de *domination* exercé par des hommes sur d'autres hommes, et appuyé sur le moyen de la violence légitime (ce qui signifie : considérée comme légitime).

Pour qu'il existe, il faut donc que les hommes dominés se *soumettent* à l'autorité revendiquée par ceux qui se trouvent en position de domination dans chaque cas considéré. Quand et pourquoi le font-ils ? Sur quelles raisons justificatrices internes et sur quels moyens externes s'appuie cette domination ?

Max WEBER, « La profession et la vocation de politique »,
Le Savant et le Politique, 1919, trad. C. Colliot-Thélène, 2003.

1 Léon Trotski (1879-1940), révolutionnaire communiste russe, participe à la révolution russe de 1917 aux côtés de Lénine et devient progressivement un opposant du régime stalinien bureaucratique.

2 Dans cette acception, le terme *anarchie* ne désigne pas la mouvance politique qui valorise la liberté contre toute forme de domination, d'autorité ou de pouvoir vertical, mais simplement l'idée d'une absence de pouvoir.

L'APPROCHE SOCIOLOGIQUE DE L'ÉTAT

Weber développe une approche sociologique de l'État, c'est-à-dire qu'il étudie l'État par le prisme d'une réflexion sur l'action sociale, à savoir cette action dont le déploiement et le sens sont liés aux actions d'autrui. Dans ce cadre, la politique tout comme l'État semblent englober un nombre très important d'actions qui se recoupent. Comment alors accéder à la spécificité de l'État, compris dans sa différence par rapport à la politique ? Weber propose de soutenir que la spécificité de l'État repose sur le fait qu'il octroie à sa seule action l'exercice de la violence. Il capte à la fois le monopole de la violence et la légitimité de l'usage de cette violence.

L'ÉTAT ET LA DOMINATION

Weber identifie alors une condition importante de l'État : la soumission des individus à la domination politique qui est exercée sur eux. Sans cette soumission, la domination de l'État et son usage de la violence ne sont pas reconnus. Dans la suite de sa conférence, Weber s'intéresse alors aux différents principes qui conduisent à légitimer la domination de l'État : le principe de la tradition, le principe du charisme, le principe de la légalité.

1. Qu'est-ce qu'un abus de pouvoir ?
2. Quelle conception du politique découle de la définition wébérienne de l'État ?
3. En quoi consiste l'activité de l'homme politique ?

TITIEN, *Portrait équestre de Charles Quint*, 1548, musée du Prado, Madrid.

Le *Portrait équestre de Charles Quint* représente l'empereur à cheval et en armure, véritable incarnation de la force du chef de l'État. Ce portrait forme un diptyque avec un autre portrait de Charles Quint (voir L'ART, texte 7, p. 30), qui date de la même année sur lequel ce dernier est en vêtements civils et représente la justice. Selon Erwin Panofsky, ces deux tableaux « illustrent le double rôle de sa Majesté Impériale, qui, selon la belle définition du Code justinien, "ne doit pas seulement être munie de ses armes mais également armée de ses lois, pour qu'elle puisse gouverner aussi bien la guerre que la paix" » (*Le Titien, questions d'iconographie*, chapitre 3, posth. 1969, trad. E. Hazan, 2004).

(?) L'État peut-il à la fois disposer de l'usage de la force et garantir la justice ?

Étienne de LA BOÉTIE
1530-1563

TEXTE 8

Les membres d'un État peuvent-ils vouloir leur propre servitude ?

Le pouvoir de l'État est autant symbolique que physique. Il dépend donc de la volonté des individus de s'y soumettre. Les hommes subissent-ils l'autorité politique, ou s'y soumettent-ils volontairement, y compris quand cette autorité est illégitime ou tyrannique ?

Pauvres et misérables peuples insensés, nations opiniâtres à votre mal et aveugles en votre bien ! Vous vous laissez emporter devant vous le plus beau et le plus clair de votre revenu, piller vos champs, voler vos maisons, et les dépouiller des meubles anciens et paternels ; vous vivez de sorte que vous ne vous pouvez vanter que rien soit à vous [...] et tout ce dégât, ce malheur, cette ruine vous vient non pas des ennemis, mais certes oui bien de l'ennemi, et de celui que vous faites si grand qu'il est, pour lequel vous allez si courageusement à la guerre, pour la grandeur duquel vous ne refusez point de présenter à la mort vos personnes. Celui qui vous maîtrise tant n'a que deux yeux, n'a que deux mains, n'a qu'un corps, et n'a autre chose que ce qu'a le moindre homme du grand et infini nombre de vos villes, sinon que l'avantage que vous lui faites pour vous détruire. D'où a-t-il pris tant d'yeux dont il vous épie, si vous ne les lui baillez ? Comment a-t-il tant de mains pour vous frapper, s'il ne les prend de vous ? Les pieds dont il foule vos cités, d'où les a-t-il s'ils ne sont des vôtres ? Comment a-t-il aucun pouvoir sur vous, que par vous ? Que vous pourrait-il faire, si vous n'étiez receleurs du larron qui vous pille, complices du meurtrier qui vous tue, et traîtres à vous-mêmes ? Vous semez vos fruits afin qu'il en fasse le dégât ; vous meublez et remplissez vos maisons, afin de fournir à ses pilleries ; vous nourrissez vos filles afin qu'il ait de quoi soûler sa luxure, vous nourrissez vos enfants, afin que pour le mieux qu'il saurait faire, il les mène en ses guerres, qu'il les conduise à la boucherie, qu'il les fasse les ministres de ses convoitises, et les exécuteurs de ses vengeances [...] et de tant d'indignités que les bêtes ou ne les sentiraient point, ou ne l'endureraient point, vous pouvez vous délivrer si vous l'essayez, non pas de vous en délivrer, mais seulement de le vouloir faire.

Étienne de LA BOÉTIE, *Discours de la servitude volontaire*, posth. 1574.

1 D'où vient la puissance du tyran ?

2 Comment réduire la puissance du tyran ?

MACHIAVEL DIT AUSSI

« En effet dans toute cité, on trouve ces deux humeurs différentes : et cela naît de ce que le peuple désire ne pas être commandé ni écrasé par les grands, et que les grands désirent commander et écraser le peuple [...]. Aussi un prince sage doit-il penser à une façon grâce à laquelle les citoyens, toujours et quelle que soit la qualité du temps, aient besoin de l'État et de lui ; et toujours, ensuite, ils lui seront fidèles. »

Nicolas MACHIAVEL, *Le Prince*, chapitre IX, 1532,
trad. J.-L. Fournel et J.-C. Zancarini, 2000.

? Le pouvoir de l'État peut-il durer sans le consentement du peuple sur qui il s'exerce ?

Mythe et réalité

Pris dans son idée, l'État est le principe de la souveraineté du peuple, garant des libertés. Mais cette conception théorique de l'État correspond-elle à sa réalité ? La règle du plus grand nombre n'exerce-t-elle pas une domination sur les individus ? (texte 9, Stirner) **Le soupçon porté sur l'État conduit à se demander s'il n'est pas au service de la domination économique.** (texte 10, Althusser) **Mais plus radicalement, concentrer l'analyse du pouvoir sur l'État, n'est-ce pas rater une diversité de pouvoirs moins visibles mais bien réels ?** (texte 11, Foucault)

Max STIRNER
1806-1856

TEXTE 9

Un État peut-il être républicain ?

L'existence de l'État suppose une unification des volontés. Si l'unanimité n'est jamais réalisable, la règle de la majorité veut que le plus grand nombre impose sa volonté à tous les autres. L'État n'autorise-t-il pas ainsi une domination des uns par les autres ? Tout État n'est-il pas despotique par définition ?

Tout État est despotique, que le despote soit un, qu'il soit plusieurs, ou que (et c'est ainsi qu'on peut se représenter une république), tous étant maîtres, l'un soit le despote de l'autre. Ce dernier cas se présente, par exemple, lorsque, à la suite d'un vote, une volonté exprimée par une assemblée du peuple devient pour l'individu une loi à laquelle il doit obéissance ou à laquelle son devoir est de se conformer. Imaginez même le cas où chacun des individus composant le peuple aurait exprimé la même volonté, supposez qu'il y ait eu parfaite « unanimité », la chose reviendrait encore au même. Ne serais-je pas lié, aujourd'hui et toujours, à ma volonté d'hier ? Ma volonté dans ce cas serait immobilisée, paralysée. Toujours cette malheureuse stabilité ! Un acte de volonté déterminé, ma création, deviendrait mon maître ! Et moi qui ai voulu, moi le créateur, je me verrais entravé dans ma course sans pouvoir rompre mes liens ? Parce que j'étais hier un fou, j'en devrais être un toute ma vie ? [...] Quel remède à cela ? Un seul : ne reconnaître aucun devoir, c'est-à-dire ne pas me lier et ne pas me regarder comme lié. Si je n'ai pas de devoir, je ne connais pas non plus de loi.

Max STIRNER, *L'Unique et sa propriété*, 1844,
trad. R. L. Reclaire, 1899.

▶ LE BONHEUR
▶ LE DEVOIR
▶ LA LIBERTÉ

1. L'État républicain est-il despotique ?
2. Qu'est-ce qui, dans l'individu, se trouve entravé par l'État ?

→ VERS LE BAC

Rédiger une dissertation sur le sujet suivant : « Serions-nous plus libres sans l'État ? »

Louis ALTHUSSER
1918-1990

TEXTE 10 COMMENTÉ

L'essence de l'État est-elle politique ou économique ?

Selon sa définition politique, l'État est la libre association des citoyens. Celle-ci fait abstraction de la réalité économique et des différences de classes sociales. (voir LA LIBERTÉ, texte 15, p. 292) Le mythe politique d'un État républicain ne masque-t-il pas la réalité économique d'un système de domination d'une classe sociale par une autre ?

La tradition marxiste est formelle : l'État est conçu explicitement dès le *Manifeste* et le *18 Brumaire* (et dans tous les textes classiques ultérieurs, avant tout de Marx sur la Commune de Paris, et de Lénine sur *l'État et la Révolution*) comme appareil répressif. L'État est une « machine » de répression, qui permet aux classes dominantes (au XIXe siècle, à la classe bourgeoise et à la « classe » des grands propriétaires terriens) d'assurer leur domination sur la classe ouvrière pour la soumettre au procès d'extorsion de la plus-value[1] (c'est-à-dire à l'exploitation capitaliste).

L'État, c'est alors avant tout ce que les classiques du marxisme ont appelé *l'appareil d'État*. On comprend sous ce terme : non seulement l'appareil spécialisé (au sens étroit) dont nous avons reconnu l'existence et la nécessité à partir des exigences de la pratique juridique, à savoir la police, les tribunaux, les prisons ; mais aussi l'armée, qui (le prolétariat a payé de son sang cette expérience) intervient directement comme force répressive d'appoint en dernière instance quand la police, et ses corps auxiliaires spécialisés, sont « débordés par les événements » ; et au-dessus de cet ensemble le chef de l'État, le gouvernement et l'administration.

[...] L'appareil d'État, qui définit l'État comme force d'exécution et d'intervention répressive, « au service des classes dominantes », dans la lutte de classe menée par la bourgeoisie et ses alliés contre le prolétariat, est bel et bien l'État, et définit bel et bien sa « fonction » fondamentale.

Louis ALTHUSSER, « Idéologie et appareils idéologiques d'État (notes pour une recherche) », *Positions*, 1976.

1 **Procès d'extorsion de la plus-value :** Althusser fait ici référence à un élément central de la théorie de Marx. Le système capitaliste est ce système économique qui organise la production de sorte que le travailleur salarié produise non seulement de la valeur, mais un excédent de valeur, ou « plus-value », en travaillant plus qu'il ne faut afin, par son salaire, d'acquérir ce dont il a besoin pour pouvoir retravailler le lendemain (logement, nourriture, etc.), c'est-à-dire pour simplement « reproduire » sa force de travail. Cette plus-value, qui constitue le profit, est du travail non payé, du travail gratuit.

▶ LA LIBERTÉ
▶ LE TRAVAIL

L'ÉTAT COMME REPRODUCTION RÉPRESSIVE DES CONDITIONS DE LA PRODUCTION

Althusser expose la conception marxiste de l'État qui, selon lui, ne peut se passer de la compréhension de l'organisation économique de la société et des divisions sociales qui en découlent (classe bourgeoise, classe ouvrière). Dans ce cadre, il considère que la fonction de l'État est essentiellement répressive : elle permet à une classe dominante de soumettre une classe dominée et de la contraindre à travailler dans des conditions qui vont à l'encontre de ses intérêts.

L'APPAREIL D'ÉTAT

Cette conception marxienne de l'État implique de ne pas réduire l'État au gouvernement ou au domaine politique. L'appareil d'État impose la domination de la classe dominante par l'intermédiaire des tribunaux, des prisons, de la police.

1 Quelle est la différence entre « État » et « appareil d'État » ?

2 Une administration exerce-t-elle un pouvoir ?

Ce que disent les mots

Ce qui se tient debout

État vient du latin ***status***, qui désigne l'action de se tenir et la façon de se tenir, la posture, la position, sur ***sto, stare***, « se tenir debout, immobile, ferme », et d'où dérive ***statuo***, « établir, estimer, décider », l'une des fonctions de l'État justement. On retrouve ce radical dans de nombreuses langues européennes, notamment dans l'anglais ***to stand*** (d'où ***standing***, la position sociale, et ***standard***, la norme) ou dans l'allemand ***stehen***, « se tenir debout, se dresser » (***Hier stehe Ich***, « Me voici », « C'est ici que je me tiens », aurait dit Martin Luther à la Diète de Worms, en 1521, refusant d'abjurer). La ***stèle*** et la ***statue*** en sculpture, la ***stance*** en poésie, le ***statut*** en droit appartiennent à la même famille de mots.

L'**état**, sans majuscule, désigne aussi bien l'état d'une cause (en droit), d'une chose (un état des lieux), du monde, que celui d'une personne (un malade, par exemple) ou un statut social. Mais, à partir de l'époque moderne, écrit avec une majuscule, l'**État** désigne un mode d'organisation du pouvoir politique, qui suppose un gouvernement et se distingue de la **« société »** (sur ***societas***, « association, communauté », dérivé de ***socius***, « compagnon », et sans doute, d'abord, le compagnon de guerre). (voir texte 4)

On retrouve le même radical dans le grec ***istêmi***, « dresser, placer », et, au sens intransitif, « se tenir debout ». C'est l'une des composantes de la conjugaison du verbe *être* en grec (***esten***, à l'aoriste, signifie « j'étais », « je fus ») comme en espagnol (***estar***, « être », dit un état susceptible de changer, par différence avec ***ser***, qui exprime la stabilité de l'essence). Mais le grec est particulièrement remarquable en ce que le substantif, ***stasis***, déploie un sens fortement contrasté, voire contradictoire. La ***stasis*** est un bel exemple de ce que Freud appelle « [l]es sens opposés dans les mots primitifs » (1910). ***Stasis*** nomme en effet à la fois la **« stabilité »** politique et morale, donc l'« état » paisible d'une cité, d'une personne, d'une question, et la manière dont la partie d'un tout « se dresse » et « se soulève » contre une autre : la contestation, la sédition, le soulèvement, et finalement la guerre civile (c'est le mot dont se sert Thucydide [*La Guerre du Péloponnèse*, VII, 33] pour désigner le fléau de la guerre civile à Athènes).

Les Grecs ne connaissent pas l'État, à la différence des Romains qui, sous la République comme sous l'Empire, associent ***status*** à ***civitas***, l'ensemble des citoyens, et à ***imperium***, le pouvoir et l'autorité. À vrai dire, on ne sait comment traduire le terme ***polis***, caractéristique de l'institution grecque du « politique » entre les VIIIe et IVe siècles avant J.-C. : « cité », « société », « nation », « cité-État » ? Cette réalité historique, qui lie une communauté et un territoire, implique immédiatement une réflexion sur ce lien. La politique est ainsi, pour Aristote, la « science architectonique », celle qui détermine et commande toutes les autres. Elle s'enracine dans le constat que l'homme est « plus politique » que les autres animaux parce qu'il parle, qu'il est doué de ***logos*** (Aristote, *Politique*, I, 1). C'est, de fait, autour du langage et du droit égal à la parole pour tout citoyen que se structure d'abord la cité grecque.

Michel FOUCAULT
1926-1984

TEXTE 11

L'essentiel du pouvoir passe-t-il par l'État ?

Dans l'opinion commune comme dans la tradition philosophique, le pouvoir politique est détenu par l'État. Cette représentation du pouvoir étatique passe sous silence tout une série d'autres formes de pouvoir qui, pour être moins visibles, n'en sont pas moins réelles. Au travail, par exemple, comment nier l'existence de pouvoirs effectifs et non étatiques ? La réalité politique du pouvoir est-elle exercée par l'État ? Sous l'unité manifeste de l'État, ne faut-il pas analyser une diversité de pouvoirs ?

On sait quelle fascination exerce aujourd'hui l'amour ou l'horreur de l'État; on sait combien on s'attache à la naissance de l'État, à son histoire, à ses avancées, à son pouvoir, à ses abus. Cette survalorisation du problème de l'État, on la trouve essentiellement sous deux formes, je crois. Sous une forme immédiate, affective et tragique: c'est le lyrisme du monstre froid en face de nous. Vous avez une seconde manière de survaloriser le problème de l'État – et sous une forme paradoxale, car elle est apparemment réductrice –, c'est l'analyse qui consiste à réduire l'État à un certain nombre de fonctions comme, par exemple, le développement des forces productives, la reproduction des rapports de production; et ce rôle réducteur de l'État par rapport à autre chose rend tout de même l'État absolument essentiel comme cible à attaquer et, vous le savez bien, comme position privilégiée à occuper. Or l'État, pas plus actuellement sans doute que dans le cours de son histoire, n'a eu cette unité, cette individualité, cette fonctionnalité rigoureuse et je dirais même cette importance. Après tout, l'État n'est peut-être qu'une réalité composite et une abstraction mythifiée dont l'importance est beaucoup plus réduite qu'on ne le croit.

Michel FOUCAULT, « Cours du 1er février 1978 », *Sécurité, territoire, population*, 2004.

▶ LA TECHNIQUE
▶ LE TRAVAIL

1 La cadence d'une chaîne de montage dans une usine dépend d'un dispositif technique. La technique peut-elle exercer un pouvoir ?

2 Le pouvoir est-il toujours visible ?

FOUCAULT DIT AUSSI

« Voyez par exemple comme vous êtes assis en rang devant moi. C'est une position qui peut-être vous paraît naturelle, mais il est bon de rappeler cependant qu'elle est relativement récente dans l'histoire de la civilisation, et qu'il est possible encore au début du XIXe siècle de trouver des écoles où les élèves se présentent en groupe debout, autour d'un professeur qui leur fait cours. Et cela implique, évidemment, que le professeur ne puisse pas les surveiller réellement et individuellement : il y a le groupe des élèves et puis le professeur. Actuellement, vous êtes placés ainsi en rang, le regard du professeur peut individualiser chacun, peut les appeler pour savoir s'ils sont présents, ce qu'ils font, s'ils rêvent, s'ils bâillent... Ce sont là des futilités, néanmoins des futilités très importantes, car finalement, au niveau de toute une série d'exercices de pouvoir, c'est bien dans ces petites techniques que ces nouveaux mécanismes ont pu s'investir, ont pu fonctionner. »

Michel FOUCAULT, *Les Mailles du pouvoir*, 1976.

? Qu'est-ce qu'être discipliné ?

AUX FRONTIÈRES DE LA PHILOSOPHIE

Dans son roman posthume *Le Procès,* Kafka relate la façon dont Joseph K. se trouve pris dans les rouages de l'appareil judiciaire et policier de l'État, sans savoir pourquoi il a été arrêté. Il met ainsi en avant le caractère possiblement vide de sens et incompréhensible de la bureaucratie des États modernes.

« [T]out en étant accusé, je cherche en vain la moindre culpabilité qui puisse motiver cette accusation. Mais cela même est accessoire, l'essentiel est de savoir par qui je suis accusé. Quelle est l'administration qui intente cette action ? Êtes-vous fonctionnaires ? Aucun d'entre vous ne porte d'uniforme, à moins de considérer votre vêtement – ici K. se tourna vers Franz – comme un uniforme, mais c'est plutôt un costume de voyage. Je demande qu'on tire ces questions au clair et, quand ce sera chose faite, je suis convaincu que nous nous séparerons les meilleurs amis du monde.
L'inspecteur reposa sèchement la boîte d'allumettes sur la table et répliqua :
– Vous êtes tout à fait dans l'erreur. Ces messieurs et moi-même, nous ne jouons qu'un rôle très accessoire dans votre affaire, dont nous ne savons même presque rien. Quand bien même nous porterions les uniformes les plus réglementaires, votre histoire ne se présenterait pas plus mal. Je ne peux pas vous dire que vous êtes accusé ou, plutôt, je ne sais pas si vous l'êtes. Vous êtes arrêté, c'est exact, mais je ne sais rien de plus. »

Franz KAFKA, *Le Procès*, posth. 1925,
trad. B. Lortholary, 1983.

Orson WELLES, *Le Procès*, 1962.

Dans son adaptation cinématographique du roman de Kafka, *Le Procès*, Orson Welles aborde la question de l'État par le biais du problème de la bureaucratie, c'est-à-dire par le biais du pouvoir attribué à ceux qui travaillent dans les bureaux de l'administration et du gouvernement pour assurer le bon fonctionnement de l'État.

? Peut-on être seul dans un État ?

? L'unité de l'État écrase-t-elle les différences entre les individus ?

Les limites de l'État

La réalité des États ne correspond pas à l'idée d'État. Comment les en rapprocher ? Faut-il veiller à la séparation des pouvoirs (texte 12, Montesquieu) ou aux droits des individus ? (texte 13, Tocqueville) Chaque État doit-il savoir se limiter au profit d'institutions internationales ? (texte 14, Kant)

MONTESQUIEU
1689-1755

TEXTE 12

Pourquoi faut-il séparer les différents pouvoirs ?

Dans un État tyrannique, tous les pouvoirs ne font qu'un. Un État républicain peut-il limiter son propre pouvoir en séparant le pouvoir législatif, le pouvoir exécutif et le pouvoir judiciaire ?

Il y a dans chaque État trois sortes de pouvoirs ; la puissance législative, la puissance exécutrice des choses qui dépendent du droit des gens, et la puissance exécutrice de celles qui dépendent du droit civil. Par la première, le prince ou le magistrat fait des lois pour un temps ou pour toujours, et corrige ou abroge celles qui sont faites. Par la seconde, il fait la paix ou la guerre, envoie ou reçoit des ambassades, établit la sûreté, prévient les invasions. Par la troisième, il punit les crimes, ou juge les différends des particuliers. On appellera cette dernière la puissance de juger, et l'autre simplement la puissance exécutrice de l'État. La liberté politique dans un citoyen est cette tranquillité d'esprit qui provient de l'opinion que chacun a de sa sûreté ; et pour qu'on ait cette liberté, il faut que le gouvernement soit tel, qu'un citoyen ne puisse pas craindre un autre citoyen. Lorsque dans la même personne ou dans le même corps de magistrature, la puissance législative est réunie à la puissance exécutrice, il n'y a point de liberté ; parce qu'on peut craindre que le même monarque ou le même sénat ne fasse des lois tyranniques, pour les exécuter tyranniquement. Il n'y a point encore de liberté, si la puissance de juger n'est pas séparée de la puissance législative et de l'exécutrice. Si elle était jointe à la puissance législative, le pouvoir sur la vie et la liberté des citoyens serait arbitraire ; car le juge serait législateur. Si elle était jointe à la puissance exécutrice, le juge pourrait avoir la force d'un oppresseur. Tout serait perdu, si le même homme, ou le même corps des principaux, ou des nobles, ou du peuple, exerçaient ces trois pouvoirs : celui de faire des lois, celui d'exécuter les résolutions publiques, et celui de juger les crimes ou les différends des particuliers.

MONTESQUIEU, *De l'esprit des lois*, XI, § 6, 1748.

▶ LA JUSTICE
▶ LA LIBERTÉ

1. Pourquoi l'institution qui fait les lois ne doit-elle pas elle-même être chargée de leur exécution ?
2. Qu'est-ce qu'un contre-pouvoir ?

Alexis de TOCQUEVILLE
1805-1859

TEXTE 13 COMMENTÉ

Qu'est-ce qu'un État démocratique ?

Dans *De la démocratie en Amérique*, Tocqueville déploie une analyse détaillée et sans concession de l'essor de la démocratie dans les sociétés modernes. En même temps que l'État se démocratise, la vie individuelle prend une valeur politique. Comment garantir les droits des individus ?

Ainsi, il ne s'agit point de reconstruire une société aristocratique[1], mais de faire sortir la liberté du sein de la société démocratique où Dieu nous fait vivre. [...] Au lieu de remettre au souverain seul tous les pouvoirs administratifs qu'on enlève à des corporations ou à des nobles, on peut en confier une partie à des corps secondaires temporairement formés de simples citoyens ; de cette manière, la liberté des particuliers sera plus sûre, sans que leur égalité soit moindre. [...]

Je conviendrai sans peine qu'à une époque d'égalité comme la nôtre, il serait injuste et déraisonnable d'instituer des fonctionnaires héréditaires ; mais rien n'empêche de leur substituer, dans une certaine mesure, des fonctionnaires électifs. L'élection est un expédient démocratique qui assure l'indépendance du fonctionnaire vis-à-vis du pouvoir central, autant et plus que ne saurait le faire l'hérédité chez les peuples aristocratiques. [...]

C'est donc surtout dans les temps démocratiques où nous sommes que les vrais amis de la liberté et de la grandeur humaine doivent, sans cesse, se tenir debout et prêts à empêcher que le pouvoir social ne sacrifie légèrement les droits particuliers de quelques individus à l'exécution générale de ses desseins. Il n'y a point dans ces temps-là de citoyen si obscur qu'il ne soit très dangereux de laisser opprimer, ni de droits individuels si peu importants qu'on puisse impunément livrer à l'arbitraire. La raison en est simple : quand on viole le droit particulier d'un individu dans un temps où l'esprit humain est pénétré de l'importance et de la sainteté des droits de cette espèce, on ne fait de mal qu'à celui qu'on dépouille ; mais violer un droit semblable, de nos jours, c'est corrompre profondément les mœurs nationales et mettre en péril la société tout entière ; parce que l'idée même de ces sortes de droits tend sans cesse parmi nous à s'altérer et à se perdre.

Alexis de TOCQUEVILLE, *De la démocratie en Amérique*, IV, 7, 1840.

1 Tocqueville fait référence à la monarchie britannique dont les États-Unis sont, jusqu'en 1776, une colonie.

LA QUESTION DU MEILLEUR RÉGIME POLITIQUE

Tocqueville aborde ici l'analyse de la démocratie par le détour des autres régimes politiques possibles. Ce type d'analyse était très largement répandu dans la pensée antique, qui s'intéressait à la question de savoir quel était le meilleur mode d'organisation de l'exercice du pouvoir : était-ce la démocratie ? la monarchie ? l'aristocratie ? Tocqueville aborde la domination progressive et inévitable de la démocratie, tout en indiquant les conséquences problématiques que cette domination peut engendrer au niveau politique : l'individu s'autonomise et se désintéresse des affaires politiques, risquant par là même de laisser s'installer un despotisme discret mais bien réel.

LES DROITS DES MINORITÉS

Le problème propre à la la démocratie est de savoir comment éviter que la majorité n'impose sa loi à la minorité. La majorité n'est que le plus grand nombre, ce n'est pas l'unanimité.

1 Qu'est-ce qu'un pouvoir arbitraire ?

2 L'État doit-il respecter les droits des individus ?

Emmanuel KANT
1724-1804

TEXTE 14

Les différents États peuvent-ils s'unir ?

Chaque État assure à ses propres citoyens la sécurité sur son propre des territoires. Mais la paix à l'intérieur de ses frontières reste suspendue à l'insécurité extérieure. Dès lors, tout État peut-il échapper au problème de ses relations aux autres États. L'unité intérieure d'un État ne reste-t-elle pas exposée à la multiplicité des États ? Les différents États peuvent-il se réaliser sans se fédérer ? (voir LA JUSTICE, texte 15, p. 222)

Les peuples, en tant qu'États, peuvent être jugés comme des individus ; dans leur état de nature (c'est-à-dire indépendant des lois extérieures), ils se lèsent mutuellement déjà du fait qu'ils sont voisins et chacun, en vue de sa sécurité, peut et doit exiger de l'autre qu'il se soumette avec lui à une constitituion semblable à la constitution civile où chacun peut voir son droit garanti. Ceci constituerait une *fédération des peuples* qui ne serait pas néanmoins nécessairement un État fédératif. Il y aurait cependant là une contradiction, tout État, en effet, comprend le rapport d'un *supérieur* (le législateur) à un *inférieur* (qui obéit, à savoir le peuple) mais beaucoup de peuples en un État ne constituerait qu'un peuple ce qui (puisque nous devons ici estimer les droits réciproques des peuples en tant qu'ils constituent un nombre déterminé d'États différents sans se confondre en un seul État) contredit l'hypothèse. [...]

[C]haque État fait bien plutôt consister sa Majesté (car majesté du peuple est une expression absurde) à ne se soumettre à aucune contrainte légale extérieure, et la gloire de son souverain consiste à pouvoir disposer, sans avoir à s'exposer au péril lui-même, de milliers de gens prêts à se sacrifier pour une cause qui ne les concerne pas ; et la différence entre les sauvages d'Europe et ceux d'Amérique consiste principalement en ceci que, si maintes tribus de ces sauvages ont été entièrement dévorés parleurs ennemis, les premiers savent mieux utiliser les vaincus que de les faire servir à leurs repas ; ils préfèrent augmenter grâce à eux le nombre de leurs sujets, par conséquent aussi la quantité des instruments à employer en vue de guerres encore plus importantes.

Quand on connaît la méchanceté de la nature humaine qui se montre ouvertement dans les libres relations des peuples (tandis que dans l'état civil et juridique elle se voile sous la contriante du gouvernement, il est toutefois étonnant que le mot *droit* n'ait pas été encore tout à fait banni, comme pédantesque, de la politique guerrière et qu'aucun État n'ai encore eu l'audace de se ranger publiquement à cet avis.

Emmanuel KANT, *Projet de paix perpétuelle*, 1795,
trad. J. Gibelin, 1970.

▶ LA JUSTICE
▶ LA NATURE

1. Pourquoi la notion d'État pose-t-elle un problème de politique internationale ?
2. Qu'est-ce qu'une fédération ?

KANT DIT AUSSI

« Des États en relations réciproques ne peuvent sortir de l'état anarchique, qui n'est autre chose que la guerre, d'aucune autre manière rationnelle qu'ne renonçant, comme des particuliers, à leur liberté barbare (anarchique), en se soumettant à des lois publiques de contrainte, formant ainsi un *État des nations.* »

Emmanuel KANT, *Projet de paix perpétuelle*, 1795, trad. J. Gibelin, 1970.

? Les États peuvent-ils se dispenser de s'envisager réciproquement dans l'horizon d'une République mondiale ?

MATIÈRE À PENSER

État et justice internationale

Au sortir de la Seconde Guerre mondiale, les Alliés décident ensemble de mettre en place le procès de Nuremberg, à partir de novembre 1945, pour procéder à une sanction juridique exemplaire des crimes de guerre et des crimes contre l'humanité commis entre 1939 et 1945, et autorisés par le régime nazi. Trois des chefs d'accusation – le « complot contre la paix », « le crime contre la paix » et le « crime contre l'humanité » – sont reconnus juridiquement pour la première fois.

La question est alors la suivante : quelle institution doit juger l'État allemand pour ses crimes, qui ne sont pas simplement des crimes contre d'autres États et d'autres peuples, mais des crimes contre l'humanité elle-même ? Des tribunaux supra-étatiques se mettent progressivement en place pour répondre à cette question, par l'intermédiaire de l'Organisation des Nations unies : on peut évoquer, par exemple, la Cour pénale internationale du tribunal de La Haye (1998).
Dans le cas du procès Eichmann à Jérusalem, qui entend juger l'un des plus grands criminels de guerre du régime nazi, la justice est rendue par un État. C'est un point que met en évidence Hannah Arendt et qu'elle problématise : un État particulier peut-il rendre la justice pour l'humanité et au nom de l'humanité ? Ou est-il préférable de faire appel à une institution internationale ?

« La question la plus souvent posée à propos du procès Eichmann : à quoi sert-il ? ne peut avoir qu'une réponse : à rendre justice.
Trois sortes d'objections ont été faites au procès Eichmann. Il y eut, premièrement, les objections adressées aux procès de Nuremberg et reprises pour l'occasion : Eichmann était jugé en vertu d'une loi rétroactive et il comparaissait devant le tribunal des vainqueurs. Il y eut, deuxièmement, les objections ne s'appliquant qu'au tribunal de Jérusalem dont la compétence comme telle était mise en question ainsi que son échec à tenir compte du fait de l'enlèvement. Il y eut, enfin, les objections les plus importantes qui, parce qu'elles visaient l'accusation elle-même inculpant Eichmann de crimes « contre le peuple juif » et non « contre l'humanité » visaient par conséquent la loi en vertu de laquelle il était jugé ; conclusion logique que seul un tribunal international convenait pour juger ce genre de crime. »

Hannah ARENDT, *Eichmann à Jérusalem. Rapport sur la banalité du mal*, 1963, trad. A. Guérin et révisée par M. Leibovici, 1966.

Hannah Arendt et un collègue journaliste. Elle a suivi tout le le procès d'Adolf Eichman à Jérusalem, 1961.

Hanna ARENDT, *Eichmann à Jérusalem. Rapport sur la banalité du mal*, sur Adolf Eichmann, nazi organisateur de la solution finale, 1963.

▶ LA JUSTICE

? Qu'est-ce qui différencie les droits de citoyens et les droits de l'homme ?

CINÉ PHILO

La Prise du pouvoir par Louis XIV

ROBERTO ROSSELINI, 1966

Dans ce film, Rosselini relate la naissance d'un chef d'État. Au moment de son accession au trône en 1643, Louis XIV n'a que cinq ans. Le cardinal Mazarin, son régent, l'aide à diriger le royaume. En 1661, peu avant la mort du cardinal, Louis XIV annonce son intention de régner seul. On considère aujourd'hui cette décision, qui inquiète Mazarin, comme étant « la prise du pouvoir par Louis XIV ».
Le film montre comment Louis XIV acquiert alors progressivement de l'autorité, personnalise le pouvoir royal et instaure une nouvelle façon de régner et diriger l'État.

L'INCONSCIENT

Johann Heinrich FÜSSLI, *Le Cauchemar*, 1781, Detroit Institut of Arts, Détroit.

Ce tableau du peintre anglais d'origine suisse Johann Heinrich Füssli (1741-1825) dépeint une femme endormie, en proie au cauchemar, représenté ici par le démon et la tête de cheval.

ARRÊT SUR IMAGE

1 Selon vous, à quoi donnent accès les rêves ?

2 D'après l'observation de ce tableau, quelles sont les caractéristiques principales des productions inconscientes du personnage endormi ?

L'INCONSCIENT EN QUESTION

Notre rapport au monde et à nous-mêmes est-il intégralement soluble dans notre expérience consciente ? Il est assurément permis d'en douter. C'est pourquoi certains philosophes ou psychologues ont forgé la catégorie d'inconscient. Mais qu'entendent-ils exactement par là ?

1 L'INCONSCIENT COGNITIF Qu'elle intéresse notre environnement extérieur ou nos opérations mentales, notre perception est le plus souvent partielle et sélective. Si bien que, tout en contribuant à la permettre, nombre d'événements ne sont pas représentés dans son champ actuel et demeurent ainsi inconscients, c'est-à-dire subliminaux : situés en deçà du seuil de la conscience. Ici, la catégorie d'inconscient relève donc de la philosophie de la connaissance et constitue une ressource absolument incontournable pour tous ceux qui se posent la question suivante : quelle place et quelle fonction reconnaître à l'irréfléchi, à l'impensé et à l'insu, dans l'analyse de nos compétences cognitives ? (p. 172 à p. 177)

2 L'INCONSCIENT PSYCHANALYTIQUE Entre la fin du XIXe et le début du XXe siècle, Sigmund Freud invente la psychanalyse, une nouvelle technique psychothérapeutique visant à soulager les personnes atteintes de troubles nerveux. Pour lui, ceux-ci s'expliquent par la pression interne, mais inconsciente, de pulsions sexuelles et agressives refoulées, parce que socialement intolérables et condamnées. Considérée sous cet angle, la catégorie d'inconscient participe maintenant d'une philosophie morale soucieuse d'attirer l'attention sur les limites de la transparence du sujet à lui-même et les ressorts inavoués de sa conduite. Cela étant, quelles sont les propriétés précises de cet inconscient psychanalytique et comment se manifeste-t-il ? (p. 178 à p. 183)

3 LA NOTION D'INCONSCIENT COLLECTIF En règle générale, c'est à la seule échelle individuelle qu'on parle d'inconscient. Parmi les auteurs qui ont recours à cette catégorie, plusieurs ont toutefois soulevé un problème qu'on ne peut guère ignorer : l'inconscient est-il strictement personnel ou bien a-t-il plutôt, voire également, une réalité collective ? (p. 184 à p. 185)

4 L'INCONSCIENT EN DÉBAT Parce que Freud présente la psychanalyse comme une science, son œuvre a d'emblée suscité un certain nombre de débats épistémologiques encore actuels, qui importent au plus haut point à l'intelligence de la catégorie d'inconscient. Que recouvrent-ils ? (p. 186 à p. 189)

5 RÉSISTANCE D'UNE HYPOTHÈSE Entre l'acception psychanalytique et neuroscientifique de l'inconscient, notre époque a de plus en plus tendance à privilégier la seconde. Pourquoi ? Faut-il s'en féliciter ? (p. 190 à p. 193)

PANORAMA DE LA NOTION

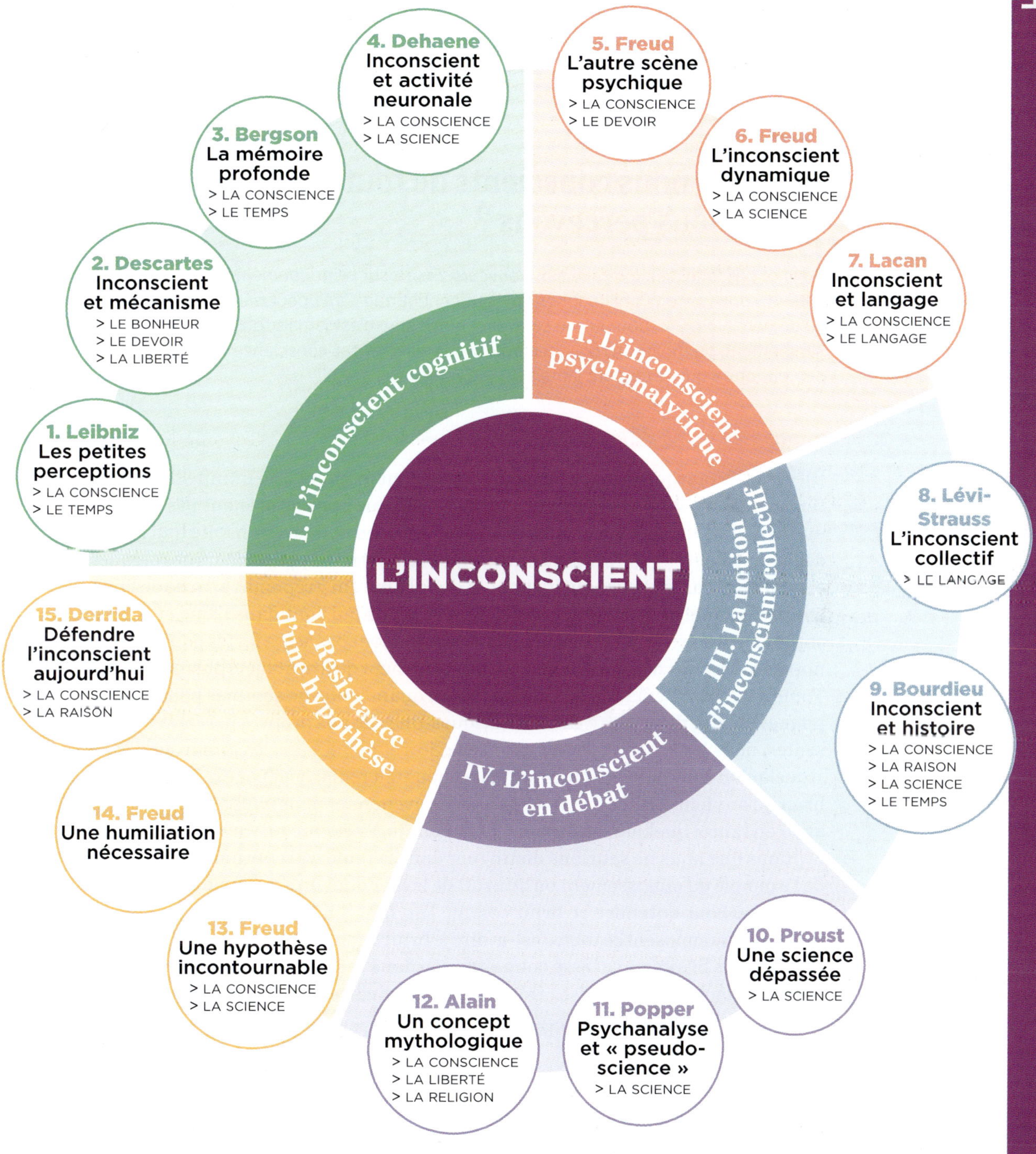

L'inconscient cognitif

Le terme « inconscient » a d'abord un sens étroitement épistémologique. Car il signifie *a minima* un défaut de *connaissance*. Un défaut de connaissance *de soi* ou, plus précisément, des conditions et des causes sous-jacentes à la pensée et à l'expérience conscientes. Mais quelles sont-elles justement ? S'agit-il de « petites perceptions » subliminales (texte 1, Leibniz), de mécanismes associatifs (texte 2, Descartes), de souvenirs à jamais vivants dans notre mémoire profonde (texte 3, Bergson), ou bien encore d'opérations cérébrales ? (texte 4, Dehaene)

Gottfried Wilhelm LEIBNIZ
1646-1716

TEXTE 1

Sommes-nous conscients de tout ce que nous percevons ?

Dans ce passage de la préface aux *Nouveaux Essais sur l'entendement humain,* Leibniz entend s'opposer aux philosophes qui soutiennent que l'âme peut parfois cesser de penser ou de percevoir. Car, pour lui, au contraire, notre âme n'est jamais tout à fait en repos. Simplement, du moins en règle générale, nous n'avons pas conscience des « petites perceptions » qui ne cessent jamais de l'affecter.

[I]l y a mille marques qui font juger qu'il y a à tout moment une infinité de perceptions en nous [...]. C'est ainsi que la coutume fait que nous ne prenons pas garde au mouvement d'un moulin ou à une chute d'eau, quand nous avons habité tout auprès depuis quelque temps. Ce n'est pas que ce mouvement ne frappe toujours nos organes, et qu'il ne se passe encore quelque chose dans l'âme qui y réponde, à cause de l'harmonie de l'âme et du corps ; mais les impressions qui sont dans l'âme et dans le corps, destituées des attraits de la nouveauté, ne sont pas assez fortes pour s'attirer notre attention et notre mémoire, qui ne s'attachent qu'à des objets plus occupants. Toute attention demande de la mémoire, et quand nous ne sommes point avertis pour ainsi dire de prendre garde à quelques-unes de nos propres perceptions présentes, nous les laissons passer sans réflexion et même sans les remarquer. Mais si quelqu'un nous en avertit incontinent et nous fait remarquer par exemple quelque bruit qu'on vient d'entendre, nous nous en souvenons et nous nous apercevons d'en avoir eu tantôt quelque sentiment. [...] Et pour juger encore mieux des petites perceptions que nous ne saurions distinguer dans la foule, j'ai coutume de me servir de l'exemple du mugissement ou du bruit de la mer dont on est frappé quand on est au rivage. Pour entendre ce bruit comme l'on fait, il faut bien qu'on entende les parties qui composent ce tout, c'est-à-dire le bruit de chaque vague, quoique chacun de ces petits bruits ne se fasse connaître que dans l'assemblage confus de tous les autres ensemble, et qu'il ne se remarquerait pas si cette vague qui le fait était seule.

Gottfried Wilhelm LEIBNIZ, *Nouveaux Essais sur l'entendement humain*, Préface, 1765.

▶ LA CONSCIENCE
▶ LE TEMPS

1. Quels sont les traits caractéristiques des « petites perceptions » selon Leibniz ?
2. Pourquoi les « petites perceptions » échappent-elles à la conscience ?

René DESCARTES
1596-1650

TEXTE 2

L'inconscient, le passé fait mécanisme ?

S'adressant à son ami Pierre Chanut, Descartes rapporte ici une anecdote personnelle qui lui permet de montrer que nos passions dépendent d'un mécanisme dont n'avons le plus souvent pas conscience, mais qu'il suffit d'identifier pour qu'elles s'atténuent, voire s'éteignent.

[L]es objets qui touchent nos sens meuvent par l'entremise des nerfs quelques parties de notre cerveau, et y font comme certains plis, qui se défont lorsque lorsque l'objet cesse d'agir ; mais la partie où ils ont été faits demeure par après disposée à être pliée derechef en la même façon par un autre objet qui ressemble en quelque chose au précédent, encore qu'il ne lui ressemble pas en tout. Par exemple, lorsque j'étais enfant, j'aimais une fille de mon âge, qui était un peu louche ; au moyen de quoi, l'impression qui se faisait par la vue en mon cerveau, quand je regardais ses yeux égarés, se joignait tellement à celle qui s'y faisait aussi pour émouvoir la passion de l'amour, que longtemps après, en voyant des personnes louches, je me sentais plus enclin à les aimer qu'à en aimer d'autres, pour cela seul qu'elles avaient ce défaut; et je ne savais pas néanmoins que ce fût pour cela. Au contraire, depuis que j'y ai fait réflexion, et que j'ai reconnu que c'était un défaut, je n'en ai plus été ému. Ainsi, lorsque nous sommes portés à aimer quelqu'un, sans que nous en sachions la cause, nous pouvons croire que cela vient de ce qu'il y a quelque chose en lui de semblable à ce qui a été dans un autre objet que nous avons aimé auparavant, encore que nous ne sachions pas ce que c'est. Et bien que ce soit plus ordinairement une perfection qu'un défaut, qui nous attire ainsi à l'amour, toutefois, à cause que ce peut être quelquefois un défaut, comme en l'exemple que j'en ai apporté, un homme sage ne se doit pas laisser entièrement aller à cette passion, avant que d'avoir considéré le mérite de la personne pour laquelle nous nous sentons émus. Mais, à cause que nous ne pouvons pas aimer également tous ceux en qui nous remarquons des mérites égaux, je crois que nous sommes seulement obligés de les estimer également; et que, le principal bien de la vie étant d'avoir de l'amitié pour quelques-uns, nous avons raison de préférer ceux à qui nos inclinations secrètes nous joignent, pourvu que nous remarquions aussi en eux du mérite.

René DESCARTES, « À Chanut », La Haye, 6 juin 1647.

▶ LE BONHEUR
▶ LE DEVOIR
▶ LA LIBERTÉ

1 Pourquoi, longtemps après son enfance, Descartes se sentait-il « plus enclin [...] à aimer » des « personnes louches » ?

2 Suffit-il vraiment de s'aviser des causes d'une passion pour s'en dégager ?

Henri BERGSON
1859-1941

TEXTE 3 COMMENTÉ

L'inconscient, l'autre nom de la mémoire ?

Dans ce texte issu d'une conférence prononcée en 1901, Bergson soutient que la conscience est comme la pointe d'une pyramide dont la base correspondrait à notre mémoire profonde, c'est-à-dire à l'intégralité des expériences que nous avons vécues, mais dont nous nous sommes ensuite détournés pour mieux pouvoir agir.

Derrière les souvenirs qui viennent se poser ainsi sur notre occupation présente et se révéler au moyen d'elle, il y en a d'autres, des milliers et des milliers d'autres, en bas, au-dessous de la scène illuminée par la conscience. Oui, je crois que notre vie passée est là, conservée jusque dans ses moindres détails, et que nous n'oublions rien, et que tout ce que nous avons perçu, pensé, voulu depuis le premier éveil de notre conscience, persiste indéfiniment. Mais les souvenirs que ma mémoire conserve ainsi dans ses plus obscures profondeurs y sont à l'état de fantômes invisibles. Ils aspirent peut-être à la lumière : ils n'essaient pourtant pas d'y remonter ; ils savent que c'est impossible, et que moi, être vivant et agissant, j'ai autre chose à faire que de m'occuper d'eux. Mais supposez qu'à un moment donné *je me désintéresse* de la situation présente, de l'action pressante, enfin de ce qui concentrait sur un seul point toutes les activités de la mémoire. Supposez, en d'autres termes, que je m'endorme. Alors ces souvenirs immobiles, sentant que je viens d'écarter l'obstacle, de soulever la trappe qui les maintenait dans le sous-sol de la conscience, se mettent en mouvement. Ils se lèvent, ils s'agitent, ils exécutent, dans la nuit de l'inconscient, une immense danse macabre. Et, tous ensemble, ils courent à la porte qui vient de s'entrouvrir.

Henri BERGSON, « Le Rêve », *L'Énergie spirituelle*, 1919.

▶ LA CONSCIENCE
▶ LE TEMPS

INCONSCIENT ET SOUVENIRS

Poursuivant une réflexion consacrée au rêve, Bergson commence ici par distinguer deux catégories de souvenirs : ceux que notre occupation du moment réveille et tous les autres, qui demeurent quant à eux inconscients. Bien qu'il n'y soit jamais expressément question de la notion d'inconscient, ces premières lignes n'en soulèvent donc pas moins un problème que celle-ci est seule à permettre de résoudre : comment se fait-il que notre mémoire contienne de très nombreux souvenirs dont nous n'avons plus conscience, et que nous ne nous remémorons souvent qu'involontairement, à l'occasion de situations particulières ? Comment se fait-il que nous n'oubliions rien, et que nous n'ayons pourtant pas toujours conscience de nos souvenirs ?

LA DYNAMIQUE DES SOUVENIRS INCONSCIENTS

Pour Bergson, nos souvenirs inconscients ne sont pas de simples archives, mais des images encore investies d'une force qui les pousse vers la conscience, dès lors que l'individu n'est plus accaparé par les nécessités de l'action quotidienne. Ils sont ainsi marqués par une dynamique particulière : dès que l'espace de la conscience est libre, c'est-à-dire dès que la conscience cesse de vouloir inscrire son action dans le monde, ils tendent à y pénétrer.

1 À l'aide quelle métaphore Bergson décrit-il le type de souvenirs dont il parle ?

2 Pourquoi l'action empêche-t-elle le retour des souvenirs inconscients dans la conscience ?

John F. PETO, *Vieux souvenirs*, v. 1881-1901, Metropolitan Museum of Art, New York.

Carte postale, photographie, morceaux de papier, cahier, journal : l'artiste a ici disposé, pêle-mêle, tout un ensemble de « souvenirs », un terme qui désigne aussi bien le phénomène psychologique que les restes matériels du passé, ses *traces*.

? Jusqu'à quel point la mémoire peut-elle être comparée à un tiroir ou à un coffre rempli des vieilleries dont on ne sait plus que faire ?

→ VERS LE BAC

Rédiger l'introduction de dissertation du sujet suivant : « Peut-on faire quelque chose sans en avoir conscience ? »

Stanislas DEHAENE
Né en 1965

TEXTE 4

L'inconscient est-il cérébral ?

Depuis la seconde moitié du XXe siècle, les programmes de recherche scientifique visant à mieux comprendre la fonction de la conscience se sont multipliés. Or ceux-ci ont permis de mettre en lumière une activité très complexe du cerveau en grande partie inconsciente. Mais comment concevoir qu'une action aussi élaborée puisse avoir lieu sans sujet conscient ? Stanislas Dehaene l'explique ci-dessous.

Bien des psychologues ont longtemps considéré que l'« administrateur central[1] » de notre cerveau (*central executive*) – ce système de haut niveau qui contrôle nos actes, inhibe nos réponses instinctives, passe d'une tâche à l'autre, et repère nos erreurs – était l'apanage de l'esprit conscient. Il n'en est rien : une part au moins de ces opérations se déroulent inconsciemment et peuvent être guidées par des stimuli invisibles. Considérons la faculté de nous contrôler et d'inhiber nos tendances automatiques. Imaginez que vous deviez effectuer une tâche répétitive telle qu'appuyer sur un bouton dès qu'une image apparaît sur l'écran – sauf que, de temps en temps, lorsque l'image représente un rond noir, vous devez absolument éviter de répondre (ce stimulus est appelé le signal « stop »). L'inhibition[2] d'une activité routinière est typique des fonctions de l'« administrateur central ». [...] Les sujets parviendraient-ils à refréner leurs réponses si le signal « stop » demeurait subliminal[3] ? Étonnamment, la réponse est oui. Quand le signal « stop » est présenté si brièvement qu'il en demeure invisible, la main des participants se ralentit, et il arrive même qu'ils cessent de répondre – sans savoir pourquoi, puisque le stimulus qui déclenche cette inhibition reste inconscient. Ces résultats montrent qu'*invisible* n'est pas synonyme d'*incontrôlable*. Même un panneau de « stop » inconscient peut évoquer une avalanche d'activité neuronale qui se propage jusqu'au plus profond des réseaux de l'administrateur central, ceux qui contrôlent nos actes. [...]

En bref, la psychologie cognitive[4] a amplement démontré non seulement que la perception subliminale est une réalité, mais également que toute une panoplie de processus mentaux peut se déclencher sans conscience (il est important de souligner qu'en général ils ne vont pas jusqu'à leur terme).

Stanislas DEHAENE, *Le Code de la conscience*, 2014.

1 **Administrateur central** ***(central executive)*** **:** ensemble des processus impliqués dans la visée et la réalisation de comportements volontaires individuels.

2 **Inhibition :** diminution, arrêt ou blocage d'un processus.

3 **Subliminal :** se dit de tout ce qui se situe sous le seuil de la perception consciente.

4 **Psychologie cognitive :** branche de la psychologie visant à expliquer les processus intellectuels (langage, raisonnement, perception et, de façon plus générale, tout traitement des informations par le cerveau) au moyen de procédures expérimentales. Elle prend son essor dans les années 1950.

▶ LA CONSCIENCE
▶ LA SCIENCE

1 Dans l'expérience présentée par l'auteur, qu'est-ce qui est inconscient ?

2 Comment comprendre la différence qui est ici faite entre « invisible » et « incontrôlable » ?

Ce que disent les mots

Du préfixe au signifiant

Quel sens donner au préfixe *in-*, où s'inscrit la différence entre **« conscience »** et **« inconscient »** ? Indique-t-il une privation (un défaut ou une perte de conscience momentanés) ou une négation (renvoyant à un objet fondamentalement différent, qui ouvre un autre domaine) ?

L'interprétation du préfixe comme négation, et donc comme un tout autre pouvant même englober la conscience, est déterminante pour la psychanalyse. À l'époque de Freud, différents termes allemands issus de la psychologie scientifique sont disponibles pour caractériser ce qui n'est pas conscient. Ils varient selon les préfixes utilisés : ***Un-bewusst***, ***Vor-bewusst*** et ***Unter-bewusst***, littéralement « in-conscient », « pré-conscient » et **« sub-conscient »**.

Si Freud choisit *Unbewusst*, c'est que ce terme lui permet de mieux afficher sa rupture avec les théories de l'inconscient « subliminal », celles qui expliquent l'absence de perception des représentations inconscientes par leur moindre intensité. Le terme *Unbewusst* est en effet plus apte à suggérer que l'inconscient correspond à une force ou à une poussée libidinale – tantôt sexuelle, tantôt agressive – réprimée, plutôt qu'à des activités cérébrales irréfléchies et dépourvues du caractère inacceptable qui justifie l'hypothèse d'une censure sociale interne.

Mais comment bien différencier l'autre de la conscience, à savoir le substantif **« l'Inconscient »** (parfois écrit en français avec une capitale justement, comme le sont habituellement les substantifs en allemand) et « ce qui est inconscient », à savoir l'adjectif « inconscient »? Bien traduire est d'autant plus complexe que Freud utilise aussi parfois le substantif ***Unbewusstsein*** (composé avec *sein*, « être ») ; or, en français courant, **« inconscience »** possède une tout autre connotation : « c'est de l'inconscience ! » dénote une témérité imprudente. Freud utilise aussi le substantif ***Unbewusstheit*** (avec le suffixe qui indique une nature ou une caractéristique essentielle, comme le français *-ité*), pour lequel il faudrait inventer le néologisme **« inconscientialité »**.

L'anglais a sans doute moins de mal que le français, grâce à la différence entre ***unconscious*** (l'adjectif « inconscient ») et ***unconsciousness*** (le substantif « Inconscient »), déjà présent comme tel dans la langue. On notera que la publication des œuvres complètes de Freud s'est d'abord faite en Angleterre : c'est la *Standard Edition* sous la direction de James Strachey (1953-1974).

De son côté, Jacques Lacan a parfois proposé des traductions volontairement suggestives et provocatrices du terme « inconscient » : **« l'une-bévue »** pour *Un-bewusst*, notamment. Façon de jouer avec le signifiant – c'est-à-dire avec la manière dont les sons, et les équivoques qu'ils font entendre, peuvent se mettre à signifier. C'est ainsi qu'en 1976-1977, il intitule son séminaire : « L'insu que sait de l'une-bévue s'aile à mourre », liant dans un jeu sur les mots français et allemands à la fois **« l'insu »** – ce qu'on ne sait pas –, la **« bévue »** – le lapsus et l'acte manqué –, la **« mourre »** – ce jeu de hasard dans lequel deux personnes se montrent simultanément des doigts dressés en criant un chiffre (celui qui donne le chiffre juste pour l'autre gagne) – et **« l'amour »** – ce petit dieu ailé qui nous effleure parfois sans qu'on le sache ni le veuille.

L'inconscient psychanalytique ?

Dans son acception spécifiquement psychanalytique, la notion d'inconscient ne renvoie plus seulement à un défaut de connaissance, mais à une instance psychique numériquement distincte de la conscience et la contestant. D'où le conflit intérieur qui caractérise le type de trouble nerveux que Freud nomme « névrose ». Mais comment faut-il concevoir un tel conflit ? Comme l'opposition de deux « lieux » dans l'âme ou l'esprit ? (texte 5, Freud) De deux forces ? (texte 6, Freud) De deux langues ? (texte 6, Lacan)

Sigmund FREUD
1856-1939

TEXTE 5

L'inconscient, un autre lieu dans le psychisme ?

Freud présente ici à un public de médecins non initiés à la psychanalyse l'une des moutures de sa théorie de l' « appareil psychique ». D'où sa décision de s'en tenir au point de vue le plus « simple » ou le plus « commode », celui qu'il appelle « topique » (du grec *topos* qui signifie « lieu »), lequel consiste à se représenter l'esprit ou l'âme comme un système de « lieux » distincts, où nos pulsions – sexuelles et/ou agressives – sont tantôt admises tantôt refoulées, en fonction de leur compatibilité avec les exigences sociales et morales que notre éducation nous a conduits à intérioriser (« censure »).

La représentation la plus simple de ce système est pour nous la plus commode : c'est la représentation spatiale. Nous assimilons donc le système de l'inconscient à une grande antichambre, dans laquelle les tendances psychiques se pressent, tels des êtres vivants. À cette antichambre est attenante une autre pièce, plus étroite, une sorte de salon, dans lequel séjourne la conscience. Mais à l'entrée de l'antichambre, dans le salon veille un gardien qui inspecte chaque tendance psychique, lui impose la censure[1] et l'empêche d'entrer au salon si elle lui déplaît. Que le gardien renvoie une tendance donnée dès le seuil ou qu'il lui fasse repasser le seuil après qu'elle ait pénétré dans le salon, la différence n'est pas bien grande et le résultat est à peu près le même. Tout dépend du degré de sa vigilance et de sa perspicacité. Cette image a pour nous cet avantage qu'elle nous permet de développer notre nomenclature. Les tendances qui se trouvent dans l'antichambre réservée à l'inconscient échappent au regard du conscient qui séjourne dans la pièce voisine. Elles sont donc tout d'abord inconscientes. Lorsque, après avoir pénétré jusqu'au seuil, elles sont renvoyées par le gardien, c'est qu'elles sont incapables de devenir conscientes : nous disons alors qu'elles sont *refoulées*. Mais les tendances auxquelles le gardien a permis de franchir le seuil ne sont pas devenues pour cela nécessairement conscientes ; elles peuvent le devenir si elles réussissent à attirer sur elles le regard de la conscience. Nous appellerons donc cette deuxième pièce système du *préconscient*. Le fait pour un processus de devenir conscient garde ainsi son sens purement descriptif. L'essence du refoulement[2] consiste en ce qu'une tendance donnée est empêchée par le gardien de pénétrer de l'inconscient dans le préconscient. Et c'est ce gardien qui nous apparaît sous la forme d'une résistance[3], lorsque nous essayons, par le traitement analytique, de mettre fin au refoulement.

Sigmund FREUD, *Introduction à la psychanalyse*, 1916, trad. S. Jankélévitch modifiée, 1922.

1 Censure : exercice, par une autorité politique, d'un droit de surveiller et de modifier le contenu de diverses formes d'expression avant leur publication. D'où les écrits tronqués, voire inintelligibles qui peuvent en résulter. Ici, la censure est le nom métaphorique de l'instance qui régule l'accès des contenus psychiques à la conscience.

2 Refoulement : mécanisme psychique de type défensif aboutissant à rejeter hors du champ de la conscience les représentations inacceptables arrêtées par la censure. Il se distingue de la répression, qui intéresse, quant à elle, le rejet des affects.

3 Résistance : réaction d'opposition affective à la levée d'un refoulement. Au cours d'une analyse, elle se manifeste le plus souvent par la rupture de la chaîne associative et le silence.

▶ LA CONSCIENCE
▶ LE DEVOIR

1 Quelle est la différence entre l'inconscient et le préconscient ?

2 Pourquoi la censure empêche-t-elle les tendances inconscientes de passer dans le conscient ?

AUX FRONTIÈRES DE LA PHILOSOPHIE

Dans l'extrait qui suit, André Breton, écrivain et principal théoricien du surréalisme, soutient que l'exploration de l'inconscient appartient aussi bien aux poètes qu'aux savants.

« L'imagination est peut-être sur le point de reprendre ses droits. Si les profondeurs de notre esprit recèlent d'étranges forces capables d'augmenter celles de la surface, ou de lutter victorieusement contre elles, il a tout intérêt à les capter, à les capter d'abord, pour les soumettre ensuite, s'il y a lieu, au contrôle de notre raison. Les analystes eux-mêmes n'ont qu'à y gagner. Mais il importe d'observer qu'aucun moyen n'est désigné *a priori* pour la conduite de cette entreprise, que jusqu'à nouvel ordre elle peut passer pour être aussi bien du ressort des poètes que des savants et que son succès ne dépend pas des voies plus ou moins capricieuses qui seront suivies. »

André BRETON, *Manifeste du surréalisme*, 1924.

(?) S'agissant de l'inconscient, n'y a-t-il pas plutôt lieu d'opposer le témoignage aveugle de l'artiste à l'intelligence des causes qui signale le savant ?

FREUD DIT AUSSI

« [L]es poètes ont des qualités [...] : avant tout une fine sensibilité, qui leur fait percevoir les mouvements cachés de l'âme d'autrui, et le courage de laisser parler leur propre inconscient. Mais du point de vue de la connaissance, quelque chose vient diminuer la valeur de ce qu'ils nous communiquent. Les poètes sont tenus de provoquer un plaisir intellectuel et esthétique ainsi que certains sentiments déterminés ; aussi ne peuvent-ils représenter la réalité telle quelle, sans l'avoir modifiée [...]. En outre, ils ne peuvent montrer que peu d'intérêt pour l'origine et le développement des états de l'âme qu'ils décrivent sous une forme achevée. »

Sigmund FREUD, « Contributions à la psychologie de la vie amoureuse », *La Vie sexuelle*, 1907-1931, trad. D. Berger, J. Laplanche et coll., 1969.

(?) Que l'apport des poètes n'ait pas de valeur scientifique signifie-t-il qu'il n'en ait aucune pour la connaissance de soi ?

Sigmund FREUD
1856-1939

TEXTE 6 **COMMENTÉ**

L'inconscient, une autre force psychique ?

Pour Freud, l'analyse complète d'un phénomène psychique exige de conjuguer trois modes de considération : « topique », « économique » et « dynamique ». Le premier consiste à rattacher le phénomène psychique concerné à un système déterminé de l'appareil psychique, qui peut être comparé à un « lieu » **(voir texte 5)** ; le deuxième, à mesurer l'intensité de l'énergie pulsionnelle qu'il mobilise ; le troisième, à l'envisager comme la résultante d'un conflit de forces. Ici, Freud définit l'inconscient sous ces deux derniers angles.

La division du psychique en conscient et inconscient est la présupposition fondamentale de la psychanalyse : elle seule lui donne la possibilité de comprendre les processus pathologiques aussi fréquents qu'importants de la vie de l'âme, et de les faire entrer dans le cadre de la science. Encore une fois et en d'autres termes : la psychanalyse ne peut situer l'essence du psychique dans la conscience mais doit considérer la conscience comme une qualité du psychique qui peut s'ajouter à d'autres qualités ou rester absente.

[...] Pour la plupart de ceux qui ont une culture philosophique, l'idée d'un fait psychique qui ne soit, aussi, conscient est si inconcevable qu'elle leur paraît absurde et réfutable par la simple logique. Cela vient tout simplement, à mon avis, de ce qu'ils n'ont jamais étudié les phénomènes significatifs de l'hypnose et du rêve, qui – en dehors de toute référence au pathologique – imposent une telle conception. Pour sa part, leur psychologie de la conscience est incapable de résoudre les problèmes du rêve et de l'hypnose.

[...] Nous sommes parvenus au terme ou concept de l'inconscient par une autre voie, en élaborant des expériences dans lesquelles la *dynamique* psychique joue un rôle. L'expérience nous a appris, c'est-à-dire nous a forcés à admettre, qu'il y a des processus psychiques ou représentations très forts – ici entre d'abord en ligne de compte un facteur quantitatif, donc économique – qui peuvent avoir dans la vie de l'âme tous les effets qu'ont en général les représentations et aussi des effets qui à leur tour peuvent devenir conscients sous forme de représentations ; seulement, ces processus ne deviennent pas eux-mêmes conscients. Il n'est pas nécessaire de répéter ici en détail ce qui a déjà été si souvent exposé. Ne nous attardons pas, c'est ici que la théorie psychanalytique fait son entrée et affirme que de telles représentations ne peuvent pas être conscientes parce qu'une certaine force s'y oppose, que sans cela elles pourraient devenir conscientes, et que l'on verrait alors combien peu elles se distinguent d'autres éléments psychiques bien connus.

Sigmund FREUD, « Le moi et le ça », *Essais de psychanalyse*, 1923,
trad. A. Bourgignon, P. Cotet, A. Cherki, 1981.

▶ LA CONSCIENCE
▶ LA SCIENCE

L'INCONSCIENT ET LA CONSCIENCE

Freud opère ici un renversement très important : il ne faut pas concevoir le psychisme en partant de la conscience et en considérant qu'il arrive que la conscience soit parfois plus ou moins absente. Il faut plutôt partir de l'idée que le psychisme est en majeure partie inconscient et considérer qu'il arrive que la conscience puisse devenir une qualité de certains phénomènes inconscients. Dès lors, la conscience ne représente qu'une partie infime et secondaire de la vie psychique et il faut renverser le rapport d'ordre entre inconscient et conscience : c'est l'inconscient qui a le primat.

LA DIFFICULTÉ ASSOCIÉE À LA COMPRÉHENSION DE L'INCONSCIENT

Le fait que le psychisme soit en grande partie inconscient lance un défi aux conceptions traditionnelles du psychisme. Ce défi est d'ailleurs renforcé par le fait que l'inconscient ne constitue pas simplement une grande partie du psychisme. Il est également activement refoulé par la conscience, qui n'en veut rien savoir. Cette difficulté à saisir l'inconscient est donc particulière : elle est liée à des résistances épistémologiques mais aussi psychiques. La conscience n'a pas intérêt à développer une connaissance étendue de l'inconscient.

L'HYPNOSE

L'hypnose est l'état de conscience modifié, le sommeil « nerveux » et proche de la transe, qu'un praticien peut parvenir à induire chez son patient grâce à plusieurs techniques telles que la répétition verbale, la fixation du regard, la pression manuelle sur une zone déterminée du corps, etc. Pour Jean-Marie Charcot, elle est un symptôme particulier de l'hystérie ; pour Hippolyte Bernheim, elle relève d'un phénomène plus général de perméabilité à la suggestion. Freud, qui fut un temps l'élève de ces deux hommes, la pratiquera à ses débuts, avant de l'abandonner, après avoir découvert le phénomène naturel du « transfert », c'est-à-dire le report sur l'analyste des affects et des représentations infantiles que la cure permet de faire ré-émerger chez le patient.

1 **Pourquoi un fait psychique inconscient est-il ordinairement inconcevable ?**

2 **Quel sens Freud accorde-t-il à l'expression « *dynamique* psychique » (l. 16) ?**

MATIÈRE À PENSER

Hypnose et hystérie

Debout, l'index tendu, Jean-Martin Charcot (1825-1893) se livre ici à une expérience sur Blanche Wittmann, une patiente de la Salpêtrière, en créant sous hypnose une « névrose expérimentale » qui reproduit les symptômes de l'hystérie (le corps se cambre en arc-de-cercle, comme sur le dessin de Paul Richer, accroché sur le mur de gauche). Freud assiste avec fascination à certaines de ses leçons.

André BROUILLET, *Une leçon clinique à la Salpêtrière*, 1887, musée d'Histoire de la médecine, Paris.

Freud avait une reproduction de ce tableau dans son cabinet à Vienne.

Jacques LACAN
1901-1981

TEXTE 7 COMMENTÉ

L'inconscient est-il « structuré comme un langage » ?

Psychiatre de formation, Lacan s'est rendu célèbre par son travail de relecture de Freud, mené lors de séminaires et nourri des derniers apports des sciences humaines (linguistique, structuralisme), ainsi que d'échanges avec la philosophie et l'art. Il a notamment contribué à discuter certaines mésinterprétations des thèses freudiennes et à clarifier les concepts essentiels de la psychanalyse. C'est précisément ce qu'il fait dans ce passage en distinguant entre les conceptions romantique et freudienne de l'inconscient.

L'inconscient de Freud n'est pas du tout l'inconscient romantique de la création imaginante. Il n'est pas le lieu des divinités de la nuit. [...]

À tous ces inconscients toujours plus ou moins affiliés à une volonté obscure considérée comme primordiale, à quelque chose d'avant la conscience, ce que Freud oppose, c'est la révélation qu'au niveau de l'inconscient il y a quelque chose en tous points homologue à ce qui se passe au niveau du sujet – ça parle, et ça fonctionne d'une façon aussi élaborée qu'au niveau du conscient, qui perd ainsi ce qui paraissait son privilège. Je sais les résistances que provoque encore cette simple remarque pourtant sensible dans le moindre texte de Freud. [...]

Je vous ai épelé point par point le fonctionnement de ce qui nous est produit d'abord par Freud comme le phénomène de l'inconscient. Dans le rêve, l'acte manqué, le mot d'esprit – qu'est-ce qui frappe d'abord ? C'est le mode d'achoppement sous lequel ils apparaissent.

Achoppement, défaillance, fêlure. Dans une phrase prononcée, écrite, quelque chose vient à trébucher. Freud est aimanté par ces phénomènes, et c'est là qu'il va chercher l'inconscient. Là, quelque chose d'autre demande à se réaliser [...].

Jacques LACAN, *Le Séminaire*, t. 11, *Les Quatre Concepts fondamentaux de la psychanalyse*, 1973.

▶ LA CONSCIENCE
▶ LE LANGAGE

UN INCONSCIENT NON ROMANTIQUE

Lacan rappelle que Freud, quand bien même il n'aurait pas inventé le concept d'inconscient, introduit une rupture dans la compréhension de l'inconscient par rapport à ses prédécesseurs. Jusqu'à présent, l'inconscient est apparu ou bien comme privation de conscience, ou bien comme force hétérogène à la conscience, associée aux profondeurs de la vie organique. Or, Freud a rompu avec cet inconscient-là, en montrant que si l'inconscient est bien l'autre de la conscience, il est *son* autre. Il est ainsi tout aussi psychique que la conscience.

INCONSCIENT ET LANGAGE

Les rêves semblent parler à leur manière, même s'ils sont produits inconsciemment. C'était tout le sens des analyses de Freud dans *L'Interprétation du rêve* : non seulement le rêve a une signification, mais il utilise des symboles, des images, des signes et des mots pour s'établir. Certes, ce langage apparaît sous une forme mystérieuse, semblable au hiéroglyphe qu'il faut déchiffrer. Mais c'est parce que la censure a conduit à des processus de déformation que Freud rassemble sous le nom de « travail du rêve » : ces processus peuvent consister dans le fait qu'un élément manifeste du rêve, par exemple une image, agglomère beaucoup de pensées inconscientes. Freud parle alors de condensation. Mais ils peuvent aussi consister en un déplacement : certains éléments centraux du rêve sont mis en avant pour détourner l'attention du rêveur d'autres éléments permettant la satisfaction du désir inconscient. De même, dans les actes manqués, les lapsus et le trait d'esprit, quelque chose investit le langage, qui le démarque de l'usage courant que l'on peut en faire. C'est pourquoi Lacan dit que lorsque l'inconscient parle, « ça » parle, sans que le sujet arrive à se reconnaître dans cette parole qui lui est pourtant intime.

Lacan rappelle toutefois que, chez Freud, ce langage n'apparaît pas comme une voix autre ou étrangère. Elle apparaît dans la parole courante, sous la forme de ratés, de faux pas. Ainsi en est-il des lapsus, que Freud avait notamment décrits dans son *Introduction à la psychanalyse*. Il donne plusieurs exemples, qui manifestent dans quelle mesure le lapsus trahit souvent un désir d'ordre sexuel ou agressif :

« [U]n monsieur aborde une dame dans la rue en lui disant : “Si vous le permettez, Mademoiselle, je vous accompagnerais [*begleit-digen*] bien volontiers” – c'est du moins ce que le jeune homme voulait dire, mais il a commis un lapsus par contraction, en combinant le mot *begleiten*, accompagner, avec *beleidigen*, offenser, manquer de respect. » (*Introduction à la psychanalyse*, 1916, trad. S. Jankélévitch, 1922)

Un président de la Chambre des députés ouvre un jour la séance en disant : « Messieurs, [...] je constate la présence de tant de députés et déclare, par conséquent, la séance *close*. » (*ibid.*)

Ces faux pas et ces ratés du langage peuvent donner lieu à une réappropriation consciente et conduire à la production de mots d'esprit, lucides sur le rôle du désir dans la vie subjective : Freud cite, par exemple, un mot d'esprit visant un jeune homme qui était destiné à devenir le chef d'un parti. Ce parti ayant connu un déclin important, le jeune homme voit son destin largement compromis. On dit alors de lui : « il a un grand avenir derrière lui » (*Le Mot d'esprit et sa relation à l'inconscient,* 1905, trad. D. Messier, 1988).

1 Quels éléments du rêve pourrait-on rapporter à un langage ?

2 Qu'est-ce qui, dans un lapsus, semble indiquer l'existence d'une intention particulière ?

AUX FRONTIÈRES DE LA PHILOSOPHIE

Artaud, qui a rejoint un moment l'aventure surréaliste, a produit une œuvre poétique et littéraire très importante, marquée par des expériences intérieures torturées et par le voisinage avec la folie.

« Ah ces états qu'on ne nomme jamais, ces situations éminentes d'âme, ah ces intervalles d'esprit, ah ces minuscules ratées qui sont le pain quotidien de mes heures, ah ce peuple fourmillant de données, – ce sont toujours les mêmes mots qui me servent et vraiment je n'ai pas l'air de beaucoup bouger dans ma pensée, mais j'y bouge plus que vous en réalité, barbes d'ânes, cochons pertinents, maîtres du faux verbe, trousseurs de portraits, feuilletonistes, rez-de-chaussée, herbagistes, entomologistes, plaie de ma langue.

Je vous l'ai dit, que je n'ai plus ma langue, ce n'est pas une raison pour que vous persistiez, pour que vous vous obstiniez dans la langue. »

Antonin ARTAUD, *Le Pèse-Nerfs*, 1970.

? L'inconscient est-il indicible ?

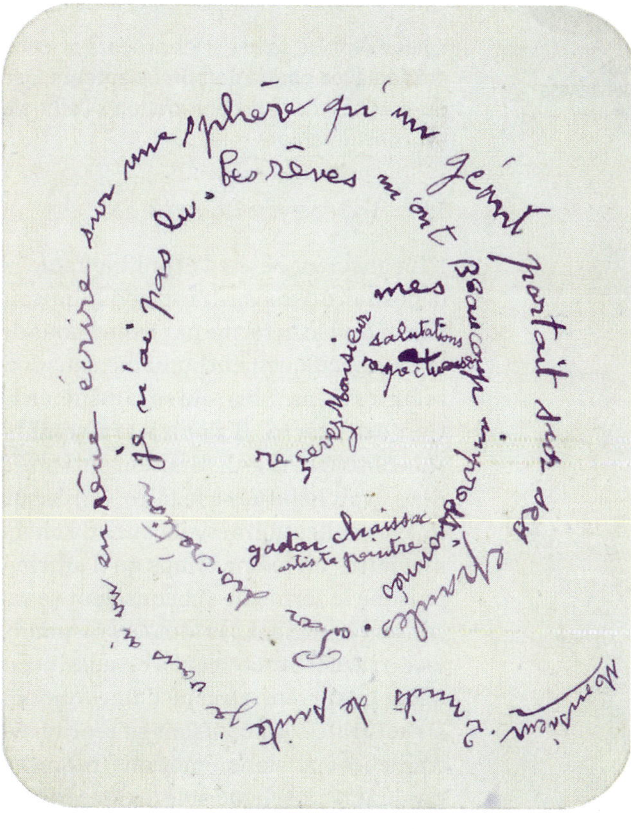

Gaston CHAISSAC, *Carte* adressée à Pablo Picasso (*verso*), 1944, musée national Picasso, Paris.

Un peintre, Gaston Chaissac, écrit à un autre peintre, Pablo Picasso. Résultat, l'écriture se fait aussi peinture et c'est donc désormais deux registres d'expression qui se concurrencent sur la page : verbal, le texte de Chaissac, et figural, le visage féminin qu'on perçoit dès lors qu'on renonce à lire les lignes de ce texte et qu'on se contente de les regarder.

? Entre le texte et le visage qui figurent sur cette carte postale, y a-t-il le même rapport qu'entre la conscience et l'inconscient ?

La notion d'inconscient collectif

Être parvenu à mettre en évidence que l'inconscient correspondait à une altérité intime, est certainement l'un des grands mérites de Freud. Cela étant, l'inconscient n'est-il que personnel ou possède-t-il aussi une dimension supra-individuelle et collective (texte 8, Lévi-Strauss), analogue à celle de l'histoire, notamment ? (texte 9, Bourdieu)

Claude LÉVI-STRAUSS
1908-2009

TEXTE 8

L'inconscient est-il personnel ?

La question de savoir si les processus inconscients sont de nature individuelle ou collective a été soulevée par de nombreux auteurs, parmi lesquels Claude Lévi-Strauss, anthropologue du XXe siècle dont la contribution à l'ethnologie, à l'anthropologie et aux sciences humaines est considérable.

L'inconscient cesse d'être l'ineffable refuge des particularités individuelles, le dépositaire d'une histoire unique qui fait, de chacun de nous, un être irremplaçable. Il se réduit à un terme par lequel nous désignons une fonction : la fonction symbolique[1], spécifiquement humaine, sans doute, mais qui, chez tous les hommes, s'exerce selon les mêmes lois ; qui se ramène, en fait, à l'ensemble de ces lois. Si cette conception est exacte, il faudra vraisemblablement rétablir, entre inconscient et subconscient, une distinction plus marquée que la psychologie contemporaine ne nous avait habitués à le faire. Car le subconscient, réservoir des souvenirs et des images collectionnés au cours de chaque vie [...], devient un simple aspect de la mémoire ; en même temps qu'il affirme sa pérennité, il implique ses limitations, puisque le terme de subconscient se rapporte au fait que les souvenirs, bien que conservés, ne sont pas toujours disponibles. Au contraire, l'inconscient est toujours vide ; ou, plus exactement il est aussi étranger aux images que l'estomac aux aliments qui le traversent. Organe d'une fonction spécifique, il se borne à imposer des lois structurales qui épuisent sa réalité à des éléments inarticulés qui proviennent d'ailleurs : pulsions, émotions, représentations, souvenirs. On pourrait donc dire que le subconscient est le lexique individuel où chacun de nous accumule le vocabulaire de son histoire personnelle, mais que ce vocabulaire n'acquiert de signification, pour nous-mêmes et pour les autres, que dans la mesure où l'inconscient l'organise suivant ses lois, et en fait, ainsi, un discours.

Claude LÉVI-STRAUSS, « L'Efficacité symbolique », *Revue de l'histoire des religions*, 1949.

1 Fonction symbolique : par ce terme très général, Lévi-Strauss désigne la capacité à structurer un matériau donné en le soumettant à des lois, par l'usage de symboles, renvoyant à des objets absents ou non perceptibles.

▶ LE LANGAGE

1 Comment Levi-Strauss distingue-t-il le « subconscient » et « l'inconscient » ?

2 La conception de l'inconscient qui se dégage de cet extrait est-elle trop abstraite ?

Pierre BOURDIEU
1930-2002

TEXTE 9

L'inconscient est-il réductible à l'histoire ?

Philosophe de formation, puis sociologue, Pierre Bourdieu a parfois recours au concept d'inconscient. Mais, pour lui, celui-ci renvoie moins à des pulsions refoulées ou aux perturbations symboliques que celles-ci susciteraient chez le sujet parlant qu'à l'histoire, collective et individuelle, des catégories de la pensée. D'où la dimension archéologique que la science objective doit, à ses yeux, toujours envelopper.

C'est parce que nous sommes impliqués dans le monde qu'il y a de l'implicite dans ce que nous pensons et disons à son propos. Pour en libérer la pensée, on ne peut se contenter de ce retour sur soi de la pensée pensante qu'on associe communément à l'idée de réflexivité ; et seule l'illusion de la toute-puissance de la pensée peut faire croire que le doute le plus radical soit capable de mettre en suspens les présupposés, liés à nos différentes affiliations, appartenances, implications, que nous engageons dans nos pensées. L'inconscient, c'est l'histoire – l'histoire collective qui a produit nos catégories de pensée, et l'histoire individuelle à travers laquelle elles nous ont été inculquées : c'est, par exemple, de l'histoire sociale des institutions d'enseignement (banale entre toutes, et absente de l'histoire des idées, philosophiques ou autres) et de l'histoire (oubliée ou refoulée) de notre rapport singulier à ces institutions que nous pouvons attendre quelques vraies révélations sur les structures objectives et subjectives (classifications, hiérarchies, problématiques, etc.) qui orientent toujours, malgré nous, notre pensée. [...]

Renonçant à l'illusion de la transparence de la conscience à elle-même et à la représentation de la réflexivité communément admise par les philosophes [...], il faut se résigner à admettre, dans la tradition typiquement positiviste de la critique de l'introspection, que la réflexion la plus efficace est celle qui consiste à objectiver le sujet de l'objectivation ; je veux dire par là celle qui, dépossédant le sujet connaissant du privilège qu'il s'accorde d'ordinaire, s'arme de tous les instruments d'objectivation disponibles (enquête statistique, observations ethnographique, recherche historique, etc.) pour porter au jour les présupposés qu'il doit à son inclusion dans l'objet de connaissance.

Pierre BOURDIEU, *Méditations pascaliennes*, 1997.

▶ LA CONSCIENCE
▶ LA RAISON
▶ LA SCIENCE
▶ LE TEMPS

1 Pourquoi l'examen réflexif et l'introspection ne suffisent-ils pas à « libérer la pensée » de ses « présupposés » irréfléchis ?

2 D'après Bourdieu, y a-t-il lieu d'opposer inconscient individuel et inconscient collectif ?

L'inconscient en débat ?

Pour Freud, l'hypothèse de l'inconscient avait un statut scientifique. Or, si cela est en effet le cas, n'y a-t-il pas lieu de juger ses présupposés aujourd'hui dépassés ? (texte 10, Proust) **Au reste, cette prétention à la scientificité est-elle tout bonnement fondée** (texte 11, Popper) **et ne faut-il pas plutôt conclure au caractère mythologique de la notion d'inconscient ?** (texte 12, Alain)

Joëlle PROUST
Née en 1947

TEXTE 10

Les présupposés neurophysiologiques freudiens sont-ils dépassés ?

Les recherches actuelles en neurosciences semblent infirmer certaines des hypothèses fondamentales de la psychanalyse. Nombreux sont donc aujourd'hui les auteurs, tout à la fois psychologues et philosophes, qui invitent à la délaisser. C'est le cas de Joëlle Proust. Ici, celle-ci instruit le procès du concept freudien de pulsion.

La théorie énergétique de la pulsion est-elle tenable ?

La théorie freudienne des relations entre le psychique et le somatique dépend d'une conception selon laquelle les neurones doivent recevoir de l'extérieur leur excitation. Il faut selon Freud une excitation somatique « périphérique » pour que l'appareil nerveux se trouve stimulé ; l'influx nerveux est censé être une forme d'énergie qui parcourt les neurones, mais qui n'est pas engendrée par eux. Cette énergie s'investit, c'est-à-dire s'attache à certaines représentations, qui deviennent les représentants de la pulsion correspondante. L'énergie psychique est censée obéir elle aussi aux principes de la thermodynamique, et en particulier à un principe de conservation. Elle peut être excessive, insuffisante, amassée ici, labile là. Ce sont les destins variés de son cheminement qui expliquent, selon Freud, la formation des complexes comme l'Œdipe, et leurs formes pathogènes, telles que les névroses et les psychoses.

Or on sait aujourd'hui que l'énergie mentale n'a pas d'origine extraneuronale : l'axone du neurone produit l'influx nerveux qui se propage vers les terminaisons nerveuses. L'idée que la libido organise la vie psychique perd ainsi son unique argument neurophysiologique. Cette découverte devrait conduire à réviser l'image – et la théorie – du réservoir d'énergie fourni, selon Freud, par les pulsions somatiques. Du même coup, l'explication pulsionnelle de la maladie mentale – le rôle qu'y sont supposés jouer les complexes et le retour des représentations refoulées – se trouve, elle aussi, dépourvue de justification.

Joëlle PROUST, « La Psychanalyse au risque des neurosciences »,
Le Livre noir de la psychanalyse, 2005.

▶ LA SCIENCE

1 Comment pourrait-on reconstituer le raisonnement qui permet à Joëlle Proust de critiquer le concept freudien de pulsion ?

2 La critique neuroscientifique de la psychanalyse doit-elle conduire à y renoncer ou plutôt à lui reconnaître un autre statut que scientifique ?

Karl POPPER
1902-1994

TEXTE 11

La psychanalyse, une « pseudo-science » ?

Karl Popper est un philosophe des sciences du XXe siècle. Dans cet extrait, il soutient que la psychanalyse ne satisfait pas au critère de scientificité minimale qu'il a dégagé, à savoir la falsifiabilité, c'est-à-dire la possibilité pour une théorie d'être réfutée, d'être soumise à une procédure de test expérimental susceptible de la corroborer ou de l'infirmer.

Quant aux deux théories psychanalytiques, elles relèvent d'une tout autre catégorie. Elles sont purement et simplement impossibles à tester comme à réfuter. Il n'existe aucun comportement humain qui puisse les contredire. Ceci n'implique pas que Freud et Adler n'aient pas eu une représentation exacte de certains phénomènes ; je suis convaincu, quant à moi, qu'une grande part de ce qu'ils avancent est décisive et tout à fait susceptible de trouver place, ultérieurement, dans une psychologie scientifique se prêtant à l'épreuve des tests. Cela signifie, en revanche, que les « observations cliniques » dont les analyses ont la naïveté de croire qu'elles confirment leurs théories ne sont pas plus en mesure de le faire que ces confirmations que les astrologues croient quotidiennement découvrir dans leur pratique. Quant à l'épopée freudienne du Moi, du Ça et du Surmoi, on n'est pas plus fondé à en revendiquer la scientificité que dans le cas de ces récits qu'Homère avait recueillis de la bouche des dieux. Certes, les théories psychanalytiques étudient certains faits, mais elles le font à la manière des mythes. Elles contiennent des indications psychologiques fort intéressantes, mais sous une forme qui ne permet pas de les tester.

Karl POPPER, *Conjectures et réfutations*, 1963,
trad. M.-I. et M. B. de Launay, 1985.

▶ LA SCIENCE

1 Pourquoi Popper considère-t-il que les observations cliniques ne permettent pas de confirmer les théories psychanalytiques ?

2 Quelle différence Popper fait-il ici entre les mythes et la science ?

WITTGENSTEIN DIT AUSSI

« Voyez l'idée de Freud selon laquelle l'anxiété est toujours, d'une façon ou d'une autre, une répétition de l'anxiété que nous avons éprouvée à la naissance. Il ne l'établit pas en se référant à une preuve – comment le pourrait-il ? Mais voilà une idée qui a un caractère attrayant prononcé. Elle est attrayante comme le sont les explications mythologiques, ces explications qui disent que tout est répétition de quelque chose qui est arrivé antérieurement. Et quand les gens acceptent ou adoptent de telles vues, il y a certaines choses qui leur paraissent beaucoup plus claires et d'un accès beaucoup plus aisé. Il en va de même avec la notion de l'inconscient. »

Ludwig WITTGENSTEIN, « Conversations sur Freud », dans *Leçons et conversations sur l'esthétique, la psychologie et la croyance religieuse*, trad. J. Fauve, 1971.

? Rapprochant psychanalyse et mythologie, Wittgenstein et l'auteur du texte 11 poursuivent-ils les mêmes objectifs critiques ?

ALAIN
1868-1951

TEXTE 12 COMMENTÉ

L'inconscient, une « idolâtrie du corps » ?

Grand professeur, Alain s'est rendu célèbre par les nombreux « propos » qu'il a consacrés à tous les domaines essentiels de la philosophie. Rationaliste convaincu, il reproche à Freud et à la psychanalyse de raviver certaines formes de raisonnement mythologique, tout en prétendant adopter une approche scientifique. Ici, il noue cette critique à des remontrances morales.

Il y a de la difficulté sur le terme d'inconscient. Le principal est de comprendre comment la psychologie a imaginé ce personnage mythologique. Il est clair que le mécanisme échappe à la conscience, et lui fournit des résultats (par exemple, j'ai peur) sans aucune notion des causes. En ce sens la nature humaine est inconsciente autant que l'instinct animal et par les mêmes causes. On ne dit point que l'instinct est inconscient. Pourquoi ? Parce qu'il n'y a point de conscience animale devant laquelle l'instinct produise ses effets. L'inconscient est un effet de contraste dans la conscience. On dit à un anxieux : « Vous avez peur », ce dont il n'a même pas l'idée ; il sent alors en lui un autre être qui est bien lui et qu'il trouve tout fait. Un caractère, en ce sens, est inconscient. Un homme regarde s'il tremble afin de savoir s'il a peur. Ajax, dans l'*Iliade*, se dit : « Voilà mes jambes qui me poussent ! Sûrement un dieu me conduit ! » Si je ne crois pas à un tel dieu, il faut alors que je croie à un monstre caché en moi. En fait l'homme s'habitue à avoir un corps et des instincts.

Le psychiatre contrarie cette heureuse disposition ; il invente le monstre ; il le révèle à celui qui en est habité. Le freudisme, si fameux, est un art d'inventer en chaque homme un animal redoutable, d'après des signes tout à fait ordinaires ; les rêves sont de tels signes ; les hommes ont toujours interprété leurs rêves, d'où un symbolisme facile. Freud se plaisait à montrer que ce symbolisme facile nous trompe et que nos symboles sont tout ce qu'il y a d'indirect. Les choses du sexe échappent évidemment à la volonté et à la prévision ; ce sont des crimes de soi, auxquels on assiste. On devine par là que ce genre d'instinct offrait une riche interprétation.

L'homme est obscur à lui-même ; cela est à savoir. Seulement il faut éviter ici plusieurs erreurs que fonde le terme d'inconscient. La plus grave de ces erreurs est de croire que l'inconscient est un autre Moi ; un Moi qui a ses préjugés, ses passions et ses ruses ; une sorte de mauvais ange, diabolique conseiller. Contre quoi il faut comprendre qu'il n'y a point de pensées en nous sinon par l'unique sujet, Je ; cette remarque est d'ordre moral. Il ne faut point se dire qu'en rêvant on se met à penser. Il faut savoir que la pensée est volontaire ; tel est le principe des remords : « Tu l'as bien voulu ! » On dissoudrait ces fantômes en se disant simplement que tout ce qui n'est point pensée est mécanisme, ou encore mieux, que ce qui n'est point pensée est corps, c'est-à-dire chose soumise à ma volonté ; chose dont je réponds. [...]

L'inconscient est donc une manière de donner dignité à son propre corps ; de le traiter comme un semblable ; comme un esclave reçu en héritage et dont il faut s'arranger. L'inconscient est une méprise sur le Moi, c'est une idolâtrie du corps. On a peur de son inconscient ; là se trouve logée la faute capitale. Un autre Moi me conduit qui me connaît et que je connais mal.

ALAIN, *Éléments de philosophie*, 1916.

▶ LA CONSCIENCE
▶ LA LIBERTÉ
▶ LA RELIGION

L'INCONSCIENT, UN CONCEPT ERRONÉ

Pour Alain, la fonction explicative que la psychanalyse confère au concept d'inconscient pose problème. En effet, ce n'est pas parce que l'on identifie un mécanisme dont on ignore les tenants et les aboutissants que l'on doit *ipso facto* supposer qu'une cause intelligente en est l'origine. Or, selon Alain, c'est précisément ce que fait la psychanalyse avec le concept d'inconscient. Une erreur de raisonnement est donc à l'origine d'un des concepts centraux de la psychanalyse. Elle menace l'ensemble de son édifice conceptuel.

L'INCONSCIENT, UNE MYTHOLOGIE DU CORPS

Alain prend ici la peine d'approfondir sa critique du concept d'inconscient. Tout à la fois force obscure émanant du corps sexué et autre « moi » menaçant de dominer le moi conscient, l'inconscient s'apparente en fait à un « monstre », tel que toutes les mythologies en forgent. Aux yeux d'Alain, le concept d'inconscient est donc anthropomorphique et correspond même plus exactement à une « idolâtrie du corps », c'est-à-dire à une façon de se rapporter à l'obscurité de nos propres impulsions physiques comme à un double mystérieux de nous-mêmes, qui pourrait bien avoir l'inconvénient moral de nous déresponsabiliser.

1 Quels rapports Alain établit-il entre « instinct animal » (l. 5) et « inconscient » humain ?

2 Juste après avoir écrit qu'« il n'y a point de pensées en nous sinon par l'unique sujet, Je » (l. 26), Alain ajoute : « cette remarque est d'ordre moral » (l. 26-27). Comment comprendre cette précision ?

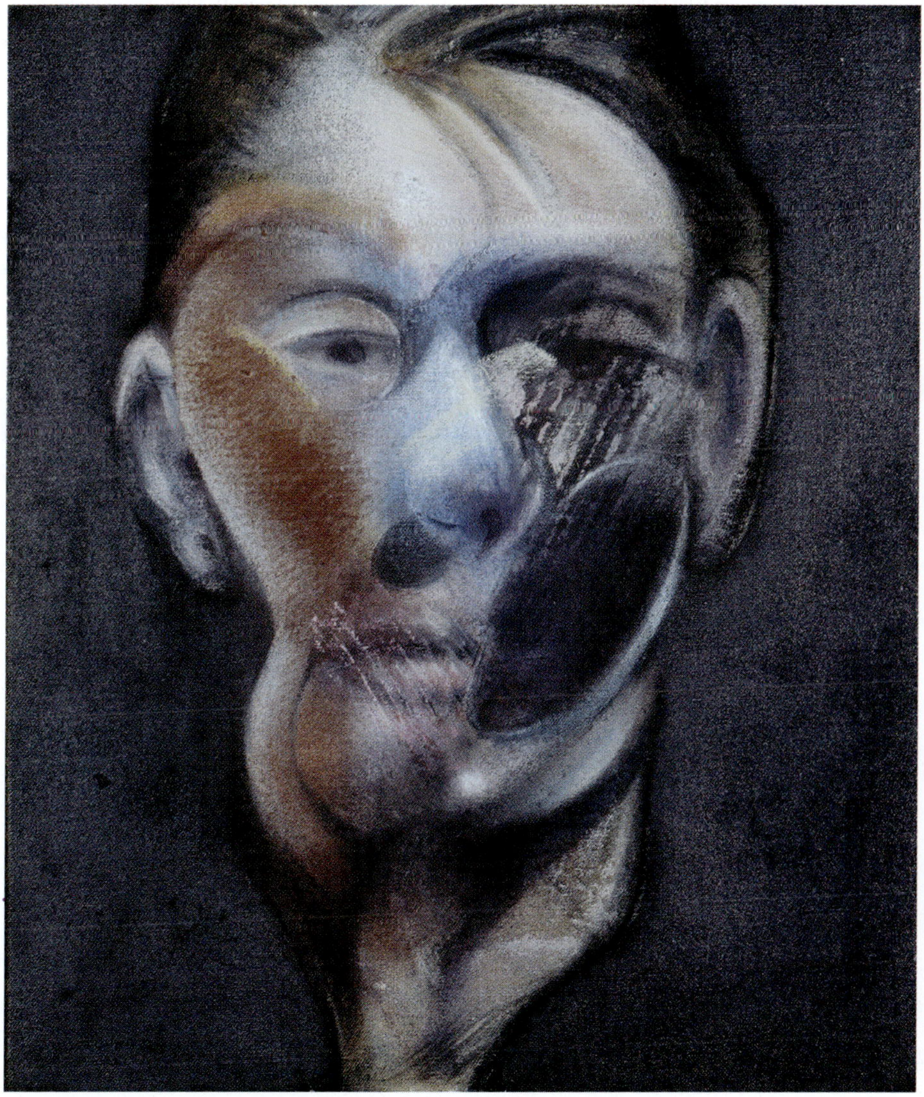

Francis BACON, *Autoportrait*, 1976, musée Cantini, Marseille.

? Dans le texte 12, Alain écrit : « L'homme est obscur à lui-même ». Cette toile en est-elle l'illustration ?

Résistance d'une hypothèse

Aussi légitime et pertinente qu'elle soit, la critique épistémologique de la notion psychanalytique d'inconscient peut parfois paraître inspirée par des mobiles affectifs et moraux sans valeur scientifique. Or, considérée plus froidement, cette notion n'est-elle pas tout simplement incontournable ? (texte 13, Freud) Quant aux objections passionnées qu'elle suscite, ne sont-elles pas précisément l'indice de sa justesse ? (texte 14, Freud) Enfin, faut-il vraiment se féliciter de son discrédit actuel ? (texte 15, Derrida)

Sigmund FREUD
1856-1939

TEXTE 13

L'inconscient, une hypothèse néanmoins incontournable ?

Dans cet extrait, qui fut certes rédigé bien avant l'essor des neurosciences, Freud défend une conception pragmatique du recours à l'hypothèse de l'inconscient, laquelle peut en effet sembler bien-fondée tant qu'aucune autre approche ne permet de rendre compte des phénomènes précis que la psychanalyse prend en charge.

Notre légitimité à émettre l'hypothèse d'un psychique inconscient et à travailler scientifiquement avec elle nous est contestée de nombreux côtés. Nous pouvons affirmer, face à ces contestations, que l'hypothèse de l'inconscient est *nécessaire* et *légitime* et que nous détenons de multiples *preuves* de l'existence de l'inconscient. Elle est nécessaire parce que les données de la conscience sont, à un haut degré, lacunaires ; chez les personnes saines comme chez les malades surviennent fréquemment des actes psychiques dont l'explication suppose d'autres actes, mais dont la conscience ne témoigne pas. [...] Tous ces actes conscients demeurent incohérents et incompréhensibles si nous voulons continuer à prétendre que nous devons éprouver par la conscience tous les actes psychiques qui se déroulent en nous et s'organisent avec une cohésion démontrable lorsque nous pratiquons des interpolations entre les actes inconscients qui se sont révélés. Le gain de sens et de contexte est toutefois un motif pleinement justifié qui peut nous mener au-delà de l'expérience immédiate. S'il s'avère en outre, par la suite, que nous pouvons construire sur l'hypothèse de l'inconscient une activité réussie grâce à laquelle nous exerçons une influence utile sur le déroulement des processus conscients, nous aurons acquis, dans ce succès, une preuve inattaquable de l'existence de ce dont nous avons formulé l'hypothèse. Il faut alors se placer du point de vue selon lequel exiger que tout ce qui se passe dans le psychique soit forcément aussi connu du conscient n'est qu'une *prétention intenable*.

Sigmund FREUD, *L'Inconscient*, 1915,
trad. O. Mannoni, 2013.

▶ LA CONSCIENCE
▶ LA SCIENCE

❶ À quels arguments Freud a-t-il recours pour affirmer que l'hypothèse de l'inconscient est d'une part nécessaire et d'autre part légitime ?

❷ Sans l'hypothèse de l'inconscient, que faudrait-il renoncer à expliquer ?

Sigmund FREUD
1856-1939

TEXTE 14

L'inconscient, une hypothèse insupportable ?

Si le procès en « infalsifiabilité » qu'on fait à la psychanalyse depuis la critique de Popper (voir texte 11) a certainement sa légitimité, il demeure toutefois difficile de ne pas s'étonner de la virulence et de la surdéterminatoin affective des critiques qu'on lui réserve. À telle enseigne que Freud avait peut-être bel et bien raison de juger que ces critiques témoignaient, au moins en partie, d'une résistance morale à son invention.

Dans le cours des siècles, la science a infligé à l'égoïsme naïf de l'humanité deux graves démentis. La première fois, ce fut lorsqu'elle a montré que la terre, loin d'être le centre de l'univers, ne forme qu'une parcelle insignifiante du système cosmique dont nous pouvons à peine nous représenter la grandeur. Cette première démonstration se rattache pour nous au nom de Copernic, bien que la science alexandrine ait déjà annoncé quelque chose de semblable. Le second démenti fut infligé à l'humanité par la recherche biologique, lorsqu'elle a réduit à rien les prétentions de l'homme à une place privilégiée dans l'ordre de la création, en établissant sa descendance du règne animal et en montrant l'indestructibilité de sa nature animale. Cette dernière révolution s'est accomplie de nos jours, à la suite des travaux de Ch. Darwin, de Wallace et de leurs prédécesseurs, travaux qui ont provoqué la résistance la plus acharnée des contemporains. Un troisième démenti sera infligé à la mégalomanie humaine par la recherche psychologique de nos jours qui se propose de montrer au *moi* qu'il n'est seulement pas maître dans sa propre maison, qu'il en est réduit à se contenter de renseignements rares et fragmentaires sur ce qui se passe, en dehors de sa conscience, dans sa vie psychique. Les psychanalystes ne sont ni les premiers ni les seuls qui aient lancé cet appel à la modestie et au recueillement, mais c'est à eux que semble échoir la mission d'étendre cette manière de voir avec le plus d'ardeur et de produire à son appui des matériaux empruntés à l'expérience et accessibles à tous. D'où la levée générale de boucliers contre notre science, l'oubli de toutes les règles de politesse académique, le déchaînement d'une opposition qui secoue toutes les entraves d'une logique impartiale.

Sigmund FREUD, *Introduction à la psychanalyse*, 1916,
trad. S. Jankélévitch, 1922.

1 Quelles sont d'après Freud les trois « graves démentis » que « la science a infligés à l'égoïsme naïf de l'humanité » ?

2 Selon Freud, pourquoi la psychanalyse a-t-elle suscité la « levée générale de boucliers » dont il est question au terme de l'extrait ?

→ VERS LE BAC

À partir du texte de Freud, développer un argument permettant de traiter le sujet de dissertation suivant : « Peut-on prouver l'existence de l'inconscient ? »

Jacques DERRIDA
1930-2004

TEXTE 15 COMMENTÉ

Oublier Freud ?

Tout au long du dialogue qu'il n'a jamais cessé d'entretenir avec la psychanalyse, Jacques Derrida s'est toujours montré aussi soucieux de rendre justice à ses apports que d'en critiquer les insuffisances. Toutefois, à la fin de son parcours philosophique, il s'inquiétait surtout de son discrédit et de la contre-réforme idéologique qui avait abouti à restaurer la figure d'un sujet souverain et transparent à lui-même.

Ce qui s'est passé, dans l'air du temps philosophique, si je me risque à le caractériser de façon massive et macroscopique, c'est qu'après un moment d'angoisse intimidée, certains philosophes se sont ressaisis. Et aujourd'hui, dans l'air du temps, on commence à faire comme si de rien n'était, comme si rien ne s'était passé, comme si la prise en compte de l'événement de la psychanalyse, d'une logique de l'inconscient, de « concepts inconscients », même, n'était plus de rigueur, n'avait même plus sa place dans quelque chose comme une histoire de la raison : comme si on pouvait continuer tranquillement le bon vieux discours des Lumières, revenir à Kant, rappeler à la responsabilité éthique ou juridique ou politique du sujet en restaurant l'autorité de la conscience, du moi, du cogito réflexif, d'un « Je pense » sans peine et sans paradoxe ; comme si, dans ce moment de restauration philosophique qui est l'air du temps, car ce qui est à l'ordre du jour, à l'ordre moral de l'ordre du jour, c'est une espèce de restauration honteuse et bâclée, comme s'il s'agissait donc de mettre à plat les exigences dites de la raison dans un discours purement communicationnel, informationnel et sans pli ; comme s'il redevenait légitime, enfin, d'accuser d'obscurité ou d'irrationalisme quiconque complique un peu les choses à s'interroger sur la raison de la raison, sur l'histoire du principe de raison ou sur l'événement, peut-être traumatique, que constitue quelque chose comme la psychanalyse dans le rapport à soi de la raison.

Jacques DERRIDA dans René Major, « Oublier la psychanalyse ? »,
Lacan avec Derrida. Analyse désistentielle, Préface, 2001.

▶ LA CONSCIENCE
▶ LA RAISON

LA CRITIQUE DE L'INCONSCIENT ET LA RESTAURATION DU SUJET

Derrière un certain nombre de critiques adressées à la psychanalyse, Derrida soupçonne la volonté d'évacuer le concept d'inconscient, pour revenir à une conception de l'individu transparent à lui-même, conscient, maître de soi. L'enjeu n'est donc pas le rejet des critiques adressées à la psychanalyse, mais l'étude des conséquences d'une certaine forme de rejet, qui vise en réalité à réintroduire en philosophie des concepts métaphysiques potentiellement intenables.

L'ORDRE MORAL DU SUJET CONSCIENT

Derrida signale en outre que cette restauration du sujet conscient et maître de lui-même va de pair avec un certain ordre moral et social : le monde dans lequel un tel sujet existe est un monde parfaitement rationnel, où la communication entre individus ne souffre d'aucun raté ni d'aucune déviance. Dès lors que l'inconscient psychique existe, la raison se voit menacée d'être souterrainement influencée par lui. C'est là ce que refusent d'admettre ceux qui entendent revaloriser le sujet conscient afin de « responsabiliser » et de « rationaliser » les individus.

1 Quel intérêt moral et politique peut-il motiver la critique de la notion freudienne d'inconscient ?

2 Pour Derrida, y a-t-il contradiction entre la défense de la psychanalyse et celle de la raison ?

Philippe HALSMAN, *Dali Atomicus*, 1948.

Célèbre pour ses portraits de personnalités, le photographe Philippe Halsman met ici en scène le peintre Salvador Dali dans une composition qui ressemble à s'y méprendre à l'une de ses toiles.

(?) Se mettre à l'écoute de la dimension inconsciente et de la part de folie des êtres et de leur conduite, est-ce manquer ou bien contraire rejoindre leur réalité ?

KAHN DIT AUSSI

« Il fut un temps où le scandale entraîné par la psychanalyse tenait à la découverte de la sexualité infantile. Le temps a passé. Clameurs et protestations ont fait place à une intense consommation médiatique. Pourtant, il semble qu'une partie de la communauté analytique – et pas seulement l'opinion populaire – a remarqué que c'est par la pulsion que le scandale est arrivé. [...] Car la pulsion fait courir la pensée et la fait aussi trébucher. La tempête n'est donc pas calmée. Elle changea de trajectoire. Elle prit pour cible le moteur de la liaison, théorique et amoureuse, entre le sexuel et la vie de l'esprit. [...] Et c'est ainsi que, progressivement, il ne resta presque plus rien du sexuel, tandis que l'on ne parlait plus que “science” et “herméneutique[1]”, “froideur” ou “sentiment”. »

Laurence KAHN, *Le Psychanalyste apathique et le patient postmoderne*, 2014.

1 D'abord utilisé à propos de l'exégèse des écritures saintes, le terme *herméneutique* signifie littéralement « technique d'interprétation ». En philosophie contemporaine, il renvoie à un courant de pensée qui oppose la « compréhension », propre aux sciences de l'esprit, et l'« explication », valable dans le champ des sciences de la nature.

(?) À la différence d'un besoin ou d'un instinct, une pulsion n'a pas d'objet prédéterminé. En quoi cela peut-il paraître inquiétant ?

CINÉ PHILO

La Maison du docteur Edwardes

ALFRED HITCHCOCK, 1945

La Maison du docteur Edwardes, du réalisateur britannique Alfred Hitchcock, se déroule dans un hôpital psychiatrique. Le tout nouveau jeune directeur de l'hôpital, le docteur Edwardes, intrigue la docteur Constance Petersen par ses comportements étranges. En effet, Edwardes souffre de phobies et d'amnésie, et semble dissimuler quelque chose sur sa véritable identité. Constance Petersen va tenter d'aider le docteur Edwardes.

Pour mettre en scène un rêve du docteur Edwardes, Hitchcock confie le décor à Salvador Dali, lui-même fasciné par le rêve et l'inconscient tels que théorisés par Freud.

LA JUSTICE

Le juré n° 3 (interprété par Lee J. Cobb) dans le film de **Sidney LUMET**, *Douze hommes en colère*, 1957.

Un jeune homme d'origine modeste est accusé du meurtre de son père et encourt la peine de mort. Un jury, composé de douze hommes, délibère pour savoir s'il le juge coupable ou non. Parmi eux, le juré n° 3, un père qui a des relations conflictuelles avec son propre fils, déverse sa colère contre ce jeune accusé et vote d'emblée « coupable ».
Au terme de longues discussions contradictoires entre les jurés, notamment avec le juré n° 8 (joué par Henry Fonda), qui incarne le jugement impassible, il reviendra sur son vote.

ARRÊT SUR IMAGE

1 Comment être certain de juger « en son âme et conscience » ?

2 Pourquoi un jugement doit-il être collectif ?

LA JUSTICE EN QUESTION

Dès son origine, l'existence même de la philosophie est inséparable du caractère problématique de la notion de justice : en 399 avant J.-C., en effet, Socrate, l'homme sage par excellence, est accusé par ses concitoyens de corrompre la jeunesse, de ne pas honorer les dieux de la cité et d'en introduire de nouveaux. Au terme de son procès, il est démocratiquement jugé coupable par un tribunal composé de 501 jurés, à 281 voix pour et 220 contre. Comme le rapporte Robert Flacelière dans *La Vie quotidienne en Grèce au siècle de Périclès* (1959), « la parole était alors rendue à l'accusé pour indiquer lui-même la peine qui lui paraissait juste. Socrate déclara qu'il n'avait conscience de ne mériter aucun châtiment, mais plutôt une récompense pour les services qu'il avait rendus aux Athéniens, et il suggéra d'être nourri au Prytanée, comme les bienfaiteurs de l'État, comme les Olympioniques. De tels propos tenus par un accusé reconnu coupable frisaient l'insolence, et il fut condamné à mort ».

1 JUSTICE ET FORCE Si la justice existe, c'est que les hommes ne vivent pas isolés, mais en communauté et que leurs relations ne sont pas naturellement pacifiques. Si l'homme était un agneau pour l'homme, il n'y aurait pas de justice. La justice paraît donc trouver sa raison d'être dans la violence qui se manifeste entre les êtres humains et qu'elle vient empêcher, réguler ou, à défaut, punir. Mais la justice n'a-t-elle pas besoin elle-même d'être munie de force pour pouvoir s'exercer ? Les relations entre la force et la justice ne sont-elles que celles d'un moyen à une fin ? La justice ne peut-elle pas être elle-même violente ? (p. 198 à p. 207)

2 NORMES ET VALEURS Qu'est-ce que le juste ? Est-il une valeur morale ou une norme sociale, changeante en fonction des époques et des pays ? Peut-il n'être que juridique ? En outre, le juste peut-il être fixé une fois pour toutes ou évolue-t-il avec le temps et en fonction des circonstances ? N'y a-t-il pas des cas que la loi n'a pas prévus et qui la laissent muette ? (p. 208 à p. 217)

3 JUSTICE DIVINE ET DROITS DE L'HOMME L'existence d'une multiplicité de justices ne détruit-elle pas l'idée même de justice ? À quoi bon dominer la force par la justice dans un pays si c'est pour que la violence continue de régner entre les États ? N'y a-t-il pas une justice supérieure qui s'impose à tous ? Dieu peut-il être invoqué comme origine d'une justice divine s'appliquant à tous les individus ? Dès lors, le problème ultime de la justice n'est-il pas celui de l'harmonisation progressive des justices vers un horizon de droits humains communs ? (p. 218 à p. 223)

PANORAMA DE LA NOTION

Justice et force

Aussi longtemps que la violence règne entre les hommes, il n'y a entre eux aucune justice. Celle-ci ne consiste-t-elle pas précisément à mettre fin aux rapports de force ? (texte 1, Rousseau) La raison d'être de la justice n'est-elle pas de régler les rapports entre les individus selon le droit, et de garantir ainsi l'existence mutuelle de leurs libertés ? (texte 2, Montesquieu) La justice juge-t-elle les actes ou la personne ? (texte 3, Foucault) Mais la justice n'a-t-elle pas elle-même besoin, pour être effective, de faire usage de la force ? À quoi tient, dans ces conditions, le respect qu'impose la justice ? (texte 4, Pascal) N'y a-t-il pas une force, voire une violence de la justice elle-même ? (texte 5, Nietzsche) Met-elle fin à la violence ou l'institue-t-elle en lui donnant une existence légale ? (texte 6, Rousseau)

Jean-Jacques ROUSSEAU
1712-1778

TEXTE 1

Le plus fort a-t-il un droit sur le plus faible ?

Si un homme armé me réclame mon portefeuille, ne suis-je pas obligé de le lui donner ? De là, on en vient à former l'idée d'un droit du plus fort. Cependant, en quoi consiste cette obligation de se soumettre au plus fort ? N'est-on pas, plutôt qu'obligé, contraint de plier sous la force ? Qu'est-ce qu'un droit qui ne laisse pas le choix d'y obéir ou pas ? Cette contrainte que le plus fort exerce sur le moins fort est-elle autre chose qu'un fait physique ? La force donne-t-elle un droit ?

Le plus fort n'est jamais assez fort pour être toujours le maître, s'il ne transforme sa force en droit et l'obéissance en devoir. De là le droit du plus fort ; droit pris ironiquement en apparence, et réellement établi en principe : Mais ne nous expliquera-t-on jamais ce mot ? La force est une puissance physique ; je ne vois point quelle moralité peut résulter de ses effets. Céder à la force est un acte de nécessité, non de volonté ; c'est tout au plus un acte de prudence. En quel sens pourra-ce être un devoir ?

Supposons un moment ce prétendu droit. Je dis qu'il n'en résulte qu'un galimatias inexplicable. Car sitôt que c'est la force qui fait le droit, l'effet change avec la cause ; toute force qui surmonte la première succède à son droit. Sitôt qu'on peut désobéir impunément on le peut légitimement, et puisque le plus fort a toujours raison, il ne s'agit que de faire en sorte qu'on soit le plus fort. Or qu'est-ce qu'un droit qui périt quand la force cesse ? S'il faut obéir par force on n'a pas besoin d'obéir par devoir, et si l'on n'est plus forcé d'obéir on n'y est plus obligé. On voit donc que ce mot de droit n'ajoute rien à la force ; il ne signifie ici rien du tout.

Obéissez aux puissances. Si cela veut dire : cédez à la force, le précepte est bon, mais superflu, je réponds qu'il ne sera jamais violé. Toute puissance vient de Dieu, je l'avoue ; mais toute maladie en vient aussi. Est-ce à dire qu'il soit défendu d'appeler le médecin ? Qu'un brigand me surprenne au coin d'un bois : non seulement il faut par force donner la bourse, mais, quand je pourrais la soustraire, suis-je en conscience obligé de la donner ? Car enfin le pistolet qu'il tient est aussi une puissance.

Convenons donc que force ne fait pas droit, et qu'on n'est obligé d'obéir qu'aux puissances légitimes.

Jean-Jacques ROUSSEAU, *Du contrat social*, 1762.

▶ L'ÉTAT
▶ LA LIBERTÉ
▶ LA NATURE

1 Pourquoi n'y a-t-il personne qui soit à proprement parler « le plus fort » ? (voir LA NATURE, texte 14, p. 326)

2 Qu'est-ce qu'un pouvoir légitime ?

AUX FRONTIÈRES DE LA PHILOSOPHIE

La Fontaine utilise les animaux pour parler des êtres humains. Dans cette fable, le loup exerce sa supériorité physique sur l'agneau, qui ne peut que la subir. Cette relation entre le loup et l'agneau se retrouve-t-elle dans les rapports entre individus ? La raison du plus fort est-elle une raison ?

« La raison du plus fort est toujours la meilleure :
Nous l'allons montrer tout à l'heure.

Un Agneau se désaltérait
Dans le courant d'une onde pure.
Un Loup survient à jeun qui cherchait aventure,
Et que la faim en ces lieux attirait.
Qui te rend si hardi de troubler mon breuvage ?
Dit cet animal plein de rage :
Tu seras châtié de ta témérité.
– Sire, répond l'Agneau, que votre Majesté
Ne se mette pas en colère ;
Mais plutôt qu'elle considère
Que je me vas désaltérant
Dans le courant,
Plus de vingt pas au-dessous d'Elle,
Et que par conséquent, en aucune façon,
Je ne puis troubler sa boisson.
– Tu la troubles, reprit cette bête cruelle,
Et je sais que de moi tu médis l'an passé.
– Comment l'aurais-je fait si je n'étais pas né ?
Reprit l'Agneau, je tette encor ma mère.
– Si ce n'est toi, c'est donc ton frère.
– Je n'en ai point.
– C'est donc quelqu'un des tiens :
Car vous ne m'épargnez guère,
Vous, vos bergers, et vos chiens.
On me l'a dit : il faut que je me venge.
Là-dessus, au fond des forêts
Le Loup l'emporte, et puis le mange,
Sans autre forme de procès. »

Jean de LA FONTAINE, « Le loup et l'Agneau », *Fables*, I, 1668.

Félix LORIOUX, illustration de « Le Loup et l'Agneau », dans les *Fables* de Jean de La Fontaine, 1929.

? Que signifie, dans la fable, l'expression « sans autre forme de procès » ?

MONTESQUIEU
1689-1755

TEXTE 2

Les lois sont-elles une entrave à la liberté ?

Les lois formulent des interdits qui viennent limiter la liberté des individus. Et le pouvoir politique dispose des moyens de sanctionner toute infraction à la loi. La justice n'est-elle pas, dans ces conditions, un cadre contraignant qui prive l'individu de sa liberté d'action ? Mais cette représentation de la justice n'omet-elle pas de poser le problème politique de la vie collective, c'est-à-dire de la coexistence des libertés, non de l'homme pris abstraitement comme s'il vivait seul, mais des concitoyens ?

Chapitre II. Diverses significations données au mot de *liberté*

Il n'y a point de mot qui ait reçu plus de différentes significations, et qui ait frappé les esprits de tant de manières, que celui de *liberté*. Les uns l'ont pris pour la facilité de déposer celui à qui ils avaient donné un pouvoir tyrannique ; les autres, pour la faculté d'élire celui à qui ils devaient obéir ; d'autres, pour le droit d'être armés, et de pouvoir exercer la violence ; ceux-ci, pour le privilège de n'être gouvernés que par un homme de leur nation, ou par leurs propres lois[*]. Certain peuple a longtemps pris la liberté pour l'usage de porter une longue barbe[**]. Ceux-ci ont attaché ce nom à une forme de gouvernement, et en ont exclu les autres. Ceux qui avaient goûté du gouvernement républicain l'ont mise dans ce gouvernement ; ceux qui avaient joui du gouvernement monarchique l'ont placée dans la monarchie[***]. Enfin chacun a appelé *liberté* le gouvernement qui était conforme à ses coutumes ou à ses inclinations ; et comme dans une république on n'a pas toujours devant les yeux, et d'une manière si présente, les instruments des maux dont on se plaint, et que même les lois paraissent y parler plus, et les exécuteurs de la loi y parler moins, on la place ordinairement dans les républiques, et on l'a exclue des monarchies. Enfin, comme, dans les démocraties, le peuple paraît à peu près faire ce qu'il veut, on a mis la liberté dans ces sortes de gouvernements, et on a confondu le pouvoir du peuple avec la liberté du peuple.

Chapitre III. Ce que c'est que la liberté

Il est vrai que, dans les démocraties, le peuple paraît faire ce qu'il veut ; mais la liberté politique ne consiste point à faire ce que l'on veut. Dans un État, c'est-à-dire dans une société où il y a des lois, la liberté ne peut consister qu'à pouvoir faire ce que l'on doit vouloir, et à n'être point contraint de faire ce que l'on ne doit pas vouloir.

Il faut se mettre dans l'esprit ce que c'est que l'indépendance, et ce que c'est que la liberté. La liberté est le droit de faire tout ce que les lois permettent ; et si un citoyen pouvait faire ce qu'elles défendent, il n'aurait plus de liberté, parce que les autres auraient tout de même ce pouvoir.

* « J'ai, dit Cicéron, copié l'édit de Scévola, qui permet aux Grecs de terminer entre eux leurs différends selon leurs lois, ce qui fait qu'ils se regardent comme des peuples libres. » [Note de Montesquieu]

** Les Moscovites ne pouvaient souffrir que le czar Pierre la leur fît couper. [Note de Montesquieu]

*** Les Cappadociens refusèrent l'État républicain que leur offrirent les Romains. [Note de Montesquieu]

MONTESQUIEU, *De l'esprit des lois*, XI, chapitres 2 et 3, 1748.

▶ L'ÉTAT
▶ LA LIBERTÉ

❶ Être libre, est-ce faire ce que l'on veut ?

❷ Pourquoi y a-t-il des interdits ?

Michel FOUCAULT
1926-1984

TEXTE 3 COMMENTÉ

Que punit la loi ?

En principe, les lois codifient les peines qui sanctionnent les infractions en fonction de leur gravité. À tel acte délictueux correspond telle peine, selon une échelle de sévérité. Mais si la justice sanctionne les actes, pourquoi s'intéresse-t-elle tant à la personnalité du criminel ? La justice sanctionne-t-elle des actes ou punit-elle des personnes ?

La loi ne sanctionne que des actes, bien sûr. Mais, d'un autre côté, les principes de l'existence de la loi pénale, autrement dit la nécessité de punir, la gradation aussi dans la punition, l'application effective de la loi pénale, n'avaient de sens que dans la mesure, bien sûr, où on ne punissait pas un acte – car ça n'a pas de sens de punir un acte – ; ça n'avait de sens que dans la mesure où on punit un individu, un individu infracteur qu'il s'agit de punir, d'amender, de donner en exemple à d'autres infracteurs possibles. Si bien que, dans cette équivoque entre le crime et le criminel on voit comment a pu se dessiner une ligne de pente interne à tout le système. Une ligne de pente interne à tout le système de quoi ? Eh bien, vers une modulation de plus en plus individualisante de l'application de la loi et par conséquent, réciproquement, une problématisation psychologique, sociologique, anthropologique de celui auquel on applique la loi. C'est-à-dire que l'*homo penalis*[1] est en train de dériver, tout au long du XIXe siècle, vers ce qu'on pourrait appeler l'*homo criminalis*[2].

Michel FOUCAULT, *Naissance de la biopolitique*, cours du 21 mars 1979.

1 *Homo penalis* : homme pénal. 2 *Homo criminalis* : homme criminel.

▶ L'ÉTAT
▶ LA LIBERTÉ
▶ LA NATURE

SANCTIONNER ET PUNIR

Tant que la loi ne sanctionne que des actes, la justice ne s'exerce pas sur les individus. Mais dès lors que l'« on punit un individu, un individu infracteur », comme le dit Foucault dans *Naissance de la biopolitique* (21 mars 1979) se produit « cette équivoque entre le crime et le criminel », entre sanctionner le délit qui a été commis et punir un délinquant.

DU DÉLIT AU DÉLINQUANT

On entre en prison pour un délit commis, on en ressort délinquant. La prison est ainsi la fabrique sociale du délinquant. Pour produire en amont le sujet délinquant, la justice mobilise la biologie (hérédité, gènes, caractère) ainsi que la psychiatrie (folie) et la psychanalyse (inconscient, pulsions), engendrant « un étrange complexe scientifico-juridique » censé « prévoir l'évolution du sujet » (*Surveiller et punir*, 1975). Foucault écrit que les peines portent « non plus sur ce que les individus ont fait, mais sur ce qu'ils sont, seront, peuvent être ». La vie du sujet délinquant n'est plus que l'expression prévisible de son essence criminelle, condamnée à la récidive.

1 Quelle est la différence entre un crime et un criminel ?

2 La justice peut-elle juger une personne ?

FOUCAULT DIT AUSSI

« À partir du moment où la pratique pénale substitue à la question : qu'as-tu fait ? la question : qui es-tu ? – à partir de ce moment-là, vous voyez bien que la fonction juridictionnelle du pénal est en train de se transformer. »

Michel FOUCAULT, *Naissance de la biopolitique*, cours du 17 janvier 1979.

? Que veut dire le dicton « qui a volé volera » ?

Blaise PASCAL
1623-1662

TEXTE 4 COMMENTÉ

Pourquoi respecte-t-on les lois ?

La justice exige le respect des lois. Que serait, en effet, une loi juste que personne ne respecterait, sinon une loi fantoche ? Ou bien une loi est dotée de la force nécessaire à son respect, ou bien ce n'est pas une loi. Car une loi n'est pas un concept théorique dont la cohérence juridique interne constitue un critère suffisant pour la définir comme loi. Toute loi n'est-elle pas dépendante de la force qui l'accompagne et garantit son efficacité, c'est-à-dire sa réalité ? Mais en quoi consiste cette force de la justice qui nous tient en respect ?

25.

La coutume de voir les rois accompagnés de gardes, de tambours, d'officiers et de toutes les choses qui ploient la machine vers le respect et la terreur font que leur visage, quand il est quelquefois seul et sans ces accompagnements, imprime dans leurs sujets le respect et la terreur parce qu'on ne sépare point dans la pensée leur personne d'avec leur suite qu'on y voit d'ordinaire jointe. Et le monde qui ne sait pas que cet effet vient de cette coutume croit qu'il vient d'une force naturelle. Et de là viennent ces mots : Le caractère de la divinité est empreint sur son visage, etc. [...]

60.

Sur quoi la fondera-t-il, l'économie du monde qu'il veut gouverner ? Sera-ce sur le caprice de chaque particulier, quelle confusion ! Sera-ce sur la justice, il l'ignore. Certainement s'il la connaissait il n'aurait pas établi cette maxime la plus générale de toutes celles qui sont parmi les hommes, que chacun suive les mœurs de son pays. L'éclat de la véritable équité aurait assujetti tous les peuples. Et les législateurs n'auraient pas pris pour modèle, au lieu de cette justice constante, les fantaisies et les caprices des Perses et Allemands. On la verrait plantée par tous les États du monde et dans tous les temps, au lieu qu'on ne voit rien de juste ou d'injuste qui ne change de qualité en changeant de climat, trois degrés d'élévation du pôle renversent toute la jurisprudence. Un méridien décide de la vérité, en peu d'années de possession les lois fondamentales changent. Le droit a ses époques, l'entrée de Saturne au Lion nous marque l'origine d'un tel crime. Plaisante justice qu'une rivière borne ! Vérité au-deçà des Pyrénées, erreur au-delà.

Ils confessent que la justice n'est pas dans ces coutumes, mais qu'elle réside dans les lois naturelles communes en tout pays. Certainement ils le soutiendraient opiniâtrement si la témérité du hasard qui a semé les lois humaines en avait rencontré au moins une qui fût universelle. Mais la plaisanterie est telle que le caprice des hommes s'est si bien diversifié qu'il n'y en a point.

Le larcin, l'inceste, le meurtre des enfants et des pères, tout a eu sa place entre les actions vertueuses. Se peut-il rien de plus plaisant qu'un homme ait droit de me tuer parce qu'il demeure au-delà de l'eau et que son prince a querelle contre le mien, quoique je n'en aie aucune avec lui ?

Il y a sans doute des lois naturelles, mais cette belle raison corrompue a tout corrompu. [...]

▶ L'ÉTAT
▶ LA LIBERTÉ
▶ LE TEMPS

De cette confusion arrive que l'un dit que l'essence de la justice est l'autorité du législateur, l'autre la commodité du souverain, l'autre la coutume présente. Et c'est le plus sûr. Rien, suivant la seule raison, n'est juste de soi, tout branle avec le temps. La coutume fait toute l'équité, par cette seule raison qu'elle est reçue. C'est le fondement mystique de son autorité, qui la ramènera à son principe l'anéantit. Rien n'est si fautif que ces lois qui redressent les fautes. Qui leur obéit parce qu'elles sont justes, obéit à la justice qu'il imagine, mais non pas à l'essence de la loi, elle est toute ramassée en soi. Elle est loi et rien davantage. Qui voudra en examiner le motif le trouvera si faible et si léger que s'il n'est accoutumé à contempler les prodiges de l'imagination humaine, il admirera qu'un siècle lui ait tant acquis de pompe et de révérence.

Blaise PASCAL, *Pensées*, Fragments 25 et 60, 1670.

LA FORCE SYMBOLIQUE

Une loi peut tirer sa force non seulement de la puissance physique de corps dédiés (« les forces de l'ordre »), mais de puissances symboliques non moins effectives. Pascal souligne en ce sens que le « tambour » ne compte pas moins que les « gardes ». Le tambour n'est pas une arme, il fonctionne bel et bien comme une force qui soutient la loi. Les cortèges, qui affichent tout ce que l'on appelle leur « pompe », exercent un pouvoir sur l'imagination de ceux qui y assistent.

LA COUTUME

La force symbolique d'une loi repose aussi et surtout sur son ancestralité. La justice pèse d'autant plus qu'elle a pour elle le « poids du passé ». Le respect que l'on réserve à une loi est proportionnel à la longue tradition où elle s'origine. Comme l'explique Pascal, l'être humain « prend leur antiquité pour une preuve de leur vérité » (fragment 525). L'homme, ne sachant se résoudre à respecter les lois simplement « parce qu'elles sont lois », a besoin de les croire justes. L'autorité de la justice ne se fonde donc pas sur le fait qu'elle est juste, mais sur la tradition. « C'est, dit Pascal, le fondement mystique de son autorité. » Un fondement « mystique » n'est justement pas un fondement, c'est une origine obscure qui s'impose d'autant plus qu'elle échappe au questionnement et à l'analyse, et suscite la croyance. La justice tire sa force de la foi en la tradition.

1 Quelle est la différence entre « respecter » et « être tenu en respect » ?

2 La force des lois est-elle seulement physique ?

HOBBES DIT AUSSI

« Les conventions sans le glaive ne sont que des paroles. »

Thomas HOBBES, *Léviathan*, 17, 1651, trad. F. Tricaud, 1971.

? Qu'appelle-t-on les « forces de l'ordre » ?

→ VERS LE BAC

En utilisant les textes de cette partie du chapitre, rédiger une dissertation sur le sujet suivant : « Peut-il y avoir un usage juste de la force ? »

Friedrich NIETZSCHE
1844-1900

TEXTE 5

Les peines que prononce la justice sont-elles des violences ?

La justice semble avoir pour raison d'être de juguler la violence entre les hommes. À cette fin, elle prévoit des peines pour sanctionner les infractions à la loi. En quoi ces peines diffèrent-elles de simples faits de violence ? Une sanction est-elle d'autant plus dissuasive qu'elle est davantage violente ?

Le châtiment aurait la propriété d'éveiller le *sentiment de culpabilité* chez le coupable, on cherche en lui le véritable instrument de cette réaction psychique qu'on appelle « mauvaise conscience », « remords ». Par là, même pour ce qui regarde notre époque, on fait violence à la réalité et à la psychologie. [...] Le vrai remords est extrêmement rare, surtout parmi les forçats et les criminels ; les prisons, les bagnes *ne sont pas* le milieu propice à la prolifération de cette espèce de ver rongeur. [...] Dans l'ensemble, le châtiment endurcit et refroidit ; il concentre ; il aiguise le sentiment d'être étranger ; il augmente la force de résistance [...]. N'oublions pas à quel point le spectacle des procédures juridiques et exécutoires empêche le malfaiteur d'apercevoir ce qu'il y a de condamnable *en soi* dans son action : car il voit que l'on commet exactement les mêmes actions au service de la justice et qu'on les approuve alors, qu'on les commet avec bonne conscience : espionner, tromper, corrompre, tendre des pièges, tout l'art captieux et rusé des policiers et des accusateurs, et ensuite ces actions fondées en principes, qui n'ont même pas la passion pour excuse, et qui sont inscrites dans tous les types de châtiment, dépouiller, faire violence, déshonorer, incarcérer, torturer, mettre à mort, – tout cela n'est pas rejeté et condamné *en soi* par les juges, mais seulement à certains égards et dans une certaine pratique. La « mauvaise conscience », plante la plus inquiétante et la plus intéressante de notre végétation terrestre, *n'a pas* poussé sur ce terrain, – en fait, pendant la plus grande partie de l'histoire, il n'y eût jamais rien dans la conscience de ceux qui jugeaient et punissaient pour indiquer qu'on eût affaire là à un « coupable ». On avait affaire à un fauteur de dommage, à une irresponsable parcelle de destin.

Friedrich NIETZSCHE, *Généalogie de la morale*, 1887,
trad. I. Hildenbrand et J. Gratien, 1966.

▶ L'ÉTAT

❶ La fonction d'une peine juridique est-elle de dissuader ?

❷ Punir, est-ce juste ?

→ VERS LE BAC

Faire une recherche pour distinguer le sens originel et le sens courant de la loi du talion, « œil pour œil, dent pour dent ».

AUX FRONTIÈRES DE LA PHILOSOPHIE

Victor Hugo s'est battu contre la peine de mort et pour son abolition. Il y voit, non une peine de justice possible, voire nécessaire, mais la négation même de la justice. Infliger la mort à un assassin, c'est s'autoriser à lui faire ce que la loi interdit. Cela revient, pour la justice, à s'exempter de se respecter elle-même. La peine de mort, c'est la négation de la justice par la justice. Dans cette lettre à Lord Palmerston, alors qu'il est secrétaire d'État de l'Intérieur en Angleterre, Hugo déploie toute la puissance de son écriture pour dénoncer la mise à mort d'un assassin, John Tapner, et faire sentir l'horreur de la peine de mort qui reproduit le crime qu'elle prétend punir. La peine de mort est-elle la plus efficace des peines ? Les études comparatives entre les pays ayant aboli la peine de mort et ceux qui la pratiquent encore montrent que celle-ci est trop abstraite pour être dissuasive : nul criminel ne se voit mort.

« Tenez, monsieur, c'est horrible. Nous habitons, vous et moi, l'infiniment petit. Je ne suis qu'un proscrit et vous n'êtes qu'un ministre. Je suis de la cendre, vous êtes de la poussière. D'atome à atome on peut se parler. On peut d'un néant à l'autre se dire ses vérités. Eh bien, sachez-le [...], monsieur, cette corde qu'on noue au cou d'un homme, cette trappe qu'on ouvre sous ses pieds, cet espoir qu'il se cassera la colonne vertébrale en tombant, cette face qui devient bleue sous le voile lugubre du gibet, ces yeux sanglants qui sortent brusquement de leur orbite, cette langue qui jaillit du gosier, ce rugissement d'angoisse que le nœud étouffe, cette âme éperdue qui se cogne au crâne sans pouvoir s'en aller, ces genoux convulsifs qui cherchent un point d'appui, ces mains liées et muettes qui se joignent et qui crient au secours, et cet autre homme, cet homme de l'ombre, qui se jette sur ces palpitations suprêmes, qui se cramponne aux jambes du misérable et qui se pend au pendu, monsieur, c'est épouvantable [...].

Messieurs, cette ficelle, cette poutre, ce cadavre, ce méchant gibet imperceptible, cette misère, c'est l'immensité. C'est la question sociale, plus haute que la question politique. C'est plus encore, c'est ce qui n'est plus la terre. Ce qui est peu de chose, c'est votre canon, c'est votre politique, c'est votre fumée. L'assassin qui du matin au soir devient l'assassiné, voilà ce qui est effrayant ; une âme qui s'envole tenant le bout de corde du gibet, voilà ce qui est, entre deux dîners, formidable. Hommes d'État, entre deux protocoles, entre deux sourires, vous pressez nonchalamment de votre pouce ganté de blanc le ressort de la potence, et la trappe tombe sous les pieds du pendu. Cette trappe, savez-vous ce que c'est ? C'est l'infini qui apparaît ; c'est l'insondable et l'inconnu ; c'est la grande ombre qui s'ouvre brusque et terrible sous votre petitesse.

Continuez. C'est bien. Qu'on voie les hommes du vieux monde à l'œuvre. Puisque le passé s'obstine, regardons-le. Voyons successivement toutes ses figures : à Tunis, c'est le pal ; chez le czar, c'est le knout ; chez le pape, c'est le garrot ; en France, c'est la guillotine ; en Angleterre, c'est le gibet ; en Asie et en Amérique, c'est le marché d'esclaves. Ah ! tout cela s'évanouira ! »

Victor HUGO, *Lettre du 11 février 1854 à Lord Palmerston.*

La peine de mort peut-elle être une peine de justice ?

Le ministre de la Justice Robert Badinter poursuit le débat sur le projet de loi d'abolition de la peine de mort à l'Assemblée nationale à Paris, 17 septembre 1981. La loi est adoptée le lendemain par 363 voix contre 117.

Jean-Jacques ROUSSEAU
1712-1778

TEXTE 6

Les lois mettent-elles fin à la violence entre les hommes ?

Dans *Du contrat social* (voir texte 1), Rousseau montre que le droit du plus fort n'en est pas un car il contraint par la force, mais n'oblige pas. Le concept de droit est fondé sur la volonté du peuple. Mais ce concept théorique que Rousseau analyse dans *Du contrat social* se trouve démenti dans la réalité du droit tel qu'il se pratique dans nos sociétés. La loi n'est-elle qu'une voie de fait aggravée et renforcée par sa forme juridique ? La justice abolit-elle les rapports de force ou les institue-t-elle ?

J'ouvre les livres de droit et de morale, j'écoute les savants et les jurisconsultes[1] et pénétré de leurs discours insinuants, je déplore les misères de la nature humaine, j'admire la paix et la justice établie par l'ordre civil, je bénis la sagesse des institutions publiques et me console d'être homme en me voyant citoyen. Bien instruit de mes devoirs et de mon bonheur, je ferme le livre, sors de la classe, et regarde autour de moi, je vois des peuples infortunés, gémissant sous un joug de fer, le genre humain écrasé par une poignée d'oppresseurs, une foule affamée, accablée de peine et de faim dont le riche boit en paix le sang et les larmes, et partout le fort armé contre le faible du redoutable pouvoir des lois.

Jean-Jacques ROUSSEAU, *L'État de guerre* ou *Que l'état de guerre naît de l'état social*, 1756-1758.

1 Jurisconsultes : théoriciens du droit. Rousseau vise plus particulièrement Hobbes et sa conception de l'état de nature. (voir LA NATURE, textes 14, p. 326, et 15, p. 329)

1. Que penser de l'adage latin « *dura lex, sed lex* » (« la loi est dure, mais c'est la loi ») ?
2. Une loi peut-elle être illégitime ?

Portrait posthume de Jean-Jacques Rousseau, v. 1790.

ROUSSEAU DIT AUSSI

« [L]'inégalité, étant presque nulle dans l'état de nature, [...] devient enfin stable et légitime par l'établissement de la propriété et des lois. »

Jean-Jacques ROUSSEAU, *Discours sur l'origine et les fondements de l'inégalité parmi les hommes*, 1755.

? L'inégalité peut-elle être légale ?

MATIÈRE À PENSER

La violence codifiée

Le Code noir, promulgué en 1685, légalise le statut réservé aux esclaves dans les colonies françaises et définit les traitements violents que leurs maîtres sont autorisés à leur faire subir – selon une échelle graduée, qui va du droit de couper les oreilles jusqu'au droit de mort.

« **Article 12** – Les enfants qui naîtront des mariages entre esclaves seront esclaves et appartiendront aux maîtres des femmes esclaves et non à ceux de leurs maris, si le mari et la femme ont des maîtres différents.

Article 13 – Voulons que, si le mari esclave a épousé une femme libre, les enfants, tant mâles que filles, suivent la condition de leur mère et soient libres comme elle, nonobstant la servitude de leur père, et que, si le père est libre et la mère esclave, les enfants soient esclaves pareillement.

Article 15 – Défendons aux esclaves de porter aucunes armes offensives ni de gros bâtons, à peine de fouet et de confiscation des armes au profit de celui qui les en trouvera saisis, à l'exception seulement de ceux qui sont envoyés à la chasse par leurs maîtres et qui seront porteurs de leurs billets ou marques connus.

Article 16 – Défendons pareillement aux esclaves appartenant à différents maîtres de s'attrouper le jour ou la nuit sous prétexte de noces ou autrement, soit chez l'un de leurs maîtres ou ailleurs, et encore moins dans les grands chemins ou lieux écartés, à peine de punition corporelle qui ne pourra être moindre que du fouet et de la fleur de lys ; et, en cas de fréquentes récidives et autres circonstances aggravantes, pourront être punis de mort, ce que nous laissons à l'arbitrage des juges. Enjoignons à tous nos sujets de courir sus aux contrevenants, et de les arrêter et de les conduire en prison, bien qu'ils ne soient officiers et qu'il n'y ait contre eux encore aucun décret.

Article 17 – Les maîtres qui seront convaincus d'avoir permis ou toléré telles assemblées composées d'autres esclaves que de ceux qui leur appartiennent seront condamnés en leurs propres et privés noms de réparer tout le dommage qui aura été fait à leurs voisins à l'occasion desdites assemblées et en 10 écus d'amende pour la première fois et au double en cas de récidive.

Article 33 – L'esclave qui aura frappé son maître, sa maîtresse ou le mari de sa maîtresse, ou leurs enfants avec contusion ou effusion de sang, ou au visage, sera puni de mort.

Article 34 – Et quant aux excès et voies de fait qui seront commis par les esclaves contre les personnes libres, voulons qu'ils soient sévèrement punis, même de mort, s'il y échet.

Article 38 – L'esclave fugitif qui aura été en fuite pendant un mois, à compter du jour que son maître l'aura dénoncé en justice, aura les oreilles coupées et sera marqué d'une fleur de lys sur une épaule ; s'il récidive un autre mois pareillement du jour de la dénonciation, il aura le jarret coupé, et il sera marqué d'une fleur de lys sur l'autre épaule ; et, la troisième fois, il sera puni de mort.

Article 44 – Déclarons les esclaves être meubles et comme tels entrer en la communauté, n'avoir point de suite par hypothèque, et se partager également entre les cohéritiers, sans préciput et droit d'aînesse, n'être sujets au douaire coutumier, au retrait féodal et lignager, aux droits féodaux et seigneuriaux, aux formalités des décrets, ni au retranchement des quatre quints, en cas de disposition à cause de mort et testamentaire. »

Code noir, 1685.

REPÈRES légal / légitime

Est **légal** ce qui est conforme à la loi. Pour comprendre comment des lois peuvent être **illégitimes**, il faut distinguer la loi proprement dite de ce que Rousseau appelle les simples « décrets » (*Du contrat social*, II, 6), c'est-à-dire une règle de droit qui exprime la volonté d'un individu, fût-il le souverain, ou d'un groupe particulier d'individus, fût-il majoritaire. La loi n'est pas l'expression de la volonté du plus grand nombre, mais de tous. Aussi longtemps qu'une loi n'exprime que la volonté des uns qui s'impose aux autres, elle n'est qu'un rapport de force **légal** sans **légitimité**. De même, une règle de droit qui porte sur une partie du peuple n'est pas non plus une loi. La loi est « un acte de souveraineté » qui garantit sa **légitimité** politique. Rousseau réserve en effet le concept de loi à l'acte par lequel « le peuple statue sur tout le peuple ».

Normes et valeurs

Le concept de loi comme expression de la volonté générale du peuple semble garantir sa valeur. Mais comment savoir ce qui est bon pour le peuple ? Comment connaître l'objet de la volonté générale ? (texte 7, Rousseau) Les lois n'étant pas le reflet d'un droit naturel mais le produit du droit positif, leur caractère conventionnel ne les expose-t-il pas à l'arbitraire ? (texte 8, Antiphon) La justice, avec ses interdits et ses sanctions, ne permet-elle pas fondamentalement de souder un groupe social ? (texte 9, Durkheim) Peut-on faire abstraction de l'histoire réelle des normes de droit ? La valeur d'une loi ne tient-elle pas à sa capacité à innover en fonction de l'évolution des sociétés ? (texte 10, Épicure) Sous la question, somme toute abstraite, de la bonne loi, surgit la question de la règle la meilleure qui n'obéit pas à une logique de l'essence, mais se joue sur un théâtre mouvant de situations imprévisibles et singulières. (texte 11, Aristote) Plus radicalement encore, la loi ne risque-t-elle pas de produire de l'injustice en appliquant la même norme à des individus singuliers et à des situations différentes ? (texte 12, Platon)

Jean-Jacques ROUSSEAU
1712-1778

TEXTE 7 COMMENTÉ

Qui fait les lois ?

Rousseau dénonce le faux problème qui consiste à interroger la valeur d'une loi à partir de critères extérieurs à celle-ci : son utilité, son efficacité. C'est dans le concept de loi lui-même qu'il faut chercher le critère de la valeur de toute loi, à savoir dans l'expression de la volonté du peuple. Mais le peuple sait-il ce qu'il veut ? Connaît-il ce qui est bon pour lui ?

Chapitre 6. De la loi

Les lois ne sont proprement que les conditions de l'association civile. Le peuple, soumis aux lois, en doit être l'auteur ; il n'appartient qu'à ceux qui s'associent de régler les conditions de la société. Mais comment les régleront-ils ? Sera-ce d'un commun accord, par une inspiration subite ? Le corps politique a-t-il un organe pour énoncer ses volontés ? Qui lui donnera la prévoyance nécessaire pour en former les actes et les publier d'avance ? ou comment les prononcera-t-il au moment du besoin ? Comment une multitude aveugle, qui souvent ne sait ce qu'elle veut, parce qu'elle sait rarement ce qui lui est bon, exécuterait-elle d'elle-même une entreprise aussi grande, aussi difficile qu'un système de législation ? De lui-même, le peuple veut toujours le bien, mais de lui-même, il ne le voit pas toujours. La volonté générale est toujours droite, mais le jugement qui la guide n'est pas toujours éclairé. Il faut lui faire voir les objets tels qu'ils sont, quelquefois tels qu'ils doivent lui paraître, lui montrer le bon chemin qu'elle cherche, la garantir des séductions des volontés particulières, rapprocher à ses yeux les lieux et les temps, balancer l'attrait des avantages présents et sensibles par le danger des maux éloignés et cachés. Les particuliers voient le bien qu'ils rejettent ; le public veut le bien qu'il ne voit pas. Tous ont également besoin de guides. Il faut obliger les uns à conformer leurs volontés à leur raison ; il faut apprendre à l'autre à connaître ce qu'il veut. Alors des lumières publiques résulte l'union de l'entendement et de la volonté dans le corps social ; de là l'exact concours des parties, et, enfin la plus grande force du tout. Voilà d'où naît la nécessité d'un législateur.

Chapitre 7. Du législateur

Pour découvrir les meilleures règles de société qui conviennent aux nations, il faudrait une intelligence supérieure qui vît toutes les passions des hommes, et qui n'en éprouvât aucune ; qui n'eût aucun rapport avec notre nature, et qui la connût à fond ; dont le bonheur fût indépendant de nous, et qui pourtant voulût bien s'occuper du nôtre ; enfin, qui, dans le progrès des temps se ménageant une gloire éloignée, pût travailler dans un siècle et jouir dans un autre. Il faudrait des dieux pour donner des lois aux hommes. [...]

Celui qui ose entreprendre d'instituer un peuple doit se sentir en état de changer pour ainsi dire la nature humaine, de transformer chaque individu, qui par lui-même est un tout parfait et solitaire, en partie d'un plus grand tout dont cet individu reçoive en quelque sorte sa vie et son être ; d'altérer la constitution de l'homme pour la renforcer ; de substituer une existence partielle et morale à l'existence physique et indépendante que nous avons reçue de la nature. Il faut, en un mot, qu'il ôte à l'homme ses forces propres pour lui en donner qui lui soient étrangères, et dont il ne puisse faire usage sans le secours d'autrui. Plus ces forces naturelles sont mortes et anéanties, plus les acquises sont grandes et durables, plus aussi l'institution est solide et parfaite : en sorte que si chaque citoyen n'est rien, ne peut rien que par tous les autres, et que la force acquise par le tout soit égale ou supérieure à la somme des forces naturelles de tous les individus, on peut dire que la législation est au plus haut point de perfection qu'elle puisse atteindre.

Le législateur est à tous égards un homme extraordinaire dans l'État.

Jean-Jacques ROUSSEAU, *Du contrat social*, 1762.

▶ LA LIBERTÉ
▶ LA RAISON
▶ LA RELIGION

L'APORIE DU BIEN GÉNÉRAL

Une aporie est un problème apparemment insoluble, une impasse théorique. Si la loi se reconnaît à ceci qu'elle exprime non pas telle volonté individuelle, mais la volonté générale, les individus qui forment le peuple peuvent-ils s'affranchir du périmètre de leurs intérêts privés pour vouloir ce qui est favorable au bien commun, mais défavorable à ces derniers ? Réciproquement, comment le peuple, qui veut le bien général qui lui est bénéfique, peut-il concevoir quelque chose d'aussi impersonnel et abstrait ? La réalisation de la loi semble empêchée par le divorce de la volonté et de l'entendement : les individus ne veulent pas le bien général, qu'ils connaissent d'autant mieux qu'il représente un danger pour leurs intérêts, et le peuple veut un bien qu'il n'entend pas. La création par le peuple de la loi qui est faite pour lui semble impossible.

LE LÉGISLATEUR

Ce problème conduit à l'introduction du personnage surhumain du « législateur » au chapitre 7. L'individu chargé de rédiger la loi incarne un idéal qui doit n'éprouver aucune passion, celle-ci rivant l'entendement sur le particulier, tout en connaissant toutes les passions humaines afin d'en prévenir les effets. La loi ne descend pas du ciel, ni des dieux, mais le législateur se sert de la religion comme d'un « instrument » pour justifier la valeur de la loi qu'il édicte. Dans l'histoire des institutions juridiques, le recours à la religion comme fondement surhumain de la loi ne suffit toutefois pas à garantir qu'une loi est bien la loi en tant qu'expression de la volonté générale. Combien de tyrans ont recours à la « main de Dieu » pour couvrir l'usurpation du bien général ? Rousseau sait bien que tout homme peut « feindre un secret commerce avec quelque divinité ». Aussi est-ce à la solidité de la loi que l'on reconnaîtra en dernière analyse sa légitimité, c'est-à-dire son essence de loi. La loi sera « durable » cependant que son simulacre est voué à périr.

1. Peut-on savoir à la place du peuple ce qui est bon pour lui ?
2. Quelle est la différence entre un juge et un législateur ?
3. Que veut dire « faire la loi » ?

ANTIPHON
v. 480 av. J.-C.-
411 av. J.-C.

TEXTE 8

Pourquoi les lois changent-elles ?

La variabilité des lois tient, si l'on peut dire, à leur nature artificielle. Antiphon oppose le caractère conventionnel et variable de toute loi (*nomos*, en grec) aux nécessités de la nature (*phusis*). La justice n'est-elle autre chose qu'une contrainte conventionnelle externe ?

La justice consiste à ne pas transgresser la loi de la cité où l'on exerce ses droits de citoyen. Par suite, un homme s'attirera les plus grands avantages en pratiquant la justice, si c'est devant des témoins qu'il se plie à la puissance des lois : mais s'il est seul et sans témoin, ce sera en suivant la nature. Car les prescriptions de la loi sont d'institution, alors que celles de la nature sont nécessaires. Celles des lois qui résultent d'un accord mutuel ne sont pas naturelles, mais celles de la nature, qui sont donc naturelles, ne résultent pas d'un accord. Donc, celui qui transgresse la loi, si c'est à l'insu de ceux qui ont établi l'accord, échappe à la honte comme au châtiment. Mais non, s'il ne s'en cache pas. Quant aux normes naturelles de la nature, en allant au-delà du possible, on les viole, même si c'est à l'insu de tous les hommes, le mal n'en est pas moindre, et si tous le savent, il n'en est pas plus grand. Car le dommage ne vient pas de l'opinion, mais a lieu en vérité. Ce qui explique ce problème, c'est principalement que les prescriptions du juste selon la loi sont, la plupart du temps, en conflit avec la nature. Car on a légiféré pour les yeux, sur ce qu'ils doivent : voir ou ne pas voir ; pour les oreilles, sur ce qu'elles doivent entendre ou ne pas entendre ; pour la langue, sur ce qu'elle doit dire ou ne pas dire ; pour les mains, sur ce qu'elles doivent faire ou ne pas faire ; pour les pieds, sur les lieux où ils doivent marcher et ceux où ils ne doivent pas. Elles ne sont en rien plus agréables ou plus proches de la nature, ces actions dont les lois écartent les humains, que celles auxquelles elles les invitent. Car vivre est un acte conforme à la nature, tout autant que mourir : or, pour les hommes, vivre se rattache à ce qui est utile, mourir se rattache à ce qui n'est pas utile. Ce qui est posé par les lois comme utile est un lien pour la nature ; au contraire, ce qui est posé tel par la nature est liberté.

ANTIPHON, Fragment B. 44, Vᵉ siècle av. J.-C.,
dans *Les Présocratiques*, trad. D. Delattre, J.-P. Dumont, J.-L. Poirier, 1988.

▶ LA LIBERTÉ
▶ LA NATURE

1 Faut-il opposer le juridique et le naturel ?

2 Qu'est-ce qu'une institution ?

PLATON DIT AUSSI

« C'est dans son "en-soi" et pour l'âme en elle-même que nous avons découvert que la justice est ce qu'il y a de plus excellent, et que l'âme doit faire les actes justes, eût-elle l'anneau de Gygès ou ne l'eût-elle pas, eût-elle même, en plus d'un anneau de cette sorte, le casque en peau de chien d'Hadès[1] ! »

PLATON, *La République*, 612b, IVᵉ siècle av. J.-C.,
trad. L. Robin, 1940.

1 L'anneau de Gygès rend invisible aux yeux humains, le casque d'Hadès rend invisible à ceux des dieux.

? La justice n'est-elle qu'une contrainte sociale ?

→ VERS LE BAC

En utilisant les textes de cette partie et le texte 1, KANT DIT AUSSI, du chapitre DEVOIR, p. 113, rédiger trois paragraphes proposant trois façons différentes de distinguer la légalité d'une loi et sa légitimité : différences morale, sociale et juridique.

Émile DURKHEIM
1858-1917

TEXTE 9

À quoi les sanctions servent-elles ?

Si la force de la loi s'exerce individuellement au cas par cas, c'est au niveau collectif qu'elle règne. Durkheim explique que la sanction « ne sert pas ou ne sert que très secondairement à corriger le coupable ou à intimider ses imitateurs possibles [...]. Sa vraie fonction est de maintenir intacte la cohésion sociale ». Une loi est un objet tant pratique que social. Aussi, sa valeur se mesure-t-elle à sa puissance de socialisation.

Il en est de même de la peine. Quoiqu'elle procède d'une réaction toute mécanique, de mouvements passionnels et en grande partie irréfléchis, elle ne laisse pas de jouer un rôle utile. Seulement, ce rôle n'est pas là où on le voit d'ordinaire. Elle ne sert pas ou ne sert que très secondairement à corriger le coupable ou à intimider ses imitateurs possibles ; à ce double point de vue, son efficacité est justement douteuse et, en tout cas, médiocre. Sa vraie fonction est de maintenir intacte la cohésion sociale en maintenant toute sa vitalité à la conscience commune. Niée aussi catégoriquement, celle-ci perdrait nécessairement de son énergie si une réaction émotionnelle de la communauté ne venait compenser cette perte, et il en résulterait un relâchement de la solidarité sociale. Il faut donc qu'elle s'affirme avec éclat au moment où elle est contredite, et le seul moyen de s'affirmer est d'exprimer l'aversion unanime, que le crime continue à inspirer, par un acte authentique qui ne peut consister que dans une douleur infligée à l'agent. Ainsi, tout en étant un produit nécessaire des causes qui l'engendrent, cette douleur n'est pas une cruauté gratuite. C'est le signe qui atteste que les sentiments collectifs sont toujours collectifs, que la communion des esprits dans la même foi reste tout entière, et, par là, elle répare le mal que le crime a fait à la société. Voilà pourquoi on a raison de dire que le criminel doit souffrir en proportion de son crime, pourquoi les théories qui refusent à la peine tout caractère expiatoire paraissent à tant d'esprits subversives de l'ordre social. C'est qu'en effet ces doctrines ne pourraient être pratiquées que dans une société où toute conscience commune serait à peu près abolie. Sans cette satisfaction nécessaire, ce qu'on appelle la conscience morale ne pourrait pas être conservé. On peut donc dire sans paradoxe que le châtiment est surtout destiné à agir sur les honnêtes gens ; car, puisqu'il sert à guérir les blessures faites aux sentiments collectifs, il ne peut remplir ce rôle que là où ces sentiments existent et dans la mesure où ils sont vivants. Sans doute, en prévenant chez les esprits déjà ébranlés un affaiblissement nouveau de l'âme collective, il peut bien empêcher les attentats de se multiplier ; mais ce résultat, d'ailleurs utile, n'est qu'un contrecoup particulier. En un mot, pour se faire une idée exacte de la peine, il faut réconcilier les deux théories contraires qui en ont été données ; celle qui y voit une expiation et celle qui en fait une arme de défense sociale. Il est certain, en effet, qu'elle a pour fonction de protéger la société, mais c'est parce qu'elle est expiatoire ; et d'autre part, si elle doit être expiatoire, ce n'est pas que, par suite de je ne sais quelle vertu mystique, la douleur rachète la faute, mais c'est qu'elle ne peut produire son effet socialement utile qu'à cette seule condition.

Émile DURKHEIM, *De la division du travail social*, I. 2, § 4, 1893.

▶ LE DEVOIR
▶ L'ÉTAT

❶ Faut-il juger une loi à ses effets ?

❷ Pourquoi faut-il punir les crimes ?

ÉPICURE
341 av. J.-C.-
270 av. J.-C.

TEXTE 10 COMMENTÉ

Une loi peut-elle valoir de façon universelle ?

La valeur d'une loi tient à son utilité, qui ne peut être définie une fois pour toutes, abstraction faite des conditions de temps. Elle n'a de valeur que particulière, en tel lieu, à tel moment. Il faut donc s'y résoudre : il n'y a pas de critère universel de l'utilité d'une loi qui permettrait de la reconnaître dans l'absolu. Comment une loi pourrait-elle valoir en tout temps, en tout lieu et pour tous ?

XXXIII La justice n'est pas un quelque chose en soi, mais quand les hommes se rassemblent, en des lieux, peu importe, chaque fois, lesquels et leur grandeur, un certain contrat sur le point de ne pas faire de tort ou de ne pas en subir.

XXXIV L'action injuste n'est pas un mal en elle-même, mais dans la crainte qui vient de ce qu'on doute si elle échappera à ceux qui se tiennent en punisseurs de telles actions.

XXXV Il n'est pas possible à celui qui commet clandestinement quelque chose de ce que les hommes ont convenu entre eux de ne pas commettre pour ne pas faire de tort ni en subir, d'être sûr qu'il ne sera pas découvert, même si, dans le présent, il y échappe dix mille fois, car, jusqu'à sa mort, l'incertain est s'il continuera à n'être pas découvert.

XXXVI Selon ce qui est commun, le juste est le même pour tous, car il est quelque chose d'utile dans la vie en commun des hommes entre eux ; mais selon la particularité [*idion*] du pays et de toutes les autres conditions, quelles qu'elles soient, alors une même chose n'est pas juste pour tous.

XXXVII Parmi les choses que les lois prescrivent comme justes, a le caractère du juste ce dont l'utilité se confirme dans la pratique de la vie en commun, que ce soit la même chose pour tous les hommes, ou non. Si quelqu'un établit une loi sans aller dans le sens de ce qui est utile à la communauté des hommes dans leurs rapports réciproques, cette loi-là n'a point la nature du juste. Et même si l'utile conforme au juste vient à changer, mais, pendant un certain temps, reste en accord avec la prénotion du juste, il n'est en rien moins juste pendant ce temps-là pour ceux qui ne se troublent pas eux-mêmes par des mots vides mais regardent les réalités.

XXXVIII Là où, sans que soient survenues des réalités extérieures nouvelles, les choses établies comme justes par les lois sont apparues, dans la pratique, ne pas correspondre à la prénotion du juste, ces choses-là n'étaient pas justes. Mais là où, des réalités nouvelles, étant survenues, les mêmes choses établies comme justes, n'étaient plus utiles, dans ce cas, elles étaient justes alors, quand elles étaient utiles pour la vie en commun des citoyens, mais, plus tard, elles n'étaient plus justes quand elles n'étaient plus utiles.

ÉPICURE, *Maximes capitales*, XXXIII à XXXVIII, IIIe siècle av. J.-C., trad. M. Conche, 1987.

▶ LE BONHEUR
▶ LE TEMPS

L'ESPACE ET LE TEMPS

L'utilité d'une loi est d'abord fonction de l'espace où elle s'exerce. Le territoire particularise l'utilité de la loi en la localisant. Par exemple, certaines lois utiles dans les pays chauds seraient inutiles dans le nord de l'Europe, et vice versa. Dans *De l'esprit des lois*, Montesquieu souligne l'influence du climat (Livre XIV) et d'un terrain fertile ou stérile (Livre XVIII) sur les lois d'un pays. L'utilité est ensuite relative au temps, comme le souligne encore Épicure dans la maxime capitale XXXVIII, qui parle des lois qui « étaient justes alors, quand elles étaient utiles pour la vie en commun des citoyens, mais [qui] plus tard [...] n'étaient plus justes quand elles n'étaient plus utiles ». Épicure identifie ici le juste à l'utile, qui n'est pas absolu ni intemporel, mais relatif et variable.

UN BIEN COMMUN

Si « la justice n'est pas quelque chose en soi » (maxime capitale XXXIII), les lois ne se réduisent pas pour cela à autant de règles particulières. Elles ont pour objet non pas l'utilité privée mais l'utilité commune, ainsi que le précise Épicure. Ainsi, l'utilité grâce à laquelle on reconnaît qu'une loi est bonne est une utilité collectivement partagée, profitable, sinon aux individus, du moins au plus grand nombre. L'utilité d'une loi se mesure donc selon un critère quantitatif.

LA PEUR DU GENDARME

À la suite des sophistes, et d'Antiphon en particulier **(voir texte 9)**, et contre Platon qui refuse de réduire la justice à une question de réputation (*La République*, 363a), Épicure soutient que la force d'une loi est indissociable de la crainte qu'elle inspire. Une loi impuissante est méprisée. La loi suppose les forces nécessaires à la poursuite et à la condamnation des infractions. Si Épicure condamne les délits, ce n'est pas pour la raison morale qu'il serait mal d'enfreindre une loi, mais parce que la force qui soutient les institutions juridiques condamne par avance le criminel à la « crainte » (maxime capitale XXXIV) du châtiment. Ce dernier n'aura jamais l'assurance d'échapper « à ceux qui se tiennent en punisseurs de telles actions ». Même s'il « commet clandestinement » (maxime capitale XXXV) son délit, il vivra dans la crainte d'être découvert « jusqu'à sa mort » (maxime capitale XXXV). L'injustice condamne celui qui la commet à l'inquiétude perpétuelle et lui interdit donc l'ataraxie (la paix de l'âme). C'est donc au nom de l'éthique épicurienne, qui fait du plaisir le souverain bien, que les infractions à la loi sont condamnées.

1 **La légitimité d'une loi se réduit-elle à son utilité ?**

2 **La justice est-elle nécessairement multiple parce qu'elle est instituée et non naturelle ?**

AUX FRONTIÈRES DE LA PHILOSOPHIE

Raskolnikov, le personnage central de *Crime et châtiment* de Dostoïevski, commet un double assassinat sans être suspecté par la police. Il finit par se dénoncer et commence alors une nouvelle vie, enfin libéré du châtiment du remords et réhabilité socialement par la peine juridique.

« Il était malade déjà depuis longtemps ; mais ce n'étaient pas les horreurs du bagne, les travaux, la nourriture, la tête rasée, les loques qu'il portait qui l'avaient brisé : oh ! qu'en avait-il à faire, de ces tortures et de ces supplices-là ! Au contraire, il était même heureux de travailler ; épuisé par le travail physique, il se gagnait au moins quelques heures de sommeil reposant. Et que signifiait pour lui la nourriture – cette soupe maigre avec des cancrelats ? Étudiant, dans sa vie antérieure, il n'avait même souvent pas eu cela. [...] [I]l se souvint de son pauvre petit visage maigre, mais, à présent, ces souvenirs ne le torturaient même presque plus ; il savait de quel amour infini il saurait racheter, à présent, toutes ses souffrances.

Et qu'est-ce qu'elles étaient donc, ces tortures, *toutes* ces tortures du passé ! Tout, même son crime, même le verdict et la déportation, tout, à présent, dans le premier élan, lui paraissait comme extérieur, étranger, comme autant de faits qui seraient arrivés à un autre. Du reste, ce soir-là, il fut incapable de penser longtemps et constamment à quelque chose, de concentrer sa pensée ; et puis, il n'aurait rien pu résoudre avec sa raison ; il ne faisait que sentir. La dialectique était partie, la vie était venue, et, dans sa raison, quelque chose de tout autre allait devoir s'élaborer. »

Fedor DOSTOÏEVSKI, *Crime et châtiment*, 1866, trad. A. Markowicz, 1996.

▶ **LE DEVOIR**

? Quelle est la différence entre sanctionner et châtier ?

ARISTOTE
384 av. J.-C.-
322 av. J.-C.

TEXTE 11

La rectitude de la loi est-elle une garantie de justice ?

La valeur d'une loi peut-elle se définir par la norme figée du bien général, sans prendre en compte la particularité des situations et des individus ? Aristote propose de compléter les lois par la règle souple du meilleur qui épouse chaque situation au mieux selon ses irrégularités propres. Faut-il corriger la rectitude des lois en inventant des règles à chaque fois inédites et singulières ? La loi générale qui s'applique à tous est-elle toujours équitable ?

Ce qui fait la difficulté, c'est que l'équitable, tout en étant juste, n'est pas le juste selon la loi, mais un correctif de la justice légale. La raison en est que la loi est toujours quelque chose de général, et qu'il y a des cas d'espèce pour lesquels il n'est pas possible de poser un énoncé général qui s'y applique avec rectitude. Dans les matières, donc, où on doit nécessairement se borner à des généralités et où il est impossible de la faire correctement, la loi ne prend en considération que les cas les plus fréquents, sans ignorer d'ailleurs les erreurs que cela peut entraîner. La loi n'en est pas moins sans reproche, car la faute n'est pas à la loi, ni au législateur, mais tient à la nature des choses, puisque par leur essence même la matière des choses de l'ordre pratique revêt ce caractère d'irrégularité. Quand, par suite, la loi pose une règle générale, et que là-dessus survient un cas en dehors de la règle générale, on est alors en droit, là où le législateur a omis de prévoir le cas et a péché par excès de simplification, de corriger l'omission et de se faire l'interprète de ce qu'eût dit le législateur lui-même s'il avait été présent à ce moment, et ce qu'il aurait porté dans sa loi s'il avait connu le cas en question. De là vient que l'équitable est juste, et qu'il est supérieur à une certaine espèce de juste, non pas supérieur au juste absolu, mais seulement au juste où peut se rencontrer l'erreur due au caractère absolu de la règle. Telle est la nature de l'équitable : c'est d'être un correctif de la loi, là où la loi a manqué de statuer à cause de sa généralité. En fait, la raison pour laquelle tout n'est pas défini par la loi, c'est qu'il y a des cas d'espèce pour lesquels il est impossible de penser une loi, de telle sorte qu'un décret est indispensable. De ce qui est, en effet, indéterminé la règle aussi est indéterminée, à la façon de la règle de plomb utilisée dans les constructions de Lesbos[1] : de même que la règle épouse les contours de la pierre et n'est pas rigide, ainsi le décret est adapté aux faits.

ARISTOTE, *Éthique à Nicomaque*, V, 14, IVe siècle av. J.-C., trad. J. Tricot, 1959.

1 L'île grecque de Lesbos était riche en plomb. Les architectes en faisaient des rubans de plomb assez souples pour épouser sur mesure la courbure des pierres.

▶ LE TEMPS

1. L'égalité peut-elle être inéquitable ?
2. Quelle est la différence entre justice et rectitude ?

→ **VERS LE BAC**

Distinguer l'égalité et l'équité en donnant des exemples précis.

MATIÈRE À PENSER

La jurisprudence

Si l'autorité de la chose jugée garantit la stabilité des décisions de justice et constitue l'un des piliers du droit, « la stabilité devient parfois rigidité », comme le remarque Mireille Delmas-Marty dans *Le flou du droit* (2004). Aussi la loi doit-elle savoir prendre en compte la question du temps, et s'assouplir au besoin. Les peines prononcées, par exemple, peuvent être évolutives selon le comportement du condamné et son aptitude à évoluer lui-même, selon les progrès de la technologie (bracelet électronique) mais encore selon les changements de la loi elle-même. La loi prévoit en effet une diversité de modalités d'exécution de la peine qui peuvent changer dans le temps. On reconnaît alors qu'une loi est bonne à sa capacité à se dédire, c'est-à-dire à prévoir qu'elle ne peut pas tout prévoir. Si la loi poursuit un idéal de stabilité, elle ne peut ignorer la nécessité des réformes que lui imposent des situations inédites qui échappent à la norme en vigueur.

En outre, si la loi fixe un cadre commun, celui-ci reste abstrait et demande souvent à être interprété en fonction des cas particuliers qui se présentent. La jurisprudence est précisément cette partie fondamentale du droit par lequel la justice reconnaît le caractère ouvert et provisoire de toute juridiction, comme l'explique Jean-Luc Aubert dans son *Introduction au droit*.

« Dans une perspective plus dynamique et plus intéressante, le mot "jurisprudence" désigne le sens dans lequel les juridictions ont l'habitude de trancher tel ou tel point de droit. Ainsi parle-t-on de jurisprudence en matière de responsabilité de la puissance publique, ou en matière de divorce... On prend alors en considération, à travers l'ensemble des décisions rendues par les juges, l'interprétation qu'ils donnent de telle ou telle règle de droit. Ainsi entendue, la jurisprudence constitue un élément essentiel du *droit positif*, c'est-à-dire du droit effectivement reconnu et appliqué dans une société donnée.

Il ne faut cependant pas croire qu'une quelconque décision suffit pour constituer une jurisprudence. En règle générale, il faut une décision dotée d'une autorité particulière. Ainsi des arrêts du Conseil d'État ou de la Cour de cassation. Mais cela même ne suffit pas. La notion de jurisprudence implique, le plus souvent, une répétition de décisions semblables : ce n'est qu'après plusieurs décisions de même sens que l'on peut dire qu'une jurisprudence est constituée, qu'elle est *fixée*. Toutefois, cette exigence ne s'impose pas toujours. La netteté d'un arrêt, sa rédaction en forme de principe peuvent incliner à penser qu'il fixe à lui seul la jurisprudence. Il est incontestable, à cet égard, que les arrêts d'Assemblée plénière, voire ceux des chambres mixtes, sont, *a priori*, de nature à "faire jurisprudence", c'est-à-dire à orienter définitivement les décisions à venir dans le sens qu'ils définissent.

Il faut, à ce point, prendre conscience de ce que la jurisprudence, même lorsqu'elle est "bien fixée" ou encore "constante", conserve toujours une certaine précarité. »

Jean-Luc AUBERT, *Introduction au droit*, 3, § 2, 1979.

Le tribunal de Grande Instance de Paris.

PLATON
428 av. J.-C.-
348 av. J.-C.

TEXTE 12 COMMENTÉ

La loi est-elle toujours juste ?

La loi s'applique à tous de façon indifférenciée. Elle est la même pour tous. Mais la loi n'est-elle pas, en retour, condamnée à rester muette devant la diversité des individus et des situations nouvelles ? Faut-il renoncer à étendre la justice aux cas que la loi n'a pas prévus ? Ou est-il possible de combler les silences de la loi ?

L'ÉTRANGER : Que jamais une loi ne serait capable d'embrasser avec exactitude ce qui, pour tous à la fois, est le meilleur et le plus juste et de prescrire à tous ce qui vaut le mieux. Entre les hommes en effet, comme entre les actes, il y a des dissemblances, sans compter que jamais, pour ainsi dire, aucune des choses humaines ne demeure en repos : ce qui ne permet pas à l'art, à aucun art quel qu'il soit, de formuler aucun principe dont la simplicité vaille en toute matière, sur tous les points sans exception et pour toute la durée des temps. De cela nous convenons, je suppose ?

LE JEUNE SOCRATE : Sans conteste !

L'ÉTRANGER : Or, nous le voyons bien, c'est quasiment à cette simplicité-là que tend l'effort de la loi ; à la façon d'un homme présomptueux et ignorant, qui ne laisse personne rien faire en dehors de ce qu'il a lui-même réglé, personne non plus lui poser aucune question non pas même si, d'aventure, quelque idée neuve, en dehors des arrangements qu'il a décrétés, doit avoir pour quelque cas individuel un meilleur résultat.

LE JEUNE SOCRATE : C'est la vérité ! De fait, à l'égard de chacun de nous singulièrement, la loi se comporte bel et bien de la façon que tu as dite à présent.

L'ÉTRANGER : Mais n'est-il pas impossible que ce dont la simplicité subsiste à travers tout le temps se comporte heureusement, à l'encontre de ce à quoi la simplicité fait toujours défaut ?

LE JEUNE SOCRATE : Il y a des chances !

L'ÉTRANGER : Puisque justement la loi n'est pas le procédé de gouvernement le plus correct, pour quelle raison dès lors est-il forcé cependant qu'on légifère ? Cette nécessité, il nous faut en découvrir la cause.

LE JEUNE SOCRATE : Sans contredit !

L'ÉTRANGER : Or donc, chez vous aussi, tout comme dans d'autres États, n'y a-t-il pas des exercices physiques, pratiqués par un ensemble d'hommes en vue de se disputer la première place, soit à la course, soit à n'importe quoi d'autre ?

LE JEUNE SOCRATE : Hé ! oui, absolument ; et même en grand nombre !

L'ÉTRANGER : Allons ! Que nos souvenirs se reportent aux prescriptions que, dans la pratique d'une semblable autorité, formulent ceux qui procèdent avec art à l'enseignement de la gymnastique.

PLATON, *Le Politique*, 294a-e, IVe siècle av. J.-C., trad. L. Robin, 1943.

▶ L'ÉTAT
▶ LE TEMPS

CAS SINGULIER

L'unité formelle de la loi est au prix de son incapacité à prendre en compte le nouveau et le différent. La généralité de la loi lui interdit d'avoir prise sur le particulier. Le bien général qu'elle a pour objet lui interdit de veiller au « meilleur », qui est relatif au moment et à l'individu. Le meilleur s'invente au cas par cas au fil des circonstances, en dehors de tout modèle fixe. Le pouvoir politique comble le silence des lois : c'est l'art de savoir saisir l'opportun, l'art de l'improvisation, à l'image de la navigation ou de la médecine, attentif aux surprises du temps et capable de s'y adapter pour en tirer le meilleur. Platon emploie le superlatif *dikaiotaton* (de *dikê*, « la justice »), qui a explicitement le sens de ce qui est « le plus juste possible » et que l'on ne saurait confondre avec le juste en soi.

Il y a à cet égard une manière de bêtise de la loi qui est condamnée à toujours redire la même chose, y compris lorsque ce n'est pas la même chose. La loi est chose écrite. Pour Platon, les écrits « se bornent à signifier une seule chose, toujours la même » (*Phèdre*, 275e). Tel est le caractère borné de la loi, d'être incapable d'idées neuves. Cette sclérose de la loi est son infirmité naturelle. Il y a une tyrannie de l'un que la loi exerce sur les particuliers en prétendant les plier de force à son unité abstraite et figée. On connaît les dangers de la bureaucratie uniformisante.

LOI GÉNÉRALE

La loi est toutefois légitime, mais aussi nécessaire pour toutes les situations où la régularité se vérifie. L'Étranger prend l'exemple des maîtres de gymnastique qui donnent les mêmes règles à tous les athlètes. Appliquer la même règle à tous les cas, rien n'est plus légitime lorsque les cas sont effectivement les mêmes. À l'image du législateur qui prescrit des lois qui valent en général, le navigateur sait, au cœur de la tempête, tirer profit des vents, tout comme le politique qui doit savoir improviser au gré des événements.

1 Peut-on gouverner sans loi et être juste ?

2 La justice est-elle dans la loi ?

REPÈRES universel / général / particulier / singulier

L'**universel** vaut pour tous, en tout temps et en tout lieu. Le **général** s'applique la plupart du temps, mais admet la possibilité d'exceptions ; il diffère de l'universel comme le « souvent » diffère du « toujours ». Un cas **particulier** fait partie d'un tout : ainsi, un triangle isocèle est un cas particulier de triangle. Dans l'*Anthropologie du point de vue pragmatique* (§ 42, 1798), Kant dit que le travail de la science est de « découvrir le particulier dans la mesure où il constitue un cas ». Le particulier peut donc être une particularisation d'une loi universelle (tel triangle) ou générale (tel athlète qui se plie comme les autres au cours de gymnastique). Une loi s'applique à des cas particuliers. En revanche, un individu ou un événement **singuliers** échappent à toute loi. Platon exclut qu'une loi puisse être universelle. Une loi ne peut qu'être générale et s'appliquer aux « cas les plus fréquents [*hôs epi to polu*] et aux sujets les plus nombreux [*pollous*] » (*Le Politique*, 294d-e). Le gouvernement se partage entre la loi qui régit le général et s'applique aux cas particuliers, et l'art politique qui invente le meilleur pour le singulier et l'inédit. Aristote (voir LE TEMPS, texte 11, p. 476) reprend directement de Platon l'idée du plus fréquent [*hôs epi to polu*] mais pour désigner le singulier et l'opposer à la loi générale. Platon, lui, considère au contraire que la généralité des cas les plus fréquents se prête précisément à la régularité de la loi et que le *kairos* est cette intelligence politique de l'événement singulier. Au sein du domaine de la politique, il convient de distinguer le général du singulier. Le navigateur et le médecin incarnent l'art politique qui consiste, pour Platon, à traiter les situations singulières qui débordent la généralité des cas les plus fréquents pour lesquels le maître de gymnastique suffit.

Niki de SAINT PHALLE, *La Justice*, 1979-1998, Jardin des Tarots, Garavicchio de Pescia Fiorentina.

Justice divine et droits de l'homme

Peut-on renoncer à l'idée d'une justice universelle qui vaille pour tous les individus ? Sous l'apparente diversité des systèmes juridiques, ne peut-on identifier une loi commune ? (texte 13, Leibniz) La loi absolue et universelle n'est-elle pas à chercher dans le commandement divin qui interdit de tuer ? (texte 14, Levinas) Cette idée d'une justice universelle peut-elle être autre chose, justement, qu'une « idée » que possède la raison humaine ? (texte 15, Kant)

Gottfried Wilhelm LEIBNIZ
1646-1716

TEXTE 13

L'injustice humaine réfute-t-elle la justice divine ?

Les apparences plaident contre Dieu : les crapules triomphent et les justes sont martyrisés. L'injustice qui règne entre les hommes ne contraint-elle pas à faire le deuil de l'idée d'une justice divine ?

[C]'est pour les meilleurs, bien souvent, que les choses vont le plus mal, ce ne sont pas seulement des bêtes innocentes, mais encore des hommes innocents qui sont accablés de maux, tués parfois même avec une extrême cruauté, si bien que le monde, surtout si l'on considère le gouvernement du genre humain, ressemble plutôt à un chaos confus qu'à l'œuvre bien ordonnée d'une sagesse suprême. Que telle soit la première apparence, je l'accorde. Mais dès qu'on examine les choses de plus près, l'opinion contraire s'impose. Il est *a priori* certain, par les arguments mêmes qui ont été exposés, que toutes choses et à plus forte raison les esprits reçoivent la plus grande perfection possible. Il est en effet injuste, comme disent les juristes, de juger avant d'avoir examiné la loi tout entière. Nous ne connaissons qu'une partie infime de l'éternité qui se prolonge dans l'immensité ; car les quelques milliers d'années dont l'histoire nous a conservé la mémoire sont très peu de chose. Et cependant c'est d'après cette expérience minime que nous jugeons témérairement de l'immensité et de l'éternité, semblables à des hommes qui, nés et élevés dans une prison ou, si l'on veut, dans les salines souterraines des Sarmates, croiraient qu'il n'y a pas dans le monde d'autre lumière que la méchante lampe, à peine suffisante pour diriger leurs pas. Regardons un très beau tableau, et couvrons-le ensuite de manière à n'en apercevoir qu'une minuscule partie : que verrons-nous dans celle-ci, même en l'examinant de très près et surtout même quand nous nous en approchons de plus en plus, sinon un certain amas confus de couleurs, fait sans choix et sans art ? Et cependant, en écartant le voile et en regardant le tableau tout entier de la distance convenable, on comprendra que ce qui avait l'air d'une table faite au hasard sur la toile, est l'effet de l'art consommé du peintre.

Gottfried Wilhelm LEIBNIZ, *De la production originelle des choses prise à sa racine*, 1697, dans *Opuscules philosophiques choisis*, trad. P. Schrecker, 1954.

▶ LE BONHEUR
▶ LE DEVOIR
▶ LA RELIGION
▶ LE TEMPS

1 Dans le texte latin original, Leibniz qualifie la pensée humaine de « méchante lampe », de lampe « maligne », c'est-à-dire « mauvaise ». Que penser du fait que le « mauvais » qualifie la représentation humaine ?

2 Quelle est la différence entre un Dieu architecte et un Dieu monarque ?

Ce que disent les mots

Justice et jugement

Justice provient du latin **justitia**, lui-même dérivé de **ius**, ou *jus*, dont le sens à l'origine devait être « formule religieuse ayant force de loi », et que les dictionnaires rendent aussi bien par « justice » que par « droit ».

Le plus ancien des **iura** (pluriel de *ius*) de Rome est la Loi des XII Tables (milieu du ve siècle av. J.-C.), composée de sentences formulant l'état de *ius* et prononçant **ita ius esto**, « que tel soit le droit ». La proximité entre *ius* et **iurare**, « jurer », manifeste que c'est toujours le « prononcé » qui est constitutif du droit. Aujourd'hui encore, le **juré**, tout comme le témoin, prête serment en répétant la formule à prononcer, et il revient au **juge** (**iudex**) de dire le droit » car seul le « prononcé » du jugement fait foi. Le juge est ainsi un **arbitre**, **arbiter**, sur **arbitror**, « juger » au sens de « être témoin », « arbitrer » et tout simplement « penser ». On tient là, comme constitutifs de la justice, d'une part le lien entre religion, droit et parole ; d'autre part le lien entre le droit positif, déposé dans les codes et les lois, et l'arbitrage, voire le libre arbitre, du juge qui pense le cas, évalue, décide, et juge en équité. Le jugement judiciaire ou juridique et le jugement qui relève de ce que Kant appelle la « faculté de juger » sont ainsi à penser ensemble.

La terminologie grecque n'est différente qu'en apparence. *Justice* se dit **dikê**, (*diki* signifie « procès » en grec moderne), sur **deiknumi**, « montrer, désigner » : on parle de **deixis** quand on montre quelque chose du doigt. Une preuve **apodictique** est une preuve démonstrative. La justice est la vertu politique par excellence, précisément parce qu'elle « désigne » à chacun sa part.

Cette distinction se fait aussi par le dire : *dikê* a la même racine que **dico**, « dire » en latin, que l'on retrouve aussi dans *iu-dex*, celui qui **indique** le droit en le disant, et donc le juge.

Mais, à côté du sens précis et juridique du jugement de tribunal, une autre famille de mots exprime en grec le jugement estimatif, celui qui sépare, trie et discrimine : il s'agit de **krinein**, qui donne en français des termes aussi variés que **critère** (motif de choix), **critique** (partage évaluatif), **crise** (moment de bascule entre bien et mal) ou **discrimination** : s'y déploie une manière plus directe d'être en prise sur les arts, la politique et sur la philosophie.

Human Wrongs into Human Rights, tag, Cape Town.

Emmanuel LEVINAS
1906-1995

TEXTE 14 COMMENTÉ

La loi de Dieu est-elle au-dessus de la loi des hommes ?

Si le regard de la victime n'a pas la force d'arrêter le bras du bourreau qui s'apprête à la tuer, elle a le pouvoir de le perturber. Le bourreau semble lire sur le visage de la victime le commandement de Dieu dans la Bible : « Tu ne tueras point » (Exode, 20:13).
Cet interdit divin est-il à l'origine de toute justice ? Comment le visage d'autrui peut-il avoir force de commandement ? Peut-on abandonner la justice humaine au nom de la loi divine ?

Emmanuel LEVINAS : Le « Tu ne tueras point » est la première parole du visage. Or c'est un ordre. Il y a dans l'apparition du visage un commandement, comme si un maître me parlait. Pourtant, en même temps, le visage d'autrui est dénué ; c'est le pauvre pour lequel je peux tout et à qui je dois tout. Et moi, qui que je sois, mais en tant que « première personne », je suis celui qui se trouve des ressources pour répondre à l'appel.

Philippe NEMO : On a envie de vous dire : oui, dans certains cas... Mais dans d'autres, au contraire, la rencontre d'autrui se fait sur le mode de la violence, de la haine et du dédain.

Emmanuel LEVINAS : Certes. Mais je pense que quelle que soit la motivation qui explique cette inversion, l'analyse du visage telle que je viens de la faire, avec la maîtrise d'autrui et sa pauvreté, avec ma soumission et ma richesse, est première. Elle est le présupposé de toutes les relations humaines. S'il n'y avait pas cela, nous ne dirions même pas, devant une porte ouverte : « Après vous, Monsieur ! » C'est un « Après vous, Monsieur ! » originel que j'ai essayé de décrire.
Vous avez parlé de la passion de haine. Je craignais une objection beaucoup plus grave : comment se fait-il qu'on puisse punir et réprimer ? Comment se fait-il qu'il y ait une justice ? Je réponds que c'est le fait de la multiplicité des hommes, la présence du tiers à côté d'autrui, qui conditionnent les lois et instaurent la justice. Si je suis seul avec l'autre, je lui dois tout ; mais il y a le tiers. Est-ce que je sais ce que mon prochain est par rapport au tiers ? Est-ce que je sais si le tiers est en intelligence avec lui ou sa victime ? Qui est mon prochain ? Il faut par conséquent poser, penser, juger, en comparant l'incomparable. La relation interpersonnelle que j'établis avec autrui, je dois l'établir aussi avec les autres hommes ; il y a donc nécessité de modérer ce privilège d'autrui ; d'où la justice. Celle-ci, exercée par les institutions, qui sont inévitables, doit toujours être contrôlée par la relation interpersonnelle initiale.

Emmanuel LEVINAS, *Éthique et Infini*, entretiens avec Philippe Nemo, 1982.

▶ LE DEVOIR
▶ LA RELIGION

DIEU QUI VIENT À L'IDÉE

L'éthique repose sur un commandement qui ne vient ni d'une loi interne de ma propre raison ni de la pression externe d'une contrainte sociale, mais de Dieu qui, par le visage de l'autre, me vient à l'idée. Comme le dit Levinas un peu plus loin dans le même entretien : « dans l'accès au visage, il y a certainement aussi un accès à l'idée de Dieu ». En amont du commandement éthique qui m'altère, c'est la transcendance de Dieu qui commande. Comment l'autre pourrait-il avoir valeur d'infini sans que l'infini se dise en lui ? Ne faut-il pas concevoir le visage comme l'épiphanie de Dieu ? Levinas appelle la rencontre de l'autre « apparition ».

MOI, L'AUTRE ET LE TIERS

Qui est l'autre ? Comment sais-je si le visage de l'autre ne cache pas un impitoyable prédateur ? Si l'autre est visage pour moi, qu'est-ce qui me garantit que, pour lui, l'autre est aussi un autre qui commande le respect ? Qui me dit que l'autre ne traite pas l'autre comme une simple chose ? Cet autre à côté de moi et de l'autre, c'est le tiers qui pose le problème de la justice, c'est-à-dire le problème de « la nécessité de modérer ce privilège d'autrui » par des lois humaines. En me soumettant à la priorité « sans contexte » de l'autre, ne puis-je pas me faire le complice d'injustices infligées par un tiers à autrui ? Le commandement divin ne saurait justifier la disqualification pure et simple de la justice humaine, avec ses interdits propres et ses sanctions. La priorité éthique de l'autre n'a-t-elle pas pour condition que l'autre soit un autre pour l'autre ? Le commandement divin n'est-il pas, dans ces conditions, lui-même subordonné à l'interdit juridique humain ? Si l'individu est seul face à Dieu, s'il n'y a que la loi de Dieu, qui arrêtera la violence et les injustices des êtres humains ?

1 Peut-on invoquer la loi de Dieu pour supprimer la justice humaine ?

2 D'où viennent les interdits ?

AUX FRONTIÈRES DE LA PHILOSOPHIE

Dans ce passage de la fin des *Misérables* de Victor Hugo, l'inspecteur Javert, qui a traqué inflexiblement l'ancien forçat Jean Valjean, est bouleversé lorsque ce dernier lui sauve la vie. Alors que la loi lui ordonne, en bon fonctionnaire de police, d'arrêter Valjean, contre toute attente et en infraction avec les principes qui ont guidé toute sa vie de serviteur de la loi, il le laisse libre. Hugo intitule ce chapitre « Javert déraillé » en référence à un accident de train célèbre à son époque : la loi de Dieu qui fait dérailler le Code pénal. Sous la face du bagnard récidiviste, Javert a vu le visage de Valjean, ce qui a eu l'effet d'un « ébranlement dans l'absolu ».

« Ce qu'il venait de faire lui donnait le frisson. Il avait, lui Javert, trouvé bon de décider, contre tous les règlements de police, contre toute l'organisation sociale et judiciaire, contre le code tout entier, une mise en liberté ; cela lui avait convenu ; il avait substitué ses propres affaires aux affaires publiques ; n'était-ce pas inqualifiable ? Chaque fois qu'il se mettait en face de cette action sans nom qu'il avait commise, il tremblait de la tête aux pieds. À quoi se résoudre ? Une seule ressource lui restait : retourner en hâte rue de l'Homme-Armé, et faire écrouer Jean Valjean. Il était clair que c'était cela qu'il fallait faire. Il ne pouvait.
Quelque chose lui barrait le chemin de ce côté-là.
Quelque chose ? Quoi ? Est-ce qu'il y a au monde autre chose que les tribunaux, les sentences exécutoires, la police et l'autorité ? Javert était bouleversé.
Un galérien sacré ! un forçat imprenable à la justice ! et cela par le fait de Javert !
Que Javert et Jean Valjean, l'homme fait pour sévir, l'homme fait pour subir, que ces deux hommes, qui étaient l'un et l'autre la chose de la loi, en fussent venus à ce point de se mettre tous les deux au-dessus de la loi, est-ce que ce n'était pas effrayant ? [...]
L'ordre était son dogme et lui suffisait ; depuis qu'il avait l'âge d'homme et de fonctionnaire, il mettait dans la police à peu près toute sa religion ; étant, et nous employons ici les mots sans la moindre ironie et dans leur acception la plus sérieuse, étant, nous l'avons dit, espion comme on est prêtre. Il avait un supérieur, M. Gisquet ; il n'avait guère songé jusqu'à ce jour à cet autre supérieur, Dieu.
Ce chef nouveau, Dieu, il le sentait inopinément, et en était troublé. [...]
Être obligé de s'avouer ceci : l'infaillibilité n'est pas infaillible, il peut y avoir de l'erreur dans le dogme, tout n'est pas dit quand un code a parlé, la société n'est pas parfaite, l'autorité est compliquée de vacillation, un craquement dans l'immuable est possible, les juges sont des hommes, la loi peut se tromper, les tribunaux peuvent se méprendre ! voir une fêlure dans l'immense vitre bleue du firmament !
Ce qui se passait dans Javert, c'était le Fampoux [1] d'une conscience rectiligne, la mise hors de voie d'une âme, l'écrasement d'une probité irrésistiblement lancée en ligne droite et se brisant à Dieu. »

Victor HUGO, *Les Misérables*, 1862.

1 Ville du Nord de la France où un train dérailla le 8 juillet 1846, faisant des victimes.

? La justice universelle est-elle nécessairement religieuse ?

Emmanuel KANT
1724-1804

TEXTE 15

La justice peut-elle être mondiale ?

À quoi bon instituer des règles de droit dans les États si les relations entre eux doivent rester en dehors de toute loi commune ? La justice, pour être cohérente et effective, ne suppose-t-elle pas de s'étendre aux relations internationales ? Pour Kant, il n'est plus possible de recourir à Dieu pour justifier cette justice universelle. Les droits nationaux n'appellent-ils pas une justice cosmopolitique, c'est-à-dire à l'échelle du monde ?

Septième proposition

Le problème de l'établissement d'une constitution civile parfaite dépend du problème de l'établissement d'une législation qui règle les relations extérieures des États et ne peut être résolu sans lui. À quoi sert de travailler à une constitution civile réglée par des lois entre des particuliers, c'est-à-dire à l'organisation d'une communauté ? Car la même insociabilité qui a contraint les hommes à cette tâche est à nouveau la cause qui fait que chaque communauté fait preuve dans les relations extérieures d'État à État d'une liberté sans entrave ; par suite il faut que chacune attende de l'autre les mêmes maux qui opprimaient les hommes isolés et les forçaient à entrer dans un état civil réglé par la loi. La nature a donc à nouveau utilisé l'incompatibilité d'humeur des hommes, celles mêmes des grandes sociétés et des grands corps politiques composées des créatures de cette sorte, comme moyen pour trouver, dans leur antagonisme inévitable, un état de calme et de sécurité ; ainsi, par les guerres, par l'extrême tension qu'exigent sans relâche leurs préparatifs, par la détresse qui en résulte et dont finalement chaque État doit souffrir intérieurement même en pleine paix, elle pousse chacun à sortir de l'état sans loi des sauvages pour entrer dans une société des nations ; chaque État parvient ainsi à ce que la raison aurait pu lui dire sans qu'une si triste expérience lui soit nécessaire ; il y arrive après des essais d'abord infructueux, à travers de multiples dévastations et renversements, et même un épuisement intérieur général de ses forces. Alors tous, même les plus petits, pourraient attendre leur sécurité et leurs droits non de leur propre force et de leur propre appréciation de leurs droits mais seulement de cette grande société des nations [...].

Emmanuel KANT, *Idée d'une histoire universelle au point de vue cosmopolitique*, 1784, trad. J.-M. Muglioni, 1981.

▶ L'ÉTAT
▶ LE TEMPS

❶ La justice peut-elle rester un problème national ?

❷ La justice peut-elle être universelle sans qu'elle soit absolue ?

KANT DIT AUSSI

« En ce qui concerne ma liberté, je n'ai, même relativement aux lois divines que je ne puis connaître que par la seule raison, aucune obligation, si ce n'est en tant que j'ai pu moi-même y consentir (car c'est par la loi de liberté de ma propre raison, que je me fais tout d'abord une idée de la volonté divine). »

Emmanuel KANT, *Projet de paix perpétuelle*, 1er article, note, 1795, trad. J. Gibelin, 1970.

▶ LA LIBERTÉ
▶ LA RAISON
▶ LA RELIGION

? La justice se fonde-t-elle sur la religion ?

DELMAS-MARTY DIT AUSSI

« Crises économiques et financières, crises sociales, terrorisme global, désastre humanitaire des migrations, crise climatique et, pour couronner le tout, si l'on ose dire, la crise sanitaire du « coronavirus ». Il serait temps de les prendre au sérieux, à mesure que s'accélère la cacophonie née de cette polycrise. [...] Concevoir un État de droit sans véritable État mondial, l'universalisme est trop ambitieux et le souverainisme, replié sur les communautés nationales, trop frileux. Les concilier nécessite de les penser de façon interactive : nous avons besoin des communautés nationales pour responsabiliser les divers acteurs, à commencer par les services de santé mais seule la communauté mondiale pourra définir les objectifs communs et les responsabilités qui en résultent pour les acteurs globaux – États, organisations internationales, entreprises transnationales. »

Mireille DELMAS-MARTY, « Profitons de la pandémie pour faire la paix avec la Terre », *Le Monde*, 17 mars 2020.

Le droit peut-il rester national ?

MATIÈRE À PENSER

Mondialiser le droit

La juriste Mireille Delmas-Marty pointe l'écart entre la mondialisation des échanges économiques et le périmètre pour l'essentiel national du droit. Elle interroge les conditions de possibilité d'une mondialisation du droit sans laquelle l'injustice mondiale défait inexorablement les justices nationales.

« Enfin, au niveau mondial, la globalisation économique et financière, liée à l'émergence d'un ordre international fondé sur la concurrence, achève de tuer le mythe humaniste, car elle mine à son tour les solidarités nationales, admises seulement si elles n'entravent pas la libre circulation des marchandises et des capitaux.
En somme, l'État est cerné de toutes parts et des concepts comme la sécurité sociale, la solidarité ou la responsabilité, qui avaient été forgés lorsque le droit était identifié à l'État, ne fonctionnent plus, ou de plus en plus mal. C'est ainsi, en opposant l'universalisme du marché au particularisme des systèmes de droit, que le libéralisme économique peut aboutir, dans sa forme radicale, à un antihumanisme marchand qui se conjugue avec l'antihumanisme savant pour enlever toute crédibilité au mythe de l'humanisme juridique.
À moins que les tentatives de refondation réussissent à transformer le mythe en utopie porteuse d'avenir. »

Mireille DELMAS-MARTY, *Sortir du pot au noir*, 2019.

Frédéric GRIMAUD, Peuples solidaires, 21 mai 2011, Le Havre.

CINÉ PHILO

La Commission de la vérité

ANDRÉ VAN IN, 1999

Pour tourner le documentaire *La Commisision de la vérité* (1999), le cinéaste André Van In a suivi les auditions de la Commission Vérité et Réconciliation, instaurée en Afrique du Sud en 1995 et présidée par l'archevêque et prix Nobel de la paix Desmond Tutu. La Commission est le dispositif constitutionnel exceptionnel mis en place pour passer sans bain de sang du régime raciste de l'*apartheid*, aboli en 1993, au « peuple arc-en-ciel », et fonder la nouvelle Afrique du Sud. Afin de bénéficier d'une amnistie, le criminel politique doit dire « toute la vérité » (*full disclosure*). C'est à ce prix que chacun fera son deuil et que la nation entière partagera un passé commun. L'amnistie prononcée s'accompagne d'une réparation financière, notamment de la part des grandes firmes et des églises, et elle n'équivaut pas à un pardon.

Cette justice « transitionnelle », non punitive, qui a fait école, est apparue à l'ensemble de la nation comme la seule manière de juger adéquatement ces « crimes que l'on ne peut ni punir ni pardonner » : il s'agit de réussir à « transformer les torts, les malheurs et les souffrances des hommes en droits et en biens ». **(voir le tag *Human*, p. 219)**

Inutile de dire que ces auditions entre criminels et famille des victimes sont bouleversantes. On ne dira plus : « Nous ne savions pas ».

LE LANGAGE

Arthur PENN, *Miracle en Alabama*, 1962.

Inspiré de l'histoire d'Helen Keller, sourde et aveugle, ce film retrace l'apprentissage du langage par une enfant muette, au moyen de signes physiques. L'éducatrice Annie Sullivan (interprétée par Anne Bancroft) apprend à Helen Keller (jouée par Patty Duke) que les gestes sont des mots qui permettent de signifier des choses. Dans cette séquence finale du film, Helen comprend son tout premier mot, « *W.A.T.E.R.* » (« E.A.U. »), qui regroupe aussi bien l'eau de pluie que l'eau de la rivière et l'eau du puits.
La fonction du langage apparaît ici comme un opérateur d'unité qui permet de saisir les points communs entre des choses qui semblaient différentes.

ARRÊT SUR IMAGE

Les mots sont-ils les yeux de la pensée ?

LE LANGAGE EN QUESTION

Interroger le langage est au mieux une gageure, au pire une entreprise vouée à l'échec, si l'on s'avise que cette interrogation sur le langage ne peut avoir lieu que dans le langage. La philosophie n'est-elle pas justement ce travail pour retourner le langage sur lui-même, voire contre lui-même, afin de le prendre pour objet de questionnement ?

1 LANGAGE ET COMMUNICATION Le langage se présente d'abord comme un moyen de communication. Mais cette définition évidente est-elle satisfaisante ? À ce compte, on pourrait parler du « langage » des abeilles, puisque ces insectes ont un système de communication efficace et élaboré. Le langage peut-il être réduit à une simple communication ? (p. 228 à p. 231)

2 LE MOT ET LA CHOSE Le problème que pose la langue est celui du rapport entre le mot et la chose. Le mot ne manque-t-il pas la chose qu'il nomme en lui substituant une représentation ? Le mot peut-il mimer la chose, comme le mot serpent qui siffle comme la chose qu'il nomme ? Le propre du mot n'est-il pas d'être indépendant de la chose ? (p. 232 à p. 245)

3 DU LANGAGE À LA DIVERSITÉ DES LANGUES Ce problème est d'autant plus sérieux que les différentes langues parlées sur Terre n'ont pas la même manière de désigner les choses. Les langues, dans leur diversité même, ne sont-elles pas le symptôme indubitable de cette richesse du langage, qui n'a d'existence effective que multiple et évolutive ? Ne revient-il pas alors à la philosophie de prendre en considération les différences de sens que produit la diversité des langues ? Le concept de langage ne masque-t-il pas, sous son unité rationnelle mais abstraite, une diversité de langues qui se font les unes aux autres le don de leurs intraduisibles ? (p. 246 à p. 251)

4 DE LA DIVERSITÉ DES LANGUES À LEUR HIÉRARCHIE Ces différences linguistiques tracent-elles seulement des frontières entre des langues étrangères ou se retrouvent-elles au sein d'une même langue ? N'y a-t-il pas des registres de langue qui divisent une langue, au point de produire des langues étrangères dans la langue ? Toute langue n'est-elle pas travaillée de l'intérieur par les richesses et les opacités de ses propres intraduisibles ? Certaines de ces divisions internes ne forment-elles pas des niveaux de langue qui fixent des hiérarchies linguistiques ? La différence de langue ne prend-elle pas alors le sens social d'une distinction qui procure un privilège et assure la domination politique d'un étage de la langue sur le niveau inférieur ? Comment penser la différence linguistique sans en faire une distinction ? (p. 252 à p. 259)

PANORAMA DE LA NOTION

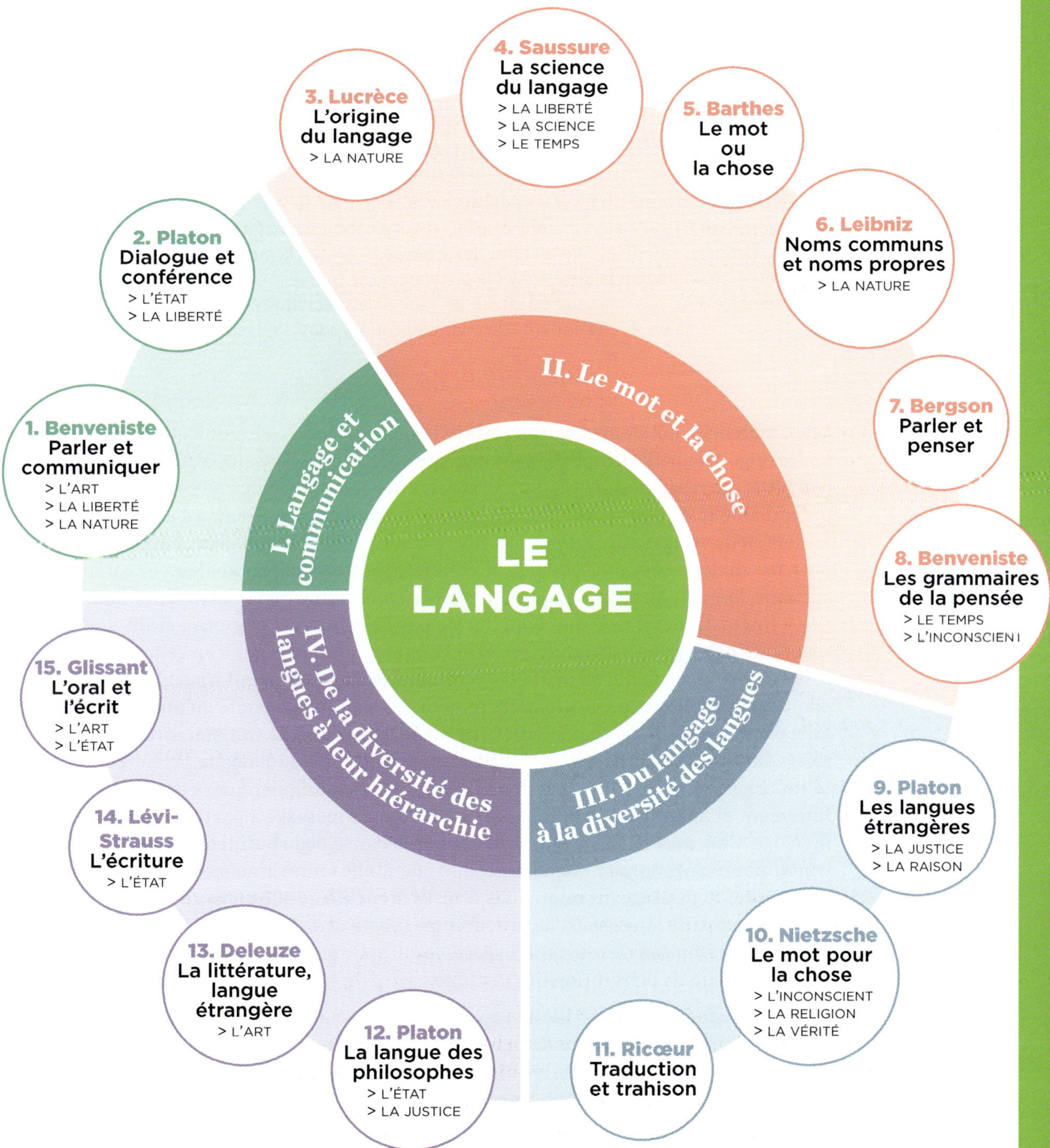

Langage et communication

Dans sa réalité quotidienne, le langage fonctionne comme un outil de communication. Mais cette fonction de communication suffit-elle à définir le langage dans sa richesse spécifique ? (texte 1, Benveniste) Dans la communication, le message part d'un émetteur vers un récepteur. Mais dialoguer, est-ce seulement communiquer un message ? (texte 2, Platon)

Émile BENVENISTE
1902-1976

TEXTE 1 COMMENTÉ

Le langage est-il un outil de communication ?

Les études de Karl von Frisch sur les abeilles en 1923 ont mis au jour un système de communication efficace et précis entre celles-ci qui a conduit à parler d'un « langage » des abeilles. Ces insectes effectuent en effet des « danses » en cercle ou en huit, à des vitesses différentes, qui indiquent la direction et la distance où se trouve le champ à butiner. Seulement n'est-ce pas manquer ce que le langage a de spécifique et de proprement humain que de le réduire à un simple appareil de communication, aussi sophistiqué soit-il ?

Une différence capitale apparaît aussi dans la situation où la communication a lieu. Le message des abeilles n'appelle aucune réponse de l'entourage, sinon une certaine conduite, qui n'est pas une réponse. Cela signifie que les abeilles ne connaissent pas le dialogue, qui est la condition du langage humain. Nous parlons à d'autres qui parlent, telle est la réalité humaine. Cela révèle un nouveau contraste. Parce qu'il n'y a pas dialogue pour les abeilles, la communication se réfère seulement à une certaine donnée objective. Il ne peut y avoir de communication relative à une donnée « linguistique » ; déjà parce qu'il n'y a pas de réponse, la réponse étant une réaction linguistique à une manifestation linguistique ; mais aussi en ce sens que le message d'une abeille ne peut être reproduit par une autre qui n'aurait pas vu elle-même les choses que la première annonce. On n'a pas constaté qu'une abeille aille par exemple porter dans une autre ruche le message de transmission ou de relais. On voit la différence avec le langage humain, où, dans le dialogue, la référence à l'expérience objective et la réaction à la manifestation linguistique s'entremêlent librement et à l'infini. L'abeille ne construit pas de message à partir d'un autre message. Chacune de celles qui, alertées par la danse de la butineuse, sortent et vont se nourrir à l'endroit indiqué, reproduit quand elle rentre la même information, non d'après le message premier, mais d'après la réalité qu'elle vient de constater. Or le caractère du langage est de procurer un substitut de l'expérience apte à être transmis sans fin dans le temps et l'espace, ce qui est le propre de notre symbolisme et le fondement de la tradition linguistique.

Si nous considérons maintenant le contenu du message, il sera facile d'observer qu'il se rapporte toujours et seulement à une donnée, la nourriture, et que les seules variantes qu'il comporte sont relatives à des données spatiales. Le contraste est évident avec l'illimité des contenus du langage humain. De plus, la conduite qui signifie le message des abeilles dénote un symbolisme particulier qui consiste en un décalque de la situation objective, de la seule situation qui donne lieu à un message, sans variation ni transposition possible. Or, dans le langage humain, le symbole en général ne configure pas les données de l'expérience, en ce sens qu'il n'y a pas de rapport nécessaire entre la référence objective et la forme linguistique. Il y aurait ici beaucoup de distinctions à faire au point de vue du symbolisme humain dont la nature et le fonctionnement ont été peu étudiés. Mais la différence subsiste.

Émile BENVENISTE, « Communication animale et langage humain », 1952, dans *Problèmes de linguistique générale*, 1966.

▶ L'ART
▶ LA LIBERTÉ
▶ LA NATURE

COMMUNICATION ET ÉCHANGE

Benveniste s'attache à distinguer le langage proprement dit, qui n'appartient qu'à l'homme, et les communications animales. La première caractéristique du langage réside dans l'échange réciproque des messages, qui fait précisément défaut dans la « transmission unilatérale » du message entre abeilles. La réciprocité des échanges fait que l'interlocuteur ne fait pas que réagir, selon la nécessité d'un mécanisme, mais répond librement de son propre chef. L'abeille ne répond pas à un message, elle réagit à un signal. Nulle abeille n'a jamais répondu à la messagère lui indiquant un champ à butiner : « Vas-y toi-même ! » Benveniste déclare, à propos du prétendu langage des abeilles : « Ce n'est pas un langage, c'est un code de signaux. » Plus largement, les animaux ne dialoguent pas. C'est ce qui fait qu'on ne peut parler de langage animal.

DIRE ET DÉSIGNER

La seconde différence de nature entre le langage humain et les communications animales réside dans la « fixité du contenu » véhiculé par ces dernières. Certes, les danses des abeilles mettent en œuvre un symbolisme véritable, bien que rudimentaire, dans la mesure où, entre les mouvements et ce qu'ils désignent (distance, direction), « il y a bien correspondance conventionnelle », comme le souligne Benveniste. Par conséquent, ce n'est pas ce rapport conventionnel seul qui constitue l'essence du langage propre à l'humain. C'est sans doute admirable, mais cela n'a rien à voir avec les possibilités infinies du langage humain, qui sait dire non seulement l'immense variété de ce qui est, mais encore et surtout l'infinie richesse de ce qui n'est pas : « La terre est bleue comme une orange », écrit le poète Éluard. Le langage se définit donc par la puissance de l'arbitraire, la possibilité de l'artifice, les prodiges du mensonge et les sortilèges de l'imagination. Il constitue un système ouvert qui se caractérise par une puissance d'expression illimitée, à la différence des communications animales, qui sont limitées à un contenu déterminé à l'avance et une fois pour toutes. Par leurs danses, les abeilles ne sauraient signifier autre chose que la distance et la direction où se trouve la nourriture (pollen ou nectar). Les signaux émis par les animaux diffèrent radicalement des signes langagiers qui, seuls, ouvrent l'homme à l'infinité des mondes qu'il se crée, c'est-à-dire au monde de la culture. Dialoguer et mentir, voilà en somme les deux propriétés essentielles du langage humain.

1. Notre société est-elle une société de la communication ?
2. Qu'est-ce qu'un outil de communication ?

La danse des abeilles butineuses dans la ruche.

? Qu'est-ce que la communication entre hommes ?

PLATON
428 av. J.-C.-
348 av. J.-C.

TEXTE 2 COMMENTÉ

Dialoguer, est-ce communiquer ?

Voilà la première page du dialogue de Platon intitulé *Gorgias*, du nom d'un des plus fameux sophistes de la Grèce. Gorgias était si réputé pour son art de fasciner les foules par son éloquence, qu'il existe, en grec ancien, le verbe *gorgiazein*, « gorgianiser », pour dire « parler à la façon de Gorgias ».
Le dialogue commence alors que Gorgias vient tout juste de terminer son admirable conférence, qui a laissé son auditoire médusé. Socrate arrive à ce moment-là, c'est-à-dire trop tard : il a tout raté de la brillante conférence de Gorgias. Le dialogue philosophique commence donc très exactement une fois que la communication de Gorgias est terminée. Est-ce un hasard ? Le langage est-il un instrument de communication ou un moyen de dialoguer ?

GORGIAS
ou
DE LA RHÉTORIQUE

Prologue.

CALLICLÈS : Guerre et combat, c'est prendre sa part !

SOCRATE : Eh mais ! est-ce que, selon le proverbe, nous arrivons après la fête, et en retard ?

CALLICLÈS : Oui, et après une fête d'une rare élégance ! Quantité de belles choses ont été en effet, peu auparavant ton arrivée, l'objet de la conférence que Gorgias nous a donnée.

SOCRATE : De mon retard, Calliclès, c'est, à la vérité, Chéréphon que voici, le responsable ! Il nous a fait passer du temps sur l'Agora.

CHÉRÉPHON : Rien de mal, Socrate, car c'est aussi moi qui vais y porter remède ! Gorgias, vois-tu, est assez mon ami pour refaire à notre intention sa conférence, à présent s'il le juge bon, ou, s'il aime mieux, une autre fois.

CALLICLÈS : Qu'est-ce à dire, Chéréphon ? Socrate a envie d'entendre Gorgias ?

CHÉRÉPHON : C'est dans cette intention même, en vérité, que nous voilà ici !

CALLICLÈS : Dans ces conditions, quand vous voudrez, venez me trouver chez moi : c'est dans ma maison qu'est descendu Gorgias, et il vous y donnera sa conférence.

SOCRATE : Voilà une bonne parole, Calliclès ! Ne consentirait-il pas cependant à avoir avec nous un simple entretien ?

PLATON, *Gorgias*, Prologue, IVe siècle av. J.-C., trad. L. Robin, 1940.

▶ L'ÉTAT
▶ LA LIBERTÉ

CONFÉRENCE

Dans l'*Éloge d'Hélène*, Gorgias compare le discours (*logos*) à un poison qui ensorcèle l'âme. Il y écrit que le discours « est un souverain très puissant ». **(voir LA VÉRITÉ, texte 14, p. 543)** Lorsque Gorgias prend la parole, ses disciples sont plongés dans une admiration béate. Le sophiste n'a pas d'interlocuteur, il n'a qu'un auditoire passif qui reçoit les leçons du maître. Gorgias assène son savoir à une foule fascinée. À la différence du « philo-sophe » (littéralement, « celui qui aime et désire le savoir, la sagesse ») qui recherche le savoir dont il manque, le sophiste prétend posséder le savoir, et ne désire donc pas savoir. Le sophiste est un marchand ambulant de savoir qui fait commerce de ses leçons dans toute la Grèce. Sa parole est un instrument de domination de l'auditoire qui fonctionne à sens unique et n'attend de ce dernier, pas une réponse et encore moins une réflexion, mais une adhésion. Gorgias aurait déclaré, après avoir lu ce dialogue sur lui : « Comme Platon sait bien se moquer ! »

DIALOGUE

Si Platon s'arrange pour que Socrate arrive « après la fête », c'est donc pour lui épargner la conférence de Gorgias. En philosophie, il n'y a pas quelqu'un qui parle et quelqu'un qui écoute. Le philosophe ne donne pas de conférence et n'y assiste pas non plus. La communication à sens unique est une dénaturation du *logos* (parole, discours) dont l'essence est le dialogue ou l'entretien, c'est-à-dire l'échange libre et réciproque des pensées. Comme à son habitude, Platon introduit, dès les premiers mots du prologue, la distinction conceptuelle qui va faire l'objet de tout le dialogue, distinction déguisée sous la forme d'une circonstance anecdotique. Il oppose ici « donner une conférence » (*epideixetai*) et « dialoguer, avoir un entretien » (*dialekhthênai*). La conférence, c'est la parole qui montre et qui cloue le bec de l'auditoire. Le *Gorgias* est ce dialogue sur le dialogue qui déploie l'opposition entre l'utilisation politique du langage que font les sophistes et l'usage moral du *logos* que le dialogue philosophique met en œuvre. Le dialogue suppose une relation morale à l'autre, fondée sur le respect mutuel de la personne et de sa pensée, alors que la rhétorique engage la domination et la manipulation de l'autre. Le verbe grec *dialekhthênai* a par ailleurs donné le terme *dialectique*, par lequel Platon définit l'acte même de philosopher. Le préfixe *dia-* dans *dialogue* ou *dialectique* indique à la fois la pluralité des interlocuteurs et leur réciprocité.

1. **Parler sans écouter, écouter sans parler, est-ce dialoguer ?**
2. **Qu'est-ce que communiquer ses pensées ?**

KANT DIT AUSSI

« Penserions-nous beaucoup, et penserions-nous bien, si nous ne pensions pas pour ainsi dire en commun avec d'autres, qui nous font part de leur pensée et auxquels nous communiquons les nôtres ? »

Emmanuel KANT, *Qu'est-ce que s'orienter dans la pensée ?*, 1786, trad. A. Philonenko, 1978.

? Penser par soi-même, est-ce penser tout seul ?

Jacques-Louis DAVID, *La Mort de Socrate*, 1787, Metropolitan Museum of Art, New York.

Socrate dialogue avec ses amis dans sa cellule juste avant de mourir.

? Qu'est-ce que partager une idée ?

Le mot et la chose

Certains mots, telles les onomatopées, donnent à penser qu'ils sont des imitations vocales des bruits que font les choses. On peut ainsi se demander si, à l'origine, le langage n'a pas été dicté aux hommes par les choses elles-mêmes. (texte 3, Lucrèce) **Mais ne rate-t-on pas alors l'essence du langage qui ne dit pas les choses par imitation mais par convention ? Admettre la dimension conventionnelle des langues conduit-il à les abandonner à leur pure diversité ? Peut-on identifier, sous la variabilité des conventions de langue, des structures stables ? En un mot, peut-on faire une science du langage ?** (texte 4, Saussure) **Le mot en tant que représentation peut-il dire la chose ? De la chose au mot, la continuité est-elle possible ?** (texte 5, Barthes) **Faudrait-il alors n'employer que des noms propres plutôt que des noms communs pour dire au mieux les choses dans leur individualité ?** (texte 6, Leibniz) **Le langage n'est-il pas condamné à dire le commun et à le fixer là où il y a du singulier et du changeant ?** (texte 7, Bergson) **Les concepts philosophiques décrivent-ils les choses telles qu'elles sont ou sont-ils eux-mêmes les produits d'une langue ?** (texte 8, Benveniste)

LUCRÈCE
98 av. J.-C.-
55 av. J.-C.

TEXTE 3

Le mot mime-t-il la chose ?

On imagine parfois que les hommes ont institué les mots par convention, la différence entre les langues semblant confirmer cette idée. Chaque communauté d'hommes aurait ainsi décidé d'« appeler un chat un chat » ou, comme disent les Anglais, d'« appeler une pelle une pelle » (« *to call a spade a spade* »). Mais cette conception de l'origine du langage suppose que les hommes puissent se réunir et s'entendre sur les désignations à donner aux choses. Mais comment cet accord sur les noms à attribuer aux choses aurait-il été possible sans que les hommes disposent déjà d'un langage pour pouvoir se mettre d'accord ? Comment le langage a-t-il pu naître ? Ne faut-il pas que ce soient les choses elles-mêmes qui aient dicté leurs appellations ?

Quant aux divers sons du langage, c'est la nature qui poussa les hommes à les émettre, et c'est le besoin qui fit naître les noms des choses : à peu près comme nous voyons l'enfant amené par son incapacité même de s'exprimer avec la langue, à recourir au geste qui lui fait désigner du doigt les objets présents. Chaque être en effet a le sentiment de l'usage qu'il peut faire de ses facultés. Avant même que les cornes aient commencé à poindre sur son front, le veau irrité s'en sert pour menacer son adversaire et le poursuivre tête baissée. Les petits des panthères, les jeunes lionceaux se défendent avec leurs griffes, leurs pattes et leurs crocs, avant même que griffes et dents leur soient poussées. Quant aux oiseaux de toute espèce, nous les voyons se confier aussitôt aux plumes de leurs ailes, et leur demander une aide encore tremblante.

Aussi penser qu'alors un homme ait pu donner à chaque chose son nom, et que les autres aient appris de lui les premiers éléments du langage, est vraiment folie. Si celui-là a pu désigner chaque objet par un nom, émettre les divers sons du langage, pourquoi supposer que d'autres n'auraient pu le faire en même temps que lui ? En outre, si les autres n'avaient pas également usé entre eux de la parole, d'où la notion de son utilité lui est-elle venue ? De qui a-t-il reçu le premier le privilège de savoir ce qu'il voulait faire et d'en avoir la claire vision ? De même un seul homme ne pouvait contraindre toute une multitude et, domptant sa résistance, la faire consentir à apprendre les noms de chaque objet ; et d'autre part trouver un moyen d'enseigner, de persuader à des sourds ce qu'il est besoin de faire, n'est pas non plus chose facile : jamais ils ne s'y fussent prêtés ; jamais ils n'auraient souffert plus d'un temps qu'on leur écorchât les oreilles des sons d'une voix inconnue.

Enfin qu'y a-t-il là-dedans de si étrange, que le genre humain, en possession de la voix et de la langue, ait désigné suivant ses impressions diverses les objets par des noms divers ? Les troupeaux privés de la parole, et même les espèces sauvages poussent bien des cris différents, suivant que la crainte, la douleur ou la joie les pénètre, comme il est aisé de s'en convaincre par des exemples familiers.

LUCRÈCE, *De la nature des choses*, V, v. 1028-1070, Ier siècle av. J.-C., trad. A. Ernoult, 1920.

▶ LA NATURE

❶ Qu'est-ce qu'une onomatopée ?

❷ La parole est-elle un cri articulé ?

AUX FRONTIÈRES DE LA PHILOSOPHIE

La supériorité et la domination de l'homme sur l'animal se manifestent dans la Bible par le fait que Dieu laisse à l'homme le soin de nommer les bêtes. Or, c'est en nommant la lumière que Dieu la fait être. Nommer n'est donc pas un acte anodin. Si la nomination des bêtes par l'homme ne les crée pas, elle prend le sens d'une appropriation : en nommant les animaux, l'homme les fait siens.

« L'Éternel Dieu forma de la terre tous les animaux des champs et tous les oiseaux du ciel, et il les fit venir vers l'homme, pour voir comment il les appellerait, et afin que tout être vivant portât le nom que lui donnerait l'homme. Et l'homme donna des noms à tout le bétail, aux oiseaux du ciel et à tous les animaux des champs ; mais, pour l'homme, il ne trouva point d'aide semblable à lui. »

La Bible, Genèse, 2:19, trad. L. Segond, 1910.

▶ LA RELIGION

(?) Qu'est-ce que nommer ?

Enluminure de la Bible de Souvigny, manuscrit sur parchemin de la fin du XIIe siècle, médiathèque communautaire de Moulins.

(?) Le langage est-il naturel à l'homme ?

MATIÈRE À PENSER

L'instinct du langage

En adoptant un point de vue paléontologique, on peut assimiler le langage à un instinct animal dont l'origine ne doit rien à la culture. Cette approche scientifique apporte un crédit nouveau à l'analyse de Lucrèce.

« Le langage n'est pas un produit culturel qui s'apprend comme on apprend comment dire l'heure ou comment fonctionne le gouvernement de son pays. Au contraire, c'est une partie distincte de la structure biologique de notre cerveau. Le langage est un savoir-faire complexe et spécifique qui se développe spontanément chez l'enfant, sans effort conscient et sans apprentissage formel, qui s'articule sans qu'il en connaisse la logique sous-jacente, qui est qualitativement le même chez tous les individus et qui est distinct d'aptitudes plus générales pour traiter les informations ou se comporter avec intelligence. C'est ainsi que certains spécialistes de sciences cognitives ont décrit le langage comme une faculté psychologique, un organe mental, un système de neurones et un module de traitement de données, mais je préfère le terme, archaïque je l'admets, d'instinct. Il rend l'idée que les gens savent parler plus ou moins dans le sens où les araignées savent tisser leur toile. Le tissage de la toile d'araignée n'a pas été inventé par quelque araignée géniale et restée inconnue. Il ne dépend pas d'un enseignement approprié ni d'un talent en architecture ou d'un savoir-faire en matière de construction. Bien plutôt, les araignées construisent des toiles parce qu'elles ont des cerveaux d'araignées qui les poussent à tisser et leur donnent la compétence pour y réussir. Bien qu'il existe des différences entre les toiles d'araignées et les mots, vous devriez considérer le langage de cette manière. [...]

Si l'on pense au langage en termes d'instinct, on va à l'encontre de la sagesse populaire, en particulier parce qu'elle a été modelée par les règles des sciences humaines et sociales. Le langage n'est pas plus une création culturelle que la station verticale. Ce n'est pas la manifestation d'une capacité générale à utiliser des symboles : un enfant de trois ans [...] est un génie en grammaire, mais il est totalement incompétent dans les arts visuels, l'iconographie religieuse, les panneaux de signalisation et autres éléments représentatifs de la sémiotique. Bien que le langage soit une aptitude merveilleuse exclusivement réservée à *Homo sapiens* entre tous les êtres vivants, cela ne justifie pas qu'on exclue l'étude de l'homme du domaine de la biologie, car la possession d'une aptitude merveilleuse et unique chez une espèce vivante est loin d'être un phénomène singulier dans le règne animal. Certains types de chauve-souris se dirigent tout droit sur des insectes grâce au sonar Doppler. Certains types d'oiseaux migrateurs naviguent sur des milliers de kilomètres en calibrant la position des constellations sur le moment du jour et de l'année. Dans le spectacle des merveilles de la nature, nous ne sommes qu'une espèce de primates, qui joue son rôle avec le talent qui lui est propre, celui de communiquer des informations sur qui a fait quoi et à qui, en modulant les sons que nous produisons en soufflant.

Dès que vous commencez à considérer le langage non comme l'ineffable quintessence du caractère unique de l'homme, mais comme une adaptation biologique servant à communiquer des informations, il n'est plus aussi tentant de considérer qu'il modèle insidieusement nos pensées, ce qui, nous le verrons, est faux. »

Steven PINKER,
L'Instinct du langage, 1994,
trad. M.-F. Desjeux, 1999.

Hirondelles du Pacifique.

Ce que disent les mots

Qu'est-ce que le *logos* ?

Nous, locuteurs modernes, sommes habitués à distinguer **langage** cette faculté d'expression qui caractérise tout particulièrement l'homme, et **langue**, qui désigne l'organe de notre bouche qui sert à émettre les sons (***glôssa*** en grec ; ***lingua*** en latin ; ***tongue*** en anglais), mais aussi la pluralité des manières de parler liée à la diversité humaine, *les* langues, dont chacune code différemment le réel. À quoi s'ajoute, avec la linguistique contemporaine, la **« parole »**, c'est-à-dire l'usage individuel de cet outil social qu'est la langue. (voir texte 4)

Il y a eu certes dans l'Antiquité beaucoup de manières de désigner le langage, la langue ou la parole. Mais la plus significative, dans sa différence même avec la nôtre, tient à un terme grec : ***logos***, dont il est impossible de donner un équivalent unique, au point qu'on choisit souvent de ne pas le traduire.

Le verbe ***legô***, d'où dérive le substantif *logos*, signifie originellement « rassembler, cueillir, choisir ». C'est dans cette acception que l'on peut comprendre le sens du mot ***parler***. Car ce même verbe *legô* (même si certains dictionnaires préfèrent proposer deux entrées distinctes) signifie également « parler, dire ». Parler, c'est donc quelque chose comme composer un bouquet.

De fait, *logos* désigne toute mise en relation, y compris mathématique : un *logos*, c'est d'abord une proportion ($a / b = c / d$), une « ana-logie » comme Platon les aime (ex. : « rhétorique / politique = cuisine / médecine », *Gorgias*). Le sens de ce terme s'étend démesurément. Il désigne, chez Aristote par exemple, aussi bien un mot (*logos* est un *logos*) qu'une phrase, un énoncé, une proposition, une thèse, une définition, un argument, une explication, un motif, une raison, un fondement, une forme, une démonstration, un discours entier... On le retrouve au principe du système stoïcien, et bien plus tard, dans la Bible, pour dire Dieu (***Verbum***, « le Verbe », dans le Prologue de l'Évangile selon Jean). Les Latins ont, avec Lucrèce, génialement traduit la polysémie de *logos* en jouant sur deux mots proches par le son : ***ratio*** et ***oratio***, « raison » et « discours ». *Ratio* est formé sur *reor*, « penser, calculer » et *oratio* sur *os-oris*, la « bouche ». (voir LA RAISON, Ce que disent les mots, p. 351)

Précisément parce qu'il conjoint discursivité et rationalité, ce maître-mot donne la définition de l'homme (« un animal doué de *logos* » dit Aristote au début de ses *Politiques*). Or, pour les Grecs, la langue grecque est le *logos* par excellence : ils sont « fièrement monolingues » (A. Momigliano), à la différence des Latins qui s'approprient le grec comme langue de culture. Mais pour les Grecs, celui qui n'« hellénise » pas est inculte, au point que l'on est en droit de douter qu'il soit un homme : c'est tout au plus un « barbare », quelqu'un qui fait « blablabla », du bruit avec sa bouche. (voir texte 9)

Ferdinand de SAUSSURE
1857-1913

TEXTE 4 COMMENTÉ

Les langues sont-elles le règne de l'arbitraire ?

La diversité des langues semble imposer l'idée d'une origine conventionnelle du langage. Chaque langue manifeste en effet l'aptitude de l'homme à s'affranchir de la nature et à nommer une même chose de façon différente. Cette origine conventionnelle signifie-t-elle pour autant que les langues soient de purs produits de la fantaisie des hommes ? Pourquoi n'y a-t-il pas autant de langues que d'individus ? D'où la question que pose Saussure dans ses *Cours de linguistique générale* (I, 3, § 6) : « Les faits de la langue sont-ils réellement régis par des lois ? » Peut-on faire la science des langues ?

Les prescriptions d'un code, les rites d'une religion, les signaux maritimes, etc., n'occupent jamais qu'un certain nombre d'individus à la fois et pendant un temps limité ; la langue, au contraire, chacun y participe à tout instant, et c'est pourquoi elle subit sans cesse l'influence de tous. Ce fait capital suffit à montrer l'impossibilité d'une révolution. La langue est de toutes les institutions sociales celle qui offre le moins de prise aux initiatives. Elle fait corps avec la vie de la masse sociale, et celle-ci, étant naturellement inerte, apparaît avant tout comme un facteur de conservation.

Toutefois il ne suffit pas de dire que la langue est un produit des forces sociales pour qu'on voie clairement qu'elle n'est pas libre ; se rappelant qu'elle est toujours l'héritage d'une époque précédente, il faut ajouter que ces forces sociales agissent en fonction du temps. Si la langue a un caractère de fixité, ce n'est pas seulement parce qu'elle est attachée au poids de la collectivité, c'est aussi qu'elle est située dans le temps. Ces deux faits sont inséparables. À tout instant, la solidarité avec le passé met en échec la liberté de choisir. Nous disons *homme* et *chien* parce qu'avant nous on a dit *homme* et *chien*. Cela n'empêche pas qu'il n'y ait dans le phénomène total un lien entre ces deux facteurs antinomiques : la convention arbitraire en vertu de laquelle le choix est libre, et le temps, grâce auquel le choix se trouve fixé. C'est parce que le signe est arbitraire qu'il ne connaît d'autre loi que celle de la tradition, et c'est parce qu'il se fonde sur la tradition qu'il peut être arbitraire.

Ferdinand de SAUSSURE, *Cours de linguistique générale*, I, 2, posth. 1916.

▶ LA LIBERTÉ
▶ LA SCIENCE
▶ LE TEMPS

UNE INSTITUTION SOCIALE ET ANCESTRALE

Saussure est l'un des fondateurs de la linguistique, qu'il définit comme cette science nouvelle qui cherche à savoir s'il y a « dans la langue des lois dans le sens où l'entendent les sciences physiques et naturelles, c'est-à-dire des rapports qui se vérifient partout et toujours » (*Cours*, I, 3, § 7). Il qualifie ainsi de « ridicule » la doctrine qui présente la langue comme un règne naturel comparable au règne végétal (*Écrits de linguistique générale*, posth. 2002). Il dénonce le caractère non scientifique de l'étymologie qui aborde les mots en termes de « racines », à la façon, par exemple, de Pierre Larousse dans son mal nommé *Jardin des racines grecques* (1858). L'apport décisif de Saussure est de rappeler que « le langage est d'institution humaine » (*Écrits de linguistique générale*). L'originalité du linguiste consiste à considérer la langue comme un système à la fois conventionnel et stable du fait de sa nature collective. Nul individu ne peut décider seul de changer une langue. Saussure articule la nature conventionnelle du signe linguistique et sa réalité collective qui explique son « immutabilité » (*Cours*, I, 2) et en rend possible l'étude scientifique. Toute langue est conventionnelle mais n'est pas pour autant contractuelle : l'usage collectif s'impose aux individus qui n'en disposent pas à leur gré. Ni phénomène naturel ni libre création de l'homme, la langue peut ainsi constituer un objet de science authentique mais spécifique, avec son universalité et sa stabilité propres, irréductibles aux principes en vigueur dans les sciences de la nature. À la socialité vient s'ajouter la temporalité de chaque langue qui en assure l'invariabilité : une langue échappe à l'initiative individuelle à la fois parce qu'elle est un produit collectif et un produit historique. L'usage collectif et passé s'impose aux individus.

1 La langue maternelle est-elle une langue personnelle ?

2 L'homme est-il libre de parler comme il veut ?

SAUSSURE DIT AUSSI

« La langue n'est pas une fonction du sujet parlant, elle est le produit que l'individu enregistre passivement. [...] La parole est au contraire un acte individuel de volonté et d'intelligence. »

Ferdinand de SAUSSURE, *Cours de linguistique générale*, Introduction, chap. 3, § 2, posth. 1916.

? La parole est-elle une langue privée par opposition à un code social ?

AUX FRONTIÈRES DE LA PHILOSOPHIE

Le langage que chacun parle, avec son niveau de langue, n'est pas « son » langage qu'il aurait librement choisi, mais celui de son milieu. C'est-ce qui explique la différence entre le langage de Marcel, enfant d'instituteur, et celui de son ami Lili, fils de paysan, comme le montre la lettre que ce dernier lui écrit.

« Ô collègue !
je met la main à la Plume pour te dire que les grive sont pas venu cet année, rien mé rien, même les darenagaz sont parti, comme Toi. jen n'ai pas prit deux. les perdrots non plus. j'y vais plus cé pas la pène. il veau bien mieux Travaillé à l'Ecole pour apprendre l'Ortograffe autrement quoi ? »

Marcel PAGNOL, *Le Château de ma mère*, 1957.

? Sommes-nous libres de choisir notre langage ?

Manifestation pour la collectivité Pays Basque (« Un statut pour nos pays, un statut pour nos langues ») et la co-officialisation de la langue basque (Euskara) et des langues minoritaires. Manifestation organisée simultanément à Montpellier, Strasbourg, Ajaccio et Carhaix, 24 octobre 2015.

La langue basque (euskara) constitue un isolat linguistique au milieu des langues indo-européennes.

Roland BARTHES
1915-1980

TEXTE 5

Le mot est-il le reflet de la chose ?

Il y a deux façons de dire les choses : une façon indirecte, détournée et elliptique, que l'on pourrait qualifier de « pudique », et une façon directe et crue, et pour ainsi dire « impudique ». À cet égard, la littérature pornographique du marquis de Sade semble représenter le sommet de la crudité ; les textes de Sade nomment en effet sans détour la chose sexuelle en la livrant dans toute sa nudité. Barthes rappelle cependant que le mot est incapable de livrer la chose en chair et en os. Le mot substitue par définition une représentation de la chose à la chose même. Si bien que l'on peut se demander s'il y a véritablement une différence de nature entre dire les choses crûment et y faire allusion.

Tout est remis au pouvoir du discours. Ce pouvoir, on n'y pense guère, n'est pas seulement d'évocation, mais aussi de négation. Le langage a cette faculté de dénier, d'oublier, de dissocier le réel : écrite, la merde ne sent pas ; Sade peut en inonder ses partenaires, nous n'en recevons aucun effluve, seul le signe abstrait d'un désagrément. Tel apparaît le libertinage : un fait de langage. Sade oppose foncièrement le langage au réel, ou plus exactement se place sous la seule instance du « réel de langage », et c'est pour cela qu'il a pu glorieusement écrire : « Oui, je suis un libertin, je l'avoue : j'ai conçu tout ce qu'on peut concevoir dans ce genre-là et ne le ferai sûrement jamais. Je suis un libertin, mais je ne suis pas un criminel ni un meurtrier. » Le « réel » et le livre sont coupés : aucune obligation ne les lie : un auteur peut parler infiniment de son œuvre, il n'est jamais *tenu* de la garantir.

Roland BARTHES, *Sade, Fourier, Loyola*, 1971.

1 Qu'est-ce qu'un « gros mot » ?

2 Le mot voile-t-il la chose ?

AUX FRONTIÈRES DE LA PHILOSOPHIE

Dans cette courte pièce de théâtre de Jean Tardieu, les personnages emploient, comme le dit le titre, « un mot pour un autre ». En dépit de ce désordre lexical, les phrases ne sont pas dépourvues de signification.

« MME DE PERLEMINOUZE : Pauvre chère petite tisane ! ... *(Rêveuse et tentatrice.)* Si j'étais vous, je prendrais un autre lampion !
MADAME : Impossible ! On voit que vous ne le coulissez pas ! Il a sur moi un terrible foulard. Je suis sa mouche, sa mitaine, sa sarcelle ; il est mon rotin, mon sifflet ; sans lui je ne peux ni coincer ni glapir ; jamais je ne le bouclerai ! *(Changeant de ton.)* Mais j'y touille, vous flotterez bien quelque chose une cloque de zoulou, deux doigts de loto ?
MME DE PERLEMINOUZE, *acceptant* : Merci, avec grand soleil. »

Jean TARDIEU, *Un mot pour un autre*, 1951.

? Qu'est-ce que chercher le mot juste ?

→ VERS LE BAC

Rédiger un paragraphe, étayé d'exemples précis, qui interroge l'expression courante « Appeler les choses par leur nom ».

PEYO, *La Flûte à six schtroumpfs*, 1960.

Peyo a inventé la langue schtroumpf qui montre qu'un mot n'a pas de sens par lui-même mais en fonction d'une phrase et, plus largement, d'une situation donnée. Ainsi, cette langue peut être comprise alors qu'elle utilise le terme *schtroumpf*, qui n'a *a priori* pas de sens, comme nom, verbe, adjectif. « Passe-moi le schtroumpf-bouchon, que j'ouvre la bouteille » ou « allons schtroumpfer du bois » : cela se comprend sans peine.

? À quoi le sens d'un mot tient-il ?

PLATON DIT AUSSI

« On ne doit pas tout rendre de ce qu'est qualitativement l'objet dont on fait une image, et si ce doit être une image. Vois si mon langage est fondé : est-ce qu'il existerait deux tels objets que Cratyle et une image de Cratyle dans le cas où quelque Dieu, non content de produire une ressemblance de tes couleurs et de tes formes, ce que font les peintres, en réaliserait de plus, ce qu'ils ne font pas, tout le dedans tel précisément qu'est le tien, rendant, jusqu'à l'identité, ce qu'il enferme de mou et de chaud ; y introduirait enfin le mouvement, l'âme, la pensée, tels précisément qu'ils existent chez toi ; où, en un mot, tout exactement ce que tu possèdes, il le placerait à tes côtés, à la fois tel et différent ? Dans un pareil cas, existerait-il alors Cratyle et une image de Cratyle, ou bien deux Cratyle ? »

PLATON, *Cratyle*, 432b-c, IVe siècle av. J.-C. trad L. Robin, 1940.

? Pourquoi le mot doit-il être différent de la chose ?

AUX FRONTIÈRES DE LA PHILOSOPHIE

Dans *Mangeclous*, Albert Cohen montre, sur le mode burlesque, que les romans ne sont que des fictions qui éliminent le réel le plus prosaïque.

« Qu'il vienne, le romancier qui montrera l'amante changeant de position ou se comprimant subrepticement l'estomac pour supprimer les borborygmes tout en souriant d'un air égaré et ravi ! »

Albert COHEN, *Mangeclous*, 1938.

? Un roman en prose est-il prosaïque ?

Gottfried Wilhelm LEIBNIZ
1646-1716

TEXTE 6

Peut-on dire le singulier avec des noms communs ?

Nous disons « ceci est un brin d'herbe » et nous croyons ainsi nommer fidèlement la chose que nous désignons. Mais le mot *herbe* que nous utilisons pour désigner ce brin-ci s'applique également à ce brin-là, ainsi qu'à tous les autres brins d'herbe. Or, y a-t-il deux brins d'herbe identiques ? Si l'un se trouve ici et l'autre là, c'est bien qu'ils sont deux et qu'ils sont différents. Les noms communs peuvent-ils dire les choses qui, elles, sont singulières ? Faudrait-il alors recourir à une langue de noms propres ? Mais les noms propres ne sont-ils pas eux aussi des noms communs ?

THÉOPHILE : Les noms propres ont été ordinairement appellatifs, c'est-à-dire généraux, dans leur origine, comme *Brutus, César, Auguste, Capito, Lentulus, Piso, Cicéron, Elbe, Rhin, Ruhr, Leine, Oker, Bucéphale, Alpes, Brenner* ou *Pyrénées* ; car l'on sait que le premier Brutus eut ce nom de son apparente stupidité[1], que César était le nom d'un enfant tiré par incision[2] du ventre de sa mère, qu'Auguste était un nom de vénération, que Capiton est grosse tête, comme Bucéphale aussi, que Lentulus, Pison et Cicéron ont été des noms donnés au commencement à ceux qui cultivaient particulièrement certaines sortes de légumes. J'ai déjà dit ce que signifient les noms de ces rivières, *Rhin, Ruhr*[3], *Leine*[4]. Et l'on sait que toutes les rivières s'appellent encore *Elbes* en Scandinavie. Enfin *Alpes* sont montagnes couvertes de neige (à quoi convient *album, blanc*) et *Brenner* ou *Pyrénées* signifient une grande hauteur, car *bren* était haut, ou chef (comme Brennus en celtique) [...]. Ainsi, j'oserais dire que presque tous les mots sont originairement des termes généraux, parce qu'il arrivera fort rarement qu'on inventera un nom exprès sans raison pour marquer un tel individu. On peut donc dire que les noms des individus étaient des noms d'espèce qu'on donnait par excellence ou autrement à quelque individu, comme le nom de *grosse tête* à celui de toute la ville qui l'avait la plus grande ou qui était le plus considéré des grosses têtes qu'on connaissait. C'est ainsi même qu'on donne les noms des genres aux espèces, c'est-à-dire qu'on se contentera d'un terme plus général ou plus vague pour désigner des espèces plus particulières, lorsqu'on ne se soucie point des différences [...].
Car (quelque paradoxe que cela paraisse) il est impossible à nous d'avoir la connaissance des individus et de trouver le moyen de déterminer exactement l'individualité d'aucune chose. [...]

PHILALÈTHE : Il est pourtant tout visible que les idées que les enfants se font des personnes avec qui ils conversent (pour nous arrêter à cet exemple) sont semblables aux personnes mêmes, et ne sont que particulières. Les idées qu'ils ont de leur nourrice et de leur mère sont fort bien tracées dans leur esprit, et les noms de *nourrice* ou de *maman* dont se servent les enfants se rapportent uniquement à ces personnes. Quand après cela le temps leur a fait observer qu'il y a plusieurs autres êtres qui ressemblent à leur père ou à leur mère, ils forment une idée, à laquelle ils trouvent que tous ces êtres particuliers participent également, et ils lui donnent comme les autres le nom d'homme. Ils acquièrent par la même voie des noms et des notions plus générales ; par exemple la nouvelle idée de l'animal ne se fait point par aucune addition, mais seulement en ôtant la figure ou les propriétés particulières de l'homme, et en retenant un corps accompagné de vie, de sentiment et de motion spontanée.

THÉOPHILE : Fort bien ; mais cela ne fait voir que ce que je viens de dire ; car comme l'enfant va par abstraction de l'observation de l'idée de l'homme à celle de l'idée de l'animal, il est venu de cette idée plus spécifique, qu'il observait dans sa mère ou dans son père et dans d'autres personnes, à celle de la nature humaine. Car pour juger qu'il n'avait point de précise idée de l'individu, il suffit de considérer qu'une ressemblance médiocre le tromperait aisément et le ferait prendre pour sa mère une autre femme, qui ne l'est point. Vous savez l'histoire du faux Martin Guerre, qui trompa la femme même du véritable et les proches parents par la ressemblance jointe à l'adresse, et embarrassa longtemps les juges, lors même que le véritable fut arrivé.

Gottfried Wilhelm LEIBNIZ, *Nouveaux Essais sur l'entendement humain*, III, 3, 1765.

1 Du latin *brutus* : « lourd, pesant, qui n'a pas la raison ».
2 Du latin *caesar* : « enfant né par incision » (de *caedere*, « couper »), d'où césarienne.
3 Du verbe grec *rheô* : « couler », d'où également le Rhône.
4 Du verbe grec *luô* : « fondre, se dissoudre ».

▶ LA NATURE

1 En quel sens un nom propre est-il « propre » ?

2 Peut-on penser ce que nous ne pouvons pas dire ?

Le canal du Rhône au Rhin, Alsace.

Leibniz montre que les noms propres eux-mêmes restent généraux et échouent à dire le singulier.

? Une idée peut-elle distinguer ce que les mots confondent ?

→ VERS LE BAC

À l'aide des textes de cette partie du chapitre, rédiger une dissertation sur le sujet suivant : « Les mots disent-ils les choses ? »

Henri BERGSON
1859-1941

TEXTE 7 COMMENTÉ

Le langage trahit-il la pensée ?

Quelle que soit la langue que nous parlons, elle ne peut éviter de substituer au sentiment vécu dans son inimitable singularité, sa caricature langagière figée. Le langage dit le singulier avec du commun et le mouvant avec de l'inerte. Plus précisément, pour Bergson, le langage traduit des réalités temporelles dans la langue de l'espace qui les dénature. La vie intime, vivante et originale de notre pensée peut-elle s'exprimer dans des mots tout faits ?

Chacun de nous a sa manière d'aimer et de haïr, et cet amour, cette haine, reflètent sa personnalité tout entière. Cependant le langage désigne ces états par les mêmes mots chez tous les hommes ; aussi n'a-t-il pu fixer que l'aspect objectif et impersonnel de l'amour, de la haine, et des mille sentiments qui agitent l'âme. Nous jugeons du talent d'un romancier à la puissance avec laquelle il tire du domaine public, où le langage les avait ainsi fait descendre, des sentiments et des idées auxquels il essaie de rendre, par une multiplicité de détails qui se juxtaposent, leur primitive et vivante individualité. Mais de même qu'on pourra intercaler indéfiniment des points entre deux positions d'un mobile sans jamais combler l'espace parcouru, ainsi, par cela seul que nous parlons, par cela seul que nous associons des idées les unes aux autres et que ces idées se juxtaposent au lieu de se pénétrer, nous échouons à traduire entièrement ce que notre âme ressent : la pensée demeure incommensurable avec le langage.

Henri BERGSON, *Essai sur les données immédiates de la conscience*, III, 1889.

LANGAGE ET LITTÉRATURE

Pour connaître la vie de l'esprit, il vaut mieux assister à une représentation d'*Othello* de Shakespeare que lire un traité philosophique sur les passions qui fixera les sentiments comme de grandes catégories abstraites, sans vie, séparées les unes des autres. La jalousie qui gagne petit à petit Othello agit comme un empoisonnement progressif de son esprit, qui commence par un léger soupçon pour aboutir à une certitude aveugle, en passant par un doute raisonnable (acte III, scène 3). Shakespeare suit ainsi le passage continu de l'amour à la haine, abolissant la frontière étanche à laquelle font croire les mots par lesquels nous désignons ordinairement ces sentiments. (voir LA SCIENCE, texte 16, p. 422)

LA LANGUE DE L'ESPACE

La littérature reste toutefois prisonnière du langage qui produit par nature des représentations spatiales de réalités temporelles. Les mots posent les sentiments les uns à côté des autres, alors que, dans leur réalité vivante, ils ne cessent de se pénétrer. Qui peut dire où finit l'amour d'Othello et où commence sa haine ? Dans le langage, les mots *amour* et *haine* sont juxtaposés dans l'espace alors qu'ils vivent en réalité dans le temps. Le langage trahit deux fois le réel : en substituant, d'une part, le commun à l'individuel et, d'autre part, le fixe au mouvant.

Affiche pour l'adaptation filmée (Orson Welles, 1951) en décors naturels au Maroc de *Othello* de William SHAKESPEARE, 1604.

❶ **L'idée est-elle indépendante du mot ?**

❷ **Exprimer ses idées, est-ce les défigurer ?**

? L'art peut-il montrer ce qui ne peut se dire ?

BERGSON DIT AUSSI

« Nous nous exprimons nécessairement par des mots, et nous pensons le plus souvent dans l'espace. En d'autres termes, le langage exige que nous établissions entre nos idées les mêmes distinctions nettes et précises, la même discontinuité qu'entre les objets matériels. Cette assimilation est utile dans la vie pratique, et nécessaire dans la plupart des sciences. Mais on pourrait se demander si les difficultés insurmontables que certains problèmes philosophiques soulèvent ne viendraient pas de ce qu'on s'obstine à juxtaposer dans l'espace les phénomènes qui n'occupent point d'espace, et si, en faisant abstraction des grossières images autour desquelles le combat se livre, on n'y mettrait pas parfois un terme. Quand une traduction illégitime de l'inétendu en étendu, de la qualité en quantité, a installé la contradiction au cœur même de la question posée, est-il étonnant que la contradiction se retrouve dans les solutions qu'on en donne ? »

Henri BERGSON, *Essai sur les données immédiates de la conscience*, Avant-Propos, 1889.

La pensée est-elle un langage intérieur ?

Charlot (Charlie Chaplin) dans *La Ruée vers l'or*, réalisé par **Charlie CHAPLIN**, 1925.

AUX FRONTIÈRES DE LA PHILOSOPHIE

Le mime, cet art d'exprimer sa pensée et ses sentiments, non avec les mots de tout le monde mais avec les gestes singuliers de son corps, touche à la perfection chez Charlie Chaplin, comme le dit Élie Faure dans un article sur « Charlot ».

« Le langage, chez Charlot, n'est plus de convention, le mot est supprimé, et le symbole, et le son même. C'est avec ses pieds qu'il danse. Encore sont-ils chaussés d'invraisemblables croquenots. Chacun de ces pieds, si douloureux et si burlesques, représente pour nous l'un des deux pôles de l'esprit. L'un se nomme la connaissance, et l'autre le désir. Et c'est en bondissant de l'un sur l'autre qu'il cherche ce centre de gravité de l'âme que nous ne trouvons jamais que pour le perdre aussitôt. Cette recherche est tout son art, comme elle est l'art de tous les hauts penseurs, de tous les hauts artistes et, en dernière analyse, de tous ceux qui, même sans s'exprimer, veulent vivre en profondeur. Si la danse est si près de Dieu, j'imagine, c'est qu'elle symbolise pour nous dans le geste le plus direct et l'instinct le plus invincible le vertige de la pensée qui ne peut réaliser son équilibre qu'à la condition redoutable de tournoyer sans relâche autour du point instable qu'il habite, et de poursuivre le repos dans le drame du mouvement. »

Élie FAURE, « Charlot », *L'Arbre d'Éden*, 1922.

Émile BENVENISTE
1902-1976

TEXTE 8 COMMENTÉ

La pensée est-elle indépendante de la langue dans laquelle elle est conçue ?

Chaque langue est un produit historique et collectif relatif à tel lieu et à telle époque. La pensée, y compris la pensée philosophique, se conçoit dans une langue particulière. Dès lors, on peut se demander si la pensée n'est pas nécessairement conditionnée par la langue à laquelle elle appartient. Benveniste montre que les dix catégories d'Aristote, notamment la substance, la qualité, le lieu et le temps, ne déclinent pas les articulations naturelles des choses, comme ce dernier le pensait, mais transcrivent, sur le plan philosophique, les catégories grammaticales de la langue grecque. Les concepts philosophiques peuvent-ils découper le réel selon ses divisions naturelles ou sont-ils contraints de reproduire les catégories de langue dans laquelle ils sont formulés ?

Nous faisons de la langue que nous parlons des usages infiniment variés, dont la seule énumération devrait être coextensive à une liste des activités où peut s'engager l'esprit humain. Dans leur diversité, ces usages ont cependant deux caractères en commun. L'un est que la réalité de la langue y demeure en règle générale inconsciente ; hormis le cas d'étude proprement linguistique, nous n'avons au plus qu'une conscience faible et fugitive des opérations que nous accomplissons pour parler. L'autre est que, si abstraites ou si particulières que soient les opérations de la pensée, elles reçoivent expression dans la langue. Nous pouvons tout dire, et nous pouvons le dire comme nous voulons. De là procède cette conviction, largement répandue et elle-même inconsciente comme tout ce qui touche au langage, que penser et parler sont deux activités distinctes par essence, qui se conjoignent pour la nécessité pratique de la communication, mais qui ont chacune leur domaine et leurs possibilités indépendantes, celles de la langue consistant dans les ressources offertes à l'esprit pour ce qu'on appelle l'expression de la pensée. [...]

Assurément, le langage en tant qu'il est parlé, est employé à convoyer ce que nous voulons dire. Mais cela que nous appelons ainsi, « ce que nous voulons dire » ou « ce que nous avons dans l'esprit » ou « notre pensée » ou de quelque nom qu'on le désigne, est un contenu de pensée, fort difficile à définir en soi, sinon par des caractères d'intentionnalité ou comme structure psychique, etc. Ce contenu reçoit forme quand il est énoncé et seulement ainsi. Il reçoit forme de la langue et dans la langue, qui est le moule de toute expression possible ; il ne peut s'en dissocier et il ne peut la transcender. [...]

La forme linguistique est donc non seulement la condition de transmissibilité, mais d'abord la condition de réalisation de la pensée. Nous ne saisissons la pensée que déjà appropriée aux cadres de la langue. [...]

Aristote pose ainsi la totalité des prédicats que l'on peut affirmer de l'être, et il vise à définir le statut logique de chacun d'eux. Or, il nous semble [...] que ces distinctions sont d'abord des catégories de langue, et qu'en fait Aristote, raisonnant d'une manière absolue, retrouve simplement certaines des catégories fondamentales de la langue dans laquelle il pense. [...]

Il pensait définir les attributs des objets ; il ne pose que des êtres linguistiques : c'est la langue qui, grâce à ses propres catégories, permet de les reconnaître et de les spécifier. Nous avons ainsi une réponse à la question posée en commençant et qui nous a conduit à cette analyse. Nous nous demandions de quelle nature étaient les relations entre catégories de pensée et catégories de langue. Pour autant que les catégories d'Aristote sont reconnues valables pour la pensée, elles se révèlent comme la transposition des catégories de langue. C'est ce qu'on peut dire qui délimite et organise ce qu'on peut penser. La langue fournit la configuration fondamentale des propriétés reconnues par l'esprit aux choses. Cette table des prédicats nous renseigne donc avant tout sur la structure des classes d'une langue particulière. Il s'ensuit que ce qu'Aristote nous donne pour un tableau de conditions générales et permanentes n'est que la projection conceptuelle d'un état linguistique donné.

Émile **BENVENISTE**, « Catégories de pensée et catégories de langue », 1958, dans *Problèmes de linguistique générale*, 1966.

▶ L'INCONSCIENT
▶ LE TEMPS

LE MOT, L'IDÉE ET LA CHOSE

On croit communément que la chose donne l'idée qui donne le mot. Benveniste montre que c'est le mot qui donne l'idée qui ne reflète pas la chose, mais reproduit la langue. Plus exactement, ce sont les fonctions grammaticales propres à telle langue particulière qui expliquent telles catégories de la pensée. Car « nous pensons un univers que notre langue a d'abord découpé » (*Problèmes de linguistique générale*, I, 1). Ainsi, la catégorie de la « substance » n'est pas la catégorie de l'« essence » ou de l'« être » de toutes choses, mais le décalque de la catégorie grammaticale substantif. De même, les catégories de la « qualité » (plat, brillant) et de la « quantité » (grand, long), transposent les fonctions de l'adjectif en propriétés des choses, tout comme les catégories de « lieu » et de « temps » reproduisent les fonctions de l'adverbe. Les catégories d'Aristote ne sont pas le reflet des divisions de l'Être, ce sont de simples structures linguistiques frappées de subjectivité et de relativité. Sa métaphysique s'avère ainsi le produit historique d'une structure linguistique « propre aux langues indo-européennes, nullement une situation universelle », conclut Benveniste.

1 Peut-on penser en dehors de sa langue ?

2 Une philosophie n'est-elle que le produit de son époque ?

MATIÈRE À PENSER

La langue fait la pensée

Par exemple, dans la langue éwé parlée au Togo, ce n'est pas le verbe être qui bénéficie d'une fonction linguistique privilégiée, mais le verbe *wo*, qui signifie « faire ». Ce que la philosophie occidentale, héritée de la culture grecque, pense en termes d'« être », est pensé en termes de « faire » dans la langue éwé : en éwé, on ne dit pas que ceci « est » humide, on dit « *wo tis* », c'est-à-dire « faire eau ».

« Un verbe *wo*, « faire accomplir, produire un effet » avec certains noms de matière, se comporte à la manière de notre « être » suivi d'un adjectif de matière : *wo* avec *ke*, « sable », donne *wo ke*, « être sablonneux » ; avec *tis*, « eau » : *wo tis*, « être humide ; avec *kpe*, « pierre » : *wo kpe*, « être pierreux ». Ce que nous présentons comme un « être » de nature est en ewe un « faire », à la manière de notre « il *fait* du vent ». »

Émile **BENVENISTE**, « Catégories de pensée et catégories de langue », 1958, dans *Problèmes de linguistique générale*, 1966.

? La pensée est-elle le reflet d'une grammaire ?

Du langage à la diversité des langues

Le langage, c'est d'abord une multiplicité de langues. Or, il est facile de prendre la langue que je parle pour La langue. Comment faire droit à la diversité des langues ? (texte 9, Platon) **Les entités qu'une langue nomme sont-elles des réalités universelles ? D'une langue à l'autre, le réel ne change-t-il pas de nature au point qu'il faille renoncer à l'idée même de « réel » ?** (texte 10, Nietzsche) **Plutôt que de vouloir retrouver les choses dans les mots, ne faut-il pas interroger les relations entre les langues étrangères ? Le faux problème de la traduction des choses par les mots ne fait-il pas oublier le problème de la traduction d'un mot par un autre dans une autre langue ?** (texte 11, Ricœur)

PLATON
428 av. J.-C.-
348 av. J.-C.

TEXTE 9

Qu'est-ce qu'une langue étrangère ?

Chose remarquable, dans *Le Politique* de Platon, c'est le personnage de l'Étranger (*Xenos*) qui se moque des Athéniens, lesquels qualifient tous les étrangers qui ne parlent pas grec du nom de « barbares ». Les Athéniens ne voient pas que, sous ce nom unique abstrait de « barbares », se trouve, non un brouhaha indifférencié, mais une « infinité » de langues. À l'oreille d'un Athénien, un étranger ne parle pas sa propre langue, mais fait du bruit, comme le manifeste le mot onomatopéique grec *barbaros* (qui signifie brutal, violent, sauvage, dont la langue est inintelligible) d'où est tiré le mot *barbare*. Les « barbares », en réalité, « ne parlent pas la même langue ». Chaque langue n'est-elle pas elle-même, pour les autres langues, une langue « barbare », une langue étrangère ?

SOCRATE LE JEUNE : Qu'y a-t-il donc d'inexact, selon toi, dans la division que nous venons de faire ?

L'ÉTRANGER : Voici. Nous avons fait comme si, voulant diviser en deux le genre humain, on en faisait le partage à la manière de la plupart des gens d'ici, qui séparent la race hellénique de tout le reste, comme formant une unité distincte, et, réunissant toutes les autres sous la dénomination unique de barbares, bien qu'elles soient innombrables, qu'elles ne se mêlent pas entre elles et ne parlent pas la même langue[1], se fondent sur cette appellation unique pour les regarder comme une seule espèce. C'est encore comme si l'on croyait diviser les nombres en deux espèces en coupant une myriade sur le tout, dans l'idée qu'on en fait une espèce à part, et qu'on prétendît, en donnant à tout le reste un nom unique, que cette appellation suffit pour en faire aussi un genre unique, différent du premier. Mais on ferait plus sagement et on diviserait mieux par espèces et par moitiés, si l'on partageait les nombres en pairs et impairs et le genre humain en mâles et femelles, et si l'on n'en venait à séparer et opposer les Lydiens, ou les Phrygiens, ou quelque autre peuple à tous les autres que lorsqu'il n'y aurait plus moyen de trouver une division dont chaque terme fût à la fois espèce et partie.

SOCRATE LE JEUNE : Ce que tu dis est très juste. Mais cette espèce même et cette partie, étranger, comment peut-on reconnaître qu'elles ne sont pas une même chose, mais qu'elles diffèrent l'une de l'autre ?

L'ÉTRANGER : Ô le meilleur des hommes, ce n'est pas une mince tâche que tu m'imposes là, Socrate.

PLATON, *Le Politique*, 262c-263a, IVe siècle av. J.-C., trad. E. Chambry, 1939.

1 Le mot qu'emploie Platon pour dire que ceux qui ne parlent pas grec ne parlent pas tous la même langue (*a-sumphônois*) est formé du privatif *a-* et du terme *sym-phonie*. La symphonie désigne un concert de sons, des sons unis qui forment un ensemble. Or, les langues autres que le grec, loin de pouvoir être réunies abstraitement sous une catégorie unique comme si elles faisaient un concert, sont bien plutôt d'une diversité littéralement « dé-concertante », une « a-symphonie ».

▶ LA JUSTICE
▶ LA RAISON

1 Qu'est-ce que l'ethnocentrisme ?

2 Qu'apprend-on en apprenant une langue étrangère ?

PLATON DIT AUSSI

« C'est l'ignorance qui fait toujours paraître les choses étranges. »

PLATON, *Le Politique*, 291b, IVe siècle av. J.-C., trad. E. Chambry, 1939.

? La diversité des langues est-elle une richesse ?

AUX FRONTIÈRES DE LA PHILOSOPHIE

En rompant avec la nature, le langage ne conserve pas son unité abstraite, il se disperse en une variété de langues qui singularise l'Homme. Les diverses langues du monde conjuguent le langage au pluriel. C'est ce qu'exprime le mythe de Babel dans la Bible. On en donne ici deux traductions différentes, qui expriment diversement la diversité des langues.

La Bible, Genèse, 11
Traduction de Louis SEGOND, 1910

« L'Éternel descendit pour voir la ville et la tour que bâtissaient les fils des hommes. Et l'Éternel dit : Voici, ils forment un seul peuple et ont tous une même langue, et c'est là ce qu'ils ont entrepris ; maintenant rien ne les empêcherait de faire tout ce qu'ils auraient projeté. Allons ! descendons, et là confondons leur langage, afin qu'ils n'entendent plus la langue, les uns des autres. Et l'Éternel les dispersa loin de là sur la face de toute la terre et leur donna tous un langage différent ; et ils cessèrent de bâtir la ville. C'est pourquoi on l'appela du nom de Babel, car c'est là que l'Éternel confondit le langage de toute la terre, et c'est de là que l'Éternel les dispersa sur la face de toute la terre. »

Traduction d'André CHOURAQUI, 1974

«5 IHVH-Adonaï descend pour voir la ville et la tour
qu'avaient bâties les fils du glébeux.
6 IHVH-Adonaï dit : "Voici, un seul peuple, une seule
lèvre pour tous !
Cela, ils commencent à le faire. Maintenant rien
n'empêchera pour eux
tout ce qu'ils prémépiteront de faire !
7 Offrons, descendons et mêlons là leur lèvre
afin que l'homme n'entende plus la lèvre
de son compagnon."
8 IHVH-Adonaï les disperse de là sur les faces
de toute la terre :
ils cessent de bâtir la ville.
9 Sur quoi, il crie son nom : Babèl,
oui, là, IHVH-Adonaï a mêlé la lèvre de toute la terre,
et de là IHVH-Adonaï les a dispersés sur les faces
de toute la terre. »

▶ LA RELIGION

? Qu'est-ce qu'une traduction fidèle ?

Friedrich NIETZSCHE
1844-1900

TEXTE 10

Les idées sont-elles des empreintes des choses ou des effets des langues ?

Le concept de « sujet », si central dans la philosophie occidentale, n'est pas un invariant universel et intemporel de la pensée humaine, mais le produit historique de certaines langues. Dans bien des langues, la fonction grammaticale du sujet étant absente, l'idée d'un sujet auteur de ses pensées et de ses actions n'existe tout simplement pas. Quand Descartes affirme : « Je pense », découvre-t-il sa réalité de sujet pensant ou exprime-t-il une règle de grammaire propre au français et au latin ? (voir LA CONSCIENCE, textes 1, p. 80, et 4, p. 86)
Le « je » exprime-t-il une réalité ou trahit-il une simple contrainte grammaticale ?

Pour ce qui est de la superstition des logiciens, je ne me lasserai jamais de souligner un petit fait que ces esprits superstitieux ne reconnaissent pas volontiers à savoir qu'une pensée se présente quand « elle » veut, et non pas quand « je » veux ; de sorte que c'est *falsifier* la réalité que de dire : le sujet « je » est la condition du prédicat « pense ». Quelque chose pense, mais que ce quelque chose soit justement l'antique et fameux « je », voilà, pour nous exprimer avec modération, une simple hypothèse, une assertion, et en tout cas pas une « certitude immédiate ». En définitive, ce « quelque chose pense » affirme déjà trop ; ce « quelque chose » contient déjà une interprétation du processus et n'appartient pas au processus lui-même. En cette matière, nous raisonnons d'après la routine grammaticale : « Penser est une action, toute action suppose un sujet qui l'accomplit, par conséquent... » C'est en se conformant à peu près au même schéma que l'atomisme ancien s'efforça de rattacher à « l'énergie » qui agit une particule de matière qu'elle tenait pour son siège et son origine, l'atome. Des esprits plus rigoureux nous ont enfin appris à nous passer de ce reliquat de matière, et peut-être un jour les logiciens s'habitueront-ils eux aussi à se passer de ce « quelque chose », auquel s'est réduit le respectable « je » du passé.

Friedrich NIETZSCHE, *Par-delà bien et mal*, Partie 1, § 17, 1886, trad. C. Heim, 1971.

▶ L'INCONSCIENT
▶ LA RELIGION
▶ LA VÉRITÉ

1. La pensée est-elle sous la loi du langage ?
2. La pensée peut-elle être universelle ?

→ VERS LE BAC

Rédiger une dissertation sur le sujet suivant, en interrogeant la formulation grammaticale de cette question : « Suis-*je* un sujet conscient » ?

AUX FRONTIÈRES DE LA PHILOSOPHIE

Dans de nombreuses langues, le « sujet » est inconnu. En japonais, par exemple, le rôle central du sujet n'existe pas, si bien que la distinction entre une réalité objective et un sentiment subjectif ne peut pas être établie, et ne compte donc pas.

« Effectivement, la langue japonaise se passe très bien d'exprimer formellement le sujet. En français, même quand celui-ci est impersonnel, la morphologie l'indique clairement : *il fait froid*, ce n'est pas la même chose que *j'ai froid*. Le japonais dira dans les deux cas *samui*. Dans un pareil énoncé, on ne peut déterminer qui est le sujet de l'impression de froid : cette impression est à la fois dans l'air et dans la personne qui la ressent. Le froid imprègne la scène de l'énoncé – exactement comme l'amour celle du film ci-dessus. De même, le petit enfant qui dit *kowai !* (j'ai peur !) parle aussi bien de l'impression qu'il éprouve que de celle qu'exerce l'objet de sa peur. Certes, le cas échéant, le japonais peut fort bien préciser les choses ; par exemple en disant *karada-ga hieteiru* pour bien montrer que c'est le corps (*karada*) du locuteur qui éprouve du froid, ou *kûki-ga tsumetai* pour spécifier que c'est l'air (*kûki*) qui est froid ; mais on s'engage là dans des énoncés plus anecdotiques que *samui*. La question n'est pas de savoir si le japonais peut ou non traduire distinctement les deux énoncés français *il fait froid* et *j'ai froid* ; bien sûr, qu'il le peut ! Elle est d'expliquer pourquoi, dans l'énoncé correspondant *habituel*, i.e. *samui*, cette distinction n'existe pas.
C'est en fait une double distinction qui est ici en jeu : entre le sujet (ce dont on parle) et le prédicat (ce qui en est dit), d'une part, et d'autre part entre le locuteur (celui qui parle) et l'énoncé (ce qu'il dit). Dans *je cours, tu cours, il court*, les pronoms *je*, *tu* et *il* ont beau être tous les trois sujets grammaticalement, *tu* et *il* sont subordonnés à l'existence de la personne *je* ; et même morphologiquement, le *tu* suppose le *je*. En japonais, ces diverses distinctions sont toutes absentes de l'énoncé correspondant : *hashiru* (qui est aussi bien "je cours" que "tu cours" ou "il court"). »

Augustin BERQUE, *Vivre l'espace au Japon*, § 11, 1982.

Concours de calligraphie au Japon.

▶ L'ART

Changer de langue, est-ce changer de monde ?

Paul RICŒUR
1913-2005

TEXTE 11

Traduire, est-ce trahir ?

La diversité des langues introduit entre elles des frontières linguistiques. La traduction est précisément ce travail d'une langue pour amener dans la sienne une langue qui lui est étrangère. Mais la différence des langues ne rend-elle pas impossible le passage d'une langue à l'autre ? D'un autre côté, le fait que l'on se comprenne entre étrangers semble attester l'existence d'un sens universel du langage qui assure l'unité de toutes les langues par-delà leur diversité. La question de la diversité des langues est ainsi prise entre l'impasse de l'intraduisible et l'inutilité de la traduction. Cette alternative n'évacue-t-elle pas le problème de la traduction ? Quel est donc le problème que pose la traduction ?

Partons [...] de la pluralité et de la diversité des langues, et notons un premier fait : c'est parce que les hommes parlent des langues différentes que la traduction existe. Ce fait est celui de la *diversité des langues,* pour reprendre le titre de Wilhelm von Humboldt. Or, ce fait est en même temps une énigme : pourquoi pas une seule langue, et surtout pourquoi tant de langues, cinq ou six mille disent les ethnologues ? Tout critère darwinien d'utilité et d'adaptation dans la lutte pour la survie est mis en déroute ; cette multiplicité indénombrable est non seulement inutile, mais nuisible. [...] Mais ce qui fait énigme, ce n'est pas seulement le brouillage de la communication, que le mythe de Babel [...] nomme « dispersion » au plan géographique et « confusion » au plan de la communication, c'est aussi le contraste avec d'autres traits qui touchent aussi au langage. D'abord, le fait considérable de l'universalité du langage : « Tous les hommes parlent » ; c'est là un critère d'humanité à côté de l'outil, de l'institution, de la sépulture. [...]

Mais [...] il y a un second fait qui ne doit pas masquer le premier, celui de la diversité des langues : le fait tout aussi considérable que l'on a toujours traduit ; avant les interprètes professionnels, il y eut les voyageurs, les marchands, les ambassadeurs, les espions, ce qui fait beaucoup de bilingues et de polyglottes ! On touche là à un trait aussi remarquable que l'incommunicabilité déplorée, à savoir le fait même de la traduction, lequel présuppose chez tout locuteur l'aptitude à apprendre et à pratiquer d'autres langues que la sienne [...]. Les hommes parlent des langues différentes, mais ils peuvent en apprendre d'autres que leur langue maternelle.

Ce simple fait a suscité une immense spéculation qui s'est laissé enfermer dans une alternative ruineuse dont il importe de se dégager. Cette alternative paralysante est la suivante : ou bien la diversité des langues exprime une hétérogénéité radicale – et alors la traduction est théoriquement impossible ; les langues sont *a priori* intraduisibles l'une dans l'autre. Ou bien la traduction prise comme un fait s'explique par un fonds commun qui rend possible le fait de la traduction ; mais alors on doit pouvoir soit *retrouver* ce fonds commun, et c'est la piste de la langue *originaire,* soit le reconstruire logiquement, et c'est la piste de la langue *universelle* ; originaire ou universelle, cette langue absolue doit pouvoir être montrée, dans ses tables phonologiques, lexicales, syntaxiques, rhétoriques. Je répète l'alternative théorique : ou bien la diversité des langues est radicale, et alors la traduction est impossible en droit ; ou bien la traduction est un fait, et il faut en établir la possibilité de droit par une enquête sur l'origine ou par une reconstruction des conditions *a priori* du fait constaté.

Je suggère qu'il faut sortir de cette alternative théorique : traduisible *versus* intraduisible, et lui substituer une autre alternative, pratique celle-là, issue de l'exercice même la traduction, l'alternative fidélité *versus* trahison, quitte à avouer que la pratique de la traduction reste une opération risquée toujours en quête de sa théorie.

Paul RICŒUR, *Sur la traduction*, 2004.

1. Y a-t-il de l'intraduisible ?
2. Traduire, est-ce ramener l'étrange au familier ?
3. La traduction n'est-elle qu'un dialogue de sourds ?

MATIÈRE À PENSER

Identité nationale, identité linguistique

La langue conditionne la culture de chaque peuple et semble ainsi contribuer à forger les identités nationales. S'il est vrai que l'on pense, que l'on imagine et que l'on vit dans sa langue, une langue a-t-elle pour autant elle-même une identité ? Une langue est-elle un système clos sur soi, imperméable aux influences étrangères ? Le mot anglais *apricot* et le mot allemand *Aprikose* viennent du français *abricot*, qui vient lui-même de l'arabe d'Espagne *al-barkoûk*, lequel vient du latin *preacoquum* (fruit « précoce »). En France, c'est l'ordonnance de Villers-Cotterêts de 1539 qui impose la langue française comme langue exclusive de la vie publique. Une langue a-t-elle une identité ou est-elle le produit d'une histoire nécessairement composite ?

« Chaque âge, chaque classe de la société, chaque auteur célèbre, enfin si on regarde aux nuances les plus fines, chaque individu qui a l'esprit un peu cultivé, se forme dans le sein de la même nation une langue à part, attache des idées autrement modifiées aux mêmes mots, et attire insensiblement le langage commun dans ce qu'il a de plus essentiel, dans les nuances les plus intimes de la pensée et du sentiment. Voilà sur quoi repose en plus grande partie l'intérêt de la discussion dans la conversation qui sans doute est l'occupation et le délassement le plus noble de l'homme pensant. Elle naît ordinairement de l'acception différente donnée aux mêmes mots, parvient dans son cours au point où l'on se réunit et s'entend mutuellement, mais trouve, en conduisant plus avant dans le sujet, de nouvelles divergences fondées sur des nuances plus délicates encore qu'on n'avait point aperçues au commencement. En se rendant mutuellement compte de ses idées, on creuse davantage un sujet, plus on l'approfondit, plus il est difficile d'attacher la même valeur aux mêmes termes, tant les nuances commencent à devenir fines et déliées. Les langues se prêtent à toutes ses différentes nuances, elles en sont même plus parfaites, si elles savent en exprimer avec clarté et énergie une plus grande diversité, mais cette souplesse et cette étendue vont pourtant seulement jusqu'à un certain degré, et il existe indubitablement des manières de penser et de sentir qu'on ne peut point acquérir en se servant dès sa naissance de tel ou tel idiome, et qu'on ne peut même y exprimer, sans lui faire violence, ou altérer ses idées. Quoiqu'en grande partie l'ouvrage des nations, les langues les maîtrisent néanmoins, les retiennent captives dans un cercle déterminé, et forment ou indiquent au moins principalement la différence du caractère national. Il en est de même du genre humain, et de l'homme en général. Le développement de ses facultés n'est pas seulement astreint aux conditions générales du langage, mais la marche réelle des langues, déterminée par des causes beaucoup plus subalternes, mais également puissantes, ne laisse guère que d'influer considérablement sur elle, et si, en examinant cette marche, on ne peut point parvenir à fixer avec précision les bornes où elles s'arrêteront dans la suite, il est possible au moins de rendre compte des révolutions qu'elles ont éprouvées jusqu'ici. L'étude généralisée des langues facilite par conséquent la connaissance des progrès successifs et même des développements possibles de l'esprit humain. »

Wilhelm von HUMBOLDT, *Sur le caractère national des langues et autres écrits sur le langage*, av. 1835, trad. et commenté par D. Thouard, 2000.

▶ L'ÉTAT

(?) Les langues respectent-elles les frontières nationales ?

De la diversité des langues à leur hiérarchie

La différence ne se trouve pas seulement entre deux langues étrangères, elle joue aussi à l'intérieur d'une même langue. N'est-ce pas le cas de la langue des philosophes, qui se distingue de la langue courante ? (texte 12, Platon) N'est-ce pas également le cas de la littérature ? (texte 13, Deleuze) Mais la différence ne peut-elle pas prendre le sens d'une distinction, c'est-à-dire d'un privilège, voire d'une domination de tel régime de langue sur tel autre, de l'écrit sur l'oral ? (textes 14 Lévi-Strauss, et 15, Glissant)

PLATON
428 av. J.-C.-
348 av. J.-C.

TEXTE 12

Y a-t-il une langue des philosophes ?

Dans le *Théétète*, Platon revendique, en philosophie, la nécessité de l'« acribie », c'est-à-dire d'un lexique précis, dans lequel chaque mot a un sens bien déterminé. Cette langue du philosophe est vite odieuse à l'oreille de l'opinion commune, qui se satisfait d'une langue approximative. Il y a, à cet égard, une incivilité assumée de la langue des philosophes. Dans le prologue de l'*Apologie de Socrate*, Platon présente Socrate comme un étranger dans sa propre langue. Socrate et ses juges parlent grec, mais ils ne parlent pas la même langue. La langue du philosophe s'avère intraduisible dans la langue du tribunal. De ce quiproquo découle la condamnation à mort de Socrate, où l'on peut voir la domination de la langue commune sur la langue philosophique. Comme l'a remarqué Derrida dans *De l'hospitalité* (1997), Socrate apparaît à ses juges comme « un étranger à cause de sa langue ».

Quelle impression mes accusateurs ont faite sur vous, Athéniens, je l'ignore. Pour moi, en les écoutant, j'ai presque oublié qui je suis, tant leurs discours étaient persuasifs. Et cependant, je puis l'assurer, ils n'ont pas dit un seul mot de vrai. Mais ce qui m'a le plus étonné parmi tant de mensonges, c'est quand ils ont dit que vous deviez prendre garde de vous laisser tromper par moi, parce que je suis habile à parler. Qu'ils n'aient point rougi à la pensée du démenti formel que je vais à l'instant leur donner, cela m'a paru de leur part le comble de l'impudence, à moins qu'ils n'appellent habile à parler celui qui dit la vérité. Si c'est là ce qu'ils veulent dire, j'avouerai que je suis orateur, mais non à leur manière. Quoi qu'il en soit, je vous répète qu'ils n'ont rien dit ou presque rien qui soit vrai. Moi, au contraire, je ne vous dirai que l'exacte vérité. Seulement, par Zeus, Athéniens, ce ne sont pas des discours parés de locutions et de termes choisis et savamment ordonnés que vous allez entendre, mais des discours sans art, faits avec les premiers mots venus. Je suis sûr de ne rien dire que de juste ; qu'aucun de vous n'attende de moi autre chose.

Il siérait mal, Athéniens, je crois, à un homme de mon âge de venir devant vous façonner des phrases comme le font nos petits jeunes gens. Aussi, Athéniens, ai-je une demande, et une demande instante, à vous faire, c'est que, si vous m'entendez présenter ma défense dans les mêmes termes que j'emploie pour vous parler, soit à l'agora et près des tables des banquiers, où beaucoup d'entre vous m'ont entendu, soit en d'autres endroits, vous n'alliez pas vous en étonner et vous récrier. Car, sachez-le, c'est aujourd'hui la première fois que je comparais devant un tribunal, et j'ai plus de soixante-dix ans ; aussi je suis véritablement étranger au langage qu'on parle ici. Si je n'étais pas athénien, vous m'excuseriez sans doute de parler dans le dialecte où j'aurais été élevé et à la manière de mon pays. Eh bien, je vous demande aujourd'hui, et je crois ma demande juste, de ne pas prendre garde à ma façon de parler, qui pourra être plus ou moins bonne, et de ne considérer qu'une chose et d'y prêter toute votre attention, c'est si mes allégations sont justes ou non ; car c'est en cela que consiste le mérite propre du juge ; celui de l'orateur est de dire la vérité.

PLATON, *Apologie de Socrate*, Prologue, IVe siècle av. J.-C., trad. E. Chambry, 1936.

▶ L'ÉTAT
▶ LA JUSTICE

1 La langue est-elle un instrument de pouvoir ?

2 Pourquoi faut-il se méfier des synonymes en philosophie ?

PLATON DIT AUSSI

« Le laisser-aller du vocabulaire et de la structure des phrases, le fait de manquer d'exactitude dans un examen à faire, cela passe en général pour n'être point sans élégance, tandis que le contraire de cette négligence marquerait de la bassesse. Il y a pourtant des cas où ce contraire est indispensable. »

PLATON, *Théétète*, 185c, IVe siècle av. J.-C., trad. L. Robin, 1943.

? Quelle est la différence entre une langue précise et un jargon ?

AUX FRONTIÈRES DE LA PHILOSOPHIE

C'est un cliché qui a la vie dure que celui selon lequel les philosophes parlent une langue que personne ne comprend. Tout se passe comme si la langue des philosophes était une langue étrangère dans la langue. Raymond Queneau s'en amuse en proposant une traduction d'un petit texte anecdotique en langue philosophique.

L'histoire en style récit

« Un jour vers midi du côté du parc Monceau, sur la plate-forme arrière d'un autobus à peu près complet de la ligne S (aujourd'hui 84), j'aperçus un personnage au cou fort long qui portait un feutre mou entouré d'un galon tressé au lieu de ruban. Cet individu interpella tout à coup son voisin en prétendant que celui-ci faisait exprès de lui marcher sur les pieds chaque fois qu'il montait ou descendait des voyageurs. Il abandonna d'ailleurs rapidement la discussion pour se jeter sur une place devenue libre. Deux heures plus tard, je le revis devant la gare Saint-Lazare en grande conversation avec un ami qui lui conseillait de diminuer l'échancrure de son pardessus en faisant remonter le bouton supérieur par quelque tailleur compétent. »

La même histoire en style philosophique

« Les grandes villes peuvent seules présenter à la spiritualité phénoménologique les essentialités des coïncidences temporelles et improbabilistes. Le philosophe qui monte parfois dans l'inexistentialité futile et outilitaire d'un autobus S y peut apercevoir avec la lucidité de son œil pinéal les apparences fugitives et décolorées d'une conscience profane affligée du long cou de la vanité et de la tresse chapeautière de l'ignorance. Cette matière sans entéléchie véritable se lance parfois dans l'impératif catégorique de son élan vital et récriminatoire contre l'irréalité néo-berkeleyienne d'un mécanisme corporel inalourdi de conscience. Cette attitude morale entraîne alors le plus inconscient des deux vers une spatialité vide où il se décompose en ses éléments premiers et crochus. La recherche philosophique se poursuit normalement par la rencontre fortuite mais anagogique du même être accompagné de sa réplique inessentielle et couturière, laquelle lui conseille nouménalement de transposer sur le plan de l'entendement le concept de bouton de pardessus situé sociologiquement trop bas. »

Raymond QUENEAU, *Exercices de style*, 1947.

? Pourquoi faut-il inventer des mots nouveaux ?

Gilles DELEUZE
1925-1995

TEXTE 13

Qu'est-ce que la littérature ?

La littérature ne consiste pas à raconter des histoires : les fables de Jean de La Fontaine ne sont pas de La Fontaine mais d'Ésope, les tragédies que raconte William Shakespeare ne sont pas de Shakespeare, mais viennent de récits antérieurs. Ce qui est de La Fontaine et de Shakespeare, c'est l'art de travailler la langue et le traitement inédit qu'ils lui font subir pour lui faire dire ce qu'elle n'avait jamais dit. Deleuze analyse en ce sens la définition que Marcel Proust donne de la littérature dans une lettre à Mme Strauss : « La seule manière de défendre la langue, c'est de l'attaquer. » Chaque écrivain crée ainsi une langue étrangère dans sa propre langue. Proust ne parle pas français, il parle le Proust. En quoi la littérature est-elle une création de langue ?

Ce que fait la littérature dans la langue apparaît mieux : comme dit Proust, elle y trace précisément une sorte de langue étrangère, qui n'est pas une autre langue, ni un patois retrouvé, mais un devenir-autre de la langue, une minoration de cette langue majeure, un délire qui l'emporte, une ligne de sorcière qui s'échappe du système dominant. Kafka fait dire au champion de nage[1] : je parle la même langue que vous, et pourtant je ne comprends pas un mot de ce que vous dites. Création syntaxique, style, tel est ce devenir de la langue : il n'y a pas de création de mots, il n'y a pas de néologismes qui vaillent en dehors des effets de syntaxe dans lesquels ils se développent. Si bien que la littérature présente déjà deux aspects, dans la mesure où elle opère une décomposition ou une destruction de la langue maternelle, mais aussi l'invention d'une nouvelle langue dans la langue, par création de syntaxe. « La seule manière de défendre la langue, c'est de l'attaquer... Chaque écrivain est obligé de se faire sa langue... ». On dirait que la langue est prise d'un délire, qui la fait précisément sortir de ses propres sillons. Quant au troisième aspect, il vient de ce qu'une langue étrangère n'est pas creusée dans la langue même sans que tout le langage à son tour ne bascule, ne soit porté à une limite, à un dehors ou un envers consistant en Visions et Auditions qui ne sont plus d'aucune langue. Ces visions ne sont pas des fantasmes, mais de véritables Idées que l'écrivain voit et entend dans les interstices du langage, dans les écarts de langage. Ce ne sont pas des interruptions du processus, mais des haltes qui en font partie, comme une éternité qui ne peut être révélée que dans le devenir, un paysage qui n'apparaît que dans le mouvement. Elles ne sont pas en dehors du langage, elles en sont le dehors. L'écrivain comme voyant et entendant, but de la littérature : c'est le passage de la vie dans le langage qui constitue les Idées.

Gilles DELEUZE, « La Littérature et la vie »,
dans *Critique et clinique*, 1993.

1 Franz KAFKA, *Le Grand Nageur*, nouvelle posthume, av. 1924.

▶ L'ART

1 Que nous apprend la littérature sur le langage ?

2 Une langue n'est-elle qu'une somme de mots ?

AUX FRONTIÈRES DE LA PHILOSOPHIE

Dans son dernier livre, intitulé *Ouvrez*, Nathalie Sarraute fait jouer la frontière, non entre le français écrit et le français oral, mais entre le français tel qu'il se parle aujourd'hui, et la façon dont il s'écrit, avec laquelle il est en rupture. En principe, l'écrit commande la prononciation, notamment les liaisons, qui ont tendance à disparaître dans la langue parlée. Ce faisant, Sarraute met au jour une richesse propre à la langue française, dont elle fait entendre l'absence à l'oral. Le français parlé résonne alors, à l'écrit, comme une langue amputée.

« – Eh bien, quelque chose est arrivé à "C'est"...
– À "C'est" ?
– Oui, "C'est" a été malmené devant nous, on lui a enlevé son "t"...
– Et il a fallu l'accepter sans rien faire.
– Enlevé son "t" ? Comment ?
– Dès que l'écouteur a été décroché est venu de là-bas, précédant "Antonin", un "C'es" amputé de son "t"... C'es... Antonin...
– Une crevasse s'était ouverte... un vide, tout à coup, qu'il fallait enjamber...
– Ce "t" qui est une de nos fiertés... Quelle autre langue le possède ?
– Cette grâce qu'il a, cette légèreté.
– Cette courtoisie... dès qu'un vide s'ouvre, difficile à franchir, "t" s'élance de c'es... comme une passerelle légère...
– Oui, un "t" s'élance de c'es... comme une passerelle légère...
– Oui, un "t" qui viendra délicatement se poser de l'autre côté...
– Oh, si délicatement... en effleurant à peine...
– Ah mais c'est encore trop. L'autre que "t" touche si légèrement, le sent posé sur lui, adhérant à lui, insupportable...
– Il lui semble que ce "t" collé à lui le rend grotesque... "Tantonin"... voilà ce que ce "t" en a fait... Tantonin... "Cé Tantonin"...
– Il n'en veut à aucun prix...
– Ce "t" doit être détruit... Cé... Antonin...
– Cette façon de s'attribuer ce qui ne lui appartient pas... Ce "t" n'était pas à lui...
– Bien sûr, ce "t" était une partie de "C'est"...
– Inséparable...
– Mais cette brute...
– Oh n'exagérons pas...
– Enfin, cet être fruste, indélicat... »

Nathalie SARRAUTE, *Ouvrez*, VI, 1997.

En quoi la création en littérature consiste-t-elle ?

Serge COHEN, *Nathalie Sarraute (Natalia Tcherniak) chez elle*, 1984.

Claude LÉVI-STRAUSS
1908-2009

TEXTE 14 COMMENTÉ

À quoi l'écriture sert-elle ?

On se représente communément l'écriture comme un auxiliaire irremplaçable de la mémoire, un attribut de l'intelligence et critère de culture. Pourtant, si l'on suit l'histoire du développement de l'écriture, on observe qu'il est solidaire de l'émergence de systèmes politiques de domination. L'essence de l'écriture est-elle culturelle ou politique ?

C'est une étrange chose que l'écriture. Il semblerait que son apparition n'eût pu manquer de déterminer des changements profonds dans les conditions d'existence de l'humanité ; et que ces transformations dussent être surtout de nature intellectuelle. La possession de l'écriture multiplie prodigieusement l'aptitude des hommes à préserver les connaissances. On la concevrait volontiers comme une mémoire artificielle, dont le développement devrait s'accompagner d'une meilleure conscience du passé, donc d'une plus grande capacité à organiser le présent et l'avenir. Après avoir éliminé tous les critères proposés pour distinguer la barbarie de la civilisation, on aimerait au moins retenir celui-là : peuples avec ou sans écriture, les uns capables de cumuler les acquisitions anciennes et progressant de plus en plus vite vers le but qu'ils se sont assigné, tandis que les autres, impuissants à retenir le passé au-delà de cette frange que la mémoire individuelle suffit à fixer, resteraient prisonniers d'une histoire fluctuante à laquelle manqueraient toujours une origine et la conscience durable du projet.

Pourtant, rien de ce que nous savons de l'écriture et de son rôle dans l'évolution ne justifie une telle conception. Si l'on veut mettre en corrélation l'apparition de l'écriture avec certains traits caractéristiques de la civilisation, il faut chercher dans une autre direction. Le seul phénomène qui l'ait fidèlement accompagnée est la formation des cités et des empires, c'est-à-dire l'intégration dans un système politique d'un nombre considérable d'individus et leur hiérarchisation en castes et en classes. Telle est, en tout cas, l'évolution typique à laquelle on assiste, depuis l'Égypte jusqu'à la Chine, au moment où l'écriture fait son début : elle paraît favoriser l'exploitation des hommes avant leur illumination. Si mon hypothèse est exacte, il faut admettre que la fonction primaire de la communication écrite est de faciliter l'asservissement. L'emploi de l'écriture à des fins désintéressées, en vue de tirer des satisfactions intellectuelles et esthétiques, est un résultat secondaire, si même il ne se réduit pas le plus souvent à un moyen pour renforcer, justifier ou dissimuler l'autre.

Si l'écriture n'a pas suffi à consolider les connaissances, elle était peut-être indispensable pour affermir les dominations. Regardons plus près de nous : l'action systématique des États européens en faveur de l'instruction obligatoire, qui se développe au cours du XIXe siècle, va de pair avec l'extension du service militaire et la prolétarisation. La lutte contre l'analphabétisme se confond ainsi avec le renforcement du contrôle des citoyens par le Pouvoir. Car il faut que tous sachent lire pour que ce dernier puisse dire : nul n'est censé ignorer la loi.

Claude LÉVI-STRAUSS, *Tristes Tropiques*, 1955.

▶ L'ÉTAT

UN INSTRUMENT DE POUVOIR

Lors d'un séjour d'étude ethnologique au Brésil dans un village nambikwara, Lévi-Strauss raconte que le chef, en le voyant écrire, lui demande du papier et son crayon, identifiant l'écriture comme un attribut de pouvoir. Lorsque Lévi-Strauss revient dans le village un peu plus tard, le chef griffonne devant les villageois, comme s'il exerçait ainsi un pouvoir sur eux. Ce dernier ne s'est pas approprié le savoir de l'écriture, mais le pouvoir de l'écriture. Le chef se trouve finalement abandonné par les autres membres du village qui se désolidarisent de lui en comprenant que « l'écriture et la perfidie pénétraient chez eux de concert », selon le récit qu'en fait Lévi-Strauss. Il faut savoir en effet que le chef amérindien est chef en un sens totalement étranger à cette idée en Occident. Comme le montre Pierre Clastres dans *La Société contre l'État* (chapitre 2, 1977), les trois attributs du chef amérindien sont qu'il est : 1) un faiseur de paix ; 2) un généreux donateur ; 3) un bon orateur. On le reconnaît à ce qu'il est dépouillé, ayant donné tous ses biens.
Lorsque l'on a prétendu distinguer la barbarie de la civilisation en séparant les peuples sans écriture et les peuples avec écriture, on a manqué le rôle politique de l'écriture, qui a moins été d'éclairer et d'enrichir les esprits que de « faciliter l'asservissement » et d'« affermir les dominations ». Le scribe de l'Ancienne Égypte est moins un homme de savoir qu'un homme de pouvoir. Sous son apparence d'outil intellectuel, l'écriture fonctionne plus fondamentalement comme un instrument de pouvoir.

1. Savoir lire, est-ce un pouvoir ?
2. L'absence d'écriture n'est-elle qu'un défaut ?

AUX FRONTIÈRES DE LA PHILOSOPHIE

Robinson Crusoé incarne la pensée coloniale qui toise l'autre à l'aune de sa propre culture, érigée en étalon universel. Si Robinson s'empresse d'enseigner l'anglais à Vendredi, il ne se soucie pas d'apprendre en retour la langue de ce dernier, qui restera pour lui un bruit indifférencié.

« Mais retournons à mon nouveau compagnon. J'étais enchanté de lui, et je m'appliquais à lui enseigner à faire tout ce qui était propre à le rendre utile, adroit, entendu, mais surtout à me parler et à me comprendre, et je le trouvai le meilleur écolier qui fût jamais. Il était si gai, si constamment assidu et si content quand il pouvait m'entendre ou se faire entendre de moi, qu'il m'était vraiment agréable de causer avec lui. Alors ma vie commençait à être si douce que je me disais : n'eussé-je pas à redouter les sauvages, je demeurerai volontiers en ce lieu aussi longtemps que je vivrai. »

Daniel DEFOE, *Robinson Crusoé*, 1719, trad. P. Borel, 1836.

? Pourquoi celui qui est différent est-il perçu comme inférieur ?

Un scribe au travail, Ancien Empire égyptien, v. 2500 av. J.-C., musée du Louvre, Paris.

? L'écriture peut-elle être un contre-pouvoir ?

→ VERS LE BAC

Rédiger un paragraphe qui étudie, à l'aide d'exemples précis, les différences entre dire sa pensée et l'écrire.

Édouard GLISSANT
1928-2011

TEXTE 15

Une langue orale est-elle une vraie langue ?

L'écriture sert parfois à séparer en deux les sociétés humaines : d'un côté, les civilisations dotées de l'écriture et de l'autre, les sociétés dites « sauvages », dépourvues d'écriture. L'oral est ainsi vu comme un stade inférieur de la culture. La culture française de l'écrit exerce sa domination sur la culture créole, sa langue, son imaginaire et son histoire.
La langue créole (ou plutôt les langues créoles, car il en existe plusieurs, notamment aux Antilles, à La Réunion, en Amérique du Sud), parce qu'elle est une langue orale, est considérée négativement comme une langue « sans écriture ». Cela suppose de la définir par rapport à un modèle selon lequel une vraie langue serait une langue écrite. En lieu et place d'un tel rapport hiérarchique entre langues orales et langues écrites, l'écrivain Édouard Glissant propose une relation horizontale entre elles. Peut-on penser les relations entre les diverses langues du monde en dehors des rapports politiques de domination ?

Autre « résolution » : l'opposition hiérarchisée entre langage parlé et langue écrite n'a pas ici – pour moi – plus de sens ; car la langue créole qui m'est naturelle vient à tout moment irriguer ma pratique écrite du français, et mon langage provient de cette symbiose, sans doute étrangère aux ruses du panachage, mais voulue et dirigée par moi. Et, si je succombe ici à une illusion, du moins puis-je espérer que d'autres l'accuseront et continueront plus outre. Car, si l'aliénation grandit en cette matière, seul l'acte des peuples peut le dénoncer. Il s'agira entre autres de défaire l'écriture de son mandat de souveraineté par rapport à l'oralité.

Une telle dimension devrait nous être commune. La langue française devrait par là dépouiller tout à fait le vieil oripeau de l'abstraction universalisante, pour se terrer de drues réalités.

Enfin, la réticence à écrire dont je faisais tout à l'heure le constat, il apparaît maintenant que seule la pratique libre et consciente des langues par les peuples, c'est-à-dire pour eux la juxtaposition « essentielle » de la langue et du langage, c'est-à-dire pour eux la liberté tout court, peut la vaincre.

C'est cela, relativiser la langue française. Elle peut être ou devenir langage pour celui-ci, « composante » pour celui-là, langue d'appoint pour un autre. Par là elle entrera dans la relation multiple au monde. Accepter cette relation, l'enseigner, c'est ouvrir le possible sans imposer la fixité tyrannique.

Édouard GLISSANT, *Le Discours antillais*, 1981.

▶ L'ART
▶ L'ÉTAT

1 Définir une langue orale comme une langue sans écriture, est-ce la définir ?

2 La frontière entre l'écrit et l'oral est-elle étanche ?

AUX FRONTIÈRES DE LA PHILOSOPHIE

La littérature de Patrick Chamoiseau cible la hiérarchie entre le français et le créole, qui s'exerce notamment sur le terrain de l'écrit et à l'école. L'enfant créolophone qui quitte la maison pour entrer à l'école découvre que sa langue maternelle y est censurée. Avec elle, c'est son imaginaire, sa sensibilité et son intelligence qui se trouvent invalidés. L'originalité de Chamoiseau est d'écrire un texte qui défait les frontières entre l'écrit et l'oral pour les fondre en une langue inédite.

« Mais tout se passa bien : personne n'eut à parler, à écrire, à expliquer ceci-cela. Ce fut le Maître qui s'exprima. Et là, le négrillon prit conscience d'un fait criant : le Maître parlait français. Man Ninotte utilisait de temps à autre des chiquetailles de français, un demi-mot par-ci, un quart-de-mot par-là, et ses paroles françaises étaient des mécaniques qui restaient inchangées. Le Papa lui, à l'occasion d'un punch, déroulait un français d'une manière cérémonieuse qui n'en faisait pas une langue, mais un outil ésotérique pour créer des effets. Quant aux Grands, leur expression naturelle était créole, sauf avec Man Ninotte, les autres grandes-personnes et plus encore avec le Papa. Pour s'adresser à eux, il fallait reconnaître la distance en utilisant un rituel de respect. Et tout le reste pour tout le monde (les joies, les cris, les rêves, les haines, la vie en vie...) était créole. Cette division de la parole n'avait jamais auparavant attiré l'attention du négrillon. Le français (qu'il ne nommait même pas) était quelque chose de réduit qu'on allait chercher sur une sorte d'étagère, en dehors de soi, mais qui restait dans un naturel de bouche proche du créole. Proche par l'articulation. Par les mots. Par la structure de la phase. Mais là, avec le Maître, parler n'avait qu'un seul et vaste chemin. Et ce chemin français se faisait étranger. L'articulation changeait. Le rythme changeait. L'intonation changeait. Des mots plus ou moins familiers se mettaient à sonner différents. Ils semblaient provenir d'un lointain horizon et ne disposaient plus d'aucune proximité créole. Les images, les exemples, les références du Maître n'étaient plus du pays. Le Maître parlait français comme les gens de la radio ou les matelots de la Transat. Et il ne parlait que cela avec résolution. Le français semblait l'organe même de son savoir. Il prenait plaisir à ce petit sirop qu'il sécrétait avec ostentation. Et sa langue n'allait pas en direction des enfants comme celle de Man Salinière, pour les envelopper, les caresser, les persuader. Elle se tenait au-dessus d'eux dans la magnificence d'un colibri-madère immobile dans le vent. *Ô le Maître était français !* »

Patrick CHAMOISEAU, *Chemin-d'école*, 1994.

? L'école est-elle un lieu de pouvoir ?

Wilfredo LAM, *La jungle*, 1943,
Museum of Modern Art, New York.

CINÉ PHILO

L'Esquive

ABDELLATIF KECHICHE, 2004

L'Esquive est le deuxième film du réalisateur franco-tunisien Abdellatif Kechiche. Un groupe de lycéens « des quartiers » répète une pièce de Marivaux, *Le Jeu de l'amour et du hasard*. Entre les jeunes du quartier – Krimo, garçon timide et peu bavard qui ne maîtrise pas la parole, et Lydia, fille extravertie et loquace –, les rapports semblent souvent voués à la violence, et leur langage est empreint d'une rhétorique misogyne et agressive jusque dans les moments d'amitié et de tendresse. Mais voilà que cette œuvre littéraire, qui met elle-même en scène des maîtres et des valets dont l'intrigue croise les destins, révèle par une mise en abîme les subtilités des jeux et des crises sentimentales des jeunes gens. Le contraste est total entre leur manière de parler habituelle et la langue classique du XVIIIe siècle, qu'on entend, par contraste, comme jamais. Ils réussissent à se l'approprier, à la rendre usuelle et vivante. La distance temporelle, politique, sociale, incarnée dans la diversité des usages de la langue, ne cesse de se marquer et de se combler en même temps.

LA **LIBERTÉ**

FRANQUIN, *Gaston,* « Les Gaffes d'un gars gonflé », 1967.

Gaston Lagaffe incarne le personnage de l'inadapté à la vie sociale en général et au monde du travail en particulier. Sa distraction profonde et systématique perturbe le fonctionnement ordinaire de la société.

ARRÊT SUR IMAGE

Pour conserver sa liberté, faut-il refuser de s'adapter ?

LA LIBERTÉ EN QUESTION

La liberté ne brille jamais autant que par son absence. Elle fait en effet partie de ces biens dont la valeur se révèle lorsque nous en sommes privés. Tant que rien ne vient nous contraindre, nous jouissons de notre liberté sans la sentir, sans y faire attention. Mais sitôt qu'un obstacle surgit, l'impression d'être entravés, voire enfermés, nous rend insupportable la privation de liberté.

La difficulté est qu'il y a liberté et liberté : il y a la liberté de la chute « libre » d'un corps, et il y a celle du choix, de l'action et de la pensée. Mais le corps qui tombe est-il libre de ne pas tomber ? On dit « être libre comme l'air », mais l'air n'est-il pas soumis aux lois physiques de tout corps gazeux ? Et comment être certain que mon acte est libre et non pas conditionné par des causes plus ou moins cachées ?

1 LIBERTÉ ET NÉCESSITÉ La liberté se manifeste d'abord concrètement par notre liberté de mouvement, comme le confirme la prison, qui en est la suppression. La liberté est-elle une propriété physique des corps en mouvement ? Les corps ne sont-ils pas, par définition, soumis aux lois de la nature ? Quelle est donc la « nature » de la liberté ? N'est-elle pas précisément une entorse à la nature et à ses lois ? Qu'est-ce donc qu'être libre ? Comment délimiter ce qui relève de la contrainte nécessaire et ce qui relève du choix libre ? Cette opposition entre la nécessité et la liberté ne masque-t-elle pas une réalité plus complexe et moins tranchée ? (p. 264 à p. 277)

2 LIBERTÉ ET RESPONSABILITÉ La liberté ne consiste toutefois pas seulement, ni essentiellement, à pouvoir agir de son propre chef. Son sens profond est de faire de tout sujet libre une personne responsable : être libre, n'est-ce pas en effet avoir à « répondre » de ses actes ? Le problème de la limite entre le volontaire et l'involontaire devient alors un problème juridique et moral de culpabilité. (p. 278 à p. 287)

3 LE CONFLIT DES LIBERTÉS On voit que si la notion de liberté concerne l'existence humaine, elle s'inscrit inévitablement dans une perspective morale et politique. Car nul n'est libre tout seul. Se pose ainsi le problème de la coexistence des libertés. Comment peut-on être libres à plusieurs ? La liberté des uns ne s'affirme-t-elle pas au détriment de celle des autres ? La liberté peut-elle être un bien commun ? (p. 288 à p. 293)

PANORAMA DE LA NOTION

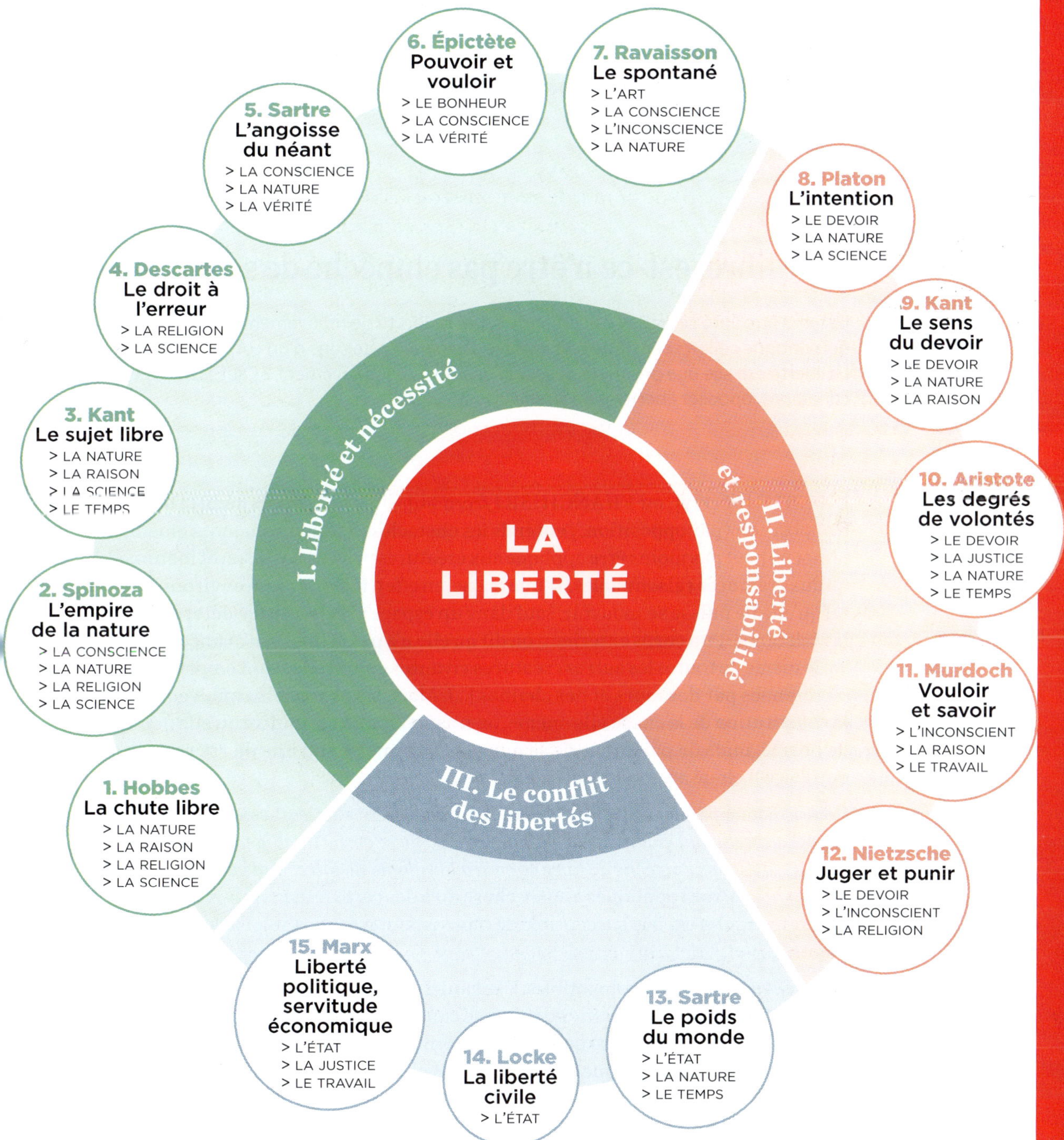

Liberté et nécessité

En premier lieu, est dit *libre* tout corps dont le mouvement n'est empêché par rien. (texte 1, Hobbes) **Cette définition physique de la liberté, qui l'identifie à la nécessité, peut-elle s'étendre aux actions de l'être humain ?** (texte 2, Spinoza) **Ne serait-ce pas réduire l'homme à un simple phénomène naturel et manquer sa spécificité de sujet libre ?** (texte 3, Kant) **Si l'homme est libre, sa liberté réside-t-elle dans sa faculté de penser ?** (texte 4, Descartes) **Qu'est-ce au juste qu'être libre ?** (texte 5, Sartre) **Est-ce faire ce que l'on veut ?** (texte 6, Épictète) **L'action habituelle n'échappe-t-elle pas à l'opposition figée de la nécessité et de la liberté ?** (texte 7, Ravaisson)

Thomas HOBBES
1588-1679

TEXTE 1

Être libre, est-ce n'être pas empêché de se mouvoir ?

Le fait d'être libre se traduit concrètement par la liberté de mouvement. À l'inverse, tout ce qui contrarie celle-ci constitue une entrave. On parle en ce sens d'un corps en « chute libre ». La liberté est-elle une propriété physique des corps en mouvement ? Faut-il, dans ces conditions, opposer liberté et nécessité ?

LIBERTÉ [*liberty*], ou FRANCHISE [*freedom*], signifie (proprement) l'absence d'opposition (par opposition, j'entends les obstacles extérieurs au mouvement) et le mot ne peut pas moins être appliqué aux créatures privées de raison et inanimées qu'aux créatures raisonnables. D'une chose, en effet, fixée dans un environnement tel qu'elle ne puisse se mouvoir, sauf dans un espace précis, espace déterminé par la résistance d'un corps extérieur, on dit qu'elle n'a pas la liberté d'avancer. Et il en va de même de toutes les autres créatures vivantes quand elles sont emprisonnées, ou retenues par des murs et des chaînes [...]. Mais, si l'obstacle au mouvement est la constitution de la chose elle-même, on n'a pas l'habitude de dire qu'elle manque de liberté, mais de puissance de se mouvoir, comme quand une pierre reste là ou que l'on est cloué au lit par maladie.

Conformément à la signification propre et généralement admise du mot, UN HOMME LIBRE *est celui qui, pour ces choses que selon sa force et son intelligence il est capable de faire, n'est pas empêché de faire ce qu'il a la volonté de faire*. Mais quand les mots *libre* et *liberté* sont appliqués à autre chose qu'à des *corps*, c'est un abus de langage ; en effet, ce qui n'est pas susceptible de mouvement n'est pas sujet à des empêchements. [...]

Liberté et *nécessité* sont compatibles. C'est ainsi que l'eau n'a pas seulement la *liberté*, mais est aussi dans la *nécessité* de suivre le canal. Il en est de même des actions que les humains font, qui, parce qu'elles procèdent de leur volonté, procèdent de leur *liberté*. Et pourtant, puisque tout acte de la volonté, tout désir, toute inclination procèdent d'une cause, et celle-ci d'une autre cause, selon une chaîne continue (dont le premier maillon est entre les mains de Dieu, première cause entre toutes), tout cela procède de la *nécessité*. En sorte que pour celui qui pourrait voir la connexion de ces causes, la *nécessité* de toutes les actions humaines volontaires apparaîtrait manifeste. Et ainsi, Dieu, qui voit et dispose toutes choses, voit aussi que la *liberté* de l'homme de faire ce qu'il veut s'accompagne de la *nécessité* de faire ce que Dieu veut, ni plus ni moins. En effet, bien que les humains fassent de nombreuses choses que Dieu n'ordonne pas, et qu'il n'en est donc pas l'auteur, pourtant, ils ne peuvent éprouver aucune passion ni appétit pour quoi que ce soit dont la volonté de Dieu ne soit la cause. Et si sa volonté ne garantissait pas la *nécessité* de la volonté humaine et, par conséquent, tout ce qui dépend de la volonté humaine, la *liberté* des humains serait contraire, et constituerait un obstacle, à l'omnipotence et à la *liberté* de Dieu.

Thomas HOBBES, *Léviathan*, 1651,
trad. G. Mairet, 2000.

▶ LA NATURE
▶ LA RAISON
▶ LA RELIGION
▶ LA SCIENCE

1 Réconcilier la liberté avec la nécessité, n'est-ce pas la nier ?

2 Peut-on à la fois déclarer que « quand les mots *libre* et *liberté* sont appliqués à autre chose qu'à des *corps*, c'est un abus de langage » (l. 14-15) et parler de « la *liberté* de Dieu » (l. 34) ?

REPÈRES **contingent / nécessaire**

Est **contingent** ce qui peut être aussi bien que ne pas être. Au niveau pratique de l'action humaine, on considère d'ordinaire qu'un acte libre est libre s'il est choisi. Le choix suppose donc que le sujet qui a fait tel acte aurait pu ne pas le faire, ou en faire un autre. Hobbes propose en ce sens une définition éminemment paradoxale de la liberté en l'identifiant à la **nécessité**. Est **nécessaire**, en effet, ce qui ne peut pas ne pas être. Pour Hobbes, un acte est un effet produit par une cause antérieure qui s'inscrit elle-même dans une chaîne causale. L'acte libre qui n'aurait pas de cause est, pour lui, un effet sans cause, c'est-à-dire un miracle, autant dire une illusion. La liberté ne désigne pas, selon lui, la capacité de choisir.

Lucinda CHILDS, *Songs from Before*, Ballet de l'Opéra national du Rhin, 2010.

? Notre corps fait-il obstacle à notre liberté ?

Baruch SPINOZA
1632-1677

TEXTE 2

Qu'est-ce que vouloir ?

Nous nous sentons libres à chaque fois que nous pouvons faire ce que nous voulons. Ce sentiment de liberté grandit, par exemple, sous l'effet de l'alcool : le timide se sent soudain libéré et devient loquace, l'avare oublie de compter son argent... Mais ne se sentent-ils pas d'autant plus libres qu'ils sont en réalité sous la dépendance de la boisson ? Suffit-il de vouloir quelque chose pour le vouloir librement ?

J'appelle libre, quant à moi, une chose qui est et agit par la seule nécessité de sa nature ; contrainte, celle qui est déterminée par une autre à exister et à agir d'une certaine façon déterminée. Dieu, par exemple, existe librement bien que nécessairement parce qu'il existe par la seule nécessité de sa nature. De même aussi Dieu se connaît lui-même librement parce qu'il existe par la seule nécessité de sa nature. De même aussi Dieu se connaît lui-même et connaît toutes choses librement, parce qu'il suit de la seule nécessité de sa nature que Dieu connaisse toutes choses. Vous le voyez bien, je ne fais pas consister la liberté dans un libre décret mais dans une libre nécessité.

Mais descendons aux choses créées qui sont toutes déterminées par des causes extérieures à exister et à agir d'une certaine façon déterminée. Pour rendre cela clair et intelligible, concevons une chose très simple : une pierre par exemple reçoit d'une cause extérieure qui la pousse, une certaine quantité de mouvement et, l'impulsion de la cause extérieure venant à cesser, elle continuera à se mouvoir nécessairement. Cette persistance de la pierre dans le mouvement est une contrainte, non parce qu'elle est nécessaire, mais parce qu'elle doit être définie par l'impulsion d'une cause extérieure. Et ce qui est vrai de la pierre il faut l'entendre de toute chose singulière, quelle que soit la complexité qu'il vous plaise de lui attribuer, si nombreuses que puissent être ses aptitudes, parce que toute chose singulière est nécessairement déterminée par une cause extérieure à exister et à agir d'une certaine manière déterminée.

Concevez maintenant, si vous voulez bien, que la pierre, tandis qu'elle continue de se mouvoir, pense et sache qu'elle fait effort, autant qu'elle peut, pour se mouvoir. Cette pierre assurément, puisqu'elle a conscience de son effort seulement et qu'elle n'est en aucune façon indifférente, croira qu'elle est très libre et qu'elle ne persévère dans son mouvement que parce qu'elle le veut. Telle est cette liberté humaine que tous se vantent de posséder et qui consiste en cela seul que les hommes ont conscience de leurs appétits et ignorent les causes qui les déterminent. Un enfant croit librement appéter le lait, un jeune garçon irrité vouloir se venger et, s'il est poltron, vouloir fuir. Un ivrogne croit dire par un libre décret de son âme ce qu'ensuite, revenu à la sobriété, il aurait voulu taire. De même un délirant, un bavard, et bien d'autres de même farine, croient agir par un libre décret de l'âme et non se laisser contraindre. Ce préjugé étant naturel, congénital parmi tous les hommes, ils ne s'en libèrent pas aisément. Bien qu'en effet l'expérience enseigne plus que suffisamment que, s'il est une chose dont les hommes soient peu capables, c'est de régler leurs appétits et, bien qu'ils constatent que partagés entre deux affections contraires, souvent ils voient le meilleur et font le pire, ils croient cependant qu'ils sont libres, et cela parce qu'il y a certaines choses n'excitant en eux qu'un appétit léger, aisément maîtrisé par le souvenir fréquemment rappelé de quelque autre chose.

Baruch SPINOZA, « Lettre LVIII au très savant G. H. Schuller », 1674, dans *Œuvres*, IV, *Traité politique. Lettres*, trad. C. Appuhn, 1913.

▶ LA CONSCIENCE
▶ LA NATURE
▶ LA RELIGION
▶ LA SCIENCE

1 Étant donné les définitions posées dans le premier paragraphe de cet extrait, d'autres réalités que Dieu peuvent-elles être libres ?

2 Que montrent de particulier les exemples du bavardage et des propos de l'homme ivre ?

SPINOZA DIT AUSSI

« Personne, il est vrai, n'a jusqu'à présent, déterminé ce que peut le corps. »

Baruch SPINOZA, *Éthique*, III, prop. 2, scolie, trad. C. Appuhn, 1913.

? La liberté que nous imputons aux décisions de notre pensée n'est-elle qu'une illusion due à l'ignorance de ce que le corps peut faire par ses seules forces ?

MATIÈRE À PENSER

L'addiction au tabac

Jean-Pol Tassin, spécialiste de la neuro-dépendance, étudie notamment l'addiction au tabac. Ses recherches ont montré que ni le plaisir ni la seule nicotine ne suffisent à l'expliquer. Le phénomène de dépendance exige, dans le cas du tabac, que la nicotine soit associée à un autre élément chimique. Or cet élément chimique est produit par la combustion des additifs gustatifs sucrés présents dans les cigarettes, qui ne sont toujours pas indiqués sur les paquets alors que, associés à la nicotine, ils sont responsables de l'addiction.

René MAGRITTE, *La liberté des cultes*, 1946, collection privée.

« Pour que la nicotine produise effectivement l'addiction, il faut lui associer soit des inhibiteurs de la monoamine-oxydase, soit des produits qui ont la même action. [...] Les cigarettiers, en cherchant à fidéliser et à augmenter leur clientèle, ont produit une véritable addiction pathologique, mais en quelque sorte sans le vouloir, et à partir d'un modèle erroné. Ils ont toujours cherché à produire les cigarettes les plus agréables possibles, avec l'idée que c'est ce qui fidéliserait les fumeurs, parce qu'ils faisaient le lien entre plaisir et addiction. De ce fait, on leur prête parfois de fausses intentions. Par exemple on dit qu'ils mettent de l'ammoniac dans les cigarettes *pour rendre les fumeurs plus dépendants*. En réalité, au départ, ce n'est pas du tout pour cette raison. Ils veulent obtenir un goût agréable. Pour ce faire, ils utilisent trois produits importants : le sucrose, le miel et le chocolat. Ces trois produits sont sucrés, or la combustion du sucre entraîne la formation d'acétaldéhyde, qui se trouve être l'un des IMAO (Inhibiteurs de la Mono Amine Oxydase[1]) les plus puissants qui soient. Avec ces additifs, sans le savoir [...] ils renforçaient la dépendance. »

Jean-Pol TASSIN, « Le Tabac », *La Lettre du Collège de France*, février 2010.

1 La monoamine-oxydase (MAO) est un neurotransmetteur qui permet aux neurones de communiquer et qui, ordinairement, dégrade la dopamine, responsable du circuit de la récompense. L'inhibition des MAO engendre au contraire une accumulation de dopamine, qui favorise l'addiction.

? Comment expliquer que nous agissions à l'encontre de nos résolutions ?

Emmanuel KANT
1724-1804

TEXTE 3 COMMENTÉ

Qu'est-ce qu'agir par soi-même ?

L'être humain, comme tout être physique et vivant, est soumis aux lois de la nature. Il ne dépend pas de moi de digérer le croissant que j'ai mangé ce matin : cela se fait tout seul, c'est-à-dire mécaniquement. Pour autant, peut-on réduire l'existence de l'homme à un pur mécanisme ? N'y a-t-il pas une différence de nature incontestable entre le réflexe de cligner des yeux, qui est instinctif et sur lequel la volonté n'a pas de prise, et la décision de faire un clin d'œil complice à l'intention d'un ami ? Qu'est-ce qu'agir librement ?

Pour lever maintenant la contradiction apparente entre le mécanisme de la nature et la liberté dans une seule et même action pour le cas supposé, on doit se souvenir de ce qui a été dit dans la *Critique de la raison pure* ou de ce qui s'ensuit. La nécessité naturelle, qui ne peut subsister conjointement avec la liberté du sujet, dépend simplement des déterminations de la chose qui est soumise aux conditions de temps, par conséquent uniquement des déterminations du sujet agissant comme phénomène. Donc, sous ce rapport, les principes déterminants de chaque action de ce sujet résident dans ce qui appartient au temps passé et *n'est plus en son pouvoir* (en quoi il doit comprendre aussi ses actions déjà faites et le caractère qui, à ses propres yeux peut, par là, être déterminé pour lui, comme phénomène). Mais le même sujet, ayant, d'un autre côté, conscience de lui-même comme d'une chose en soi, considère aussi son existence, en *tant qu'elle n'est pas soumise aux conditions du temps*, et se regarde lui-même comme pouvant être déterminé seulement par des lois, qu'il se donne par sa raison elle-même. Dans cette existence qui lui est propre, rien n'est, pour lui, antérieur à la détermination de sa volonté, mais toute action et en général tout changement de détermination de son existence conformément au sens interne, même toute la succession de son existence, comme être sensible, ne doivent être considérés dans la conscience de son existence intelligible que comme conséquence et jamais comme principe déterminant de sa causalité comme *noumène*. À cet égard, l'être raisonnable peut, de toute action contraire à la loi et accomplie par lui, quoique, comme phénomène, elle soit suffisamment déterminée dans le passé et comme telle inévitablement nécessaire, dire avec raison qu'il aurait pu ne pas le faire ; car elle appartient, avec tout le passé qu'elle détermine, à un phénomène unique du caractère qu'il se donne à lui-même et d'après lequel il s'attribue à lui-même comme à une cause indépendante de toute sensibilité, la causalité de ces phénomènes.

Emmanuel KANT, *Critique de la raison pratique*, 1788,
trad. F. Picavet, 1888.

- ▶ LA NATURE
- ▶ LA RAISON
- ▶ LA SCIENCE
- ▶ LE TEMPS

PHÉNOMÈNE ET NOUMÈNE

L'homme, du fait de son corps, est un phénomène naturel parmi les phénomènes naturels. Il ne dépend pas de moi, en effet, de synthétiser la vitamine D sous l'effet de la lumière, pas plus qu'il ne dépend de la plante de synthétiser la chlorophylle. Mais l'activité humaine peut-elle être réduite à la production d'effets nécessaires comme bronzer ou verdir ? Certes, il y a du phénoménal dans l'homme. Mais l'homme est encore et surtout un être doué d'esprit. Or, en tant qu'esprit, l'homme est un « noumène » : Kant introduit ce mot qu'il tire du terme grec *nous*, qui signifie « esprit ». Comment ne pas voir la différence de nature entre une réaction inévitable comme l'est « le bâillement, quand nous voyons bâiller d'autres personnes » (I, 1, 1), pour reprendre l'exemple de Kant, et une action choisie ? Le geste qui m'échappe est causé par un mécanisme nécessaire, mais l'acte que j'accomplis est le fruit d'une libre décision. Kant distingue soigneusement « la causalité comme mécanisme de la nature » et « la causalité comme liberté ». La causalité phénoménale ne peut s'appliquer qu'aux phénomènes naturels. Ces derniers sont des effets qui ont été causés par une cause antérieure, qui a elle-même été causée par une cause antérieure. Or, cette chaîne causale selon laquelle il y a toujours une cause de la cause, et une cause de la cause de la cause..., se déroule dans le temps : la cause du phénomène vient « avant » l'effet qu'elle produit. Mais la liberté qui cause mes actions est une cause en un tout autre sens : cette cause n'est pas une catégorie de l'entendement dépendante du temps (voir LA VÉRITÉ, texte 4, p. 526) mais une idée de la raison qui est par nature indépendante du temps. (voir LA NATURE, texte 12, p. 322) La liberté relève de l'existence de l'homme en tant qu'elle « n'est pas soumise aux conditions de temps ». La liberté est une cause rationnelle qui n'a pas elle-même de causes antérieures.

Qu'est-ce qu'un acte libre ? C'est une cause qui a un après, mais qui n'a pas d'avant. À la différence d'un geste qui est une production nécessaire d'une cause passée, un acte est une création de notre spontanéité qui ne doit rien au passé. La liberté est cette cause à l'origine d'un commencement absolu. En tant qu'être libre, l'homme est une cause métaphysique, c'est-à-dire intemporelle. C'est la liberté comme cause nouménale qui constitue l'humanité de l'homme et le distingue du reste de la nature.

1 La nature humaine est-elle naturelle ?

2 Qu'est-ce que « causer » un acte ?

KANT DIT AUSSI

« Il y a des cas où des hommes, même avec une éducation qui a été profitable à d'autres, montrent cependant dès l'enfance une méchanceté si précoce, et y font des progrès si continus dans leur âge mûr qu'on les prend pour des scélérats de naissance et qu'on les tient, en ce qui concerne leur façon de penser, pour tout à fait incorrigibles ; et toutefois on les juge pour ce qu'ils font et ce qu'ils ne font pas, on leur reproche leurs crimes comme des fautes, bien plus, eux-mêmes (les enfants) trouvent ces reproches tout à fait fondés, exactement comme si en dépit de la nature désespérée du caractère qu'on leur attribue, ils demeuraient aussi responsables que tout autre homme. »

Emmanuel KANT, *Critique de la raison pratique*, 1788, trad. F. Picavet, 1888.

? Peut-on reprocher ses actes à une personne que l'on jugerait mauvaise par nature ?

Paul RICHER, *Le coureur*, phénakistiscope, 1900, ENSBA, Paris.

Appareil optique qui crée l'illusion du mouvement au moyen de la rotation d'images fixes sur un disque.

? La liberté de mouvement n'est-elle que l'effet d'un mécanisme ?

René DESCARTES
1596-1650

TEXTE 4 COMMENTÉ

L'homme est-il libre par sa pensée ?

On considère spontanément la liberté de penser non comme une simple qualité de l'être humain, mais comme ce qui le définit. Mais comment ne pas reconnaître que notre pensée est limitée par bien des côtés ? Il suffit alors que notre pensée se retienne de porter des jugements sur ce qu'elle ne connaît pas pour être sûr de ne pas commettre d'erreurs. Et pourtant nous nous trompons souvent. Notre pensée n'est-elle donc pas libre ? Mais qu'est-ce, au juste, que la liberté ? Est-ce la puissance de penser ou le pouvoir de choisir ?

Me regardant de plus près, et considérant quelles sont mes erreurs (lesquelles seules témoignent qu'il y a en moi de l'imperfection), je trouve qu'elles dépendent du concours de deux causes, à savoir de la puissance de connaître qui est en moi, et de la puissance d'élire, ou bien de mon libre arbitre : c'est-à-dire de mon entendement, et ensemble de ma volonté. Car par l'entendement seul je n'assure ni ne nie aucune chose mais je conçois seulement les idées des choses, que je puis assurer ou nier. Or, en le considérant ainsi précisément, on peut dire qu'il ne se trouve jamais en lui aucune erreur, pourvu qu'on prenne le mot d'erreur en sa propre signification. Et encore qu'il y ait peut-être une infinité de choses dans le monde, dont je n'ai aucune idée en mon entendement, on ne peut pas dire pour cela qu'il soit privé de ces idées, comme de quelque chose qui soit due à sa nature, mais seulement qu'il ne les a pas, parce qu'en effet il n'y a aucune raison qui puisse prouver que Dieu ait dû me donner une plus grande et plus ample faculté de connaître, que celle qu'il m'a donnée ; et, quelque adroit et savant ouvrier que je me le représente, je ne dois pas pour cela penser qu'il ait dû mettre dans chacun de ses ouvrages toutes les perfections qu'il peut mettre dans quelques-uns. Je ne puis pas aussi me plaindre que Dieu ne m'a pas donné un libre arbitre, ou une volonté assez ample et parfaite, puisqu'en effet je l'expérimente si vague et si étendue, qu'elle n'est renfermée dans aucunes bornes. Et ce qui me semble bien remarquable en cet endroit, est que, de toutes les autres choses qui sont en moi, il n'y en a aucune si parfaite et si étendue, que je ne reconnaisse bien qu'elle pourrait être encore plus grande et plus parfaite. Car, par exemple, si je considère la faculté de concevoir qui est en moi, je trouve qu'elle est d'une fort petite étendue, et grandement limitée, et tout ensemble je me représente l'idée d'une autre faculté beaucoup plus ample, et même infinie, et de cela seul que je puis me représenter son idée, je connais sans difficulté qu'elle appartient à la nature de Dieu. En même façon, si j'examine la mémoire, ou l'imagination, ou quelque autre puissance je n'en trouve aucune qui ne soit en moi très petite et bornée, et qui en Dieu ne soit immense et infinie. Il n'y a que la seule volonté, que j'expérimente en moi être si grande, que je ne conçois point l'idée d'aucune autre plus ample et plus étendue : en sorte que c'est elle principalement qui me fait connaître que je porte l'image et la ressemblance de Dieu. Car, encore qu'elle soit incomparablement plus grande dans Dieu que dans moi, soit à raison de la connaissance et de la puissance, qui s'y trouvant jointes la rendent plus ferme et plus efficace, soit à raison de l'objet, d'autant qu'elle se porte et s'étend infiniment à plus de choses, elle ne me semble pas toutefois plus grande, si je la considère formellement et précisément en elle-même. Car elle consiste seulement en ce que nous pouvons faire une chose, ou ne la faire pas (c'est-à-dire affirmer ou nier, poursuivre ou fuir), ou plutôt seulement en ce que, pour affirmer ou nier, poursuivre ou fuir les choses que l'entendement nous propose, nous agissons en telle sorte que nous ne sentons point qu'aucune force extérieure nous y contraigne.

René DESCARTES, *Méditations métaphysiques*, 4e méditation, 1641, trad. L.-C. d'Albert de Luynes, 1647.

▶ LA RELIGION
▶ LA SCIENCE
▶ LA VÉRITÉ

L'INFINI EN L'HOMME

L'usage que je fais de ma volonté se manifeste aussi bien dans les actions de mon corps lorsque je décide de me lever que dans les jugements de ma pensée. Si mon entendement, qui est la « puissance de connaître », est fini, ma volonté, qui est la « puissance d'élire », est, elle, « beaucoup plus ample et même infinie ». Or, un jugement n'implique pas seulement une idée conçue par l'entendement. Il y est fait, en outre, un acte de la volonté qui affirme ou nie de l'idée en question qu'elle soit ceci ou cela. Sans acte de la volonté, il n'y a pas de jugement. Par exemple, lorsque j'affirme qu'Istanbul est la capitale de la Turquie, je commets une erreur. Cette erreur est due au fait que ma volonté affirme quelque chose à propos d'une idée que mon entendement ne conçoit pas clairement. Une erreur est ainsi le résultat d'un divorce entre ma volonté et mon entendement. Ce désaccord entre ce qu'affirme ma volonté et ce que conçoit mon entendement s'explique par la disproportion entre une faculté infinie et une faculté finie. Dans le cas d'un jugement erroné, ma volonté affirme au-delà de ce qui est clair pour mon entendement. La « méthode » de Descartes consiste justement à soumettre la volonté, qui est la faculté infinie d'affirmer et de nier, à la faculté finie, à savoir l'entendement dont le pouvoir de conception est « d'une fort petite étendue ».

LE DIVIN EN L'HOMME

Commettre une erreur de jugement est une expérience métaphysique : c'est faire l'expérience de ce qu'il y a d'infini dans notre volonté. La liberté est la présence de l'infini en l'homme. C'est, pour Descartes, la marque du Créateur sur sa créature. Ce n'est pas par son entendement, qui est fini, mais par sa liberté, qui est infinie, que l'homme est à l'image de Dieu. Comme l'écrit Descartes à l'article 152 des *Passions de l'âme* (1649) ; le libre arbitre « nous rend en quelque façon semblable à Dieu en nous faisant maîtres de nous-mêmes ».

L'EXPÉRIENCE DE L'INFINI

La liberté ne saurait être démontrée sans contradiction, puisque cela reviendrait à en faire le résultat nécessaire d'un raisonnement logique. La liberté ne se démontre donc pas, elle s'expérimente dans une expérience qu'il faut bien dire métaphysique puisqu'elle est celle de l'infini.

1 Pourquoi dit-on que l'on « commet » une erreur ?

2 La pensée peut-elle vouloir ?

DESCARTES DIT AUSSI

« La liberté de notre volonté se connaît sans preuve, par la seule expérience que nous en avons. »

René DESCARTES, *Principes de la philosophie*, 1re partie, article 39, 1644.

? Peut-on prouver que l'on est libre ?

→ VERS LE BAC

Quelle différence peut-on faire, à partir de ce texte de Descartes, entre une erreur et une illusion ?

Jean-Paul SARTRE
1905-1980

TEXTE 5 COMMENTÉ

Qu'est-ce qu'être libre ?

Rien n'est plus rassurant que de savoir qui nous sommes, comme l'atteste le plaisir que nous prenons à décliner notre identité : « moi, je suis lycéenne », « moi, je suis avocate », « moi, je suis marié », « moi, je suis grand »... À chaque fois, nous nous reposons sur la certitude d'avoir un être, stable et fiable. Mais ces essences que nous nous attribuons sont-elles compatibles avec notre liberté ? La pierre n'est pas libre de ne pas être une pierre. Mais suis-je lycéenne comme la pierre est pierre ? Être libre, n'est-ce pas avoir à choisir son être ?

L'angoisse se distingue de la peur par ceci que la peur est peur des êtres du monde et que l'angoisse est angoisse devant moi. Le vertige est angoisse dans la mesure où je redoute non de tomber dans le précipice mais de m'y jeter. Une situation qui provoque la peur en tant qu'elle risque de modifier du dehors ma vie et mon être provoque l'angoisse dans la mesure où je me défie de mes réactions propres à cette situation. La préparation d'artillerie qui précède l'attaque peut provoquer la peur chez le soldat qui subit le bombardement, mais l'angoisse commencera chez lui quand il essaiera de prévoir les conduites qu'il opposera au bombardement, lorsqu'il se demandera s'il va pouvoir « tenir ». Pareillement le mobilisé qui rejoint son dépôt au commencement de la guerre peut, en certains cas, avoir peur de la mort ; mais, beaucoup plus souvent, il a « peur d'avoir peur », c'est-à-dire qu'il s'angoisse devant lui-même. La plupart du temps les situations périlleuses ou menaçantes sont à facettes : elles seront appréhendées à travers un sentiment de peur ou un sentiment d'angoisse selon qu'on envisagera la situation comme agissant sur l'homme ou l'homme comme agissant sur la situation. L'homme qui vient de recevoir « un coup dur », de perdre dans un krach une grosse partie de ses ressources, peut avoir peur de la pauvreté menaçante. Il s'angoissera l'instant d'après quand, en se tordant nerveusement les mains (réaction symbolique à l'action qui s'impose mais qui demeure entièrement indéterminée), il s'écrie : « Qu'est-ce que je vais faire ? Mais qu'est-ce que je vais faire ? »

Jean-Paul SARTRE, *L'Être et le Néant*, 1943.

▶ LA CONSCIENCE
▶ LA NATURE
▶ LA VÉRITÉ

L'ANGOISSE ET LA PEUR

Alors que l'impression de savoir qui l'on est, est confortable, le sentiment de son néant provoque une angoisse qui constitue la prise de conscience de sa propre liberté. Ce qui m'angoisse, c'est de ne pas savoir ce que je suis, c'est de découvrir que je n'ai pas l'être d'une chose mais le non-être d'un projet. À la différence de la peur qui est provoquée par la rencontre d'autre chose que soi (par exemple, le chien qui menace de me mordre), l'angoisse est une peur de soi. Ainsi, le vertige n'est pas la peur du vide mais l'angoisse de choisir de s'y jeter. Ce qui angoisse le candidat qui se présente à un examen, ce n'est pas la peur d'un sujet difficile mais son propre choix de passer cet examen. Il pourrait très bien décider de rentrer chez lui : il lui suffirait pour cela de le décider. Rien ni personne ne l'oblige donc à passer cet examen, si ce n'est lui-même. C'est donc bien sa liberté qui l'angoisse. Si la liberté est ce manque d'être qui nous définit, comment comprendre que nous ne soyons pas perpétuellement angoissés ? C'est que, d'ordinaire, nous nous masquons à nous-mêmes notre liberté en nous faisant passer pour des choses qui sont ce qu'elles sont. Nous cachons notre existence derrière des essences d'emprunt qui peuvent prendre la forme d'une identité sociale (je suis professeur, je suis marié), religieuse (je suis catholique), culturelle (je suis cartésien), géographique (je suis d'ici), voire d'une identité naturelle (je suis comme ça). Nous tentons ainsi d'échapper à l'angoisse de la liberté en adoptant ce que Sartre appelle « les conduites de la mauvaise foi », qui est ce mensonge que nous nous faisons à nous-mêmes en dissimulant notre liberté sous une essence. Cette mauvaise foi consiste à s'inventer une essence pour échapper à son existence.

Mais elle ne parvient pas à éliminer la conscience de notre liberté. Pourquoi chercherions-nous à nous cacher notre liberté si nous n'en avions pas conscience ? La mauvaise foi a ceci de commun avec le mensonge qu'elle suppose la connaissance de la vérité. Il faut connaître la vérité pour pouvoir la dissimuler. **(voir LA VÉRITÉ, texte 9, p. 534)** Mais ce qui distingue la mauvaise foi du mensonge, c'est que le mensonge s'adresse aux autres, alors que dans la mauvaise foi, c'est à moi-même que je tente de faire croire que je ne suis pas libre. Être libre, c'est paradoxalement n'avoir pas d'être.

1 « Ex-ister », au sens étymologique, c'est être hors de soi. En quoi être libre, c'est exister ?

2 L'essence d'une chose, c'est ce qui fait qu'elle est ce qu'elle est. Quelle est la différence entre l'essence et l'existence ?

AUX FRONTIÈRES DE LA PHILOSOPHIE

Dans *Bel Ami*, Maupassant décrit Georges Duroy passant une nuit d'angoisse à la pensée du rendez-vous du lendemain avec un homme qu'il a provoqué en duel. L'angoisse que j'éprouve à l'attente d'un rendez-vous n'est en réalité que l'angoisse de ma propre liberté : c'est toujours avec moi-même que j'ai rendez-vous. En effet, qui m'empêche de ne pas me rendre à ce rendez-vous ? Qui me « force » à m'y rendre, sinon moi-même ?

« Il se releva pour boire, puis une inquiétude le saisit : "Est-ce que j'aurais peur ?" Pourquoi son cœur se mettait-il à battre follement à chaque bruit connu de sa chambre ? Quand son coucou allait sonner, le petit grincement du ressort lui faisait faire un sursaut ; et il lui fallait ouvrir la bouche pour respirer pendant quelques secondes, tant il demeurait oppressé. Il se mit à raisonner en philosophe sur la possibilité de cette chose : "Aurais-je peur ?" Non certes il n'aurait pas peur puisqu'il était résolu à aller jusqu'au bout, puisqu'il avait cette volonté bien arrêtée de se battre, de ne pas trembler. Mais il se sentait si profondément ému qu'il se demanda : "Peut-on avoir peur malgré soi ?" Et ce doute l'envahit, cette inquiétude, cette épouvante ! Si une force plus puissante que sa volonté, dominatrice, irrésistible, le domptait, qu'arriverait-il ? Oui, que pouvait-il arriver ? [...]

Alors il eut peur de son lit, et afin de ne plus le voir il ouvrit la fenêtre pour regarder dehors. Un froid glacial lui mordit la chair de la tête aux pieds, et il se recula, haletant. La pensée lui vint de faire du feu. Il l'attisa lentement sans se retourner. Ses mains tremblaient un peu d'un frémissement nerveux quand elles touchaient les objets. Sa tête s'égarait ; ses pensées tournoyantes, hachées, devenaient fuyantes, douloureuses ; une ivresse envahissait son esprit comme s'il eût bu. Et sans cesse il se demandait : "Que vais-je faire ? que vais-je devenir ?" »

Guy de MAUPASSANT, *Bel-Ami*, 1re partie, chapitre VII, 1885.

? « Que vais-je faire ? » En quoi cette question résume-t-elle bien le fait d'être libre ?

Otto **GUTFREUND**, *La peur*, 1911-1912, Narodni Galerie, Prague.

SARTRE DIT AUSSI

« C'est dans l'angoisse que l'homme prend conscience de sa liberté. »

Jean-Paul SARTRE, *L'Être et le Néant*, 1943.

? En quoi avoir peur est-ce, au fond, une façon de se rassurer ?

? Qu'est-ce que la peur des autres ?

ÉPICTÈTE
50-125

TEXTE 6

Être libre, est-ce pouvoir faire ce que l'on veut ?

Définir la liberté par le pouvoir de faire ce que l'on veut, c'est nommer une idée pour reconnaître aussitôt son irréalité. En effet, la liste est infinie des choses que je voudrais, mais qu'il m'est impossible de faire. Puis-je ne pas mourir ? Puis-je forcer celui ou celle que j'aime à m'aimer ? À ce compte, c'en serait fini de la liberté. Pourtant, si je ne peux pas tout faire, comment nier qu'il y a des choses qui sont en mon pouvoir ? Être libre, n'est-ce pas vouloir ce que l'on peut ?

– Qu'est-ce donc qui fait que l'homme n'est pas empêché et dispose absolument de lui-même ? [...] Celui qui désire quelque chose qui dépend d'autrui, est-il possible qu'il ne soit pas empêché ? – Non. – Qu'il ne soit pas entravé ? – Non. – Il n'est donc pas possible qu'il soit libre. Considère alors ceci : n'avons-nous rien qui dépende de nous seuls, ou bien toutes choses dépendent-elles de nous seuls ? N'est-ce pas plutôt que les unes dépendent de nous, et les autres d'autres choses ? – Que veux-tu dire ? – Prenons ton corps : quand tu veux qu'il reste intact, cela dépend-il de toi, oui ou non ? – Cela ne dépend pas de moi. – Et qu'il soit en bonne santé ? – Cela non plus. – Et qu'il soit beau ? – Non plus. – Et s'il s'agit de vivre et de mourir ? – Non plus. – Donc ton corps est chose étrangère, il est soumis à tout ce qui est plus fort. – Soit. – Et ton champ, dépend-il de toi de le posséder quand tu veux, aussi longtemps que tu veux, tel que tu le veux ? – Non. – Et tes petites esclaves ? – Non. – Et tes vêtements ? – Non. – Et ta petite maison ? – Non. – Et tes chevaux ? – Rien de tout cela. – Et quand tu veux à tout prix que tes enfants vivent, ou ta femme, ton frère, tes amis, cela dépend-il de toi ? – Cela non plus. – Ne possèdes-tu donc rien dont tu disposes absolument, qui dépende exclusivement de toi, ou possèdes-tu quelque chose de ce genre ? – Je ne sais pas. – Eh bien, considère la question ainsi et examine le point suivant. Quelqu'un peut-il te faire donner ton assentiment au faux ? – Personne. – Par conséquent, quand il s'agit d'assentiment, tu ne subis aucun empêchement, aucune entrave ? – Je te l'accorde. [...] – Et désirer ce que tu ne veux pas, un individu quelconque peut-il t'y contraindre ? – Personne. – À faire des projets, t'y appliquer, et généralement parlant à faire usage des représentations qui surviennent ? – À cela non plus. Mais si je désire quelque chose, il va m'empêcher d'atteindre l'objet de mon désir. – Comment t'en empêchera-t-il si l'objet de ton désir fait partie des choses qui sont à toi et qu'on ne peut empêcher ? – D'aucune manière. – Et qui te dit que celui qui désire une chose étrangère ne peut être empêché ? – Mais alors je ne peux pas désirer la santé ? – En aucun cas, pas plus qu'aucune autre chose étrangère. Car ce qu'il ne dépend de toi de te procurer ou de conserver quand tu le veux est chose étrangère. Éloignes-en non seulement tes mains, mais surtout ton désir. Faute de quoi, tu t'es déjà toi-même livré comme esclave, tu as tendu le cou en te laissant impressionner par ce qui n'est pas à toi, en t'attachant passionnément à une de ces choses, quelle qu'elle soit, qui sont soumises au pouvoir d'autrui et périssables.

ÉPICTÈTE, *Entretiens*, IV, 1, 62-80, Ier siècle,
dans *Entretiens. Fragments et sentences*, trad. R. Muller, 2015.

▶ LE BONHEUR
▶ LA CONSCIENCE
▶ LA VÉRITÉ

1 Comment déterminer ce qui dépend de nous ?

2 Peut-on se rendre soi-même esclave ?

Ce que disent les mots

Liberté verticale et liberté horizontale

La ***liberté*** se pense et s'exprime, dans la plupart des langues indo-européennes, de deux manières bien différentes.

Un premier modèle, que l'on peut figurer par une ligne verticale, est lié à une transmission de parents à enfants. Les enfants, ***liberi*** en latin, reçoivent la liberté en héritage : on naît libre quand les parents sont libres (en latin ***liber***, au singulier, *liberi*, justement, au pluriel), c'est-à-dire quand ils ne sont pas esclaves (***servi***) et qu'ils n'appartiennent à personne d'autre qu'à eux-mêmes. (voir LA JUSTICE p. 219 et LE TRAVAIL p. 497) Le latin *liber* correspond exactement au grec ***eleutheros***, **« libre »**, se différenciant de ***doulos***, « esclave ». La linguistique démontre que les deux termes sont superposables, se ramenant à une même forme ancienne (notamment Émile Benveniste, *Vocabulaire des institutions indo-européennes*, I, 3, 3).

La racine verbale ***leudh***, qui signifie « croître, se développer », sert également à dire « le peuple, les gens » (comme ***Leute*** en allemand) : on comprend que la notion de liberté se construit en désignant la croissance d'une **« souche »** à laquelle appartient une certaine catégorie sociale. Le modèle de l'appartenance ethnique selon la métaphore de la croissance végétale confère aux « hommes libres » un privilège que l'étranger et l'esclave ne partagent jamais. C'est ce premier modèle, venu du grec et du latin, qui résonne, qu'on l'entende ou non, dans le français *liberté* et dans l'anglais ***liberty***.

L'anglais, cependant, possède un autre mot pour dire « liberté », à savoir : ***freedom***. On retrouve cette seconde famille de termes dans le mot allemand ***Freiheit*** (***frei***, « libre »). La racine ***pryos*** donne une vaste famille terminologique, qu'il s'agisse du nom de l'épouse (***priyā*** dans les Védas indiens) ou de celui de l'ami (***friend***, en anglais ; ***Freund*** en allemand).

L'allemand comme le français expriment, à la différence de l'anglais, un seul des deux paradigmes de la liberté, mais pas le même. Avec *freedom* ou *Freiheit*, c'est un tout autre modèle de liberté qui est à l'œuvre. On peut le figurer cette fois par une ligne horizontale. La liberté ne s'hérite pas, elle se construit à partir de ce qui nous est cher, des êtres et des choses que l'on possède ou que l'on aime, avec lesquels on s'associe. C'est alors non plus la lignée, mais la classe d'âge, le groupe, la communauté des compagnons qui vont ensemble au combat, qui permet de penser la « liberté ».

Estampe, mai 1968, École nationale supérieure des Beaux-Arts, Paris.

Félix RAVAISSON
1813-1900

TEXTE 7

Une action habituelle est-elle libre ?

Entre un mécanisme strictement nécessaire et une pure action librement choisie, une infinité d'actions ordinaires et concrètes ne s'intercalent-elles pas ? Quel statut faut-il réserver à tous ces gestes que l'on fait machinalement sans que l'on puisse dire pour autant qu'ils sont exécutés mécaniquement ? Les doigts du pianiste semblent jouer tout seuls sur le clavier : on ne peut pas dire qu'il réfléchit à ce qu'il fait, mais on ne peut pas dire non plus qu'il joue automatiquement. L'habitude ne déjoue-t-elle pas l'opposition claire mais paresseuse entre la nécessité et la liberté ? Qu'est-ce donc qu'une habitude ?

Non seulement, donc, les mouvements que l'habitude soustrait graduellement à la volonté ne sortent pas par cela même de la sphère de l'intelligence pour passer sous l'empire d'un mécanisme aveugle ; mais ils ne sortent pas de la même activité intelligente où ils avaient pris naissance. Une force étrangère ne vient pas les diriger ; c'est toujours la même force qui en est le principe, mais qui s'y abandonne de plus en plus à l'attrait de sa propre pensée. C'est la même force qui, sans rien perdre d'ailleurs de son unité supérieure dans la personnalité, se multipliant sans se diviser, s'abaissant sans descendre, se résout elle-même, par plusieurs endroits, en ses tendances, ses actes, ses idées, se transforme dans le temps et se dissémine dans l'espace.

[...] Par conséquent, l'habitude peut être considérée comme une méthode, comme la seule méthode réelle, par une suite *convergente infinie*, pour l'approximation du rapport, réel en soi, mais incommensurable dans l'entendement, de la Nature et de la Volonté.

En descendant par degrés des plus claires régions de la conscience, l'habitude en porte avec elle la lumière dans les profondeurs et dans la sombre nuit de la nature. C'est une nature acquise, une *seconde nature* qui a sa raison dernière dans la nature primitive, mais qui seule l'explique à l'entendement. C'est enfin une nature *naturée*, œuvre et révélation successive de la nature *naturante*.

L'habitude transforme en mouvements instinctifs les mouvements volontaires. Or, dans le mouvement le plus volontaire, la volonté ne se propose et l'entendement ne se représente que la forme extérieure et l'extrémité du mouvement. Cependant entre le mouvement dans l'espace et l'exertion de la puissance motrice, il y a un milieu rempli par des moyens qui résistent d'abord, et c'est de cette résistance seule que nous avons dans l'effort la conscience obscure. Comment la puissance motrice s'applique-t-elle à ce moyen qui résiste ? C'est ce dont nous n'avons plus aucune conscience. À mesure que nous reculons de la fin à l'origine, les ténèbres s'épaississent. Or, par l'exercice répété ou prolongé, nous apprenons à proportionner la quantité de l'effort et à en choisir le point d'application conformément à la fin que nous voulons atteindre ; et en même temps s'efface la conscience de l'effort.

Félix RAVAISSON, *De l'habitude*, I, 2, 3, 1838.

▶ L'ART
▶ LA CONSCIENCE
▶ L'INCONSCIENT
▶ LA NATURE

❶ Faut-il distinguer l'instinct et l'habitude ?

❷ Une action peut-elle n'être ni volontaire ni involontaire ?

Jean-Luc de LAGUARIGUE, *Portrait du pianiste Mario Canonge*, 2005.

Les mains du pianiste sont posées sur les marteaux du piano. Mais leur reflet sur le couvercle ouvert fait apparaître un clavier de touches noires et blanches sur lequel le pianiste a alors les doigts posés. Le pianiste fait corps avec son instrument : il ne s'en sert pas librement comme d'un outil, il le connaît sur le bout des doigts.

? Qu'est-ce qu'un geste machinal ?

RAVAISSON DIT AUSSI

« La loi de l'habitude ne s'explique que par le développement d'une spontanéité passive et active tout à la fois, et également différente de la fatalité mécanique et de la liberté réflexive. »

Félix RAVAISSON, *De l'habitude*, I, 2, 2, 1838.

? Agir spontanément, est-ce agir instinctivement ?

→ VERS LE BAC

Rédiger un paragraphe décrivant la transformation d'un acte volontaire en un geste habituel. Appuyer la description sur des exemples d'apprentissages.

Liberté et responsabilité

Ce qui différencie un acte libre d'un effet produit par des causes physiques, c'est qu'il est intentionnel. Quelle est donc cette causalité intentionnelle ? (texte 8, Platon) La condition physique et physiologique de l'être humain est-elle compatible avec sa responsabilité ? (texte 9, Kant) La responsabilité est-elle nécessairement entière ou inexistante ? N'y a-t-il pas des degrés de responsabilité ? (texte 10, Aristote) Les degrés de liberté ne sont-ils pas eux-mêmes fonction de notre degré de connaissance ? (texte 11, Murdoch) Mais pourquoi chercher à tout prix des responsabilités ? (texte 12, Nietzsche)

PLATON
428 av. J.-C.-
348 av. J.-C.

TEXTE 8 COMMENTÉ

Qu'est-ce qu'un acte intentionnel ?

Socrate livre ici la déception qui a été la sienne après avoir consulté les livres des physiciens dans l'espoir d'y trouver la cause de nos actions. Les éléments physiques ne sauraient en effet suffire à rendre raison d'une action. C'est l'intention, sans laquelle un acte n'en est pas un, qui fait que nous avons à en répondre. Mais en quoi consiste le pourquoi d'une action ?

Et voilà que de la merveilleuse espérance j'étais, camarade, emporté bien loin, puisque, en avançant dans ma lecture, je vois un homme qui n'a point recours à l'intelligence et qui ne lui impute pas de causalité en vue de l'arrangement ordonné des choses particulières, mais qui, pour cela, invoque les actions de l'air, de l'éther, de l'eau, de quantité d'autres causes tout aussi déconcertantes ! Bref, son cas me parut tout à fait semblable à celui d'un homme qui, en même temps qu'il dit que Socrate accomplit avec son intelligence tout ce qu'il accomplit, ensuite, lorsqu'il entreprendrait de dire les causes de chacun des actes que j'accomplis, s'exprimerait en ces termes : premièrement, la raison pour laquelle je suis maintenant assis en ce lieu, c'est que mon corps est fait d'os et de muscles ; que les os sont solides et qu'ils ont des commissures les séparant les uns des autres, tandis que les muscles ont la propriété de se tendre et de se relâcher, faisant aux os une enveloppe de chairs et de peau, laquelle maintient les chairs ; en conséquence de quoi, lorsque les os oscillent dans leurs propres emboîtements, les muscles, qui se détendent ou se contractent, me mettent à même, par exemple, de fléchir à présent mes membres, et voilà la cause en vertu de laquelle, m'étant replié de la sorte, je suis assis en ce lieu ! Concernant, cette fois, la conversation que j'ai avec vous, il alléguerait d'autres causes du même ordre, l'articulation des sons, l'émission de l'air, l'audition, invoquant mille autres raisons analogues et négligeant de mentionner les causes qui le sont véritablement : à savoir, que, les Athéniens ayant jugé qu'il valait mieux me condamner, moi à mon tour, et précisément pour cette raison, j'ai jugé qu'il valait mieux, pour moi aussi, d'être assis en ce lieu ; autrement dit, qu'il était plus juste, en restant sur place, de me soumettre à la peine qu'ils auraient édictée. De fait, par le Chien[1] ! il pourrait, je crois, y avoir longtemps que ces muscles et ces os seraient du côté de Mégare ou de la Béotie, où les aurait portés un jugement sur ce qui vaut le mieux, dans le cas où je ne me serais pas figuré qu'il était plus juste et plus beau, au lieu de fuir et de m'évader, de m'en remettre à la Cité de la peine qu'éventuellement elle décide d'infliger.

Donner le nom de causes à de pareilles choses est pourtant par trop absurde. Ah ! si l'on disait que, faute de posséder ces sortes de choses (j'entends des os, des muscles et tout ce que j'ai en outre), je ne serais pas à même de faire ce que je juge bon de faire, on ne dirait ainsi que la vérité. Que ce soient là toutefois les causes en vertu desquelles je fais ce que je fais, que mon intelligence soit employée par moi à accomplir ces actes et que néanmoins ce ne soit pas en optant pour ce qui vaut le mieux, le dire serait en user avec beaucoup de sans façon et sans mesure à l'égard du langage ! Ainsi, on n'est pas en état de discerner qu'autre chose est la réalité de la cause, autre chose ce sans quoi la cause ne serait jamais cause !

PLATON, *Phédon*, 98b-99b, IVe siècle av. J.-C., trad. L. Robin, 1940.

1 Expression très courante dans les dialogue de Platon qui a le sens d'un juron, ou parfois d'une invocation du dieu concerné (par exemple « par Zeus »).

▶ LE DEVOIR
▶ LA NATURE
▶ LA SCIENCE

POURQUOI ET POUR QUOI

Socrate demande à ses amis pourquoi il se trouve ici et maintenant en prison à Athènes au lieu de s'être évadé comme ceux-ci le lui conseillaient. Cette question qu'il adresse à Criton vise à disqualifier l'explication par les causes physiques. Si la présence de Socrate en prison n'avait que des causes, à savoir le mouvement de son corps et de ses membres, il y a longtemps, ironise-t-il, que « ces muscles et ces os seraient du côté de Mégare ». Socrate signifie par là que l'instinct naturel de survie l'aurait dominé : il aurait pris ses jambes à son cou ! Mais tel n'est justement pas le cas. La raison de sa présence en prison n'est pas un pourquoi, une cause physique, mais un « pour quoi », à savoir le jugement qui est le sien, selon lequel il est meilleur d'accepter la condamnation à mort que de choisir l'évasion ou l'exil. Les muscles et plus largement tout ce qui est d'ordre physique ne constituent pas la cause à proprement parler d'une action. La vraie cause est l'intention de Socrate. Les facteurs matériels constituent seulement les moyens d'une action, ce sans quoi la vraie cause, c'est-à-dire la **cause finale**, ne pourrait pas être effective. La présence de Socrate en prison ne demande pas seulement à être expliquée par des **causes physiques**, elle exige encore et surtout d'être comprise par sa fin. La physique explique un effet, elle n'est pas capable de comprendre un acte.

ATHÈNES OU MÉGARE

Il faut souligner l'ironie allusive de Socrate qui ne choisit pas la ville de Mégare par hasard puisque cette dernière a donné son nom à une école philosophique qui soutient la stricte nécessité de toutes choses. La décision de Socrate de rester mourir à Athènes est ainsi une réfutation vivante de l'argument dit « dominateur » des Mégariques, qui soumettait l'homme à la domination d'une nécessité sans faille. Athènes s'oppose ici à Mégare comme la Cité de la liberté à celle de la nécessité.

1. Quelle est la différence entre un acte intentionnel et un effet physique ?
2. Un acte libre peut-il être un objet de science ?

REPÈRES principes / cause / fin

Platon distingue ici deux types de cause : la **cause physique**, qui est le moyen d'un acte, et la **cause finale** (ou le but), qui en est la raison au sens du « pour quoi ». La **fin** est ce en vue de quoi l'action a été choisie et effectuée. La **cause physique** vient avant : le feu qui cause la fumée l'a précédée. La particularité de la **cause finale**, c'est qu'elle vient à la fois avant l'acte et après lui : si j'ai l'intention de gagner de l'argent en louant une maison, pour reprendre l'exemple de Kant dans la *Critique de la faculté de juger* (1790, § 65), ce but à venir est la **cause** de la construction de la maison ; mais en même temps, la construction de la maison est la **cause** des loyers qui seront perçus dans l'avenir. En sorte que la **fin**, qui est l'horizon intentionnel à venir de l'acte, en est aussi le **principe**, c'est-à-dire l'origine.

Emmanuel KANT
1724-1804

TEXTE 9 COMMENTÉ

Sommes-nous prisonniers de nos instincts ?

Souvent, pour excuser notre comportement, nous plaidons : « C'est plus fort que moi. » Nous invoquons ainsi une passion, un penchant qui exerce sur nous une attraction irrésistible : « Je n'ai pas pu résister », dirons-nous. Nous voudrions bien, oui, mais voilà, nous ne pouvons pas. Que dire alors de l'instinct de survie ? N'y sommes-nous pas enchaînés ? Notre liberté ne se dissipe-t-elle pas une telle illusion devant un danger nous menaçant de mort ?

Supposons que quelqu'un affirme, en parlant de son penchant au plaisir, qu'il lui est tout à fait impossible d'y résister quand se présentent l'objet aimé et l'occasion : si, devant la maison où il rencontre cette occasion, une potence était dressée pour l'y attacher aussitôt qu'il aurait satisfait sa passion, ne triompherait-il pas alors de son penchant ? On ne doit pas chercher longtemps ce qu'il répondrait. Mais demandez-lui si, dans le cas où son prince lui ordonnerait, en le menaçant d'une mort immédiate, de porter un faux témoignage contre un honnête homme qu'il voudrait perdre sous un prétexte plausible, il tiendrait comme possible de vaincre son amour pour la vie, si grand qu'il puisse être. Il n'osera peut-être assurer qu'il le ferait ou qu'il ne le ferait pas, mais il accordera sans hésiter que cela lui est possible. Il juge donc qu'il peut faire une chose, parce qu'il a conscience qu'il doit (*soll*[1]) la faire et il reconnaît ainsi en lui la liberté qui, sans la loi morale, lui serait restée inconnue.

Emmanuel KANT, *Critique de la raison pratique*, 1re partie, I, 1, 1788, trad. F. Picavet, 1888.

1 Verbe *devoir*, en allemand.

▶ LE DEVOIR
▶ LA NATURE
▶ LA RAISON

L'IMPOSSIBLE POSSIBLE

Ce texte est divisé en deux moments, structurés par deux exemples dont il faut bien voir la différence. Le premier exemple permet de montrer que le prétendu impossible était tout à fait possible : celui qui déclare être dans l'impossibilité de résister à tel plaisir dont il se dit l'esclave ne s'en libérera-t-il pas sur-le-champ sous la menace de mourir sitôt son plaisir satisfait ? Kant montre ainsi que les passions sont tout au plus des tentations mais non des contraintes irrésistibles. Il dépend toujours de nous d'y céder ou d'y résister. Si l'on en restait à cet exemple, rétablirait-on la réalité de la liberté ? N'aurait-on pas, au contraire, remplacé une dépendance par une autre, plus forte, l'attrait du plaisir ayant été vaincu, non par une décision libre, mais par la peur de mourir, qui est une passion ? On aurait simplement changé d'impossible.

LIBERTÉ ET DEVOIR

Le second exemple sert précisément à affronter cette objection de l'impossibilité de s'affranchir de l'instinct de survie. Un prince ordonne à l'un de ses sujets de commettre une faute morale en le menaçant d'une mort immédiate en cas de refus : comment nier que le sujet en question considérera comme possible de mourir plutôt que de faire mourir un innocent par sa faute ? Certes, nul n'affirmera en pareille situation qu'il se sacrifierait à coup sûr. La conscience morale du devoir nous révèle donc notre liberté et son caractère absolu, son absolue indépendance, non seulement à l'égard de nos penchants, mais encore à l'égard de l'instinct de survie. Que j'aie conscience de mon devoir me permet de conclure de ma liberté : en effet, si je dois, c'est donc je peux, faute de quoi le devoir n'aurait pas de sens. Un devoir impossible à réaliser est une contradiction dans les termes. Certes, le plus probable est que nous portions le faux témoignage pour « sauver notre peau ». Et nous nous abriterons derrière l'alibi d'avoir été sous le pouvoir tyrannique du prince. Pourtant, n'en éprouverons-nous pas de la mauvaise conscience ? Pourquoi éprouverions-nous du remords si nous étions sous le joug du prince ? On sait que les enfants sont enclins à fuir leur responsabilité en accusant les autres (« c'est lui qui m'a forcé à le faire » ou, plus simplement, « c'est lui qui a commencé, je ne pouvais pas ne pas réagir ») et, plus généralement, à quel point les autres ont bon dos. Mais l'on sait aussi, d'une conscience autrement aiguë, autrement douloureuse, que, sous le masque des princes de toutes sortes, des puissances aliénantes, des conditions contraignantes, c'est le visage de notre liberté que nous cachons en vain.

1 Qu'est-ce qui est impossible ? **2 Qu'est-ce qu'une tentation ?**

KANT DIT AUSSI

« Avant l'éveil de la raison, il n'y avait ni prescription ni interdiction, donc aucune infraction encore ; mais lorsque la raison entra en ligne et, malgré sa faiblesse, s'en prit à l'animalité dans toute sa force, c'est alors que dut apparaître le mal ; et, qui pis est, au stade de la raison cultivée, apparut le vice, totalement absent dans l'état d'ignorance, c'est-à-dire d'innocence. Le premier pas, par conséquent, pour sortir de cet état, aboutit à une *chute* du point de vue moral. [...] L'histoire de la liberté commence par le Mal, car elle est *l'œuvre de l'homme*. »

Emmanuel KANT, « Conjectures sur les débuts de l'histoire humaine », *La Philosophie de l'histoire*, 1786, trad. S. Pobietta, 1947.

? La mauvaise conscience prouve-t-elle que nous sommes libres ?

→ VERS LE BAC

Dans *Les Métamorphoses* (VII, 20-21) du poète latin Ovide, Médée « est prise d'une passion violente » pour Jason qui la conduit à agir contre son propre père. Après avoir tenté en vain de combattre cet amour, elle est contrainte de reconnaître qu'elle ne peut « par la raison vaincre cette folie ». Ainsi elle déclare : « une force étrange m'entraîne malgré moi, et je suis les avis tantôt de mon désir, tantôt de ma raison. Je vois, j'approuve le meilleur, je poursuis le pire » (« *Video meliora proboque, / Deteriora sequor* », trad. D. Robert, 1995). Rédiger une dissertation, étayée d'exemples et utilisant ce texte de Kant et le texte 2 de Spinoza, qui mentionne ce fait et en propose une explication, sur le sujet suivant : « Peut-on agir contre ses propres intentions ? »

Verdict du procès de l'ancien directeur de prison khmer rouge Kang Kek Ieu (Douch) [de dos], Chambres extraordinaires au sein des tribunaux cambodgiens, Phnom Penh, 3 février 2012.

Les régimes totalitaires, les dictatures ne peuvent fonctionner sur la seule volonté d'une personne. Le pouvoir du tyran ou du dictateur s'appuie sur une participation de la population, depuis le dirigeant qui donne les ordres jusqu'au fonctionnaire qui les exécute. Chaque individu, à son niveau, est responsable de ses décisions.

? Plaider la pure soumission involontaire et donc innocente, n'est-ce pas déguiser un acte choisi en effet involontaire ?

ARISTOTE
384 av. J.-C.-
322 av. J.-C.

TEXTE 10

Peut-on être plus ou moins libre ?

L'involontaire a bon dos : on l'invoque afin de dissimuler sa responsabilité sous une prétendue contrainte. Pour qu'un acte soit sujet de louange ou de blâme, il faut qu'il soit volontaire. Un acte contraint n'est pas une action mais un fait qui n'a, à ce titre, aucun sens juridique ou moral. Si une tempête détourne de force un bateau de sa route, le capitaine ne peut être tenu pour responsable. Certes, il n'a pas choisi de se trouver dans cette situation. Il n'en demeure pas moins qu'il lui appartient de choisir entre jeter sa cargaison à la mer ou exposer la vie de son équipage. Au lieu de s'en tenir à l'opposition arrêtée du volontaire et de l'involontaire, il faut donc déterminer, pour chaque situation, le degré de responsabilité de l'agent pour graduer les sanctions : la peine n'est pas la même selon que l'on tue quelqu'un de son propre chef ou qu'on le fait sous l'ordre d'un tyran qui menace de mort nos proches. Y a-t-il des degrés de responsabilité ?

Puisque la vertu a rapport à la fois à des affections et à des actions, et que ces états peuvent être soit volontaires, et encourir l'éloge ou le blâme, soit involontaires, et provoquer l'indulgence et parfois même la pitié, il est sans doute indispensable, pour ceux qui font porter leur examen sur la vertu, de distinguer entre le volontaire et l'involontaire ; et cela est également utile au législateur pour établir des récompenses et des châtiments.

On admet d'ordinaire qu'un acte est involontaire quand il est fait sous la contrainte, ou par ignorance. Est fait par contrainte tout ce qui a son principe hors de nous, c'est-à-dire un principe dans lequel on ne relève aucun concours de l'agent ou du patient : si, par exemple, on est emporté quelque part, soit par le vent, soit par des gens qui vous tiennent en leur pouvoir.

Mais pour les actes accomplis par crainte de plus grands maux ou pour quelque noble motif (par exemple, si un tyran nous ordonne d'accomplir une action honteuse, alors qu'il tient en son pouvoir nos parents et nos enfants, et qu'en accomplissant cette action nous assurerions leur salut, et en refusant de la faire, leur mort), pour de telles actions la question est débattue de savoir si elles sont volontaires ou involontaires. C'est là encore ce qui se produit dans le cas d'une cargaison que l'on jette par-dessus bord au cours d'une tempête : dans l'absolu, personne ne se débarrasse ainsi de son bien volontairement, mais quand il s'agit de son propre salut et de celui de ses compagnons un homme de sens agit toujours ainsi. De telles actions sont donc mixtes, tout en ressemblant plutôt à des actions volontaires, car elles sont librement choisies au moment où on les accomplit, et la fin de l'action varie avec les circonstances de temps. On doit donc, pour qualifier une action de volontaire ou d'involontaire, se référer au moment où elle s'accomplit. Or ici l'homme agit volontairement, car le principe qui, en de telles actions, meut les parties instrumentales de son corps, réside en lui, et les choses dont le principe est en l'homme même, il dépend de lui de les faire ou de ne pas les faire. Volontaires sont donc les actions de ce genre, quoique dans l'absolu elles soient peut-être involontaires, puisque personne ne choisirait jamais une pareille action en elle-même.

ARISTOTE, *Éthique à Nicomaque*, III, 1, 1109b-1110a, IVe siècle av. J.-C., trad. J. Tricot, 1959.

▶ LE DEVOIR
▶ LA JUSTICE
▶ LA NATURE
▶ LE TEMPS

1 Qu'est-ce qu'un alibi ?

2 En quoi consiste le fait de se déresponsabiliser ?

ARISTOTE DIT AUSSI

« Le choix est manifestement quelque chose de volontaire, tout en n'étant pas cependant identique à l'acte volontaire, lequel a une plus grande extension. En effet, tandis qu'à l'action volontaire enfants et animaux ont part, il n'en est pas de même pour le choix ; et les actes accomplis spontanément, nous pouvons bien les appeler volontaires, mais non pas dire qu'ils sont faits par choix. [...] En effet, le choix n'est pas une chose commune à l'homme et aux êtres dépourvus de raison, à la différence de ce qui a lieu pour la concupiscence et l'impulsivité. »

ARISTOTE, *Éthique à Nicomaque*, III, 4, IVe siècle av. J.-C., trad. J. Tricot, 1959.

? Quelle est la différence entre choisir et vouloir ?

→ VERS LE BAC

En utilisant ce texte ainsi que deux autres de ce chapitre (au choix parmi les textes 1, 2, 3, 9, 10, 11 et 12), rédiger une dissertation sur le sujet suivant : « Peut-on être plus ou moins responsable ? »
Utiliser la distinction entre *on* et *nous*, et questionner l'expression « *être* responsable » en distinguant *être* et *devenir*. **(voir MÉTHODOLOGIE, Étape 2, p. 555, Exemple 3, p. 559, Tableau de questions, p. 556).**

Théodore GUDIN, *Trait de dévouement du capitaine Desse, de Bordeaux, envers le Colombus, navire hollandais, dans la tempête*, 1839, musée des Beaux-Arts, Bordeaux.

La navigation est chez Aristote, comme déjà chez Platon, une métaphore du terrain pratique de l'action éthique et juridique, individuelle aussi bien que collective, qui doit « faire avec » la contingence des événements. (voir LA JUSTICE, texte 12, p. 216, et LE TEMPS, texte 11, p. 476)

? Qu'est-ce qu'accomplir son devoir « contre vents et marées » ?

Iris MURDOCH
1919-1999

TEXTE 11

La liberté dépend-elle de notre niveau de connaissance ?

La liberté réside dans le choix. Mais le choix lui-même ne dépend-il pas du degré de connaissance que nous avons de la réalité dans laquelle nous devons choisir ? Le problème de la liberté se trouve toujours engagé dans une situation historique et sociale donnée dont nous n'avons pas nécessairement une conscience claire. Qu'est-ce que choisir « en connaissance de cause » ? Améliorer notre connaissance, est-ce augmenter notre liberté ?

Sommes-nous vraiment en demeure de choisir entre l'image d'une liberté totale et celle d'un déterminisme intégral ? Ne peut-on pas traiter la difficulté sous une forme plus équilibrée et plus éclairante ? Je suggère que cette ambition est réalisable si seulement on introduit l'idée d'*attention* ou de regard [...]. Je ne peux choisir qu'au sein du monde que je peux *voir*, au sens moral du verbe « voir », lequel implique que la vision claire des choses est la résultante d'une imagination et d'un effort, eux-mêmes de nature morale. Il existe certes aussi une « vision déformée », et le mot « réalité » apparaît ici nécessairement comme un terme normatif[1]. Quand M. est juste et affectueuse, elle voit B. telle qu'elle est réellement. On est souvent contraint presqu'automatiquement par ce qu'on *peut* voir. Si l'on méconnaît ce travail préalable de l'attention et si l'on se limite à constater le vide qui caractérise le moment du choix, on est alors tenté d'identifier la liberté au seul mouvement extérieur, puisqu'il n'y a rien d'autre à quoi l'identifier. Mais si l'on examine en quoi consiste ce travail de l'attention, la continuité de son déroulement et la manière imperceptible par laquelle il édifie autour de nous des ensembles structurés de valeurs, on n'a pas à s'étonner que, dans les moments cruciaux de choix, le plus gros de la tâche de choisir soit déjà accompli. Mais il n'en résulte certainement pas que nous ne sommes pas libres. Ce que cette interprétation implique est que l'exercice de notre liberté, loin d'être un saut grandiose se jouant des entraves aux moments importants, est une tâche minuscule et continue s'accomplissant par bribes. La vie morale est, dans une telle perspective, quelque chose dont le déroulement est continu, et non un processus qui s'interromprait dans chaque intervalle entre des choix moraux explicites. C'est précisément ce qui se produit dans ces intervalles qui est crucial. [...] Naturellement l'énergie psychique s'investit, et s'investit plus volontiers dans la construction d'images fausses du monde mais pourvues d'une cohérence plausible, couplées avec un vocabulaire systématique [...]. Or l'attention est l'effort consistant à contrebalancer ces perceptions illusoires.

Il ne fait pas de doute que, vus dans cette optique, nous sommes en un sens moins libres que dans la thèse rivale qui voit dans la condition de liberté parfaite, soit un destin inévitable [...], soit un but raisonnablement accessible [...]. [S]elon le point de vue que je suggère et qui relie la moralité à l'attention portée aux individualités, qu'il s'agisse d'individus humains ou d'autres espèces de réalités individuelles, les luttes et les progrès sont quelque chose de plus obscur, de plus historiquement conditionné et généralement de moins clairement conscient. La liberté, concept par lui-même moral, et pas seulement réquisit de la moralité, ne peut être ici séparé de l'idée de connaissance.

Iris **MURDOCH**, *La Souveraineté du bien*, 1970, trad. C. Pichevin, 1994.

1 La réalité ne le livre pas à nu, elle apparaît conditionnée par le degré de clarté de perception que nous en avons, qui est elle-même conditionnée par notre imagination, nos attentes, nos croyances, qui constituent autant de *normes* et de valeurs subjectives.

▶ L'INCONSCIENT
▶ LA RAISON
▶ LE TRAVAIL

1 Peut-on dire qu'au moment de choisir, les jeux sont déjà faits ?

2 La connaissance libère-t-elle ?

SPINOZA DIT AUSSI

« Une affection qui est une passion, cesse d'être une passion, sitôt que nous en formons une idée claire et distincte. »

Baruch **SPINOZA**, *Éthique*, V, prop. 3, 1677, trad. Appuhn, 1913.

? Qu'est-ce qu'une affection qui n'est pas une passion ?

AUX FRONTIÈRES DE LA PHILOSOPHIE

Le professeur Ratt (que ses élèves surnomment « Unrat », terme allemand qui signifie « fumier, ordure ») est un personnage aigri qui méprise ses élèves et regarde tout le monde de haut, convaincu aussi bien de sa supériorité intellectuelle que de la vulgarité des hommes du commun. Un jour, en sortant du collège où il enseigne, il entre, sans savoir pourquoi, dans une taverne qui s'appelle « L'Ange bleu » et s'attable au milieu d'une foule d'ouvriers qui hurlent des chansons grivoises en tapant du pied.

Marlène Dietrich dans *L'Ange bleu*, réalisé par **Joseph Von STERNBERG**, 1930.

« La salle applaudissait, hurlait et trépignait d'enthousiasme. Unrat se mit brusquement à battre des mains, au grand étonnement de ses propres yeux. Il éprouva une violente envie, presque irrésistible, de frapper aussi du pied sous la table. Il fut assez fort pour la dominer. »

Heinrich **MANN**, *Professeur Unrat*, 1905, trad. C. Wolff, 1932.

? Que veut-on dire quand on dit : « c'est plus fort que moi » ?

Friedrich NIETZSCHE
1844-1900

TEXTE 12

Qu'est-ce que la culpabilité ?

Nietzsche retrace la généalogie de l'idée de liberté : il montre qu'à son origine, on ne trouve pas un fondement rationnel mais une origine pathologique : derrière le postulat moral de la liberté, c'est la soif de punir qui agite la raison. La généalogie consiste à remonter de la culpabilité à la culpabilisation. Derrière la volonté morale de juger, il y a la peur de ce qui échappe au jugement, c'est-à-dire de la vie dans sa cruauté sans méchanceté, autrement dit dans son innocence. La liberté est-elle une idée rationnelle ou une idole religieuse ?

Erreur du libre arbitre. – Il ne nous reste aujourd'hui plus aucune espèce de compassion avec l'idée du « libre arbitre » : nous savons trop bien ce que c'est – le tour de force théologique le plus mal famé qu'il y ait, pour rendre l'humanité « responsable », à la façon des théologiens, ce qui veut dire : *pour rendre l'humanité dépendante des théologiens*... Je ne fais que donner ici la psychologie de cette tendance à vouloir rendre responsable. – Partout où l'on cherche des responsabilités, c'est généralement l'instinct de *punir* et de *juger* qui est à l'œuvre. On a dégagé le devenir de son innocence lorsque l'on ramène un état de fait quelconque à la volonté, à des intentions, à des actes de responsabilité : la doctrine de la volonté a été principalement inventée à fin de punir, c'est-à-dire *avec l'intention de trouver coupable*. Toute l'ancienne psychologie, la psychologie de la volonté n'existe que par le fait que ses inventeurs, les prêtres, chefs des communautés anciennes, voulurent se créer le *droit* d'infliger une peine – ou plutôt qu'ils voulurent créer ce droit pour Dieu... Les hommes ont été considérés comme « libres », pour pouvoir être jugés et punis, – pour pouvoir être *coupables* : par conséquent toute action devait être regardée comme voulue, l'origine de toute action comme se trouvant dans la conscience [...]. Aujourd'hui que nous sommes entrés dans le courant *contraire*, alors que nous autres immoralistes cherchons, de toutes nos forces, à faire disparaître de nouveau du monde l'idée de culpabilité et de punition, ainsi qu'à en nettoyer la psychologie, l'histoire, la nature, les institutions et les sanctions sociales, il n'y a plus à nos yeux d'opposition plus radicale que celle des théologiens qui continuent, par l'idée du « monde moral », à infester l'innocence du devenir, avec le « péché » et la « peine ». Le christianisme est une métaphysique du bourreau...

Friedrich NIETZSCHE, « Les Quatre Grandes Erreurs », *Le Crépuscule des idoles*, § 7, 1888, trad. H. Albert, 1899.

▶ LE DEVOIR
▶ L'INCONSCIENT
▶ LA RELIGION

❶ Que présuppose que la morale cherche à nous « rendre » (l. 3) responsables ?

❷ Qu'est-ce qu'être innocent ?

Peter Lorre dans *M le Maudit*, réalisé par **Fritz LANG**, 1930.

M le Maudit raconte l'histoire d'un assassin d'enfants qui commet ses crimes sous l'effet d'une pulsion irrésistible dont il n'est pas responsable mais qu'il subit. C'est ce que montre la séquence finale où l'on voit M (interprété par Peter Lorre) agenouillé face à ses juges improvisés, écrasé sous le poids d'un besoin incoercible de tuer, les mains mimant mécaniquement dans le vide le geste d'étrangler. Ce corps, possédé par une impulsion meurtrière, fonctionne « par-delà bien et mal ».

? Peut-on être cruel sans être méchant ?

DELEUZE DIT AUSSI

« Chez [Fritz] Lang, c'est la possibilité même de juger qui est mise en question. »

Gilles DELEUZE, *Cinéma 2. L'Image-temps*, 1985.

? L'art met-il en question les évidences ?

→ VERS LE BAC

Distinguer un choix et une préférence.

Le conflit des libertés

On ne peut aborder la notion de liberté sans poser la question du rapport entre les libertés. En effet, la présence d'une autre liberté que la mienne ne vient-elle pas la nier ? (texte 13, Sartre) La politique a-t-elle pour fonction de rendre les libertés compatibles ? (texte 14, Locke) Mais cette concorde politique des libertés ne masque-t-elle pas la réalité économique des luttes sociales ? (texte 15, Marx)

Jean-Paul SARTRE
1905-1980

TEXTE 13

Ma liberté est-elle compatible avec celle d'autrui ?

C'est un fait qu'il n'y a d'action possible que prise dans des relations aux autres, sauf à imaginer l'existence comme une robinsonnade, c'est-à-dire une fiction. Les autres semblent bel et bien représenter la condition d'impossibilité de ma liberté. Loin d'avoir la liberté de décider de notre situation, nous la trouvons toute faite par les autres et pour d'autres, autour de nous aussi bien qu'en nous. Ma liberté finit-elle où commence celle des autres ?

L'argument décisif utilisé par le bon sens contre la liberté consiste à nous rappeler notre impuissance. Loin que nous puissions modifier notre situation à notre gré, il semble que nous ne puissions pas nous changer nous-mêmes. Je ne suis « libre » ni d'échapper au sort de ma classe, de ma nation, de ma famille, ni même d'édifier ma puissance ou ma fortune, ni de vaincre mes appétits les plus insignifiants ou mes habitudes. Je nais ouvrier, Français, hérédo-syphilitique ou tuberculeux. L'histoire d'une vie, quelle qu'elle soit, est l'histoire d'un échec. Le coefficient d'adversité des choses est tel qu'il faut des années de patience pour obtenir le plus infime résultat. Encore faut-il « obéir à la nature pour la commander », c'est-à-dire insérer mon action dans les mailles du déterminisme. Bien plus qu'il ne paraît « se faire », l'homme semble « être fait » par le climat et la terre, la race et la classe, la langue, l'histoire de la collectivité dont il fait partie, l'hérédité, les circonstances individuelles de son enfance, les habitudes acquises, les grands et les petits événements de sa vie. Cet argument n'a jamais profondément troublé les partisans de la liberté humaine : Descartes, le premier, reconnaissait à la fois que la volonté est infinie et qu'il faut « tâcher à nous vaincre plutôt que la fortune ». C'est qu'il convient ici de faire des distinctions ; beaucoup des faits énoncés par les déterministes ne sauraient être pris en considération. Le coefficient d'adversité des choses, en particulier, ne saurait être un argument contre notre liberté, car c'est par nous, c'est-à-dire par la position préalable d'une fin, que surgit ce coefficient d'adversité. Tel rocher, qui manifeste une résistance profonde si je veux le déplacer, sera, au contraire, une aide précieuse si je veux l'escalader pour contempler le paysage. En lui-même – s'il est même possible d'envisager ce qu'il peut être en lui-même – il est neutre, c'est-à-dire qu'il attend d'être éclairé par une fin pour se manifester comme adversaire ou comme auxiliaire. Encore ne peut-il se manifester de l'une ou l'autre manière qu'à l'intérieur d'un complexe ustensile déjà établi. Sans les pics et les piolets, les sentiers déjà tracés, la technique de l'ascension, le rocher ne serait ni facile ni malaisé à gravir ; la question ne se poserait pas, il ne soutiendrait aucun rapport d'aucune sorte avec la technique de l'alpinisme. Ainsi, bien que les choses brutes [...] puissent dès l'origine limiter notre liberté d'action, c'est notre liberté elle-même qui doit préalablement constituer le cadre, la technique et les fins par rapport auxquels elles se manifesteront comme des limites. Si le rocher, même, se révèle comme « trop difficile à gravir » et si nous devons renoncer à l'ascension, notons qu'il ne s'est révélé tel que pour avoir été originellement saisi comme « gravissable » ; c'est donc notre liberté qui constitue les limites qu'elle rencontrera par la suite.

Jean-Paul SARTRE, *L'Être et le Néant*, 1943.

▶ L'ÉTAT
▶ LA NATURE
▶ LE TEMPS

1 Suis-je moi-même l'auteur des limites de ma liberté ?

2 Peut-on échapper à son milieu ?

SARTRE DIT AUSSI

« Nous ne sommes pas des mottes de terre glaise et l'important n'est pas ce qu'on fait de nous mais ce que nous faisons nous-mêmes de ce qu'on a fait de nous. »

Jean-Paul SARTRE, *Saint Genet, comédien et martyr*, 1952.

? Être libre, est-ce se refaire ?

AUX FRONTIÈRES DE LA PHILOSOPHIE

« Enfant public, j'adoptai en public le mythe de ma classe et de ma génération ; on profite de l'acquis, on capitalise l'expérience, le présent s'enrichit de tout le passé. Dans la solitude j'étais loin de m'en satisfaire. Je ne pouvais pas admettre qu'on reçût l'être du dehors, qu'il se conservât par inertie ni que les mouvements de l'âme fussent les effets des mouvements antérieurs. Né d'une attente future je bondissais, lumineux, total et chaque instant répétait la cérémonie de ma naissance : je voulais voir dans les affections de mon cœur un crépitement d'étincelles. Pourquoi donc le passé m'eût-il enrichi ? Il ne m'avait pas fait, c'était moi, au contraire, ressuscitant de mes cendres, qui arrachais du néant ma mémoire par une création toujours recommencée. [...] [J]'abaissai le passé devant le présent et celui-ci devant l'avenir, je transformai un évolutionnisme tranquille en un catastrophisme révolutionnaire et discontinu. »

Jean-Paul SARTRE, *Les Mots*, II, 1964.

? Que veut-on dire par « on ne se refait pas » ?

MATIÈRE À PENSER

Le refus du Nobel

En 1964, Jean-Paul Sartre publie *Les Mots*. Au mois d'octobre de la même année, il est inscrit sur la liste des nominations pour le prix Nobel de littérature. En l'apprenant, Sartre écrit au jury le 14 octobre pour lui demander de retirer son nom de cette liste, mais sa lettre n'est pas ouverte et le prix lui est décerné le 22 octobre. Il le refuse aussitôt et donne une interview à la presse suédoise pour s'en expliquer.

Par ce refus, il ne se laisse pas assigner un être par la société : il ne veut pas « être » un prix Nobel, il veut rester libre, projeté vers ses propres possibles qui sont son néant.

« [M]on refus n'est pas un acte improvisé. J'ai toujours décliné les distinctions officielles. Lorsque après la guerre, en 1945, on m'a proposé la Légion d'honneur, j'ai refusé bien que j'aie eu des amis au gouvernement. De même, je n'ai jamais désiré entrer au Collège de France comme me l'ont suggéré quelques-uns de mes amis. [...] Ce n'est pas la même chose si je signe Jean-Paul Sartre ou si je signe Jean-Paul Sartre prix Nobel. [...] L'écrivain doit donc refuser de se laisser transformer en institution même si cela a lieu sous les formes les plus honorables comme c'est le cas. »

Jean-Paul SARTRE, Interview adressée au jury du prix Nobel, 22 octobre 1964.

John LOCKE
1632-1704

TEXTE 14

Être libre, est-ce n'être soumis à aucune loi ?

On peut définir la liberté comme le fait de n'être soumis à aucun pouvoir. Seulement, cette définition se heurte au fait de l'existence d'une multiplicité de libertés individuelles qui se contredisent : que deux individus veuillent une même chose, ou que l'un en veuille une et l'autre le contraire, le conflit entre eux semble inévitable. Se soumettre à la loi commune, est-ce renoncer à sa liberté ?

22. La *liberté naturelle* de l'homme, c'est d'être exempt de toute sujétion envers un pouvoir supérieur sur la terre, et de ne pas être soumis à l'autorité législative de l'homme, mais de n'avoir pour règle que la loi de nature. La *liberté de l'homme dans la société,* c'est de n'être soumis à aucun autre pouvoir législatif que celui qui a été établi dans la République par consentement ; de n'être assujetti à aucune domination, à aucune volonté, ni à aucune loi hormis celle qu'édicte le pouvoir législatif, conformément à la mission qui lui a été confiée. La liberté n'est donc pas, comme nous le dit sir Robert Filmer, *Une liberté pour tout un chacun de faire tout ce qui lui plaît, de vivre comme il l'entend, et de n'être lié par aucune loi.* Mais *la liberté des hommes soumis à un gouvernement,* c'est d'avoir une règle stable à laquelle se conformer, qui soit commune à tous les membres de cette société, et créée par le pouvoir législatif qui y a été établi ; une liberté de suivre ma propre volonté dans toutes les choses où la règle ne prescrit rien ; de n'être pas assujetti à la volonté inconstante, incertaine et arbitraire d'un autre homme. Tout comme la *liberté de nature* consiste à n'être soumis à aucune autre contrainte que celle de la loi de nature.

23. Cette *liberté* vis-à-vis du pouvoir arbitraire et absolu est si nécessaire et si étroitement liée à la préservation de l'homme qu'il ne peut s'en défaire que par un acte qui le prive tout ensemble du droit à la préservation et à la vie. Car, n'ayant aucun pouvoir sur sa propre vie, l'homme *ne peut,* par contrat ou par consentement, *se rendre esclave* de quelqu'un d'autre, ni s'assujettir au pouvoir absolu et arbitraire qu'une autre personne aurait de lui ôter la vie quand il lui plaira. Personne ne peut donner plus de pouvoir qu'il n'en possède lui-même ; et celui qui ne peut s'enlever sa propre vie ne peut pas donner à un autre de pouvoir sur elle. Certes, s'il a perdu par sa faute le droit à sa propre vie, et s'il a commis quelque acte qui mérite la mort, celui au profit de qui il l'a perdu peut (lorsqu'il le tient en son pouvoir) différer de la prendre et l'utiliser à son propre service sans lui faire aucun tort. Car, si l'on trouve que la rigueur de l'esclavage outrepasse la valeur de la vie, on peut résister à la volonté de son maître, et attirer ainsi sur soi la mort qu'on désire.

John LOCKE, *Second Traité du gouvernement civil*, 1690,
trad. J.-F. Spitz et C. Lazzeri, 1994.

▶ L'ÉTAT

❶ L'État est-il garant des libertés individuelles ?

❷ Quelle est la différence entre la liberté naturelle et la liberté civile ?

KANT DIT AUSSI

« J'avoue ne pas pouvoir me faire très bien à cette expression dont usent aussi des hommes avisés : un certain peuple (en train d'élaborer la liberté légale) n'est pas mûr pour la liberté [...]. Dans une hypothèse de ce genre, la liberté ne se produira jamais ; car on ne peut *mûrir* pour la liberté si l'on n'a pas été au préalable mis en liberté. »

Emmanuel KANT, *La Religion dans les limites de la simple raison*, IV, 2, 4, 1794, trad. J. Gibelin, 1979.

? Qui a intérêt à parler des peuples comme d'enfants ?

François Auguste BIARD, *L'abolition de l'esclavage dans les colonies françaises en 1848*, détail, 1849, château de Versailles.

? L'égalité entre les peuples est-elle une condition de la liberté ?

AUX FRONTIÈRES DE LA PHILOSOPHIE

La colonisation des Amériques, de l'Afrique et de l'Asie par les États européens, de la fin du XVe siècle jusqu'au XXe siècle, a produit des peuples d'indigènes, c'est-à-dire étrangers chez eux, écartés de la citoyenneté de l'État colonisateur. Le poète martiniquais Aimé Césaire a promu et obtenu, en 1946, la transformation des colonies françaises dites d'« outre-mer » (Guadeloupe, Guyane, Martinique, Réunion) en départements. En 1950, il dénonce la persistance d'inégalités politiques entre ces départements et les autres.

« mon peuple
quand
hors des jours étrangers
germeras-tu une tête bien tienne sur tes épaules renouées
et ta parole
le congé dépêché aux traîtres
aux maîtres
le pain restitué la terre lavée
la terre donnée

quand
quand donc cesseras-tu d'être le jouet sombre
au carnaval des autres
ou dans les champs d'autrui
l'épouvantail désuet. »

Aimé CÉSAIRE, « Mon peuple », *Les Temps modernes*, 1950.

MATIÈRE À PENSER — La liberté de publier sa pensée

Dans sa Réponse à la question : « Qu'est-ce que les Lumières ? » (1784), Kant définit le siècle des Lumières par la liberté de « faire un usage public de sa raison ». La publicité et la publication, à savoir le droit de rendre publique sa pensée, constituent ainsi un droit fondamental que l'on retrouvera notamment dans la Constitution des États-Unis, puis dans la Déclaration des droits de l'homme et du citoyen.
En 1786, Kant insiste, dans un opuscule intitulé *Qu'est-ce que s'orienter dans la pensée ?* : « on peut dire que cette puissance extérieure qui enlève aux hommes la liberté de communiquer publiquement leurs pensées leur ôte également la liberté de penser ». Pour penser par soi-même, il ne faut pas penser tout seul.

« Le Congrès ne fera aucune loi qui touche l'établissement ou interdise le libre exercice d'une religion, ni qui restreigne la liberté de la parole ou de la presse, ou le droit qu'a le peuple de s'assembler paisiblement et d'adresser des pétitions au gouvernement pour la réparation des torts dont il a à se plaindre. »

Constitution des États-Unis, Premier amendement, 1787.

« La libre communication des pensées et des opinions est un des droits les plus précieux de l'homme : tout citoyen peut donc parler, écrire, imprimer librement, sauf à répondre de l'abus de cette liberté dans les cas déterminés par la loi. »

Déclaration des droits de l'homme et du citoyen, Article 11, 1789.

Karl MARX
1818-1883

TEXTE 15 COMMENTÉ

La liberté politique est-elle indépendante de la liberté économique ?

La liberté politique des citoyens est garantie par l'égalité des droits. Le contrat de travail est censé étendre cette liberté au monde économique du travail. En droit, tout contrat est une relation juridique librement établie entre deux sujets libres. Mais ne s'agit-il pas en fait d'un rapport de force et de domination de l'employeur sur l'employé ? La liberté existe-t-elle au travail ?

Dans les annales de l'histoire réelle, c'est la conquête, l'asservissement, la rapine à main armée, le règne de la force brutale, qui l'a toujours emporté. Dans les manuels béats de l'économie politique, c'est l'idylle au contraire qui a de tout temps régné. À leur dire il n'y eut jamais, l'année courante exceptée, d'autres moyens d'enrichissement que le travail et le droit. En fait, les méthodes de l'accumulation primitive sont tout ce qu'on voudra, hormis matière à idylle.

Le rapport officiel entre le capitaliste et le salarié est d'un caractère purement mercantile. Si le premier joue le rôle de maître et le dernier le rôle de serviteur, c'est grâce à un contrat par lequel celui-ci s'est non seulement mis au service, et partant sous la dépendance de celui-là, mais par lequel il a renoncé à tout titre de propriété sur son propre produit. Mais pourquoi le salarié fait-il ce marché ? Parce qu'il ne possède rien que sa force personnelle, le travail à l'état de puissance, tandis que toutes les conditions extérieures requises pour donner corps à cette puissance, la matière et les instruments nécessaires à l'exercice utile du travail, le pouvoir de disposer des subsistances indispensables au maintien de la force ouvrière et à sa conversion en mouvement productif, tout cela se trouve de l'autre côté.

Au fond du système capitaliste il y a donc la séparation radicale du producteur d'avec les moyens de production. Cette séparation se reproduit sur une échelle progressive dès que le système capitaliste s'est une fois établi ; mais comme celle-là forme la base de celui-ci, il ne saurait s'établir sans elle. Pour qu'il vienne au monde, il faut donc que, partiellement au moins, les moyens de production aient déjà été arrachés sans phrase aux producteurs, qui les employaient à réaliser leur propre travail, et qu'ils se trouvent déjà détenus par des producteurs marchands, qui eux les emploient à spéculer sur le travail d'autrui.

Karl MARX, *Le Capital*, I, 26, 1867,
trad. J. Roy, revue par Marx, 1872.

▶ L'ÉTAT
▶ LA JUSTICE
▶ LE TRAVAIL

LIBERTÉ MYTHIQUE, SERVITUDE ÉCONOMIQUE

La « libre » possibilité de changer d'employeur masque l'aliénation de tout travail possible à la classe capitaliste. Le changement de maître individuel ne crée pas un changement de classe et n'a donc aucune réalité économique : l'ouvrier reste ouvrier. La « fiction du libre contrat », comme l'appelle aussi Marx (l. 23), dissimule la réalité de la dépendance du travailleur eu égard à l'employeur derrière le mythe de la liberté individuelle.

LE TRAVAILLEUR « LIBRE »

Le capitalisme est le système économique de production dans lequel la force de travail et les moyens matériels de réaliser cette force de travail sont séparés et appartiennent à deux classes distinctes : la classe des ouvriers qui ne possèdent que leur force de travail sans les moyens de la réaliser et sont contraints de se vendre à un employeur, et la classe capitaliste qui, elle, détient les moyens d'actualiser la force de travail des ouvriers. En ce sens, ce qui caractérise le système capitaliste et lui est nécessaire, c'est le travailleur « libre » : politiquement et juridiquement, le travailleur est libre, à titre de citoyen, de contracter un emploi ; mais économiquement, il est, comme le dit Marx ironiquement, « libre de tout, complètement dépourvu des choses nécessaires à la réalisation de sa puissance travailleuse » (l. 6). D'où la nature conflictuelle du rapport entre travailleur et employeur, que le rapport juridique contractuel masque. Dans le *Manifeste du parti communiste* (trad. L. Lafargue, 1893), Marx explique l'égalité intellectuelle des salons du siècle des Lumières et la Déclaration des droits de l'homme de 1789 comme un effet de l'égalisation économique des travailleurs par la substitution de l'énergie de la machine à la force manuelle **(voir LA TECHNIQUE, texte 7, p. 440)** : « au XVIIIe siècle [...] les idées de liberté de conscience, de liberté religieuse ne faisaient que proclamer le règne de la libre concurrence dans le domaine de la conscience. »

1 **La réalité économique est-elle le fondement de la justice ?**

2 **Suffit-il d'avoir des droits pour être libre de les faire valoir ?**

MATIÈRE À PENSER

L'homme-machine

Dans *Le Travail en miettes*, Georges Friedmann fait une étude sociologique de la division du travail qui, à des fins de productivité, dépossède les travailleurs de toute liberté comme de toute personnalité.

« Le travail est dépersonnalisé. Le Scientific Management, en s'appliquant à la production de série, a constamment tendu à simplifier et standardiser les tâches, à resserrer la hiérarchie des qualifications et, parallèlement, l'échelle des salaires [...]. Il [l'ouvrier] a l'impression d'être "interchangeable". Il s'ensuit que se développe chez lui le sens d'un anonymat parmi une masse de travailleurs. »

Georges FRIEDMANN, *Le Travail en miettes*, VIII, 5, 1964.

Les sociologues Stéphane Beaud et Michel Pialoux confirment l'actualité de cette analyse dans une enquête plus récente sur les ouvriers de l'industrie automobile, comme le montre un entretien qu'ils ont mené avec des ouvriers.

« *Lui (avec violence).* Mais moi j'appelle pas ça du travail, moi ! C'est du travail de chien ! C'est pas du travail...
Et tu en avais déjà entendu parler par des gens qui travaillent en chaîne ?
Oui, ils me disaient : "Ouais, c'est dur." Ils m'ont dit : "Vas-y, tu verras ! Tu vas t'en rendre compte. Tu verras ce que c'est que le travail en chaîne."
Son amie. Et puis ils boivent. Ils finissent par boire... Bon, voilà...
Lui. [...] Quand ils voient le travail... Et payé un morceau de pain pour faire un boulot comme ça, on est pas d'accord ! C'est normal, hein ! Ouais, le boulot est trop dur...
Son amie. Vous êtes des esclaves...
Lui. Ouais, c'est ça hein ! De toute façon !...
Son amie. Des esclaves... des esclaves... *(elle cherche le mot juste)* civilisés... [...]. »

Stéphane BEAUD, Michel PIALOUX, *Retour sur la condition ouvrière. Enquête aux usines Peugeot de Sochaux-Montbéliard*, 1999.

SIMONE WEIL DIT AUSSI

« L'homme vivant ne peut en aucun cas cesser d'être enserré de toutes parts par une nécessité absolument inflexible ; mais comme il pense, il a le choix entre céder aveuglément à l'aiguillon par lequel elle le pousse de l'extérieur, ou bien se conformer à la représentation intérieure qu'il s'en forge ; et c'est en quoi consiste l'opposition entre servitude et liberté. Les deux termes de cette opposition ne sont au reste que des limites idéales entre lesquelles se meut la vie humaine sans pouvoir jamais en atteindre aucune, sous peine de n'être plus la vie. Un homme serait complètement esclave si tous ses gestes procédaient d'une autre source que sa pensée, à savoir ou bien les réactions irraisonnées du corps, ou bien la pensée d'autrui ; l'homme primitif affamé dont tous les bonds sont provoqués par les spasmes qui tordent ses entrailles, l'esclave romain perpétuellement tendu vers les ordres d'un surveillant armé d'un fouet, l'ouvrier moderne qui travaille à la chaîne, approchent de cette condition misérable. »

Simone WEIL, *Réflexions sur les causes de la liberté et de l'oppression sociale*, dans *Oppression et liberté*, 1955.

? Peut-on parler d'esclavage économique ?

CINÉ PHILO

Rêves d'or

DIEGO QUEMADA-DIEZ, 2013

Rêves d'or est un film dramatique du réalisateur hispano-mexicain Diego Quemada-Diez. Contraints par leur situation d'extrême pauvreté, trois adolescents guatémaltèques, Juan, Sara et Chauk, décident d'entreprendre un voyage périlleux vers le nord. Motivé par l'espoir d'une meilleure vie aux États-Unis, qu'ils voient comme le pays de la liberté et de l'opportunité, ce périple se transforme rapidement en un cruel apprentissage : les trois amis sont harcelés par des soldats et des policiers, brutalisés, leurs affaires sont volées, ils sont retenus par des mafieux et contraints à servir de mules pour transporter de la drogue.

Le titre original (*La Jaula de oro*, « la cage d'or » en espagnol) témoigne de leur sort : au Mexique, Sara est kidnappée pour servir dans les réseaux de prostitution. Une fois sur le sol américain, Chauk est abattu par un sniper des milices américaines en plein désert. Juan, le seul qui réussit la traversée, finit par travailler dans une usine d'équarrissage à balayer des déchets. Le décalage entre le rêve et la réalité est immense. Ce film politique rappelle les conditions de vie et les violences qui limitent la liberté de l'immigré clandestin et alimente la réflexion sur le sort que les sociétés riches, libres et démocratiques lui réservent.

Nicolas POUSSIN, *L'Été* ou *Ruth et Boaz*, 1660-1664, musée du Louvre, Paris.

Lors de ses séjours à Rome, le peintre français classique Nicolas Poussin (1594-1665) se familiarise avec l'esprit de la Renaissance, développe son goût pour l'Antique et se perfectionne dans l'art de peindre les paysages, les scènes bibliques et mythologiques. Ce tableau appartient à un ensemble de quatre œuvres, *Les Saisons*, et représente à la fois une période de l'année, une activité humaine – les travaux des champs – et un épisode de la Bible, dans lequel Ruth implore Boaz de lui laisser glaner le blé après le passage des moissonneurs. Sont ainsi condensées les différentes dimensions de la Nature, qui apparaît comme un ensemble d'êtres (animaux, végétaux, minéraux, météorologiques) soumis à un ordre global tel que celui des saisons ou du climat ou à l'activité humaine. La nature apparaît de surcroît comme une source d'inspiration et de symboles.

ARRÊT SUR IMAGE

Quels éléments de ce tableau peut-on considérer comme naturels si, par « naturels », on entend « indépendants de l'action humaine » ?

LA NATURE EN QUESTION

La nature d'une chose, c'est ce qui la définit. On peut dire, par exemple, que le langage fait partie de la nature de l'être humain comme le hennissement est naturel au cheval, ou encore qu'il est dans la nature du cercle d'avoir des rayons d'égale longueur. La nature d'une chose, c'est, en outre, ce qui, en elle, ne change pas, c'est son essence, par opposition à tous les accidents qui peuvent lui arriver sans changer sa nature.
Le paradoxe est que le mot *nature* désigne aussi ce qui pousse, ce qui croît et décroît, ce qui naît, vit et meurt, c'est-à-dire ce qui ne reste jamais le même, mais devient. En ce sens, on réserve le terme *nature* à tout ce qui dépend du temps : un arbre est une chose naturelle, mais pas un triangle. Mais peut-on pour autant limiter la nature à ce qui vit ? Une montagne ne fait-elle pas partie de la nature ? On voit que le terme *nature* a une extension plus vaste que le vivant qui inclut tout ce que l'homme n'a pas fait : on distingue les choses naturelles des produits culturels et on oppose alors « naturel » et « artificiel ». Dans cette perspective, *naturel* désigne le « sauvage », voire le « bestial », et s'oppose à ce qui est « cultivé », « civilisé » ou « moral ». Mais ce qui s'éloigne de la nature peut être condamné comme étant contre-nature ou dénaturé. *Naturel* prend alors le sens d'« originel » et se distingue de tout ce qui est dérivé, tardif et ajouté par l'être humain. Le naturel, au sens de ce qui est premier, signifie ce qui est primordial et ne peut être déraciné. C'est le sens de l'expression : « Chassez le naturel, il revient au galop. »

1 L'HOMME DANS LA NATURE La nature se présente d'abord comme un milieu dans lequel se trouve l'homme. Elle offre le spectacle d'un ordre et d'une régularité dont l'être humain n'est pas l'auteur et qui donne l'idée d'un architecte divin. Que l'on songe seulement au cycle des saisons ou au fonctionnement des organismes vivants. La beauté et l'harmonie de la nature ne sauraient toutefois faire oublier ses ravages et ses ratés. L'homme ne se pose-t-il pas par la culture en s'opposant à la nature ? Mais cette opposition de la nature et de la culture qui nous paraît si évidente n'est-elle pas elle-même le produit d'une culture ? Chaque culture n'a-t-elle pas sa propre idée de la nature ? (p. 298 à p. 315)

2 LA NATURE DANS L'HOMME La nature se limite-t-elle à l'environnement extérieur à l'homme ? Ne parle-t-on pas de la nature humaine ? Qu'est-ce qui, en l'homme, est naturel ? (p. 316 à p. 325)

3 LA NATURE ENTRE LES HOMMES Si la nature se retrouve en l'homme, ne la trouve-t-on pas encore entre les hommes ? Les relations humaines relèvent-elles de pures conventions artificielles ou laissent-elles deviner des rapports de force naturels ? (p. 326 à p. 329)

PANORAMA DE LA NOTION

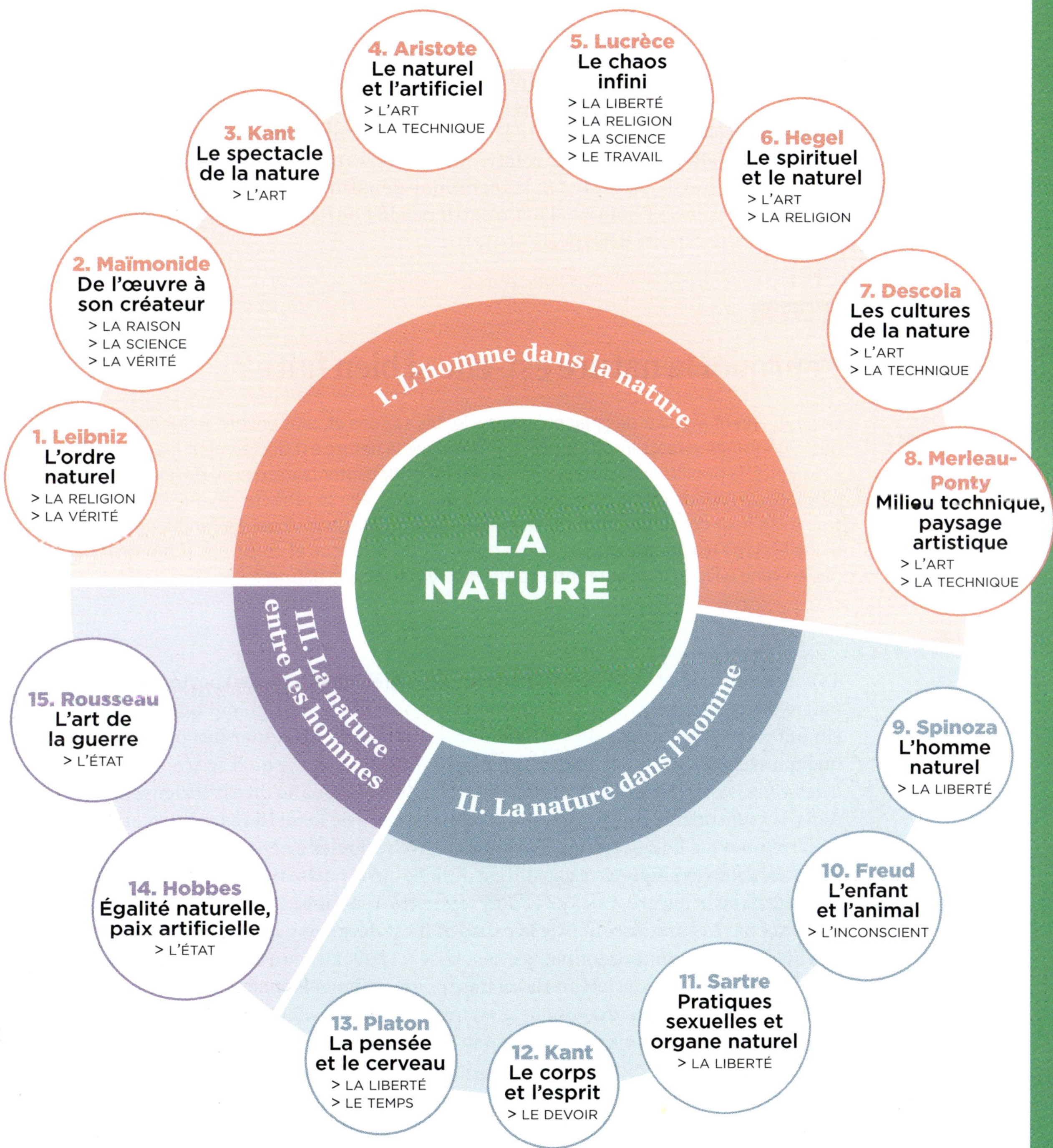

L'homme dans la nature

Les ouvrages de la nature présentent un modèle d'ordre qui éveille chez l'homme la pensée d'un auteur intelligent (texte 1, Leibniz), même si la complexité de cet ordre excède ses capacités de compréhension. (texte 2, Maïmonide) La nature n'offre-t-elle pas un spectacle d'une beauté inimitable ? (texte 3, Kant) Mais qu'est-ce qui différencie une chose produite par la nature et un ouvrage fabriqué par l'être humain ? (texte 4, Aristote) Ces images de la nature ne font-elles pas oublier les horreurs qu'elle ne manque pas de produire ? (texte 5, Lucrèce) Le naturel ne désigne-t-il pas plutôt tout ce qui est rustique, rudimentaire et indigne de l'homme ? La culture en général et l'art en particulier n'ont-ils pas pour fonction de créer un monde humain qui se substitue à la nature ? (texte 6, Hegel) Mais peut-on parler de la nature au singulier ? La nature n'est-elle pas elle-même relative aux cultures qui la définissent et la conçoivent de façons différentes ? (texte 7, Descola) Si la technique dénature effectivement le milieu pour en faire un habitat propice à l'homme, l'art n'est-il pas là pour rappeler à l'homme la nature sur laquelle il s'installe ? (texte 8, Merleau-Ponty)

Gottfried Wilhelm LEIBNIZ
1646-1716

TEXTE 1

Pourquoi la nature est-elle si bien faite ?

Le mouvement régulier des planètes, le cycle des saisons et, plus encore, le fonctionnement des organismes vivants imposent l'impression que la nature est décidément bien faite. Dans l'obscurité, la pupille se dilate automatiquement pour capter le maximum de lumière et permettre à l'œil de voir le plus possible. Inversement, elle se rétracte lorsque la lumière est trop forte pour conserver la vision sans endommager l'organe visuel. Le fonctionnement d'une horloge trouve son origine dans l'homme qui l'a conçue et construite. Comment ne pas en venir à l'idée d'un auteur de l'ordre qui règne dans la nature ?

Tous ceux qui voient l'admirable structure des animaux se trouvent portés à reconnaître la sagesse de l'auteur des choses, et je conseille à ceux qui ont quelque sentiment de piété et même de véritable philosophie, de s'éloigner des phrases de quelques esprits forts prétendus, qui disent qu'on voit parce qu'il se trouve qu'on a des yeux, sans que les yeux aient été faits pour voir. Quand on est sérieusement dans ces sentiments qui donnent tout à la nécessité de la matière ou à un certain hasard (quoique l'un et l'autre doivent paraître ridicules à ceux qui entendent ce que nous avons expliqué ci-dessus), il est difficile qu'on puisse reconnaître un auteur intelligent de la nature. Car l'effet doit répondre à sa cause, et même il se connaît le mieux par la connaissance de la cause et il est déraisonnable d'introduire une intelligence souveraine ordonnatrice des choses et puis, au lieu d'employer sa sagesse, ne se servir que des propriétés de la matière pour expliquer les phénomènes. Comme si, pour rendre raison d'une conquête qu'un grand prince a faite en prenant quelque place d'importance, un historien voulait dire que c'est parce que les petits corps de la poudre à canon étant délivrés à l'attouchement d'une étincelle se sont échappés avec une vitesse capable de pousser un corps dur et pesant contre les murailles de la place, pendant que les branches des petits corps qui composent le cuivre du canon étaient assez bien entrelacées, pour ne se pas disjoindre par cette vitesse ; au lieu de faire voir comment la prévoyance du conquérant lui a fait choisir le temps et les moyens convenables, et comment sa puissance a surmonté tous les obstacles.

Gottfried Wilhelm LEIBNIZ, *Discours de métaphysique*, § 19, 1686.

▶ LA RELIGION
▶ LA VÉRITÉ

1. L'ordre qui règne dans la nature est-il naturel ?
2. La science de la nature est-elle indépendante de la religion ?

LEIBNIZ DIT AUSSI

« C'est par la considération des ouvrages qu'on peut découvrir l'ouvrier. Il faut donc que ces ouvrages portent en eux son caractère. J'avoue que le sentiment contraire me paraît extrêmement dangereux et fort approchant de celui des derniers novateurs, dont l'opinion est, que la beauté de l'univers et la bonté que nous attribuons aux ouvrages de Dieu, ne sont que des chimères des hommes qui conçoivent Dieu à leur manière. »

Gottfried Wilhelm LEIBNIZ,
Discours de métaphysique, § 2, 1686.

(?) Peut-on parler des « ouvrages » de la nature ?
(voir LA SCIENCE, textes 2, p. 396 et 9, p. 411)

Norbert PROBST, *Poisson papillon dans le récif corallien*, barrière de corail, 2008.

(?) La nature est-elle bien « faite » ?

AUX FRONTIÈRES DE LA PHILOSOPHIE

La poésie de Baudelaire présente souvent la nature comme un dehors muet et hostile où règnent la pourriture et la mort, par exemple dans le poème intitulé « Une charogne ». L'artiste remédie alors à l'enfer naturel en imaginant des paradis artificiels. Ici, Beaudelaire imagine la nature comme un milieu qui parle à l'être humain et où il se sent chez lui.

« La Nature est un temple où de vivants piliers
Laissent parfois sortir de confuses paroles ;
L'homme y passe à travers des forêts de symboles
Qui l'observent avec des regards familiers.
Comme de longs échos qui de loin se confondent
Dans une ténébreuse et profonde unité,
Vaste comme la nuit et comme la clarté,
Les parfums, les couleurs et les sons se répondent.
Il est des parfums frais comme des chairs d'enfants,
Doux comme les hautbois, verts comme les prairies,
– Et d'autres, corrompus, riches et triomphants,
Ayant l'expansion des choses infinies,
Comme l'ambre, le musc, le benjoin et l'encens,
Qui chantent les transports de l'esprit et des sens. »

Charles BAUDELAIRE, « Correspondances »,
Les Fleurs du mal, 1857.

▶ L'ART

(?) L'ordre de la nature n'est-il qu'une métaphore ?

Moïse MAÏMONIDE
1138-1204

TEXTE 2

La nature est-elle une vaste machine ?

Si la nature a son ordre, son harmonie et ses cycles, elle comporte aussi des ratés. Des fruits pourrissent avant d'avoir mûri, la pluie arrose le désert pour rien puisque rien n'y pousse, des séismes ravagent des villes entières... Si un dieu est l'auteur intelligent et bienveillant de la nature, comment comprendre ce désordre irrationnel ? Le désordre apparent cache-t-il un ordre qui nous est inaccessible ?

Il y a une grande différence entre la connaissance que l'artiste possède de l'œuvre qu'il a produite et celle qu'un autre possède de cette même œuvre. En effet, si l'œuvre a été exécutée conformément à la science de l'artiste, alors celui-ci, en exécutant son œuvre, n'a fait que suivre sa science ; mais pour tout autre qui contemple cette œuvre et en acquiert une connaissance parfaite, la science suit l'œuvre. Ainsi, par exemple, l'artiste qui a fait cette boîte, dans laquelle, par l'écoulement de l'eau, se meuvent des poids, de manière à indiquer les heures qui sont passées du jour ou de la nuit, connaît et comprend parfaitement toute la quantité d'eau qui doit s'écouler, le changement de position de cet écoulement, chaque fil qui est tiré et chaque boule qui descend. S'il connaît tous ces mouvements, ce n'est pas parce qu'il considère les mouvements qui arrivent en ce moment ; c'est le contraire qui a lieu, car les mouvements qui ont lieu en ce moment n'arrivent que conformément à sa science. Mais il n'en est pas de même pour celui qui contemple cette machine ; car celui-ci, à chaque mouvement qu'il voit, acquiert une connaissance nouvelle, et ses connaissances ne cessent de s'accroître et de se renouveler successivement par l'observation, jusqu'à ce qu'il acquière par-là la connaissance de toute la machine. Si tu supposais les mouvements de cette machine infinis, l'observateur ne pourrait jamais en acquérir une connaissance parfaite. Il est impossible aussi que l'observateur connaisse aucun de ces mouvements avant qu'il ait lieu ; car ce qu'il sait, il ne le sait que par suite de ce qui survient.

Il en est de même de l'ensemble de l'univers et de son rapport à notre science et à celle de Dieu.

Moïse MAÏMONIDE, *Guide des égarés*, III, 21, v. 1190, trad. S. Munk, 1856-1866.

▶ LA RAISON
▶ LA SCIENCE
▶ LA VÉRITÉ

1 Y a-t-il de l'irrationnel ?

2 Le désordre n'est-il qu'un ordre que nous ne connaissons pas ?

Pierre HUGUET-DUBIEF, *Pistil de fleur de tournesol.*

? Comment expliquer l'ordre de la nature ?

→ VERS LE BAC

Rédiger une dissertation sur le sujet suivant : « "Naturel" est-il un synonyme de "rationnel" ? »

Ce que disent les mots

Nature et culture

Nature et ***culture*** sont deux termes formant couple, qui nous viennent directement du latin. Mais plus encore que les termes, c'est le couplage lui-même qui nous vient du latin.

Natura dérive de ***natus***, participe passé de ***nascor***, « naître », et désigne le caractère propre d'une chose : en ce qui concerne l'homme, son **« naturel »** ; quant au monde, le « cours des choses » (***natura rerum***), l'ensemble de la « physique ». On peut parler de la nature de l'honnêteté (Cicéron), de celle d'une montagne (César), comme de la nature des dieux (Lucrèce).

Cultura dérive de ***colere***, « cultiver, soigner », qui désigne deux types de pratiques liées par une profonde analogie : la culture de la terre et la culture de l'âme, que nous appelons, aujourd'hui encore, « culture ». *Colere*, c'est en effet « entourer de soins », « honorer », qu'il s'agisse de la terre, avec l'agriculture, ou des dieux, à qui l'on rend un « culte » (***cultus*** est le participe passé de ***colere***). Cet ensemble nature-culture-culte faisait partie de la civilisation romaine.

En grec, le couplage est plus complexe. Le mot *physique* désigne bien la science de la nature, c'est-à-dire de la pluralité en mouvement. Il dérive de ***phusis***, « nature », sur ***phuô***, « pousser, croître » – que traduit ***nascor***. Mais la première occurrence connue de *phusis* (chez Homère) désigne la « nature » d'une herbe puissante, remède et poison, désignée par le nom de ***pharmakon*** (d'où « pharmacie ») : Hermès montre cette *phusis* à Ulysse pour qu'il s'immunise contre la magie de Circé, qui l'aurait transformé en porc (*Odyssée*, X, 303). *Phusis* désigne finalement l'être des choses. Par conséquent, le rapport à la culture diffère : la cité, par exemple, « existe par nature (*phusei*) » et « l'homme est par nature un animal politique » (Aristote, *Politiques* I, 8-9) dans la mesure où il est « un animal doué de *logos* », parole et raison. (voir LE LANGAGE p. 225) Pour un Grec, il est juste de dire que la nature de l'homme, c'est sa culture.

L'un des termes-clefs dans cette perspective est celui de ***kosmos***, que l'on peut traduire par « monde », mais qui se décline, liant ordre et beauté, de la « cosmologie » à la « cosmétique ». L'homme a sa place au centre, entre les dieux et les êtres purement physiques ou naturels (animaux, plantes, etc.). Quant à ce que les Latins nomment « culture », les Grecs l'appellent ***paideia*** (sur ***pais***, ***paidos***, « enfant »), nouant indissolublement culture et civilisation, élevage du petit homme et façonnage du petit Grec.

Sandro BOTTICELLI, *Le Printemps*, détail, 1477-1478, galerie des Offices, Florence.

Emmanuel KANT
1724-1804

TEXTE 3

À quoi la beauté de la nature tient-elle ?

La nature suscite l'émerveillement : comment ne pas éprouver une émotion esthétique devant le charme d'une cascade, la beauté d'une eau turquoise, les plumes multicolores d'un perroquet ? Comment comprendre que les beautés de la nature se donnent à nous comme des œuvres d'art ?

Il existe deux espèces de beauté : la beauté libre (*pulchritudo vaga*) ou la beauté simplement adhérente (*pulchritudo adhaerens*). La première ne présuppose aucun concept de ce que l'objet doit être ; la seconde suppose un tel concept et la perfection de l'objet d'après lui. Les beautés de la première espèce s'appellent les beautés (existant par elles-mêmes) de telle ou telle chose ; l'autre beauté, en tant que dépendant d'un concept (beauté conditionnée), est attribuée à des objets compris sous le concept d'une fin particulière.

Des fleurs sont de libres beautés naturelles. Ce que doit être une fleur peu le savent hormis le botaniste et même celui-ci, qui reconnaît dans la fleur l'organe de la fécondation de la plante ne prend pas garde à cette fin naturelle quand il en juge suivant le goût. Ainsi au fondement de ce jugement il n'est aucune perfection de quelque sorte, aucune finalité interne, à laquelle se rapporte la composition du divers. Beaucoup d'oiseaux (le perroquet, le colibri, l'oiseau de paradis), une foule de crustacés marins sont en eux-mêmes des beautés, qui ne se rapportent à aucun objet déterminé quant à sa fin par des concepts, mais qui plaisent librement et pour elles-mêmes. Ainsi les dessins à la grecque, des rinceaux pour des encadrements ou sur des papiers peints, etc., ne signifient rien en eux-mêmes ; ils ne représentent rien, aucun objet sous un concept déterminé et sont de libres beautés. On peut encore ranger dans ce genre tout ce que l'on nomme en musique improvisation (sans thème) et même toute la musique sans texte.

Dans l'appréciation d'une libre beauté (simplement suivant la forme) le jugement de goût est pur. On ne suppose pas le concept de quelque fin pour laquelle serviraient les divers éléments de l'objet donné et que celui-ci devrait ainsi représenter, de telle sorte que la liberté de l'imagination, qui joue en quelque sorte dans la contemplation de la figure, ne saurait qu'être limitée.

Mais la beauté de l'homme (et dans cette espèce, celle de l'homme proprement dit, de la femme ou de l'enfant), la beauté d'un cheval, d'un édifice (église, palais arsenal, ou pavillon) suppose un concept d'une fin, qui détermine ce que la chose doit être et par conséquent un concept de sa perfection ; il s'agit donc de beauté adhérente. Tout de même que la liaison de l'agréable (de la sensation) avec la beauté, qui ne concerne véritablement que la forme, était un obstacle à la pureté du jugement de goût, de même la liaison du bon (c'est-à-dire de ce pour quoi la diversité est bonne pour l'objet lui-même selon sa fin) avec la beauté porte préjudice à la pureté de celle-ci.

On pourrait adapter à un édifice maintes choses plaisant immédiatement dans l'intuition, si cet édifice ne devait être une église ; on pourrait embellir une figure humaine avec toutes sortes de dessins en spirale et avec des traits légers, bien que réguliers, comme en usent les Néo-Zélandais avec leurs tatouages, s'il ne s'agissait d'un homme ; et celui-ci pourrait avoir des traits plus fins et un visage d'un contour plus gracieux et plus doux, s'il ne devait représenter un homme ou même un guerrier.

Emmanuel KANT, *Critique de la faculté de juger*, § 16, 1790, trad. A. Philonenko, 1965.

▶ L'ART

❶ La beauté peut-elle être naturelle ?

❷ La nature est-elle un chef-d'œuvre ?

HEGEL DIT AUSSI

« La vue de ces masses éternellement mortes ne suscita rien en moi, si ce n'est l'idée uniforme, à la longue ennuyeuse : *c'est ainsi.* »

Georg Wilhelm Friedrich HEGEL, *Journal d'un voyage dans les Alpes bernoises*, 1796, trad. R. Legros et F. Verstraeten, J. Million, 1988.

? La nature est-elle vivante ?

François-Auguste BIARD, *Magdalena Bay. Vue prise de la presqu'île des Tombeaux, au nord du Spitzberg. Effet d'aurore boréale*, 1840, musée du Louvre, Paris.

? La nature peut-elle être effrayante ?

ARISTOTE
384 av. J.-C.-
322 av. J.-C.

TEXTE 4 COMMENTÉ

Qu'est-ce qui est naturel ?

Par comparaison avec les produits que les hommes fabriquent, on se représente le fonctionnement des êtres naturels. Cette comparaison ne saurait pour autant valoir comme une définition, ni comme une pure et simple identification des uns aux autres. N'y a-t-il pas une différence essentielle entre ce que la nature produit et ce que nous fabriquons ? Quelle est donc cette différence ?

Parmi les êtres, en effet les uns sont par nature, les autres par d'autres causes ; par nature, les animaux et leurs parties, les plantes et les corps simples, comme terre, feu, eau, air ; de ces choses, en effet, et des autres de même sorte, on dit qu'elles sont par nature. Or, toutes les choses dont nous venons de parler diffèrent manifestement de celles qui n'existent pas par nature, chaque être naturel, en effet, a en soi-même un principe de mouvement et de fixité, les uns quant au lieu, les autres quant à l'accroissement et au décroissement, d'autres quant à l'altération. Au contraire un lit, un manteau et tout autre objet de ce genre, en tant que chacun a droit à ce nom, c'est-à-dire dans la mesure où il est un produit de l'art, ne possèdent aucune tendance naturelle au changement, mais seulement en tant qu'ils ont cet accident d'être en pierre ou en bois ou en quelque mixte, et sous ce rapport ; car la nature est un principe et une cause de mouvement et de repos pour la chose en laquelle elle réside immédiatement, par essence et non par accident. Je dis et non par accident parce qu'il pourrait arriver qu'un homme, étant médecin, fut lui-même la cause de sa propre santé ; et cependant, ce n'est pas en tant qu'il reçoit la guérison qu'il possède l'art médical ; mais, par accident, le même homme est médecin et recevant la guérison ; aussi ces deux qualités peuvent-elles se séparer l'une de l'autre. De même pour toutes les autres choses fabriquées ; aucune n'a en elle le principe de sa fabrication ; les unes l'ont en d'autres choses et hors d'elles, par exemple une maison et tout objet fait de main d'homme ; les autres l'ont bien en elles-mêmes, mais non par essence, à savoir toutes celles qui peuvent être par accident causes pour elles-mêmes.

ARISTOTE, *Physique*, II, 1, 192b, IVe siècle av. J.-C., trad. H. Carteron, 1923.

▶ L'ART
▶ LA TECHNIQUE

TECHNIQUE NATURELLE

Toute chose, naturelle aussi bien que produite par l'homme, suppose une matière. Le bois est la matière dont l'arbre comme le lit sont faits (*Physique*, 190a). Ce qui fait la différence entre le lit et le gouvernail, comme entre le pommier et le chêne, c'est la forme que la matière a prise. La cause matérielle et la cause formelle sont communes aux productions de la nature et aux produits de la technique humaine. Mais qu'est-ce qui explique que le bois ait pris la forme du lit ou du pommier ? Il faut faire intervenir une troisième cause : la cause motrice ou agente. Or, c'est au niveau de cette cause qu'intervient la différence entre le naturel et l'artificiel. Ce qui distingue en effet les produits de l'art ou de la technique des productions de la nature, c'est que, pour les uns, l'agent est extérieur à la chose produite alors que, pour les autres, il lui est interne. C'est le menuisier qui transforme le bois en lit, mais c'est la nature comme principe de mouvement qui change l'embryon en fœtus. D'où la définition des êtres naturels : ils ont en eux-mêmes le principe de leur mouvement. Le lit ne pousse pas, mais une chose naturelle œuvre elle-même à sa propre réalisation. En outre, la force motrice n'agit pas à l'aveugle : le gland se meut pour devenir un chêne et non un pommier, tout comme le menuiser a le projet de transformer le bois en lit. Cette cause finale qui est dans l'esprit de l'être humain est interne aux choses naturelles. La feuille de vigne pousse de façon à laisser passer assez de lumière et de pluie pour que le raisin mûrisse tout en le protégeant, à la façon d'un parasol et d'un parapluie naturels.

TECHNIQUE ARTIFICIELLE

Le médecin qui se soignerait lui-même aurait bien le principe de sa guérison en lui-même, mais ceci ne serait pas pour autant une chose naturelle. La cause du mouvement se trouverait par accident dans le médecin. Quant au mouvement spontané qui définit la nature, il appartient en effet par essence aux choses de la nature.

1. La nature imite-t-elle la technique ?
2. Quelle différence peut-on faire entre « produire » et « fabriquer » ?

ARISTOTE DIT AUSSI

« [S]i l'art de construire les vaisseaux était dans le bois, il agirait comme la nature. »

ARISTOTE, *Physique*, II, 199b, IVe siècle av. J.-C., trad. O. Hamelin, 1907.

? La nature se limite-t-elle à ce qui est vivant ?

Drague participant aux travaux de percement du canal de Panamá, 1880-1885, BnF, Paris.

Commencé en 1880 et ouvert en 1914, long de 77 kilomètres, ce canal maritime relie l'océan Atlantique et l'océan Pacifique.

? Le travail humain vise-t-il à humaniser la nature ?

La Vénus de Willendorf, v. - 24 000 ans, Naturhitorisches museum, Vienne.

Cette statuette en calcaire de femme mesure 11 cm. Elle a été découverte en 1908 dans la caverne de Willendorf, en Autriche.

? Quelle est la différence entre les « fruits » de la nature et les « produits » de l'être humain ?

LUCRÈCE
98 av. J.-C.-
55 av. J.-C.

TEXTE 5 COMMENTÉ

La nature est-elle accueillante ?

Telle forêt ou telle montagne que nous prenons pour un milieu naturel est en réalité le résultat d'un travail plurimillénaire des hommes. Le géologue sait en effet identifier la main de l'homme dans les paysages prétendument naturels. Cette confusion entre ce qui est naturel et ce qui a été rendu habitable par l'être humain conduit à se représenter la nature comme accueillante pour ce dernier. Mais que reste-t-il de la nature si l'on supprime tout ce que l'homme y a ajouté ? Qu'est-ce, au juste, que la nature ?

Même si j'ignorais encore ce que sont les principes des choses, j'oserais pourtant, et sur la simple étude des phénomènes célestes, et sur bien d'autres faits aussi, soutenir et démontrer que la nature n'a nullement été créée pour nous par une volonté divine : tant elle se présente entachée de défauts !

Tout d'abord de cette terre que couvre l'immense élan de ciel, les montagnes et les forêts pleines de fauves ont conquis une part dévorante ; une autre est occupée par des rochers et des marais déserts, une autre enfin par la mer dont le large domaine sépare les rives des continents. En outre, près des deux tiers du sol sont ravis aux mortels et par une chaleur torride, et par la chute incessante de la gelée. Ce qui reste de terre cultivable, la nature, laissée à elle-même, le ferait disparaître sous les ronces si l'effort de l'homme ne le lui disputait, si le besoin de vivre ne l'avait habitué à gémir sous le lourd hoyau, à fendre le sol en pesant sur la charrue. Si nous ne retournions pas avec le soc les glèbes fécondes, si nous ne préparions pas le sol pour faire éclore les germes, comme nous le faisons, ils ne pourraient d'eux-mêmes éclore et apparaître à l'air lumineux. Encore trop souvent, ces fruits gagnés par tant de peines, les voyons-nous, au moment où tout sur terre se couvre de feuilles et de fleurs, ou bien brûlés par l'ardeur excessive du soleil éthéré, ou bien détruits par des pluies soudaines et par la gelée blanche, ou enfin emportés par les vents soufflant en tourbillons ravageurs.

Et les espèces redoutables des animaux féroces, ennemis acharnés du genre humain, pourquoi sur terre et sur mer la nature se plaît-elle à les nourrir et à les multiplier ? Pourquoi les saisons de l'année nous apportent-elles leurs maladies ! Pourquoi voit-on rôder la mort prématurée ? Et l'enfant ! Semblable matelot que les flots furieux ont rejeté sur le rivage, il gît, tout nu, par terre, incapable de parler, dépourvu de tout ce qui aide à vivre, dès l'heure où, le projetant sur les rives que baigne la lumière, la nature l'arrache avec effort du ventre de sa mère : de ses vagissements plaintifs il remplit l'espace, comme il est juste à qui la vie réserve encore tant de maux à traverser.

LUCRÈCE, *De la nature des choses*, V, 195-227, Ier siècle av. J.-C., trad. A. Ernoult, 1920.

▶ LA LIBERTÉ
▶ LA RELIGION
▶ LA SCIENCE
▶ LE TRAVAIL

→ VERS LE BAC

Un paysage est-il naturel ? Rédiger un paragraphe en utilisant les textes de Lucrèce et de Hugo.

LA LOI DU DÉSORDRE

Le besoin de sens conduit l'imaginaire humain à imputer à la nature une origine intelligente garante du sens de toutes choses. La physique atomique d'Épicure, que Lucrèce développe en un poème, évacue la question religieuse de l'origine en plaçant à l'origine de la nature une absence d'origine (s'il faut entendre par « origine » un principe capable de rendre raison de ce qui existe). Lucrèce pose à l'origine de la nature une infime déviation d'un atome dans le vide, suffisante à entraîner une collusion généralisée des atomes qui a formé ce que nous appelons la nature (II, 217-220). Cette déclinaison infinitésimale laisse la nature sans « pour quoi ». Lucrèce ne pose la question de l'origine de la nature que pour la disqualifier en la réduisant à un accident physique. Les erreurs de la nature mais aussi ses régularités elles-mêmes sont les effets du hasard. L'ordre de la nature n'est lui-même qu'un cas particulier du désordre. La régularité de la nature n'est pas le signe d'une intention divine mais l'effet d'un mécanisme physique qui est lui-même le produit du hasard.

NATURE ET CULTURE

La nature n'est pas un champ. Elle n'est pas faite pour l'homme. Il appartient donc à l'être humain de travailler à éviter qu'elle ne sombre dans un vaste roncier inhabitable. La déclinaison atomique qui tient lieu d'origine de toutes choses loge l'indétermination dans la nature. Ce « jeu » qui est dans la nature prend pour l'homme le sens d'une libération. En brisant les chaînes religieuses qui liaient la nature et l'être humain aux décrets divins, la physique atomique assigne à l'homme la tâche de rendre la nature habitable. L'indétermination physique des choses a pour effet la liberté des Hommes.

1 Le désordre dans la nature est-il la règle ou l'exception ?

2 Faut-il défendre la nature ?

AUX FRONTIÈRES DE LA PHILOSOPHIE

Victor Hugo décrit ici la lutte de l'homme contre la nature pour la rendre habitable. Loin de pouvoir vivre en harmonie avec la nature, l'être humain ne peut se poser qu'en s'opposant à elle.

« De toutes les dents du temps, celle qui travaille le plus, c'est la pioche de l'homme. L'homme est un rongeur, tout sous lui se modifie et s'altère, soit pour le mieux, soit pour le pire. Ici il défigure, là il transfigure. La brèche de Roland n'est pas si fabuleuse qu'elle en a l'air ; l'entaille de l'homme est sur la nature. La balafre du travail humain est visible sur l'œuvre divine. Il semble que l'homme soit chargé d'une certaine quantité d'achèvement. Il approprie la création à l'humanité. Telle est sa fonction. Il en a l'audace ; on pourrait presque dire, l'impiété. La collaboration est parfois offensante. L'homme, ce vivant à brève échéance, ce perpétuel mourant, entreprend l'infini. À tous les flux et reflux de la nature, à l'élément qui veut communiquer avec l'élément, aux phénomènes ambiants, à la vaste navigation des forces dans les profondeurs, l'homme signifie son blocus. Il dit lui aussi son *Tu n'iras pas plus loin.* Il a sa convenance, et il faut que l'univers l'accepte. N'a-t-il pas d'ailleurs un univers à lui ? Il entend en faire ce que bon lui semble.
Un univers est une matière première. Le monde, œuvre de Dieu, est le canevas de l'homme. Tout borne l'homme, mais rien ne l'arrête. Il réplique à la limite par l'enjambée. L'impossible est une frontière toujours reculante.
Une formation géologique qui a à sa base la boue du déluge et à son sommet la neige éternelle est pour l'homme un mur comme un autre, il la perce, et passe outre. [...] L'homme travaille à sa maison, et sa maison c'est la terre. Il dérange, déplace, supprime, abat ; rase, mine, sape, creuse, fouille, casse, pulvérise, efface cela, abolit ceci, et reconstruit avec de la destruction. Rien ne le fait hésiter, nulle masse, nul encombrement, nulle autorité de la matière splendide, nulle majesté de la nature. Si les énormités de la création sont à sa portée, il les bat en brèche. Ce côté de Dieu qui peut être ruiné le tente, et il monte à l'assaut de l'immensité, le marteau à la main. L'avenir verra peut-être mettre en démolition les Alpes. »

Victor HUGO, « L'Archipel de la Manche », *Les Travailleurs de la mer*, 1883.

(?) Faut-il combattre la nature ?

Georg Wilhelm Friedrich HEGEL
1770-1831

TEXTE 6 COMMENTÉ

Le naturel vaut-il mieux que l'artificiel ?

Ce qui est artificiel est spontanément dévalorisé au regard de ce qui est naturel. On identifie en effet communément l'artificiel avec le factice, le faux, l'illusoire, tandis que le naturel jouit d'une valorisation d'autant plus grande qu'elle est irréfléchie. Quelle est donc la valeur du naturel ? Qu'est-ce que l'artificiel ?

Les métamorphoses

On trouve une expression directe de cette dégradation du monde animal dans de nombreuses métamorphoses qu'Ovide a décrites avec tant de charme, avec beaucoup d'esprit et de finesse de sentiment, mais aussi avec beaucoup de loquacité, comme de simples jeux mythologiques ou des faits extérieurs, sans soupçonner leur grande signification spirituelle, sans saisir leur sens profond. Or, elles ne manquent pas de profonde signification, et c'est la raison pour laquelle nous tenons à les mentionner une fois de plus.[...]

On peut, d'une façon générale, voir dans les métamorphoses l'opposé de la conception égyptienne du monde animal et du culte égyptien des animaux, parce que, envisagées du côté moral de l'esprit, elles impliquent une attitude négative à l'égard de la nature ; les animaux et le monde inorganique sont, en effet, considérés comme représentant une régression, une décadence de l'humain, si bien que si, chez les Égyptiens, les dieux de la nature élémentaire sont élevés au rang d'animaux, ici, au contraire, les formations naturelles sont, comme nous venons de le dire, considérées comme une métamorphose infligée à l'homme à titre de punition pour une faute plus ou moins grave ou pour un crime monstrueux, l'existence sous une forme animale ou sous celle d'un objet inorganique étant une existence de malheur, de douleur, de séparation d'avec le divin, dans laquelle l'homme est incapable de persévérer. C'est pourquoi aussi ces métamorphoses n'ont rien de commun avec la métamorphose égyptienne, car celle-ci est une migration qui, loin d'être infligée à l'homme en expiation d'une faute, est au contraire considérée comme une récompense, comme l'élévation de l'homme, qui, par sa transformation en un animal, est haussé à un rang supérieur. [...]

Mais dans les *Métamorphoses* d'Ovide, la transformation de Lycaon en loup est représentée comme un châtiment pour l'impiété envers les dieux. Après que les géants eurent été vaincus et leurs corps précipités, la terre (*Métamorphoses*, I, vers 150-253), réchauffée par le sang répandu de ses fils, a vivifié ce sang chaud et, pour qu'il ne restât aucune trace de la souche sauvage, elle a créé une race d'homme. Mais cette génération s'étant révélée, elle aussi, contemptrice des dieux, violente et avide de meurtres sauvages, Jupiter convoqua les dieux pour leur faire part de sa décision de détruire cette race mortelle. Il leur fit part des perfides embûches que Lycaon avait dressées contre lui, détenteur de la foudre et souverain des dieux. Devant l'indignité de ce temps-là, il serait descendu de l'Olympe, pour se rendre en Arcadie. « J'ai annoncé par des signes, raconte-t-il, qu'un dieu s'approche, et le peuple commença à adorer et à prier. Mais Lycaon, après s'être moqué des pieuses prières, s'écria : “Je vais me rendre compte si c'est bien un dieu ou un mortel, et ce qui sera vrai ne sera pas douteux.” Il chercha alors, continue Jupiter, à me plonger dans un lourd sommeil nocturne ; c'est son moyen favori de dévoiler la vérité. Et non content de cela, il coupa avec son épée la gorge à un otage du pays des Molosses, fit bouillir une partie des membres à moitié morts et rôtir devant le feu l'autre partie. Il voulut me faire manger les uns et les autres. Après une flamme vengeresse, je réduisis alors sa maison en cendres. Effrayé, il s'enfuit, et, ayant atteint les campagnes silencieuses, il poussa des hurlements, essayant en vain de parler. La gueule en rage, il se précipita sur des troupeaux avec la soif de meurtre qui lui était familière, et se réjouit de nouveau du sang qu'il fit couler. Ses habits se transformèrent en poils, ses bras en pattes. Il devint loup en conservant des vestiges de son ancienne forme. » [...]

C'est donc à titre d'humiliation que la forme animale est infligée aux dieux, et, si ce n'est pas une faute ou un crime qui leur a valu cette transformation, il n'en reste pas moins que c'est par lâcheté qu'ils se sont métamorphosés eux-mêmes. [...]

C'est ainsi que la représentation de la forme animale se trouve modifiée dans l'art classique sous tous les rapports, et ne sert qu'à extérioriser ce qui est laid, mauvais, insignifiant, naturel, non spirituel, alors qu'antérieurement la forme animale servait à l'expression de valeurs positives et absolues.

Georg Wilhelm Friedrich HEGEL, « L'Art classique », *Esthétique*, I, § 1, 1835, trad. S. Jankélévitch, 1944.

▶ L'ART
▶ LA RELIGION

VALORISATION DE LA NATURE

La religion égyptienne se caractérise par la sacralisation de l'animal. La déesse céleste Hathor, maternité divine, est apparentée à une vache céleste (la Voie lactée), dont elle conserve toujours les oreilles sur toutes ses représentations. Le lait divin redonne chaque jour l'éternité au roi. Thot, dieu du Calcul, de la Science et des Lettres, a une tête d'ibis. Les rites funéraires reposent sur la croyance de la transformation du défunt en divers animaux comme l'hirondelle, le crocodile ou le faucon. Au musée de Louxor, on peut voir une momie d'Osiris défunt en forme de poisson. Le poisson sait mieux que l'être humain remonter le fleuve (le Nil) et retrouver la source éternelle de la vie. On a retrouvé des milliers de momies de chats ou d'ibis. La religion égyptienne consiste en une sorte de zoo-centrisme qui ne reconnaît à l'homme aucun privilège, mais le situe au contraire dans un fond naturel indissociablement divin, humain et animal.

LE NATUREL ET LE SPIRITUEL

À la civilisation égyptienne, antérieure à la distinction entre les dieux, les êtres humains et les animaux, Hegel oppose la conception que l'on trouve chez Ovide, lequel traite le changement de l'homme en animal comme une déchéance. Alors que, chez les Égyptiens, le loup est apparenté à une divinité solaire, chez Ovide, la métamorphose en loup châtie Lycaon pour son incroyance et sa violence : « transformé en loup, il garde quelques traces de sa première apparence : même poil gris, même air farouche, mêmes yeux luisants, même image de férocité » (*Métamorphoses*, I, vers 237-239). L'état animal est infligé à l'homme comme une punition. D'autres transformations en végétaux sanctionnent des défauts, comme la vanité de Narcisse, qui est métamorphosé en « une fleur au cœur jaune safran entouré de pétales blancs » (*Métamorphoses*, III, vers 510) pour ne pas avoir su aimer autre chose que son propre reflet. Si la forme animale ou la forme végétale sanctionnent la bassesse morale de l'homme, cela implique que l'homme changé en animal ou en végétal ne s'est pas comporté d'une façon digne d'un être humain. L'homme ne peut se poser comme être doué d'esprit qu'en s'opposant à la nature animale. Cette supériorité de l'homme sur l'animal, Ovide la voit dans la station verticale qui le distingue : « Tandis que l'ensemble des animaux est courbé et regarde la terre, la station debout a été accordée à l'homme, lui permettant de contempler le ciel et de lever la tête vers les étoiles » (*Métamorphoses*, I, vers 84-86).

1 Que signifie « dénaturé » ?

2 Faut-il opposer le naturel et le spirituel ?

HEGEL DIT AUSSI

« La nature [...] n'a pas à être divinisée, et le Soleil, la Lune, les animaux, les plantes, etc., n'ont pas à être considérés et présentés, de préférence aux actes et événements humains, comme des ouvrages de Dieu [...]. C'est une égale méprise de faire moins de cas du spirituel en général que des choses naturelles, de préférer les choses naturelles aux *ouvrages* de l'art humain. »

Georg Wilhelm Friedrich HEGEL, *Encyclopédies des sciences philosophiques en abrégé*, § 248, Remarque, 1817, trad. M. de Gandillac, 1970.

? Le beau peut-il être naturel ?

AUX FRONTIÈRES DE LA PHILOSOPHIE

Francis Ponge développe une poésie paradoxale qui ne vise pas à rebaptiser les choses naturelles d'un nom poétique différent du nom courant, mais qui tente de les débaptiser. Sa poésie prend, en somme, le parti de la nature contre celui de l'homme.

« Il y a d'une part vous, hommes, avec vos civilisations, vos journaux, vos artistes, vos poètes, vos passions, sentiments, enfin tout le monde humain de plus en plus révoltant, invivable (injugeable).
Et d'autre part nous, le reste : les muets, la nature muette, les campagnes, les mers et tous les objets et les animaux et les végétaux. Pas mal de choses, on le voit. Enfin tout le reste.
C'est cette seconde partie parfaitement en dehors des hommes, qu'il est de ma raison d'être de représenter, à quoi je donne la voix. »

Francis PONGE, *Nioque de l'avant-printemps*, 1967, IV, 1983.

? L'art est-il une revanche de la nature sur l'être humain ?

La Bête (Jean Marais) dans *La Belle et la Bête*, réalisé par **Jean COCTEAU**, 1946.

? L'être humain doit-il vaincre la bête qui est en lui ?

Philippe DESCOLA
Né en 1949

TEXTE 7

La nature est-elle plurielle ?

On définit communément la nature par opposition à la culture. Ce faisant, on oublie que cette opposition n'est ni objective ni universelle, mais qu'elle appartient elle-même à certaines cultures. Il existe de nombreuses cultures chez lesquelles cette opposition entre nature et culture n'existe pas. Ces cultures ne possèdent pas, en effet, l'idée d'une nature vierge ou sauvage, c'est-à-dire purement naturelle et étrangère à l'homme. Si l'on consent à prendre en compte les différentes cultures de la nature, on est contraint de reconnaître qu'il y a, pour la nature, bien des façons d'être naturelle. Le concept abstrait de Nature ne masque-t-il pas une multiplicité culturelle de natures ?

Chez les Achuar[1], il n'y a pas de système politique clairement identifiable, ils ne vivent pas dans des villages, sont en conflit permanent les uns avec les autres, n'ont pas de chef, pas de religion identifiable, aucune des instances habituelles au moyen desquelles on arrive à définir ce qu'est un corps social. En ce sens, ils posent une sorte de scandale logique : qu'est-ce qui fait société dans ces sociétés ? Les premiers chroniqueurs européens du XVIe siècle avaient trouvé une piste possible pour comprendre leur société : ils avaient observé chez eux un rapport particulier avec la nature. Ils les qualifiaient de « sauvages » parce qu'ils étaient immergés dans la nature. Le terme pouvait être utilisé soit de façon positive, c'est la légende du bon sauvage, soit négativement, pour désigner des êtres entièrement gouvernés par leurs instincts. Et tous les auteurs insistaient plutôt sur la guerre et le cannibalisme... De mon côté, je voulais les étudier sans *a priori* pour saisir leur rapport à la nature. Je suis donc parti sur le terrain. J'ai fait des études habituelles sur la façon dont une société s'organise, son habitat, ses mythes, sa parenté, mais aussi des études techniques, d'écologie, des plantes qu'ils utilisent... [...]

Ce qui m'a le plus frappé, c'est que les Achuar traitaient les non-humains, tous les éléments de leur environnement, comme des partenaires sociaux, des êtres humains. Ils entraient en communication avec eux par le moyen des rêves et d'incantations. On ne pouvait donc pas considérer que les non-humains étaient seulement une source de subsistance. Je devais donc essayer de comprendre un système dans lequel il n'y avait pas de distinction nette entre nature et société. Ce qui était difficile pour moi, jeune philosophe qui avait sucé ce lait de la différence entre la nature et la culture depuis ma jeunesse ! [...]

Comment comprendre un système dans lequel des personnes établissent néanmoins des discontinuités entre humain et non-humains mais qui ne passent pas du tout par les mêmes canaux que nous ? La discontinuité principale que les Achuar voyaient entre humains et non-humains n'était pas celle qui nous est familière. Pour eux, la discontinuité était dans les corps : dans le fait que chaque classe d'êtres a des atouts biologiques, corporels et morphologiques qui lui permettent d'agir dans un certain type de milieu. Mais pour eux, toutes les espèces ont une intériorité et peuvent communiquer par cette espèce de langage universel de l'âme. C'est exactement l'inverse de notre système dans lequel l'axe principal de la discontinuité passe par l'intériorité, l'esprit. Une distinction très nette depuis Descartes et à partir du XIXe siècle avec Darwin : la continuité est axée sur le fait que la matière et les êtres organiques et inorganiques sont soumis aux mêmes règles physiques. [...] →

Parler de société, de nature et de culture au sens occidental à propos des Achuar était indu. Pour comprendre d'autres cultures, on ne peut employer des outils conceptuels marqués du sceau d'une trajectoire historique particulière.

Philippe DESCOLA, Entretien avec le journal *L'Humanité*, 14 décembre 2012.

1 Jivaros Achuar, tribu indienne d'Amazonie, que Philippe Descola étudie entre 1976 et 1978.

▶ L'ART
▶ LA TECHNIQUE

1. Faut-il dire : « À chacun sa nature » ?
2. Pourquoi le concept de nature est-il nécessairement culturel ?

DESCARTES DIT AUSSI

« Connaissant la force et les actions du feu, de l'eau, de l'air, des astres, des cieux et de tous les autres corps qui nous environnent, aussi distinctement que nous connaissons les divers métiers de nos artisans, nous les pourrions employer en même façon à tous les usages auxquels ils sont propres et ainsi nous rendre comme maîtres et possesseurs de la nature. »

René DESCARTES, *Discours de la méthode*, Partie 6, 1637.

? Pourquoi Descartes précise-t-il que la technique nous rend, non pas « maîtres et possesseurs de la nature », mais « comme » maîtres et possesseurs ?

MATIÈRE À PENSER

L'âme des choses

L'opposition de la culture et de la nature n'est pas une opposition naturelle, qui répondrait à la nature des choses, mais une distinction elle-même culturelle, qui n'a pas toujours existé et qui demeure absente de bien des cultures. Dans bien des cultures, la nature tout entière est animée de puissances qui manifestent les états d'âme des choses. Non seulement les animaux et les plantes mais les pierres elles-mêmes ainsi que les planètes vivent d'une vie spirituelle qui menace les Hommes ou les soutient. Chez les esquimaux par exemple, une jeune fille ne doit pas regarder la lune lorsqu'elle est pleine, de peur de tomber enceinte. Dans le vaudou haïtien il n'y a pas à proprement parler de choses, il n'y a que des êtres animés par un esprit. Ainsi "le bûcheron qui s'apprête à abattre un arbre frappera le tronc du revers de sa hache afin d'avertir l'âme qui l'habite et lui donner le temps de s'en aller", comme le rapporte Alfred Métraux dans *Le Vaudou haïtien* (III, 8, 1958).

? Existe-t-il autant de natures que de cultures ?

Corentin FOHLEN, Plaine-du-Nord, Haïti, 24 juillet 2019.

Pèlerinage de Saint Jacques le Majeur, syncrétisme vaudou du loa (esprit) Ogou Feray, dans la ville de Plaine-du-Nord (nord d'Haïti).

AUX FRONTIÈRES DE LA PHILOSOPHIE

Geronimo raconte, dans ses *Mémoires*, le mythe apache de la création selon lequel les hommes doivent leur existence aux aigles. Si les chefs apaches portent des plumes sur la tête, c'est donc en signe de reconnaissance envers l'oiseau à qui l'homme est redevable de son existence. Pour les Apaches, l'être humain est à proprement parler une création des animaux.

Warren Mack OLIVER, *Geronimo*, v. 1907.

« Au commencement, le monde était plongé dans les ténèbres. Il n'y avait ni soleil ni jour. Dans la nuit éternelle, il n'y avait ni lune ni étoiles. Il y avait cependant toutes sortes de bêtes et d'oiseaux. Parmi ces bêtes, se trouvaient des monstres hideux, sans nom, aussi bien que des dragons, des lions, des tigres, des loups, des renards, des castors, des lapins, des écureuils, des rats, des souris et toutes sortes de bêtes rampantes comme les lézards et les serpents. Dans ces conditions, l'Humanité ne pouvait se développer car les bêtes et les serpents détruisaient la progéniture des hommes.
Toutes les créatures possédaient le pouvoir de parler et étaient douées de raison.
Il y avait deux tribus de créatures : les oiseaux ou la tribu à plumes et les bêtes. La première était organisée et possédait un chef : l'aigle.
Ces tribus tenaient souvent des conseils et les oiseaux voulaient y admettre la lumière. Mais les bêtes s'y refusaient obstinément. Finalement, les oiseaux firent la guerre aux bêtes.
Les bêtes étaient armées de bâtons, mais l'aigle avait enseigné à sa tribu l'usage de l'arc et des flèches. Les serpents étaient si rusés qu'on ne put les tuer tous. L'un d'entre eux chercha refuge sur une falaise escarpée d'une montagne de l'Arizona. Les ours quand on les tuait, se multipliaient si bien que plus la tribu à plumes tuait d'ours, plus il y en avait. Ils ne purent tuer le dragon non plus car il était recouvert de quatre couches d'écailles cornées. L'un des monstres, le plus hideux et le plus ignoble était invulnérable aux flèches, alors l'Aigle s'envola très haut dans les airs, emportant une pierre ronde et blanche et la laissa tomber sur sa tête, le tuant instantanément. Cette pierre devint sacrée (utilisée dans le jeu tribal de Kah). Ils luttèrent pendant des jours mais finalement les oiseaux furent victorieux.
Quand la guerre fut terminée, bien qu'il restât encore quelques bêtes malfaisantes, les oiseaux furent en mesure de dominer les conseils et la Lumière fut admise. Alors l'humanité put vivre et se développer. L'aigle avait été le chef de ce juste combat : les hommes portèrent donc ses plumes comme emblème de la sagesse, de la justice et du pouvoir. »

GERONIMO, propos recueillis et rapportés par **S. M. BARRETT**, *Mémoires de Geronimo*, I, 1, 1904, trad. M. Wiznitzer, 2001.

Notre idée de la nature dépend-elle de notre culture ?

Maurice MERLEAU-PONTY
1908-1961

TEXTE 8

Ce que la technique fait de la nature, l'art le défait-il ?

Par la technique, l'être humain s'approprie la nature pour en faire un lieu adapté à ses besoins. Par son action, on peut dire qu'il dénature la nature : la mer n'est plus la mer, c'est une voie maritime ; la montagne n'est plus une montagne, c'est une piste de ski. Ainsi, l'homme se constitue-t-il un milieu artificiel à son image. L'art ne permet-il pas alors de nous rendre la présence de la nature dont la technique nous prive ?

Nous vivons dans un milieu d'objets construits par les hommes, entre des ustensiles, dans des maisons, des rues et la plupart du temps nous ne les voyons qu'à travers les actions humaines dont ils peuvent être les points d'application. Nous nous habituons à penser que tout cela existe nécessairement et est inébranlable. La peinture de Cézanne met en suspens ces habitudes et révèle le fond de nature inhumaine sur lequel l'homme s'installe. C'est pourquoi ses personnages sont étranges et comme vus par un être d'une autre espèce. La nature elle-même semble dépouillée des attributs qui la préparent pour des communions animistes : le paysage est sans vent, l'eau du lac d'Annecy est sans mouvement, les objets gelés hésitants comme à l'origine de la terre. C'est un monde sans familiarité où l'on n'est pas bien, qui interdit toute effusion humaine. Si l'on va voir d'autres peintres en quittant les tableaux de Cézanne, une détente se produit, comme après un deuil les conversations renouées masquent cette nouveauté absolue et rendent leur solidité aux vivants. Mais seul un homme justement est capable de cette vision qui va jusqu'aux racines, en deçà de l'humanité constituée. Tout montre que les animaux ne savent pas *regarder*, s'enfoncer dans les choses sans rien en attendre que la vérité.

Maurice MERLEAU-PONTY, *Le Doute de Cézanne*, 1945.

▶ L'ART
▶ LA TECHNIQUE

1 L'être humain peut-il voir la nature comme elle est ?

2 L'art est-il un retour à la nature ?

Paul CÉZANNE, *Le Lac d'Annecy*, 1896, Institut Courtauld, Londres.

? Y a-t-il des paysages bruts ?

AUX FRONTIÈRES DE LA PHILOSOPHIE

Le paléontologue André Leroi-Gourhan montre que les premières habitations humaines, qui datent de −50 000 ans, consistent en la création d'un milieu humain en lieu et place d'un dehors naturel. Cet aménagement de l'espace naturel est commun à l'être humain et à l'animal, en sorte que l'humanisation de la nature reste elle-même un phénomène naturel.

« Le fait humain par excellence est peut-être moins la création de l'outil que la domestication du temps et de l'espace, c'est-à-dire la création d'un temps et d'un espace humains. [...]
L'intégration dans un espace et un temps concrets est commune à tout le vivant. [...] Chez les animaux, cette intégration se traduit de différentes manières, mais notamment dans la perception de sécurité par l'inclusion de l'individu dans l'espace et le rythme du troupeau, ou dans les réactions à l'intérieur du périmètre de sécurité, ou bien encore par l'insertion dans un refuge, clos permanent ou temporaire, comme un nid ou un terrier. À la base du confort moral et physique repose chez l'homme la perception tout animale du périmètre de sécurité, du refuge clos, ou des rythmes socialisants ; il n'est pas utile de chercher une fois de plus une coupure entre l'animal et l'humain pour expliquer la présence, chez nous, de sentiments de fixation au rythme de la vie sociale et à l'espace habité. [...]
L'espace d'habitat est abstrait du chaos extérieur. Le rôle de l'homme comme organisateur de l'espace y apparaît dans un aménagement systématique. [...]
L'organisation de l'espace habité n'est pas seulement une commodité technique, c'est, au même titre que le langage, l'expression symbolique d'un comportement globalement humain. Dans tous les groupes humains qui soient connus, l'habitat répond à une triple nécessité : celle de créer un milieu techniquement efficace, celle d'assurer un cadre au système social, celle de mettre de l'ordre, à partir d'un point, dans l'univers environnant. »

André LEROI-GOURHAN, *Le Geste et la Parole*, II, 1964.

? Que signifie « habiter le monde » ?

Reconstruction d'artiste d'un habitat préhistorique de la culture jomon au Japon.

? Qu'est-ce que « se faire un habitat » ?

La nature dans l'homme

La nature ne se trouve pas seulement dans le monde extérieur qui environne l'être humain. Elle se manifeste dans l'homme lui-même. Les désirs de l'être humain sont-ils autre chose que des besoins qui expriment le cri de la nature ? (texte 9, Spinoza) L'enfant n'est-il pas, à cet égard, le témoin de cette nature humaine que les conventions sociales n'ont pas encore censurée ou masquée ? (texte 10, Freud) La sexualité n'est-elle pas le lieu privilégié où se pose la question de ce qui est naturel chez l'être humain ? (texte 11, Sartre) Peut-on parler de reproduction chez l'homme ? L'enfant est-il un produit ?(texte 12, Kant) Si l'être humain est capable d'interroger sa propre nature, n'est-ce pas qu'il en est indépendant ? La pensée en l'homme n'est-elle pas précisément ce pouvoir irréductible à un phénomène naturel ? (texte 13, Platon)

Baruch SPINOZA
1632-1677

TEXTE 9 COMMENTÉ

L'homme est-il indépendant de la nature ?

Les hommes se représentent la liberté comme le pouvoir de commencer une action en toute indépendance. Et ils regardent la nature comme un milieu extérieur dont les lois ne le concernent pas. Pourtant, les affections qu'ils éprouvent, comme l'amour ou la haine, semblent agir sur eux à la façon d'une force en eux sur laquelle ils n'ont pas de pouvoir. La force de la nature s'arrête-t-elle aux portes de l'humanité ?

Ceux qui ont écrit sur les affections et la conduite de la vie humaine semblent, pour la plupart, traiter non de choses naturelles qui suivent les lois communes de la nature mais de choses qui sont hors de la nature. En vérité, on dirait qu'ils conçoivent l'homme dans la nature comme un empire dans un empire. Ils croient, en effet, que l'homme trouble l'ordre de la nature plutôt qu'il ne le suit, qu'il a sur ses propres actions un pouvoir absolu et ne tire que de lui-même sa détermination. Ils cherchent donc la cause de l'impuissance et de l'inconstance humaines, non dans la puissance commune de la nature, mais dans je ne sais quel vice de la nature humaine et, pour cette raison, pleurent à son sujet, la raillent, la méprisent ou le plus souvent la détestent : qui sait le plus éloquemment ou le plus subtilement censurer l'impuissance de l'âme humaine est tenu pour divin. Certes n'ont pas manqué les hommes éminents (au labeur et à l'industrie desquels nous avouons devoir beaucoup) pour écrire sur la conduite droite de la vie beaucoup de belles choses, et donner aux mortels des conseils pleins de prudence ; mais, quant à déterminer la nature et les forces des affections, et ce que peut l'âme de son côté pour les gouverner, nul, que je sache, ne l'a fait. [...] Pour le moment je veux revenir à ceux qui aiment mieux détester ou railler les affections et les actions des hommes que les connaître. À ceux-là certes il paraîtra surprenant que j'entreprenne de traiter des vices des hommes et de leurs infirmités à la manière des géomètres et que je veuille démontrer par un raisonnement rigoureux ce qu'ils ne cessent de proclamer contraire à la raison, vain, absurde et digne d'horreur. Mais voici quelle est ma raison. Rien n'arrive dans la nature qui puisse être attribué à un vice existant en elle ; elle est toujours la même en effet ; sa vertu et sa puissance d'agir est une et partout la même, c'est-à-dire les lois et règles de la nature, conformément auxquelles tout arrive et passe d'une forme à une autre, sont partout et toujours les mêmes ; par suite, connaître la voie droite pour la nature des choses, quelles qu'elles soient, doit être aussi une et la même : c'est toujours par le moyen des lois et règles universelles de la nature. Les affections donc de la haine, de la colère, de l'envie, etc., considérées en elles-mêmes, suivent de la même nécessité et de la même vertu de la nature que les autres choses singulières ; par conséquent, elles reconnaissent certaines causes, par où elles sont clairement connues, et ont certaines propriétés aussi dignes de connaissance que les propriétés d'une autre chose quelconque, dont la seule considération nous donne du plaisir.

Baruch SPINOZA, *Éthique*, 1677,
trad. C. Appuhn, 1913.

▶ LA LIBERTÉ

L'EMPIRE DU NATUREL

En tant qu'il fait lui-même partie de la nature, l'être humain est assujetti aux lois de la nature et ne jouit d'aucun privilège, d'aucune puissance particulière qui lui permettrait de s'élever au-dessus de la nature. Si l'homme s'est imaginé qu'il était autonome, c'est pour cette raison qu'il a sous-estimé la puissance de la nature. Les phénomènes naturels sont produits par des lois nécessaires. Chaque effet est enchaîné à une cause. L'ensemble de ces relations causales constitue la nature. Celle-ci est un empire qui exerce son pouvoir sur tout ce qui s'y produit. La liberté humaine est ainsi une illusion qui fait croire à un effet sans cause. Un acte libre serait une entorse inexplicable au principe selon lequel il n'y a pas d'effet sans cause. En réalité, les êtres humains sont mus par des affections qui montrent que les lois de la nature s'appliquent à eux. La nature n'est pas seulement autour d'eux, mais aussi en eux.

JUGER ET CONNAÎTRE

Ce qui empêche les êtres humains de reconnaître l'empire de la nature sur eux et en eux, c'est qu'ils sont enclins à juger plutôt qu'à connaître. Plus exactement, ils ont un rapport à eux-mêmes moins rationnel que passionnel. Ce mépris instinctif de leur condition est une confirmation de leur comportement naturel. La philosophie tente au contraire d'étudier rationnellement les passions humaines pour en reconnaître la force. Mépriser ses passions en imaginant qu'on en dispose librement, c'est en être d'autant plus victime, alors que connaître leur force, c'est commencer à s'en libérer. La connaissance de l'empire de la nature en nous ne nous en rend certes pas libres, mais nous libère de l'illusion d'être libres.

1. Que signifie l'expression : « Chassez le naturel, il revient au galop » ?
2. Pourquoi le naturel est-il associé au « galop » dans cette expression ?

MATIÈRE À PENSER

Sentiments instinctifs

Darwin montre que des sentiments que l'on croit propres à l'homme manifestent une persistance de l'animalité en lui.

« Certaines expressions de l'espèce humaine, les cheveux qui se hérissent sous l'influence d'une terreur extrême, les dents qui se découvrent dans l'emportement de la rage, sont presque inexplicables si l'on n'admet pas que l'homme a vécu autrefois dans une condition très inférieure et voisine de la bestialité. La communauté de certaines expressions dans des espèces distinctes, quoique voisines, par exemple les mouvements des mêmes muscles de la face pendant le rire chez l'homme et chez divers singes, se comprend un peu mieux si l'on croit à la descendance de ces espèces d'un ancêtre commun. »

Charles DARWIN, *L'Expression des émotions chez l'homme et les animaux*, Introduction, 1872,
trad. S. Pozzi et R. Benoît, 1890.

? Quelle est la différence entre un héritage et une hérédité ?

Sigmund FREUD
1856-1939

TEXTE 10

L'enfant est-il un petit animal ?

Le goût des enfants pour les animaux est bien connu. Il va jusqu'à une familiarité entre eux qui semble manifester une parenté. On peut, à l'inverse, interroger les motivations inconscientes des adultes de se séparer du monde animal, et se demander, avec Freud, pourquoi l'être humain utilise l'animalité comme référence de l'infériorité. Freud voit dans cette dépréciation une hantise de la nature en nous et le symptôme d'un refoulement inconscient de ce qu'il reste d'animal dans la sexualité humaine.

L'enfant ne montre encore aucune trace de l'orgueil qui pousse l'adulte civilisé à séparer catégoriquement sa nature à lui de tout ce qui fait partie du monde animal. L'enfant reconnaît sans hésitation l'animal comme son égal : par l'aveu franc et sincère de ses besoins, il se sent plus proche de l'animal que de l'homme adulte, qu'il trouve sans doute plus énigmatique.

Sigmund FREUD, *Totem et Tabou*, III, 1913, trad. S. Jankélévitch, 1924.

▶ L'INCONSCIENT

1 L'enfance nous apprend-elle quelque chose sur la nature humaine ?

2 L'être humain se distingue-t-il de la nature par orgueil ?

FREUD DIT AUSSI

« Il s'attesterait que la racine la plus profonde du refoulement sexuel, dont les progrès vont de pair avec ceux de la civilisation, résidât dans les mécanismes organiques de défense auxquels la nature humaine eut recours, au stade de la station et de la marche debout, en vue de protéger le mode de vie établi par cette nouvelle position contre un retour du mode d'existence animale. »

Sigmund FREUD, *Malaise dans la civilisation*, IV, 1930, trad. Ch. et J. Odier, 1934.

? La sexualité renvoie-t-elle l'être humain à son animalité ?

Théophile-Alexandre STEINLEN, *Petite fille avec un chat*, 1889, musée du Petit Palais, Paris.

? Que gagne-t-on à ramener l'homme à son animalité ?

AUX FRONTIÈRES DE LA PHILOSOPHIE

Dans le conte de Charles Perrault, « Le Petit Chaperon rouge », la sexualité est identifiée au loup et comparée à un appétit. Cela revient à présenter la sexualité comme relevant de l'animalité et, plus largement, du naturel.

« "Qui est là ?" Le Petit Chaperon rouge, qui entendit la grosse voix du Loup, eut peur d'abord, mais croyant que sa mère-grand était enrhumée, répondit : "C'est votre fille, le Petit Chaperon rouge, qui vous apporte une galette et un petit pot de beurre que ma mère vous envoie." Le Loup lui cria en adoucissant un peu sa voix : "Tire la chevillette, la bobinette cherra." Le Petit Chaperon rouge tira la chevillette, et la porte s'ouvrit.
Le Loup, la voyant entrer, lui dit en se cachant dans le lit sous la couverture : "Mets la galette et le petit pot de beurre sur la huche, et viens te coucher avec moi." Le Petit Chaperon rouge se déshabille, et va se mettre dans le lit, où elle fut bien étonnée de voir comment sa mère-grand était faite en son déshabillé. Elle lui dit : "Ma mère-grand, que vous avez de grands bras ?"
"C'est pour mieux t'embrasser, ma fille."
"Ma mère-grand, que vous avez de grandes jambes ?"
"C'est pour mieux courir, mon enfant."
"Ma mère-grand, que vous avez de grandes oreilles ?"
"C'est pour mieux écouter, mon enfant."
"Ma mère-grand, que vous avez de grands yeux ?"
"C'est pour mieux voir, mon enfant."
"Ma mère-grand, que vous avez de grandes dents."
"C'est pour te manger." Et en disant ces mots, le méchant Loup se jeta sur le Petit Chaperon rouge, et la mangea.

MORALITÉ
On voit ici que de jeunes enfants,
Surtout de jeunes filles
Belles, bien faites, et gentilles,
Font très mal d'écouter toute sorte de gens,
Et que ce n'est pas chose étrange,
S'il en est tant que le Loup mange.
Je dis le Loup, car tous les Loups
Ne sont pas de la même sorte ;
Il en est d'une humeur accorte,
Sans bruit, sans fiel et sans courroux,
Qui privés, complaisants et doux,
Suivent les jeunes Demoiselles
Jusque dans les maisons, jusque dans les ruelles ;
Mais hélas ! qui ne sait que ces Loups doucereux,
De tous les Loups sont les plus dangereux. »

Charles PERRAULT, « Le Petit Chaperon rouge », *Histoires ou Contes du temps passé*, 1697.

Gustave DORÉ, « Le petit Chaperon rouge dans le lit de sa grand-mère avec le loup », extrait des *Contes* de Perrault, dessin, 1862, BnF, Paris.

Un être humain peut-il faire preuve de bestialité ?

Jean-Paul SARTRE
1905-1980

TEXTE 11

La sexualité marque-t-elle l'appartenance de l'être humain à la nature ?

Le sexe est un organe naturel, la sexualité est une pratique. On considère spontanément que les pratiques sexuelles des femmes et des hommes sont dictées par leurs organes. La condition naturelle dicterait la sexualité. Cependant, comment ne pas remarquer que le sexe est l'organe naturel de la reproduction alors que les pratiques sexuelles sont, pour l'essentiel, indépendantes de cette fonction biologique ? Dans ces conditions, il faut se demander si la sexualité manifeste un fond de naturalité dans l'être humain ou si, au contraire, elle exprime l'indépendance de l'homme vis-à-vis de la nature en lui. Est-ce le sexe et ses fonctions naturelles qui déterminent les pratiques sexuelles ou les pratiques sexuelles qui déterminent les usages du sexe ?

L'homme, dit-on, est un être sexuel parce qu'il possède un sexe. Et si c'était l'inverse ? Si le sexe n'était que l'instrument et comme l'image d'une sexualité fondamentale ? Si l'homme ne possédait un sexe que parce qu'il est originellement et fondamentalement un être sexuel, en tant qu'être qui existe dans le monde en liaison avec d'autres hommes ? La sexualité enfantine précède la maturation physiologique des organes sexuels ; les eunuques ne cessent pas pour autant de désirer. Ni beaucoup de vieillards. Le fait de pouvoir disposer d'un organe sexuel apte à féconder et à procurer de la jouissance ne représente qu'une phase et un aspect de notre vie sexuelle. Il y a un mode de sexualité « avec possibilité d'assouvissement » et le sexe formé représente et concrétise cette possibilité. Mais il y a d'autres modes de la sexualité sur le type de l'inassouvissement et, si l'on tient compte de ces modalités, il faut reconnaître que la sexualité, apparaissant avec la naissance, ne disparaît qu'avec la mort. Jamais d'ailleurs la turgescence du pénis ni aucun autre phénomène physiologique ne peuvent expliquer ni provoquer le désir sexuel pas plus que la vasoconstriction ou la dilatation pupillaire (ni la simple conscience de ces modifications physiologiques) ne pourront expliquer ou provoquer la peur. Ici comme là, bien que le corps ait un rôle important à jouer, il faut, pour bien comprendre, nous reporter à l'être-dans-le-monde et à l'être-pour-autrui : je désire un être humain, non un insecte ou un mollusque, et je le désire en tant qu'il est et que je suis en situation dans le monde et qu'il est un autre pour moi et que je suis pour lui un autre. Le problème fondamental de la sexualité peut donc se formuler ainsi : la sexualité est-elle un accident contingent lié à notre nature physiologique ou est-elle une structure nécessaire de l'être-pour-soi-pour-autrui[1] ?

Jean-Paul SARTRE, *L'Être et le Néant*, III, 3, 2, 1943.

1 L'homme est un être conscient de soi ; or, cette conscience qu'il a de lui passe par la conscience qu'il a que les autres ont de lui : se voir soi-même, c'est se voir vu par d'autres. La sexualité est indissociable de cette relation fondamentale aux autres, qui ne relève donc pas d'un phénomène biologique reproductif, ni d'un simple corps à corps.

▶ LA LIBERTÉ

1 L'être humain est-il prisonnier de son corps ?

2 Ce qui est humain peut-il être naturel ?

AUX FRONTIÈRES DE LA PHILOSOPHIE

Pour Charles Baudelaire, l'humain commence là où finit le naturel. Le mépris de l'artifice repose donc sur une mécompréhension de l'humanité qui ne peut s'affirmer qu'en niant la nature en elle. D'où le rôle fondamental du maquillage et des bijoux. À cet égard, ces derniers ne devraient pas être l'apanage des femmes puisque l'humanisation commence avec la dénaturation.

« Passez en revue, analysez tout ce qui est naturel, toutes les actions et les désirs du pur homme naturel, vous ne trouverez rien que d'affreux. Tout ce qui est beau et noble est le résultat de la raison et du calcul. Le crime, dont l'animal humain a puisé le goût dans le ventre de sa mère, est originellement naturel. La vertu, au contraire, est *artificielle*, surnaturelle, puisqu'il a fallu, dans tous les temps et chez toutes les nations, des dieux et des prophètes pour l'enseigner à l'humanité animalisée, et que l'homme, seul, eût été impuissant à la découvrir. Le mal se fait sans effort, naturellement, par fatalité ; le bien est toujours le produit d'un art. Tout ce que je dis de la nature comme mauvaise conseillère en matière de morale, et de la raison comme véritable rédemptrice et réformatrice, peut être transporté dans l'ordre du beau. Je suis ainsi conduit à regarder la parure comme un des signes de la noblesse primitive de l'âme humaine. Les races[1] que notre civilisation, confuse et pervertie, traite volontiers de sauvages, avec un orgueil et une fatuité tout à fait risibles, comprennent, aussi bien que l'enfant, la haute spiritualité de la toilette. Le sauvage et le *baby* témoignent, par leur aspiration naïve vers le brillant, vers les plumages bariolés, les étoffes chatoyantes, vers la majesté superlative des formes artificielles, de leur dégoût pour le réel. [...]

La femme est bien dans son droit, et même elle accomplit une espèce de devoir en s'appliquant à paraître magique et surnaturelle ; il faut qu'elle étonne, qu'elle charme ; idole, elle doit se dorer pour être adorée. Elle doit donc emprunter à tous les arts les moyens de s'élever au-dessus de la nature pour mieux subjuguer les cœurs et frapper les esprits. Il importe fort peu que la ruse et l'artifice soient connus de tous, si le succès en est certain et l'effet toujours irrésistible. C'est dans ces considérations que l'artiste philosophe trouvera facilement la légitimation de toutes les pratiques employées dans tous les temps par les femmes pour consolider et diviniser, pour ainsi dire, leur fragile beauté. L'énumération en serait innombrable ; mais, pour nous restreindre à ce que notre temps appelle vulgairement maquillage, qui ne voit que l'usage de la poudre de riz, si niaisement anathématisé par les philosophes candides, a pour but et pour résultat de faire disparaître du teint toutes les taches que la nature y a outrageusement semées, et de créer une unité abstraite dans le grain et la couleur de la peau, laquelle unité, comme celle produite par le maillot, rapproche immédiatement l'être humain de la statue, c'est-à-dire d'un être divin et supérieur ? Quant au noir artificiel qui cerne l'œil et au rouge qui marque la partie supérieure de la joue, bien que l'usage en soit tiré du même principe, du besoin de surpasser la nature, le résultat est fait pour satisfaire à un besoin tout opposé. Le rouge et le noir représentent la vie, une vie surnaturelle et excessive ; ce cadre noir rend le regard plus profond et plus singulier, donne à l'œil une apparence plus décidée de fenêtre ouverte sur l'infini ; le rouge, qui enflamme la pommette, augmente encore la clarté de la prunelle et ajoute à un beau visage féminin la passion mystérieuse de la prêtresse. Ainsi, si je suis bien compris, la peinture du visage ne doit pas être employée dans le but vulgaire, inavouable, d'imiter la belle nature, et de rivaliser avec la jeunesse. »

Charles BAUDELAIRE, « Éloge du maquillage »,
Le Peintre de la vie moderne, 1863.

1 Le mot désigne les peuples, notamment d'Afrique et des Amériques, que les États européens ont colonisés et méprisés, alors que leurs cultures relèvent d'une haute spiritualité comme le montre la richesse de leur art de la toilette et de la parure.

▶ L'ART

? Ce qui est artificiel est-il nécessairement superficiel ?

Emmanuel KANT
1724-1804

TEXTE 12

L'humanité est-elle une espèce animale ?

Les hommes se reproduisent, comme les autres animaux et comme tous les êtres vivants. Seulement, l'enfant qui vient au monde n'est ni une chose ni un animal, mais une personne. Si bien que le nourrisson est d'emblée une personne de plein droit, à qui le respect est dû. Les parents ne sauraient traiter leur enfant comme leur chose et encore moins le tuer. La reproduction entre hommes n'est donc pas réductible à un phénomène biologique. Peut-on alors parler d'« espèce humaine » ?

Tout comme du devoir de l'homme envers lui-même, c'est-à-dire envers l'humanité qui réside en sa personne, il est résulté pour les deux sexes le droit (*jus personale*) de s'acquérir réciproquement comme personnes par le mariage *d'une manière réelle*, de même il résulte de la procréation qui est l'œuvre de cette communauté le devoir d'élever les *fruits* qui en naissent et de leur donner les soins qu'ils exigent ; c'est-à-dire que les enfants, comme personnes, ont aussi par là originairement, comme un avantage inné (non comme une chose transmise héréditairement), droit aux soins de leurs parents, jusqu'à ce qu'ils soient capables de se conserver eux-mêmes, et ce droit leur est immédiatement accordée par la loi (*lege*), sans qu'il soit besoin d'acte juridique particulier.

En effet, comme le fruit produit est une *personne* et qu'il est impossible de s'expliquer par une opération physique la production d'un être doué de liberté, c'est, *au point de vue pratique*[1], une idée tout à fait juste et même nécessaire que de considérer la procréation comme un acte par lequel nous avons mis au monde une personne sans son consentement et d'une façon tout arbitraire, et qui nous impose l'obligation de lui rendre aussi agréable que nous le pouvons faire cette existence que nous lui avons donnée. – Les parents ne peuvent détruire leur enfant, comme si c'était une *œuvre mécanique* (car on ne peut considérer ainsi un être doué de liberté) et leur propriété, ni même l'abandonner au hasard ; car ce n'est pas seulement une chose mais un citoyen du monde qu'ils ont produit, et l'existence qu'ils lui ont donnée ne peut, suivant les idées du droit, leur être indifférente.

Emmanuel KANT, *Métaphysique des mœurs*,
« Doctrine du droit », § 28, 1795,
trad. J. Barni, 1853.

1 Au point de vue moral, qui impose de respecter la personne humaine en l'autre, et de ne jamais le traiter comme une chose ou un simple instrument.

▶ LE DEVOIR

❶ Quelle différence pourrait-on faire entre « reproduction » et « procréation » ?

❷ Qu'est-ce qu'une personne ?

Enfants yanomamis, Parima, bassin de l'Orénoque, Amazonie, Vénézuela.

Dans ses *Mémoires*, Geronimo, le chef apache, raconte son enfance, consacrée à l'éducation et au loisir : « Avec mes frères et mes sœurs, je jouais autour du foyer de mon père. Nous jouions à cache-cache parmi les rochers et les pins. Ou nous flânions à l'ombre des peupliers ou nous cherchions le *shudock* (sorte de cerise sauvage) pendant que nos parents travaillaient aux champs. »

? Pourquoi le travail des enfants est-il une négation de l'enfance ?

Il n'y a ni « grande » ni « petite » personne. Le statut de personne n'est pas une fonction de l'âge. L'enfant est d'emblée un sujet de droit.

? Quel rapport y a-t-il entre le droit à l'éducation et le fait d'avoir des devoirs ?

KANT DIT AUSSI

« L'homme ne peut devenir homme que par l'éducation. Il n'est que ce que l'éducation fait de lui. Il faut bien remarquer que l'homme n'est éduqué que par des hommes et par des hommes qui ont été également éduqués. »

Emmanuel KANT, *Réflexions sur l'éducation*, Introduction, 1776-1787, trad. A. Philonenko, 1966.

? L'idée d'une « nature humaine » a-t-elle un sens ?

QU'EST-CE QUE LA CONVENTION INTERNATIONALE DES DROITS DE L'ENFANT (CIDE) ?

C'EST UN TRAITÉ INTERNATIONAL

adopté à l'unanimité par l'assemblée générale de l'ONU le 20 novembre 1989 et ratifié aujourd'hui par 196 pays (les États-Unis ont signé la convention mais ne l'ont pas ratifiée).

... QUI ÉNONCE LES DROITS FONDAMENTAUX DE L'ENFANT :

- **Le droit à l'identité** (déclaration à la naissance, droit à une nationalité, à connaître ses parents, etc.)
- **Le droit à la santé**
- **Le droit à l'éducation**
- **Le droit à la protection** (programmes sociaux dans différents domaines : travail, exploitation sexuelle, drogues, etc.)
- **Le droit à la participation** (liberté d'expression, droit d'être entendu dans les procédures judiciaires, etc.)

Direction de l'information légale et administrative
vie-publique.fr I 2019

PLATON
428 av. J.-C.-
348 av. J.-C.

TEXTE 13 COMMENTÉ

La pensée est-elle un phénomène naturel ?

Pourquoi Socrate est-il en prison ? Parce qu'il a choisi de rester à Athènes et de mourir plutôt que de fuir la Cité et de rester en vie. Le jugement qui l'a condamné lui avait laissé le choix. C'est la pensée de Socrate qui est donc la cause de sa présence en prison. Mais la pensée est-elle elle-même un simple effet physiologique causé par le mouvement du sang dans le cerveau ? La pensée n'atteste-t-elle pas d'une réalité humaine qui ne doit rien à la nature ? Quel encéphalogramme pourrait-il mesurer des pensées ? Nous, qui interrogeons ici la nature, ne faut-il pas que nous soyons radicalement différents d'elle, pour pouvoir ainsi la prendre comme objet de notre questionnement ?

Sur ce, Socrate attendit un bon moment, débattant avec lui-même l'examen de quelque point : Ce n'est pas, dit-il, une petite chose qui fait l'objet de ton enquête, Cébès ! C'est en effet, d'une façon générale, le problème de la cause, en ce qui concerne la génération et la corruption, que nous avons à approfondir. À leur sujet je m'en vais donc, si tu le veux bien, te raconter au moins mes impressions personnelles. Ensuite, au cas où, dans ce que je pourrai bien dire, tu verrais quelque chose d'utile, tu l'utiliseras à produire la conviction touchant ta propre théorie. – Mais certainement, dit Cébès, voilà bien ce que je désire ! – Eh bien donc ! écoute le discours que je vais faire. Sache, dit-il, que, lorsque j'étais jeune, c'était merveille, Cébès, le zèle que j'avais pour ce savoir auquel on donne le nom de Connaissance de la Nature ! Je trouvai en effet splendide ce savoir des causes de chaque chose, de la raison qui fait que chaque chose commence d'exister, de la raison pour laquelle elle cesse d'exister, de la raison enfin pour laquelle elle existe ! Maintes fois je me mettais moi-même sens dessus dessous, sur des problèmes tels que ceux que voici, pour commencer. Est-ce, quand le chaud et le froid reçoivent une sorte de putréfaction, que, comme le soutenaient certains, est-ce alors que les vivants ne sont constitués ? Est-ce le sang qui est le principe de notre pensée ? ou bien l'air ? ou bien le feu ? Ou bien n'est-ce aucune de ces choses, mais le cerveau, lui à qui nous devons nos sensations auditives, visuelles, olfactives, desquelles proviendraient mémoire et jugement, tandis que de la mémoire et du jugement, une fois stabilisés, se formerait, grâce à cette stabilisation, un savoir ? Inversement, c'étaient aussi les corruptions de ces choses que j'envisageais, et puis les phénomènes du ciel aussi bien que de la terre. Résultat final : je me jugeai moi-même inapte, incomparablement inapte, à l'égard de cette recherche !

PLATON, *Phédon*, 95e-96b, IVE siècle av. J.-C.,
trad. L. Robin, 1940.

▶ LA LIBERTÉ
▶ LE TEMPS

LE CERVEAU ET LA PENSÉE

Le dialogue que Socrate mène avec Cébès et Criton peut-il être le produit de leur langue, de leurs dents et de leur cerveau ? Ne faut-il pas faire intervenir autre chose que les organes physiques pour expliquer cet échange de pensées ? Et pourquoi Socrate est-il en prison ? Parce qu'il a jugé qu'il valait mieux rester à Athènes et accepter la condamnation à mort plutôt que de fuir. Or, ce jugement, qui explique la présence de Socrate ici et maintenant en prison à Athènes, serait-il un effet du sang, comme le pense Empédocle, ou du feu, comme le dit Héraclite ? Ne faut-il pas, à l'évidence, poser une différence de nature entre l'acte de « penser » (*phronoumen*) et « le cerveau » (*egkeiphalos*), comme le dit Socrate ? Platon distingue ici l'organe matériel de l'âme, qui est seule responsable de la pensée. On peut bien faire la science du cerveau mais peut-on faire la science de la pensée ? Peut-on prédire le cours des idées comme on prédit le cours des planètes ? Les dialogues de Platon, avec leurs coups de théâtre (comme dans le *Théétète*, 184b, où l'on découvre que la sensation supposait un acte de la pensée), leurs multiples retours en arrière (*Le Politique*), ou encore leur fin en queue de poisson (comme dans le *Gorgias*, qui finit par un dialogue de Socrate avec... lui-même !) montrent l'imprévisibilité de la pensée.

1. Qu'est-ce que la connaissance de la nature nous apprend de l'être humain ?
2. Qu'est-ce qui n'est pas naturel chez l'homme ?

PASCAL DIT AUSSI

111. « Je puis bien concevoir un homme sans mains, pieds, tête (car ce n'est que l'expérience qui nous apprend que la tête est plus nécessaire que les pieds). Mais je ne puis concevoir l'homme sans pensée : ce serait une pierre ou une brute. »

114. « La grandeur de l'homme est grande en ce qu'il se connaît misérable. Un arbre ne se connaît pas misérable. »

Blaise PASCAL, *Pensées*, Fragments 111 et 114, 1670.

? La pensée est-elle une faculté naturelle ?

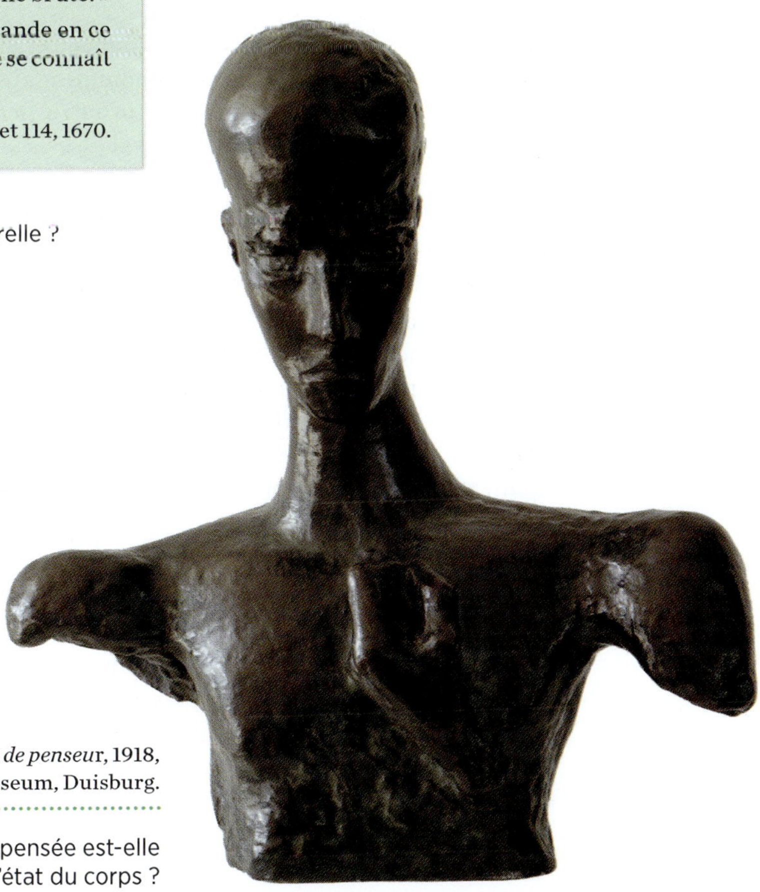

Wilhelm LEHMBRUCK, *Tête de penseur*, 1918, Wilhelm-Lehmbruck-Museum, Duisburg.

? L'activité de la pensée est-elle indépendante de l'état du corps ?

La nature entre les hommes

La question de la présence de la nature se pose non seulement au niveau de l'individu, mais au plan des relations que les êtres humains ont entre eux. Leurs relations naturelles ne sont-elles pas violentes, au point que seule l'institution de relations politiques artificielles puisse instaurer la paix ? (texte 14, Hobbes) **Attribuer à la nature la violence qui règne entre les hommes, n'est-ce pas disculper un peu rapidement les institutions politiques ?** (texte 15, Rousseau)

Thomas HOBBES
1588-1679

TEXTE 14 COMMENTÉ

Y a-t-il des inégalités naturelles entre les êtres humains ?

Tel homme est physiquement plus fort que tel autre, tandis que celui-là est plus vif d'esprit que celui-ci. Seulement, pendant son sommeil, le plus fort est vulnérable et peut facilement être tué par le plus faible. Une coalition d'hommes physiquement faibles peut aussi dominer l'homme le plus fort, ainsi que le démontrent les Lilliputiens qui parviennent à ligoter Gulliver, qui est un géant pour eux (*Les Voyages de Gulliver*, un roman satirique écrit par Jonathan Swift en 1721). L'homme est-il un loup pour l'homme ?

La nature a fait les hommes si égaux quant aux facultés du corps et de l'esprit, que, bien qu'on puisse parfois trouver un homme manifestement plus fort, corporellement, ou d'un esprit plus prompt qu'un autre, néanmoins, tout bien considéré, la différence d'un homme à un autre n'est pas si considérable qu'un homme puisse de ce chef réclamer pour lui-même un avantage auquel un autre ne puisse prétendre aussi bien que lui. En effet, pour ce qui est de la force corporelle, l'homme le plus faible en a assez pour tuer l'homme le plus fort, soit par une machination secrète, soit en s'alliant à d'autres qui courent le même danger que lui.

Quant aux facultés de l'esprit (mis à part les arts fondés sur les mots, et spécialement cet art de procéder selon des règles générales et infaillibles qui se nomme science, art que très peu possèdent, et encore relativement à un domaine restreint, car il ne s'agit ni d'une faculté naturelle et innée, ni d'une faculté qu'on acquiert en s'occupant d'autre chose, comme la prudence), j'y trouve, entre les hommes, une égalité plus parfaite encore que leur égalité de forces. [...]

De cette égalité des aptitudes découle une égalité dans l'espoir d'atteindre nos fins. C'est pourquoi, si deux hommes désirent la même chose alors qu'il n'est pas possible qu'ils en jouissent tous les deux, ils deviennent ennemis : et dans leur poursuite de cette fin (qui est, principalement, leur propre conservation, mais parfois seulement leur agrément), chacun s'efforce de détruire ou de dominer l'autre. Et de là vient que, là où l'agresseur n'a rien de plus à craindre que la puissance individuelle d'un autre homme, on peut s'attendre avec vraisemblance, si quelqu'un plante, sème, bâtit, ou occupe un emplacement commode, à ce que d'autres arrivent tout équipés, ayant uni leurs forces, pour le déposséder et lui enlever non seulement le fruit de son travail, mais aussi la vie ou la liberté. Et l'agresseur à son tour court le même risque à l'égard d'un nouvel agresseur.

Du fait de cette défiance de l'un à l'égard de l'autre, il n'existe pour nul homme aucun moyen de se garantir qui soit aussi raisonnable que le fait de prendre les devants, autrement dit, de se rendre maître, par la violence ou par la ruse, de la personne de tous les hommes pour lesquels cela est possible, jusqu'à ce qu'il n'aperçoive plus d'autre puissance assez forte pour le mettre en danger. Il n'y a rien là de plus que n'en exige la conservation de soi-même, et en général on estime cela permis. [...]

De plus, les hommes ne retirent pas d'agrément (mais au contraire un grand déplaisir) de la vie en compagnie, là où il n'existe pas de pouvoir capable de les tenir tous en respect. Car chacun attend que son compagnon l'estime aussi haut qu'il s'apprécie lui-même, et à chaque signe de dédain, ou de mésestime il s'efforce naturellement, dans toute la mesure où il l'ose (ce qui suffit largement, parmi des hommes qui n'ont pas de commun pouvoir qui les tienne en repos, pour les conduire à se détruire mutuellement), d'arracher la reconnaissance d'une valeur plus haute : à ceux qui le dédaignent, en leur nuisant ; aux autres, par de tels exemples.

De la sorte, nous pouvons trouver dans la nature humaine trois causes principales de querelle : premièrement la rivalité ; deuxièmement la méfiance ; troisièmement, la fierté.

Il apparaît clairement par là qu'aussi longtemps que les hommes vivent sans un pouvoir commun qui les tienne tous en respect, ils sont dans cette condition qui se nomme guerre, et cette guerre est guerre de chacun contre chacun. Car la guerre ne consiste pas seulement dans la bataille et dans les combats effectifs ; mais dans un espace de temps où la volonté de s'affronter dans des batailles est suffisamment avérée : on doit par conséquent tenir compte, relativement à la nature de la guerre, de la notion de durée, comme on en tient compte, relativement à la nature du temps qu'il fait. De même en effet que la nature du mauvais temps ne réside pas dans une ou deux averses, mais dans une tendance qui va dans ce sens, pendant un grand nombre de jours consécutifs, de même la nature de la guerre ne consiste pas dans un combat effectif, mais dans une disposition avérée, allant dans ce sens, aussi longtemps qu'il n'y a pas d'assurance du contraire. Tout autre temps se nomme paix.

Thomas HOBBES, *Léviathan*, 13, 1668,
trad. F. Tricaud, 1971.

▶ L'ÉTAT

ÉGALITÉ NATURELLE

Les différences physiques entre les êtres humains ne sont pas grandes au point que l'un d'eux soit plus fort que tous les autres. Les inégalités intellectuelles, quant à elles, sont le fruit de l'éducation et de la culture, et ne doivent donc rien à la condition naturelle des hommes. Que ce soit au niveau des capacités corporelles ou des aptitudes intellectuelles, nul ne peut par nature prétendre détenir et exercer la loi du plus fort.

La rivalité qui règne entre les êtres humains prouve leur égalité. Les rivaux se reconnaissent comme égaux.

LA CRAINTE RÉCIPROQUE

Cette situation d'égalité naturelle entre les hommes produit une crainte réciproque généralisée. Nul ne peut assurer sa propre survie contre la puissance d'autrui.

FAIRE LA DIFFÉRENCE

C'est bien parce qu'ils sont égaux que les êtres humains cherchent à affirmer leur supériorité sur les autres. Si cette supériorité était une réalité naturelle, les hommes ne chercheraient pas à faire la différence. L'inégalité se constaterait et ferait consensus. Tous les efforts de chacun pour persuader les autres qu'il est le plus fort montrent qu'il ne l'est pas.

ÉTAT DE GUERRE, ÉTAT DE PAIX

Les relations naturelles des hommes entre eux connaissent nécessairement des relations conflictuelles, chacun craignant l'autre, chacun cherchant à prendre le dessus, sans pouvoir jamais être certain d'être le plus fort une fois pour toutes. Cette condition naturelle d'égalité des êtres humains produit une guerre de chacun contre chacun. Dans l'état de paix, la crainte réciproque naturelle a été remplacée, grâce au pacte social qui a institué un pouvoir commun qui s'impose à tous, par une crainte unilatérale. Si l'homme était un loup par nature, il le resterait : c'est donc seulement « pour l'homme » que l'homme, à l'état de nature, est un loup. De l'état de guerre à l'état de paix, les hommes ne changent pas de nature. Ils passent de relations naturelles conflictuelles à des relations artificielles pacifiques. La politique est un artifice. **(voir L'ÉTAT, texte 1, p. 146)**

1 La loi du plus fort est-elle naturelle ?

2 Pourquoi les hommes se comparent-ils ?

HOBBES DIT AUSSI

« L'accord entre ces créatures [les abeilles ou les fourmis] est naturel ; celui entre les hommes n'existe que par une convention qui est artificielle. »

Thomas HOBBES, *Léviathan*, 17, 1668, trad. F. Tricaud, 1971.

? La politique peut-elle être naturelle ?

REPÈRES en puissance / en acte

Hobbes parle, non pas de guerre, mais d'« état » de guerre, pour souligner que la réalité conflictuelle des relations naturelles des êtres humains ne se limite pas au combat effectif, mais inclut la possibilité du conflit. La guerre, c'est tel conflit **en acte**. L'état de guerre, c'est la guerre **en puissance**, qui est réelle, bien qu'elle ne soit pas actuelle. Par exemple, les relations internationales relèvent, pour Hobbes, de l'état de guerre dans la mesure où les États ne se sont pas soumis à un pouvoir commun qui assurerait leur unité : ainsi, la guerre entre eux est toujours possible. L'état de paix, ce n'est pas l'absence actuelle de conflit, mais l'impossibilité de la guerre.

Giovenale BOETTO et Giovanni CLARET, fresque représentant les exploits militaires de Victor Emmanuel Ier de Savoie, duc de Savoie et prince de Piémont. Épisode de la bataille de Bestagno (1625), XVIIe siècle, Palazzo Taffini d'Acceglio, Savillan.

? La « déclaration » qui commence une guerre et l'« armistice » qui la termine, ne sont-ils pas des actes juridiques qui n'ont rien de naturels ?

Jean-Jacques ROUSSEAU
1712-1778

TEXTE 15

La guerre peut-elle être naturelle ?

Imputer la violence entre les êtres humains à leur nature, c'est valider l'idée que la culture est, pour sa part, synonyme de progrès aussi bien techniques que moraux. Situer la guerre dans un état de nature **(voir texte 14)** antérieur à la vie politique, c'est imaginer la politique comme le lieu de la paix. Cette image naïve ne fait-elle pas oublier la violence politique ? La politique met-elle fin à la guerre ou la rend-elle, au contraire, possible ?

L'homme est naturellement pacifique et craintif, au moindre danger, son premier mouvement est de fuir ; il ne s'aguerrit qu'à force d'habitude et d'expérience. L'honneur, l'intérêt, les préjugés, la vengeance, toutes les passions qui peuvent lui faire braver les périls et la mort, sont loin de lui dans l'état de nature. Ce n'est qu'après avoir fait société avec quelque homme qu'il se détermine à en attaquer un autre, et il ne devient soldat qu'après avoir été citoyen. On ne voit pas là de grandes dispositions à faire la guerre à tous ses semblables. Mais c'est trop m'arrêter sur un système aussi révoltant qu'absurde, qui a déjà cent fois été réfuté.

Il n'y a donc point de guerre générale d'homme à homme et l'espèce humaine n'a pas été formée uniquement pour s'entre-détruire. Reste à considérer la guerre accidentelle et particulière qui peut naître entre deux ou plusieurs individus.

Si la loi naturelle n'était écrite que dans la raison humaine, elle serait peu capable de diriger la plupart de nos actions, mais elle est encore gravée dans le cœur de l'homme en caractères ineffaçables et c'est là qu'elle lui parle plus fortement que tous les préceptes des philosophes ; c'est là qu'elle lui crie qu'il ne lui est permis de sacrifier la vie de son semblable qu'à la conservation de la sienne, et qu'elle lui fait horreur de verser le sang humain sans colère, même quand il s'y voit obligé. [...]

Nous entrons maintenant dans un nouvel ordre de choses. Nous allons voir les hommes unis par une concorde artificielle se rassembler pour s'entre-égorger et toutes les horreurs de la guerre naître des soins qu'on avait pris pour la prévenir. [...]

Il n'y a point de guerre entre les hommes ; il n'y en a qu'entre les États. [...]

J'appelle donc guerre de puissance à puissance l'effet d'une disposition mutuelle, constante et manifestée de détruire l'État ennemi, ou de l'affaiblir au moins, par tous les moyens qu'on le peut. Cette disposition réduite en acte est la guerre proprement dite ; tant qu'elle reste sans effet, elle n'est que l'état de guerre.

Mettons un moment ces idées en opposition avec l'horrible système de Hobbes ; et nous trouverons, tout au rebours de son absurde doctrine, que bien loin que l'état de guerre soit naturel à l'homme, la guerre est née de la paix, ou du moins des précautions que les hommes ont prises pour s'assurer une paix durable.

Jean-Jacques ROUSSEAU, *L'État de guerre ou Que l'état de guerre naît de l'état social*, 1756-1758.

▶ L'ÉTAT

1. Quelle est la différence entre une guerre et une querelle ?
2. L'existence des guerres accuse-t-elle la nature humaine ?

CINÉ PHILO

Into the Wild

SEAN PENN, 2007

Into the Wild est un film du réalisateur américain Sean Penn. Le réalisateur s'est inspiré de l'histoire réelle de Christopher Johnson McCandless, jeune diplômé qui décide de couper tous ses liens avec la société – profondément matérialiste et corrompue à ses yeux – pour prendre la route.
Des champs de blé du Dakota aux flots tumultueux du Colorado qui le mènent jusqu'au Mexique, en passant par les déserts de Californie, Chris décide lors de ce voyage d'explorer ses propres limites. Il revient à la condition la plus ancienne de l'homme face à la nature aveugle à ses besoins. Il ne cherche pas seulement le repos et la simplicité d'une vie en totale communion avec la nature, mais, poussant jusqu'au bout ses capacités de survie, il se cherche lui-même au sein d'un cosmos qui le dépasse.
Cette force de la nature, qui n'est pas tendre pour l'homme, finit par réduire Chris à un état de bestialité et de fragilité absolues. Cette expérience lui fait comprendre que l'homme n'est pas fait pour vivre seul.

LA RAISON

Francisco de GOYA, *Le sommeil de la raison engendre des monstres*, détail, 1779, Metropolitan Museum of Art, New York.

Francisco José de Goya y Lucientes (1746-1828), dit Francisco de Goya, est un peintre et graveur espagnol. Fervent défenseur des idées et des valeurs des Lumières, il n'en est pas moins souvent considéré comme un précurseur du romantisme, voire des avant-gardes picturales du XXe siècle. Dans cette gravure, la quarante-troisième des quatre-vingt qui composent la célèbre série intitulée *Los Caprichos*, il se représente endormi à sa table de travail. Derrière lui, diverses créatures inquiétantes l'assaillent : vivante image du cauchemar dont il est la proie, et figuration transparente de la barbarie qui guette toute époque, ou toute société que la raison ne guide plus.

ARRÊT SUR IMAGE

1 Qu'est-ce qu'un monstre, et en quoi peut-on y voir une figure de la déraison ?

2 Vivre conformément à la raison, est-ce conjurer ses peurs ? La raison a-t-elle vocation à nous rassurer ?

3 Est-il fortuit que l'affaiblissement de la vigilance rationnelle donne ici lieu à un foisonnement d'images ?

LA RAISON EN QUESTION

À s'en tenir au sens strict que lui donne son origine latine, la raison signifie le calcul. *Raison* vient en effet du latin *ratio*, qui désigne un calcul, un compte. Réduire la raison à ce sens étroit, ce serait en faire une simple question de comptabilité. L'usage et l'expérience montrent que le mot s'étend, au-delà du calcul, aux opérations rigoureuses qui produisent une pensée et un savoir certain.

1 RAISON ET DÉRAISON La raison désigne une faculté intellectuelle que l'on réserve traditionnellement à l'homme. Or, une faculté se définit par ce qu'elle est capable de faire : que fait donc la raison ? L'imagination est la faculté d'imaginer, de produire des images ; la raison est la faculté de raisonner, de produire des raisonnements. Mais qu'est-ce que raisonner ? Suffit-il de raisonner pour être raisonnable ? N'y a-t-il pas une sorte de folie dans le désir d'avoir toujours raison ? Plus radicalement, la frontière entre raison et déraison est-elle étanche ? Il n'y a pas plus raisonneur qu'un fou. La raison peut-elle, dans ces conditions, définir la folie comme son contraire ? (p. 334 à p. 343)

2 LE RATIONNEL ET L'IRRATIONNEL Être raisonnable est une attitude humaine, se montrer rationnel également. Mais le rationnel qualifie les choses et plus largement, le réel. La rationalité de l'esprit se retrouve-t-elle dans le monde lui-même ? Là où l'imagination croit voir de l'étrange, la raison ne permet-elle pas d'identifier du rationnel ? La philosophie n'est-elle pas ce travail de la raison pour saisir le rationnel sous l'apparence de l'irrationnel ? Le réel s'accorde-t-il de lui-même au besoin de rationalité de la raison humaine ou celle-ci prend-elle son désir pour la réalité ? L'irrationnel est le contraire du rationnel, qui se définit donc relativement à la raison. Mais le réel n'est-il pas « a-rationnel », non pas opposé à la raison, mais sans rapport aucun avec elle : absolument autre qu'elle ? (p. 344 à p. 353)

3 RAISON ET RELIGION La raison ne trouve-t-elle pas alors sa limite dans la religion, qui ouvre seule aux mystères de la foi ? La philosophie doit-elle s'arrêter aux portes du mystérieux, qui excède les capacités de la raison ? Une telle soumission de la raison à la religion reviendrait, pour la philosophie, en niant la raison, à se renier elle-même. Ne doit-elle pas plutôt étendre son exigence de rationalité aux objets de la foi eux-mêmes ? Si la raison est la faculté de penser par soi-même, la soumettre à une autorité extérieure et supérieure, ne serait-ce consentir au sacrifice exorbitant de sa liberté ? (p. 354 à p. 359)

PANORAMA DE LA NOTION

Raison et déraison

La raison se définit par ce qu'elle fait, et qu'elle seule est capable de faire, à savoir produire des déductions. Mais qu'est-ce que déduire ? (texte 1, Leibniz) Avant de raisonner sur quoi que ce soit, la raison ne doit-elle pas se prendre elle-même pour objet ? (texte 2, Descartes) Les déductions de la raison ne prennent-elles pas appui sur des principes qui ne sont peut-être pas eux-mêmes déduits mais reçus ? (texte 3, Pascal) Mais la raison est-elle, par nature, une faculté de connaissance ? Le raisonnable n'est-il pas plutôt de l'ordre de l'action et de la morale ? (texte 4, Kant) À l'inverse, la volonté d'avoir raison ne peut-elle pas, sur le terrain pratique, trahir une attitude déraisonnable ? (texte 5, Alain) La recherche de la rationalité dans la vie politique, économique et sociale ne donne-t-elle pas le spectacle troublant mais incontestable d'une folie rationnelle ? (texte 6, Marcuse) Mais est-il possible de faire de la raison et de la folie deux concepts clairement séparés et distincts l'un de l'autre ? (texte 7, Foucault)

Gottfried Wilhelm LEIBNIZ
1646-1716

TEXTE 1

Qu'est-ce qu'une déduction ?

En premier lieu, ce qui définit la raison, c'est sa capacité à déduire des conséquences nécessaires et universelles à partir de principes. C'est en effet ce qui la distingue de l'imagination et de la mémoire, qui ne peuvent qu'induire une cause probable à partir d'un effet observé. (voir LE TEMPS, texte 2, p. 462) Quelle est donc la différence entre une induction tirée de l'expérience et une déduction rationnelle ?

[L]es bêtes sont purement empiriques et ne font que se régler sur les exemples, car, autant qu'on en peut juger, elles n'arrivent jamais à former des propositions nécessaires, au lieu que les hommes sont capables de sciences démonstratives, en quoi la faculté que les bêtes ont de faire des consécutions est quelque chose d'inférieur à la raison qui est dans les hommes. Les consécutions des bêtes sont purement comme celles des simples empiriques, qui prétendent que ce qui est arrivé quelquefois arrivera encore dans un cas où ce qui les frappe est pareil, sans être pour cela capables de juger si les mêmes raisons subsistent. C'est par là qu'il est si aisé aux hommes d'attraper les bêtes, et qu'il est si facile aux simples empiriques de faire des fautes ; de quoi les personnes devenues habiles par l'âge et par l'expérience ne sont pas même exemptes lorsqu'elles se fient trop à leur expérience passée, comme il est arrivé à plusieurs dans les affaires civiles et militaires, parce qu'on ne considère point assez que le monde change et que les hommes deviennent plus habiles en trouvant mille adresses nouvelles, au lieu que les cerfs ou les lièvres de ce temps ne deviennent pas plus rusés que ceux du temps passé. Les consécutions des bêtes ne sont qu'une ombre du raisonnement, c'est-à-dire ce ne sont que connexions d'imagination, et un passage d'une image à une autre, parce que dans une rencontre nouvelle qui paraît semblable à la précédente, on s'attend de nouveau à ce qu'on y trouvait joint autrefois, comme si les choses étaient liées en effet, parce que leurs images le sont dans la mémoire. Il est vrai encore que la raison conseille qu'on s'attende pour l'ordinaire de voir arriver à l'avenir ce qui est conforme à une longue expérience du passé, mais ce n'est pas pour cela une vérité nécessaire et infaillible, et le succès peut cesser quand on s'y attend le moins, lorsque les raisons qui l'ont maintenu changent. C'est pourquoi les plus sages ne s'y fient pas tant qu'ils ne tâchent de pénétrer (s'il est possible) quelque chose de la raison de ce fait pour juger quand il faudra faire des exceptions. Car la raison est seule capable d'établir des règles sûres et de suppléer à ce qui manque à celles qui ne l'étaient point, en y faisant des exceptions ; et de trouver enfin des liaisons certaines dans la force des conséquences nécessaires, ce qui donne souvent le moyen de prévoir l'événement sans avoir besoin d'expérimenter les liaisons sensibles des images, où les bêtes sont réduites. De sorte que ce qui justifie les principes internes des vérités nécessaires distingue encore l'homme de la bête.

Gottfried Wilhelm LEIBNIZ, *Nouveaux Essais sur l'entendement humain*, 1765.

▶ LA NATURE
▶ LE TEMPS
▶ LA VÉRITÉ

1 L'observation est-elle un acte de la raison ?

2 Quelle est la différence entre des « connexions d'imagination » (l. 17) et des « conséquences nécessaires » (l. 29) ?

LEIBNIZ DIT AUSSI

« La mémoire fournit une espèce de *consécution* aux âmes, qui imite la raison, mais qui doit en être distinguée. C'est que nous voyons que les animaux, ayant la perception de quelque chose qui les frappe et dont ils ont eu perception semblable auparavant, s'attendent par la représentation de leur mémoire à ce qui y a été joint dans cette perception précédente et sont portés à des sentiments semblables à ceux qu'ils avaient pris alors. Par exemple : quand on montre le bâton aux chiens, ils se souviennent de la douleur qu'il leur a causée et crient et fuient. »

Gottfried Wilhelm LEIBNIZ, *La Monadologie*, § 26, 1714.

? Le raisonnement est-il indépendant de la mémoire ?

REPÈRES vrai / probable / certain ; hypothèse / conséquence / conclusion

Leibniz distingue, dans *La Monadologie* (§ 33), les « **vérités de fait** » et les « **vérités de raisonnement** » : les premières ne sont que des connaissances **probables**, sans certitude, parce qu'elles tirent des **conclusions** d'observations présentes ou passées. Or, l'expérience ne fournit aucune **certitude**. Ce que nous avons observé jusque-là peut ne pas se répéter demain. Ces **vérités de fait** sont le fruit des sens, de la mémoire et de l'imagination. (voir LA VÉRITÉ, texte 7, p. 530) Le raisonnement, lui, n'induit pas des **conclusions** à partir de faits observés mais déduit des **conséquences** à partir de principes : les **conclusions empiriques** restent **hypothétiques**, les **conséquences rationnelles** sont des **certitudes**. Leibniz distingue ces dernières des simples « connexions » dont les animaux sont capables.

Jean Ignace Isidore GRANDVILLE, *Ânes à l'école*, illustration pour « Guide-âne à l'usage des animaux qui veulent parvenir aux honneurs » dans *Scènes de la vie privée et publique des animaux* d'Honoré de Balzac, 1842.

René DESCARTES
1596-1650

TEXTE 2

La raison est-elle le critère de vérité ?

L'imagination est la faculté des images, la raison est la faculté des idées. Mais qu'est-ce qui différencie les unes des autres ? Est-il possible de tracer une ligne de démarcation claire et distincte entre la raison et l'imagination ? Le rêve n'est-il pas l'expérience quotidienne du « sommeil de la raison », comme dit Goya (voir Arrêt sur image, p. 331), qui brouille la frontière entre idée et image ?

S'il arrivait même en dormant qu'on eût quelque idée fort distincte, comme, par exemple, qu'un géomètre inventât quelque nouvelle démonstration, son sommeil ne l'empêcherait pas d'être vraie. Et pour l'erreur la plus ordinaire de nos songes, qui consiste en ce qu'ils nous représentent divers objets en même façon que font nos sens extérieurs, n'importe pas qu'elle nous donne occasion de nous défier de la vérité de telles idées, à cause qu'elles peuvent aussi nous tromper assez souvent sans que nous dormions ; comme lorsque ceux qui ont la jaunisse voient tout de couleur jaune, ou que les astres ou autres corps fort éloignés nous paraissent beaucoup plus petits qu'ils ne sont. Car enfin, soit que nous veillions, soit que nous dormions, nous ne nous devons jamais laisser persuader qu'à l'évidence de notre raison. Et il est à remarquer que je dis de notre raison, et non point de notre imagination ni de nos sens : comme encore que nous voyions le soleil très clairement, nous ne devons pas juger pour cela qu'il ne soit que de la grandeur que nous le voyons ; et nous pouvons bien imaginer distinctement une tête de lion entée sur le corps d'une chèvre, sans qu'il faille conclure pour cela qu'il y ait au monde une chimère : car la raison ne nous dicte point que ce que nous voyons ou imaginons ainsi soit véritable ; mais elle nous dicte bien que toutes nos idées ou notions doivent avoir quelque fondement de vérité.

René DESCARTES, *Discours de la méthode*, 1637.

▶ LA CONSCIENCE
▶ L'INCONSCIENT
▶ LA VÉRITÉ

1 L'évidence est-elle un critère de vérité suffisant ?

2 N'y a-t-il d'évident que ce qui est rationnel ?

William BLAKE, *Isaac Newton*, 1795, Tate Gallery, Londres.

→ VERS LE BAC

À l'aide d'exemples précis, de ce texte et du précédent, ainsi que des textes de la 2e partie du chapitre sur LA VÉRITÉ, distinguer l'évidence immédiate et la certitude construite.

Blaise PASCAL
1623-1662

TEXTE 3

Les vérités de la raison dépendent-elles des vérités du cœur ?

Les déductions que produit la raison sont tirées de principes. Mais d'où ces principes sont-ils eux-mêmes déduits ? Ce problème menace de plonger la raison dans une régression à l'infini car il faudrait, dans ce cas, que les principes soient eux-mêmes déduits de principes antérieurs, et ainsi à l'infini. Les opérations rationnelles ne dépendent-elles pas, en dernière analyse, des données immédiates du cœur ?

Nous connaissons la vérité non seulement par la raison mais encore par le cœur, c'est de cette dernière sorte que nous connaissons les premiers principes et c'est en vain que le raisonnement, qui n'y a point de part, essaie de les combattre. Les pyrrhoniens, qui n'ont que cela pour objet, y travaillent inutilement. Nous savons que nous ne rêvons point, quelque impuissance où nous soyons de le prouver par raison ; cette impuissance ne conclut autre chose que la faiblesse de notre raison, mais non pas l'incertitude de toutes nos connaissances, comme ils le prétendent.

Car la connaissance des premiers principes : espace, temps, mouvement, nombres, est aussi ferme qu'aucune de celles que nos raisonnements nous donnent et c'est sur ces connaissances du cœur et de l'instinct qu'il faut que la raison s'appuie et qu'elle y fonde tout son discours. – Le cœur sent qu'il y a trois dimensions dans l'espace et que les nombres sont infinis et la raison démontre ensuite qu'il n'y a point deux nombres carrés dont l'un soit double de l'autre. Les principes se sentent, les propositions se concluent et le tout avec certitude quoique par différentes voies – et il est aussi inutile et aussi ridicule que la raison demande au cœur des preuves de ses premiers principes pour vouloir y consentir, qu'il serait ridicule que le cœur demandât à la raison un sentiment de toutes les propositions qu'elle démontre pour vouloir les recevoir.

Cette impuissance ne doit donc servir qu'à humilier la raison, qui voudrait juger de tout, mais non pas à combattre notre certitude, comme s'il n'y avait que la raison capable de nous instruire.

Blaise PASCAL, *Pensées*, Fragment 110, 1670.

▶ LA SCIENCE
▶ LA VÉRITÉ

1. Les sciences mathématiques et physiques ont-elles un fondement rationnel ?
2. Y a-t-il des vérités indémontrables ?

PASCAL DIT AUSSI

« L'esprit de ce souverain juge du monde n'est point si indépendant qu'il ne soit sujet à être troublé par le premier tintamarre qui se fait autour de lui. Il ne faut point le bruit d'un canon pour empêcher ses pensées. Il ne faut que le bruit d'une girouette ou d'une poulie. Ne vous étonnez point, s'il ne raisonne pas bien à présent, une mouche bourdonne à ses oreilles. C'en est assez pour le rendre incapable de bon conseil. Si vous voulez qu'il puisse trouver la vérité, chassez cet animal qui tient sa raison en échec et trouble cette puissante intelligence qui gouverne les villes et les royaumes. Le plaisant dieu que voilà ! *O ridicolosissimo heroe*[1] ! »

Blaise PASCAL, *Pensées*, Fragment 48, 1670.

1 « Ô héros ridiculissime ! »

? La raison est-elle un pouvoir ?

Emmanuel KANT
1724-1804

TEXTE 4 COMMENTÉ

Y a-t-il des illusions rationnelles ?

La philosophie impute traditionnellement l'illusion à l'imagination ou aux sensations et considère la raison comme le sens du vrai. Ce présupposé prétend maintenir l'illusion à l'extérieur de la raison elle-même et lui en épargner la mésaventure. Mais la raison ne peut-elle pas tomber dans l'illusion ? La raison peut-elle se leurrer sur elle-même ? Les « ratiocinations » (substantif formé sur le verbe *ratiociner*, dont le sens est désormais péjoratif : « raisonner dans le vide, de façon trop subtile et abstraite ») ne désignent-elles pas ces raisonnements d'autant plus sûrs d'eux-mêmes qu'ils sont vides et ne le savent pas ?

Les idées de la raison pure ne peuvent jamais être en elles-mêmes dialectiques, leur abus seul peut faire qu'il en résulte en nous une apparence trompeuse ; car elles nous sont données par la nature de notre raison et il est impossible que ce tribunal suprême de tous les droits et de toutes les prétentions de notre spéculation renferme des illusions et des prestiges originels. Elles ont donc, apparemment, une destination bonne et utile dans la constitution naturelle de notre raison. Mais la tourbe des sophistes crie, comme c'est son habitude, à l'absurdité et à la contradiction, et elle outrage le gouvernement dont elle ne peut pénétrer les plans secrets, mais à l'influence bienfaisante duquel elle doit, tout de même, son salut et aussi cette culture qui la rend capable de le blâmer et de le condamner.

Emmanuel KANT, « Du but de la dialectique naturelle de la raison humaine »,
Critique de la raison pure, 1781,
trad. B. Pacaud et A. Tremesaygues, 1905.

- LE DEVOIR
- LA LIBERTÉ
- LA SCIENCE
- LA VÉRITÉ

LES ILLUSIONS DE LA RAISON

Connaître, c'est connaître quelque chose. Pourtant, tout ce qui nous est donné et qui offre un contenu à la connaissance ne peut être reçu que par notre sensibilité, qui impose à tout ce qu'elle reçoit la forme du temps. (voir LE TEMPS, texte 4, p. 466) Dès lors, toute connaissance est dépendante du temps et ne peut prétendre à l'absolu. Cependant, l'histoire de la philosophie montre que la raison n'a cessé de prétendre atteindre un savoir absolu : l'âme, le monde et Dieu ont été les objets de cette prétention. Mais pour faire de l'âme un objet de connaissance, il fallait lui donner un contenu temporel et, du même coup, contredire son immortalité : on a ainsi opposé l'âme et le corps comme le durable et l'éphémère. (voir LE TEMPS, texte 9, p. 472) De même, nous ne pouvons confondre la connaissance, à un moment donné, d'une partie du monde, avec l'expérience du monde en lui-même. Ce qui nous est donné, c'est toujours ceci ou cela à tel moment, mais jamais la totalité de ce qui existe. Enfin, prétendre connaître Dieu, c'était en faire l'origine de toutes choses et ainsi se le représenter dans le temps comme l'Être venu le premier, et contredire son éternité. (voir texte 14) À chaque fois, la raison s'est leurrée et a déliré en croyant accéder à une connaissance absolue lorsqu'elle était, sans le savoir, conditionnée par le temps. Cela revient à « déraisonner avec la raison », comme le dit Kant à la dernière phrase des *Prolégomènes* (1783). Kant appelle « dialectiques » (*dia*, « la division ») ces conflits de la raison avec elle-même. L'âme, le monde et Dieu ne sont donc pas des choses que la raison pourrait connaître. Ce sont des idées de la raison. (voir LA VÉRITÉ, textes 3, p. 524, et 4, p. 526)

LA NATURE DE LA RAISON

Mais pourquoi la raison a-t-elle ces idées qu'elle ne peut pas connaître ? Serait-elle une faculté non seulement inutile mais nocive, vouée à l'illusion ? La raison est-elle, par nature, condamnée à rester insatisfaite ? Kant attribue ces illusions moins à la raison elle-même qu'à l'usage que nous en avons. Il suit en cela Descartes, pour qui la « lumière naturelle » est la même chez tous les hommes : ce qui fait la différence entre les individus, ce n'est pas leur aptitude intellectuelle, mais la façon de conduire leur raison, c'est-à-dire la méthode. Le travail de la philosophie « critique » est justement de séparer ce qui a été confondu : l'absolu et le relatif, l'intemporel et le temporel. Si la raison a ses idées, qui sont constitutives de sa nature, c'est qu'elles ont un sens, une destination. La raison, en tant que raison « pure », c'est-à-dire en tant que faculté de l'intemporel, cesse de se prendre pour la théorique faculté du savoir pour se comprendre enfin elle-même comme une faculté pratique, c'est-à-dire morale. C'est grâce à notre raison que nous avons le sens du devoir qui s'impose indépendamment des circonstances de temps. Et c'est d'elle que nous tenons notre sens de l'imprescriptible, c'est-à-dire de la valeur absolue d'une faute morale qui ne se dilue pas avec le temps.

1. **Quelle est la différence entre « corriger une erreur » et « dissiper une illusion » ?**
2. **Pourquoi dit-on « tomber » dans une illusion ?**

KANT DIT AUSSI

« Je me flatte d'être arrivé à la suppression de toutes les erreurs qui, jusqu'ici, avaient divisé la raison avec elle-même dans son usage en dehors de l'expérience. [...] À la vérité, je n'ai pas donné à ces questions la réponse que pouvait attendre la délirante passion de savoir du dogmatisme, car il est impossible de le satisfaire autrement que par des tours de magie auxquels je n'entends rien. Aussi bien n'était-ce pas là l'objet de la destination naturelle de notre raison. »

Emmanuel KANT, *Critique de la raison pure*, Préface à la première édition, 1781, trad. B. Pacaud et A. Tremesaygues, 1905.

? Comment la raison peut-elle être en conflit avec elle-même ?

AUX FRONTIÈRES DE LA PHILOSOPHIE

Dans cet extrait, deux conceptions de l'enquête policière s'opposent : celle de M. Filleul, le juge d'instruction, et celle d'Isidore Beautrelet, un jeune lycéen qui étudie la logique d'Arsène Lupin. Le premier s'inspire de l'observation à la loupe de Sherlock Holmes ; le second de Platon et de Descartes pour considérer que la vérité ne peut être due qu'à une réflexion de la raison pure, détachée des sens et indépendante de l'expérience.

« M. Filleul – Eh quoi ! Que devenez-vous, jeune homme ? Vous dormez ?
Isidore – Je ne dors pas. Je réfléchis.
– Depuis ce matin ?
– Depuis ce matin.
– Il s'agit bien de réfléchir ! Il faut voir d'abord. Il faut étudier les faits, chercher les indices, établir les points de repère. C'est après que, par la réflexion, on coordonne tout cela et que l'on découvre la vérité.
– Oui, je sais... c'est la méthode usuelle... la bonne sans doute. Moi, j'en ai une autre... je réfléchis d'abord, je tâche avant tout de trouver l'idée générale de l'affaire, si je peux m'exprimer ainsi. Puis j'imagine une hypothèse raisonnable, logique, en accord avec cette idée générale. Et c'est après, seulement, que j'examine si les faits veulent bien s'adapter à mon hypothèse.
– Drôle de méthode ! et rudement compliquée !
– Méthode sûre, monsieur Filleul, tandis que la vôtre ne l'est pas.
– Allons donc, les faits sont les faits.
– Avec des adversaires quelconques, oui. Mais pour peu que l'ennemi ait quelque ruse, les faits sont ceux qu'il a choisis. Ces fameux indices sur lesquels vous bâtissez votre enquête, il fut libre, lui, de les disposer à son gré. Et vous voyez alors, quand il s'agit d'un homme comme Lupin, où cela peut vous conduire, vers quelles erreurs et quelles inepties ! »

Maurice LEBLANC, *L'Aiguille creuse*, chapitre 3, 1909.

? La raison pure peut-elle fournir une connaissance ?

ALAIN
1868-1951

TEXTE 5

Suffit-il d'être rationnel pour se montrer raisonnable ?

On considère souvent que la raison permet d'apaiser les conflits. Mais la volonté d'avoir raison n'est-elle pas une sorte de démangeaison mentale qui, loin d'atténuer les conflits, les attise ? À force d'opposer les raisons aux raisons, on finit par en venir aux mains. Les guerres ne sont-elles pas l'œuvre du démon de l'argumentation ?

Supposons encore une discussion dans un cercle, qui ait conduit à des paroles vives. On se retrouve, et l'on s'excuse selon les formes de la politesse. Le mieux est bien clairement de ne point revenir sur la discussion elle-même ; mais si l'on ne peut éviter d'y revenir, alors la politesse, précieuse institution contre les passions, exige que je reconnaisse mes propres torts, et mon injuste emportement, sans vouloir que l'autre reconnaisse sa faute aussi, terme pour terme ; sans quoi la dispute renaîtra, et pire. Cela est heureusement de pratique dès que l'on sait vivre. Et chacun sait bien au reste, que l'homme vraiment poli civilise ceux qui l'entourent. Je compare deux peuples en querelle à deux hommes en querelle ; il le faut bien. [...] Si cette querelle n'est point terminée, il n'y a point de paix. Me voilà chargé, pour une petite part, d'établir ce genre de paix, qui n'est pas peu. Il n'est point question ici de dire si j'aime ou si je n'aime pas ; de même il n'est pas question de savoir si j'aime ou si je n'aime pas un passant inconnu. Mais je dois suivre ici la politesse, et non pas chercher la justice. Reconnaître d'abord franchement, je dirai même généreusement, les fautes que je connais et dont je me sens responsable. Les fautes de l'autre, je les lui laisse à trouver. Je n'ai nullement pour fin de lui prouver qu'il a tort ; mieux je le prouverai, et plus je l'irriterai. Allons jusqu'au bout de l'idée ; je parle à un vaincu ; vais-je nourrir en lui cette idée amère et brûlante qu'il l'a voulu et qu'il l'a mérité ? Je sais trop que ce jeu est le jeu des passions. Je suis assuré que cette fureur des deux côtés, celle du juge et celle du condamné, peut être l'unique cause d'une autre guerre, comme elle fut la principale cause de celle qui vient de finir. Je vais droit aux causes, et je me délivre d'abord de cette rage d'avoir raison, propre aux esprits querelleurs. Problème de savoir-vivre, non de justice.

ALAIN, *Mars ou la Guerre jugée*, chapitre 25, 1921.

▶ LE DEVOIR
▶ LA LIBERTÉ
▶ LA VÉRITÉ

1 Qu'est-ce qu'être « raisonneur » ?

2 Quand faut-il savoir s'arrêter d'argumenter ?

ALAIN DIT AUSSI

« Les animaux ne font pas la guerre, et cela ne prouve pas la raison dans les animaux, comme quelques-uns disent ; tout au contraire. Le guerrier est un métaphysicien. Le guerrier s'est dessiné un dieu, une justice, des maximes, un ordre humain qu'il croit surhumain. »

ALAIN, *Mars ou la Guerre jugée*, chapitre 30, 1921.

? Les raisons de la guerre sont-elles matérielles ?

Herbert MARCUSE
1898-1979

TEXTE 6

La rationalité peut-elle être monstrueuse ?

Les États totalitaires se signalent notamment par leur caractère automatique. Le pouvoir politique y fonctionne moins au droit, à la loi et à la justice qu'à la technique et la technologie. Ce pouvoir technologique est d'autant plus efficace qu'il est purement rationnel. (voir LA TECHNIQUE, texte 9, p. 446) Plus largement, le travail à la chaîne, par exemple, est une rationalisation de ce dernier. Faut-il sacrifier la liberté au souci de rationalité ?

Les principes de la science moderne ont été structurés *a priori* d'une manière telle qu'ils ont pu servir d'instruments conceptuels à un univers de contrôle productif qui se renouvelle par lui-même ; l'opérationnalisme pratique. Ainsi la méthode scientifique, qui a permis une domination de la nature de plus en plus efficace, a fourni les concepts purs, mais elle a fourni au même titre l'ensemble des instruments qui ont favorisé une domination de l'homme par l'homme de plus en plus efficace, à travers la domination de la nature. La Raison théorique, en restant pure et neutre, est entrée au service de la Raison pratique. Cette association leur a été bénéfique. Aujourd'hui la domination continue d'exister, elle a pris de l'extension au moyen de la technologie mais surtout *en tant que* technologie ; la technologie justifie le fait que le pouvoir politique en s'étendant absorbe toutes les sphères de la culture.

Dans cet univers, la technologie rationalise également le manque de liberté de l'homme, elle démontre qu'il est « techniquement » impossible d'être autonome, de déterminer sa propre vie. En effet le manque de liberté ne se présente pas comme un fait irrationnel ou un fait qui a un caractère politique, il traduit plutôt le fait d'être soumis à un appareil technique qui donne plus de confort à la vie et qui augmente la productivité du travail. La rationalité technologique ne met pas en cause la légitimité de la domination, elle la défend plutôt, et l'horizon instrumentaliste de la raison s'ouvre sur une société rationnellement totalitaire.

Herbert MARCUSE, *L'Homme unidimensionnel*, 1964, trad. M. Wittig, 1968.

- L'ÉTAT
- LA LIBERTÉ
- LA SCIENCE
- LA TECHNIQUE
- LE TRAVAIL

1. Le souci d'efficacité technique est-il raisonnable ?
2. La raison peut-elle être irrationnelle ?

FOUCAULT DIT AUSSI

« Que la machine administrative, avec ses effets de pouvoir incontournables, passe par le fonctionnaire médiocre, nul, imbécile, pelliculaire, ridicule, râpé, pauvre, impuissant, tout ça a été l'un des traits essentiels des grandes bureaucraties occidentales depuis le XIXe siècle [...]. Il s'agit de manifester de manière éclatante l'incontournabilité, l'inévitabilité du pouvoir, qui peut précisément fonctionner dans toute sa rigueur et à la pointe extrême de sa rationalité violente, même lorsqu'il est entre les mains de quelqu'un qui se trouve effectivement disqualifié. »

Michel FOUCAULT, « Cours du 8 janvier 1975 », *Les Anormaux*, 1975.

? Comment la « rationalité » peut-elle être « violente » ?

→ **VERS LE BAC**

Rédiger une dissertation sur le sujet suivant : « La raison a-t-elle pour fin de rendre la technique efficace ? »

Michel FOUCAULT
1926-1984

TEXTE 7

La raison s'oppose-t-elle à la folie ?

Le 3 juin 1835, dans un village, Pierre Rivière a assassiné sa mère, sa sœur et son frère. Il n'a échappé ensuite à la peine de mort que pour être condamné à l'asile à perpétuité. Rivière a raconté par écrit non seulement les meurtres qu'il a commis, mais leur préparation. Ses juges se trouvent ainsi devant un cas violemment déconcertant, qu'ils cherchent à toute force à ranger dans la classification juridique du « criminel » ou, à défaut, dans la classification psychiatrique du « fou ». Mais les déclarations orales de Rivière et son mémoire apparaissent respectivement comme des preuves de raison et des signes de folie. Ne faut-il pas envisager un troisième cas, qui ne relèverait ni de la raison ni de la folie, mais d'autre chose que la raison ne comprend pas et ne sait pas juger ?

[P]lusieurs combats se sont déroulés en même temps et entrecroisés : les médecins avaient leur bataille, entre eux, avec les magistrats, avec Rivière lui-même (qui les piégeait en disant qu'il avait feint la folie) ; les magistrats avaient leur bataille à propos des expertises médicales, à propos de l'usage encore assez nouveau des circonstances atténuantes, à propos de cette série de parricides qui avait été jumelée avec elle des régicides (et Fieschi et Louis-Philippe ne sont pas loin) ; les villageois d'Aunay avaient leur bataille pour désarmer, par l'assignation de bizarrerie ou singularité, l'épouvante d'un crime commis au milieu d'eux et sauver l'honneur d'une famille ; enfin au centre de tout cela, Pierre Rivière avec ses innombrables et complexes machines de guerre : son crime fait pour être raconté et lui assurer ainsi la gloire avec la mort ; son récit préparé à l'avance et pour donner lieu à son crime ; ses explications orales pour faire croire à sa folie ; son texte écrit pour dissiper ce mensonge, donner des explications et appeler la mort, ce texte dans la beauté duquel les uns verront une preuve de raison (donc la raison de condamner à mort), les autres un signe de folie (donc la raison de l'enfermer à vie).

Je crois que si nous avons décidé de publier ces documents, tous ces documents, c'est pour dresser en quelque sorte le plan de ces luttes diverses, restituer ces affrontements et ces batailles, retrouver le jeu de ces discours, comme armes, comme instruments d'attaque et de défense dans des relations de pouvoir et de savoir.

D'une façon plus précise, il nous a semblé que la publication exhaustive de ce dossier pouvait donner un exemple des matériaux qui existent actuellement dans les archives et qui s'offrent à des analyses possibles.

a) Puisque la loi de leur existence et de leur cohérence n'est ni celle d'une œuvre ni celle d'un texte, leur étude doit permettre de tenir à l'écart les vieilles méthodes académiques de l'analyse textuelle et toutes les notions qui dérivent du prestige monotone et scolaire de l'écriture.

b) Des documents comme ceux de l'affaire Rivière doivent permettre d'analyser la formation et le jeu d'un savoir (comme celui de la médecine, de la psychiatrie, de la psychopathologie) dans ses rapports avec des institutions et les rôles qui y sont prescrits (comme l'institution judiciaire, avec l'expert, l'accusé, le fou-criminel, etc.).

c) Ils permettent de déchiffrer les relations de pouvoir, de domination et de lutte, à l'intérieur desquelles les discours s'établissent et fonctionnent ; ils permettent donc une analyse du discours (et même des discours scientifiques) qui soit à la fois événementielle et politique, donc stratégique.

d) On peut enfin y saisir le pouvoir de dérangement propre à un discours comme celui de Rivière et l'ensemble des tactiques par lesquelles on essaie de le recouvrir, de l'insérer et de lui donner statut comme discours d'un fou ou d'un criminel.

Michel FOUCAULT, *Moi, Pierre Rivière, ayant égorgé ma mère, ma sœur et mon frère,* Introduction, ouvrage coll., 1973.

▶ LA CONSCIENCE
▶ L'ÉTAT
▶ L'INCONSCIENT
▶ LE LANGAGE

1 Le langage écrit est-il plus rationnel que l'oral ? (voir LE LANGAGE, texte 14, p. 256)

2 Pourquoi la raison cherche-t-elle à se définir en s'opposant à la folie ?

MATIÈRE À PENSER

Raison folle ou folie rationnelle ?

Dans son *Mémoire*, Pierre Rivière expose les intentions de son triple crime et sa planification. Comment assigner la limite entre ce qui relève chez lui de la raison et ce qui est l'effet de la démence ?

« Détail et explication de l'événement arrivé le 3 juin à Aunay, village de la Fauctrie écrite par l'auteur de cette action.
Moi Pierre Rivière, ayant egorgé ma mére, ma sœur et mon frére, et voulant faire connaître quel sont les motifs qui m'ont porté à cette action, j'ai ecrit toute la vie que mon pére et ma mére ont ménée ensemble pendant leur mariage. J'ai été témoin de la plus grande partie des faits, et qui sont écrits sur la fin de cette histoire, pour ce qui est du commencement, j'ai l'ait entendu raconter à mon pére lorsques qu'il en parlait avec ses amis, ainsi qu'avec sa mére, avec moi et avec ceux qui en avaient connaissance. Après cela je dirai comment je me suis résolu a commettre ce crime, ce que [je] pensais alors et quelle était mon intention, je dirai aussi quelle était la vie que je menais parmi le monde, je dirai ce qui se passa dans mon esprit après avoir fait cette action, la vie que je ménée et les endroits par ou je été depuis ce crime jusques à mon arrestation et quelles furent les resolutions que je pris. Tout cette ouvrage sera stilé très grossiérement, car je ne sais que lire et écrire. »

Pierre RIVIÈRE, « Mémoire », *Moi, Pierre Rivière, ayant égorgé ma mère, ma sœur et mon frère,* ouvrage coll., 1973.

AUX FRONTIÈRES DE LA PHILOSOPHIE

La littérature fantastique explore la frontière inassignable entre raison et folie.

« Je me demande si je suis fou. En me promenant, tantôt au grand soleil, le long de la rivière, des doutes me sont venus sur ma raison, non point des doutes vagues comme j'en avais jusqu'ici, mais des doutes précis, absolus. J'ai vu des fous ; j'en ai connu qui restaient intelligents, lucides, clairvoyants même sur toutes les choses de la vie, sauf sur un point. Ils parlaient de tout avec clarté, avec souplesse, avec profondeur, et soudain leur pensée, touchant l'écueil de leur folie s'y déchirait en pièces, s'éparpillait et sombrait dans cet océan effrayant et furieux, plein de vagues bondissantes, de brouillards, de bourrasques, qu'on nomme "la démence". Certes, je me croirais fou, absolument fou, si je n'étais conscient, si je ne connaissais parfaitement mon état, si je ne le sondais en l'analysant avec une complète lucidité. Je ne serais donc, en somme, qu'un halluciné raisonnant. »

Guy de MAUPASSANT, *Le Horla,* seconde version, 1887.

? Peut-on être certain que l'on n'a pas perdu la raison ?

Le rationnel et l'irrationnel

Si la raison concerne d'abord une faculté de l'homme, elle permet encore et surtout de se tourner du côté du réel pour interroger la rationalité de celui-ci : les phénomènes qui paraissent irrationnels le sont-ils réellement ou contiennent-ils un ordre caché, qu'il appartiendrait à la raison de découvrir ? (texte 8, Jacob) **La question se poserait alors de savoir si la raison n'est qu'une faculté humaine ou si elle ne constitue pas la réalité cachée du réel.** (texte 9, Hegel) **Mais les guerres et les réalités politiques ne sont-elles pas le théâtre de l'irrationnel ?** (texte 10, Descartes) **Ne faut-il pas alors étendre à l'ensemble de l'existence le diagnostic d'une absence de raison ?** (texte 11, Sartre) **Ne faut-il pas alors revenir à la raison comme faculté humaine et interroger son besoin de se retrouver dans le réel ?** (texte 12, Nietzsche)

François JACOB
1920-2013

TEXTE 8

Y a-t-il des monstres ?

Si la nature a sa régularité, comme le cycle des saisons, elle a aussi des ratés : des embryons sont déformés, des organes mal formés, et il existe des individus difformes que l'on nomme des « monstres ». En quoi consiste leur monstruosité ? Est-elle la manifestation d'une irrationalité de la nature ou cache-t-elle une rationalité inconnue ? Les monstres sont-ils des monstres ?

Les monstres changent alors de statuts. On ne peut plus attribuer leur formation à la colère divine, à la punition d'une faute secrète, à quelque représaille contre un acte, voire une pensée, hors nature. Ces êtres en marge de l'ordre ne peuvent plus avoir été préparés de toute éternité et attendre, parmi les autres, leur tour de voir le jour. C'est au cours du développement embryonnaire que surgissent les difformités par suite de quelque traumatisme de l'embryon. Agite-t-on violemment des œufs de poule pendant la période d'incubation, on en voit sortir des poussins affligés d'anomalies de toutes sortes. Jusque-là, le monstre, dit Étienne Geoffroy Saint-Hilaire*, traduisait « l'Organisation dans ses jours de saturnales, fatiguée d'avoir trop longtemps industrieusement produit et cherchant des délassements en s'abandonnant à des caprices ». Désormais, il devient un « être blessé pendant la vie fœtale ». La monstruosité n'est que le résultat de lésions causées à l'embryon, de ratés dans la succession d'événements par quoi se forme l'animal, d'erreurs dans l'exécution du plan. On parle d'anomalies, d'irrégularités, de vices de conformation qui découlent, soit d'un arrêt du développement, soit de son retardement. À l'idée d'êtres bizarres, de produits de « créations sans Dieu », comme disait Chateaubriand, se substitue celle d'êtres entravés dans leur développement, chez lesquels des organes conservent jusqu'à la naissance l'état de l'âge embryonnaire. Car les difformités elles-mêmes ne paraissent pas survenir au hasard. Elles touchent plus volontiers certaines régions du corps pour en modifier la structure, comme si l'évolution des formes avait seulement été déviée. Il y a une rigueur dans l'anomalie. La monstruosité n'est plus un désordre aveugle, dit Isidore Geoffroy Saint-Hilaire**, mais un autre ordre, également régulier, également soumis à des lois : c'est le mélange d'un ordre ancien et d'un ordre nouveau, la présence simultanée de deux états qui ordinairement se succèdent l'un à l'autre. Tout n'est pas possible dans le monstrueux. Les difformités que l'on observe se conforment à certains types. On peut classer le monstrueux, tout comme le normal. Les anomalies obéissent à certaines règles de coordination, de corrélation, de subordination. Certaines anomalies peuvent se transmettre par hérédité mais la plupart d'entre elles découlent de traumatismes subis par l'embryon pendant la vie fœtale. La tératologie[1], l'étude des monstres, va fournir à la biologie l'un de ses principaux outils d'analyse.

* *Philosophie anatomique*, II : *Des monstruosités humaines*, Paris, 1822, p. 539. [Note de Jacob]

** *Histoires des anomalies de l'organisation*, Paris, 1832, t. 1, p. 18. [Note de Jacob]

François JACOB, *La Logique du vivant*, 2, 1970 .

1 L'étude scientifique des monstres, du grec *teratos*, « monstre », et *logos*, « raison », « discours ».

▶ LA NATURE
▶ LA SCIENCE
▶ LA VÉRITÉ

1 Peut-on faire la science des monstres ?

2 Y a-t-il une logique de l'irrationnel ?

LEIBNIZ DIT AUSSI

« Quand une règle est fort composée, ce qui lui est conforme passe pour irrégulier. »

Gottfried Wilhelm LEIBNIZ,
Discours de métaphysique, § 6, 1686.

? L'irrationnel n'est-il qu'un ordre que l'on ignore ?

Les acteurs de *Freaks* (*La Monstrueuse Parade*), réalisé par **Tod BROWNING**, 1932.

Un cirque rassemble ce que l'on appelle des « phénomènes de foire » : nain, femme à barbe, cul-de-jatte... Victimes de déformations, ces personnes sont regardées comme autant d'anormaux qui attirent la curiosité du public.

? Quelle est la différence entre le normal et le rationnel ?

Georg Wilhelm Friedrich HEGEL
1770-1831

TEXTE 9 COMMENTÉ

La raison gouverne-t-elle le monde ?

L'histoire déroule les archives des guerres, des violences et des atrocités qui jalonnent le monde. Ce vaste chaos sans rime ni raison semble signer le triomphe sans partage de l'irrationnel. La philosophie n'a-t-elle plus alors qu'à contempler ce désastre qui lui signifie son échec ? Sa tâche n'est-elle pas plutôt de questionner l'irrationalité du monde plutôt que de l'entériner ? Sonder la rationalité de ce qui paraît le plus étranger à la raison, n'est-ce pas là le travail même de la philosophie ?

Il ne faut pas voir avec les yeux naturels ni penser avec l'entendement fini : il faut regarder avec l'œil du Concept, de la Raison, qui pénètre la superficie des choses et transperce l'apparence bariolée des événements [...]. Pour connaître la substance des choses, on doit les aborder avec la Raison. Il est vrai qu'on doit éviter les réflexions unilatérales car elles déforment l'histoire et proviennent de fausses opinions subjectives. Mais la philosophie n'a rien à voir avec tout cela. Dans la certitude que la raison gouverne le monde, elle est convaincue que ce qui se passe dans l'histoire correspond au concept ; elle ne met pas la vérité sens dessus dessous [...]. Dans la mesure où elle présuppose l'Idée, la philosophie travaille certes des *a priori*, mais elle en est certaine, car telle est la conviction de la Raison [...].

Elle ne s'occupe pas des situations particulières, mais de la pensée universelle qui opère à travers le tout et le constitue. Cet Universel n'appartient pas au monde des apparences contingentes ; la masse des particularités doit ici être saisie comme une unité. L'objet de l'histoire est l'objet le plus concret, celui qui contient en soi la totalité des divers aspects de l'existence : l'Individu dont elle parle, est l'Esprit du Monde. C'est cet objet concret, dans sa figure concrète et dans son évolution nécessaire, que la philosophie se donne comme objet lorsqu'elle traite de l'histoire. Pour la philosophie le fait premier n'est pas le destin, l'énergie, les passions des peuples et, conjointement, la bousculade informe des événements. Le fait premier pour la philosophie est l'Esprit même des événements, l'Esprit qui les a produits.

Georg Wilhelm Friedrich HEGEL, *La Raison dans l'Histoire*, 1828,
trad. K. Papaioannou, 1965.

▶ LE TEMPS
▶ LA VÉRITÉ

LA RAISON ET L'ENTENDEMENT

Hegel distingue l'entendement et la raison. L'entendement se définit par l'acte qui lui est propre, à savoir l'acte de diviser le concret et l'abstrait, l'histoire et l'éternité, l'accidentel et l'essentiel, l'individuel et l'universel. Comme il l'écrit dans la Préface de la *Phénoménologie de l'esprit* : « L'activité de diviser est la force et le travail de l'entendement. » L'entendement pose l'essence en l'opposant à l'apparence, l'éternité en l'opposant au temps. La raison, elle, dépasse ces oppositions d'entendement pour concevoir leur unité vivante. La raison conçoit, dans l'élément du « concept », ce qui reste inconcevable pour l'entendement qui pose des oppositions « unilatérales » : que l'éternité se temporalise, que l'essence apparaît, que l'universel s'individualise. L'acte de l'entendement est la « réflexion » qui pose des divisions, l'acte de la raison est la « spéculation » au sens que Hegel donne à ce mot : « spéculation » vient du latin *speculum*, qui signifie « miroir ». Alors que l'entendement oppose l'essence et l'apparence, l'éternité et l'histoire, l'universel et l'individuel, la raison reconnaît l'essence dans l'apparence, l'éternité dans l'histoire, l'universel dans l'individuel. Par exemple, les idées éternelles de la révolution française de liberté, d'égalité et de fraternité se réalisent, pour Hegel, dans cet individu qu'est Napoléon. Il ne s'agit plus d'opposer abstraitement la raison et l'histoire, mais de reconnaître la raison dans l'histoire.

La raison se définit comme l'acte spéculatif par lequel l'universel se reconnaît dans l'individuel. Aux yeux de l'entendement, l'apparence représentait, en face de l'essence, le tout autre. Dans l'œil du concept de la raison, l'essence reconnaît enfin l'apparence comme *son* autre. Le mot « concept » (*cumcipere*, en latin) est formé du verbe « saisir » (*cipere*) et du préfixe *cum-* (ensemble), et signifie donc : « rassembler par un acte de la raison ce qui était séparé ». La philosophie doit dépasser les oppositions d'entendement pour saisir par la raison l'unité des opposés : l'éternité et l'histoire, l'essence et l'apparence, l'universel et l'individuel. Ce que l'entendement a d'abord divisé, il appartient à la raison de le réunir. Il ne faut toutefois pas se contenter d'opposer la raison et l'entendement : ce serait en rester à une philosophie de l'entendement. Plus profondément, la raison reconnaît l'entendement comme un moment de la raison elle-même. L'entendement, c'est la raison dans son moment dialectique de division, c'est-à-dire dans son moment pré-rationnel. L'entendement est donc la raison elle-même qui n'est pas encore allée au bout d'elle-même.

LE CONCRET

Aussi longtemps que l'on oppose la raison et l'histoire, on en reste à une représentation abstraite du réel. L'histoire, dans sa vérité concrète, c'est l'individuel et l'universel qui se développent ensemble. Hegel donne au « concret » (du latin *cum-crescere*) son sens étymologique : « ce qui croît (*crescere*) ensemble (*cum-*) ». La philosophie est la pensée du concret, c'est-à-dire de la raison à l'œuvre dans l'histoire.

1 Peut-on abandonner l'histoire à son apparente irrationalité ?

2 L'histoire a-t-elle un sens ?

HEGEL DIT AUSSI

« Saisir et comprendre ce qui est, telle est la tâche de la philosophie, car ce qui est, c'est la raison. »

Georg Wilhelm Friedrich HEGEL, *Principes de la philosophie du droit*, 1821, trad. R. Derathé, 1975.

? Le réel est-il rationnel ?

Bonaparte, 1er Consul de la République française, couronné par la Victoire à la bataille de Marengo, 14 juin 1800, bibliothèque Thiers, Institut de France, Paris.

Le 13 octobre 1806, la veille de la bataille de Iéna, Hegel écrit à son ami Niethammer (*Correspondance*, trad. J. Carrère) : « J'ai vu l'Empereur – cette âme du monde – sortir de la ville pour aller en reconnaissance ; c'est effectivement une sensation merveilleuse de voir un pareil individu qui, concentré ici sur un point, assis sur un cheval, s'étend sur le monde et le domine. »

René DESCARTES
1596-1650

TEXTE 10 COMMENTÉ

La politique est-elle le théâtre de l'irrationnel ?

L'homme peut travailler sur sa propre raison pour lui imposer un ordre rigoureux. Savoir conduire sa raison, c'est ce que Descartes appelle la « méthode ». Mais cette méthode peut-elle être appliquée au terrain de la politique ? Le poids de la vie collective ne fait-il pas obstacle à l'idée d'une réforme rationnelle de la réalité politique ? Chercher à retrouver une rationalité là où peut-être il n'y en a pas, est-ce raisonnable ?

Il est vrai que nous ne voyons point qu'on jette par terre toutes les maisons d'une ville pour le seul dessein de les refaire d'autre façon et d'en rendre les rues plus belles ; mais on voit bien que plusieurs font abattre les leurs, pour les rebâtir, et que même quelquefois ils y sont contraints, quand elles sont en danger de tomber d'elles-mêmes, et que les fondements n'en sont pas bien fermes. À l'exemple de quoi je me persuadai qu'il n'y aurait véritablement point d'apparence, qu'un particulier fît dessein de réformer un État, en y changeant tout dès les fondements, et en le renversant pour le redresser ; ni même aussi de réformer le corps des sciences, ou l'ordre établi dans les écoles pour les enseigner : mais que, pour toutes les opinions que j'avais reçues jusques alors en ma créance, je ne pouvais mieux faire que d'entreprendre une bonne fois de les en ôter, afin d'y en remettre par après ou d'autres meilleures, ou bien les mêmes lorsque je les aurais ajustées au niveau de la raison. Et je crus fermement que par ce moyen je réussirais à conduire ma vie beaucoup mieux que si je ne bâtissais que sur de vieux fondements, et que je ne m'appuyasse que sur les principes que je m'étais laissé persuader en ma jeunesse, sans avoir jamais examiné s'ils étaient vrais. Car, bien que je remarquasse en ceci diverses difficultés, elles n'étaient point toutefois sans remède, ni comparables à celles qui se trouvent en la réformation des moindres choses qui touchent le public. Ces grands corps sont trop malaisés à relever étant abattus, ou même à retenir étant ébranlés, et leurs chutes ne peuvent être que très rudes. Puis, pour leurs imperfections, s'ils en ont, comme la seule diversité qui est entre eux suffit pour assurer que plusieurs en ont, l'usage les a sans doute fort adoucies, et même il en a évité ou corrigé insensiblement quantité, auxquelles on ne pourrait si bien pourvoir par prudence ; et enfin elles sont quasi toujours plus supportables que ne serait leur changement ; en même façon que les grands chemins, qui tournoient entre des montagnes, deviennent peu à peu si unis et si commodes, à force d'être fréquentés, qu'il est beaucoup meilleur de les suivre, que d'entreprendre d'aller plus droit, en grimpant au-dessus des rochers et descendant jusques aux bas des précipices. C'est pourquoi je ne saurais aucunement approuver ces humeurs brouillonnes et inquiètes, qui, n'étant appelées ni par leur naissance ni par leur fortune au maniement des affaires publiques, ne laissent pas d'y faire toujours en idée quelque nouvelle réformation ; et si je pensais qu'il y eût la moindre chose en cet écrit par laquelle on me pût soupçonner de cette folie, je serais très marri de souffrir qu'il fût publié. Jamais mon dessein ne s'est étendu plus avant que de tâcher à réformer mes propres pensées, et de bâtir dans un fonds qui est tout à moi.

René DESCARTES, *Discours de la méthode*, 1637.

- ▶ L'ÉTAT
- ▶ LA SCIENCE
- ▶ LE TEMPS

RÉFORME INDIVIDUELLE ET RÉVOLUTION POLITIQUE

Si les États sont le produit accidentel de l'histoire et non le résultat d'un plan concerté de la raison, cette dernière reste fidèle à elle-même en s'arrêtant aux portes de la politique où règne l'irrationnel. La politique semble en effet inaccessible à la rationalisation. Descartes distingue soigneusement les questions de méthode qui visent à « réformer [ses] propres pensées » et les questions politiques qui portent sur « le maniement des affaires publiques ». Les « imperfections » des États ne sont pas corrigées par la « prudence », qui est un calcul de la raison portant sur l'avenir, mais « adoucies » par « l'usage ». Ce n'est donc pas notre action délibérée et réfléchie qui peut agir sur un État, c'est le temps qui, de lui-même, rend les défauts de l'organisation moins sensibles. La sagesse de Descartes est de ne pas exiger de la politique la rationalité qui est nécessaire à la science. Dans l'ordre de la science, la recherche de la vérité passe nécessairement par un doute généralisé qui opère une destruction de toutes les connaissances reçues sans garantie de leur vérité. La science véritable exige un fondement dont on ne puisse pas douter. En matière de politique, la sagesse commande de prendre les États comme ils sont, et interdit de remettre en cause leur fondement. Ce n'est pas qu'ils soient fondés en raison, c'est bien plutôt qu'il y aurait une sorte de folie à vouloir renverser l'ordre établi. La science requiert un fondement rationnel et ne reconnaît d'autre ordre que celui que la raison a elle-même institué. L'ordre politique, lui, n'est ni vrai ni fondé, il est simplement celui qui est en usage et qui a montré son utilité.

1 **L'usage de la raison peut-il être collectif ?**

2 **Un État est-il une construction rationnelle ?**

3 **Reconnaître ses limites, est-ce un aveu d'échec pour la raison ?**

PASCAL DIT AUSSI

« On ne s'imagine Platon et Aristote qu'avec de grandes robes de pédants. [...] Quand ils se sont divertis à faire leurs lois et leurs politiques, ils l'ont fait en se jouant. C'était la partie la moins philosophe et la moins sérieuse de leur vie [...]. S'ils ont écrit de politique, c'était comme pour régler un hôpital de fous. »

Blaise PASCAL, *Pensées*, Fragment 533, 1670.

? La politique est-elle une science ?

LA LOI DU DÉSORDRE

Si, dans l'ordre intérieur de la raison individuelle, la réforme est nécessaire, dans le domaine externe de la politique, c'est la conformité avec l'ordre établi qui s'impose. Ainsi, la première maxime de la morale que Descartes se donne à lui-même est d'« obéir aux lois et aux coutumes de [son] pays » ; si Descartes parle des États de « grands corps », c'est pour souligner leur inertie et le fait qu'ils ne se laissent pas manipuler à notre gré. Il ne faut pas confondre les États qui sont des corps dont le mouvement est historique, et à ce titre accidentel, avec les corps naturels dont le mouvement peut être étudié rationnellement à l'aide de la géométrie. Il n'y a pas de géométrisation possible du mouvement des corps politiques. La tâche de la raison n'est pas de s'évertuer à rationaliser ce qui ne peut pas l'être, mais de reconnaître ses propres limites et de prendre acte de la politique dans sa dimension réfractaire à la raison. Il est rationnel de savoir que la politique n'est pas rationnelle. À l'inverse, ce serait une folie de prétendre rationaliser ce qui ne peut pas l'être. La revendication d'un ordre rationnel dans le domaine de la politique conduit à la tyrannie. Reconnaître et ménager l'irréductible part de désordre de la politique, c'est la préserver de la tentation rationaliste. En politique, il y a une folie du rationalisme. La politique n'est pas la réalisation de l'ordre des raisons mais de l'ordre temporel de la succession, qui est un ordre où l'accident est roi. C'est la loi du désordre qui règne.

Ambrogio LORENZETTI, *Allégorie du mauvais gouvernement*, détail, 1337-1340, Palazzo publico, Sienne.

Jean-Paul SARTRE
1905-1980

TEXTE 11

Le réel est-il absurde ?

Roquentin, le personnage de *La Nausée* de Sartre, vient d'être saisi, au jardin public, devant une racine de marronnier, alors qu'il se promène dans un jardin public, par la gratuité de son existence : elle cette racine était là, sans raison d'être. Certes, on peut lui trouver une fonction : celle d'ancrer l'arbre dans la terre et d'assurer sa nutrition. Mais les fonctions que nous donnons aux choses n'expliquent pas pourquoi elles existent. L'existence s'impose comme un fait étranger à toute raison, non pas irrationnel, c'est-à-dire contraire à la raison et donc relatif à elle, mais sans rapport aucun avec elle : « a-rationnel ». Y a-t-il une raison à l'existence des choses ?

Le mot d'Absurdité naît à présent sous ma plume ; tout à l'heure, au jardin, je ne l'ai pas trouvé, mais je ne le cherchais pas non plus, je n'en avais pas besoin : je pensais sans mots, *sur* les choses, *avec* les choses. L'absurdité, ce n'était pas une idée dans ma tête, ni un souffle de voix, mais ce long serpent mort à mes pieds. Ce serpent de bois. Serpent ou griffe ou racine ou serre de vautour, peu importe. Et sans rien formuler nettement, je comprenais que j'avais trouvé la clef de l'Existence, la clef de mes Nausées, de ma propre vie. De fait, tout ce que j'ai pu saisir ensuite se ramène à cette absurdité fondamentale. Absurdité : encore un mot ; je me débats contre des mots ; là-bas, je touchais la chose. Mais je voudrais fixer ici le caractère absolu de cette absurdité. Un geste, un événement dans le petit monde colorié des hommes n'est jamais absurde que relativement : par rapport aux circonstances qui l'accompagnent. Les discours d'un fou, par exemple, sont absurdes par rapport à la situation où il se trouve mais non par rapport à son délire. Mais moi, tout à l'heure, j'ai fait l'expérience de l'absolu : l'absolu ou l'absurde. Cette racine, il n'y avait rien par rapport à quoi elle ne fût absurde. Oh ! Comment pourrai-je fixer ça avec des mots ? Absurde : par rapport aux cailloux, aux touffes d'herbe jaune, à la boue sèche, à l'arbre, au ciel, aux bancs verts. Absurde, irréductible ; rien, pas même un délire profond et secret de la nature ne pouvait l'expliquer. Évidemment je ne savais pas tout, je n'avais pas vu le germe se développer ni l'arbre croître. Mais devant cette grosse patte rugueuse, ni l'ignorance ni le savoir n'avaient d'importance : le monde des explications et des raisons n'est pas celui de l'existence. Un cercle n'est pas absurde, il s'explique très bien par la rotation d'un segment de droite autour d'une de ses extrémités. Mais aussi un cercle n'existe pas. Cette racine, au contraire, existait dans la mesure où je ne pouvais pas l'expliquer. Noueuse, inerte, sans nom, elle me fascinait, m'emplissait les yeux, me ramenait sans cesse à sa propre existence. J'avais beau répéter : « C'est une racine », ça ne prenait plus. Je voyais bien qu'on ne pouvait pas passer de sa fonction de racine, de pompe aspirante, à ça, à cette peau dure et compacte de phoque, à cet aspect huileux, calleux, entêté. La fonction n'expliquait rien : elle permettait de comprendre en gros ce que c'était qu'une racine, mais pas du tout celle-ci. Cette racine, avec sa couleur, sa forme, son mouvement figé, était... au-dessous de toute explication.

Jean-Paul SARTRE, *La Nausée*, 1938.

▶ L'ART
▶ LA VÉRITÉ

1. Quelle est la différence entre une « fonction » (l. 29) et une « raison » (l. 21) ?
2. Seules les choses qui n'existent pas ont-elles une raison ?

Ce que disent les mots

Rendre raison de la Raison

Le mot ***raison*** vient du latin ***ratio***, du verbe ***reor*** (« compter, calculer »), d'où son lien avec *penser, croire*.

Ratio a deux sens principaux : d'une part, il désigne le calcul (la supputation, le compte, la méthode) ; d'autre part, il désigne la faculté de calculer (la raison, le jugement, l'intelligence).

Reor couvre, avec « calculer » et « penser », les sens principaux du verbe grec ***legein*** (rassembler, cueillir, choisir, donc compter, dénombrer) sauf ceux qui renvoient à la parole (dire, parler). Si bien que ***logos*** n'est pas rendu en latin par ***ratio,*** mais par le jeu de mots ***ratio et oratio***, l'ordre du « discours » *(oratio)* venant ainsi compléter celui du calcul. (voir LE LANGAGE, p. 235) C'est sur fond de ce rapport au calcul, hors du langage, que la « raison » se pense depuis le latin.

Le français maintient sous le vocable unique de *raison* presque la totalité des sens latins, mais il suffit d'ouvrir un dictionnaire français-allemand à l'entrée « Raison » pour être frappé du nombre d'équivalents proposés, donc de la plurivocité du français : parmi les principaux, ***Vernunft*** et ***Verstand*** disent la faculté, ***Anlass*** ou ***Erklärung*** la raison au sens de motif et d'explication, ***Recht haben*** rend « avoir raison », et ***Grund*** dit le fondement impliqué dans le « principe de raison ».

La bifurcation entre le calcul et la faculté de calculer alimente la diffraction du terme *raison* : d'un côté, le calcul au sens de « raison, cause, explication » que l'on doit pouvoir donner d'un phénomène ; de l'autre, la faculté de calculer elle-même, la « Raison » comme propre de l'homme. C'est sans doute à partir du « principe de raison suffisante » énoncé dans la *Monadologie*, l'un des derniers textes de Leibniz, qu'il écrit en français, qu'on comprend le mieux l'articulation entre la raison à rendre et la Raison comme faculté humaine. (voir texte 14)

La Raison comme faculté constitue elle-même un réseau complexe. D'une manière générale, la Raison rassemble et organise une hiérarchie de facultés subordonnées plus ou moins spécialisées, qui dépendent d'elle comme des parties ou des aspects. Ce réseau terminologique est très variable selon les langues et les doctrines. On distingue néanmoins quelque chose de l'ordre de l'appréhension immédiate : en grec, le ***nous*** (sur ***noeien***, « penser »), qu'on rend par **« intuition »** (sur ***Intueri***, « voir ») est lié, non au paradigme de la vision, mais à celui de l'olfaction – le *nous*, c'est d'abord le flair du chien avant d'être la raison divine. Cette immédiateté se différencie de la ***dianoia***, l'« intelligence », où le *nous* parcourt (*dia* comme dans « dia-logue ») avant de comprendre. En latin, la différence se fait entre la *ratio* et l'***intellectus***, « le discernement, l'intellect » qui comprend en médiatisant et en jugeant. L'allemand distingue également, chez Kant par exemple, entre *Vernunft*, la « raison » comme faculté des principes, et *Verstand*, qu'on convient de traduire par **« entendement »**, faculté des concepts. En l'occurrence, les mots en disent beaucoup moins que les systèmes d'opposition.

Friedrich NIETZSCHE
1844-1900

TEXTE 12 COMMENTÉ

Faut-il opposer foi et raison ?

On oppose spontanément les opérations de la raison aux transports de la foi. Ce faisant, on présuppose qu'entre la raison et la religion, la frontière est étanche. On exclut ainsi la possibilité que la raison soit animée par des motivations religieuses. La philosophie se présente elle-même comme dépositaire des lumières de la raison. Mais pourquoi la philosophie tient-elle tant à la raison ? Quelle est la raison de l'amour de la philosophie pour la raison ?

Vous me demandez de vous dire tout ce qui est idiosyncrasie[1] chez les philosophes ?... Par exemple leur manque de sens historique, leur haine contre l'idée du devenir, leur égypticisme. Ils croient faire honneur à une chose en la dégageant de son côté historique, *sub specie aeterni*[2], – quand ils en font une momie. Tout ce que les philosophes ont manié depuis des milliers d'années c'était des idées-momies, rien de réel ne sortait vivant de leurs mains. Ils tuent, ils empaillent lorsqu'ils adorent, messieurs les idolâtres des idées, – ils mettent tout en danger de mort lorsqu'ils adorent. La mort, l'évolution, l'âge, tout aussi bien que la naissance et la croissance sont pour eux des objections, – et même des réfutations. Ce qui est ne *devient* pas ; ce qui devient n'*est* pas... Maintenant ils croient tous, même avec désespoir, à l'être. Mais comme ils ne peuvent pas s'en saisir, ils cherchent des raisons pour savoir pourquoi on le leur retient : « Il faut qu'il y ait là une apparence, une duperie qui fait que nous ne pouvons pas percevoir l'être : où est l'imposteur ? » – Nous le tenons, s'écrient-ils joyeusement, c'est la sensualité ! Les sens, *qui d'autre part sont tellement immoraux*... les sens nous trompent sur le monde *véritable*. Morale : se détacher de l'illusion des sens, du devenir, de l'histoire, du mensonge, – l'histoire n'est que la foi en les sens, la foi au mensonge. Morale : nier tout ce qui ajoute foi aux sens, tout le reste de l'humanité : tout cela fait partie du « peuple ». Être philosophe, être momie, représenter le monotono-théisme par une mimique de fossoyeur !

Friedrich NIETZSCHE, *Le Crépuscule des idoles*, 1888, trad. H. Albert, 1899.

1 Caractéristique propre à un individu ou un groupe d'individus. Le mot vient de la racine grecque *idiotès*, qui veut dire « le singulier » et donne « idiot » en français (le « simple » d'esprit).

2 « Sous la modalité de l'éternité ». Nietzsche fait en particulier référence à Spinoza, qui définit la raison par le sens de l'éternité : « il est de la nature de la raison de percevoir les choses sous une certaine espèce d'éternité (*sub quadam aeternitatis specie*) » (*Éthique*, 2e partie, proposition 44, corollaire II, 1677).

▶ LA RELIGION
▶ LE TEMPS
▶ LA VÉRITÉ

LA HAINE DU TEMPS

Le temps condamne toutes choses à disparaître. Tout ce qui est temporel passe. Au point que rien de ce qui se passe dans le temps ne peut être dit « être ». Le temps dissout l'être dans le devenir. Rien de temporel n'a la consistante ni la subsistance d'un être. De plus, du fait du temps, les choses ne se produisent pas selon un plan prévisible, mais surgissent dans leur nouveauté imprévisible. Face à cet inconnu qui la déroute, la raison cherche à tout prix à la ramener à du déjà connu. Elle veut ne voir dans le nouveau qu'une répétition de l'ancien. La raison se fait ainsi des idées qui la protègent contre le vertige du devenir, et qui, du même coup, l'enferme en elle-même. Nietzsche identifie, à l'origine de l'amour des philosophes pour la raison, une haine du temps. La généalogie est sa méthode pour remonter aux motivations cachées de la raison. À l'origine de l'amour de la philosophie pour la raison, on ne trouve pas une raison, mais une haine maladive du devenir.

LE CULTE DE L'ÊTRE

La philosophie se définit donc par une véritable religion de la raison. Les concepts philosophiques tuent tout ce qu'ils touchent en le momifiant dans des idées figées et mortes. Cet « égypticisme » des concepts philosophiques produit une taxidermie conceptuelle du vivant. La raison, cette idole des philosophes, ne se définit pas par un amour du savoir mais par un besoin pathologique de fixité. Pour Nietzsche, « idée fixe » est un pléonasme. Nietzsche crée un mot-valise qui fait la synthèse de « monotonie » et de « monothéisme » pour se moquer du culte rationnel de l'uniformité : « le monotono-théisme » (*den Monotono-Theismus*). C'est, pour Nietzsche, « la plus grande utilité du polythéisme » (*Le Gai Savoir*, §143, 1882), qui a une pluralité de divinités, de ne pas chercher à tout unifier.

1 Peut-on avoir foi en la raison ? **2** La raison a-t-elle remplacé la religion ?

NIETZSCHE DIT AUSSI

« Tout ce qui est, vous voulez le *faire* pensable car vous doutez avec une juste méfiance que cela soit d'ores et déjà pensable. »

Friedrich NIETZSCHE, *Ainsi parlait Zarathoustra*, II, 1881, trad. G.-A. Goldschmidt, 1983.

? Rationaliser, est-ce rendre rationnel ce qui ne l'est pas ?

Jean-Honoré FRAGONARD, *Buste de vieillard à la toque*, 1761-1765, musée Jacquemart André, Paris.

Au XVIIIe siècle, le temps envahit les arts, la politique, la philosophie... Rien ne le montre mieux que le passage des jardins à la française du siècle précédent avec leurs formes immobiles, aux jardins à l'anglaise avec leurs méandres et leurs surprises. La sensation et le sentiment, l'imagination et le rêve, la géographie et l'histoire imposent le fait de la contingence à la raison qui avait cru pouvoir préserver le monde de la dent du temps. Chardin peint des fruits de saison, des châteaux de cartes qui menacent de s'effondrer, des bulles de savon sur le point d'éclater, tandis que Fragonard peint les hasards heureux de l'escarpolette, les baisers à la dérobée, des têtes de vieillards.

? Les arts peuvent-ils nous en apprendre davantage sur le réel que la philosophie ?

Raison et religion

La question de la raison d'être des hommes, du monde et de l'existence en général est-elle à la mesure de la raison humaine ? La raison ne doit-elle pas savoir reconnaître ses limites ? (texte 13, Pascal) **Mais comment être certain que ce qui échappe à la raison lui échappe véritablement ? La tâche de la philosophie n'est-elle pas, au contraire, de s'efforcer de soumettre à la raison ce qui prétend s'y soustraire ? Peut-elle abandonner la question de la raison d'être de l'existence aux mystères de la foi sans renoncer à elle-même ?** (texte 14, Leibniz) **La rationalité, que la raison humaine croit découvrir dans la nature, est-elle une preuve que Dieu en est l'auteur ? La raison ne prend-elle pas son propre besoin de rationalité pour une réalité ?** (texte 15, Kant)

Blaise PASCAL
1623-1662

TEXTE 13

L'existence a-t-elle un sens ?

La situation de l'homme dans l'univers n'est pas un objet de réflexion mais de vertige. L'univers étant infini, il n'a pas de centre par rapport auquel on puisse se situer. Où que l'on soit, on est littéralement nulle part. Si l'on ajoute à cet état de perdition générale que l'existence est assez précaire pour qu'un être meure à l'instant où il naît, le vertige bascule dans l'angoisse. La raison peut-elle contester l'évidence de l'insignifiance ? Plutôt que de chercher par la raison une raison à l'existence, peut-être faut-il tenter de se rendre sensible à son sens. Si Dieu en est l'auteur, la raison peut-elle y avoir accès ?

En voyant l'aveuglement et la misère de l'homme, en regardant tout l'univers muet et l'homme sans lumière abandonné à lui-même, et comme égaré dans ce recoin de l'univers sans savoir qui l'y a mis, ce qu'il y est venu faire, ce qu'il deviendra en mourant, incapable de toute connaissance, j'entre en effroi comme un homme qu'on aurait porté endormi dans une île déserte et effroyable, et qui s'éveillerait sans connaître et sans moyen d'en sortir. Et sur cela j'admire comment on n'entre point en désespoir d'un si misérable état. Je vois d'autres personnes auprès de moi d'une semblable nature. Je leur demande s'ils sont mieux instruits que moi. Ils me disent que non et sur cela ces misérables égarés, ayant regardé autour d'eux et ayant vu quelques objets plaisants s'y sont donnés et s'y sont attachés. Pour moi je n'ai pu y prendre d'attache et considérant combien il y a plus d'apparence qu'il y a autre chose que ce que je vois j'ai recherché si ce Dieu n'aurait point laissé quelque marque de soi.

Blaise PASCAL, *Pensées*, Fragment 198, 1670.

▶ LA RELIGION
▶ LA VÉRITÉ

1 Quelle est la différence entre une chose qui a un sens et une chose qui a une raison d'être ?

2 Le discours rationnel doit-il laisser place au silence de la foi ?

PASCAL DIT AUSSI

« La dernière démarche de la raison est de reconnaître qu'il y a une infinité de choses qui la surpassent. »

Blaise PASCAL, *Pensées*, Fragment 188, 1670.

Reconnaître ses limites, est-ce, pour la raison, se renier ?

AUX FRONTIÈRES DE LA PHILOSOPHIE

Angelus Silesius, poète mystique allemand du XVIIe siècle, déploie une parole paradoxale qui disqualifie la parole humaine comme inapte à parler de Dieu. À la différence de la théologie (de *theos*, « dieu », et *logos*, « raison », « discours »), qui fait de Dieu un objet de la raison, la mystique renonce au raisonnement et à la parole pour s'abandonner à une relation, non de raison, mais de passion au divin. Elle ne pose pas la question rationnelle du « pourquoi » de l'existence, elle éprouve le sens de l'existence dans l'absence de pourquoi, comme un je-ne-sais-quoi. L'existence n'a pas une raison d'être mais une « cause insondable ».

« *On ne sait ce qu'on est.*
Je ne sais pas ce que je suis, je ne suis pas ce que je sais : une chose sans être une chose. [...]
Où est mon séjour ? Où toi et moi sommes ? Où est la fin dernière à laquelle je dois tendre ? Là où on n'en trouve pas. Où dois-je donc aller ? [...]
Sans pourquoi.
La rose est sans pourquoi, elle fleurit parce qu'elle fleurit, elle ne fait pas attention à elle-même, ne demande pas si on la voit.
Il faut dépasser toute connaissance.
Ce que le Chérubin sait ne peut me suffire : je veux voler plus haut que lui, dans l'inconnu. [...]
Qu'est-ce que l'éternité ? Elle n'est ni ceci ni cela, ni présent, ni quelque chose, ni néant, elle est, je ne sais quoi. [...]
La cause insondable.
Dieu est pour lui-même tout, son ciel et sa joie : pourquoi nous a-t-il donc créés ? Nous n'en savons rien. »

Angelus SILESIUS, *Le Pèlerin chérubinique*, 1657, trad. H. Plard, 1946.

LE CARAVAGE, *L'Extase de Marie-Madeleine*, 1606, collection privée, Rome.

Le divin est inaccessible aux prises de la raison, à ses méthodes et à ses démonstrations. Il ne se prouve pas, il s'éprouve. Il ne se démontre pas, il se montre. Sa réalité se dissipe quand on l'approche de la lumière de la raison. Il ne s'offre que dans le silence de la raison. Ce n'est pas un objet de la raison possible. Il ne se donne que dans une expérience mystique : l'extase.

Les limites de la raison conduisent-elles nécessairement à la désavouer et à la dépasser ?

Gottfried Wilhelm LEIBNIZ
1646-1716

TEXTE 14 COMMENTÉ

Le monde a-t-il une raison d'être ?

C'est un fait, un monde existe. Mais il aurait pu se faire qu'aucun monde n'existe. Ou qu'un autre monde existe, tout différent de celui-là. L'ordre que nous constatons dans la nature n'y a pas été mis par nous. Il faut bien qu'il y ait un auteur à cet ordre naturel. (voir LA NATURE, texte 1, p. 298) Y a-t-il une raison au fait que le monde existe ? Pourquoi y a-t-il quelque chose, plutôt que rien ?

Aussi loin qu'on remonte en arrière à des états antérieurs, on ne trouvera jamais dans ces états la raison complète, pour laquelle il existe un monde qui est tel.

On a donc beau se figurer le monde comme éternel puisqu'on ne suppose cependant rien que des états successifs, qu'on ne trouvera dans aucun de ces états sa raison suffisante, et qu'on ne se rapproche nullement de l'explication en multipliant à volonté le nombre de ces états, il est évident que la raison doit être cherchée ailleurs. Car dans les choses éternelles, même s'il n'y a pas de cause d'existence, il faut parvenir à concevoir une raison, laquelle pour les choses immuables est la nécessité même ou l'essence, tandis que, pour la série des choses sujettes au changement, à supposer qu'on se figurât cette série comme aussi éternelle que les choses immuables, cette raison serait la prévalence même des inclinations, ainsi qu'on le verra bientôt. Ici, en effet, les raisons ne sont pas nécessitantes (au sens d'une nécessité absolue ou métaphysique, nécessaire, signifiant en ce cas ce dont le contraire impliquerait contradiction), mais inclinantes. D'où il est manifeste que, même en supposant le monde éternel, on ne saurait éviter la nécessité d'admettre que la raison dernière des choses est au-delà du monde, qu'elle est Dieu.

Les raisons du monde se trouvent donc cachées dans quelque être en dehors du monde, distinct de la chaîne ou série des choses dont l'agrégat constitue le monde. Et ainsi il faut passer de la nécessité physique ou hypothétique qui détermine les états postérieurs du monde par les états antérieurs, à quelque chose qui soit pourvu de nécessité absolue ou métaphysique et dont on ne puisse rendre raison. Car le monde actuel est nécessaire physiquement ou hypothétiquement, mais non pas absolument ou métaphysiquement. Supposé, en effet, qu'il soit dans un certain état déterminé, d'autres états déterminés en naîtront.

Gottfried Wilhelm LEIBNIZ, « De la production originelle des choses prise à sa racine », 1697, *Opuscules philosophiques choisis*, trad. P. Schrecker, 1954.

▶ LA RELIGION
▶ LA SCIENCE
▶ LA VÉRITÉ

CAUSE ET RAISON

L'état actuel du monde renvoie nécessairement à un état antérieur qui présuppose lui-même un avant et ainsi de suite à l'infini. L'existence des choses soulève inévitablement la question de leur pourquoi ultime. Or, ce pourquoi regarde en arrière : il aurait pu en effet ne rien exister. Le fait même de l'existence des choses reconduit donc inévitablement à l'origine de toutes choses. Tel est le sens du problème que pose Leibniz : « Pourquoi y aurait-il quelque chose plutôt que rien ? » Moi-même qui existe, je tiens mon existence de celle de mes parents qui doivent la leur à ceux qui les ont précédés : la question du pourquoi de l'existence ne jette-t-elle pas la raison dans un abîme sans fond ? Comment en effet échapper à la question du pourquoi du pourquoi ? Et de là, à celle du pourquoi du pourquoi du pourquoi ? C'est précisément pour résoudre ce problème d'une régression à l'infini que Leibniz met au jour ce qui manque au monde. Le monde ne se suffit pas à lui-même. Il n'est que l'ensemble des chaînes causales qui restent suspendues dans la question sans fin de la cause de la cause. C'est pourquoi le monde dépend, dans son existence même, d'autre chose que le monde. La question du pourquoi du monde n'est en effet pas celle de sa cause, toute cause ayant elle-même une cause, mais justement de son origine ou de sa raison. Leibniz qualifie l'origine dont manque le monde et qui le fonde de « radicale » (*radix*). Le terme *radix* désigne à la fois une exigence de la raison de remonter du monde à son fondement ultime et une contrainte objective de tout ce qui existe d'avoir une raison. Le monde doit bien avoir un fondement, c'est-à-dire un principe dont tout ce qui existe découle et dépend, mais qui lui-même ne découle de rien et ne dépend de rien d'autre que de lui-même. Le monde à son niveau ne connaît qu'une « nécessité physique » que Leibniz qualifie de nécessité « hypothétique ». En effet, le lien nécessaire entre l'effet et la cause est incapable de fonder sa propre nécessité puisque chaque cause, loin d'être un fondement, dépend à son tour d'une cause antérieure. La nécessité hypothétique du monde dépend donc nécessairement d'une nécessité qui n'est plus relative à rien d'autre, qui est à elle-même le fondement de sa propre nécessité. Cette nécessité absolue qui fonde la nécessité hypothétique du monde physique, Leibniz l'appelle la « nécessité métaphysique ». Le monde ne saurait se contenter d'avoir une cause, il faut qu'il ait une raison. Et Dieu, qui est l'Être qui se suffit à lui-même, peut seul être la raison dernière de toutes choses. En restant au niveau physique des causes, on s'interdit de penser le pourquoi des choses, c'est-à-dire leur raison d'être. La métaphysique repose sur le principe de raison énoncé par Leibniz, selon lequel « rien n'est sans pourquoi ». Leibniz prouve ici l'existence de Dieu en partant de celle du monde. Cette preuve dite « cosmologique » (du grec *cosmos*, « le monde ») est *a posteriori* car elle part de l'expérience que quelque chose existe pour induire sa raison d'être.

1 **La science, qui est l'étude des causes, peut-elle ignorer la question du pourquoi ?**

2 **Dieu peut-il être un objet de la raison ?**

LEIBNIZ DIT AUSSI

« Quant à l'existence, on ne saurait la concevoir sans Dieu, qui est la dernière raison des choses. »

Gottfried Wilhelm LEIBNIZ,
Réfutation inédite de Spinoza, 1706,
trad. L.-A. Foucher de Careil, 1854.

? Que signifie « rendre raison » de quelque chose ?

Représentation de la Terre par les Hindous.

Leibniz emprunte à l'*Essai sur l'entendement humain* (1689, livre II, ch. 13, § 19) de Locke l'argument d'un « philosophe indien » selon lequel le monde est supporté par un grand éléphant, qui repose sur une grande tortue, qui repose sur un je-ne-sais-quoi. Leibniz écrit dans ses *Nouveaux essais sur l'entendement humain* (II, 23, 2) : « les philosophes ne méritent pas d'être raillés en les comparant à un philosophe indien... cette considération de la substance, toute mince qu'elle paraît, n'est pas si vide et si stérile qu'on pense. Il en naît plusieurs conséquences des plus importantes de la philosophie et qui sont capables de lui donner une nouvelle face. »

? La raison peut-elle éviter de poser le problème de l'origine de l'origine ?

Emmanuel KANT
1724-1804

TEXTE 15 COMMENTÉ

La rationalité de la nature est-elle l'œuvre de la raison de Dieu ?

À considérer l'ordre qui règne dans la nature, on est peut être conduit à lui attribuer une raison divine pour origine. Comment le hasard aveugle aurait-il pu avoir des effets aussi rationnels ? Notre raison se trouve ainsi conduite à supposer qu'un Dieu est à l'origine de la rationalité de la nature. Mais cette supposition peut-elle prendre la valeur d'une preuve de son existence ? Peut-on transformer l'hypothèse d'une intention intelligente qui gouverne la nature en une connaissance ?

L'unité formelle suprême, qui repose exclusivement sur des concepts rationnels, est l'unité *finale* des choses, et l'intérêt spéculatif de la raison nous oblige à considérer tout arrangement dans le monde comme s'il résultait du dessein d'une raison suprême. Un tel principe ouvre, en effet, à notre raison appliquée au champ des expériences, des vues entièrement nouvelles, qui nous font lier les choses du monde suivant des lois téléologiques et nous mènent, par là, à la plus grande unité systématique des choses. L'hypothèse d'une intelligence suprême comme cause absolument unique de l'univers, mais qui n'est à la vérité, que dans l'idée, peut toujours ainsi profiter à la raison, sans cependant jamais lui nuire. Car si [...] nous admettons, d'avance, des vues parfaitement sages d'un auteur suprême, nous pouvons alors faire, dans cette voie, une foule de découvertes. Si nous nous en tenons à cette supposition, comme à un principe simplement régulateur, l'erreur même ne peut nous nuire. En effet, il ne peut, en tout cas, s'ensuivre rien de plus sinon que, là où nous attendions un lien téléologique[1] [...], nous n'en trouvions qu'un simplement mécanique ou physique [...], ce qui, dans ce cas, ne nous prive que d'une unité, mais sans nous faire perdre l'unité rationnelle dans son usage empirique. Ce fâcheux contretemps lui-même ne saurait atteindre la loi dans son but général et téléologique. Car, bien qu'il soit vrai qu'un anatomiste puisse être convaincu d'erreur en rapportant quelques organes du corps d'un animal à une fin qui n'en résulte évidemment pas, il est, cependant, tout à fait impossible de *prouver*, en tout cas, qu'une disposition de la nature, quelle qu'elle soit, n'a pas du tout de fin. Aussi la physiologie (des médecins) étend-elle sa connaissance empirique très limitée des fins de la structure d'un corps organique au moyen d'un principe simplement fourni par la raison pure et qui va si loin qu'on y admet, tout à fait hardiment, mais aussi avec le consentement de tous les hommes raisonnables, que tout dans l'animal a son utilité et une bonne fin. Cette supposition ne saurait être constitutive, car elle va beaucoup plus loin que ne peuvent nous le permettre les observations faites jusqu'ici ; par où l'on voit qu'elle n'est pas autre chose qu'un principe régulateur de la raison pour arriver à l'unité systématique la plus haute, au moyen de l'idée de la causalité finale de la cause suprême du monde, *comme si* cette cause, en tant qu'intelligence suprême, avait tout fait d'après le plan le plus sage.

Emmanuel KANT, « Du but de la dialectique naturelle de la raison humaine »,
Critique de la raison pure, 1781,
trad. B. Pacaud et A. Tremesaygues, 1905.

1 Qui concerne la finalité dans la nature (du grec *télos*, « la fin »).

- LA NATURE
- LA RELIGION
- LA SCIENCE
- LA VÉRITÉ

DIEU, UNE IDÉE DE LA RAISON

À mesure que les sciences progressent, elles mettent au jour un ordre et une perfection de la nature. On dirait bel et bien que la nature a été faite par un esprit intelligent. Mais ce n'est pas parce que notre raison ne peut pas s'empêcher de « considérer tout arrangement dans le monde comme s'il résultait du dessein d'une raison suprême » que nous sommes autorisés à transformer ce « comme si » en un fait objectif. La finalité que nous observons dans la nature repose sur une hypothèse dont la raison a besoin pour orienter sa connaissance de la nature. Cette hypothèse d'une finalité à l'œuvre dans la nature permet à la science de faire des découvertes en guidant ses recherches. (voir LA SCIENCE, texte 5, Matière à penser, p. 403) Elle a ainsi une valeur heuristique. Mais on ne peut pas faire de cette hypothèse un usage « constitutif », c'est-à-dire considérer qu'elle constitue une connaissance objective. Nous ne devons faire qu'un usage « régulateur » de l'idée de Dieu comme architecte de la nature : nous devons la regarder comme une idée de notre raison qui lui sert d'horizon qui la guide. Lorsque je compare les objets que « produit » la nature aux « œuvres d'art » que fabrique l'homme, « je ne puis conclure à des propriétés en cet être en suivant cette analogie », souligne Kant dans la *Critique de la faculté de juger* (§ 90, note 1, 1790). Si la raison conçoit la nature comme si elle fonctionnait à la façon d'une machine, elle ne peut plus prendre ce « comme si » pour un état de choses. De toute façon, notre raison n'a aucune connaissance de Dieu. Comme y insiste Kant, « l'idée de Divinité ne se trouve que dans la raison » (*Le Conflit des facultés*, 1798).

ORGANISATION DES ORGANISMES

C'est dans le vivant que la finalité se manifeste le plus, comme dans le cas emblématique de l'œil qui semble fait pour voir. (voir LA NATURE, texte 1, p. 298) Cela engage la raison à remonter de l'organisation des organismes à l'idée d'une intelligence organisatrice.

1 La rationalité de la nature est-elle une propriété réelle de la nature ?

2 L'ordre de la nature est-il dans la nature ou dans la raison ?

KANT DIT AUSSI

« Toutes les fins qui se manifestent dans la nature [...] souvent ne sont inventées que par nous-mêmes. »

Emmanuel KANT, *Critique de la raison pure*, 1781, trad. B. Pacaud et A. Tremesaygues, 1905.

? La raison peut-elle produire des fictions ?

Les seigneurs divins créant le monde : le seigneur soleil et Baknal Chaac, relief de la civilisation Maya provenant de Tonina, 727, musée national anthropologique du Mexique.

CINÉ PHILO

Vol au-dessus d'un nid de coucou

MILOS FORMAN, 1975

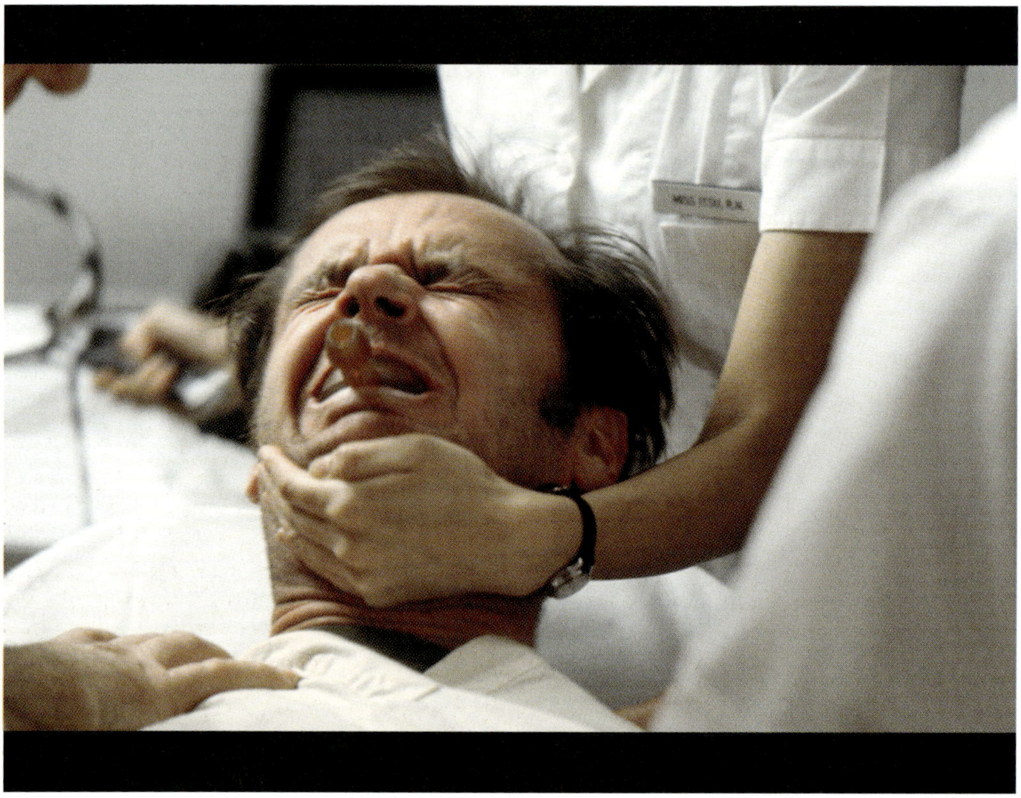

Vol au-dessus d'un nid de coucou est l'adaptation cinématographique d'un roman de Ken Kesey.
Dans un hôpital psychiatrique de l'Oregon, Randall McMurphy (interprété par Jack Nicholson), est interné à sa demande pour échapper à une longue peine d'emprisonnement. Tel le coucou qui fait son nid dans celui des autres, McMurphy déboule parmi les « vrais » malades. Mais dans ce lieu, la frontière entre la raison et la folie se trouble.
Le comportement perturbateur de McMurphy dénonce la routine, la sottise, la cruauté des traitements tyranniques subis par les malades, et illustre la critique foucaldienne de la « société disciplinaire ». Ce que l'on veut guérir, ce n'est pas la maladie, mais la résistance des récalcitrants accrochés à leur différence. La folie n'a plus de rapport avec l'état de santé de l'individu, mais avec l'intolérance sociale érigée en dogme scientifique. Toute forme de résistance est punie par l'anéantissement du sujet, que ce soit par l'internement ou la lobotomie, malheureux aboutissement de l'histoire de cet étrange héros.

Marcel GRIAULE, masques du Dama, av. 1956, musée du quai Branly-Jacques Chirac, Paris.

Prise en 1931 à Ireli, dans la région de Mopti, au Mali, en pays Dogon, cette photographie représente la Société Awa, ou « société des masques », lors du défilé et des danses qu'elle a pour fonction d'assurer à l'issue des cérémonies religieuses marquant la fin d'un deuil. De gauche à droite, les individus photographiés incarnent un chasseur, un singe blanc, deux antilopes et enfin deux voleurs rituels.

ARRÊT SUR IMAGE

1 La religion est-elle un phénomène collectif ou une affaire individuelle et strictement privée ?

2 Le soin tout particulier que les membres de cette tribu malienne semblent avoir apporté à leurs parures, à leurs masques notamment, dit-il quelque chose d'essentiel du « moment » religieux ?

3 Pas une religion ne se désintéresse de la mort et du deuil. Pourquoi ?

LA RELIGION EN QUESTION

Le terme *religion* provient du latin *religio*. Pour certains, ce dernier se rattacherait à *relegere* et, par conséquent, au verbe *legere* (« cueillir » ou « amasser en cueillant », « recueillir par les yeux », d'où « lire », « examiner », « passer en revue », « suivre de près »). Par *religio*, il faudrait donc entendre le recueillement ou le redoublement d'attention qui caractérise l'homme pieux. « Pieux », c'est-à-dire hésitant ou scrupuleux, parce que tout spécialement soucieux de ne rien penser, ni faire, qui ne soit conforme à la volonté des dieux, et aux règles qui président à leur culte. Pour d'autres, en revanche, *religio* aurait plutôt à voir avec le verbe *ligare* (« lier ») et renverrait cette fois à l'idée de relation à Dieu, et aux obligations (*obligationes*) qui en résultent pour ceux qu'elle lie à Lui.
Cependant, tous accorderaient que, dans les faits, une religion, y compris sans dieu(x) – pensons au bouddhisme, par exemple –, est d'abord une institution sociale engageant à séparer deux domaines : celui des choses sacrées, interdites ou défendues, et celui des choses profanes, libres ou indifférentes et permises.

1 LA RELIGION, UN FAIT SOCIAL On oublie trop souvent le caractère essentiellement collectif de la religion, laquelle peut même être considérée comme la matrice de toute norme et de tout lien sociaux. Mais comment comprendre plus en détail cette affinité entre la religion et la structuration, puis la vie d'un groupe ? (p. 364 à p. 371)

2 FOI ET RAISON Distinguer le sacré et le profane, c'est aussi opposer deux types de rapports à la vérité : la foi en une révélation et l'autonomie de la démarche rationnelle. Est-ce à dire qu'il faille donc choisir entre la foi et la raison ? (p. 372 à p. 375)

3 L'ILLUSION RELIGIEUSE Cependant, ne faut-il pas tout bonnement renoncer à articuler croyance religieuse et recherche de la vérité ? Car si la première n'est certes pas réductible à une erreur, ne confine-t-elle pas toutefois à une illusion, à une fiction consolatrice destinée à nous dédommager des frustrations du monde profane ? (p. 376 à p. 381)

4 RELIGION ET POLITIQUE Reste qu'on ne saurait non plus conclure de la sécularisation du monde moderne, à la pure et simple disparition de la religion. Puisque celle-ci y insiste de plusieurs manières qui justifient que l'on continue de s'interroger : que demeure-t-il de la religion, et quelle place lui reconnaître dans les sociétés politiques qui ont fait le choix de ne plus compter sur elle pour dire ou inspirer le droit ? (p. 382 à p. 389)

PANORAMA DE LA NOTION

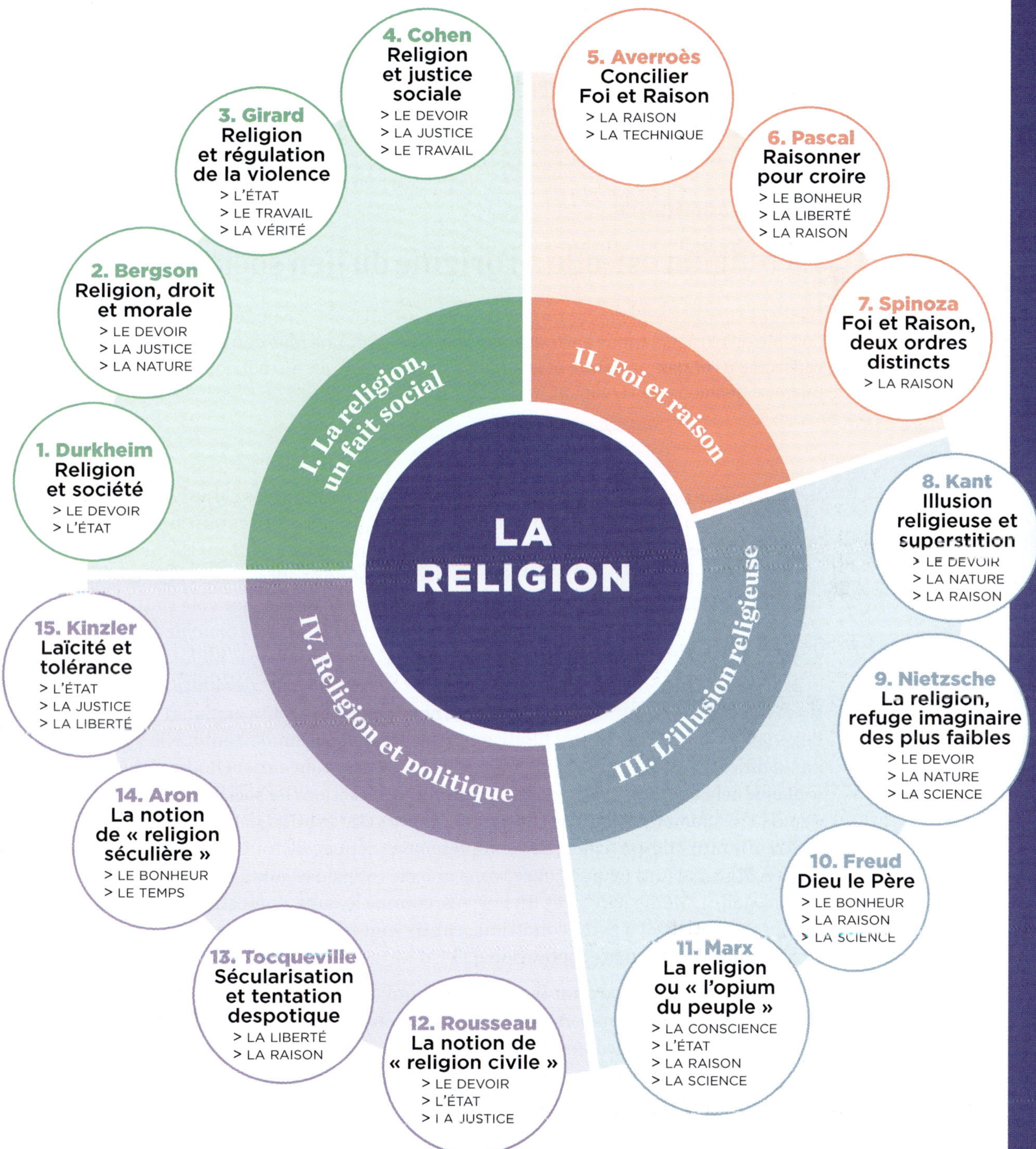

La religion, un fait social

De prime abord, la religion s'avère une institution sociale à nulle autre pareille. Car, avec elle, c'est non seulement l'idée, mais la réalité même d'une communauté qui émerge. Pourquoi ? Parce qu'elle aurait prioritairement vocation à unir les individus, en homogénéisant leurs représentations et leurs pratiques ? (texte 1, Durkheim) Parce qu'elle serait une forme archaïque du droit et de la morale (texte 2, Bergson), fondée sur un mécanisme sacrificiel permettant de réguler la violence toujours latente des relations interindividuelles ? (texte 3, Girard) Parce que, devenue monothéiste et, par là, au moins tendanciellement, universaliste, elle aurait permis d'articuler l'invention du concept d'humanité au souci de la justice sociale ? (texte 4, Cohen)

Émile DURKHEIM
1858-1917

TEXTE 1 COMMENTÉ

La religion est-elle à l'origine du lien social ?

Dans *Les Formes élémentaires de la vie religieuse*, Durkheim conjugue l'analyse des formes de culte de plusieurs tribus australiennes primitives avec une réflexion plus générale consacrée à l'origine, la nature et la fonction de la religion. Ici, au tout début de l'ouvrage, il livre sa définition de la religion.

Les croyances proprement religieuses sont toujours communes à une collectivité déterminée qui fait profession d'y adhérer et de pratiquer les rites qui en sont solidaires. Elles ne sont pas seulement admises, à titre individuel, par tous les membres de cette collectivité ; mais elles sont la chose du groupe et elles en font l'unité. Les individus qui la composent se sentent liés les uns aux autres, par cela seul qu'ils ont une foi commune. Une société dont les membres sont unis parce qu'ils se représentent de la même manière le monde sacré et ses rapports avec le monde profane, et parce qu'ils traduisent cette représentation commune dans des pratiques identiques, c'est ce qu'on appelle une Église. Or, nous ne rencontrons pas, dans l'histoire, de religion sans Église. Tantôt l'Église est étroitement nationale, tantôt elle s'étend par-delà les frontières ; tantôt elle comprend un peuple tout entier (Rome, Athènes, le peuple hébreu), tantôt elle n'en comprend qu'une fraction (les sociétés chrétiennes depuis l'avènement du protestantisme) ; tantôt elle est dirigée par un corps de prêtres, tantôt elle est à peu près complètement dénuée de tout organe directeur attitré. Mais partout où nous observons une vie religieuse, elle a pour substrat un groupe défini. Même les cultes dits privés, comme le culte domestique ou le culte corporatif, satisfont à cette condition ; car ils sont toujours célébrés par une collectivité, la famille ou la corporation. [...]

En un mot, c'est l'Église dont il est membre qui enseigne à l'individu ce que sont ces dieux personnels, quel est leur rôle, comment il doit entrer en rapports avec eux, comment il doit les honorer. [...]

Nous arrivons donc à la définition suivante : *Une religion est un système solidaire de croyances et de pratiques relatives à des choses sacrées, c'est-à-dire séparées, interdites, croyances et pratiques qui unissent en une même communauté morale, appelée*

Église, tous ceux qui y adhèrent. Le second élément qui prend ainsi place dans notre définition n'est pas moins essentiel que le premier ; car, en montrant que l'idée de religion est inséparable de l'idée d'Église, il fait pressentir que la religion doit être une chose éminemment collective.

Émile DURKHEIM, *Les Formes élémentaires de la vie religieuse*, 1912.

▶ LE DEVOIR
▶ L'ÉTAT

CROYANCES, RITES ET COHÉSION SOCIALE

La plupart des concepts que Durkheim estime nécessaires pour définir la religion interviennent dès ces deux premières phrases. Il y insiste en effet d'emblée sur la double dimension, théorique et pratique, des normes auxquelles tout système religieux renvoie : celle qui intéresse les seules « croyances » – et détermine donc ce que l'on appelle une « orthodoxie » –, et celle qui en est « solidaire » sur le plan de l'action ou de la conduite – d'où ce que l'on nomme cette fois une « orthopraxie » –, c'est-à-dire celle qui concerne les « rites ».
Deuxième point : la réalité foncièrement collective de la religion. Le fidèle n'y croyant et ne la pratiquant pas « à titre individuel », mais comme « membr[e] » du « groupe » que celle-ci institue. Durkheim juge que la religion est très précisément un opérateur de cohésion sociale puisqu'elle soude les individus « les uns aux autres » et parvient ainsi à transformer une simple collection d'atomes asociaux en une « unité » proprement sociale, grâce à une « foi commune ».

MONDE SACRÉ, MONDE PROFANE ET ÉGLISE

Dans ce passage, Durkheim achève d'introduire les éléments de la définition de la religion qu'il produit au terme de l'extrait. En signalant tout d'abord que la « foi commune » alléguée a trait à la différenciation d'un « monde sacré » et d'un « monde profane » : à la séparation d'un domaine de pensées, d'actions et de choses *interdites*, et d'un domaine où il est en revanche loisible de penser et d'agir comme on l'entend. Puis, en baptisant « Église » le modèle de société que la religion reviendrait à avoir créé. Non par « christianocentrisme », pour ainsi dire, mais parce qu'en grec, *ecclesia*, la racine du mot « église », signifie « assemblée ».

RELIGION, POLITIQUE ET COMMUNAUTÉ MORALE

Parvenant ici à une définition synthétique de son objet, Durkheim se montre particulièrement soucieux d'attirer l'attention sur l'idée de « communauté morale ». Pourquoi ? Pour au moins deux raisons : (1) parce que l'individualisme qui caractérise la modernité morale et politique n'a que trop tendance à nous faire oublier cet aspect pourtant constitutif du fait religieux ; (2) parce qu'il permet aussi, en creux, de pointer le problème que ce même individualisme se met à poser à l'heure séculière. À savoir : comment faire consister une société sans les ressources que la religion offrait pour instituer une authentique « communauté morale » ?

1 **La notion de divinité est-elle essentielle à la définition de la religion ?**

2 **Existe-t-il des comportements religieux qui autoriseraient à contester la définition proposée au terme de cet extrait ?**

MONTAIGNE DIT AUSSI

« [N]ous ne recevons notre religion qu'à notre façon et par nos mains, et non autrement que comme les autres religions se reçoivent. Nous nous sommes rencontrés au pays où elle était en usage ; ou nous regardons son ancienneté ou l'autorité des hommes qui l'ont maintenue ; ou craignons les menaces qu'elle attache aux mécréants ; ou suivons ses promesses. Ces considérations-là doivent être employées à notre créance, mais comme subsidiaires : ce sont liaisons humaines. Une autre religion, d'autres témoins, pareilles promesses et menaces nous pourraient imprimer par même voie une croyance contraire. Nous sommes Chrétiens à même titre que nous sommes ou Périgourdins ou Allemands. »

Michel de MONTAIGNE, *Apologie de Raymond Sebond*, 1580.

? Montaigne affirme-t-il ici la même chose que Durkheim dans le **texte 1** ?

Henri BERGSON
1859-1941

TEXTE 2

La religion est-elle la forme primitive de la morale et du droit ?

Ce texte est extrait de l'essai dans lequel Bergson s'attache au fait moral et religieux, et distingue la « religion statique », qui viserait à mieux intégrer l'individu à la société et à la vie grâce à sa « fonction fabulatrice », de la « religion dynamique », qui est la forme que prend la première dès lors que le mysticisme – que Bergson ramène au contact de l'âme individuelle avec l'« élan créateur » de la vie – y fait sentir son influence. Dans ces lignes, c'est de la « religion statique » qu'il s'agit.

Dans les sociétés telles que les nôtres, il y a des coutumes et il y a des lois. Sans doute les lois sont souvent des coutumes consolidées ; mais une coutume ne se transforme en loi que lorsqu'elle présente un intérêt défini, reconnu et formulable ; elle tranche dès lors sur les autres. La distinction est donc nette entre l'essentiel et l'accidentel ; il y a d'un côté ce qui est simplement en usage, de l'autre ce qui est obligation légale et même morale. Il ne peut pas en être ainsi dans des sociétés moins évoluées qui n'ont que des coutumes, les unes justifiées par un besoin réel, la plupart dues au simple hasard ou à une extension irréfléchie des premières. Ici tout ce qui est usuel est nécessairement obligatoire, puisque la solidarité sociale, n'étant pas condensée dans des lois, l'étant encore moins dans des principes, se diffuse sur la commune acceptation des usages. Tout ce qui est habituel aux membres du groupe, tout ce que la société attend des individus, devra donc prendre un caractère religieux, s'il est vrai que par l'observation de la coutume, et par elle seulement, l'homme est attaché aux autres hommes et détaché ainsi de lui-même. Soit dit en passant, la question des rapports de la morale avec la religion se simplifie ainsi beaucoup quand on considère les sociétés rudimentaires. Les religions primitives ne peuvent être dites immorales, ou indifférentes à la morale, que si l'on prend la religion telle qu'elle fut d'abord, pour la comparer à la morale telle qu'elle est devenue plus tard. À l'origine, la coutume est toute la morale ; et comme la religion interdit de s'en écarter, la morale est coextensive à la religion. En vain donc on nous objecterait que les interdictions religieuses n'ont pas toujours concerné ce qui nous apparaît aujourd'hui comme immoral ou comme antisocial. La religion primitive [...] est une précaution contre le danger que l'on court, dès qu'on pense, de ne penser qu'à soi. C'est donc bien une réaction défensive de la nature contre l'intelligence.

Henri BERGSON, *Les Deux Sources de la morale et de la religion*, 1932.

▶ LE DEVOIR
▶ LA JUSTICE
▶ LA NATURE

1 À l'aide de quel critère Bergson différencie-t-il « les sociétés telles que les nôtres » (l. 1) de celles qu'il appelle « moins évoluées » (l. 7) ?

2 Pourquoi Bergson affirme-t-il qu'à l'origine, la « morale est coextensive à la religion » (l. 20) ?

Ce que disent les mots

Religion païenne et religion chrétienne

Dans son traité *Sur la nature des dieux,* Cicéron fait dériver **religio** du verbe **relegere**, formé sur **legere** (voir p. 362), un verbe dont la richesse est héritée de celle du **logos** grec. (voir LE LANGAGE, p. 235) Il y va de l'attention scrupuleuse portée aux signes, extérieurs comme les présages des augures, ou intérieurs comme les doutes et les peurs, qui empêchent ou prescrivent une décision. **Religio est**, c'est « avoir scrupule », craindre de ne pas respecter les codes. Les hommes religieux, **religiosi**, sont, dit Cicéron, ceux qui « reprennent avec diligence et recueillent, recomposent (**relegerent**), tout ce qui se rapporte au culte des dieux » (II, 28, 72). Selon cette étymologie que l'on reconnaît généralement aujourd'hui pour vraie, la religion est ainsi d'abord un mouvement d'attention subjective et de réflexivité.

L'autre interprétation est inventée explicitement contre la première par des auteurs chrétiens, dont Lactance et Tertullien. Elle fait venir *religio* de **religare** (voir p. 362) et elle est significative du renouvellement de la notion. Ainsi, pour Lactance : « Le terme *religio* a été tiré du lien de la piété, parce que Dieu se *lie* [**religaverit**] l'homme et l'attache par la piété » (*Institutions divines*, IV, 28).

Simultanément, le terme de **pietas** s'infléchit. Dans la Rome païenne, la **« piété »** s'exerce envers les parents comme envers la patrie (**patres, patria**), dans une interaction du familial, du civique et du religieux que personnifie le « pieux Énée », héros de l'*Énéide* composée par Virgile pour Auguste. Sous Constantin, avec la reconnaissance officielle du christianisme (313), la piété consiste à « connaître Dieu » (Lactance, V, 14), et devient au sens propre « le culte de Dieu » (Augustin, *La Cité de Dieu*, X, 1). On passe simultanément du pluriel d'un panthéon au singulier d'un monothéisme et d'une Église.

Dans certaines langues modernes, en français ou en anglais par exemple, *pietas* donne deux mots distincts : **piété** et **pitié** (**piety** et **pity** en anglais). Du côté de la « piété », le culte chrétien, et du côté de la « pitié », un affect trop humain pour ne pas être également païen. En italien (**pieta**) comme en espagnol (**pietad**), c'est un seul terme, celui lié au christianisme, qui détient à lui seul l'ensemble du sens.

Paradis bouddhiste, art indien, 1750, Sikkim.

René GIRARD
1923-2015

TEXTE 3 **COMMENTÉ**

La religion est-elle un antidote à la violence ?

D'abord historien, puis critique littéraire, René Girard s'est ensuite tourné vers l'anthropologie religieuse. Dans son ouvrage *La Violence et le Sacré*, il articule la théorie du « désir mimétique » qu'il avait élaborée dans ses travaux consacrés au roman, à l'analyse du fait sacrificiel et du « mécanisme de la victime émissaire ». Le tout lui permettant de conclure que la religion aurait vocation à prévenir la violence interindividuelle et, par suite, à instaurer la paix sans laquelle aucune société ne serait possible.

Le religieux, même le plus grossier, détient une vérité qui échappe à tous les courants de la pensée non religieuse, même les plus « pessimistes ». Il sait que le fondement des sociétés humaines n'est pas une chose qui va de soi et dont les hommes peuvent s'attribuer le mérite. [...]

Le religieux dit vraiment aux hommes *ce qu'il faut faire et ne pas faire* pour éviter le retour de la violence destructrice. Quand les hommes négligent les rites et transgressent les interdits, ils provoquent, littéralement, la violence transcendante à redescendre parmi eux, à redevenir la tentatrice démoniaque, l'enjeu formidable et nul autour duquel ils vont s'entre-détruire, physiquement et spirituellement, jusqu'à l'anéantissement total, à moins que le mécanisme de la victime émissaire [...] ne vienne les sauver, à moins que la violence souveraine, en d'autres termes, jugeant les « coupables » suffisamment « punis », ne condescende à regagner sa transcendance, à s'éloigner juste autant qu'il le faut pour surveiller les hommes du dehors et leur inspirer la vénération craintive qui leur apporte le salut. [...]

Le religieux est d'abord la levée de l'obstacle formidable qu'oppose la violence à la création de toute société humaine. La société humaine ne commence pas avec la peur de l'« esclave » devant son « maître » mais avec le religieux, comme l'a vu Durkheim. Pour achever l'intuition de Durkheim il faut comprendre que le religieux ne fait qu'un avec la victime émissaire, celle qui fonde l'unité du groupe à la fois contre et autour d'elle. Seule la victime émissaire peut procurer aux hommes cette unité différenciée, là où elle est à la fois indispensable et humainement impossible, au sein d'une violence réciproque qu'aucun rapport de maîtrise stable ni aucune réconciliation véritable ne peut conclure.

Le rôle de la victime émissaire peut faire l'objet, croyons-nous, de vérifications extrêmement concrètes, même sur le plan spatial. Il y a tout lieu de penser que la vérité est inscrite dans la structure même des communautés, dans des points centraux à partir desquels tout rayonne et qui constituent presque toujours des lieux symboliques d'une unité collective dont nous ne devons pas suspecter, *a priori*, le caractère originel, très souvent confirmé, au moins partiellement, par les fouilles archéologiques. [...]

C'est à partir de ces lieux symboliques de l'unité, on peut le croire, que naît toute forme religieuse, que le culte s'établit, que l'espace s'organise, qu'une temporalité historique s'instaure, qu'une première vie sociale s'ébauche, ainsi que Durkheim l'avait compris. C'est là que tout commence, c'est de là que tout part, c'est vers là que tout revient, quand la discorde reparaît, c'est là sans doute que tout s'achève.

René GIRARD, *La Violence et le Sacré*, 1972.

▶ L'ÉTAT
▶ LE TRAVAIL
▶ LA VÉRITÉ

DU « DÉSIR MIMÉTIQUE » À LA « VICTIME ÉMISSAIRE »

L'ensemble des conceptions ici exposées par René Girard repose sur une théorie du « désir mimétique » élaborée plus tôt dans ses travaux de littérature comparée. Selon lui, en effet, le désir humain n'a pas d'objet naturel ou prédéterminé et sa fixation doit plutôt s'expliquer par la présence d'un médiateur qui, tel le père du petit garçon chez Freud, par exemple, est tout à la fois un modèle et un rival. Autrement dit, je ne désire pas tel objet du fait de son caractère intrinsèquement attractif, mais parce qu'un autre y prétend et le révèle ainsi désirable. Si bien que celui qui m'initie au désir, mon modèle, est aussi *ipso facto* le rival qui m'empêche de le satisfaire. Dès lors, pour Girard, la jalousie, la concurrence, et la violence qui peut en résulter, sont si bien inscrites dans la structure du désir humain qu'aucune cohésion sociale ne paraît plus possible. Or, tel est précisément le point à partir duquel l'anthropologie religieuse fait son entrée dans l'œuvre de Girard. Celui-ci estimant que la pratique religieuse des sacrifices et ce qu'il appelle le « mécanisme de la victime émissaire » auraient justement vocation à assurer l'unité collective des individus en leur permettant de décharger sur une victime – initialement humaine – la haine et la violence qui minent leurs relations interindividuelles. Victime émissaire qui serait tout bonnement l'origine de la divinité. Puisque sa mise à mort collective a ramené la paix et la cohésion sociale, on l'en tient ensuite pour responsable, et on se met alors à l'adorer et à lui rendre un culte qui vise tout à la fois à la remercier et à prévenir le retour de la crise mimétique qu'elle a servi à résoudre.

UNE AUTRE THÉORIE DE LA CULTURE

Ici, René Girard entreprend de comparer ses propres thèses à d'autres célèbres propositions sur le même sujet. Celle de Hegel, qu'il rejette parce qu'en identifiant le travail forcé de l'esclave au principe d'émergence de la culture, sa « dialectique du maître et de l'esclave » aurait le tort de ne tenir aucun compte du fait religieux. Celle de Durkheim **(texte 1)**, qu'il approuve du fait du rapport qu'elle établit entre religion et structuration du groupe social – mais à laquelle il reproche toutefois de ne pas parvenir à expliquer la fabrique d'une communauté de façon aussi décisive qu'il ne le fait lui-même à l'aide du « mécanisme de la victime émissaire ».

UNE HYPOTHÈSE SCIENTIFIQUE ?

Pour Girard, la théorie de la religion qu'il défend n'est pas une pure spéculation philosophique, mais une hypothèse scientifique. Aussi, pense-t-il possible de confirmer l'existence de sacrifices humains, la réalité des lynchages et l'ensemble des thèses qu'il fonde dessus grâce à des fouilles archéologiques ou à l'analyse méticuleuse des légendes et des mythes, par exemple.

1 Au début de cet extrait, Girard affirme que les hommes ne sauraient « s'attribuer le mérite » d'avoir fondé les « sociétés humaines ». D'après lui, à qui ou à quoi revient donc ce mérite ?

2 Pour Girard, quels sont les effets précis de l'« unité collective » que la religion parvient à instituer ?

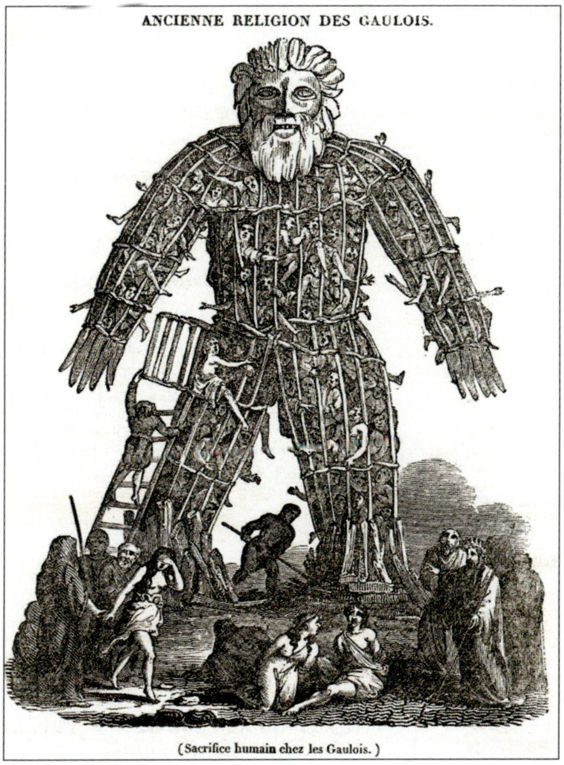

Ancienne religion des Gaulois. Sacrifices humains, Le Magasin pittoresque, 1833.

La pratique des sacrifices humains est bien attestée dans la plupart des religions archaïques. Les préjugés ethnocentriques étant ce qu'ils sont, il n'est toutefois pas inutile de rappeler que cette pratique caractérisait tout autant la religion primitive gauloise.

? Les thèses de René Girard à l'esprit, quelle signification pourrait-on donner à l'immense personnage qui apparaît à l'arrière-plan de cette illustration ?

Hermann COHEN
1842-1918

TEXTE 4

Religion et justice sociale, même combat ?

Dans cet extrait de *La Religion dans les limites de la philosophie*, Hermann Cohen avance qu'avec le prophétisme biblique, émerge une conception religieuse inédite qui n'identifie plus le prochain au membre d'un groupe culturel déterminé, mais à l'homme pauvre tel qu'il est partout et en tout temps une provocation à la pitié et à l'amour, un cri d'appel à plus de justice sociale.

Tant que l'homme considérera la culture dans laquelle il est né comme le but évident de l'existence humaine, il tolérera aussi, dans un esprit cosmopolitique, les différences au sein de l'économie de la culture. On sait comment Aristote a soulagé sa conscience morale : découvrir des machines qui pourraient remplacer le travail de l'esclave permettrait bien sûr de se passer d'esclaves. La culture est pour le Grec le but et le sens de la vie humaine.

Les prophètes pensaient autrement. Nulle philosophie de la culture ne pouvait les consoler de la détresse qu'ils éprouvaient à l'occasion de la misère humaine qu'est la pauvreté. Ils comprirent alors de manière décisive ce qu'est l'homme, et ce qu'il signifie pour la conscience de chaque homme. L'homme n'est pas pour l'homme un étranger, qui pourrait tout aussi bien être un esclave, mais il appartient à la conscience que j'ai de moi, et non pas seulement sur un plan théorique, mais d'abord dans l'ordre pratique.

Et comment est-on parvenu à cette conception pratique ? C'est là qu'intervient la souffrance. L'homme souffre, et surtout lorsqu'il est pauvre ; or il n'est pas un membre isolé au sein de la machine de l'économie humaine ni un être isolé comme l'est sans doute l'animal, au contraire je ne peux pas moi-même me penser comme homme à moins d'avoir tiré mon concept d'homme de ce concept d'homme pauvre.

Ces idées ne restent pas de simples abstractions théoriques dans la conscience de l'homme, lorsqu'il a atteint cette conception sociale car, sachant cela, il s'éveille d'emblée en lui le vif sentiment du rapport à la fois théorique, quand il va d'un moi à un autre moi, et pratique, quand il est rapport de mon propre sentiment à la souffrance de l'indigent. La souffrance ne reste pas une expérience théorique, mais se transforme en un *affect*. Ainsi apparaît la *pitié*, comme l'un des affects les plus naturels au sein de toute la vie de l'âme. [...] Et la pitié est la lentille qui permet de réduire la distance éthique par rapport à l'homme. Lorsque la pitié est une fois apparue, l'amour pour l'homme doit nécessairement surgir, quand bien même il ne serait qu'un substitut de la pitié suscitée. *L'amour pour l'homme* est la forme religieuse du rapport social entre les êtres humains. Et la pauvreté est le biais optique qui permet de découvrir l'homme comme autrui et donc comme un objet naturel de l'amour social pour l'homme.

Hermann COHEN, *La Religion dans les limites de la philosophie*, 1915, trad. M. B. de Launay et C. Prompsy, 1990.

▶ LE DEVOIR
▶ LA JUSTICE
▶ LE TRAVAIL

1 Que faut-il entendre par « culture » pour pouvoir légitimement l'opposer à la prise en considération de la « misère humaine » et de la « pauvreté » ?

2 En quoi la pauvreté et l'injustice sociale peuvent-elles être assimilées à une révélation religieuse ?

LEVINAS DIT AUSSI

« Que dit le visage quand je l'aborde ? Ce visage exposé à mon regard est désarmé. Quelle que soit la contenance qu'il se donne, que ce visage appartienne à un personnage important, étiqueté ou en apparence plus simple. Ce visage est le même, exposé dans sa nudité. [...] Ce visage de l'autre, sans recours, sans sécurité, exposé à mon regard dans sa faiblesse et sa mortalité est aussi celui qui m'ordonne : "Tu ne tueras point". Il y a dans le visage la suprême autorité qui commande, et je dis toujours, c'est la parole de Dieu. Le visage est le lieu de la parole de Dieu. Il y a la parole de Dieu en autrui, parole non thématisée. »

Emmanuel LEVINAS, *Altérité et transcendance*, 1995.

? Quel rapport peut-on établir entre cet extrait et le **texte 4** ?

Pascal VICTOR, *Karamazov*, d'après *Les Frères Karamazov* de Fedor Dostoïevski, adaptation de Jean Bellorini et Camille de la Guillonnière, festival d'Avignon, 2016.

AUX FRONTIÈRES DE LA PHILOSOPHIE

Les Frères Karamazov est le dernier roman de l'écrivain russe Fedor Dostoïevski. Dans le long développement dont les lignes ci-dessous sont extraites, Ivan décrit à son cadet, Aliocha, les tourments que sa foi lui cause. Il nie la religiosité de la résignation et du consentement au destin. Car, pour lui, à l'exception de l'indignation morale devant la souffrance des innocents, rien ne compte, pas même la sagesse et la vérité.

« Dès lors que la mère embrassera le bourreau qui a fait déchiqueter son fils par les chiens et que tous les trois ils proclameront avec des larmes : "Tu as raison, Seigneur !", il est bien certain que ce sera le sommet de la connaissance et que tout s'expliquera alors. Mais c'est là qu'il y a un écueil, c'est cela même que je ne puis accepter. [...] Pendant qu'il est encore temps, je me hâte de me prémunir, c'est pourquoi je refuse tout net la suprême harmonie. Elle ne vaut pas une seule petite larme, ne serait-ce que de cette enfant suppliciée qui se frappait la poitrine de son petit poing et, dans le nauséabond réduit, priait le "bon Dieu" avec ses larmes demeurées sans rachat ! [...] Mais par quoi les racheter, par quoi ? Est-ce possible ? Serait-ce vraiment en les vengeant ? Mais qu'ai-je besoin de cette vengeance, qu'ai-je besoin de l'enfer pour les bourreaux, qu'est-ce que l'enfer peut réparer puisque ceux-là sont déjà suppliciés ? Et qu'est-ce donc cette harmonie s'il y a l'enfer : je veux pardonner et je veux embrasser, je ne veux plus qu'on souffre. Et si les souffrances des enfants ont servi à compléter la somme des souffrances nécessaires à gagner la vérité, alors j'affirme d'avance que la vérité tout entière ne vaut pas un tel prix. »

Fedor DOSTOÏEVSKI, *Les Frères Karamazov*, 1879-1880, trad. E. Guertik, 1948.

? Avoir la foi, est-ce croire à l'impossible ?

Foi et raison

Parce qu'elles font dépendre l'accès au bonheur et au bien-être de l'examen rationnel de notre conduite et de la nature, philosophie et sciences peuvent être considérées comme l'équivalent spécifiquement profane de la quête religieuse du salut. D'où la concurrence qui peut alors s'instituer entre culture rationnelle et révélation religieuse. Mais faut-il vraiment choisir entre les deux et ne peut-on parvenir à les concilier ? (textes 5, Averroès, et 6, Pascal) Ou bien doit-on plutôt estimer qu'il y a là deux voies distinctes et chacune légitime ? (texte 7, Spinoza)

AVERROÈS
1126-1198

TEXTE 5 COMMENTÉ

Foi et raison sont-elles incompatibles ?

Dans son *Discours décisif*, Averroès distingue l'interprétation littérale du Coran, requise pour les masses, qui s'en tiennent au niveau des figures et des symboles, et son exégèse rationnelle, quant à elle réservée aux philosophes, seuls capables de lever les contradictions apparentes du texte et de découvrir ainsi son sens caché. Bien que l'apanage d'une petite élite, la conciliation de la foi et de la raison est donc possible. Mieux, d'après Averroès, « la Révélation [...] recommande aux hommes de réfléchir sur les étants et les y encourage ».

Si l'acte de philosopher ne consiste en rien d'autre que dans l'examen rationnel des étants, et dans le fait de réfléchir sur eux en tant qu'ils constituent la preuve de l'existence de l'Artisan, c'est-à-dire en tant qu'ils sont [analogues à] des artefacts – car de fait, c'est dans la seule mesure où l'on en connaît la fabrique que les étants constituent une preuve de l'existence de l'Artisan ; et la connaissance de l'Artisan est d'autant plus parfaite qu'est parfaite la connaissance des étants dans leur fabrique ; et si la Révélation recommande bien aux hommes de réfléchir sur les étants et les y encourage, alors il est évident que l'activité désignée sous ce nom [de philosophie] est, en vertu de la Loi révélée, soit obligatoire, soit recommandée.

Que la Révélation nous appelle à réfléchir sur les étants en faisant usage de la raison, et exige de nous que nous les connaissions par ce moyen, voilà qui appert à l'évidence de maints versets du Livre de Dieu – béni et exalté soit-Il. En témoigne, par exemple, l'énoncé divin : « Réfléchissez donc, ô vous qui êtes doués de clairvoyance », qui est une énonciation univoque du caractère obligatoire de l'usage du syllogisme rationnel, ou du syllogisme rationnel et juridique tout à la fois ; ou par exemple l'énoncé divin : « Que n'examinent-ils le royaume des cieux et de la terre et toutes les choses que Dieu a créées », encouragement énoncé de manière univoque à l'examen rationnel de tous les étants [...] ; ou d'autres innombrables versets encore.

Puisque est donc bien établi que la Révélation déclare obligatoire l'examen des étants au moyen de la raison et la réflexion sur ceux-ci, et que par ailleurs, réfléchir n'est rien d'autre qu'inférer, extraire l'inconnu du connu – ce en quoi consiste en fait le syllogisme, ou qui s'opère au moyen de lui –, alors nous avons l'obligation de recourir au syllogisme rationnel pour l'examen des étants. Il est évident, en outre, que ce procédé d'examen auquel appelle la Révélation, et qu'elle encourage, est nécessairement celui qui est le plus parfait et qui recourt à l'espèce de syllogisme la plus parfaite qu'on appelle « démonstration ». [...]

Puisque donc cette Révélation est la vérité, et qu'elle appelle à pratiquer l'examen rationnel qui assure la connaissance de la vérité, alors nous, Musulmans, savons de science certaine que l'examen [des étants] par la démonstration n'entraînera nulle contradiction avec les enseignements apportés par le Texte révélé : car la vérité ne peut être contraire à la vérité, mais s'accorde avec elle et témoigne en sa faveur.

AVERROÈS, *Discours décisif*, 1179, trad. M. Geoffroy, 1996.

▶ LA RAISON
▶ LA TECHNIQUE

PHILOSOPHIE ET TRADITION RELIGIEUSE

Comme nombre de philosophes médiévaux, Averroès s'est employé à concilier l'héritage de la philosophie d'Aristote et celui de sa propre tradition religieuse, l'islam, ce qui est sensible dès cette première phrase. Car tout en définissant « l'acte de philosopher » en parfaite conformité avec la physique et la métaphysique aristotéliciennes – chez Aristote aussi, « l'examen rationnel des étants » débouche sur l'identification d'un premier moteur immobile et divin –, Averroès s'exprime de façon à laisser entendre qu'il pense tout autant au Dieu radicalement transcendant de la religion musulmane. Quoi qu'il en soit, la « preuve de l'existence » de Dieu à laquelle Averroès fait référence est celle qu'on nomme « téléologique » : en étudiant les réalités naturelles, j'y reconnais un ordre ou un système de fins dont l'existence peut au moins sembler témoigner d'une intention ou d'un dessein principiel.

PENSER AVEC LES ÉCRITURES

Ici, Averroès ne se contente pas d'affirmer qu'il n'y aurait aucune contradiction entre la croyance religieuse et la raison, mais il le prouve en montrant que les Écritures saintes auxquelles les musulmans prêtent foi exigent et encouragent l'usage de la seconde.

TROIS CATÉGORIES D'ESPRIT

Dans son *Discours décisif*, Averroès distingue trois catégories d'esprit. La première est composée des hommes qui ne sont sensibles qu'aux arguments oratoires ou rhétoriques. Ceux-là forment la masse à laquelle l'interprétation littérale du Coran convient. La seconde est celle des philosophes, les hommes du « syllogisme démonstratif », c'est-à-dire ceux qui ne sauraient admettre la vérité d'une proposition sans en avoir vérifié l'absence de contradiction et la nécessité. Entre les deux, les théologiens, soit ceux qu'Averroès a le plus en horreur parce que, critiques virulents de l'interprétation littérale du Coran, ils demeurent cependant incapables d'en proposer une lecture rigoureuse et s'en tiennent à des spéculations allégoriques bien faites pour exacerber l'intolérance, la guerre et le fanatisme. Aussi « l'obligation de recourir au syllogisme rationnel », dont il est ici question, revient-elle à suggérer que les musulmans auraient le devoir d'aborder leur texte sacré en philosophes.

1 La démonstration de l'existence de Dieu est-elle absolument incontournable pour l'homme de foi ?

2 À quel principe constitutif de la rationalité Averroès fait-il implicitement référence dans la dernière phrase de cet extrait ?

THOMAS D'AQUIN DIT AUSSI

« Si la vérité de la foi chrétienne dépasse la capacité de la raison humaine, ce que la raison possède naturellement de manière innée ne peut cependant pas être contraire à cette vérité. Car c'est un fait que ce qui est naturellement inscrit dans la raison est absolument vrai, au point qu'il n'est même pas possible de penser que c'est faux. De même, ce qui est tenu par la foi, puisque Dieu l'a confirmé de manière si évidente, il n'est pas permis de croire que c'est faux. Et comme seul le faux est contraire au vrai – c'est évident pour qui examine les définitions du vrai et du faux –, il est impossible que la vérité de la foi soit contraire aux principes que la raison connaît naturellement. »

Thomas d'AQUIN, *Somme contre les Gentils*, I, 7, 1258-1265, trad. V. Aubin, C. Michon et D. Moreau, 1993.

? Comparer ces lignes au dernier paragraphe du **texte 5**. Quelle conclusion peut-on en tirer ?

Blaise PASCAL
1623-1662

TEXTE 6

La raison peut-elle conduire à la foi ?

Pour Pascal, il existe trois ordres incommensurables de réalité : la chair, l'esprit et la charité. La foi participe du dernier et est donc tout à fait hétérogène à la raison, qui ne prévaut que dans le deuxième. Ici, pourtant, Pascal fait l'effort d'épouser le point de vue strictement rationaliste de certains de ses contemporains pour mieux leur montrer que si celui-ci ne permet certes pas de justifier l'adhésion du cœur qui définit la foi authentique, il peut toutefois autoriser à conclure à la nécessité de « parier » sur l'existence de Dieu.

Parlons maintenant selon les lumières naturelles.

S'il y a un Dieu, il est infiniment incompréhensible, puisque, n'ayant ni parties ni bornes, il n'a nul rapport à nous. Nous sommes donc incapables de connaître ni ce qu'il est, ni s'il est. Cela étant, qui osera entreprendre de résoudre cette question ? Ce n'est pas nous, qui n'avons aucun rapport à lui.

Qui blâmera donc les chrétiens de ne pouvoir rendre raison de leur créance, eux qui professent une religion dont ils ne peuvent rendre raison ? [...] – Oui, mais encore que cela excuse ceux qui l'offrent telle, et que cela les ôte du blâme de la produire sans raison, cela n'excuse pas ceux qui la reçoivent. – Examinons donc ce point, et disons : Dieu est ou il n'est pas ; mais de quel côté pencherons-nous ? La raison n'y peut rien déterminer. Il y a un chaos infini qui nous sépare. Il se joue un jeu à l'extrémité de cette distance infinie, où il arrivera croix ou pile. Que gagerez-vous ? Par raison, vous ne pouvez faire ni l'un ni l'autre ; par raison, vous ne pouvez défendre nul des deux.

Ne blâmez donc pas de fausseté ceux qui ont pris un choix, car vous n'en savez rien. – Non, mais je les blâmerai d'avoir fait non ce choix, mais un choix, car encore que celui qui prend croix et l'autre soient en pareille faute, ils sont tous deux en faute ; le juste est de ne point parier.

– Oui, mais il faut parier. Cela n'est pas volontaire, vous êtes embarqué. Lequel prendrez-vous donc ? Voyons, puisqu'il faut choisir, voyons ce qui vous intéresse le moins. Vous avez deux choses à perdre, le vrai et le bien, et deux choses à engager, votre raison et votre volonté, votre connaissance et votre béatitude, et votre nature a deux choses à fuir, l'erreur et la misère. Votre raison n'est pas plus blessée, puisqu'il faut nécessairement choisir, en choisissant l'un que l'autre. Voilà un point vidé. Mais votre béatitude ? Pesons le gain et la perte en prenant croix que Dieu est. Estimons ces deux cas : si vous gagnez, vous gagnez tout, et si vous perdez, vous ne perdez rien ; gagez donc qu'il est, sans hésiter. [...] Il n'y a point à balancer, il faut tout donner. Et ainsi quand on est forcé à jouer, il faut renoncer à la raison pour garder la vie plutôt que la hasarder pour le gain infini aussi prêt à arriver que la perte du néant.

Blaise PASCAL, *Pensées*, 1670.

▶ LE BONHEUR
▶ LA LIBERTÉ
▶ LA RAISON

1 Pourquoi Pascal exclut-il l'indifférence religieuse ?

2 Si Dieu n'existe pas, ne perd-on vraiment rien à conformer sa vie aux prescriptions de la religion ?

Baruch SPINOZA
1632-1677

TEXTE 7

Foi et raison, deux ordres trop distincts pour se concurrencer ?

Exclu de sa communauté religieuse d'origine à cause de l'incompatibilité de ses thèses philosophiques avec la croyance en un Dieu personnel, créateur du monde et législateur, Spinoza a beaucoup fait pour défendre la liberté de penser et l'autonomie rationnelle de l'être humain. Dans ce passage du *Traité théologico-politique*, il soutient que la foi et la raison doivent être rigoureusement distinguées.

Entre ceux qui ne séparent pas la Philosophie de la Théologie, il y a discussion sur le point de savoir si l'Écriture doit être la servante de la Raison, ou la Raison de l'Écriture ; c'est-à-dire si le sens de l'Écriture doit se plier à la Raison, ou la Raison se plier à l'Écriture. [...] Que nous suivions [...] une manière de voir ou l'autre, la Raison ou l'Écriture est nécessairement corrompue. Nous avons montré en effet que l'Écriture n'enseigne pas la philosophie, mais la piété seulement, et que tout son contenu a été adapté à la compréhension et aux opinions préconçues du vulgaire. Qui veut donc la plier à la Philosophie attribuera certainement par fiction aux Prophètes beaucoup de pensées qu'ils n'ont pas eues même en rêve et interprétera très faussement leur pensée. Qui au contraire fait de la Raison et de la Philosophie les servantes de la Théologie est tenu d'admettre comme choses divines les préjugés du vulgaire des temps anciens, préjugés qui occuperont et aveugleront sa pensée. Ainsi l'un et l'autre, l'un sans la Raison, l'autre avec elle, déraisonneront. [...] Je ne peux donc assez m'étonner que l'on veuille soumettre la Raison, ce plus grand des dons, cette lumière divine, à la lettre morte que la malice humaine a pu falsifier, que l'on puisse croire qu'il n'y a pas crime à parler indignement contre la Raison, cette charte attestant vraiment la parole de Dieu, à la prétendre corrompue, aveugle et perdue, alors qu'ayant fait une idole de ce qui n'est que la lettre et l'image de la parole divine, on tiendrait pour le pire des crimes une supposition semblable à son égard. On estime qu'il est pieux de n'avoir que méfiance à l'égard de la Raison et du jugement propre, impie de n'avoir pas pleine confiance dans ceux qui nous ont transmis les Livres sacrés ; ce n'est point là de la piété, c'est de la démence pure. Mais, je le demande, quelle est cette inquiétude qui les tient ? Que craignent-ils ? La religion et la Foi ne peuvent-elles se maintenir que si les hommes s'appliquent laborieusement à tout ignorer et donnent à la Raison un congé définitif ? [...] Mais rejetons bien loin cette idée que la Religion et la piété veulent faire de la Raison leur servante, ou que la Raison prétend humilier la Religion à cette condition ; gardons-nous de croire qu'elles ne puissent l'une et l'autre, dans la paix et dans la concorde, occuper leur royaume propre [...].

Baruch SPINOZA, *Traité théologico-politique*, 1670,
trad. C. Appuhn, 1913.

▶ LA RAISON

1 À quel principal critère pourrait-on recourir pour distinguer la « piété » de la « philosophie » (l. 6) ?

2 L'enjeu du propos de Spinoza dans cet extrait est-il strictement théorique ?

L'illusion religieuse

Plutôt que de chercher à arbitrer entre foi et raison, on peut aussi tout bonnement critiquer la religion. Non comme une simple erreur, mais comme une illusion. En effet, pourquoi ne pas regarder le culte comme l'ensemble des transactions imaginaires que l'on substitue à la réalité des exigences morales ? (texte 8, Kant) **Quant à l'irréalisme des visions religieuses du monde, comment l'expliquer ? Par la fragilité maladive de ses promoteurs ?** (texte 9, Nietzsche) **Par la nostalgie du père tout-puissant de notre enfance ?** (texte 10, Freud) **Ou bien en la comparant à un stupéfiant collectif ?** (texte 11, Marx)

Emmanuel KANT
1724-1804

TEXTE 8

Qu'est-ce que l'illusion religieuse ?

Dans la quatrième partie de *La Religion dans les limites de la simple raison*, Kant cherche à faire la différence entre le vrai et le faux culte. Ce qui le conduit assez vite à opposer « la bonne conduite », c'est-à-dire l'irréprochabilité morale, à la superstition.

Tout ce que l'homme pense pouvoir faire, hormis la bonne conduite, pour se rendre agréable à Dieu est simplement illusion religieuse et faux culte de Dieu. [...]

L'illusion consistant à croire que par les actes religieux du culte, on peut faire quelque chose pour sa justification devant Dieu, c'est la superstition religieuse ; de même qu'en l'illusion d'arriver à ce but, en s'efforçant d'avoir un prétendu commerce avec Dieu, consiste l'*enthousiasme* religieux. – C'est une illusion superstitieuse que de vouloir devenir agréable à Dieu par des actes que chacun peut accomplir sans être pour cela un homme de bien (par exemple en professant des dogmes statutaires, en se conformant aux observances et à la discipline de l'église, etc.). On l'appelle superstitieuse parce qu'elle fait le choix pour elle-même, de simples moyens naturels (nullement moraux) qui en soi ne peuvent aucunement agir sur ce qui n'est pas de la nature (c'est-à-dire le bien moral). Une illusion se nomme chimérique quand le moyen imaginaire, en tant que suprasensible n'est même pas au pouvoir de l'homme et sans tenir compte encore de l'impossibilité de parvenir à la fin suprasensible que l'on a vue ; car ce sentiment de la présence immédiate de l'Être suprême et la distinction de ce sentiment d'avec tout autre y compris même le sentiment moral, indiquerait une réceptivité envers une intuition pour laquelle il n'existe aucun sens dans la nature humaine. – L'illusion superstitieuse [...] [est] uniquement condamnable par accident pour faire de ce qui ne peut être qu'un moyen, un objet immédiatement agréable à Dieu ; au contraire l'illusion religieuse chimérique est la mort morale de la raison sans laquelle il ne peut pourtant pas y avoir de religion, qui, comme toute moralité en général, doit être fondée sur des principes.

Emmanuel KANT, *La Religion dans les limites de la simple raison*, 1793, trad. J. Gibelin, revue par M. Naar, 1982.

▶ LE DEVOIR
▶ LA NATURE
▶ LA RAISON

1. Quelles sont les deux sortes d'illusion religieuse ici mises en cause et en quoi diffèrent-elles ?

2. Pour Kant, existe-t-il un conflit entre foi et raison ?

Friedrich NIETZSCHE
1844-1900

TEXTE 9

La religion, un refuge imaginaire pour ceux qui souffrent de la réalité ?

Une grande partie de l'œuvre de Nietzsche instruit le procès du christianisme. C'est le cas de *L'Antéchrist*, essai qu'il rédige en 1888, quelques mois à peine avant de sombrer dans la folie. Ici, il soutient que le christianisme correspond à un « *univers* de pure *fiction* », inventé par des êtres tout particulièrement intolérants et hostiles à la réalité.

Dans le Christianisme, ni la morale ni la religion n'ont un quelconque point commun avec la réalité. Rien que des *causes* imaginaires (« Dieu », « âme », « moi », « esprit », la « volonté libre » – voire la « volonté serve ») ; rien que des *effets* imaginaires (« péché », « rédemption », « grâce », « châtiment », « rémission des péchés »). Un commerce entre des *êtres* imaginaires (« Dieu », « esprits », « âmes ») ; une science de la *nature* imaginaire (anthropocentrique ; absence complète de la notion de causes naturelles) ; une *psychologie* imaginaire (rien que des malentendus sur soi, des interprétations de sentiments généraux agréables ou désagréables, par exemple des états du *nervus sympathicus*, au moyen de la sémiotique de l'idiosyncrasie religieuse et morale, – « repentance », « remords », « tentation du Malin », « la proximité de Dieu ») ; une *téléologie* imaginaire (« le Royaume de Dieu », « le Jugement Dernier », « la vie éternelle »). – Cet *univers* de pure *fiction* se distingue tout à son désavantage de celui des rêves en ce que celui-ci *reflète* la réalité, tandis que *lui* fausse, dévalue et nie la réalité. Une fois inventée l'idée de « nature » pour l'opposer à celle de « Dieu », il fallait que le mot « naturel » soit synonyme de « condamnable », – cet univers de pure fiction prend ses racines dans la *haine* envers le naturel (– la réalité ! –), il est l'expression d'un profond malaise devant le réel... *Mais voilà qui explique tout. Qui* seul a donc des raisons de *s'échapper de la réalité par le mensonge* ? Celui qui en *souffre*. Mais souffrir de la réalité signifie être une réalité *sinistrée*... La prépondérance des sentiments de déplaisir sur ceux de plaisir est la *cause* de cette morale et de cette religion fictives : or une telle prépondérance fournit la *formule* de la *décadence*.

Friedrich NIETZSCHE, *L'Antéchrist*, 1896, trad. E. Blondel, 1994.

▶ LE DEVOIR
▶ LA NATURE
▶ LA SCIENCE

1 Pourquoi Nietzsche prend-il la peine d'énumérer l'ensemble des aspects « imaginaires » du christianisme ?

2 L'explication donnée au terme de l'extrait peut sembler tout à la fois profonde et simpliste. Que peut-on en penser ?

Marianne von WEREFKIN, *Croix dans un paysage*, 1909, collection privée.

Sigmund FREUD
1856-1939

TEXTE 10 COMMENTÉ

Croire en Dieu, est-ce n'avoir pas renoncé à la protection d'un père ?

Inventée par Freud, la psychanalyse est d'abord et avant tout une technique psychothérapeutique. Mais elle enveloppe aussi une théorie de la culture et peut donc également être appliquée à des problématiques de psychologie collective, parmi lesquelles Freud a indéniablement tendance à privilégier celles qui touchent au fait religieux. D'où les divers ouvrages qu'il lui a dédiés et ce qu'il explique dans ce texte issu de l'un des plus célèbres d'entre eux.

[L]'impression d'effroi liée au désaide de l'enfant a éveillé le besoin de protection – protection par l'amour – auquel le père a répondu par son aide ; la reconnaissance du fait que ce désaide persiste tout au long de la vie a été la cause du ferme attachement à l'existence d'un père – désormais plus puissant, il est vrai. Du fait que la Providence divine gouverne avec bienveillance, l'angoisse devant les dangers de la vie est apaisée, l'instauration d'un ordre moral du monde assurant l'accomplissement de l'exigence de justice si souvent demeurée inaccomplie au sein de la culture humaine ; le prolongement de l'existence terrestre par une vie future y adjoint le cadre spatial et temporel dans lequel ces accomplissements de souhait sont censés s'effectuer. Des réponses aux questions-énigmes posées par le désir de savoir humain [...] sont développées suivant les présuppositions de ce système ; ce qui constitue un formidable soulagement pour la psyché individuelle, c'est que les conflits de l'enfance provenant du complexe paternel, conflits jamais tout à fait surmontés, lui soient retirés et soient acheminés vers une solution admise par tous.

Lorsque je dis que tout cela ce sont des illusions, il me faut délimiter la signification du mot. Une illusion n'est pas la même chose qu'une erreur, elle n'est pas non plus nécessairement une erreur. L'opinion d'Aristote selon laquelle la vermine se développait à partir des déchets [...] était une erreur, tout comme celle d'une génération antérieure de médecins qui voulait que le *tabes dorsalis* soit la conséquence d'une débauche sexuelle. Il serait abusif d'appeler ces erreurs illusions. En revanche, ce fut une illusion de Christophe Colomb d'avoir cru découvrir une nouvelle voie maritime vers les Indes. La part que prend son souhait à cette erreur est très nette. [...] Il reste caractéristique de l'illusion qu'elle dérive de souhaits humains ; elle se rapproche à cet égard de l'idée délirante en psychiatrie, mais elle s'en distingue par ailleurs, indépendamment de la construction plus compliquée de l'idée délirante. Dans l'idée délirante, nous soulignons comme essentielle la contradiction avec la réalité effective ; l'illusion, elle, n'est pas nécessairement fausse, c'est-à-dire irréalisable ou en contradiction avec la réalité. Une jeune fille de la bourgeoisie peut, par exemple, se créer l'illusion qu'un prince viendra la chercher. C'est possible, quelques cas de ce genre se sont produits. Qu'un jour le Messie vienne et fonde un âge d'or, c'est bien moins vraisemblable. [...] Nous appelons donc une croyance illusion lorsque, dans sa motivation, l'accomplissement de souhait vient au premier plan, et nous faisons là abstraction de son rapport à la réalité effective, tout comme l'illusion elle-même renonce à être accréditée.

Sigmund FREUD, *L'Avenir d'une illusion*, 1927,
trad. A. Balseinte, J.-G. Delarbre et D. Hartmann, 1995.

▶ LE BONHEUR
▶ LA RAISON
▶ LA SCIENCE

LA NOTION DE « DÉSAIDE »

Le terme *désaide* est ici retenu pour traduire l'allemand *Hilflosigkeit*, auparavant plus souvent rendu en français par détresse, leçon certes plus élégante mais moins satisfaisante, puisque ce que Freud entend ainsi désigner est très précisément le fait que, durant une période significativement plus longue que dans le reste du règne animal, le nourrisson, puis l'enfant humain demeure inapte à subvenir par lui-même à ses propres besoins : incapable de s'aider lui-même. D'où « l'effroi » de sa condition primitive, la radicalité de son « besoin de protection » et l'importance fondamentale que Freud reconnaît à celui ou celle qui y pourvoit avec « amour » : le *Nebenmensch*, c'est-à-dire non le « prochain » au sens évangélique du terme – attendu que lorsqu'il veut y renvoyer, Freud utilise cette fois le terme allemand *der Nächste* –, mais l'« être proche ». Si bien que, dès ces premières lignes, Freud affirme en fait déjà clairement que la transcendance du *Nebenmensch* de notre enfance – à l'en croire, plutôt le père – est le prototype de celle du Dieu protecteur et bienveillant que, devenu croyant, l'adulte invoquera.

« COMPLEXE PATERNEL » ET « AMBIVALENCE »

Freud appelle « complexe paternel » la constellation des pulsions, des sentiments et des représentations qui lient le petit être humain, et singulièrement le petit garçon, à son père. Or, à ses yeux, cette constellation se signale par un phénomène psychologique qu'il nomme l'ambivalence : d'un côté, l'amour du modèle ou de l'idéal, de l'autre, la haine pour le concurrent ou le rival. D'où le sentiment de culpabilité qui peut finir par dominer le psychisme de l'enfant et, de façon plus générale, le conflit qui y fait rage. Celui-là même que les ressources symboliques offertes par la religion pourront précisément l'aider à régler, en le dispensant d'y apporter une solution proprement personnelle. Puisque, en l'invitant à admettre l'existence d'un Dieu prévoyant et bienveillant, la religion lui fournit « une solution admise par tous » : renoncer à l'agressivité vis-à-vis du père, s'y soumettre et ne plus voir en lui qu'un idéal à aimer.

ERREUR, IDÉE DÉLIRANTE ET ILLUSION

Comme Freud l'a indiqué juste avant, une illusion n'est ni une erreur ni même une forme atténuée de l'idée délirante. Elle n'est pas une erreur parce qu'elle est moins une faute de jugement que l'émanation imaginaire d'un désir comme tel indifférent à la réalité objective. Quoique plus proche de l'idée délirante, elle n'en est cependant pas l'une des formes car, à la différence de celle-ci, l'illusion n'est pas non plus nécessairement en totale contradiction avec la réalité. En qualifiant d'« illusion » la croyance religieuse, Freud entend donc surtout attirer l'attention sur sa dimension proprement libidinale et ses sources pulsionnelles. Leur force, leur caractère indestructible et leur irrationalité constitutive permettant alors de mieux comprendre la vanité des critiques rationalistes de la religion et, par conséquent, le long avenir qu'elle a encore devant elle...

1 Le père est-il le premier et le seul à satisfaire le « besoin de protection » du nourrisson, puis de l'enfant humain ?

2 Comment Freud différencie-t-il « erreur », « illusion » et « idée délirante » ?

FREUD DIT AUSSI

« Je ne suis certainement pas le premier à avoir été frappé par la similitude de ce qu'on appelle les actes compulsionnels des personnes atteintes de maladies nerveuses avec les pratiques par lesquelles le croyant témoigne de sa piété. J'en veux pour preuve le terme de "cérémonial", que l'on a donné à certains de ces actes compulsionnels. [...] En s'appuyant sur ces concordances et analogies, on pourrait se risquer à concevoir la névrose obsessionnelle comme le pendant pathologique de la formation religieuse, à qualifier la névrose de religiosité individuelle, la religion de névrose obsessionnelle universelle. La concordance la plus essentielle résiderait dans leur fondement commun, à savoir le renoncement à la mise en acte de pulsions [...]. »

Sigmund FREUD, « Actes compulsionnels et exercices religieux », dans *Religion*, 1907, trad. D. Messier, 2012.

? Selon vous, à quel type principal de pulsions la religion exige-t-elle que l'on renonce ?

Marc CHAGALL, *Moïse et les Dix Commandements*, v. 1978.

Karl MARX
1818-1883

TEXTE 11

La religion est-elle « l'opium du peuple » ?

Dans cet extrait, le jeune Marx – alors encore en partie sous l'influence de Ludwig Feuerbach, l'auteur de *L'Essence du christianisme* – compare la religion à un produit stupéfiant dont les effets apaisants et hallucinatoires permettraient d'apporter une compensation imaginaire à la misère sociale réelle, tout en la faisant passer pour inéluctable.

Voici le fondement de la critique irréligieuse : *c'est l'homme qui fait la religion,* et non la religion qui fait l'homme. À la vérité, la religion est la conscience de soi et le sentiment de soi de l'homme qui, ou bien ne s'est pas encore conquis, ou bien s'est déjà de nouveau perdu. Mais l'homme, ce n'est pas un être abstrait recroquevillé hors du monde. L'homme, c'est *le monde de l'homme,* c'est l'État, c'est la société. Cet État, cette société produisent la religion, une *conscience renversée du monde,* parce qu'ils sont eux-mêmes un *monde renversé.* La religion est la théorie générale de ce monde, son compendium encyclopédique, sa logique sous une forme populaire, son *point d'honneur* spiritualiste, son enthousiasme, sa sanction morale, son complément cérémoniel, son universel motif de consolation et de justification. Elle est la *réalisation chimérique* de l'essence humaine, parce que l'essence humaine ne possède pas de réalité véritable. Lutter contre la religion, c'est donc, indirectement, lutter contre ce monde-là, dont la religion est l'arôme spirituel.

La misère religieuse est tout à la fois l'*expression* de la misère réelle et la *protestation* contre la misère réelle. La religion est le soupir de la créature accablée, l'âme d'un monde sans cœur, de même qu'elle est l'esprit d'un état de choses où il n'est point d'esprit. Elle est l'*opium* du peuple.

Nier la religion, ce bonheur *illusoire* du peuple, c'est exiger son bonheur *réel.* Exiger qu'il abandonne toute illusion sur son état, c'est exiger qu'il renonce à un état qui a besoin d'illusion. La critique de la religion contient en germe la *critique de la vallée de larmes* dont la religion est l'*auréole.*

La critique a saccagé les fleurs imaginaires qui ornent la chaîne, non pour que l'homme porte une chaîne sans rêve ni consolation, mais pour qu'il secoue la chaîne et qu'il cueille la fleur vivante. La critique de la religion détrompe l'homme, afin qu'il pense, qu'il agisse, qu'il forge sa réalité en homme détrompé et revenu à la raison, afin qu'il gravite autour de lui-même, c'est-à-dire autour de son véritable soleil. La religion n'est que le soleil illusoire, qui gravite autour de l'homme tant que l'homme ne gravite pas autour de lui-même.

Karl MARX, *Critique de la philosophie du droit de Hegel,* 1927,
dans *Philosophie,* éd. établie et annotée par M. Rubel, 1982.

▶ LA CONSCIENCE
▶ L'ÉTAT
▶ LA RAISON
▶ LA SCIENCE

1 Quelle est la différence de définition de l'illusion religieuse dans l'analyse marxienne selon qu'il est question de l'État ou du peuple ?

2 Pour Marx, quel est l'enjeu terminal de la critique de la religion ?

WEBER DIT AUSSI

« [L]'ascétisme protestant, agissant à l'intérieur du monde, s'opposa avec une grande efficacité à la *jouissance* spontanée des richesses et freina la *consommation*, notamment celle des objets de luxe. En revanche, il eut pour effet psychologique de *débarrasser* des inhibitions de l'éthique traditionnaliste le *désir d'acquérir*. Il a rompu les chaînes [qui entravaient] pareille tendance à acquérir, non seulement en la légalisant, mais aussi [...] en la considérant comme directement voulue par Dieu. Comme l'a dit expressément Barclay, le grand apologiste des quakers, et en accord avec les puritains, la lutte contre les tentations de la chair et la dépendance à l'égard des biens extérieurs ne visait point l'*acquisition* rationnelle, mais un usage *irrationnel* des possessions.
Ce dernier consistait avant tout à estimer les formes *ostensibles* de luxe, condamnées en tant qu'idolâtrie de la créature, pour naturelles que ces formes fussent apparues à la sensibilité féodale, tandis que l'usage rationnel, utilitaire des richesses, était voulu par Dieu, pour les besoins de l'individu et de la collectivité. Ce n'étaient point des macérations qu'il s'agissait d'imposer aux possédants, mais un emploi de leurs biens à des fins *nécessaires* et *utiles*. De façon caractéristique, la notion de "confort" englobe le domaine de la consommation éthiquement permise, et ce n'est évidemment pas un hasard si le style de vie attaché à cette notion a été observé en premier lieu, et avec une netteté spéciale, chez les quakers, représentants les plus conséquents de cette attitude face à la vie. Au clinquant et au faux semblant du faste chevaleresque qui, sur une base économique chancelante, préfère les dehors d'une élégance élimée à la sobre simplicité, ceux-ci opposent leur idéal : le confort net et solide du "home" bourgeois. »

Max WEBER, *L'Éthique protestante et l'Esprit du capitalisme*, 1905, trad. J. Chavy, 1964.

1 Les Quakers sont les membres d'un mouvement dissident de l'Église anglicane fondé par Georges Fox au XVIIe siècle et nommé la Société religieuse des Amis ou parfois, plus simplement, la Société des Amis. Ils se distinguent des autres groupes issus du christianisme par l'absence de *credo* (de dogmes ou de contenus de croyance fixes) et de toute structure hiérarchique.

? Quel rapport établir entre ces propos de Max Weber et ceux de Marx dans le **texte 11** ?

Carl HOLSØE,
Intérieur avec femme lisant, av. 1935.

→ VERS LE BAC

Rédiger l'introduction de la dissertation suivante : « La religion constitue-t-elle un obstacle au progrès moral de l'homme ? »

Religion et politique

D'abord conçu pour échapper aux désordres sociaux des guerres de religion, l'État moderne occidental suppose la séparation des pouvoirs spirituel et temporel, ainsi que la refonte du lien social sur des bases individualistes. En ceci, sa naissance est au principe de la sécularisation des consciences et des mœurs. Mais une société démocratique et libérale peut-elle se passer du modèle d'intégration morale que la religion est probablement seule à fournir ? (texte 12, Rousseau) **Au reste, son recul social et politique ne tend-il pas à stimuler l'aspiration au despotisme** (texte 13, Tocqueville)**, voire aux « religions séculières » ?** (texte 14, Aron) **Enfin, entre tolérance et laïcité, à quel paradigme s'en remettre pour lui ménager sa place dans nos sociétés ?** (texte 15, Kintzler)

Jean-Jacques ROUSSEAU
1712-1778

TEXTE 12 COMMENTÉ

Qu'est-ce qu'une religion civile ?

Au dernier chapitre de *Du contrat social*, Rousseau s'avise que le droit politique une fois fondé, reste encore à savoir comment disposer les citoyens non pas seulement au respect, mais à l'amour des lois. Telle sera, à ses yeux, la fonction de la « religion civile ».

Le droit que le pacte social donne au Souverain sur les sujets ne passe point [...] les bornes de l'utilité publique. Les sujets ne doivent donc compte au Souverain de leurs opinions qu'autant que ces opinions importent à la communauté. Or il importe bien à l'État que chaque Citoyen ait une Religion qui lui fasse aimer ses devoirs ; mais les dogmes de cette Religion n'intéressent ni l'État ni ses membres qu'autant que ces dogmes se rapportent à la morale, et aux devoirs que celui qui la professe est tenu de remplir envers autrui. Chacun peut avoir au surplus telles opinions qu'il lui plaît, sans qu'il appartienne au souverain d'en connaître ; car comme il n'a point de compétence dans l'autre monde, quel que soit le sort des sujets dans la vie à venir, ce n'est pas son affaire, pourvu qu'ils soient bons citoyens dans celle-ci.

Il y a donc une profession de foi purement civile dont il appartient au Souverain de fixer les articles, non pas précisément comme dogmes de religion, mais comme sentiments de sociabilité, sans lesquels il est impossible d'être bon Citoyen ni sujet fidèle. Sans pouvoir obliger personne à les croire, il peut bannir de l'État quiconque ne les croit pas ; il peut le bannir, non comme impie, mais comme insociable, comme incapable d'aimer sincèrement les lois, la justice, et d'immoler au besoin sa vie à son devoir. Que si quelqu'un, après avoir reconnu publiquement ces mêmes dogmes, se conduit comme ne les croyant pas, qu'il soit puni de mort ; il a commis le plus grand des crimes, il a menti devant les lois.

Les dogmes de la religion civile doivent être simples, en petit nombre, énoncés avec précision sans explications ni commentaires. L'existence de la Divinité puissante, intelligente, bienfaisante, prévoyante et pourvoyante, la vie à venir, le bonheur des justes, le châtiment des méchants, la sainteté du Contrat social et des Lois ; voilà les dogmes positifs. Quant aux dogmes négatifs, je les borne à un seul ; c'est l'intolérance : elle rentre dans les cultes que nous avons exclus.

Jean-Jacques ROUSSEAU, *Du contrat social*, IV, 8, 1762.

▶ LE DEVOIR
▶ L'ÉTAT
▶ LA JUSTICE

RELIGION ET UTILITÉ PUBLIQUE

Rousseau fixe ici les termes de son problème. D'un côté, en effet, il est pour lui très clair qu'en matière de croyances et d'opinions, les citoyens ne sont tenus d'obéir à l'autorité politique souveraine que pour autant que celles-ci « importent à la communauté » et sont susceptibles d'affecter le bon ordre de la vie sociale. Pour le reste, le citoyen conserve l'indépendance naturelle qui était la sienne avant l'établissement du « pacte social » et, par conséquent, une totale liberté de conscience. D'un autre côté, observe cependant Rousseau, il est non moins essentiel que l'État puisse compter sur l'existence d'une religion propre à disposer chaque citoyen, non seulement au respect, mais plus encore à l'amour de ses obligations sociales et politiques. Or, comment parvenir à concilier deux exigences aussi contradictoires ? En forgeant la notion de « religion civile », laquelle revient précisément à débarrasser les religions traditionnelles de tout ce qui n'y est pas réductible à « l'utilité publique », c'est-à-dire aux « devoirs » que l'on est « tenu de remplir envers autrui ». Tout citoyen pouvant fort bien adhérer par ailleurs à telle ou telle religion historique, sans que l'État, qui « n'a point de compétence dans l'autre monde », puisse cette fois prétendre exercer un contrôle sur sa conscience.

RELIGION CIVILE ET COMMUNAUTÉ AFFECTIVE

Dans ce passage, Rousseau nomme pour la première fois son objet (« profession de foi purement civile »), rappelle qu'il concerne exclusivement la bonne marche des rapports sociaux et insiste sur un fait déjà souligné (« une Religion qui lui fasse aimer ses devoirs ») : les « articles » de la religion civile n'ont pas vocation à fixer des « dogmes », mais des « sentiments ». Par où il apparaît plus manifestement qu'en introduisant la notion de religion civile, Rousseau entend fonder la cohésion sociale sur une communauté affective et non pas seulement intellectuelle ou rationnelle. Quant à la seconde partie de ce passage, elle est en revanche plus obscure. Car comment comprendre que, tout en ne pouvant « obliger personne à [...] croire » les « articles » de la religion civile, le Souverain puisse malgré tout « bannir de l'État quiconque ne les croit pas », voire, si ce scepticisme est publiquement assumé, le punir de mort ? Mais en réalité, dans les deux cas, le verbe *croire* n'a pas exactement le même sens, l'ensemble de la proposition se laissant en fait traduire de la façon suivante : sans pouvoir obliger personne à adhérer *subjectivement* et *en privé*, pour ainsi dire, aux articles de la religion civile, le Souverain peut toutefois bannir de l'État quiconque ne conforme pas sa *conduite* et ses *actions publiques* aux sentiments qu'ils prescrivent.

1 Dans la société projetée par Rousseau, l'existence d'une « religion civile » exclut-elle celle des autres religions ?

2 Si le « Souverain » ne peut « obliger personne » à croire aux « articles » de la « religion civile », pourquoi peut-il néanmoins « bannir de l'État quiconque ne les croit pas » ?

Jean-Baptiste **LESUEUR**, *Plantation d'un arbre de la Liberté*, av. 1826, musée Carnavalet, Paris.

DURKHEIM DIT AUSSI

« Il ne peut pas y avoir de société qui ne sente le besoin d'entretenir et de raffermir, à intervalles réguliers, les sentiments collectifs et les idées collectives qui font son unité et sa personnalité. Or, cette réfection morale ne peut être obtenue qu'au moyen de réunions, d'assemblées, de congrégations où les individus, étroitement rapprochés les uns des autres, réaffirment en commun leurs communs sentiments ; de là, des cérémonies qui, par leur objet, par les résultats qu'elles produisent, par les procédés qui y sont employés, ne diffèrent pas en nature des cérémonies proprement religieuses. Quelle différence essentielle y a-t-il entre une assemblée de chrétiens célébrant les principales dates de la vie du Christ, ou de juifs fêtant soit la sortie d'Égypte soit la promulgation du décalogue, et une réunion de citoyens commémorant l'institution d'une nouvelle charte morale ou quelque grand événement de la vie nationale ? »

Émile **DURKHEIM**, *Les Formes élémentaires de la vie religieuse*, 1912.

? Comparer ces lignes au **texte 12**. Toute religion est-elle civile ?

Alexis de TOCQUEVILLE
1805-1859

TEXTE 13

La sécularisation des consciences expose-t-elle au despotisme ?

Pionnier de la sociologie politique, Tocqueville découvre aux États-Unis un modèle de société caractérisé par ce qu'il nomme « l'égalité des conditions ». Persuadé que la Révolution française y conduit, il l'étudie en détail dans *De la démocratie en Amérique*, où il se montre particulièrement sensible au rôle social de la religion outre-Atlantique. Il en tire ici la conclusion que la vitalité des religions est essentielle au maintien de la liberté politique.

Quand la religion est détruite chez un peuple, le doute s'empare des portions les plus hautes de l'intelligence et il paralyse à moitié toutes les autres. Chacun s'habitue à n'avoir que des notions confuses et changeantes sur les matières qui intéressent le plus ses semblables et lui-même ; on défend mal ses opinions ou on les abandonne, et, comme on désespère de pouvoir, à soi seul, résoudre les plus grands problèmes que la destinée humaine présente, on se réduit lâchement à n'y point songer.

Un tel état ne peut manquer d'énerver les âmes ; il détend les ressorts de la volonté et il prépare les citoyens à la servitude.

Non seulement il arrive alors que ceux-ci laissent prendre leur liberté, mais souvent ils la livrent.

Lorsqu'il n'existe plus d'autorité en matière de religion, non plus qu'en matière politique, les hommes s'effrayent bientôt à l'aspect de cette indépendance sans limites. Cette perpétuelle agitation de toutes choses les inquiète et les fatigue. Comme tout remue dans le monde des intelligences, ils veulent, du moins, que tout soit ferme et stable dans l'ordre matériel, et, ne pouvant plus reprendre leurs anciennes croyances, ils se donnent un maître.

Pour moi, je doute que l'homme puisse jamais supporter à la fois une complète indépendance religieuse et une entière liberté politique ; et je suis porté à penser que s'il n'a pas de foi, il faut qu'il serve, et, s'il est libre, qu'il croie.

Je ne sais cependant si cette grande utilité des religions n'est pas plus visible encore chez les peuples où les conditions sont égales, que chez tous les autres.

Il faut reconnaître que l'égalité, qui introduit de grands biens dans le monde, suggère cependant aux hommes [...] des instincts fort dangereux ; elle tend à les isoler les uns des autres, pour porter chacun d'eux à ne s'occuper que de lui seul.

Elle ouvre démesurément leur âme à l'amour des jouissances matérielles.

Le plus grand avantage des religions est d'inspirer des instincts tout contraires. Il n'y a point de religion qui ne place l'objet des désirs de l'homme au-delà et au-dessus des biens de la terre, et qui n'élève naturellement son âme vers des régions fort supérieures à celles des sens. Il n'y en a point non plus qui n'impose à chacun des devoirs quelconques envers l'espèce humaine, ou en commun avec elle, et qui ne le tire ainsi, de temps à autre, de la contemplation de lui-même. Ceci se rencontre dans les religions les plus fausses et les plus dangereuses.

Les peuples religieux sont donc naturellement forts précisément à l'endroit où les peuples démocratiques sont faibles ; ce qui fait bien voir de quelle importance il est que les hommes gardent leur religion en devenant égaux.

Alexis de TOCQUEVILLE, *De la démocratie en Amérique*, II, 1840.

▶ LA LIBERTÉ
▶ LA RAISON

❶ **Pourquoi Tocqueville estime-t-il que la disparition de la socialisation religieuse favorise l'émergence du despotisme ?**

❷ **En quoi la religion pourrait-elle s'avérer d'autant plus nécessaire aux peuples que Tocqueville qualifie de « démocratiques » ?**

TOCQUEVILLE DIT AUSSI

« C'est le despotisme qui peut se passer de la foi, mais non la liberté. La religion est beaucoup plus nécessaire dans la république [...] que dans la monarchie [...], et dans les républiques démocratiques que dans toutes les autres. Comment la société pourrait-elle manquer de périr si, tandis que le lien politique se relâche, le lien moral ne se resserrait pas ? et que faire d'un peuple maître de lui-même, s'il n'est pas soumis à Dieu ? »

Alexis de TOCQUEVILLE, *De la démocratie en Amérique,* I, 1835.

(?) Contrairement à certaines apparences, Tocqueville ne dit pas ici la même chose que Rousseau dans le **texte 12**. Pourquoi ?

AUX FRONTIÈRES DE LA PHILOSOPHIE

Plus connu pour la place que son œuvre réserve à l'érotisme et à la pornographie, Sade est aussi un partisan philosophique des Lumières et un homme politique entièrement acquis à la cause républicaine. Or, à ses yeux, et contrairement à Tocqueville, il ne fait aucun doute que « les religions ne soient le berceau du despotisme ».

MAN RAY, *Portrait imaginaire de D.A.F. de Sade,* 1938, Menil Collection, Houston.

« Oui, citoyens, la religion est incohérente au système de la liberté ; vous l'avez senti. Jamais l'homme libre ne se courbera près des dieux du christianisme ; jamais ses dogmes, jamais ses rites, ses mystères ou sa morale ne conviendront à un républicain. Encore un effort ; puisque vous travaillez à détruire tous les préjugés, n'en laissez subsister aucun, s'il n'en faut qu'un seul pour les ramener tous. Combien devons-nous être plus certains de leur retour si celui que vous laissez vivre est positivement le berceau de tous les autres ! Cessons de croire que la religion puisse être utile à l'homme. Ayons de bonnes lois, et nous saurons nous passer de religion. [...]

Qu'on ne doute pas que les religions ne soient le berceau du despotisme ; le premier de tous les despotes fut un prêtre ; le premier roi et le premier empereur de Rome, Numa et Auguste, s'associent l'un et l'autre au sacerdoce ; Constantin et Clovis furent plutôt des abbés que des souverains ; Héliogabale fut prêtre du soleil. De tous les temps, dans tous les siècles, il y eut dans le despotisme et dans la religion une telle connexité qu'il reste plus que démontré qu'en détruisant l'un, l'on doit saper l'autre, par la grande raison que le premier servira toujours de loi au second. »

Donatien Alphonse François de SADE, « Français, encore un effort si vous voulez être républicains », *La Philosophie dans le boudoir,* 1795.

(?) Pourquoi de « bonnes lois » permettraient-elles de se « passer de religion » ?

Raymond ARON
1905-1983

TEXTE 14

Le totalitarisme moderne est-il une forme séculière du « retour du religieux » ?

Pour Raymond Aron, témoin direct de leur horreur, les deux principales figures du totalitarisme, le nazisme et le stalinisme, correspondent à ce qu'il fut le premier à nommer des « religions séculières ». Dans ces lignes de 1944, rédigées à Londres où il avait alors rejoint le général de Gaulle, il explique qu'elles viennent occuper dans l'âme de ses contemporains « la place de l[eur] foi évanouie » et s'efforce ensuite de mettre en évidence l'ensemble des aspects qu'elles partagent avec elle.

Je propose d'appeler « religions séculières » les doctrines qui prennent dans les âmes de nos contemporains la place de la foi évanouie et situent ici-bas, dans le lointain de l'avenir, sous la forme d'un ordre social à créer, le salut de l'humanité.

À la formule des religions séculières, on ne manquera pas d'adresser une objection : est-il légitime de parler de religion séculière alors que manque l'objet transcendant ou du moins sacré vers quoi montent la prière et l'amour ? [...] Le psychologue ou le sociologue nous diront : « On n'est pas religieux seulement quand on adore une divinité mais quand on met toutes les ressources de son esprit, toutes les soumissions de sa volonté, toutes les ardeurs du fanatisme au service d'une cause ou d'un être devenu le but et la fin des sentiments et des actions. » Or c'est un fait que les religions séculières sont susceptibles de convertir les âmes aux mêmes dévouements, à la même intransigeance, à la même ferveur inconditionnée que les croyances religieuses aux époques de leur plus impérieux et universel ascendant.

Isolé, cet argument demeurerait sans grande portée. Car, dans cette direction, on finirait par appeler religion toute doctrine qui soulève des passions ardentes et, du même coup, nourrit l'intolérance et les violences de la foi. Or, il me paraît que certaines doctrines de notre temps méritent le qualificatif de religions séculières en un sens plus précis.

Ces doctrines fixent le but dernier, quasiment sacré, par rapport auquel se définissent le bien et le mal. Quand un mouvement comme celui de la *Deutsche Glaubens-Bewegung*[1] professe : « Tout ce qui est utile à Hitler et à la communauté allemande est bon, tout ce qui leur est nuisible est mauvais », il ne fait rien de plus qu'amener à la clarté brutale de l'expression articulée le fond commun des religions séculières et l'origine de leur impitoyable machiavélisme. [...] Le zélateur de ces religions, sans même que sa bonne conscience soit troublée, mettra en œuvre tous les moyens, si horribles soient-ils, puisque rien ne saurait compromettre la sanctification par le but. En d'autres termes, si la religion a pour fonction de poser les valeurs les plus hautes qui donnent à l'existence humaine son orientation, comment nier que les doctrines politiques de notre temps ne soient d'essence religieuse ?

Enfin dans leur structure même, ces doctrines reproduisent certains des traits caractéristiques des dogmes anciens. Elles aussi donnent une interprétation globale du monde (au moins du monde historique). Elles expliquent le sens des catastrophes que traverse l'humanité malheureuse, elles laissent apercevoir, au loin, l'aboutissement de ces tragiques épreuves. Dès maintenant elles assurent, dans la communauté fraternelle du parti, l'anticipation de la communauté future de l'humanité sauvée. Elles exigent des sacrifices qui, dans l'instant même, sont payés : elles arrachent l'individu à la solitude des foules sans âme et de la vie sans espoir.

Raymond ARON, « L'Avenir des religions séculières », *La France libre*, 1944.

1 *Deutsche Glaubensbewegung* signifie « Mouvement de la foi allemande » et désigne un courant religieux et nationaliste qui demeura actif tout au long du IIIe Reich. Liant la piété à la race, ses adeptes étaient par ailleurs de provenance assez diverse : des protestants indépendants, des néo-païens, des libres penseurs, etc.

▶ LE BONHEUR
▶ LE TEMPS

1 **Quel élément de la définition de la religion produite dans le texte 1 retrouve-t-on dans les propos que Raymond Aron consacre ici à ce qu'il appelle des « religions séculières » (l. 1) ?**

2 **Au terme de l'argumentation déployée dans cet extrait, la religiosité du fait totalitaire est-elle démontrée ?**

MATIÈRE À PENSER

Comment différencier une secte d'une religion ?

Sans doute d'autant plus répandu que la régulation proprement religieuse des pensées et des conduites se fait moins intense, le phénomène sectaire prend parfois une tournure si dramatique qu'il devient essentiel de parvenir à le prévenir. Mais comment le distinguer des affiliations authentiquement religieuses ? Cette question se posant ici du point de vue spécifiquement chrétien.

« Où s'arrête une religion – ce qui doit être respecté – et où commence une secte – ce qui doit être combattu ? La réponse ne va pas de soi et dépend des critères retenus. Le débat oppose deux grandes conceptions : l'approche doctrinale et l'approche comportementale.

Une première définition de ce qu'est une "secte" privilégie le contenu doctrinal, c'est-à-dire la nature du message, l'idéal proposé, la filiation spirituelle du "gourou" fondateur, les exigences demandées aux fidèles et les textes ou philosophies auxquelles se rattache le "maître". Cette approche est héritée de la vision classique des sociologues du XIXe siècle. Pour Max Weber, par exemple, la secte se définit par rapport à l'Église : la première s'identifie à un groupe de salut "contractuel", la seconde à une institution de salut universel. Mais cette définition a vécu. [...] Au fond, se pencher sur la doctrine de telle ou telle secte pour définir sa nocivité par rapport à une ligne "officielle" ou "institutionnelle" conduit à une triple méprise.

Premièrement, on risque de ranger parmi les sectes des groupes qui sont en rupture avec les Églises tout en n'ayant d'autre corps de doctrine que le message évangélique lui-même. C'est le cas des quakers, des pentecôtistes ou des adventistes... Deuxièmement, en se penchant sur le message des sectes, on finit toujours par y trouver une intention généreuse qui les relie de près ou de loin aux valeurs chrétiennes et rend difficile une ferme condamnation. C'est la situation des Témoins de Jéhovah et des mormons... Enfin, lorsque la secte s'inspire d'une philosophie orientale étrangère au christianisme, on ne sait quelle attitude adopter et on perd tout repère. Sur quelle base contrer les Krishna ou la Sokka Gakkaï, qui font florès en se réclamant de la liberté de pensée ?

Pour toutes ces raisons, l'approche doctrinale est notoirement insuffisante.

[...] D'où la seconde approche, dite comportementale, défendue [...] par le père Trouslard, ancien vicaire général de l'évêché de Soissons, devenu « chasseur de sectes ». Jacques Trouslard retient un seul critère, celui de la nocivité, qu'il décline selon trois caractéristiques aisément identifiables : le triple conditionnement des adeptes (par la technique du bourrage de crâne, de la soumission, de l'adhésion personnelle au "maître"), la triple destruction (d'eux-mêmes, de leur famille, de la société) et la triple escroquerie (intellectuelle, morale et financière). On peut ainsi apporter la preuve du caractère dangereux d'une secte sans préoccupation doctrinale mais par l'observation de faits précis, répétitifs, collectifs et coercitifs. »

Christian MAKARIAN,
Sophie BONIS,
« Sectes ou Religions ? »,
Le Point, n° 1217, 13 janvier 1996.

Catherine KINTZLER
Née en 1947

TEXTE 15

Comment distinguer laïcité et tolérance ?

Catherine Kintzler est une philosophe contemporaine française particulièrement connue pour ses travaux consacrés à la notion de laïcité. Dans l'extrait reproduit ci-dessous, elle montre que la laïcité ne doit en aucun cas être confondue avec le concept libéral de tolérance.

La laïcité relève d'un dispositif de pensée très différent d'un modèle de tolérance fondé sur la coexistence des communautés. Les rapports conceptuels entre ce modèle et la laïcité peuvent s'établir à partir d'un système de trois propositions :
1 – Personne n'est tenu d'avoir une religion plutôt qu'une autre ;
2 – Personne n'est tenu d'avoir une religion plutôt qu'aucune ;
3 – Personne n'est tenu de n'avoir aucune religion.

Ce système suppose qu'un droit commun règle la coexistence des libertés. Il en résulte que les choses relatives à la croyance demeurent privées : la loi n'a pas le droit de réglementer ce domaine, sauf interférence avec le droit commun. Cela vaut même si l'État pratique une religion officielle. [...]

[F]ort souvent, la tolérance ne réalise pas complètement ce programme parce qu'elle se borne à la première des trois propositions. En ce cas, on suppose que la pensée politique ne peut pas faire l'économie d'une relation au phénomène religieux : on considère que la normalité est d'avoir une religion, quelle qu'elle soit, et la tolérance consiste à faire coexister différentes religions au sein d'une même association politique.

On touche un point de virulence théorique, celui de l'*incroyance*. [...] En effet, dans le cadre d'une tolérance restreinte à la première proposition, les incroyants font problème parce que, *ne formant pas communauté*, ils apparaissent comme une menace pour le lien social, un défi à toute association possible. Comme si l'adhésion religieuse était le modèle de toute adhésion. [...]

Le modèle de tolérance pense une *liberté de juxtaposition*, dépendante des conditions effectives de son exercice et non une *liberté de principe*. L'existence réelle des communautés y reste fondatrice de l'organisation des libertés : l'obligation d'appartenance est donc à l'horizon de toute idée de tolérance. La question virulente peut alors se préciser : peut-on former une association politique sans s'appuyer sur des communautés préexistantes, en s'y aveuglant ?

Même si elle peut avoir des effets comparables, la laïcité ne raisonne pas exclusivement en termes de prise en compte des forces existantes, mais en termes de possibilité *a priori*. On notera d'abord qu'elle est incompatible avec toute religion officielle, y compris civile. Mais la différence essentielle tient au dispositif de pensée : le concept de laïcité réalise les trois propositions en créant un espace *a priori* qui se présente comme condition de possibilité de leur fonctionnement. La notion d'appartenance préalable lui est donc étrangère. Le problème qui se pose n'est pas de faire exister les gens tels qu'ils sont ni les communautés telles qu'elles se manifestent dans une société donnée, mais de faire coexister toutes les libertés pensables par un dispositif qui n'a pas besoin d'en constater l'existence de fait pour les promouvoir : par un dispositif *aveugle*.

La pensée du politique impliquée alors n'est pas celle d'un rassemblement de communautés réelles, mais celle de la coexistence possible des libertés, le droit de l'individu ayant toujours priorité sur celui de la communauté.

Catherine KINTZLER, « Laïcité et philosophie », dans *Archives de philosophie du droit. La Laïcité,* 48, 2005.

▶ L'ÉTAT
▶ LA JUSTICE
▶ LA LIBERTÉ

1 En quoi le statut de l'incroyance constitue-t-il le point central dans le débat qui oppose le paradigme libéral de la tolérance et celui, républicain, de la laïcité ?

2 Présentée à la façon de Catherine Kintzler, la laïcité est-elle liberticide ou libératrice ?

MATIÈRE À PENSER

Le droit au blasphème

« **La législation française donne toute latitude à la critique des religions. Mais sanctionne les provocations à la discrimination et à la haine à l'égard d'une personne ou d'un groupe à raison de son appartenance religieuse.**

Qu'est-ce que le blasphème ? Selon l'étymologie gréco-latine, blasphémer signifie faire injure à une réputation. L'évolution du terme depuis le XVIe siècle tend à se limiter à l'injure faite au fait religieux. Le blasphème est constitué par une parole, un discours, un écrit, alors que le sacrilège est un acte perpétré contre une religion.
Quel droit régit le blasphème ? La Déclaration universelle des droits de l'homme, en son article 19, développé par l'article 19 du Pacte international relatif aux droits civils et politiques, traité onusien contraignant ratifié par 168 États, consacre le principe de la liberté d'expression. Toutefois, cette liberté n'est pas absolue et peut comporter des restrictions. Celles-ci doivent avoir pour but soit de protéger la réputation des personnes, soit d'obéir à des impératifs d'intérêt public. Ces restrictions n'incluent pas le blasphème, selon la position exprimée par le Comité des droits de l'homme de l'ONU [...].
En dépit de cet obstacle juridique, nombreux sont les États qui sanctionnent le blasphème. [...]
Conscients de cette distorsion entre le droit international et leur droit interne, plusieurs États, sous l'impulsion de l'Organisation de la coopération islamique, ont tenté d'obtenir au Conseil des droits de l'homme de l'ONU, en 2011, une résolution qui reconnaîtrait l'interdiction de la diffamation religieuse. Cette tentative a échoué. [...]

La législation française ne connaît pas le blasphème. [...]
En revanche, la législation française sanctionne de lourdes peines, y compris des peines d'emprisonnement, les injures et les provocations à la discrimination, à la haine, à la violence, à l'égard d'une personne ou d'un groupe de personnes à raison de son appartenance ou sa non-appartenance à une religion déterminée. Ces faits peuvent résulter de propos, de discours ou d'écrits.
Par ailleurs, l'apologie de crimes tels que les meurtres ou les actes de terrorisme sont également sanctionnés avec la même sévérité. [...]
En conséquence, la loi ne protège pas la religion elle-même ni ses attributs contre des critiques qui en France relèvent du débat d'idées. En revanche, l'apologie du crime est réprimée en soi, sans que des personnes soient visées en particulier. [...]

En conclusion, le droit international, et le droit français qui se situe dans la droite ligne de ce dernier, concilient de manière équilibrée la liberté d'expression et la nécessité de protéger les personnes de toute injure ou provocation à raison de sa religion : on peut heurter une sensibilité au nom de la liberté d'expression, mais on ne peut exhorter à discriminer ou à exercer des violences contre ceux qui adhèrent à une religion. »

Christiane CHANET, Tribune « Oui, on a le droit de blasphémer », *Libération,* 24 février 2015.

CINÉ PHILO

Le Procès de Jeanne d'Arc

ROBERT BRESSON, 1962

Le Procès de Jeanne d'Arc est la représentation dramatique des minutes du procès de Jeanne d'Arc, tel qu'il s'est tenu en 1431. Après de nombreuses victoires militaires, la Pucelle d'Orléans, qui a le beau visage de Florence Delay, est capturée et livrée aux Anglais. Elle est détenue à Rouen et passe en jugement pour sorcellerie, l'évêque Cauchon officiant comme juge.

Le discours de Jeanne face à ses juges est admirable : c'est le combat d'une jeune fille de 19 ans contre une justice factice et corrompue, contre la sèche raison aveugle à l'inspiration, à l'illumination. Le film, comme le procès lui-même, interroge la présence de Dieu et ses éventuelles manifestations dans le monde terrestre.

Tel est le paradoxe de Bresson : partir d'une sobriété rigoureuse, voire aride, pour atteindre une réflexion mystique qui nous dépasse.

LA SCIENCE

GIOTTO, *Adoration des Rois mages*, 1303-1306, église de l'Arena, Padoue.

D'après l'Évangile de Matthieu (2, 7), les Rois mages, venus d'Orient, furent conduits à Bethléem par une « étoile » pour honorer la naissance du Christ. Sur cette fresque, Giotto (1267-1337), peintre, sculpteur et architecte des débuts de la Renaissance italienne, représente l'« étoile » en question en s'inspirant de la comète qu'il a vu passer dans le ciel de Florence en 1301.
En 1705, l'astronome anglais Halley annonce qu'une comète passera à proximité de la Terre en 1759, confirmant l'hypothèse de Newton selon laquelle la trajectoire de certaines comètes est fermée. Halley fixe la période de révolution de la comète, qui porte désormais son nom, à 76 ans. On sait donc maintenant que l'« étoile » peinte par Giotto est la comète de Halley. Celle-ci, observée lors de son passage en 1066, se retrouve également sur la Tapisserie de Bayeux (1066-1082).

ARRÊT SUR IMAGE

La connaissance scientifique désenchante-t-elle notre représentation de la nature ?

LA SCIENCE EN QUESTION

Dans le vaste ensemble des différents types de savoir, qui s'étend depuis le savoir hérité de la tradition (comme le remède de grand-mère) jusqu'au savoir empirique qui est le fruit de l'expérience passée (tel le paysan qui annonce qu'il va pleuvoir demain), en passant par le savoir magique (celui du guérisseur, par exemple), nous distinguons spontanément le savoir scientifique, que nous nous représentons comme un savoir à part, bien spécifique. C'est d'abord à son exactitude et à son infaillibilité dans la faculté de prévoir un événement que nous reconnaissons une science : l'horoscope peut ne pas se vérifier, la pluie ne pas tomber, mais l'eau ne peut pas ne pas bouillir à 100 degrés. La science n'est donc pas un savoir parmi d'autres, c'est la connaissance vraie et objective qui permet de dénoncer les autres types de savoir comme autant de connaissances incertaines, voire fausses ou en trompe-l'œil. Mais qu'est-ce qui permet au juste de distinguer la science des autres types de connaissances ?

1 SCIENCE ET CROYANCE Devant le spectacle de la nature, les hommes ont d'abord imaginé que les phénomènes qu'ils ne savaient pas expliquer étaient provoqués par des puissances surnaturelles. L'éclair manifestait la colère du dieu Thor, la foudre était une vengeance de Zeus, le tremblement de terre une punition divine. Ces images magico-religieuses ont disparu à mesure que la connaissance scientifique de la cause naturelle de ces phénomènes progressait. Mais cette représentation de la science comme étrangère à toute croyance n'en donne-t-elle pas une image simpliste, abstraite et peut-être contestable ? Tout est-il scientifique dans les sciences ? Les sciences ne sont-elles pas elles-mêmes animées par des croyances extrascientifiques, voire antiscientifiques ? (p. 394 à p. 405)

2 MÉTHODES ET OBJETS En quoi, précisément, la connaissance scientifique consiste-t-elle ? Quelles sont ses méthodes, et celles-ci peuvent-elles s'appliquer à tout type d'objet ? La géométrie offre le modèle de la science exacte. Mais peut-on parler de La science au singulier ? Des mouvements de la matière inerte aux improvisations du vivant, la nature n'accroît-elle pas sa résistance à la connaissance scientifique ? Si l'on peut concevoir une science du triangle ou des planètes, voire de la matière vivante, une science de l'homme n'est-elle pas une contradiction dans les termes ? Comment un sujet pourrait-il obéir aux mécanismes d'un objet ? (p. 406 à p. 419)

3 LES LIMITES DE LA SCIENCE La science est indissociable de son histoire : celle-ci est-elle illimitée ou se heurte-t-elle à des limites infranchissables ? Quelle est la finalité de la science ? (p. 420 à p. 423)

PANORAMA DE LA NOTION

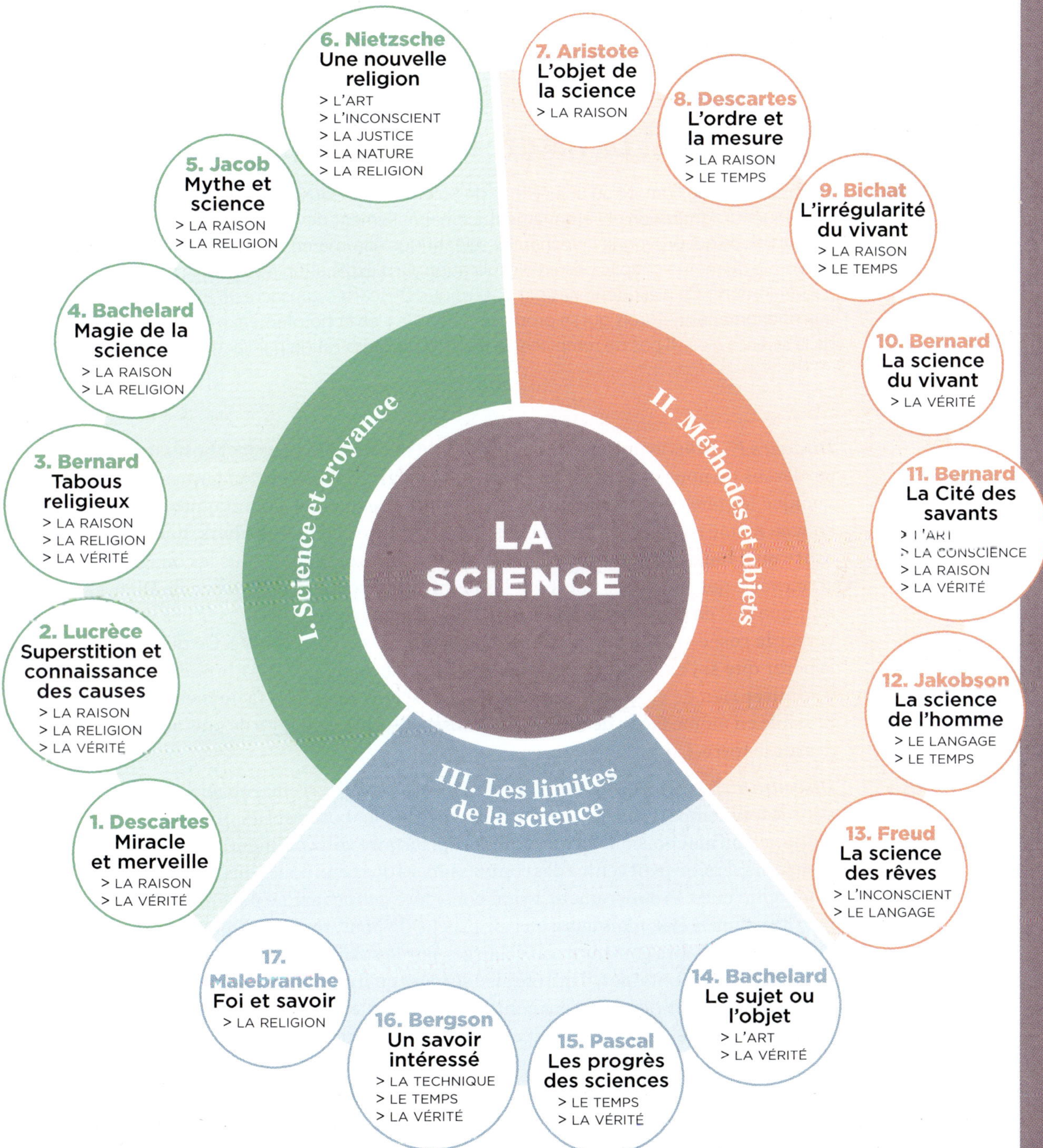

Science et croyance

Nous opposons spontanément le savoir scientifique aux diverses croyances. Qu'est-ce donc qui différencie une science d'une croyance ? (textes 1, Descartes, et 2, Lucrèce) **Les croyances ne font-elles pas obstacle à la connaissance scientifique ?** (texte 3, Bernard) **Mais la science elle-même ne suscite-t-elle pas la fascination ?** (texte 4, Bachelard) **La frontière est-elle étanche entre le scientifique et le non-scientifique ? Les croyances sont-elles nécessairement étrangères à la science ?** (textes 5, Jacob, et 6, Nietzsche)

René DESCARTES
1596-1650

TEXTE 1 COMMENTÉ La nature est-elle un spectacle ?

Le passage d'une comète ou une éclipse de Soleil en plein jour sont autant d'événements qui provoquent l'admiration et l'étonnement. L'émerveillement devant le spectacle de la nature n'est-il pas ce qui provoque la recherche scientifique elle-même ? Ce qui suscite l'étonnement provoque du même coup le besoin d'explication. Or, l'explication ne met-elle pas fin à l'admiration ? Ce n'est donc pas par hasard que Descartes consacre un traité aux phénomènes naturels qui se produisent dans le ciel, et notamment à l'arc-en-ciel. Le rôle de la science n'est-il pas de remplacer la passion de l'admiration par l'action de la raison ?

***Discours 1**^{er}*. Nous avons naturellement plus d'admiration pour les choses qui sont au-dessus de nous, que pour celles qui sont à pareille hauteur ou au-dessous. Et quoique les nues n'excèdent guère les sommets de quelques montagnes, et qu'on en voie même souvent de plus basses que les pointes de nos clochers, toutefois, à cause qu'il faut tourner les yeux vers le ciel pour les regarder, nous les imaginons si relevées, que même les poètes et les peintres en composent le trône de Dieu, et font que là il emploie ses propres mains à ouvrir et fermer les portes des vents, à verser la rosée sur les fleurs et à lancer la foudre sur les rochers. Ce qui me fait espérer que si j'explique ici leur nature, en telle sorte qu'on n'ait plus occasion d'admirer rien de ce qui s'y voit ou qui en descend, on croira facilement qu'il est possible en même façon de trouver les causes de tout ce qu'il y a de plus admirable dessus la terre. [...]

***Discours 8**^{e}*. L'arc-en-ciel est une merveille de la Nature si remarquable, et sa cause a été de tout temps si curieusement recherchée par les bons esprits, et si peu connue, que je ne saurais choisir de matière plus propre à faire voir comment, par la méthode dont je me sers, on peut venir à des connaissances que ceux dont nous avons les écrits n'ont point eues. Premièrement, ayant considéré que cet arc ne peut pas seulement paraître dans le ciel, mais aussi en l'air proche de nous, toutes fois et quantes[1] qu'il s'y trouve plusieurs gouttes d'eau éclairées par le soleil, ainsi que l'expérience fait voir en quelques fontaines, il m'a été aisé de juger qu'il ne procède que de la façon que les rayons de la lumière agissent contre ces gouttes, et de là tendent vers nos yeux. Puis, sachant que ces gouttes sont rondes, [...] et voyant que, pour être plus grosses ou plus petites, elles ne font point paraître cet arc d'autre façon, je me suis avisé d'en faire une fort grosse, afin de la pouvoir mieux examiner [...].

Et ceci me fait souvenir d'une invention pour faire paraître des signes dans le ciel, qui pourraient causer grande admiration à ceux qui en ignoreraient les raisons.

Je suppose que vous savez déjà la façon de faire voir l'arc-en-ciel par le moyen d'une fontaine. [...] À quoi il faut maintenant ajouter qu'il y a des huiles, des eaux-de-vie et d'autres liqueurs, dans lesquelles la réfraction se fait notablement plus grande ou plus petite qu'en l'eau commune, et qui ne sont pas pour cela moins claires et transparentes. En sorte qu'on pourrait disposer par ordre plusieurs fontaines, dans lesquelles y ayant diverses de ces liqueurs, on y verrait par leur moyen toute une grande partie du ciel pleine des couleurs de l'iris : à savoir en faisant que les liqueurs dont la réfraction serait la plus grande, fussent les plus proches des spectateurs, et qu'elles ne s'élevassent point si haut, qu'elles empêchassent la vue de celles qui seraient derrière [...]. Il est aisé à entendre que [...], ouvrant et fermant à propos les trous de ces diverses fontaines, on pourra faire que ce qui paraîtra coloré ait la figure d'une croix, ou d'une colonne, ou de quelque autre chose qui donne sujet d'admiration. Mais j'avoue qu'il y faudrait de l'adresse et de la dépense, afin de proportionner ces fontaines, et faire que les liqueurs y sautassent si haut, que ces figures pussent être vues de fort loin par tout un peuple, sans que l'artifice s'en découvrît.

René DESCARTES, *Les Météores*, Discours 1 et 8, 1637.

1 Quantes : chaque fois que.

▶ LA RAISON
▶ LA VÉRITÉ

UN REMÈDE À L'ADMIRATION

Les Météores travaillent à soumettre plus généralement les phénomènes célestes qui provoquent « plus d'admiration » que les phénomènes qui se produisent autour de nous et à notre échelle. Descartes énonce la finalité de la science, qui est de faire du ciel un objet d'analyse, en expliquant la production des phénomènes célestes par des causes naturelles sans rien de surnaturel. L'arc-en-ciel est un arc de cercle qui obéit aux lois de l'optique et de la géométrie. Newton complétera l'analyse en 1666, en décomposant le spectre lumineux depuis l'infrarouge jusqu'à l'ultraviolet. L'ignorance des causes peuple le ciel de forces occultes. La science fait du ciel un objet d'analyse « en telle sorte qu'on n'ait plus occasion d'admirer rien de ce qui s'y voit ou qui en descend ». Dans la langue de Descartes, l'admiration désigne la fascination et se confond avec l'étonnement. C'est l'impression d'étrangeté qui provoque l'admiration. L'explication scientifique de l'arc-en-ciel instaure le règne de la raison qui analyse et qui explique là où l'imagination prétendait imposer les sortilèges de l'image. L'exemple emblématique de l'arc-en-ciel offre une application de la Règle IV des *Règles pour la direction de l'esprit* de Descartes (voir texte 8), selon laquelle « la méthode fait disparaître toute admiration ». La science vise précisément à rendre à la raison son activité que lui dérobe l'imagination, si encline à l'émerveillement.

Mais sans l'admiration que la voûte du ciel étoilé nous inspire, la mécanique céleste n'aurait jamais vu le jour. Descartes définit l'admiration justement comme une passion qui provoque la science. Il dit à ce propos que « ceux qui n'ont aucune inclination naturelle à cette passion sont ordinairement fort ignorants » (*Les Passions de l'âme*, § 75). Son audace est de voir dans la passion de l'admiration ce qui suscite l'action de la raison.

MERVEILLE ET MIRACLE

Dire que l'arc-en-ciel est une merveille « de la nature », c'est affirmer que c'est une production de la nature et nier, du même coup, que ce soit une manifestation divine. Pour Descartes, il s'agit d'expliquer les phénomènes qui se produisent dans le ciel comme de simples phénomènes naturels pour ne plus les confondre avec des miracles.

REPRODUIRE LE PHÉNOMÈNE

La possibilité de produire un arc-en-ciel à volonté (en utilisant l'eau d'une fontaine, par exemple) permet de montrer que ce phénomène n'a rien de miraculeux. Quel homme pourrait reproduire ce que seul Dieu peut faire ? La capacité de la science à refaire ce que la nature fait permet d'identifier, sous le prétendu événement étrange, un simple phénomène naturel.

1. Comment la science met-elle fin à l'admiration ?
2. Comment l'admiration donne-t-elle naissance à la science ?

LUCRÈCE
98 av. J.-C.-
55 av. J.-C.

TEXTE 2 COMMENTÉ

La science commence-t-elle là où finit la superstition ?

Dans l'imagination superstitieuse, les phénomènes naturels ne sont pas des phénomènes mais des signes divins dont l'homme est le destinataire. La superstition se représente en effet la nature comme l'écritoire des volontés des dieux, et elle imagine que l'homme en est le centre. Cette imagerie demande toutefois de faire abstraction non seulement des ratés de la nature (un enfant qui naît aveugle, par exemple) mais encore des fléaux qui frappent l'homme (tels les épidémies ou les tremblements de terre). La science met-elle fin à l'ignorance dont se nourrit la superstition ?

Certains philosophes ignorants des propriétés de la matière, sont d'avis que la nature ne pourrait, sans l'intervention des dieux, s'accommoder si harmonieusement aux besoins des hommes pour varier les saisons, produire les moissons, ouvrir enfin aux mortels toutes ces voies où les engage et les conduit lui-même ce guide de la vie, le divin Plaisir, qui par l'attrait des œuvres de Vénus, les invite à se reproduire pour empêcher la mort du genre humain. Imaginer que l'intérêt des mortels a guidé les dieux dans la création du monde, c'est en tout point, ce me semble, s'égarer bien loin de la vérité. Pour moi, j'ai beau ignorer ce que sont les principes des choses, j'oserais pourtant, et sur la simple étude des phénomènes célestes, et sur bien d'autres faits encore, soutenir et démontrer que le monde n'a nullement été créé pour nous par une volonté divine : tant il se présente entaché de défauts !

LUCRÈCE, *De la nature des choses*, II, 167-181, Ier siècle av. J.-C., trad. A. Ernoult, 1920.

▶ LA RAISON
▶ LA RELIGION
▶ LA VÉRITÉ

INFÉRER ET IMPUTER

Face à des phénomènes dont l'homme est « incapable d'apercevoir les causes, il les impute à une puissance divine », explique Lucrèce au début du *De la nature des choses* (I, 153-154). Imputer, c'est partir de l'observation d'un effet physique et sauter à une origine surnaturelle imaginée. La connaissance scientifique de la nature, à l'inverse, consiste à inférer une cause physique à partir de l'observation d'un effet physique. Imputer, c'est imaginer, inférer, c'est savoir. Lucrèce dénonce la superstition, qui consiste à interpréter tout ce qui arrive dans la nature comme étant destiné à l'homme. La science naît donc d'une rupture avec l'imaginaire religieux. À la justification des phénomènes, elle substitue leur explication. La science opère un décentrement de l'homme qui lui assigne la place qui lui revient dans l'univers, à savoir non pas une place centrale mais une place quelconque. En outre, la nature n'offre pas le spectacle d'un ordre immuable mais, au mieux, celui d'une régularité toute relative qui connaît nombre d'exceptions. Combien de fruits morts avant d'avoir pu mûrir ? Combien d'avortons qui sont autant d'entorses ordinaires à l'ordre de la nature ? Le désordre n'est-il pas aussi naturel à la nature que l'ordre ? Lucrèce souligne la distance infinie qui sépare la nature et son lot d'erreurs du chef-d'œuvre supposé d'une intelligence parfaite. Enfin, la nature ne semble pas faite pour l'homme ni soucieuse de lui : ne le frappent-elle pas de diverses calamités ? (voir LA NATURE, texte 1, p. 298)

1. En quoi l'objectivité de la science consiste-t-elle ?
2. Peut-on s'affranchir du point de vue humain ?

ÉPICURE DIT AUSSI

« Que seulement le mythe soit exclu ! Et il le sera si l'on suit exactement les phénomènes dans les inférences au sujet des causes cachées. »

ÉPICURE, *Lettre à Pythoclès*, § 104, IVe siècle av. J.-C., dans *Lettres et Maximes*, trad. M. Conche, 1987.

? L'imagination est-elle absente de la science ?

REPÈRES expliquer / comprendre

Si la science permet d'**expliquer** les phénomènes naturels, elle n'a pas pour objet de les comprendre. **Expliquer**, c'est mettre au jour le lien nécessaire entre un effet (par exemple, la fumée) et la cause qui l'a produit (le feu : il n'y a pas de fumée sans feu). L'**explication** d'un phénomène présent (la neige fond) ou futur (le tsunami qui aura lieu dans deux heures) repose sur la connaissance de la cause passée (le soleil s'est levé ; le sol a tremblé ce matin). À l'inverse, **comprendre**, c'est saisir une signification, qui est un sens projeté dans le futur : ainsi, je **comprends** que si le professeur efface le tableau, c'est parce qu'un autre professeur va lui succéder dans la même salle. La **compréhension** éclaire donc le présent ou le passé par le futur. **Expliquer**, c'est donner le pourquoi ou la cause ; **comprendre**, c'est viser le pour quoi ou la raison, la finalité (le but).

MATIÈRE À PENSER

Darwin montre que les espèces vivantes, y compris l'espèce humaine, n'ont pas toujours eu la forme qu'elles ont aujourd'hui. Certes, sur une échelle de temps limitée à quelques centaines, voire quelques milliers d'années, aucun changement n'est observable. Mais si l'on étudie leur évolution sur des millions d'années, des modifications apparaissent.

Ainsi, nous savons aujourd'hui que l'espèce humaine et celle des chimpanzés se sont dissociées il y a environ 5 millions d'années, leur dernier ancêtre commun remontant à plus de 6 millions d'années. La disparition des dinosaures il y a 65 millions d'années vient, en outre, ébranler le mythe d'une création de l'univers par un Dieu intelligent : pourquoi aurait-il créé des espèces si c'était pour les faire ensuite disparaître ? Les fossiles ont joué un rôle essentiel dans la connaissance du vivant, c'est pourquoi la science de la vie est indissociable de la science de la Terre (d'où la science de la vie et de la Terre, S.V.T.). Darwin substitue à la pseudo-explication de la formation des espèces par une intention divine son explication scientifique par l'adaptation au milieu. (voir Matière à penser du texte 9)

L'homme ne descend pas du singe

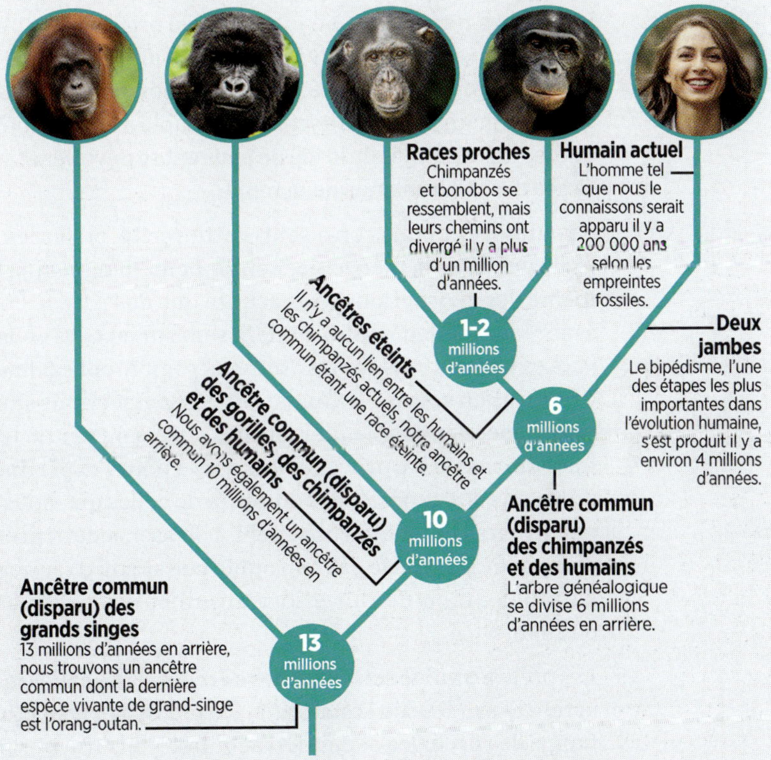

« L'esprit ne peut concevoir toute la signification de ce terme : un million d'années ; il ne saurait davantage ni additionner ni percevoir les effets complets de beaucoup de variations légères, accumulées pendant un nombre presque infini de générations. [...] Il est si facile de cacher notre ignorance sous des expressions telles que *plan de création, unité de dessein*. »

Charles DARWIN, *L'Origine des espèces*, chap. 14, 1859, trad. E. Barbier, 1876.

? La science nous permet-elle de comprendre la nature ?

Claude BERNARD
1813-1878

TEXTE 3

Les croyances religieuses sont-elles un frein à la recherche scientifique ?

Dans la Genèse, Dieu ne se contente pas de donner la vie aux hommes et à l'ensemble du vivant, il lui confère une valeur sacrée. Ainsi donne-t-il comme nourriture aux hommes la chair de l'animal, mais sans « sa vie, c'est-à-dire son sang » (Genèse, chapitre 9). Cette interdiction divine de faire du sang des animaux un aliment repose sur une sacralisation, non pas seulement de l'homme, mais du vivant tout entier. La vie n'est pas un simple phénomène naturel, c'est un don divin et, par conséquent, une qualité sacrée qui impose le respect absolu. Dans ces conditions, n'est-il pas interdit de faire de la vie un objet de science ?

On n'a pu découvrir les lois de la matière brute qu'en pénétrant dans les corps ou dans les machines inertes, de même on ne pourra arriver à connaître les lois et les propriétés de la matière vivante qu'en disloquant les organismes vivants pour s'introduire dans leur milieu intérieur. Il faut donc nécessairement, après avoir disséqué sur le mort, disséquer sur le vif, pour mettre à découvert et voir fonctionner les parties intérieures ou cachées de l'organisme ; c'est à ces sortes d'opérations qu'on donne le nom de *vivisections,* et sans ce mode d'investigation, il n'y a pas de physiologie ni de médecine scientifique possibles : pour apprendre comment l'homme et les animaux vivent, il est indispensable d'en voir mourir un grand nombre, parce que les mécanismes de la vie ne peuvent se dévoiler et se prouver que par la connaissance des mécanismes de la mort.

À toutes les époques on a senti cette vérité, et dès les temps les plus anciens, on a pratiqué, dans la médecine, non seulement des expériences thérapeutiques, mais même des vivisections. On raconte que des rois de Perse livraient les condamnés à mort aux médecins afin qu'ils fissent sur eux des vivisections utiles à la médecine. [...] Les vivisections sur les animaux remontent également très loin. On peut considérer Galien comme le fondateur des vivisections sur les animaux. Il institua ses expériences en particulier sur des singes ou sur de jeunes porcs, et il décrivit les instruments et les procédés employés pour l'expérimentation. Galien ne pratiqua guère que des expériences du genre de celles que nous avons appelées expériences perturbatrices, et qui consistent à blesser, à détruire ou à enlever une partie afin de juger de son usage par le trouble que sa soustraction produit. [...] Depuis Galien, il y a toujours eu, de loin en loin, au milieu des systèmes médicaux, des vivisecteurs éminents. [...]

Les préjugés qui se sont attachés au respect des cadavres ont pendant très longtemps arrêté le progrès de l'anatomie. De même la vivisection a rencontré dans tous les temps des préjugés et des détracteurs. Nous n'avons pas la prétention de détruire tous les préjugés dans le monde ; nous n'avons pas non plus à nous occuper ici de répondre aux arguments des détracteurs des vivisections, puisque par là même ils nient la médecine expérimentale, c'est-à-dire la médecine scientifique.

Claude BERNARD, *Introduction à l'étude de la médecine expérimentale,* II, 2, 3, 1865.

▶ LA RAISON
▶ LA RELIGION
▶ LA VÉRITÉ

1 Quelle est la différence entre la vie et le vivant ?

2 La science doit-elle se soumettre aux interdits religieux ?

Ce que disent les mots

Sciences et sagesse

Science vient directement du latin **scientia**, sur le verbe **scio, scire**, « savoir », dont le sens d'origine est peut-être « décider, trancher », et qui s'applique à tout ce qu'on sait (« savoir ce qui se passe » par exemple), avant de désigner le fait d'avoir une connaissance exacte, précise, pratique et même théorique, de l'ordre de la science (« savoir lire et écrire », « savoir une langue »). Il est tout à fait distinct d'un autre verbe que l'on traduit pourtant aussi par « savoir », **sapio, sapere**, « avoir du goût, de la saveur ou du parfum, sentir » (d'où le français « saveur »), et au sens figuré « avoir du goût, du discernement, s'y connaître » (d'où le français **savoir**). Deux substantifs bien différents sont ainsi produits. *Scientia,* sur *scire,* prend le sens du mot grec **epistêmê**, « science », forgé sur *epistamai* (littéralement : *histamai,* « se tenir », et *epi,* « sur ») qui fait entendre que l'on « se place au-dessus de », et donne en français **épistémologie** pour désigner le discours rationnel sur la science. (voir *logos*, dans LE LANGAGE, p. 235) Et **sapientia**, sur *sapere* qui rend le grec **sophia**, « sagesse », dont traite la **« philo-sophie »** ou « amour de la sagesse ». On a donc d'un côté la science, de l'autre la sagesse.

Qu'est-ce qui différencie la science, et à quoi la reconnaît-on ? Un certain nombre de termes grecs, mis en place notamment par Aristote, servent de repères pour instruire le problème tout au long de l'histoire : établir les **« principes »** ou **arkhai** (« ce qui fonde et qui dirige »), connaître la **« cause »** ou **aitia** (« accusation, responsabilité »), suivre une **« méthode démonstrative »** ou **apodiktikê** (« qui montre en déployant »), parvenir au **« général »** ou **epi to polu** (« ce qui arrive le plus souvent ») et à l'**« universel »** ou **katholou** (« ce qui embrasse la totalité ». (voir texte 7)

La science ainsi pensée se met au pluriel, et on peut alors proposer une classification des sciences. Celle établie par Aristote est riche d'implications contemporaines. Il distingue entre « science pratique », « science poétique » et « science théorique » (*Métaphysique* E, 1). La pratique (sur **prattein**, « faire, agir ») renvoie à une action qui est à elle-même sa propre fin, l'action morale par exemple. (voir LE DEVOIR, p. 109) La poétique (sur **poeiein**, « faire, produire ») renvoie à une fabrication productrice d'objet, un poème, ou un lit quand on est menuisier, et elle signe la proximité avec le savoir-faire. (voir L'ART, p. 17 et LA TECHNIQUE, p. 425) Seule la théorie (sur **theôrein**, « contempler ») renvoie à ce que nous appelons aujourd'hui « sciences » ou **« sciences dures »**, les mathématiques et la physique, au sens aussi de **« sciences naturelles »**. Or, il existe une troisième science théorétique : celle qui vient « après la physique » – la **« métaphysique »** –, définie comme **« science de l'être »** (**« onto-logie »**), dont il s'agit de savoir si elle se confond ou non avec la **« théo-logie »** ou **« science de dieu »**. Science et sagesse, philosophie et religion, n'ont ainsi cessé de se nouer et de se dénouer.

Gaston BACHELARD
1884-1962

TEXTE 4

Y a-t-il une magie de la science ?

Dans l'espace social, la science ne se donne pas comme l'empire du lumineux de l'intelligible, elle s'impose comme une autorité que l'on vénère. L'adjectif « scientifique » y fonctionne moins sur le terrain de la rationalité que sur celui de la crédulité. Il suffit qu'un savoir soit présenté comme « scientifique » pour qu'il fasse autorité sans plus d'examen. Le rapport spontané à la science se partage ainsi entre fascination et crainte. Georges Charpak et Richard Garwin ont par exemple mis en garde contre les peurs qui parasitent le débat public autour du nucléaire dans un livre au titre explicite : *Feux follets et champignons nucléaires*. Il y a paradoxalement une sorte d'obscurantisme autour de la clarté scientifique. La science ne fait-elle pas elle-même l'objet d'un culte ?

Dès qu'une expérience se présente avec un appareil bizarre, en particulier, si elle vient, sous un nom inattendu, des lointaines origines de la science, comme par exemple l'harmonica chimique[1], la classe est attentive aux événements : elle omet seulement de regarder les phénomènes essentiels. Elle entend les beuglements de la flamme, elle n'en voit pas les stries. S'il se produit quelque accident – triomphe du singulier – l'intérêt est à son comble. Par exemple, pour illustrer la théorie des radicaux en Chimie minérale, le professeur fait de l'iodure d'ammonium en passant plusieurs fois de l'ammoniaque sur un filtre recouvert de paillettes d'iode. Le papier filtre séché avec précaution explose ensuite au moindre froissement tandis que s'écarquillent les yeux des jeunes élèves. Un professeur de chimie psychologue pourra alors se rendre compte du caractère impur de l'intérêt des élèves pour l'*explosion*, surtout quand la matière explosive est obtenue si facilement. [...]

Il n'est d'ailleurs pas rare de voir les jeunes gens s'attacher aux expériences dangereuses. Dans leurs récits à leur famille, un grand nombre d'élèves exagèrent les dangers qu'ils ont couru au laboratoire. Bien des doigts sont jaunis avec une savante maladresse. Les blouses percées par l'acide sulfurique avec une étrange fréquence. Il faut bien, en pensée, vivre le roman de la victime de la science. [...]

En résumé, dans l'enseignement élémentaire, les expériences trop vives, trop imagées, sont des centres de faux intérêt. On ne saurait trop conseiller au professeur d'aller sans cesse de la table d'expériences au tableau noir pour extraire aussi vite que possible l'abstrait du concret.

Gaston BACHELARD, *La Formation de l'esprit scientifique*, chapitre II, § 3, 1938.

1 Appareil qui utilise la combustion de l'hydrogène pour produire des sons.

▶ LA RAISON
▶ LA RELIGION

1 La science peut-elle être un spectacle ?

2 Peut-on avoir une passion pour la science ?

LEVINAS DIT AUSSI

« La lune n'est plus qu'une roche et ne peut plus être l'objet de culte. Mais l'astronaute est un demi-dieu. »

Emmanuel LEVINAS, « Sécularisation et faim », 1976, *Cahier de l'Herne : Emmanuel Levinas*, note 4, 1991.

? Pourquoi la science fait-elle l'objet d'un culte ?

Joseph WRIGHT OF DERBY (1734-1797), *Physicien donnant une conférence sur l'orrery dans lequel le soleil est remplacé par une lampe* (1766), musée et galerie d'art de Derby, Angleterre.

Joseph Wright of Derby est un peintre du XVIIIe siècle dont plusieurs toiles illustrent des sujets scientifiques. Cette peinture représente une conférence d'un « philosophe naturel » (un physicien) sur le mouvement des planètes et les éclipses, à l'aide d'un planétarium miniature (un orrery, du nom de son inventeur Charles Boyle, comte d'Orrery). Elle causa, semble-t-il, un fort étonnement quand elle fut exposée la première fois en 1766 car, au centre du tableau, se trouvait, non plus un personnage ou une scène mythologique, mais une expérimentation scientifique. On constate que les assistants, hormis celui qui prend des notes, expriment, devant ce spectacle, une admiration souvent réservée jusque-là aux scènes religieuses et, en particulier, aux miracles. Le tableau met donc en scène, à sa manière, l'admiration dont la science pouvait faire l'objet à l'époque des Lumières. Il est possible que le personnage central soit Newton.

? Comment comprendre que la science puisse être un objet de fascination ?

Publicité pour une boule de lessive sans détergent contenant des céramiques censées casser les molécules d'eau par radiation, ce qui n'est en réalité possible qu'avec un accélérateur de particules ! Voir *Science et Avenir*, 15 juin 2011.

On assiste, depuis le XXe siècle, à un usage inflationniste du terme *science* qui s'étend jusqu'à la publicité et n'hésite pas à enrôler dans sa propagande un lexique, des graphiques et des chiffres empruntés aux sciences (Oméga3, « testé en laboratoire »). La science joue ici comme principe de légitimité.

? Pourquoi la science sert-elle de caution ?

François JACOB
1920-2013

TEXTE 5

La science est-elle un mythe moderne ?

En nous donnant des outils intellectuels qui projettent une lumière rationnelle sur la nature, la science ramène l'inconnu au connu et traite ainsi l'angoisse devant ce que nous ne savons pas expliquer. Dans cette mesure, n'est-on pas en droit de la voir comme une sorte de mythologie moderne ? La science et la croyance appartiennent-elles à deux domaines fondamentalement étrangers ? Ne relèvent-elles pas, l'une comme l'autre, d'une seule et même fabrique d'images rassurantes ?

À certains égards mythe et science remplissent une même fonction. Ils fournissent tous deux à l'esprit humain une certaine représentation du monde et des forces qu'il anime. [...]

Dans leurs efforts pour remplir leur fonction de trouver un ordre dans le chaos du monde, mythes et théories scientifiques opèrent selon le même principe. Il s'agit toujours d'expliquer le monde visible par des forces invisibles, d'articuler ce qu'on observe sur ce qu'on imagine. On peut considérer la foudre comme l'expression de la colère de Zeus ou comme un phénomène électrostatique. On peut voir dans une maladie l'effet d'un mauvais sort ou d'une infection microbienne. Mais, de toute façon, expliquer un phénomène c'est considérer l'effet visible d'une cause cachée, liée à l'ensemble des forces invisibles qui sont censées régir le monde.

Mythique ou scientifique, la représentation du monde que construit l'homme fait toujours une large part à son imagination. Car contrairement à ce qu'on croit souvent, la démarche scientifique ne consiste pas simplement à observer, à accumuler des données expérimentales pour en déduire une théorie. On peut parfaitement examiner un objet pendant des années sans jamais en tirer la moindre observation d'intérêt scientifique. Pour apporter une observation de quelque valeur, il faut déjà, au départ, avoir une certaine idée de ce qu'il y a à observer. Si la science évolue, c'est souvent parce qu'un aspect encore inconnu des choses se dévoile soudain ; pas toujours comme conséquence de l'apparition d'un appareillage nouveau, mais grâce à une manière nouvelle d'examiner les objets, de les considérer sous un angle neuf. Ce regard est nécessairement guidé par une certaine idée de ce que peut bien être la « réalité ». Il implique toujours une certaine conception de l'inconnu, de cette zone située juste au-delà de ce que la logique et l'expérience autorisent à croire.

François JACOB, *Le Jeu des possibles. Essai sur la diversité du vivant*, I, 1981.

▶ LA RAISON
▶ LA RELIGION

1 Faut-il opposer science et religion ?

2 Quel rapport la science établit-elle entre un fait et une idée ?

Boris Karloff dans *Celui qui a tué la mort*, réalisé par **Nick GRINDE**, 1939.

(?) Quel est le rôle de la science dans la science-fiction ?

MATIÈRE À PENSER

La foi, moteur de la science

En 1854, le physicien Hermann von Helmholtz (1821-1894) confirme la seconde loi de thermodynamique, dite « loi d'entropie », selon laquelle la quantité de désordre dans l'univers tend nécessairement à augmenter. La conséquence de cette loi, à savoir la mort thermique inéluctable de l'univers, provoque une angoisse généralisée. La Terre est condamnée par une loi physique incontestable à devenir une planète morte. C'est précisément parce qu'il refuse, pour des motifs religieux, les conséquences scientifiques de la loi d'entropie qu'il connaît parfaitement bien, que Erwin Schrödinger (1887-1961) délaisse la physique pour la biologie afin de chercher, dans la matière vivante, un principe scientifique qui contredise l'entropie physique. Schrödinger part de cette observation que les organismes vivants se transmettent sur des millions d'années des caractéristiques qui se reproduisent à l'identique et qui semblent ainsi contester l'entropie. Il identifie l'organisation biologique comme une réfutation du désordre physique. Il entreprend donc une recherche en biologie qui le conduit à découvrir ce qu'il cherchait : la structure d'une molécule hyper stable qui explique la résistance du vivant au principe d'entropie. Cette macromolécule responsable de la stabilité du vivant, c'est le chromosome. Le principe physique d'entropie ne s'applique pas au principe néguentropique du mécanisme héréditaire. Si Schrödinger anticipe la découverte de la structure en double hélice de l'A.D.N., mais introduit aussi la notion de « code » génétique, c'est qu'il croit en une finalité métaphysique de l'univers. Sa foi religieuse l'empêche d'accepter que le Créateur ait pu créer le vivant pour l'abandonner à une mort thermique, même s'il sait qu'elle est scientifiquement prouvée. C'est donc pour des raisons religieuses qu'il a cherché en dehors de la physique, c'est-à-dire dans la biologie moléculaire, une entité scientifique conforme à la bonté de Dieu. Sa croyance religieuse n'a pas été un obstacle à la science, au contraire, elle a été un moteur de sa recherche. Il y a ici une fécondité scientifique de l'esprit religieux qui règne au cœur même de la science. Le mécanisme héréditaire à l'œuvre au cœur du gène est, pour Schrödinger, « le chef-d'œuvre [...] de la mécanique quantique du Seigneur ».

« La permanence est inexplicable par la physique classique.
Je me propose de mettre en relief une fois de plus cette situation vraiment étonnante. Plusieurs membres de la dynastie des Habsbourg se distinguent par un défigurement spécial de la lèvre inférieure (« lippe de Habsbourg »). [...] En concentrant notre attention sur le portrait d'un membre de la famille au seizième siècle et sur celui de son descendant vivant au dix-neuvième, on peut admettre sans risque de se tromper que le support matériel du gène responsable pour le caractère anormal a été transmis de génération en génération au travers des siècles et a été reproduit fidèlement lors de chacune des divisions cellulaires intermédiaires. [...]
La vie paraît être un comportement ordonné et réglementé de la matière, comportement qui n'est pas basé exclusivement sur sa tendance à passer de l'ordre au désordre, mais basé en partie sur un ordre existant qui se maintient. [...] Comment pourrions-nous exprimer en fonction de la théorie statistique la merveilleuse faculté que possède un organisme vivant de ralentir sa chute vers l'équilibre thermodynamique, la mort ? [...] Le développement des événements dans le cycle vital d'un organisme témoigne d'une régularité d'un ordre admirable qui ne sont égalés par rien de tout ce que nous rencontrons dans la matière inanimée. [...]
Le point sur lequel il faut insister encore et toujours c'est que, pour le physicien, cet état de choses n'est nullement plausible ; tout au contraire il est extrêmement passionnant parce qu'il est sans précédent. [...] Mais nous ne pouvons nous attendre à ce que les lois de la physique puissent suffire directement à expliquer le comportement de la matière vivante dont les caractères les plus frappants sont visiblement basés en grande partie sur le principe de l'ordre par l'ordre. [...]
Les traits les plus caractéristiques sont : premièrement la répartition curieuse des roues dentées [1] dans un organisme multicellulaire et deuxièmement le fait que la roue dentée en question n'est pas de grossière fabrication humaine, mais constitue le chef-d'œuvre le plus délicat jamais fabriqué suivant les principes de la mécanique quantique du Seigneur. »

Erwin SCHRÖDINGER,
Qu'est-ce que la vie ?, 1944,
trad. L. Keffler, 1986.

1 Fibres chromosomiques dont la structure est analogue aux rouages d'une horloge.

Diego **VÉLASQUEZ**,
Portrait de Philippe IV, roi d'Espagne, 1652-1653,
Kunsthistorisches Museum, Vienne.

▶ LA RAISON
▶ LA RELIGION

(?) La croyance religieuse peut-elle être à l'origine d'un progrès scientifique ?

Friedrich NIETZSCHE
1844-1900

TEXTE 6 COMMENTÉ

En quel sens la science a-t-elle pris la place de la religion ?

La représentation claire selon laquelle l'esprit scientifique et l'esprit religieux s'opposent n'est-elle pas une image naïve et rassurante pour la science, mais illusoire ? Loin d'être indemne de toute dimension religieuse ou magique, la science héberge en son sein nombre de représentations irrationnelles qui la conditionnent d'autant plus qu'elle n'en a pas conscience. Le courage philosophique n'est-il pas ici de prendre au sérieux ce risque qu'il n'y ait pas de concept rigoureux de science aux contours nets, et qu'il faille renoncer à distinguer ce qui est scientifique de ce qui ne l'est pas dans une science ? La science n'est-elle pas une religion moderne inconsciente d'elle-même ?

§ 108. Luttes nouvelles. – Après que le Bouddha fut mort, on montra encore des siècles durant son ombre dans une caverne – une ombre formidable et effrayante. Dieu est mort : mais telle est la nature des hommes que, des millénaires durant peut-être, il y aura des cavernes où l'on montrera encore son ombre – il nous faut vaincre son ombre aussi.

§ 109. Mise en garde. – Gardons-nous de penser que le monde serait un être vivant. Vers où devrait-il prendre de l'extension ? De quoi devrait-il se nourrir ? Comment pourrait-il croître et se multiplier ? Nous savons d'ailleurs à peu près ce qu'est l'organique : et ce que nous percevons d'infiniment dérivé, de tardif, de rare, de fortuit, sur la croûte de la terre, nous irions jusqu'à l'interpréter en tant que l'essentiel, l'universel, l'éternel, comme le font ceux qui nomment le tout un organisme ? Voilà qui me dégoûte. Gardons-nous de prime abord de croire que le tout serait un mécanisme : il n'est certainement pas construit dans le sens d'un but, et nous lui faisons beaucoup trop honneur à lui donner le nom de « mécanique ». Gardons-nous de présupposer absolument et en tout lieu imaginable quelque chose d'une forme aussi accomplie que les mouvements cycliques des astres voisins de nous ; rien qu'un regard vers la Voie lactée nous en fait douter, qui suggère des mouvements beaucoup plus grossiers et contradictoires, ainsi que des astres précipités dans une chute éternellement rectiligne et d'autres choses analogues. L'ordre astral dans lequel nous vivons est une exception : cet ordre, et la durée relative qu'il détermine ont derechef[1] rendu possible l'exception des exceptions : la formation de l'organique. En revanche, le caractère de l'ensemble du monde est de toute éternité celui du chaos, en raison non pas de l'absence de nécessité, mais de l'absence d'ordre, d'articulation, de forme, de beauté, de sagesse et quelles que soient nos humaines catégories esthétiques. Du point de vue de notre raison, les coups malheureux constituent de loin la règle, les exceptions n'obéissent point à un but secret, et la totalité de l'horlogerie répète éternellement son mode qui jamais ne saurait mériter le nom de mélodie, – et pour finir l'expression même de « coup malheureux » n'est qu'une humanisation qui implique un blâme. Or comment oserions-nous blâmer ou louer le tout ! Gardons-nous de lui reprocher un manque de cœur, ou de la déraison ou leurs contraires : il n'est ni parfait, ni beau, ni noble, et ne veut devenir rien de tel, il n'aspire nullement à imiter l'homme ! Il n'est du tout atteint par aucun de nos jugements esthétiques ou moraux ! Il n'a pas davantage d'instinct de conservation, et absolument pas d'impulsion : il ne connaît point de lois. Gardons-nous de déclarer qu'il y a des lois dans la nature. Il n'y a que des nécessités : là nul ne commande, nul n'obéit, nul ne transgresse. Dès lors que vous savez qu'il n'y a point de but, vous savez aussi qu'il n'y a point de hasard. Car ce n'est qu'au regard d'un monde de buts que le mot « hasard » a un sens. Gardons-nous de dire que la mort serait opposée à la vie. Le vivant n'est qu'un genre de ce qui est mort et un genre fort rare. [...] Quand toutes ces ombres de Dieu cesseront-elles de nous obscurcir ? Quand aurons-nous totalement dédivinisé la nature ?

Friedrich NIETZSCHE, *Le Gai Savoir*, § 108 et 109, 1882, trad. P. Klossowski, 1939.

1 Derechef : une nouvelle fois.

▶ L'ART
▶ L'INCONSCIENT
▶ LA JUSTICE
▶ LA NATURE
▶ LA RELIGION

LA MACHINE

Lorsque la science se représente la nature comme une machine composée de mécanismes, elle lui prête une finalité théologique comme si Dieu en était l'auteur. Croire que la nature est une machine suppose qu'elle a été construite, ce qui implique un projet, un objectif.

LES LOIS DE LA NATURE

Il est frappant que le lexique de la science soit emprunté au domaine du droit et plus largement de la politique. La notion de « loi » de la nature ne suppose-t-elle pas une projection du concept juridique de loi en dehors de la sphère des affaires humaines pour être appliquée aux phénomènes naturels ? N'y a-t-il pas là un usage illégitime et simplement métaphorique de la notion humaine de loi dans un domaine où elle n'a rien à faire ? Nietzsche révèle ici la dimension anthropomorphique des représentations scientifiques selon lesquelles la nature serait un territoire sur lequel la raison exercerait son autorité politique. L'idée, ou pour mieux dire, la croyance que les lois « gouvernent » la nature suppose bel et bien une représentation politique de la nature. Ces lois supposées de la nature reposent elles-mêmes sur la croyance en un dieu législateur de la nature. La nature elle-même est imaginée comme une personne qui, le plus souvent, obéit aux lois de ce législateur métaphysique qui, parfois, les enfreint. Les exceptions que la science ne sait pas expliquer sont interprétées comme des infractions à l'ordre divin, comme si la nature se montrait parfois désobéissante.

SCIENCE ET ART

La science ne dévoile pas le réel, elle imagine que le monde est un « cosmos », c'est-à-dire un tout harmonieux et beau, en d'autres termes un produit de l'art. Au fond, la cosmologie, la connaissance scientifique du monde, est une cosmétique, un art du maquillage. La science est un département de l'art.

SCIENCE ET RELIGION

Si « Dieu est mort », selon l'expression de Nietzsche, les ombres de Dieu n'ont jamais été aussi vivantes et continuent de nous leurrer. La science est une ombre de Dieu, un culte moderne de la vérité. Nous ne croyons plus en Dieu mais nous continuons de croire à l'ordre, au mécanisme, aux lois de la nature, toutes ces ombres de Dieu qui proviennent de la « caverne » de la science qui projette ses représentations sur la nature et les prend pour des choses. En passant de la religion à la science, l'homme a seulement changé de religion : il a renoncé aux idoles divines pour nourrir le culte de l'atome ou du gène.

1 Peut-on parler d'un inconscient de l'esprit scientifique ?

2 D'où viennent les lois de la nature ?

La création des astres, verrière de la Genèse, v. 1500, église Sainte-Madeleine, Troyes.

Méthodes et objets

Il ne suffit pas de goûter un vin pour connaître le vin. La connaissance implique en effet de dépasser la simple expérience singulière pour saisir le commun qui permet de réunir les choses. (texte 7, Aristote) **Y a-t-il des choses qui ne se prêtent pas à cette connaissance ? Sur quoi au juste la science porte-t-elle ?** (texte 8, Descartes) **L'irrégularité constitutive de la matière vivante ne marque-t-elle pas une différence de nature entre la biologie et la physique ?** (texte 9, Bichat) **La chimie n'est-elle pas pourtant commune aux deux ? Le sujet scientifique peut-il être un chercheur solitaire ? La science n'est-elle pas nécessairement un travail collectif ?** (textes 10 et 11, Bernard) **L'homme ne constitue-t-il pas, en dernière analyse, un objet impossible pour la science ? Comment des faits humains comme parler ou rêver pourraient-ils se prêter à la méthode scientifique ?** (textes 12, Jakobson, et 13, Freud)

ARISTOTE
384 av. J.-C.-
322 av. J.-C.

TEXTE 7

Quel est l'objet de la science ?

Posséder la science géométrique du triangle, c'est connaître les propriétés communes à tous les triangles, qui sont vraies en tout temps, en tout lieu et pour tous. Que ce soit pour un géomètre grec du VIe siècle avant Jésus-Christ comme Thalès ou pour un élève français contemporain, ces propriétés restent les mêmes. À l'inverse, un élève qui ne maîtrise pas encore son cours de géométrie ne sera pas capable de dire ce qui est toujours vrai d'un triangle. Ainsi la science consiste-t-elle à connaître ce qui est à la fois universel et nécessaire, c'est-à-dire à formuler, non pas de simples règles susceptibles d'inclure des exceptions, mais de véritables lois.

Il n'est pas possible non plus d'acquérir par la sensation une connaissance scientifique. En effet, même si la sensation a pour objet une chose de telle qualité, et non pas seulement une chose singulière, on doit du moins nécessairement percevoir telle chose déterminée dans un lieu et à un moment déterminés. Mais l'universel, ce qui s'applique à tous les cas, est impossible à percevoir, car ce n'est ni une chose déterminée, ni un moment déterminé, sinon ce ne serait pas un universel, puisque nous appelons universel ce qui est toujours et partout. Puisque donc les démonstrations sont universelles, et que les notions universelles ne peuvent être perçues, il est clair qu'il n'y a pas de science par la sensation. Mais il est évident aussi que, même s'il était possible de percevoir que le triangle a ses angles égaux à deux droits, nous en chercherions encore une démonstration, et que nous n'en aurions pas (comme certains le prétendent) une connaissance scientifique : car la sensation se fait nécessairement au cas par cas, tandis que la science consiste dans la connaissance universelle. Aussi, si nous étions sur la Lune, et que nous voyions la Terre s'interposer sur le trajet de la lumière solaire, nous ne saurions pas la cause de l'éclipse : nous percevrions qu'en ce moment il y a éclipse, mais nullement le pourquoi, puisque la sensation ne porte pas sur l'universel. Ce qui ne veut pas dire que par l'observation répétée de cet évènement, nous ne puissions, en pourchassant l'universel, arriver à une démonstration, car c'est d'une pluralité de cas particuliers que se dégage l'universel.

Mais le grand mérite de l'universel, c'est qu'il fait connaître la cause ; de sorte que, pour ces faits qui ont une cause autre qu'eux-mêmes, la connaissance universelle est très au-dessus des sensations et de l'intuition (en ce qui concerne les principes premiers, la raison est toute différente).

Il en résulte clairement qu'il est impossible d'acquérir par la sensation la science de ce qui est démontrable, à moins d'appeler « percevoir » le fait d'avoir la science par démonstration.

ARISTOTE, *Seconds Analytiques*, I, 30, 87b28-88a19, IVe siècle av. J.-C., trad. modifiée J. Tricot, 1939.

▶ LA RAISON

1. Peut-il y avoir une science du singulier ?
2. Quelle est la différence entre la connaissance du général et la science de l'universel ?

Donato CRETI,
Observations astronomiques, 1711, pinacothèque du Vatican, Rome.

(?) Si l'éclipse est un événement rare, comment en connait-on la fréquence ?

→ VERS LE BAC

Le mot *savoir* vient du verbe latin *sapere*, qui donne aussi en français « saveur », comme si goûter la saveur d'une chose constituait un savoir. À partir de cette étymologie, rédiger un paragraphe qui distingue « connaître » et « savoir ».

René DESCARTES
1596-1650

TEXTE 8 COMMENTÉ

Y a-t-il des objets qui échappent à la science ?

La nature offre d'abord le spectacle aveuglant d'une diversité changeante et désordonnée. La science travaille à trouver, sous ce désordre et cette irrégularité apparents, un ordre et une stabilité cachés. La raison commence ainsi par disqualifier l'impression immédiate de désordre pour rechercher l'éventuelle rationalité de ce qui avait d'abord paru irrationnel. Les planètes, par exemple, doivent leur nom à un verbe grec qui signifie « errer » : avant de connaître l'ordre régulier de leur mouvement, elles ont en effet été prises pour des astres errants ne suivant aucun ordre. Chercher à connaître ce qui semble lui être étranger, n'est-ce pas là précisément la tâche de la science ?

Ces pensées m'ayant fait passer de l'étude particulière de l'arithmétique et de la géométrie à une sorte d'investigation générale de la mathématique, je me suis d'abord demandé ce que tous entendent exactement par ce mot, et pourquoi l'on appelle parties de la mathématique, non seulement les deux sciences susdites, mais aussi l'astronomie, la musique, la mécanique et beaucoup d'autres sciences. Il ne suffit pas en effet ici de considérer l'étymologie du mot ; car le mot de mathématique ne signifiant rien de plus que science, toutes les disciplines mériteraient d'être appelées mathématiques, non moins que la géométrie elle-même. Et pourtant, nous le voyons, il n'y a presque personne, pour peu qu'il ait mis le pied dans une école, qui ne distingue facilement, dans ce qui se présente à lui, ce qui est du ressort de la mathématique et ce qui regarde les autres disciplines. En y réfléchissant plus attentivement, il finit par devenir clair pour moi que seules les choses, et toutes les choses, dans lesquelles c'est l'ordre ou la mesure que l'on examine, se rapportent à la mathématique, peu importe que cette mesure soit à chercher dans des nombres, des figures, des astres, des sons, ou quelque autre objet ; que par conséquent il doit y avoir une science générale qui explique tout ce qu'il est possible de rechercher touchant l'ordre et la mesure, sans assignation à quelque matière particulière que ce soit ; et que cette science s'appelle, non point d'un nom d'emprunt, mais d'un nom déjà ancien et reçu par l'usage, la mathématique universelle, puisqu'elle contient tout ce en vertu de quoi l'on dit d'autres sciences qu'elles sont des parties de la mathématique. Combien maintenant elle l'emporte, et en utilité, et en facilité, sur les autres sciences qui lui sont subordonnées, on le voit aisément au fait qu'elle s'étend aux mêmes objets que celles-ci, et en outre à bien d'autres ; et que pour les difficultés, si elle en contient quelques-unes, on les retrouve aussi dans ces autres sciences, qui de plus en contiennent aussi d'autres provenant de leurs objets particuliers, et qu'elle-même ne comporte pas. Mais si tout le monde connaît son nom et comprend, même sans y faire grande attention, l'objet dont elle traite, comment se fait-il que la plupart des gens s'acharnent à explorer les autres sciences, qui dépendent d'elle, tandis que personne ne se soucie de l'étudier elle-même ? J'en serais vraiment étonné, si j'ignorais que tout le monde la tient pour très facile, et si je n'avais depuis longtemps remarqué que l'esprit humain néglige toujours ce qu'il pense pouvoir faire aisément, pour courir plus vite vers des objets nouveaux et plus relevés.

René DESCARTES, *Règles pour la direction de l'esprit*, Règle IV, 1684, trad. J. Brunschwig, 1963.

▶ LA RAISON
▶ LE TEMPS

L'ORDRE

La science ne se contente pas de suivre le cours empirique du temps, avec ses surprises et ses contretemps, elle travaille à déterminer l'ordre nécessaire du temps. La connaissance de la relation entre tel effet (par exemple, une éclipse de Lune) et sa cause (la position des planètes) déleste le temps de sa charge d'imprévus. Les phénomènes dont la cause est connue ne surgissent plus, ils se déroulent selon un ordre prévisible sous l'œil impassible de la raison. C'est en ce sens que Descartes définit la science comme ce savoir qui porte sur l'ordre des choses. L'ordre en question n'est pas la succession chronologique des phénomènes, qui n'est que le déroulement désordonné des événements. Il ne suffit pas que deux choses se suivent pour qu'elles forment un ordre, il faut qu'elles s'enchaînent. L'idée de « chaîne » causale suppose la nécessité du lien entre ses maillons, entre ce qui vient avant et ce qui se produit après. Le principe de causalité qui relie l'effet à la cause met au jour un ordre nécessaire entre eux. Le temps de la science n'est plus un réservoir de hasards, c'est une ligne qui se mesure. L'ordre causal permet, si l'on peut dire, de « détemporaliser » le temps en le vidant de toute contingence. L'effet à venir (l'éclipse) n'est plus une surprise mais un phénomène prévisible.

LE MESURABLE

L'ordre que la science met au jour là où il semblait absent est, en outre, mesurable. La science sait prédire le retour de la comète de Halley tous les 76 ans. Là où l'on croyait avoir affaire à un phénomène rare, il y avait en réalité un phénomène régulier dont on ignorait la fréquence. La mesure suppose une unité de mesure, c'est-à-dire une grandeur commune aux choses mesurées. Ainsi, si le lait et le vin sont des boissons différentes, dont les usages ne sont pas les mêmes, la science en saisit l'unité en mesurant l'un et l'autre comme des quantités de liquide : 5 litres (de lait) = 5 litres (de vin). L'unité de mesure permet ainsi de faire abstraction des différences qualitatives. La science est ce travail qui définit le connaissable par le quantitatif, qui a pour pendant l'exclusion du qualitatif. Au niveau du vécu, une couleur ou un son apparaissent comme des impressions mobiles et fluctuantes. L'opération que la raison impose à ce flux qualitatif sensible permet d'identifier, sous l'apparence sensible du devenir qualitatif, la permanence de l'être quantitatif des choses. La quantité, c'est ce qui, des choses, ne change pas. Mesurer, c'est ainsi dépasser l'impression superficielle de diversité et de mobilité que nous font les choses pour accéder à leur réalité « mathématique ».

LA MATHÉMATIQUE UNIVERSELLE

Descartes ajoute : « peu importe que cette mesure soit à rechercher dans des nombres, des figures, des astres, des sons ou quelque autre objet ». L'originalité de Descartes, et pour tout dire son tour de force, est d'expliquer que la mesure s'applique à des réalités qui ne sont pas des nombres, voire qui semblent réfractaires à la mesure. Là est l'audace de la *mathesis* (la mathématique), redéfinie comme *universalis* (universelle), d'étendre l'empire du mesurable au-delà des objets de l'arithmétique et de la géométrie. L'attitude scientifique consiste donc à considérer que l'on peut mesurer ce qui semble extérieur au domaine du mesurable. Lorsque Descartes mentionne « les sons », il anticipe la science à venir qui va définir ceux-ci comme des ondes dont la longueur se mesure. Cette mesure s'étend du même coup aux objets de l'art puisque les différences qualitatives entre les notes de musique correspondent à différentes longueurs d'onde mesurables. (voir L'ART, texte 14, Matière à penser p. 43) L'impression qu'une musique est harmonieuse s'explique par des rapports réguliers mesurables entre les notes. De même, Newton décomposera le spectre des couleurs que l'on saura ensuite mesurer. Les sons et les couleurs ne sont plus des réalités sensibles, ils deviennent des quantités mesurables. Cette réduction du sensible à sa réalité quantitative permet à la science de pénétrer dans les arcanes de l'art. Descartes annonce, en outre, le programme à venir des sciences humaines qui vont appliquer l'ordre et la mesure aux phénomènes humains eux-mêmes (le langage, les mythes, le rêve). (voir textes 12 et 13)

1 Comment savoir ce qui est connaissable et ce qui ne l'est pas ?

2 Y a-t-il des choses que l'on ne peut pas mesurer ?

Isaac Newton réalisant son expérience de diffraction de la lumière à l'aide d'un prisme.

? Les sciences ont-elles quelque chose en commun ?

Marie François Xavier BICHAT
1771-1802

TEXTE 9

La vie peut-elle être un objet de science ?

Un rythme cardiaque parfaitement régulier est le symptôme d'un dysfonctionnement qui annonce un accident cardio-vasculaire. Le vivant ne connaît pas la cadence immuable d'un mécanisme, mais suit au mieux un rythme dont la régularité est relative. L'instabilité et l'irrégularité sont en effet constitutives des phénomènes vitaux. Le vivant semble ainsi réfractaire à un traitement mathématique auquel le monde physique, lui, se plie docilement. Le caractère non mathématisable du vivant le distingue des phénomènes étudiés par la physique. La biologie est-elle une science comme les autres ?

En considérant les lois vitales [...], le premier aperçu qu'elles nous offrent, c'est la remarquable différence qui les distingue des lois physiques. Les unes, sans cesse variables dans leur intensité, leur énergie, leur développement, passent souvent avec rapidité du dernier degré de prostration au plus haut point d'exaltation, s'accumulent et s'affaiblissent tour à tour dans les organes, et prennent, sous l'influence des moindres causes, mille modifications diverses. [...] Les autres, au contraire, fixes, invariables, constamment les mêmes dans tous les temps, sont la source d'une série de phénomènes toujours uniformes. [...] L'invariabilité des lois qui président aux phénomènes physiques permet de soumettre aux calculs toutes les sciences qui en sont l'objet, tandis qu'appliquées aux actes de la vie, les mathématiques ne peuvent jamais offrir de formule générale. [...] On calcule le retour d'une comète, les résistances d'un fluide parcourant un canal inerte, la vitesse d'un projectile, etc. ; mais calculer [...] la force d'un muscle [...], la vitesse du sang [...], la quantité d'air entrant dans le poumon, c'est bâtir sur un sable mouvant un édifice solide par lui-même, mais qui tombe bientôt faute de base assurée. [...]

Cette instabilité des forces vitales, cette facilité qu'elles ont de varier à chaque instant en plus ou en moins, impriment à tous les phénomènes vitaux un caractère d'irrégularité qui les distingue des phénomènes physiques, remarquables par leur uniformité [...].

L'instabilité des forces vitales a été l'écueil où sont venus échouer tous les calculs des physiciens médecins du siècle passé. Il est facile de voir d'après cela que la science des corps organisés doit être traitée d'une manière toute différente de celles qui ont les corps inorganiques pour objet.

Marie François Xavier BICHAT, *Recherches physiologiques sur la vie et la mort*, art. 7, § 1, 1800.

▶ LA RAISON
▶ LE TEMPS

1. La matière inerte et la matière vivante n'ont-elles rien de commun ?
2. Faut-il des sciences différentes en fonction des différents objets étudiés ?

FOUCAULT DIT AUSSI

« Le savoir n'est pas fait pour consoler : il déçoit, il inquiète, incise, blesse. [...] La biologie depuis la fin du XVIIIe siècle n'a pas été indulgente à tout ce que nous avions rassemblé autour de nous pour conjurer l'imprévisible. [...] On dit souvent que, depuis Copernic, l'homme souffre de savoir qu'il n'est plus au centre du monde : grande déception cosmologique. La déception biologique et cellulaire est d'un autre ordre : [...] elle nous apprend que les dés nous gouvernent. »

Michel FOUCAULT, « Croître et multiplier », *Le Monde*, n° 8037, 15-16 novembre 1970.

? Une science a-t-elle pour fonction de rassurer ?

→ VERS LE BAC

Définir et utiliser le repère nécessité/contingence pour distinguer la physique et la biologie en utilisant le texte de Bichat.

MATIÈRE À PENSER

Le bricolage de l'évolution

Si la théorie darwinienne de l'évolution a permis de faire la science de l'histoire des espèces vivantes, cette histoire ne se déroule pas selon un plan, ni même un ordre fixe ou régulier. La biologie est contrainte de prendre en compte la contingence qui fait qu'il y a du « jeu » dans le vivant. Rien ne le montre mieux que l'exemple du poumon exposé par le biologiste Ernst Mayr (dans *From Molecules to Organic Diversity*, 1964), qu'expose ici François Jacob.

« L'évolution procède comme un bricoleur qui, pendant des millions et des millions d'années, remanierait lentement son œuvre, la retouchant sans cesse, coupant ici, allongeant là, saisissant toutes les occasions d'ajuster, de transformer, de créer. Voici par exemple [...] comment s'est formé le poumon des vertébrés terrestres. Son développement a commencé chez certains poissons d'eau douce qui vivaient dans des mares stagnantes, donc pauvres en oxygène. Ces poissons prirent l'habitude d'avaler de l'air et d'absorber de l'oxygène à travers la paroi de leur œsophage. Dans de telles conditions, tout élargissement de cette paroi se traduisait par un avantage sélectif. Il se forma ainsi des diverticules de l'œsophage qui, sous l'effet d'une pression de sélection continue, s'agrandirent peu à peu pour se transformer en poumons. L'évolution ultérieure du poumon ne fut qu'une élaboration de ce thème, avec l'accroissement de la surface utilisée pour le passage de l'oxygène et pour la vascularisation. Fabriquer un poumon avec un morceau d'œsophage, cela ressemble beaucoup à faire une jupe avec un rideau de grand-mère. »

François JACOB, *Le Jeu des possibles. Essai sur la diversité du vivant*, II, 1981.

Paulo de OLIVEIRA, dipneuste africain, poisson à poumon, Mozambique.

? Le hasard peut-il être un objet de science ?

Claude BERNARD
1813-1878

TEXTE 10

La biologie et la physique sont-elles deux sciences opposées ?

La prise en compte de la spécificité des phénomènes vitaux a conduit Bichat (voir texte 9) à les opposer aux phénomènes physiques et à expliquer le vivant par la notion assez obscure de « force vitale ». Des phénomènes comme la digestion et la respiration, qui sont propres au vivant, n'obéissent certes pas aux lois physiques du mouvement des corps inertes. À la fin du XVIIIe siècle, Réaumur étudie la digestion et découvre un phénomène de fermentation qui relève de réactions chimiques. Lavoisier, de son côté, dans son *Premier mémoire sur la respiration des animaux* (1789), met en évidence le phénomène chimique de la combustion de l'oxygène dans le phénomène vital de la respiration. Il décèle, en outre, un phénomène électrique dans le muscle de la grenouille. Claude Bernard substitue à l'idée floue de force vitale, le concept scientifique d'« énergie », qui est une quantité mesurable. L'organisme ne dépense pas une force vitale, il consomme de l'énergie. La biologie est-elle étrangère à la physique ?

Non seulement les propriétés physiques, suivant Bichat, sont étrangères aux manifestations vitales et doivent être négligées dans l'étude, mais il y a plus, elles leur sont opposées. [...]

La science, il faut le dire, a condamné cette définition, d'après laquelle il y aurait deux espèces de propriétés dans les corps vivants : les propriétés physiques et les propriétés vitales, constamment en lutte et tendant à prédominer les unes sur les autres. En effet, il résulterait logiquement de cet antagonisme, que plus les propriétés vitales ont d'empire dans un organisme, plus les propriétés physico-chimiques y devraient être atténuées, et réciproquement que les propriétés vitales devraient se montrer d'autant plus affaiblies que les propriétés physiques acquerraient plus de puissance. Or, c'est l'inverse qui est vrai : les découvertes de la physique et de la chimie biologique ont établi, au lieu de cet antagonisme, un accord intime, une harmonie parfaite entre l'activité vitale et l'intensité des phénomènes physico-chimiques.

Claude BERNARD, *Leçons sur les phénomènes de la vie*, Leçon 1, 1878.

▶ **LA VÉRITÉ**

1. La chimie appartient-elle à la biologie ou à la physique ?
2. Les phénomènes biologiques sont-ils mesurables ?

JACOB DIT AUSSI

« Aux humeurs, aux forces obscures, aux desseins mystérieux qui, depuis l'Antiquité, semblaient façonner les caractères des êtres vivants, la méthode expérimentale vient alors substituer de la matière, des particules et des lois. »

François JACOB, *La Logique du vivant*, 1970.

(?) Le vivant est-il un objet de science comme les autres ?

→ VERS LE BAC

Quelle différence y a-t-il entre une expérience et une expérimentation ? Rédiger un paragraphe étayé d'exemples qui l'explique.

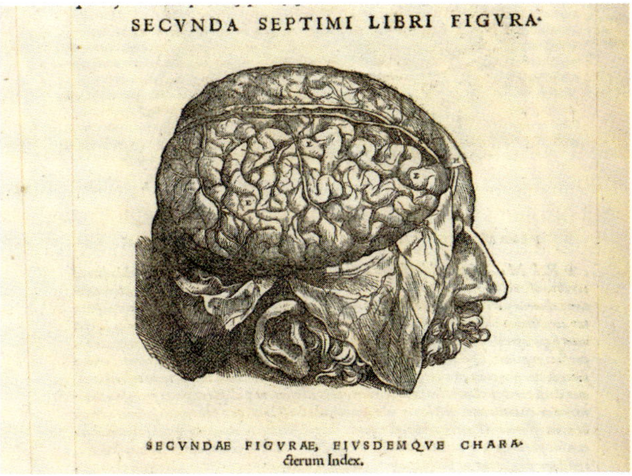

André VÉSALE, *La Fabrique du corps humain*, 1543.

La Fabrique du corps humain de Vésale, qui est immédiatement contemporain de la révolution copernicienne, définit le corps humain comme une fabrique et le constitue ainsi en objet de science, en l'identifiant aux autres corps physiques dont il partage les mêmes mécanismes.

? Quelle est la différence entre un organisme et un mécanisme ?

MATIÈRE À PENSER

Théorie et expérience

Claude Bernard définit ainsi la méthode expérimentale propre, selon lui, à toute science : « Le savant complet est celui qui embrasse à la fois la théorie et la pratique expérimentale. 1º Il constate un fait ; 2º à propos de ce fait, une idée naît dans son esprit ; 3º en vue de cette idée, il raisonne, institue une expérience, en imagine et en réalise les conditions matérielles. 4º De cette expérience résultent de nouveaux phénomènes qu'il faut observer, et ainsi de suite. » (*Introduction à l'étude de la médecine expérimentale*, I, 6.) Il donne l'exemple suivant de cette démarche qui consiste à contrôler l'idée par le fait observé, tout en soumettant le fait à l'idée.

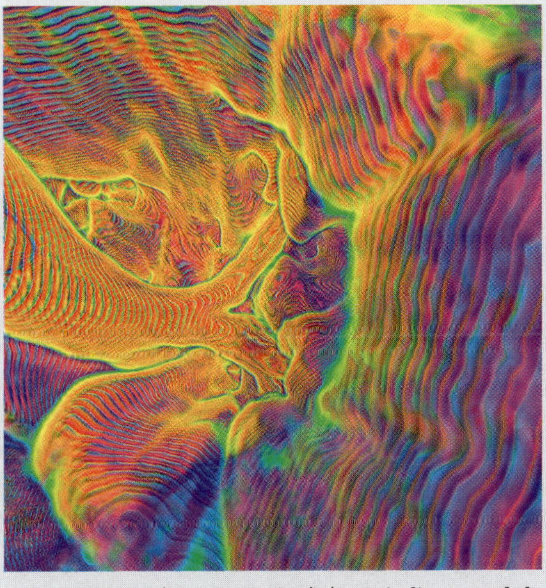

Image numérique constituée à partir d'un scan de la partie des poumons qui les relie au cœur et à la trachée.

« On apporta un jour dans mon laboratoire des lapins venant du marché. On les plaça sur une table où ils urinèrent et j'observai par hasard que leur urine était claire et acide. Ce fait me frappa, parce que les lapins ont ordinairement l'urine trouble et alcaline en leur qualité d'herbivores, tandis que les carnivores, ainsi qu'on le sait, ont, au contraire, les urines claires et acides. Cette observation d'acidité de l'urine chez les lapins me fit venir la pensée que ces animaux devaient être dans la condition alimentaire des carnivores. Je supposai qu'ils n'avaient probablement pas mangé depuis longtemps et qu'ils se trouvaient ainsi transformés par l'abstinence en véritables animaux carnivores vivant de leur propre sang. Rien n'était plus facile que de vérifier par l'expérience cette idée préconçue ou cette hypothèse. Je donnai à manger de l'herbe aux lapins, et quelques heures après, leurs urines étaient devenues troubles et alcalines. On soumit ensuite les mêmes lapins à l'abstinence, et après vingt-quatre ou trente-six heures au plus, leurs urines étaient redevenues claires et fortement acides ; puis elles devenaient de nouveau alcalines en leur donnant de l'herbe, etc. Je répétai cette expérience si simple un grand nombre de fois sur les lapins et toujours avec le même résultat. Je la répétai ensuite chez le cheval, animal herbivore qui a également l'urine trouble et alcaline. Je trouvai que l'abstinence produit comme chez le lapin une prompte acidité de l'urine avec un accroissement relativement très considérable de l'urée, au point qu'elle cristallise parfois spontanément dans l'urine refroidie. J'arrivai ainsi, à la suite de mes expériences, à cette proposition générale qui alors n'était pas connue, à savoir qu'à jeun tous les animaux se nourrissent de viande, de sorte que les herbivores ont alors des urines semblables à celles des carnivores. »

Claude BERNARD, *Introduction à l'étude de la médecine expérimentale*, III, 1, 1865.

? Pourquoi faut-il répéter une expérience pour que l'on puisse en tirer une conclusion ?

Claude BERNARD
1813-1878

TEXTE 11

Qui est le sujet de la science ?

Pour être validée scientifiquement, une théorie ne doit pas seulement passer l'épreuve de la vérification expérimentale, elle doit aussi se soumettre à la validation par la communauté scientifique. Les revues scientifiques qui publient les découvertes (*Nature*, *Physical Review Letter*) ont un comité de lecture international. La recherche scientifique suppose en effet une pratique de la communication et du contrôle des connaissances qui renvoie donc à un sujet non pas individuel mais collectif. L'objectivité suppose ainsi l'intersubjectivité. Une connaissance scientifique peut-elle être individuelle ?

La méthode expérimentale puise en elle-même une autorité *impersonnelle* qui domine la science. Elle l'impose même aux grands hommes au lieu de chercher comme les scolastiques à prouver par les textes qu'ils sont infaillibles et qu'ils ont vu, dit ou pensé tout ce qu'on a découvert après eux. Chaque temps a sa somme d'erreurs et de vérités. Il y a des erreurs qui sont en quelque sorte inhérentes à leur temps, et que les progrès ultérieurs de la science peuvent seuls faire reconnaître. Les progrès de la méthode expérimentale consistent en ce que la somme des vérités augmente à mesure que la somme des erreurs diminue. Mais chacune de ces vérités particulières s'ajoute aux autres pour constituer des vérités plus générales. Les noms des promoteurs de la science disparaissent peu à peu dans cette fusion, et plus la science avance, plus elle prend la forme impersonnelle et se détache du passé. Je me hâte d'ajouter, pour éviter une confusion qui a parfois été commise, que je n'entends parler ici que de l'évolution de la science. Pour les arts et les lettres, la personnalité domine tout. Il s'agit là d'une création spontanée de l'esprit, et cela n'a plus rien de commun avec la constatation des phénomènes naturels, dans lesquels notre esprit ne doit rien créer. Le passé conserve toute sa valeur dans ces créations des arts et des lettres ; chaque individualité reste immuable dans le temps et ne peut se confondre avec les autres. Un poète contemporain a caractérisé ce sentiment de la personnalité de l'art et de l'impersonnalité de la science par ces mots : l'art, c'est *moi* ; la science, c'est *nous*.

La méthode expérimentale est la méthode scientifique qui proclame la liberté de l'esprit et de la pensée. Elle secoue non seulement le joug philosophique et théologique[1], mais elle n'admet pas non plus d'autorité scientifique personnelle. Ceci n'est point de l'orgueil et de la jactance ; l'expérimentateur, au contraire, fait acte d'humilité en niant l'autorité personnelle, car il doute aussi de ses propres connaissances, et il soumet l'autorité des hommes à celle de l'expérience et des lois de la nature.

Claude BERNARD, *Introduction à l'étude de la médecine expérimentale*, I, 2, 4, 1865.

1 Qui concerne les conceptions théoriques et rationnelles qui ont pour objet Dieu, son existence, ses intentions, sa sagesse, sa bonté, sa justice.

▶ L'ART
▶ LA CONSCIENCE
▶ LA RAISON
▶ LA VÉRITÉ

1 La collectivité de la recherche scientifique est-elle une garantie suffisante de la vérité ?

2 L'art peut-il être collectif ?

BACHELARD DIT AUSSI

« Toute doctrine de l'objectivité en vient à soumettre la connaissance de l'objet au contrôle d'autrui. »

Gaston BACHELARD, *La Formation de l'esprit scientifique*, 12, 1, 1938.

Un savoir individuel peut-il être objectif ? (voir LA VÉRITÉ, texte 15, p. 544)

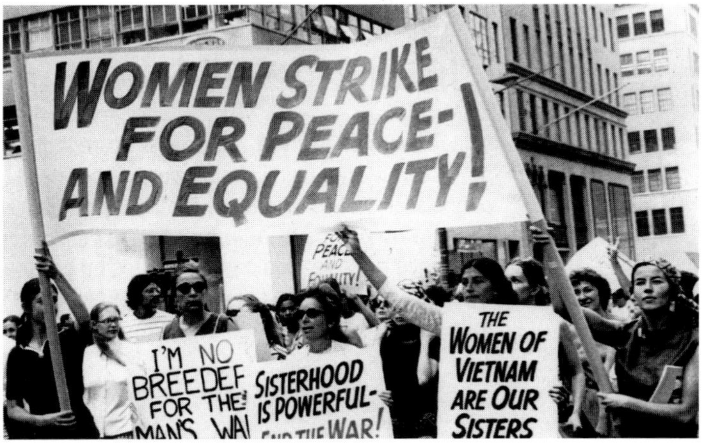

Eugene GORDON, Manifestation féministe pour la paix et l'égalité, 5e Avenue, New York, 26 août 1970 .

MATIÈRE À PENSER

L'influence de la rue sur le laboratoire

Evelyn Fox-Keller étudie le rôle des métaphores dans les progrès de la biologie. Elle a montré, par exemple, que les mouvements féministes américains des années 1970 ont influencé la théorie scientifique de la fécondation en l'infléchissant dans le sens de l'égalité entre l'ovule et le spermatozoïde, égalité qui émergeait alors dans l'espace social. Jusque-là, on se représentait que le spermatozoïde pénétrait l'ovule par ses seules forces, conformément aux « stéréotypes sexuels dominants ». Influencée par le mouvement social féministe, la biologie se met à étudier le rôle de l'ovule dans la fécondation. On découvre alors que l'ovule n'est pas un simple patient qui reçoit le spermatozoïde, mais qu'il fonctionne lui-même comme un agent. Les métaphores masculines unilatérales de « pénétration » et de « conquête » sont remplacées dans les laboratoires par l'idée beaucoup plus juste scientifiquement d'un « processus de rencontre et de fusion de l'ovule et du spermatozoïde », comme l'explique Emily Martin (« *The Egg and the Sperm : How Science Has Constructed a Romance Based on Stereotypical Male-Female Roles*[1] », *Journal of Women in Culture and Society*). On voit ici qu'un changement d'ordre socioculturel est à l'origine d'un progrès scientifique. La dimension sociale du savoir scientifique n'est donc pas seulement interne au cercle fermé de la communauté des savants. La société au sens large et non scientifique exerce, elle aussi, une action sur les laboratoires. L'influence de facteurs étrangers à la science sur la science engendre donc des retards ou des régressions, mais aussi des progrès décisifs.

« Il va sans dire que toutes les métaphores ne sont pas d'une égale utilité, et qu'elles n'exercent pas toutes le même pouvoir d'attraction. L'efficacité d'une métaphore, comme celle d'un acte de parole, dépend de l'existence de conventions sociales partagées et en particulier, sans doute, de l'autorité conférée par ces conventions à ceux qui en font usage. Elle dépend également d'autres ressemblances de famille déjà existantes. Considérons, par exemple, les façons de représenter le processus de fécondation biologique. Il y a vingt ans, ce processus pouvait être décrit de manière à la fois efficace et acceptable dans des termes évoquant le mythe de la Belle au bois dormant (pénétration, conquête et réveil de l'œuf par le spermatozoïde, par exemple), précisément parce que cette imagerie correspondait aux stéréotypes sexuels dominants (voir Martin, 1991). De nos jours, c'est une autre métaphore qui nous paraît à la fois plus utile et plus acceptable : dans les manuels contemporains, on a plutôt tendance à parler de la fécondation dans le langage de l'égalité des chances – définie, par exemple, comme le « processus de rencontre et de fusion de l'ovule et du spermatozoïde » [...] Ce qui était une métaphore socialement effective il y a une vingtaine d'années a cessé de l'être en grande partie en raison d'une évolution radicale de la perception idéologique de la différence des genres. »

Evelyn FOX-KELLER, *Le Rôle des métaphores dans les progrès de la biologie*, Préface, 1999, trad. G. Charpy et M. Saint-Upery, 1999.

1 « L'ovule et le spermatozoïde : comment la science a construit un roman basé sur les stéréotypes des rôles mâle-femelle ».

Le laboratoire est-il une enclave scientifique imperméable à la société dans laquelle il se trouve ?

Roman JAKOBSON
1896-1982

TEXTE 12 COMMENTÉ

L'homme peut-il être un objet de science ?

Si la recherche de l'ordre et de la mesure a pu être étendue aux phénomènes biologiques, on peut se demander si les faits humains ne mettent pas en échec l'entreprise scientifique de connaissance. Les sciences humaines étudient les faits culturels (ethnologie), inconscients (psychologie et psychanalyse), sociaux (sociologie) et langagiers (linguistique). Peut-on faire la science de faits, non pas physiques ou biologiques, mais humains ? Comment ramener à la simplicité d'une loi la diversité des langues ? Le linguiste Roman Jakobson montre que, dans toutes les langues du monde, le langage se développe selon un ordre nécessaire.

La question des sons prélinguistiques du babil se révèle de nature exclusivement phonétique, essentiellement articulatoire ; il est significatif que l'on ne puisse dans ce cas mettre en évidence un ordre général des acquisitions. [...]

Mais aussitôt atteint le premier stade du langage proprement dit, aussitôt entamées la sélection des sons et la construction d'un système phonématique, on observe un ordre de succession strictement régi et universellement valide. [...]

Au seuil de la première étape linguistique, le vocalisme débute par une voyelle ouverte, tandis que simultanément une occlusive antérieure inaugure le consonantisme. Le *a* émerge comme la première voyelle du langage enfantin et une occlusive labiale en général comme la première consonne. La première opposition consonantique se produit entre une labiale et une nasale (ainsi par exemple *papa-maman*) ; elle est suivie par celle des labiales et des dentales (comme par exemple *papa-tata* et *mama-nana*).

Ces deux oppositions représentent le consonantisme minimal présent dans toutes les langues du monde auquel elles sont seules à ne pouvoir faire défaut.

Roman JAKOBSON, *Langage enfantin et aphasie*, § 8 et § 13, 1941, trad. J.-P. Boons et R. Zygouris, 1969.

▶ LE LANGAGE
▶ LE TEMPS

BABIL ET LANGAGE

Au stade du babil du nourrisson, qui n'est pas encore un langage, on ne trouve aucun ordre qui se prêterait à une étude scientifique. Au plan des mots également, le désordre règne. L'étymologie, qui prend les mots pour objet d'étude, n'est pas une science, parce que l'histoire des mots est jalonnée d'accidents. Mais avec l'apparition des tout premiers éléments de langage, la science du langage parvient à identifier un ordre et une régularité universels du développement du langage, qui est le même dans toutes les langues.

GENÈSE ET STRUCTURE

La linguistique est la science, non des sons, mais des phonèmes, qui sont des rapports, et de leur combinaison. Ces structures linguistiques se développent, en outre, selon un ordre strictement déterminé. Jakobson a pu mettre en évidence la régularité de la progression du système phonématique qui s'effectue par paliers selon « la loi du contraste maximum et procède du plus simple et du plus homogène au plus stratifié et au plus différencié » (*Langage enfantin et aphasie*, III, § 22). « [L]e contraste successif précède le simultané » (§ 23) : en allemand, par exemple, l'acquisition de *ma* et *pa* précèdent toujours celle de *blau* et *flau*, qui sont des phonèmes plus complexes. De même, en français, *pa* sera acquis avant *oin ou gneu*. La genèse du langage se produit selon des lois. Ces lois d'acquisition des phonèmes sont, de plus, universelles. La genèse du langage n'est pas le fruit contingent de l'histoire ni de la multiplicité des langues. La linguistique est ainsi parvenue à faire la science de ce qui, en l'homme, semblait le plus étranger à l'ordre et à la mesure : les langues qu'il parle.

❶ Peut-on parler de phénomènes humains comme on parle de phénomènes naturels ?

❷ Les sciences de l'homme ne sont-elles pas condamnées, par la nature même de leur « objet », à n'être au mieux que des sciences « molles », non des sciences au sens rigoureux du terme ?

JAKOBSON DIT AUSSI

« À mon père, chimiste étonné de mes préoccupations, je disais qu'il s'agit de chercher les constituants ultimes du langage et de déterrer un système analogue à la classification périodique des éléments chimiques. »

Roman JAKOBSON, « De la poésie à la linguistique », *L'Arc*, 1975.

Ⓟ Une science qui serait « molle » serait-elle encore une science ?

Christian IRRGANG, élèves devant le mur de leur école qui présente une fresque de la table périodique des éléments, 2017, Tigray Abraha Atsbeha, Éthiopie.

Quelle que soit leur diversité, les langues sont, dans leur développement, structurées par des lois universelles. L'aphasie, qu'a étudiée Jakobson et qui est une maladie qui fait perdre l'usage du langage, le confirme : les phonèmes complexes acquis en dernier seront toujours et partout les premiers à être perdus, et les phonèmes élémentaires acquis les premiers seront perdus en dernier. Ainsi la perte du langage est elle-même conditionnée par les lois d'acquisition du langage.

Ⓟ Les faits culturels et sociaux peuvent-ils être considérés comme des effets produits par des causes nécessaires ?

Sigmund FREUD
1856-1939

TEXTE 13 **COMMENTÉ**

Peut-on faire la science des rêves ?

À la différence d'une hémorragie que l'on « peut démontrer au microscope », comme le remarque Freud dans son *Introduction à la psychanalyse* (chapitre 5), le rêve se présente comme un objet « en opposition avec toutes les exigences de la science exacte ». Le rêve est en effet un phénomène, non pas physique ni biologique, mais psychique. C'est, en outre, un empilement d'images purement incohérent. Enfin, les rêves ne sont-ils pas propres à chaque individu ? Comment, dès lors, un phénomène aussi subjectif pourrait-il constituer un objet de science ?

Il devint possible de prouver que les rêves ont un sens, et de deviner ce sens. Les rêves, dans l'Antiquité classique, étaient encore estimés très haut comme prédictions de l'avenir : la science moderne ne voulait pas entendre parler du rêve, elle le reléguait au domaine de la superstition, le déclarait être un simple acte « corporel », une sorte de tressaillement de la vie psychique, par ailleurs endormie. Qu'un savant ayant déjà accompli des travaux scientifiques sérieux puisse entrer en scène comme « interprétateur de rêves », cela semblait donc devoir être exclu. Mais du moment qu'on ne se souciait pas d'une telle condamnation du rêve, qu'on traitait celui-ci comme un symptôme névrotique incompris, une idée délirante ou obsessionnelle, que, se détournant de son contenu apparent, on prenait pour objet de l'association libre ses images isolées, alors on arrivait à un tout autre résultat. On prenait connaissance, par les innombrables associations du rêveur, d'un ensemble de pensées qui ne pouvait plus être appelé absurde ou confus, qui correspondait à un acte psychique de valeur entière et dont le *rêve manifeste* n'était qu'une traduction déformée, écourtée et mal comprise, le plus souvent une traduction en images visuelles. *Ces pensées latentes du rêve* contenaient le sens du rêve, le contenu manifeste du rêve n'était qu'une illusion, une façade, d'où l'association à la vérité pouvait partir, mais non pas l'interprétation.

On se trouvait maintenant à devoir répondre à toute une série de questions, dont les principales étaient : y a-t-il un motif à la formation du rêve, dans quelles conditions peut-elle s'accomplir, par quelles voies les pensées latentes du rêve toujours pleines de sens sont-elles amenées dans le rêve souvent insensé ? Dans ma *Science des Rêves* (*Die Traumdeutung*), publiée en 1900, j'ai tenté de résoudre tous ces problèmes. Il n'y a place ici que pour le plus court sommaire de ces recherches : quand on scrute les pensées que l'on a appris à connaître par l'analyse du rêve, on en découvre une parmi elles qui se détache vivement des autres, compréhensibles et bien connues du dormeur. Ces autres pensées sont des restes de la vie éveillée (restes diurnes) : dans la pensée isolée cependant se reconnaît un désir souvent très choquant, étranger à la vie éveillée du rêveur, et qu'il accueille en conséquence par des dénégations étonnées ou indignées. Cette aspiration est l'élément proprement formateur du rêve, elle a fourni l'énergie nécessaire à la production du rêve et s'est servie des restes diurnes comme d'un simple matériel ; le rêve ainsi constitué représente une situation où cette aspiration est satisfaite ; le rêve est la *réalisation de ce désir.*

Sigmund FREUD, *Ma vie et la psychanalyse*, 4, 1925,
trad. M. Bonaparte, 1928.

▶ L'INCONSCIENT
▶ LE LANGAGE

SCIENCE ET RÊVE

Jusqu'à Freud, l'idée que les rêves puissent être considérés comme des objets de science semblait incongrue. Le sens d'un rêve est produit à l'insu du sujet conscient. C'est justement parce que cette production de sens est inconsciente et échappe à l'initiative du sujet individuel qu'elle répond à une nécessité et à un ordre causal stable dont on peut faire la science. La psychanalyse comme science du rêve peut ainsi mener l'étude d'un rapport causal entre des mécanismes inconscients de l'esprit et les effets porteurs de sens qu'ils produisent.

INTERPRÉTATION, SENS ET NON-SENS

L'apparence du rêve en masque la vérité : son contenu manifeste (ou évident), qui peut avoir l'air absurde, cache une pensée latente (ou enfouie). La science du rêve consiste à déchiffrer le langage sensé caché sous l'apparence du délirant. Le problème de la possibilité de la psychanalyse comme science est celui de la possibilité, non d'une explication causale, mais d'une interprétation causale. Car le lien entre un souvenir d'enfance inconscient et un symptôme psychique actuel n'est pas de l'ordre de la causalité naturelle, physique ou physiologique. Le propre du rêve de la psychanalyse comme science se trouve là, dans l'étude des mécanismes inconscients de l'esprit qui ne produisent pas de simples effets mais élaborent du sens. Ce que la linguistique a fait pour les langues, la psychanalyse l'a fait pour la vie psychique. La difficulté est que la vie psychique produit des phénomènes signifiants. Est-il possible de faire du sens un objet de science ? Les déterminations inconscientes ne causent pas de simples effets physiques, elles créent des symptômes psychiques qui ont un sens. Comment le sens peut-il être produit à notre insu et non pas voulu délibérément ? Une science peut-elle être interprétative ? Comme le dit Freud, « interpréter signifie trouver un sens caché ».

1 Traiter le rêve comme un phénomène scientifique, n'est-ce pas le dénaturer ?

2 Interpréter, est-ce « trouver un sens caché » ou donner une signification à ce qui n'en avait pas ?

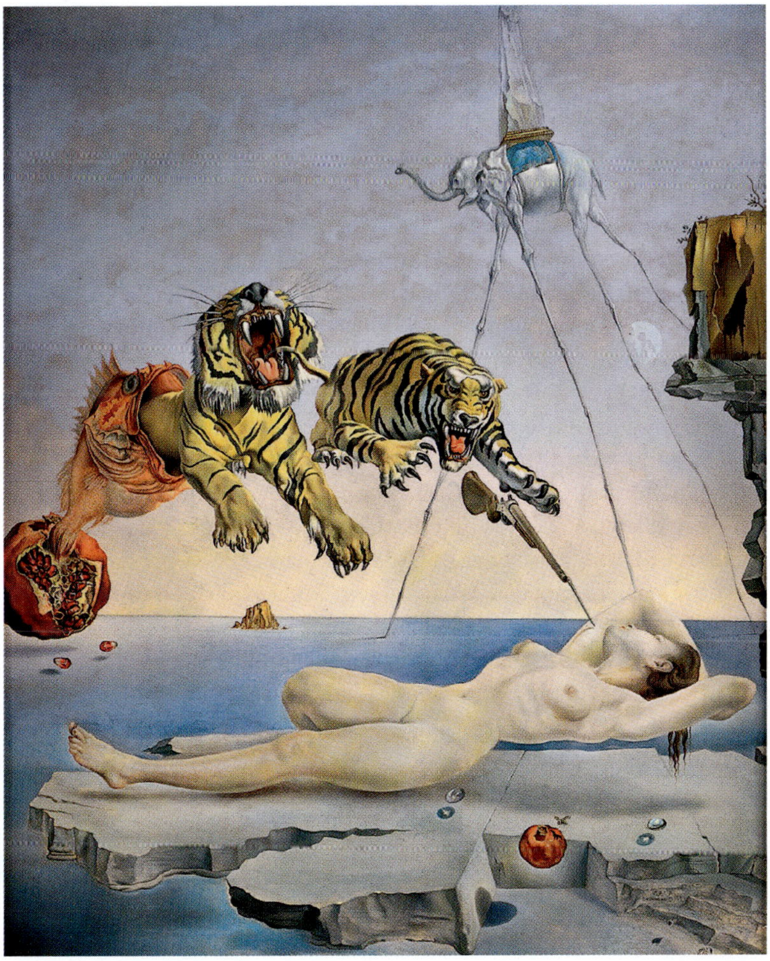

Salvador DALÍ, *Rêve causé par le vol d'une abeille autour d'une grenade, une seconde avant l'éveil*, 1944, musée Thyssen-Bornemisza, Madrid.

? Le rêve est-il un langage ?

Les limites de la science

Si l'homme peut adopter une attitude objective, détachée et impartiale devant une planète ou un triangle, en est-il de même lorsqu'il veut faire la science de l'homme ? L'homme peut-il être un objet pour l'homme ? (texte 14, Bachelard) **À cette limite propre aux sciences humaines, ne faut-il pas ajouter une limite chronologique ? En effet, la connaissance scientifique avance progressivement et l'avenir reste pour elle du non-encore connu.** (texte 15, Pascal) **Mais la science est-elle une connaissance désintéressée ?** (texte 16, Bergson) **Plus radicalement, les vérités de la foi ne représentent-elles pas un territoire inaccessible à la science ?** (texte 17, Malebranche)

Gaston **BACHELARD**
1884-1962

TEXTE 14

L'homme peut-il faire la science de l'homme ?

Les sciences humaines (voir textes 12 et 13) tentent de faire de l'homme un objet connaissable. Pour le traiter comme un objet, ne faut-il pas faire abstraction de la liberté, de la conscience et de l'individualité qui, pourtant, le définissent en tant que sujet ? Et le sujet de ces sciences n'est-il pas lui-même empêché, par sa propre subjectivité, d'être le spectateur impartial et objectif de l'homme ?

Il suffit que nous parlions d'un objet pour nous croire objectifs. Mais par notre premier choix, l'objet nous désigne plus que nous ne le désignons et ce que nous croyons nos pensées fondamentales sur le monde sont souvent des confidences sur la jeunesse de notre esprit. [...] En fait, l'objectivité scientifique n'est possible que si l'on a déjà rompu avec l'objet immédiat, si l'on a refusé la séduction du premier choix, si l'on a arrêté et contredit les pensées qui naissent de la première observation. Toute objectivité, dûment vérifiée, dément le premier contact avec l'objet. Elle doit d'abord tout critiquer : la sensation, le sens commun, la pratique même la plus constante, l'étymologie enfin, car le verbe, qui est fait pour chanter et séduire, rencontre rarement la pensée. Loin de s'émerveiller, la pensée objective doit ironiser. Sans cette vigilance malveillante, nous ne prendrons jamais une attitude vraiment objective. S'il s'agit d'examiner des hommes, des égaux, des frères, la sympathie est le fond de la méthode. Mais devant ce monde inerte qui ne vit pas de notre vie, qui ne souffre d'aucune de nos peines et que n'exalte aucune de nos joies, nous devons arrêter toutes les expansions, nous devons brimer notre personne. Les axes de la poésie et de la science sont d'abord inverses. Tout ce que peut espérer la philosophie, c'est de rendre la poésie et la science complémentaires, de les unir comme deux contraires bien faits. Il faut donc opposer à l'esprit poétique expansif, l'esprit scientifique taciturne pour lequel l'antipathie préalable est une saine précaution.

Gaston **BACHELARD**, *La Psychanalyse du feu*, Avant-propos, § I, 1938.

▶ L'ART
▶ LA VÉRITÉ

1 Un roman ou un poème peuvent-ils nous apporter une connaissance sur la condition humaine qu'aucune science ne pourrait fournir ?

2 Un savoir subjectif peut-il être vrai ?

Blaise PASCAL
1623-1662

TEXTE 15

Pourquoi la connaissance scientifique progresse-t-elle ?

Dans une lettre à Robert Hooke du 5 février 1676, Isaac Newton, né en 1642, l'année de la mort de Galilée, écrit au sujet de ce dernier : « si j'ai vu plus loin, c'est en montant sur des épaules de géants ». En science, la vérité n'est pas donnée d'un coup, elle se construit progressivement, à travers les siècles. En sorte que la science est indissociable de son histoire. Pourquoi la vérité scientifique est-elle nécessairement une construction historique ?

Les ruches des abeilles étaient aussi bien mesurées il y a mille ans qu'aujourd'hui, et chacune d'elles forme cet hexagone aussi exactement la première fois que la dernière. [...] Il n'en est pas de même de l'homme, qui n'est produit que pour l'infinité. Il est dans l'ignorance au premier âge de sa vie ; mais il s'instruit sans cesse dans son progrès : car il tire avantage non seulement de sa propre expérience, mais encore de celle de ses prédécesseurs, parce qu'il garde toujours dans sa mémoire les connaissances qu'il s'est une fois acquises, et que celles des anciens lui sont toujours présentes dans les livres qu'ils en ont laissés. Et comme il conserve ces connaissances, il peut aussi les augmenter facilement ; de sorte que les hommes sont aujourd'hui en quelque sorte dans le même état où se trouveraient ces anciens philosophes, s'ils pouvaient avoir vieilli jusqu'à présent, en ajoutant aux connaissances qu'ils avaient celles que leurs études auraient pu leur acquérir à la faveur de tant de siècles. De là vient que, par une prérogative particulière, non seulement chacun des hommes s'avance de jour en jour dans les sciences, mais que tous les hommes ensemble y font un continuel progrès à mesure que l'univers vieillit, parce que la même chose arrive dans la succession des hommes que dans les âges différents d'un particulier. De sorte que toute la suite des hommes, pendant le cours de tant de siècles, doit être considérée comme un même homme qui subsiste toujours et qui apprend continuellement.

Blaise PASCAL, *Préface au Traité du vide*, 1651.

▶ LE TEMPS
▶ LA VÉRITÉ

1. Pourquoi le théorème de Thalès n'a-t-il pas changé depuis sa découverte ?
2. Quels sont les facteurs qui rendent nécessaire la progressivité des sciences ?

CAVAILLÈS DIT AUSSI

« L'un des problèmes essentiels de la doctrine de la science est que justement le progrès ne soit pas augmentation de volume par juxtaposition, l'antérieur subsistant avec le nouveau, mais révision perpétuelle des contenus par approfondissements et ratures. Ce qui est après est plus que ce qui était avant, non parce qu'il le contient ou même qu'il le prolonge mais parce qu'il en sort et porte dans son contenu la marque chaque fois singulière de sa supériorité. Il y a en lui plus de conscience et ce n'est pas la même conscience. »

Jean CAVAILLÈS, *Sur la logique et la théorie de la science*, 1947, dans *Œuvres complètes de philosophie des sciences*, III, 1994.

(?) Qu'est-ce qu'une révolution scientifique ?

Henri BERGSON
1859-1941

TEXTE 16

La science nous dévoile-t-elle le réel ?

Le but naturel et spontané de l'intelligence humaine n'est pas de connaître le réel mais de l'utiliser. L'intelligence est une faculté pratique qui ne se définit pas par un souci intellectuel de vérité mais par un besoin vital d'utilité. C'est l'équivalent humain de l'instinct animal qui répond aux besoins biologiques de l'espèce humaine d'adapter le milieu aux exigences vitales de celle-ci. L'action suppose une perception intéressée du réel, qui élimine du réel tout ce qui n'a pas d'intérêt pour elle. Ainsi, le tronc d'arbre que je coupe pour ma pirogue m'apparaît comme un matériau inerte et non comme une matière vivante en train de pousser et de changer.
La science ne fait que prolonger et rationaliser cette tendance pratique de l'intelligence.
Ce que l'intelligence scientifique a fait du réel, la pensée philosophique peut-elle le défaire ?

On pourrait dire de la vie, comme de la conscience, qu'à chaque instant elle crée quelque chose.

Mais contre cette idée de l'originalité et de l'imprévisibilité absolues des formes toute notre intelligence s'insurge. Notre intelligence, telle que l'évolution de la vie l'a modelée, a pour fonction essentielle d'éclairer notre conduite, de préparer notre action sur les choses, de prévoir, pour une situation donnée, les événements favorables ou défavorables qui pourront s'ensuivre. Elle isole donc instinctivement, dans une situation, ce qui ressemble au déjà connu ; elle cherche le même, afin de pouvoir appliquer son principe que « le même produit le même ». En cela consiste la prévision de l'avenir par le sens commun. La science porte cette opération au plus haut degré possible d'exactitude et de précision, mais elle n'en altère pas le caractère essentiel. Comme la connaissance usuelle, la science ne retient des choses que l'aspect répétition. Si le tout est original, elle s'arrange pour l'analyser en éléments ou en aspects qui soient à peu près la reproduction du passé. Elle ne peut opérer que sur ce qui est censé se répéter, c'est-à-dire sur ce qui est soustrait, par hypothèse, à l'action de la durée. Ce qu'il y a d'irréductible et d'irréversible dans les moments successifs d'une histoire lui échappe. Il faut, pour se représenter cette irréductibilité et cette irréversibilité, rompre avec des habitudes scientifiques qui répondent aux exigences fondamentales de la pensée, faire violence à l'esprit, remonter la pente naturelle de l'intelligence. Mais là est précisément le rôle de la philosophie.

Henri BERGSON, *L'Évolution créatrice*, 1, 1907.

▶ LA TECHNIQUE
▶ LE TEMPS
▶ LA VÉRITÉ

1. À quoi sert la science ?
2. La philosophie est-elle une science ?

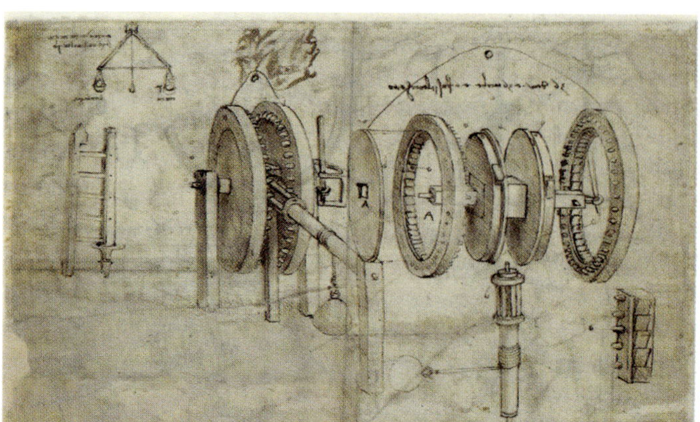

Léonard de VINCI, Roues, disques et engrenages d'un treuil destiné à soulever de lourds chargements, *Codex Atlanticus*, 1493.

(?) La science est-elle désintéressée ?

Nicolas MALEBRANCHE
1638-1715

TEXTE 17

Les vérités de la foi sont-elles démontrables ?

La démonstration est un procédé de la raison humaine qui développe un raisonnement en plusieurs étapes. Comment notre raison, qui n'est pas infinie, pourrait-elle prendre pour objet Dieu, qui est infini ? De plus, prétendre donner une démonstration de l'infini, n'est-ce pas appliquer à des réalités spirituelles un procédé qui ne vaut que pour les objets physiques ou mathématiques ?

Démontrer, c'est développer une idée claire et distincte et en déduire avec évidence ce que cette idée renferme nécessairement. Et nous n'avons, ce me semble, d'idées assez claires pour faire des démonstrations que celles de l'étendue et des nombres. L'âme même ne se connaît nullement, elle n'a que le sentiment intérieur d'elle-même. Étant finie elle peut encore moins connaître les attributs de l'infini. Comment donc faire sur cela des démonstrations ? Pour moi je ne bâtis que sur les dogmes de la foi dans les choses qui la regardent, parce que je suis certain par mille raisons qu'ils sont solidement posés. Et si j'ai découvert quelques vérités théologiques, je le dois principalement à ces dogmes, sans lesquels je me serais égaré comme plusieurs autres qui ne se sont assez défiés d'eux-mêmes.

Nicolas MALEBRANCHE, *Lettre à Dortous de Mairan du 6 septembre 1714.*

▶ LA RAISON
▶ LA RELIGION

1. Y a-t-il de l'indémontrable ?
2. La religion peut-elle imposer des vérités ?

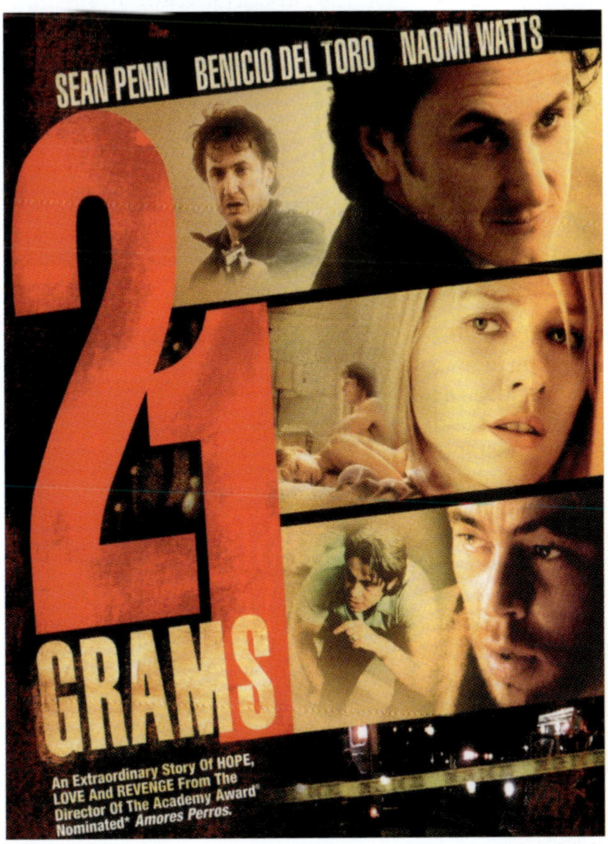

Affiche du film *21 grammes*, réalisé par **Alejandro González IÑÁRRITU**, 2003.

En 1907, Duncan McDouglass, un médecin américain, publie un article dans lequel il prétend que l'on peut mesurer le poids de l'âme humaine en comparant le poids d'une personne avant et après sa mort. Le film *21 grammes* d'Alejandro González Iñárritu s'en inspire.

? Peut-on connaître une chose sans la mesurer ?

CINÉ PHILO

Nostalgie de la lumière

PATRICIO GUZMÁN, 2010

Au Chili, à trois mille mètres d'altitude, le désert d'Atacama est connu de la communauté scientifique pour son ciel transparent et sa terre aride. L'un permet aux astronomes venus du monde entier de regarder jusqu'aux confins de l'univers pour enquêter sur l'origine de tout ce qui existe. L'autre offre aux archéologues les restes intacts d'une histoire moins distante : celle des Amérindiens précolombiens, des explorateurs et des mineurs du XIXe siècle, mais aussi celle des prisonniers politiques de la dictature militaire d'Augusto Pinochet dont on trouve les ossements.

Le documentaire franco-chilien de Patricio Guzmán, *Nostalgia de la luz* (*Nostalgie de la lumière*) explore des connexions insoupçonnées et nous montre le désert d'Atacama comme un point de rencontre entre la recherche astronomique et la mémoire historique. Tandis que des astronomes scrutent les galaxies les plus éloignées, des femmes, depuis vingt-huit ans, remuent les pierres au pied des observatoires, la pelle à la main, à la recherche de leurs parents disparus, victimes de la dictature.

Comparés à l'immensité du cosmos, les problèmes des Chiliens pourraient paraître insignifiants – les deux, nous dit Guzmán, sont pourtant indissociables. Une même motivation les anime : connaître le passé.

Stanley KUBRICK, *2001 : l'Odyssée de l'espace*, 1968.

Stanley Kubrick (1928-1999) est un cinéaste et réalisateur américain, notamment d'*Orange mécanique*, *Shining* et *Full Metal Jacket*. Dans *2001 : l'Odyssée de l'espace*, il filme l'aube de l'humanité qu'il fait remonter à l'acquisition du premier outil. Par un fondu enchaîné, il montre la continuité depuis la technique rudimentaire d'un os utilisé comme marteau jusqu'à la navette spatiale et l'intelligence artificielle.
La caméra de l'ordinateur, qui pilote la navette spatiale, voit et surveille l'équipage. L'ordinateur HAL[1] (allusion à la firme informatique IBM, puisque H, A et L sont les trois lettres qui précèdent I, B et M dans l'ordre alphabétique) décide de prendre le contrôle de la navette à l'insu du commandant. Sur cette image on voit le reflet du commandant du vaisseau sur la caméra, ou plutôt dans « l'œil » de HAL qui le surveille. L'intelligence artificielle est parvenue à un tel degré de développement qu'elle ne se contente plus de calculer plus vite que l'homme, elle juge qu'elle sait mieux que lui ce qui est bon pour lui et entend, par conséquent, décider à sa place.
La cybernétique désigne la science de l'autorégulation des ordinateurs. Ce terme vient du grec *kunernêtikê*, qui est l'art de tenir le gouvernail, de gouverner.

1 CARL dans la version française.

ARRÊT SUR IMAGE

Qui gouverne la technique ?

LA TECHNIQUE EN QUESTION

La technique désigne toute activité par laquelle l'homme substitue à ce qui est donné par la nature quelque chose de construit par lui. À cet égard, la technique est une puissance de libération qui permet à l'homme de s'affranchir de la nature, aussi bien en lui qu'autour de lui. L'enfant qui naît myope, par exemple, peut recouvrer une bonne vision grâce à la technique de l'optique qui sait corriger un défaut de la nature. La technique modifie la nature en fonction des besoins et des projets humains. Le terme *technique* vient en effet du mot grec *tekhnê*, qui désigne le savoir-faire, aussi bien le métier et l'industrie que l'œuvre d'art. La *tekhnê* couvre ainsi tout le domaine de la pratique, par opposition à ce qui est naturel. Que l'homme taille un silex pour en faire une lame ou qu'il sculpte un bloc de marbre pour en faire une statue, il impose dans les deux cas à une matière donnée une forme qu'il conçoit.
L'opposition, aujourd'hui évidente pour nous, entre la technique et l'art, est en réalité récente puisqu'elle date de la révolution industrielle. C'est à partir du moment où la fabrication a cessé d'être manuelle pour être confiée à la puissance des machines que la technique s'est différenciée de l'art.

1 L'HOMME ET SON MILIEU Par son activité technique, l'homme se libère de son milieu naturel pour se fabriquer un environnement artificiel, adapté à ses besoins. Par son action, il s'oppose à la nature. Cet environnement technique est par nature collectif et ouvre l'homme à la vie sociale. L'art est-il un autre moyen de rompre avec la nature, ou une façon de retrouver la nature que la technique nous dérobe ? (p. 428 à p. 439)

2 TECHNIQUE ET CIVILISATION Une invention technique peut avoir la portée d'une révolution. L'histoire des civilisations suit souvent celle des techniques. En quel sens les avancées techniques sont-elles des progrès ? (p. 440 à p. 443)

3 FINS ET MOYENS La technique se définit plus précisément comme la production d'effets utiles par l'utilisation de moyens adéquats. Elle combine de façon efficace les moyens et les fins. Elle se définit donc par sa finalité pratique et sa fonction utilitaire. Une technique qui n'est plus efficace est condamnée à disparaître. Cet impératif d'efficacité inhérent à la technique ne la rend-il pas aveugle à d'autres finalités, notamment politiques ou morales ? (p. 444 à p. 449)

4 L'HOMME, ESCLAVE DE SES MACHINES L'usage quotidien que nous avons des techniques ne nous en rend-il pas dépendants ? Pourrions-nous devenir les esclaves de machines dont nous avons d'abord été les maîtres ? (p. 450 à p. 455)

PANORAMA DE LA NOTION

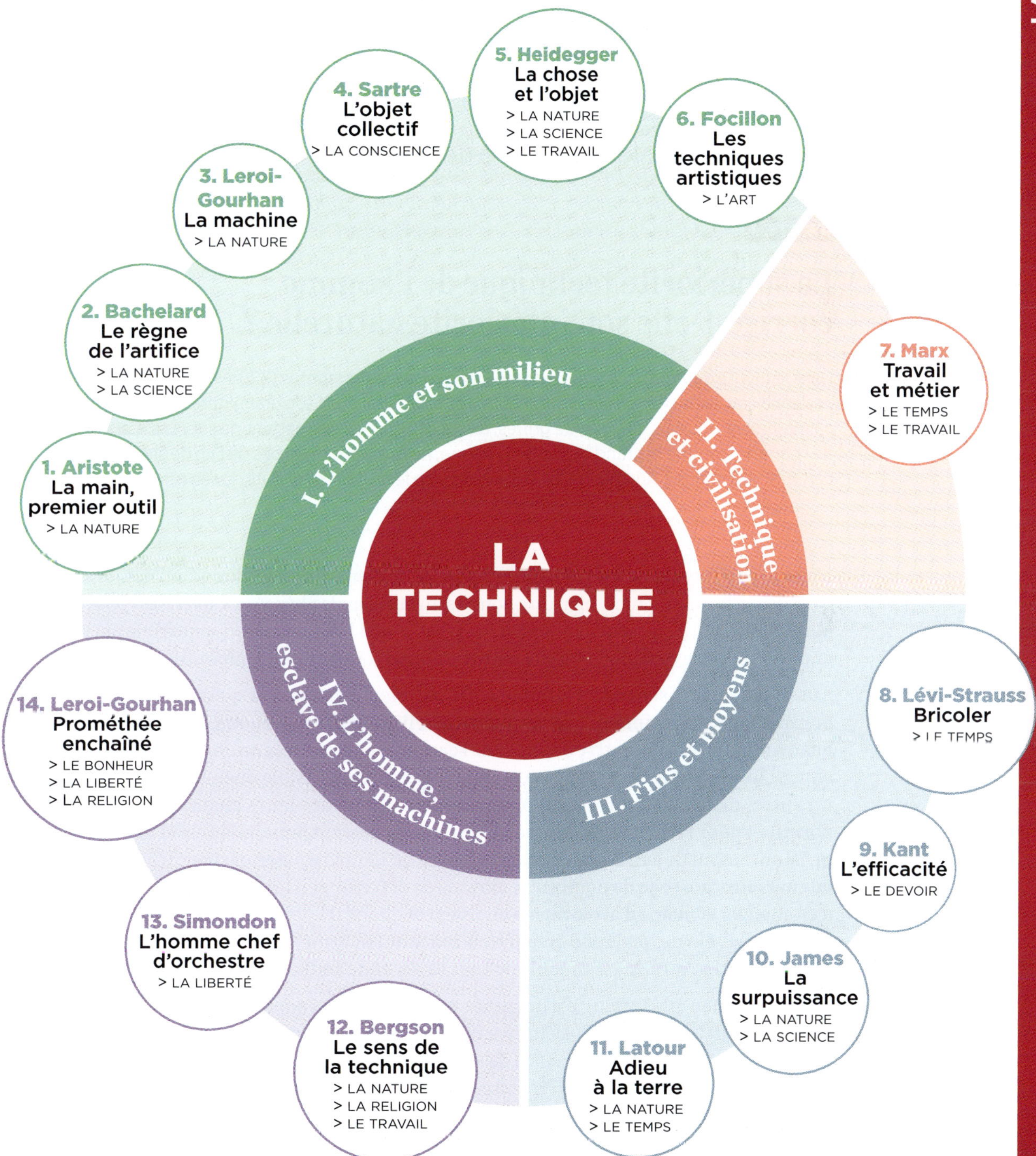

L'homme et son milieu

L'être humain ne se distingue-t-il pas par son anatomie, grâce à ses mains qui font de lui une espèce technicienne ? (texte 1, Aristote) On peut saisir l'essence de la technique dans cette rupture de l'être humain avec le milieu naturel. (texte 2, Bachelard) Avant même d'agir sur son milieu pour le transformer, l'homme se crée un organisme artificiel extérieur, qui est comme une extension de son corps aussi bien que de son intelligence. (texte 3, Leroi-Gourhan) L'environnement d'objets fabriqués, dont l'homme se dote, n'est-il pas par essence un environnement social ? (texte 4, Sartre) Ce monde d'objets ne nous fait-il pas perdre le sens du monde des choses de la nature ? (texte 5, Heidegger) Mais l'art n'est-il pas lui-même dépendant de techniques ? N'y a-t-il pas des techniques artistiques ? (texte 6, Focillon)

ARISTOTE
384 av. J.-C.-
322 av. J.-C.

TEXTE 1

La supériorité technique de l'homme corrige-t-elle son infériorité naturelle ?

Dans le mythe de Prométhée que raconte Platon dans le *Protagoras* (320c-322d), l'homme apparaît « nu, sans couverture, sans chaussures », démuni dans son état naturel, alors que les animaux sont pourvus de poils, de griffes, de sabots qui leur permettent de survivre. Cette image de l'homme, comme le grand oublié de la nature, ne l'ampute-t-elle pas de l'un de ses organes naturels : ses mains ? Aristote décrit la main comme le tout premier outil de l'être humain.

L'être le plus intelligent est celui qui est capable de bien utiliser le plus grand nombre d'outils : or, la main semble bien être non pas un outil, mais plusieurs. Car elle est pour ainsi dire un outil qui tient lieu des autres. C'est donc à l'être capable d'acquérir le plus grand nombre de techniques que la nature a donné l'outil de loin le plus utile, la main.

Aussi, ceux qui disent que l'homme n'est pas bien constitué et qu'il est le moins bien partagé[1] des animaux (parce que, dit-on, il est sans chaussures, il est nu et n'a pas d'armes pour combattre[2]) sont dans l'erreur. Car les autres animaux n'ont chacun qu'un seul moyen de défense et il ne leur est pas possible de le changer pour un autre, mais ils sont forcés, pour ainsi dire, de garder leurs chaussures pour dormir et pour faire n'importe quoi d'autre, et ne doivent jamais déposer l'armure qu'ils ont autour de leur corps ni changer l'arme qu'ils ont reçue en partage. L'homme, au contraire, possède de nombreux moyens de défense, et il lui est toujours loisible d'en changer et même d'avoir l'arme qu'il veut et quand il le veut. Car la main devient griffe, serre, corne, ou lance ou épée ou toute autre arme ou outil. Elle peut être tout cela, parce qu'elle est capable de tout saisir et de tout tenir.

La forme même que la nature a imaginée pour la main est adaptée à cette fonction. Elle est, en effet, divisée en plusieurs parties. Et le fait que ces parties peuvent s'écarter implique aussi pour elles la faculté de se réunir, tandis que la réciproque n'est pas vraie. Il est possible de s'en servir comme d'un organe unique, double ou multiple.

ARISTOTE, *Les Parties des animaux*, IV, 687a-b, IVe siècle av. J.-C., trad. P. Louis, 1957.

1 Le moins bien doté ou équipé par la nature.
2 Aristote fait ici directement référence à Platon et au mythe de Prométhée.

1. En quel sens la main est-elle « un organe unique, double ou multiple » (l. 19) ?
2. La main n'est-elle pas non seulement une sorte d'outil naturel, mais encore un outil à faire des outils ?

AUX FRONTIÈRES DE LA PHILOSOPHIE

En écrivant son *Discours aux chirurgiens*, Paul Valéry veut rappeler l'étymologie du mot *chirurgien*, composé du grec *kheir*, « main » (d'où aussi « chiromancie », l'art de lire les lignes de la main), terme qui désigne à l'origine le lierre – les doigts s'étendent comme lui –, et de *ergon*, qui veut dire « acte, œuvre ».

« Chirurgie, manuopera, manœuvres, œuvre de main. Tout homme se sert de ses mains [...]. Je me suis étonné parfois qu'il n'existât pas un *Traité de la main*, une étude approfondie des virtualités innombrables de cette machine prodigieuse qui assemble la sensibilité la plus nuancée aux forces les plus déliées. Mais ce serait une étude sans bornes. La main attache à nos instincts, procure à nos besoins, offre à nos idées une collection d'instruments et de moyens indénombrables. [...] Successivement instrumentale, symbolique, oratoire, calculatrice, – agent universel, ne pourrait-on la qualifier d'*organe du possible* ? »

Paul VALÉRY, *Discours aux chirurgiens*, 1938.

▶ LE TRAVAIL

? En quel sens la main est-elle l'« organe du possible » ?

▶ L'ART
▶ LA CONSCIENCE

La grotte Chauvet-Pont d'Arc, – 36 000 ans, Combe d'Arc, Ardèche.

Les peintures préhistoriques sont souvent accompagnées de mains négatives (réalisées avec des pigments selon la technique du pochoir) ou positives (elles sont enduites de colorant et appliquées sur la paroi, ou bien dessinées directement). Ici, cette main négative est superposée au dessin d'un mammouth tracé en noir. Tout se passe comme si, dès l'origine, les êtres humains n'avaient pu peindre sans se peindre. Or, se peindre, c'est peindre sa main.

? Quel rapport y a-t-il entre la conscience que l'homme prend de soi et ce qu'il fait de ses mains ?

→ VERS LE BAC

L'organe (voir Ce que disent les mots p. 430) est une partie naturelle du corps. L'outil technique, lui, suppose la production d'un artifice. Peut-on dire de la main qu'elle est un outil ?

Ce que disent les mots

Tekhnê

Le mot grec **tekhnê** (issu d'une racine qui signifie « fabriquer, construire »), qui donne le mot **technique**, a un sens beaucoup plus large que le terme français. Il désigne l'habileté, aussi bien manuelle qu'intellectuelle, donc le métier, l'art, la manière de faire, pouvant aller jusqu'à la ruse et la tromperie.

Il est pensé selon un double système de contraste : d'une part, par rapport à la nature, **phusis** (d'où « physique ») (voir LA NATURE p. 265) et, d'autre part, par rapport à la science, **epistêmê** (d'où « épistémologie »).

La phrase-clé qui énonce le rapport entre *tekhnê* et nature se trouve dans la *Physique* d'Aristote : « la *tekhnê* tantôt accomplit ce que la nature n'a pas le pouvoir de mener à bien, tantôt imite la nature » (II, 8, 1199 a 15). Le rapport d'imitation et de supériorité entre nature et *tekhnê* ne cesse ainsi de s'inverser. (voir texte 2)

Mais lorsque, dans la *Poétique* (4, 1448 b 9ss), Aristote prend l'exemple des animaux ignobles ou des cadavres, qui nous dégoûtent dans le réel mais dont l'imitation par la *tekhnê*, c'est-à-dire la représentation par la peinture ou la poésie, peut nous donner du plaisir, force est de comprendre que *tekhnê* recouvre aussi ce que nous appelons, au singulier, **« l'art »**, au sens de l'esthétique et des **« beaux-arts »**. Le lien entre ces deux sens de *tekhnê*, « technique » et « art », se disjoint à l'époque moderne.

L'autre couplage se fait avec la science. La *tekhnê* fait le lien entre **l'expérience** (**empeireia**), liée à la pratique et au savoir-faire, et **la science** proprement dite. La *tekhnê*, comme l'action, traite du contingent, tandis que la science traite du nécessaire : il y a évidemment continuité entre l'expérience commune, le savoir pratique et la science des causes et des principes. Chez Platon, le couplage **tekhnê kai epistêmê, « savoir-faire et science »**, est constant. Mais la *tekhnê* n'est pas encore la science, et les deux termes peuvent aussi entrer en opposition, comme la pratique par rapport à la théorie, et le probable par rapport à la vérité.

Organon

Le grec n'a qu'un seul mot pour dire **« outil »** et **« organe »** : **organon**. On peut aussi traduire par **« instrument »**, qu'il s'agisse d'un instrument de chirurgie, de musique, ou encore de la logique comme instrument de connaissance. Dans le texte 1, il faut donc savoir que c'est le même mot, *organon*, auquel renvoie tantôt « outil » (« la main est l'outil le plus utile »), tantôt « organe » (« on peut s'en servir comme d'un organe unique »). La main est à la fois un organe qui fait partie du corps humain et un outil dont l'homme se sert. Elle est d'autant plus remarquable que, dans l'espèce humaine comme chez les singes, le pouce est opposable et permet une exceptionnelle faculté de préhension. Aristote lie cet usage de la main à la station debout qui permet de s'en servir librement, en même temps qu'elle dégage la tête et permet une vision frontale, faisant de l'homme un être capable de technique comme de pensée.

Gaston **BACHELARD**
1884-1962

TEXTE 2

La technique est-elle une imitation de la nature ?

Bien souvent la technique imite la nature : les ailes de l'avion copient celles de l'oiseau, les palmes de plongée s'inspirent des nageoires. Ces exemples ne suffisent pourtant pas à fournir une définition de la technique. La raison d'être des différentes techniques réside en effet dans la nécessité pour l'être humain de s'affranchir de la nature. Gaston Bachelard choisit l'exemple emblématique de l'invention de la lampe à incandescence pour mettre au jour l'essence de la technique comme rupture avec l'ordre naturel. Thomas Edison n'aurait jamais inventé la lampe qui porte son nom s'il s'en était tenu à l'observation de la combustion naturelle. Peut-on parler de techniques naturelles ?

Montrons d'abord comment la technique qui a construit la lampe électrique à fil incandescent rompt vraiment avec toutes les techniques de l'éclairage en usage dans toute l'humanité jusqu'au XIXe siècle. Dans toutes les anciennes techniques, pour éclairer il faut *brûler* une matière. Dans la lampe d'Edison, l'art technique est *d'empêcher* qu'une matière ne brûle. L'ancienne technique est une technique de combustion. La nouvelle technique est une technique de non-combustion [...].

Dans une technique de non-combustion, Edison crée l'ampoule électrique, le verre de *lampe fermé,* la lampe sans tirage[1]. L'ampoule n'est pas faite pour empêcher la lampe d'être agitée par les courants d'air. Elle est faite pour garder le vide autour du filament. La lampe électrique n'a absolument aucun caractère constitutif commun avec la lampe ordinaire. Le seul caractère qui permet de désigner les deux lampes par le même terme, c'est que toutes deux elles éclairent la chambre quand vient la nuit [...].

Ce que nous voulons démontrer c'est que, dans la science électrique elle-même, il y a institution d'une technique « non naturelle », d'une technique qui ne prend pas ses leçons dans un examen empirique de la nature. Il ne s'agit pas en effet, comme nous allons le souligner, de partir des phénomènes électriques tels qu'ils s'offrent à l'examen immédiat.

Gaston BACHELARD, *Le Rationalisme appliqué,* 1949.

1 Il ne s'agit pas, comme dans la combustion naturelle, de garantir un apport constant d'oxygène ; la lampe a pour fonction, au contraire, de garder artificiellement le vide autour du filament.

▶ LA NATURE
▶ LA SCIENCE

1 Quelle différence y a-t-il entre un milieu naturel et un environnement technique ?

2 Y a-t-il des techniques naturelles ?

Croquis, *Nature,* 1881.

Lampes à incandescence de Thomas Edison avec un filament de carbone obtenu à partir d'un bambou du Japon, présentées à l'Exposition internationale d'Électricité à Paris en 1881, où sont aussi exposés le télégraphe, le téléphone, les piles, la machine à coudre et le tramway électriques, ainsi qu'une génératrice d'Edison capable d'alimenter 1 000 lampes.

? Pourquoi une technique se pose-t-elle en s'opposant à la nature ?

André LEROI-GOURHAN
1911-1986

TEXTE 3 COMMENTÉ

Qu'est-ce qu'une machine ?

Par la technique, l'être humain se dote d'instruments. Ce faisant, il se fabrique un corps artificiel : le silex taillé fonctionne comme une dent, le manche du marteau comme un bras artificiel. Les outils sont ainsi des extériorisations d'organes du corps (dent, main, bras). Mais la technique a permis en outre de fabriquer des gestes artificiels. Le terme *instrument* est très général et regroupe des objets pourtant différents.
N'y a-t-il pas une différence entre un couteau qui sert à trancher la viande et le couteau circulaire de la machine à trancher le jambon ? Quelle est la différence entre un outil et une machine ?

Une définition technologique de l'*instrument* serait de peu d'intérêt, le terme répondant à une notion d'usage commun : un outil, une arme, une machine sont les instruments d'une certaine technique et le terme est utile parce qu'il conserve un sens à la fois large et précis. Entre outil et arme, la distinction n'a pas non plus de valeur technologique : le même couteau, utilisé dans le même mode de percussion, devient outil ou arme suivant la nature de l'objet traité. Couper du bois en fait un outil, couper du pain un instrument de table, à moins qu'il ne s'agisse d'un couteau de boulanger, auquel cas il devient outil. Couper la gorge d'un mouton en fait également un outil, alors que le même traitement appliqué à un homme en fait une arme, ce qui montre bien le caractère non technologique des mots considérés, et qui explique le recours à l'usage commun qui est en fait dans ces pages.

La définition de la *machine* par contre, sollicite un examen technologique. Dans la conscience commune, la distinction entre l'outil et la machine s'établit à partir d'un certain seuil de complication mécanique. Elle suppose des organes de transmission et de conversion de la force mais pas nécessairement d'amplification. Dans ce sens, les instruments à force humaine immédiate et à transmission rectiligne directe ou rectiligne amplifiée (couteau, scie, harpon, pilon) ne constituent pas des machines. Il en est de même pour les instruments à force humaine immédiate et transmission circulaire directe (fuseau, perçoir à main). Par contre, les instruments à transmission rectiligne convertie en circulaire (perçoirs à corde, à archet, à pompe, tours, meule à bielle), à transmission circulaire démultipliée et convertie en circulaire ou en rectiligne (broyeur à cylindres, presse à vis) sont des machines, que la force appliquée soit la force humaine immédiate, celle de l'eau ou de l'air (foreuse hydraulique, pilon à eau, moulin à vent, martinet etc.).

À partir de ces données, la machine apparaît comme un dispositif qui incorpore non seulement fréquemment un outil mais avant tout un ou plusieurs gestes. L'arbalète, qui intègre le geste de bander la corde et qui le restitue au moment de tirer, est une machine, comme le tour à bois ou le tour de potier qui convertissent l'impulsion humaine en un mouvement circulaire alternatif ou continu. Le métier à tisser devient une machine à partir du moment où ce n'est plus un simple cadre sur lequel les fils sont levés à la main mais où la levée collective des fils est assurée par un dispositif de préhension qui se substitue aux gestes des doigts de l'exécutant.

André LEROI-GOURHAN, *L'Homme et la Matière*, II, 1971.

▶ LA NATURE

OUTIL ET ARME

Entre les deux, la différence n'est pas d'ordre technique mais moral. Qu'un couteau serve à tuer ou à découper de la viande, il reste un seul et même outil, doté de la même efficacité. On voit qu'au plan strict de la technique, la seule fin qui est prise en considération est celle de l'efficacité, c'est-à-dire de la bonne adaptation des moyens à telle fin pratique. La technique est en elle-même indifférente aux finalités morales ou politiques. **(voir Partie 3, p. 444 et p. 446)**

L'OUTIL ET LE GESTE

Les progrès de la technique suivent principalement trois étapes décisives : d'abord, la fabrication d'outils par lesquels l'homme se compose des organes artificiels (de la lame en silex au couteau en acier). Ensuite, c'est la force motrice de ses membres, bras et jambes, que l'être humain a extériorisée : le manche du marteau prolonge le bras et augmente la force de frappe en déplaçant le centre de gravité à l'extrémité de l'outil (de même le balancier, le contrepoids). Enfin, l'homme a réussi à transmettre et à convertir la force de ses gestes en fabriquant ce qu'il faut appeler des « machines ». La scie, le harpon ou le pilon sont des outils mais non des machines. La démultiplication de la force et l'augmentation de la vitesse des gestes humains incorporés dans une machine sont des effets de ce progrès mais ne définissent pas par eux-mêmes la machine.

L'HOMME INCORPORÉ

Le silex donne corps artificiel à la dent. Ce sont peu à peu les fonctions motrices du corps de l'homme que les outils, puis les machines, ont ainsi incorporées. Il y a un progrès continu du bras à la manivelle jusqu'au piston, comme de la jambe à la pédale et jusqu'à la bielle. La révolution informatique a prolongé ce progrès en fabriquant des machines qui remplissent, en les démultipliant, non plus seulement les fonctions corporelles de l'être humain, mais ses fonctions cérébrales. Le GPS, qui prévoit l'itinéraire et calcule le temps de trajet, est une externalisation artificielle de l'intelligence. **(voir Partie 4, p. 450)**

1 Qu'est-ce qu'un outil ?

2 Qu'est-ce qu'une machine ?

Haches polies, musée d'Archéologie nationale, Saint-Germain-en-Laye.

Leroi-Gourhan a étudié dans *Le Geste et la Parole* (chap. 4) les progrès de la technique de la taille des silex : au départ, pour les hommes préhistoriques, c'est le bloc taillé en biface qui sert d'outil. Ensuite, ce sont les éclats qui servent d'outillage. Il écrit que ce changement constitue « la révolution technique la plus importante, peut-être, de toute l'histoire humaine ». Enfin, la précision du geste permettra l'amélioration du rapport entre le poids du silex et son tranchant et les éclats eux-mêmes seront taillés en véritables lames.

(?) À quoi sert la technique ?

LEROI-GOURHAN DIT AUSSI

« La technologie, mot précis dans le vocabulaire industriel moderne, s'étend progressivement du poste de télévision au silex éclaté. »

André LEROI-GOURHAN,
L'Homme et la Matière, V, 1971.

(?) Faut-il distinguer la technique et la technologie ?

La robotique en général, et le bras et la main artificiels en particulier, conjuguent l'extériorisation des fonctions motrices du corps humain et des fonctions intellectuelles du cerveau.

Jean-Paul SARTRE
1905-1980

TEXTE 4 COMMENTÉ

Le monde des objets techniques n'est-il pas un monde commun ?

La technique permet à l'être humain de quitter son milieu naturel pour se fabriquer un environnement artificiel. Mais ce changement radical dans la vie des hommes ne peut être le fait d'un seul homme. Il engage concrètement une collectivité d'hommes mais plus fondamentalement l'humanité. Le passage de la chose naturelle à l'objet technique n'implique-t-il pas l'accession à un monde humain ? N'appréhende-t-on pas le monde d'autrui dans le monde des objets techniques ?

En face d'une chose inanimée et non ouvrée, dont je fixe moi-même le mode d'emploi et à laquelle j'assigne moi-même un usage neuf (si, par exemple, j'utilise une pierre comme marteau), j'ai conscience non-thétique[1] de ma personne [...], de mes fins propres et de ma libre inventivité. Les règles d'usage, les « modes d'emploi » des objets manufacturés, à la fois rigides et idéaux comme des *tabous*, me mettent par structure essentielle en présence de l'autre [...]. Je n'en veux pour exemple que ces grands panneaux qui surmontent les portes d'une gare, d'une salle d'attente et où l'on a écrit les mots de « sortie » ou d'« entrée », ou encore ces doigts indicateurs sur les affiches, qui désignent un immeuble ou une direction [...]. C'est bien à moi que la phrase imprimée est destinée, elle représente bien une communication immédiate de l'autre à moi : je suis visé. Mais si l'autre me vise, c'est en tant que je suis transcendance indifférenciée. Dès lors, si j'emprunte pour sortir l'issue désignée comme « sortie » je n'en use point dans la liberté absolue de mes projets personnels : je ne constitue pas un outil par invention, je ne dépasse pas la pure matérialité de la chose vers mes possibles ; mais entre l'objet et moi une transcendance humaine s'est déjà glissée, qui guide la mienne ; l'objet est déjà humanisé, il signifie le « règne humain » [...]. Je ne me plie pas à l'objet lui-même, lorsque je l'utilise comme « sortie » : je m'accommode de l'ordre humain ; je reconnais par mon acte même l'existence de l'autre, j'établis un dialogue avec l'autre [...]. Pour que l'objet apparaisse comme manufacturé, il faut que l'autre soit donné d'abord de quelque autre manière. Qui n'aurait pas déjà l'expérience de l'autre ne pourrait aucunement distinguer l'objet manufacturé de la pure matérialité d'une chose non ouvrée. Si même il devait l'utiliser conformément au mode d'emploi prévu par le fabricant, il réinventerait ce mode d'emploi et réaliserait ainsi une libre appropriation d'une chose naturelle. Sortir par l'issue dénommée « sortie » sans avoir lu l'écriteau ou sans connaître la langue, c'est être comme le fou des Stoïciens qui dit « il fait jour » en plein jour, non par suite d'une constatation objective, mais en vertu des ressorts intérieurs de sa folie. Si donc l'objet manufacturé renvoie aux autres, et par là à ma transcendance indifférenciée, c'est parce que je connais déjà les autres.

Jean-Paul SARTRE, *L'Être et le Néant*, III, 3, 3, 1943.

1 Une conscience immédiate et spontanée, qui ne suppose aucune prise de recul, aucune réflexivité. Une conscience thétique (comme une *thèse*) consiste à « poser » sur soi un regard distant et extérieur. Pour Sartre, la conscience thétique de soi est médiatisée par le regard d'autrui : elle consiste à se voir comme les autres nous voient, c'est-à-dire comme un objet. La conscience non-thétique, elle, est une présence immédiate du sujet à lui-même.

▶ LA CONSCIENCE

LE MONDE DE LA TECHNIQUE

On comprend qu'avec la technique l'être humain ne passe pas seulement d'un monde naturel donné à un environnement artificiel construit. Il entre dans un monde habité. Le monde des objets techniques n'est pas un monde solitaire, mais un monde peuplé par les autres hommes. L'objet technique est révélateur de cette structure essentielle à la conscience humaine, à savoir la conscience de la conscience d'autrui. Pour le dire avec les concepts de Sartre : l'objet qu'un pour-soi (un sujet conscient de soi) utilise lui révèle son pour-autrui (la conscience qu'il a de la conscience des autres).

L'USAGER IMPERSONNEL

Je n'ai pas un rapport personnel aux objets. En leur présence, je suis un usager impersonnel. Les panneaux qui indiquent des directions à prendre ne s'adressent pas à moi en particulier. Ils valent pour n'importe qui. La transcendance désigne, chez Sartre, la liberté humaine : c'est l'acte de la conscience par laquelle un sujet dépasse, se libère, c'est-à-dire « transcende » une situation donnée. Là, le marteau s'adresse à l'usager comme à un sujet anonyme.

LA CHOSE ET L'OBJET

Si je ramasse une branche pour m'en faire un bâton de marche, c'est moi qui transforme cette chose naturelle en outil. Mais lorsque je saisis un marteau, je ne suis pas simplement dans un rapport entre moi et cet outil. Ce n'est pas moi qui décide de saisir le marteau par le manche, c'est le manche qui me dicte de le prendre avec la main. Tout outil suppose ainsi la relation aux autres. L'objet, à la différence de la chose, est un produit humain qui contient en lui son mode d'emploi, fixé par d'autres. Dans tout objet, l'autre est présent sous forme de mots d'ordre pratique. Ce n'est pas à l'objet lui-même que j'obéis en l'utilisant comme il m'indique de le faire, mais bien aux autres êtres humains. Je m'en rends compte par exemple si je suis gaucher : le sens du tire-bouchon ou des ciseaux vient des droitiers qui m'imposent leur pratique. C'est en ce sens que Sartre parle de « tabous » : l'autre sens est un sens interdit, il n'y a pas d'autres choix possibles. L'action va de l'objet au sujet, et non l'inverse.

1 Y a-t-il des objets à usage individuel ?

2 À qui s'adresse le mode d'emploi d'un objet technique ?

HUSSERL DIT AUSSI

« L'enfant qui sait déjà voir les choses comprend, par exemple, pour la première fois, le sens final des ciseaux ; et à partir de ce moment il aperçoit immédiatement, du premier coup, les ciseaux en tant que tels. »

Edmund HUSSERL, *Méditations cartésiennes*, 50, 1929, trad. G. Peiffer et E. Levinas, 1986.

(?) Les produits de la technique nous apprennent-ils quelque chose sur autrui ?

REPÈRES objectivité / subjectivité / intersubjectivité

L'**objectivité** d'un outil ou d'un ustensile renvoie à la communauté des sujets, c'est-à-dire à l'**intersubjectivité**. Dans la vie pratique, dans l'usage quotidien des différents objets techniques, ma **subjectivité** fait l'expérience de l'intersubjectivité. Qu'est-ce un objet technique ? De l'intersubjectivité objectivée.

AUX FRONTIÈRES DE LA PHILOSOPHIE

Dans sa réécriture de *Robinson Crusoé* de Daniel Defoe, Patrick Chamoiseau décrit le plaisir de Robinson de retrouver, dans l'épave de son navire qui a fait naufrage, des objets qui témoignent de la présence d'autrui dont il est à présent privé. Le drapeau contient un texte écrit qu'il ne comprend pas, mais qui l'assure de l'existence d'un monde humain.

« C'était toujours un ravissement pour moi de sortir nappes brodées, porcelaines asiatiques, couverts poinçonnés, carafes d'Aubagne qui gardaient l'eau de pluie, et tout un protocole d'ustensiles en argent dont la seule utilité était dans le plaisir d'imaginer les mains de femmes qui les avaient touchés ; après cette collation, je procédais à la levée de mon petit drapeau tout couvert lui aussi de phrases dont j'étais bien incapable d'en décider le sens. »

Patrick CHAMOISEAU, *L'Empreinte à Crusoé*, 2012.

(?) Le mode d'existence des objets techniques est-il, par définition, social, c'est-à-dire collectif ?

Martin HEIDEGGER
1889-1976

TEXTE 5 COMMENTÉ

La technique dénature-t-elle la nature ?

La technique constitue aujourd'hui notre manière d'appréhender le monde : nous saisissons, dit Martin Heidegger, la nature dans le monde qui nous entoure comme « utile », à notre disposition, « sous la main » (*Zuhanden*), comme une ressource, à la manière des outils dont nous faisons usage. Un arbre peut servir à faire une charpente ou du bois de chauffage, le vent peut entraîner les ailes du moulin, le fleuve faire tourner des turbines.
Mais que penser de ce rapport à la nature ?

La particularité de ce qui est immédiatement utilisable est de s'effacer pour ainsi dire derrière son utilisabilité pour être justement, au sens propre du mot, utilisable. [...] Marteau, tenailles, clou en eux-mêmes renvoient à l'acier, au fer, au minerai, à la pierre, au bois – ils en sont faits. Dans l'util[1] mis en usage et de par son usage se dévoile simultanément la « nature », la « nature » dans la lumière des produits naturels.

Mais ici la nature ne saurait s'entendre comme ce qui n'est que là-devant – pas davantage comme *force de la nature*. Le bois est plantation forestière, la montagne est carrière de pierre, le fleuve est force hydraulique, le vent est vent « dans les voiles ». À mesure que le « monde ambiant » est dévoilé se rencontre la « nature » ainsi dévoilée. Le genre d'être par lequel elle est utilisable pouvant être mis de côté, il est possible de la dévoiler et de la déterminer elle-même en s'en tenant à son pur être-là-devant. Mais quand elle est dévoilée ainsi, la nature où « la vie prend son essor », nature qui nous assaille ou bien nous tient sous son charme de paysage, reste encore à l'arrière-plan. Les plantes du botaniste ne sont pas des fleurs à la bordure du champ, l'endroit fixé géographiquement où un fleuve « prend sa source » n'est pas la « source en train de sourdre ».

Martin HEIDEGGER, *Être et Temps*, 15, 1920,
trad. F. Vézin, 1986.

1 L'omniprésence de « l'utilisabilité », c'est-à-dire de la disponibilité de ce dont on peut faire usage parce que c'est là, sous la main, a suggéré au traducteur autorisé de Heidegger, entre autres néologismes, celui de « util », pour désigner l'outil (l'allemand emploie le terme courant *Zeug*) que l'on utilise.

▶ LA NATURE
▶ LA SCIENCE
▶ LE TRAVAIL

LA TECHNIQUE INVISIBLE

L'usage quotidien que nous avons des objets nous rend inattentifs à ces objets et nous dispense d'interroger cet usage. La technique se manifeste d'abord comme ce qui prétend faire l'économie du questionnement. L'évidence de l'utilité congédie le problème de la technique. Heidegger reprend la remarque de Marx à propos du travail : « Des couteaux qui ne coupent pas, du fil qui se casse à tout moment, éveillent le souvenir désagréable de leurs fabricants. Le bon produit ne fait pas sentir le travail dont il tire ses qualités utiles » (Karl Marx, *Le Capital*, I, 3e section, 1867, trad. J. Roy, 1872). Mais avec cette différence essentielle que, pour Marx, le fonctionnement ordinaire du travail fait oublier l'ouvrier, alors que pour Heidegger, l'usage des objets techniques fait oublier la présence des choses.

LES PRODUITS NATURELS

Il n'y a pas à proprement parler de produits « naturels ». Pour que le bois apparaisse comme une charpente potentielle, il faut que l'être humain instaure un rapport technique à la nature. De même, ni le vent ni l'eau ne sont des forces « naturelles ». Ils ne le deviennent que dans et par le rapport d'appropriation que l'être humain en fait. La technique ne désigne donc pas un ensemble d'objets fabriqués par l'homme, mais beaucoup plus fondamentalement un certain rapport entre l'homme et la nature. Plus exactement, il s'agit d'un rapport d'appropriation, pratique mais aussi intellectuel, que Heidegger appelle « arraisonnement » (*Gestell*) pour signifier la violence qui est faite aux choses. Ce rapport technique à la nature est commun à la vie pratique quotidienne et à la science qui aborde, elle aussi, la nature à travers des fonctions (mathématiques, physiques, biologiques). Le botaniste ne laisse pas la fleur à sa présence de fleur, mais s'en fait une représentation fonctionnelle (par exemple, sa fonction reproductive). De même, le géographe qui détermine la source du fleuve ne laisse pas être le fleuve dans sa présence jaillissante, mais fait de son origine un point de départ qui permet de mesurer sa longueur.

LA CHOSE ET L'OBJET

La fonction que l'homme prête à la chose efface la présence de celle-ci. La montagne qui est visée comme piste de ski n'est plus une montagne présente, « là-devant », c'est une station de ski, avec ses kilomètres de pistes. Le rapport technique au monde efface la chose sous l'objet. La nature figure dès lors comme un vaste réservoir de fonctions utiles à l'être humain. À l'inverse, l'art redresse les choses en les ramenant à leur présent de choses « là-devant », délestées des fonctions que la technique leur assigne. C'est par l'art, mais aussi par la pensée philosophique que le rapport technique à la nature peut « être mis de côté ». L'art « dévoile » la chose cachée sous l'objet, la présence effacée par la fonction. Heidegger se réfère au peintre Paul Cézanne, qui a peint des pommes à propos desquelles le peintre Paul Sérusier a dit : « L'utilité, le concept même de l'objet représenté disparaissent devant le charme de la forme colorée. D'une pomme d'un peintre vulgaire on dit : j'en mangerais. D'une pomme de Cézanne on dit : c'est beau ! On n'oserait pas la peler » (Paul Sérusier, dans Michael Doran et *al.*, *Conversations avec Cézanne*, 1978).

1 Les « ressources » naturelles sont-elles naturelles ?

2 Qu'y a-t-il de commun entre la science et la technique ?

Alberto GIACOMETTI, *Objet désagréable à jeter*, 1931, Fondation Giacometti, Paris.

Cette sculpture se joue du monde des objets en proposant un objet contradictoire puisque l'usage définit l'objet et que celui-ci n'en a aucun, si ce n'est d'être jetable. Par son titre et par sa présence même, cette œuvre manifeste une sorte de revanche de la chose sur l'objet : c'est là, mais on ne saurait pas quoi en faire. L'artiste défait la technique en la contrefaisant.

? Qu'est-ce qu'une chose ?

? L'appropriation technique de la nature nous interdit-elle d'en percevoir la beauté ?

→ VERS LE BAC

Rédiger un paragraphe étayé d'exemples pour distinguer « matière » et « matériau ».

Henri FOCILLON
1881-1943

TEXTE 6

Faut-il opposer l'art et la technique ?

On oppose spontanément la technique et l'art, l'une exploitant la nature et la dénaturant, l'autre l'imitant telle qu'elle est. Cette opposition ordinaire, mais facile, occulte le fait que l'art engage lui-même des techniques. La peinture à l'huile, par exemple, suppose une maîtrise technique particulière, différente de l'aquarelle. L'histoire d'un art est solidaire de l'histoire des techniques qu'il utilise.
La technique n'a-t-elle pas des effets artistiques ? Qu'est-ce qu'un style, sinon l'accord d'une matière particulière, d'une technique appropriée à cette matière et d'une vision personnelle ?

Si nous prenons l'exemple de l'eau-forte[1], sans même évoquer le jeu des papiers et des encres, nous voyons, autour de l'obsession de la lumière, se construire un monde en profondeur : un élément nouveau intervient, l'acide, qui creuse plus ou moins les tailles, qui les resserre ou qui les élargit, avec une irrégularité calculée dans l'action des morsures, et qui donne au ton une chaleur inconnue à tout autre procédé, si bien que le même trait de burin et le même trait d'eau-forte, réduits à eux-mêmes, tout unis et sans suggestion d'une figure quelconque, sont déjà des formes différentes ; l'outil a changé lui aussi, simple pointe, tenue comme on tient un crayon, tandis que la tigelle d'acier du burin, de forme prismatique et taillée en biseau, est conduite d'arrière en avant, par un mouvement du poignet. Cela, c'est encore la vocation formelle de la matière et de l'outil, mais la touche, ou l'attaque de la matière par l'outil, se mesure avec ce destin et lui arrache des nouveautés singulières, par une série d'astuces dont l'art de Rembrandt nous donne les plus beaux exemples, entre autres cette superposition de travaux à la pointe-sèche, ébarbés ou non, qui assurent les délicats passages de la lumière ou le velouté de la nuit. Tantôt il grave comme s'il dessinait à la plume, d'un trait plus ou moins libre et ouvert, et tantôt il grave comme s'il peignait, cherchant toute l'échelle des valeurs, dans les volutes de feu de l'effet et le mystère des ombres profondes. Structures fragiles, que l'impression répétée affaiblit, amortit et finit par écraser tout à fait, les planches usées ne conservant plus que le réseau inférieur de ces travaux étagés, comme une ancienne ville, à ras de terre, montre le plan de ses édifices. Sorte de généalogie à rebours, ou preuve inverse des riches ressources de l'œuvre évanouie. L'iconographe et le pur historien penseront que l'essentiel demeure mais l'essentiel est parti, non pas la fleur, le charme rare de la belle pièce, mais la valeur fondamentale d'un art qui construit l'espace et la forme en fonction d'une certaine matière, par certaines touches du travail. Ainsi se définit pleinement sous nos yeux, dans la destruction d'un chef-d'œuvre, la notion active et vivante de technique.

Henri FOCILLON, *La Vie des formes*, 1934.

1 Technique de gravure qui dessine des formes en creusant le métal avec de l'acide.

▶ L'ART

1 L'art est-il indépendant de la technique ?

2 La qualité d'un art dépend-elle de propriétés techniques ?

FOCILLON DIT AUSSI

« Turner contemple le soleil, décuplé, réfracté, mouvant, dans son verre d'eau d'aquarelliste. »

Henri FOCILLON, *La Vie des formes*, 1934.

? Peut-on parler de technique artistique ?

MATIÈRE À PENSER

Fonction artistique de la technique

« Paysage » est désigné en chinois par le terme *shansui*, littéralement « montagne-eau », et par celui de *fengjing*, qui signifie « vent, atmosphère, lumière... ». Peintre paysagiste de l'Académie impériale de peinture sous l'empereur Ning-tsong (1195-1224), Xia Gui (actif de 1190 à 1225) utilise la technique du lavis d'encre pour rendre la brume qui baigne le paysage. Cette technique, qui consiste à utiliser de l'encre mouillée, permet d'éviter de figer la nature en enfermant les choses dans des contours arrêtés et de retrouver le souffle de vie qui l'anime. Elle est mobilisée pour retrouver l'atmosphère du paysage et ainsi l'âme de l'univers. Le lavis révèle la vérité de la nature, qui ne se définit pas par la solidité de la pierre ni même la liquidité de l'eau, mais par le brumeux du nuage. Pu Yen-t'u dit, à propos du lavis : « C'est avec les six couleurs de l'Encre que le peintre incarne les lois de la Création [...] entre montagne et eau, la lumière des fumées et l'ombre des nuées sont sans cesse changeante » (Pu Yen-t'u, dans François Cheng, *Vide et Plein. Le Langage pictural chinois*, I, 2, trad. F. Cheng, 1991).

XIA GUI, *Une marche en montagne par temps clair avec le brouillard montant*, v. 1200, Metropolitan Museum of Art, New York.

▶ LA NATURE

Quel est le rôle de la technique dans l'art ?

Technique et civilisation

L'histoire des civilisations suit celle des techniques, au point qu'un progrès technique peut engendrer une véritable révolution dans la vie collective des hommes. Ces innovations techniques sont-elles nécessairement des progrès ? À quelles conditions un progrès technique peut-il améliorer l'existence commune des hommes ? (texte 7, Marx)

Karl MARX
1818-1883

TEXTE 7 COMMENTÉ

Si l'homme invente la technique, la technique ne fait-elle pas les civilisations humaines ?

Le terme *technique* recouvre des procédés très différents, selon que la main y a un rôle central ou accessoire. La technique de l'artisan qui fabrique une charpente est une activité manuelle qui suppose des variations dans le geste. La technique qui repose sur la force de la machine, elle, reproduit à l'identique les mêmes mouvements. La mécanisation supprime en effet les aléas du geste. L'introduction de la machine dans l'organisation du travail à l'ère industrielle, inaugurée par l'invention de la machine à vapeur au début du XVIIIe siècle, va révolutionner l'ensemble des sociétés dites « industrielles ».
Quel est le poids de la technique dans l'histoire des sociétés ?

Un fait des plus caractéristiques, c'est que jusqu'au XVIIIe siècle les métiers portèrent le nom de *mystères*. Dans le célèbre *Livre des métiers* d'Étienne Boileau, on trouve entre autres prescriptions celle-ci :

> *« Tout compagnon lorsqu'il est reçu dans l'ordre des maîtres, doit prêter serment d'aimer fraternellement ses frères, de les soutenir, chacun dans l'ordre de son métier, c'est-à-dire de ne point divulguer volontairement les secrets du métier. »*

En fait, les différentes branches d'industrie, issues spontanément de la division du travail social, formaient les unes vis-à-vis des autres autant d'enclos qu'il était défendu au profane de franchir. Elles gardaient avec une jalousie inquiète les secrets de leur routine professionnelle dont la théorie restait une énigme même pour les initiés.

Ce voile, qui dérobait aux regards des hommes le fondement matériel de leur vie, la production sociale, commença à être soulevé durant l'époque manufacturière et fut entièrement déchiré à l'avènement de la grande industrie. Son principe qui est de considérer chaque procédé en lui-même et de l'analyser dans ses mouvements constituants, indépendamment de leur exécution par la force musculaire ou l'aptitude manuelle de l'homme, créa la science toute moderne de la technologie. Elle réduisit les configurations de la vie industrielle, bigarrées, stéréotypées et sans lien apparent, à des applications variées de la science naturelle, classifiées d'après leurs différents buts d'utilité.

La technologie découvrit aussi le petit nombre de formes fondamentales dans lesquelles, malgré la diversité des instruments employés, tout mouvement productif du corps humain doit s'accomplir, de même que le machinisme le plus compliqué ne cache que le jeu des puissances mécaniques simples.

Karl MARX, *Le Capital,* I, 4e section, 1867, trad. J. Roy, 1872.

▶ LE TEMPS
▶ LE TRAVAIL

MÉTIER ET TRAVAIL

L'une des caractéristiques essentielles de la technologie moderne, c'est la création d'un temps nécessaire entre le moyen et la fin, qui ne se succèdent plus de façon plus ou moins régulière, mais s'enchaînent mécaniquement. Aussi longtemps que le geste gouvernait le processus de fabrication, le temps qui séparait les moyens de la fin visée restait pétri de contingence. À partir du moment où la puissance mécanique remplace la force manuelle, le procès de production se déroule selon un temps uniforme et nécessaire. Lorsque la machine se substitue au geste, le travail se vide de toute la richesse des aléas du savoir-faire propre aux métiers, pour prendre l'uniformité imperturbable de la production industrielle qui est une « re-production ». Si les métiers de l'économie féodale relevaient encore d'un temps contingent conjuguant habileté technique et inventivité artistique, l'organisation technologique du travail en économie capitaliste obéit à une temporalité mécanique qui scelle son divorce avec l'art. En soumettant les rythmes de l'être humain à la cadence de la machine, le productivisme capitaliste a arraché la dimension artistique de toute technique.

TECHNIQUE ET SOCIÉTÉ

La technique de nos temps modernes qui organise le travail n'appartient plus à l'économie des métiers qui a régné pendant le Moyen Âge et jusqu'à la révolution industrielle. Les compagnons se transmettaient les « secrets du métier ». La technique ou, mieux, les techniques de ce temps-là relevaient d'une sorte de sacralité de l'artisanat, antérieure à l'opposition moderne de l'art et de la technique. Marx situe précisément la naissance de la technique moderne dans son opposition avec l'art au moment de la disparition des métiers.

1. **Qu'est-ce qu'un métier ?**
2. **La technique remplace-t-elle le savoir-faire ?**

MARX DIT AUSSI

« Les rapports sociaux sont intimement liés aux forces productives. En acquérant de nouvelles forces productives, les hommes changent leur mode de production, et en changeant le mode de production, la manière de gagner leur vie, ils changent tous leurs rapports sociaux. Le moulin à bras vous donnera la société avec le suzerain ; le moulin à vapeur, la société avec le capitalisme industriel. »

Karl MARX, *Misère de la philosophie*, II, 1, 2, 1847, trad. V. Girard et E. Brière, 1896.

? Le travail dépend-il des progrès de la technique ?

Victor ANICET, vitrail de la cathédrale de Saint-Pierre-en-Martinique, 2006, photographie de Jean-Philippe Breleur.

Ce vitrail a été réalisé par l'atelier des maîtres verriers Simon de Reims, qui existe depuis 1640. L'art des vitraux incarne le savoir-faire d'avant la mécanisation du geste.

? En quel sens l'artisanat est-il une technique ?

AUX FRONTIÈRES DE LA PHILOSOPHIE

Victor Hugo rend hommage à la cathédrale Notre-Dame de Paris comme à un vestige du passé qui a été détrôné par une invention technique : l'imprimerie. Dans le chapitre « Ceci détruira cela », il explique comment l'invention de Gutenberg au milieu du xve siècle a disqualifié l'architecture, qui a régné tout au long du Moyen Âge. Le portail sculpté des cathédrales était un « livre de pierre » destiné au peuple analphabète. Une invention technique a ainsi la portée d'une révolution à l'échelle d'une civilisation.

« Au quinzième siècle tout change.
La pensée humaine découvre un moyen de se perpétuer non seulement plus durable et plus résistant que l'architecture, mais encore plus simple et plus facile. L'architecture est détrônée. Aux lettres de pierre d'Orphée vont succéder les lettres de plomb de Gutenberg.

Le livre va tuer l'édifice.

L'invention de l'imprimerie est le plus grand événement de l'histoire. C'est la révolution mère. C'est le mode d'expression de l'humanité qui se renouvelle totalement, c'est la pensée humaine qui dépouille une forme et qui en revêt une autre, c'est le complet et définitif changement de peau de ce serpent symbolique qui, depuis Adam, représente l'intelligence.
Sous la forme imprimerie, la pensée est plus impérissable que jamais ; elle est volatile, insaisissable, indestructible. Elle se mêle à l'air. Du temps de l'architecture, elle se faisait montagne et s'emparait puissamment d'un siècle et d'un lieu. Maintenant elle se fait troupe d'oiseaux, s'éparpille aux quatre vents, et occupe à la fois tous les points de l'air et de l'espace.
Nous le répétons, qui ne voit que de cette façon elle est bien plus indélébile ? De solide qu'elle était elle devient vivace. Elle passe de la durée à l'immortalité. On peut démolir une masse, comment extirper l'ubiquité ? [...] Comment s'étonner que l'intelligence humaine ait quitté l'architecture pour l'imprimerie ? »

Victor HUGO, *Notre-Dame de Paris*, V, 1831.

(?) Le livre a remplacé les cathédrales. Quelle invention technique remplacera le livre ?

Christ en Gloire avec le Jugement dernier, portail du Jugement dernier, tympan, façade ouest de la cathédrale Notre-Dame, v. 1200-1230, Paris.

Maître Nicolò et atelier, *L'adoration des Mages*, 1135-1138, église San Zeno Maggiore, Vérone.

L'adoration des Mages, illustration du Nouveau Testament, XVᵉ ou XVIᵉ siècle, Pays-Bas.

Hugo montre que l'invention de l'imprimerie constitue un progrès technique qui a une portée culturelle et intellectuelle fondamentale. Les images taillées dans la pierre sur le portail des cathédrales n'étaient visibles que du fidèle présent sur place. Avec l'impression de textes sur du papier, les pensées conquièrent leur mobilité et peuvent désormais voyager aux quatre coins du monde. En donnant aux pensées la légèreté du papier, l'imprimerie assure leur transmission, et ainsi leur perpétuation. C'est pourquoi Hugo écrit que « le livre de pierre, si solide et si durable, allait faire place au livre de papier, plus solide et plus durable encore ».

? En quel sens une technique fait-elle partie de la culture ?

MATIÈRE À PENSER

Du papier à l'imprimerie

L'invention de l'imprimerie est directement conditionnée par celle du papier, qui trouve son origine en Chine avant l'ère chrétienne, comme le rappelle André Leroi-Gourhan dans *Milieu et techniques*.

« Le VER À SOIE comporte un ensemble technique très différent de celui de l'abeille. Alors que cette dernière vit pratiquement sauvage près de l'habitation, le ver à soie est tenu en complète captivité. Quoiqu'en Chine, sur ses lieux d'origine, on pratique encore soit la récolte des cocons sauvages, soit celle des vers sauvages, le cycle complet de développement et de reproduction est mené normalement en captivité. L'existence de bombyx sauvages dont la soie est filable rend la recherche des origines très difficile. Un point nous a paru digne de remarque [...] : c'est que le bombyx de la soie est un parasite du mûrier, végétal qui depuis un nombre certainement respectable de millénaires est utilisé en Extrême-Orient et en Océanie. On a vu que tapa océanien et papier chinois sont deux formes techniques étroitement liées, dont la diffusion depuis le Japon jusqu'au fond des îles polynésiennes rend la haute antiquité au moins probable. La présence normale de cocons sur le mûrier a très probablement entraîné l'utilisation de la soie, et dès lors, entre la récolte des cocons parasites sur les mûriers à papier et la culture du mûrier pour la nourriture des vers domestiques il est impossible de tracer une démarcation. Les traces matérielles des tissus de soie ne remontent pas au-delà des débuts de notre ère ; mais cela ne signifie rien, l'introduction au Japon à cette époque d'une sériciculture déjà complètement constituée démontre au contraire qu'il faut chercher plus haut ; mais alors même que des textes chinois très anciens donneraient un nom à la soie et au ver, la preuve d'un élevage établi sur les principes actuels ne serait nullement administrée. »

André LEROI-GOURHAN,
Milieu et Techniques, 1945.

Fins et moyens

Si la technique suppose la combinaison optimale des moyens et des fins, ne dépend-elle pas des moyens dont elle dispose ? (texte 8, Lévi-Strauss) Ce souci des moyens adaptés à la meilleure efficacité possible est le critère d'évaluation de toute technique. Mais l'efficacité est-elle une valeur en elle-même ? (texte 9, Kant) À ne regarder que la puissance de la technique, n'oublie-t-on pas de poser la question de son sens, c'est-à-dire à la fois de son utilisation et de sa signification ? (textes 10, James, et 11, Latour)

Claude LÉVI-STRAUSS
1908-2009

TEXTE 8

Le bricolage est-il une technique ?

La technique se définit comme une opération pratique qui consiste à utiliser tel moyen pour produire telle fin. Cette adéquation entre le moyen et la fin assure l'efficacité d'un procédé technique. À l'inverse, planter un clou avec un tournevis est inefficace. La relation entre les moyens et les fins n'est toutefois pas unique. On peut distinguer la technique de l'ingénieur qui conçoit, selon un plan de fabrication, les moyens dont il a besoin en fonction de la fin qu'il vise, et la technique du bricoleur qui fait avec « les moyens du bord », c'est-à-dire qui improvise selon ce qu'il trouve.
La technique consiste-t-elle à tout prévoir ?

Une forme d'activité subsiste parmi nous qui, sur le plan technique, permet assez bien de concevoir ce que, sur le plan de la spéculation, put être une science que nous préférons appeler « première » plutôt que primitive : c'est celle communément désignée par le terme de bricolage. Dans son sens ancien, le verbe bricoler s'applique au jeu de balle et de billard, à la chasse et à l'équitation, mais toujours pour évoquer un mouvement incident[1] : celui de la balle qui rebondit, du chien qui divague, du cheval qui s'écarte de la ligne droite pour éviter un obstacle. Et, de nos jours, le bricoleur reste celui qui œuvre de ses mains, en utilisant des moyens détournés par comparaison avec ceux de l'homme de l'art. Or, le propre de la pensée mythique[2] est de s'exprimer à l'aide d'un répertoire dont la composition est hétéroclite et qui, bien qu'étendu, reste tout de même limité ; pourtant, il faut qu'elle s'en serve, quelle que soit la tâche qu'elle s'assigne, car elle n'a rien d'autre sous la main. Elle apparaît ainsi comme une sorte de bricolage intellectuel, ce qui explique les relations qu'on observe entre les deux [...].

La comparaison vaut d'être approfondie, car elle fait mieux accéder aux rapports réels entre les deux types de connaissance scientifique que nous avons distingués. Le bricoleur est apte à exécuter un grand nombre de tâches diversifiées ; mais, à la différence de l'ingénieur, il ne subordonne pas chacune d'elles à l'obtention de matières premières et d'outils conçus et procurés à la mesure de son projet : son univers instrumental est clos, et la règle de son jeu est de toujours s'arranger avec les « moyens du bord », c'est-à-dire un ensemble à chaque instant fini d'outils et de matériaux, hétéroclites au surplus, parce que la composition de l'ensemble n'est pas en rapport avec le projet du moment, ni d'ailleurs avec aucun projet particulier, mais est le résultat contingent de toutes les occasions qui se sont présentées de renouveler ou d'enrichir le stock, ou de l'entretenir avec les résidus de constructions et de destructions antérieures. L'ensemble des moyens du bricoleur n'est donc pas définissable par un projet (ce qui supposerait d'ailleurs, comme chez l'ingénieur, l'existence d'autant d'ensembles instrumentaux que de genres de projets, au moins en théorie) ; il se définit seulement par son instrumentalité, autrement dit, et pour employer le langage même du bricoleur, parce que les éléments sont recueillis ou conservés en vertu du principe que « ça peut toujours servir ».

Claude LÉVI-STRAUSS, *La Pensée sauvage*, 1962.

1 Détourné, qui fait un angle.

2 Lévi-Strauss étudie la spécificité pensée à l'œuvre dans les mythes, amérindiens notamment.

▶ LE TEMPS

1 Que perd la technique en éliminant l'imprévu ?

2 Quelle est la différence entre « faire » et « faire avec » ?

FRANQUIN, *Gaston,* « Des gaffes et des dégâts », 1968.

Gaston Lagaffe est l'auteur de nombreuses inventions qui ont toutes en commun de détourner les objets de leur fonction ordinaire pour en faire un usage inattendu.

Emmanuel KANT
1724-1804

TEXTE 9 **COMMENTÉ**

L'efficacité est-elle une valeur ?

La valeur d'une technique dépend de la qualité de son efficacité. Cet impératif d'efficacité la rend aveugle à toute autre fin. C'est une même expertise technique qui sait faire le remède qui guérit efficacement et le poison qui tue à coup sûr. La technique ne se soucie que de l'adaptation des moyens et des fins, et reste indifférente aux conséquences de ses effets. Peut-on, dans ces conditions, abandonner la technique à son indifférence morale ? Ne faut-il pas faire des finalités techniques de simples moyens en vue de fins autres que techniques ?

On peut concevoir que tout ce qui n'est possible que par les forces de quelque être raisonnable est aussi un but possible pour quelque volonté, et de là vient que les principes de l'action, en tant que cette action est représentée comme nécessaire pour atteindre à quelque fin possible susceptible d'être réalisée par là, sont infiniment nombreux. Toutes les sciences ont une partie pratique, consistant en des problèmes qui supposent que quelque fin est possible pour nous, et en des impératifs qui énoncent comment cette fin peut être atteinte. Ces impératifs peuvent donc être appelés en général des impératifs de *l'habileté*. Que la fin soit raisonnable et bonne, ce n'est pas du tout de cela qu'il s'agit ici, mais seulement de ce qu'il faut faire pour l'atteindre. Les prescriptions que doit suivre le médecin pour guérir radicalement son homme, celles que doit suivre un empoisonneur pour le tuer à coup sûr, sont d'égale valeur, en tant qu'elles leur servent les unes et les autres à accomplir parfaitement leurs desseins. Comme dans la première jeunesse on ne sait pas quelles fins pourraient s'offrir à nous dans le cours de la vie, les parents cherchent principalement à faire apprendre à leurs enfants une *foule de choses diverses* ; ils pourvoient à *l'habileté* dans l'emploi des moyens en vue de toutes sortes de fins à volonté, incapables qu'ils sont de décider pour aucune de ces fins, qu'elle ne puisse pas d'aventure devenir réellement plus tard une visée de leurs enfants, tandis qu'il est *possible* qu'elle le devienne un jour ; et cette préoccupation est si grande qu'ils négligent communément de leur former et de leur rectifier le jugement sur la valeur des choses qu'ils pourraient bien avoir à se proposer pour fins.

Emmanuel KANT, *Fondement de la métaphysique des mœurs*, 2e section, § 20, 1785, trad. V. Delbos, 1907.

▶ LE DEVOIR

L'EFFICACITÉ TECHNIQUE

Les devoirs intéressés relèvent des règles techniques de l'habileté qui ont pour fin de bien faire. Les impératifs techniques n'ont aucun sens moral. Ils sont par eux-mêmes indifférents à la morale. Si un succès technique peut être neutre moralement, il peut aussi produire un désastre du point de vue humain. Le gaz Zyklon B, produit par la firme IG Farben et utilisé par les nazis à Auschwitz pour tuer les Juifs, est un produit d'une efficacité redoutable, et du point de vue technique, un produit réussi au sens où il remplit sa fonction. De même, la bombe H, lancée par les Américains sur Nagasaki et Hiroshima, est un exploit technique. On comprend par là que la science technique se caractérise par une cécité morale qui exige de la tenir sous la tutelle d'un jugement qui ne soit pas d'ordre technique.

EFFICACITÉ ET MORALITÉ

L'efficacité technique ne saurait être une valeur. Les finalités techniques doivent être de simples moyens en vue de fins qui ne sont pas techniques. Si la technique cherche à bien faire, le devoir moral, lui, a pour fin de faire le bien. Qu'est-ce donc que le bien ? Kant explique que le bien ne consiste pas dans un objet particulier. Ce qui définit le bien, ce n'est pas tel ou tel contenu déterminé, mais la forme de loi propre au commandement moral. Cette forme est celle de l'universalité et de la nécessité du devoir moral. La loi morale ne conseille pas, elle commande de façon inconditionnelle, c'est-à-dire indépendamment des circonstances de temps ou de lieu. Il faut subordonner les impératifs techniques, qui ont pour fin le bien faire, à cette loi pratique, qui a pour fin le bien. Le devoir moral primordial, qui est une loi absolue, est celui du respect de l'humanité dans sa propre personne et dans la personne d'autrui.

1 Peut-on parler d'obligations techniques ?

2 Quelle est la différence entre un « je dois » moral et un « il faut » technique ?

MERLE DIT AUSSI

« Pour peu qu'on y réfléchisse, cela dépasse l'imagination que des hommes du XXᵉ siècle, vivant dans un pays civilisé d'Europe, aient été capables de mettre tant de méthode, d'ingéniosité et de dons créateurs à construire un immense ensemble industriel où ils se donnaient pour but d'assassiner *en masse* leurs semblables. »

Robert MERLE, *La Mort est mon métier*, Préface, 1952.

? Qu'est-ce qu'être civilisé ?

Boîtes du gaz mortel Zyklon B trouvées à Auschwitz, janvier 1995.

? Que signifie l'expression « la fin justifie les moyens » ?

MATIÈRE À PENSER

Du pistolet au revolver

En 1836, Samuel Colt invente le revolver. D'un point de vue technique, celui-ci permet de tirer plusieurs balles d'affilée, à la différence du pistolet, qui devait être rechargé après chaque tir. Victor Hugo se fait l'écho de cette invention dans *Les Travailleurs de la mer*, en 1866.

« – Savez-vous ce que c'est qu'un revolver ?
– Oui, répondit l'armurier, c'est américain.
– C'est un pistolet qui recommence la conversation.
– En effet, ça a la demande et la réponse.
– Et la réplique.
– C'est juste [...]. Un canon tournant.
– Et cinq ou six balles. »

Victor HUGO, *Les Travailleurs de la mer*, 1866.

? Qu'est-ce qu'un progrès technique ?

? Pouvoir tuer plusieurs personnes au lieu d'une seule, est-ce un progrès ?

Clint Eastwood dans *Pour quelques dollars de plus*, réalisé par **Sergio LEONE**, 1965.

? En quel sens objet technique donne-t-il du pouvoir ?

William JAMES
1842-1910

TEXTE 10

Peut-on parler d'un règne de la technique ?

La figure mythique de la créature du Dr Frankenstein incarne l'idée d'une invention qui échappe à son auteur et se retourne contre lui. Cet accident semble désormais se manifester à l'*échelle du monde*. Dès 1907, William James inverse le diagnostic de Descartes, à la fin du *Discours de la méthode*, selon lequel les sciences et leurs applications techniques devaient rendre l'homme « comme maître et possesseur de la nature. » Voilà l'être humain, non pas maître mais sujet de sa propre puissance technique, et pour ainsi dire assiégé, voire asphyxié par elle.
À quelle fin poursuivons-nous les progrès techniques ?

Galilée nous a donné une horlogerie de précision, et nous lui devons la justesse de nos pièces d'artillerie ; les chimistes nous inondent de médicaments nouveaux et de nouvelles matières tinctoriales ; Ampère et Faraday nous ont dotés du chemin de fer souterrain de New York et du télégraphe sans fil de Marconi. Les choses hypothétiques que les hommes ont inventées, une fois définies avec rigueur comme ils sont parvenus à les définir, se montrent, de nos jours, prodigieusement fertiles en résultats vérifiables par les sens. De ces choses, notre logique peut déduire telle conséquence certaine sous telles conditions : celles-ci, étant bien connues, nous les pouvons réaliser ; et voilà qu'aussitôt surgit devant nos yeux la conséquence prévue !

Le pouvoir d'action que nous possédons maintenant sur la nature, grâce aux récentes conceptions scientifiques, dépasse infiniment celui que le sens commun avait mis autrefois dans nos mains. L'accroissement de ce pouvoir nouvellement conquis s'accélère dans de telles proportions qu'il est impossible de lui assigner une limite. On peut même se demander s'il n'est pas à craindre que *l'être* même de l'homme ne soit écrasé par sa propre puissance ; – que sa nature, son organisme, devenu fixe, ne finisse par ne plus pouvoir soutenir l'extrême tension, l'essor toujours plus vertigineux, des fonctions créatrices, presque divines, dont son intelligence ne cessera de favoriser l'exercice et le développement ! Oui, l'homme pourra se noyer au milieu de ses richesses, – pareil à l'enfant qui se noie dans son bain, lorsqu'après avoir ouvert le robinet, il est incapable de le fermer pour arrêter l'écoulement de l'eau !

William JAMES, *Le Pragmatisme*, 5e leçon, 1907, trad. E. Brun, 1911.

▶ LA NATURE
▶ LA SCIENCE

1. Quel est le moteur des progrès techniques ?
2. Comment expliquer la coexistence de la surproduction et de la famine ?

Bruno LATOUR
né en 1947

TEXTE 11

Faut-il opposer progrès techniques et catastrophes naturelles ?

Tout être humain sait qu'il va mourir, mais comme il ne sait ni quand ni comment, il vit comme s'il n'y croyait pas, comme si la mort était un futur lointain et finalement hypothétique. Il se passe la même chose à l'échelle globale de l'humanité : les preuves des bouleversements de l'environnement dus à la subordination des progrès techniques à des fins économiques ont beau se multiplier, tout le monde fait comme si de rien n'était. La puissance technologique n'est plus que le simple moyen d'une économie devenue à elle-même sa propre fin.

À une époque où les commentateurs déplorent le « manque d'esprit révolutionnaire » et l'« effondrement des idéaux émancipateurs », comment ne pas s'étonner que ce soient les historiens de la nature qui révèlent, sous le nom de la Grande Accélération dont le commencement marque l'Anthropocène[1], que la révolution a déjà eu lieu, que les événements que nous devons affronter ne sont pas situés dans l'avenir mais dans un passé récent ? Les activistes révolutionnaires sont pris au dépourvu quand ils réalisent que, quoi que nous fassions aujourd'hui, la menace restera avec nous pour des siècles, des millénaires, parce que le relais de tant d'actions révolutionnaires irréversibles, commises *par des humains*, a été *repris* par le réchauffement inertiel de la mer, les changements d'albédo des pôles, l'acidité croissante des océans, et qu'il ne s'agit pas de réformes progressives mais de changements catastrophiques, une fois franchis, non plus, comme autrefois, les Colonnes d'Hercule mais les points de bascule. C'est assez pour nous désorienter. À la racine du scepticisme à l'égard du climat, il y a ce renversement surprenant de la teneur même du progrès, de la définition de ce qui est à venir et de ce que signifie appartenir à un territoire. En pratique, nous sommes tous des contre-révolutionnaires, essayant de minimiser les conséquences d'une révolution qui s'est faite sans nous, contre nous, et en même temps, par nous.

Bruno LATOUR, *Face à Gaïa,* 2015.

1 L'Anthropocène (« l'ère de l'humain ») désigne l'époque de l'histoire de la Terre (*Gaïa*, en grec, d'après la déesse éponyme) où l'action de l'être humain a atteint une telle puissance qu'elle a des effets sur l'ensemble de la planète : extinction de masse de la biodiversité, réchauffement climatique, pollution...

▶ LA NATURE
▶ LE TEMPS

1 Une révolution peut-elle être catastrophique ?

2 L'homme est-il rattrapé par ses progrès ?

Île de plastique au large de l'Indonésie, 2019.

On compte actuellement sur la surface du globe cinq continents de plastique que l'on appelle le 7e continent. Plus de 260 espèces animales marines sont menacées par ces déchets. Le continent de plastique entre Hawaï et la Californie a une surface de 1,6 million km^2, soit trois fois la France.

? Le règne de la technique est-il technique ou économique ?

L'homme, esclave de ses machines

L'usage des machines, loin de permettre une libération générale de l'humanité, a placé l'homme sous la dépendance de ses propres produits, lui faisant perdre le sens de tout cet amas de techniques. (texte 12, Bergson) De la mécanisation à la robotisation, les machines n'ont cessé de gagner en autonomie. C'est à tel point que certaines d'entre elles ont franchi un seuil que l'on a longtemps cru infranchissable, à savoir celui de l'autoapprentissage. Une machine ainsi ouverte et non condamnée à la répétition stérile est-elle une aberration technique, ou est-elle révélatrice de l'essence du projet technique ? (texte 13, Simondon) Cette ambivalence de la technique, entre gain d'autonomie et menace de soumission, semble accompagner la technique depuis son origine. (texte 14, Leroi-Gourhan)

Henri BERGSON
1859-1941

TEXTE 12 COMMENTÉ

À quoi la technique sert-elle ?

Sans technique, l'homme resterait sous la loi de la survie matérielle. La technique permet à l'être humain de s'affranchir de sa condition naturelle en se procurant les moyens de répondre aux nécessités vitales. Par là, l'homme se trouve disponible pour une activité qui ne regarde plus son existence physique, mais sa vie psychique et morale. Pourtant, si on l'envisage à l'échelle du monde, l'essor de la technique offre le spectacle d'une planète où quelques-uns s'abreuvent de produits de luxe et tous les autres sont réduits à la famine. Le confort matériel des premiers laisse la vie de leur esprit insatisfaite, tandis que l'indigence des seconds les soumet aux urgences de la vie matérielle.
Quelle est donc l'utilité de la technique ?

L'homme ne se soulèvera au-dessus de terre que si un outillage puissant lui fournit le point d'appui. Il devra peser sur la matière s'il veut se détacher d'elle. En d'autres termes, la mystique[1] appelle la mécanique. On ne l'a pas assez remarqué, parce que la mécanique, par un accident d'aiguillage, a été lancée sur une voie au bout de laquelle étaient le bien-être exagéré et le luxe pour un certain nombre, plutôt que la libération pour tous. Nous sommes frappés du résultat accidentel, nous ne voyons pas le machinisme dans ce qu'il devrait être, dans ce qui en fait l'essence. Allons plus loin. Si nos organes sont des instruments naturels, nos instruments sont par là même des organes artificiels. L'outil de l'ouvrier continue son bras ; l'outillage de l'humanité est donc un prolongement de son corps. La nature, en nous dotant d'une intelligence essentiellement fabricatrice, avait ainsi préparé pour nous un certain agrandissement[2]. Mais des machines qui marchent au pétrole, au charbon, à la « houille blanche », et qui convertissent en mouvement des énergies potentielles accumulées pendant des millions d'années, sont venues donner à notre organisme une extension si vaste et une puissance si formidable, si disproportionnée à sa dimension et à sa force, que sûrement il n'en avait rien été prévu dans le plan de structure de notre espèce : ce fut une chance unique, la plus grande réussite matérielle de l'homme sur la planète. Une impulsion spirituelle avait peut-être été imprimée au début : l'extension s'était faite automatiquement, servie par le coup de pioche accidentel qui heurta sous terre un trésor miraculeux*. Or, dans ce corps démesurément grossi, l'âme reste ce qu'elle était, trop petite maintenant pour le remplir, trop faible pour le diriger. D'où le vide entre lui et elle. D'où les redoutables problèmes sociaux, politiques, internationaux, qui sont autant de définitions de ce vide et qui, pour le combler, provoquent aujourd'hui tant d'efforts désordonnés et inefficaces : il y faudrait de nouvelles réserves d'énergie potentielle, cette fois morale. Ne nous bornons donc pas à dire, comme nous le faisions plus haut, que la mystique appelle la mécanique. Ajoutons que le corps agrandi attend un supplément d'âme, et que la mécanique exigerait une mystique. Les origines de cette mécanique sont peut-être plus mystiques qu'on ne le croirait ; elle ne retrouvera sa direction vraie, elle ne rendra des services proportionnés à sa puissance, que si l'humanité qu'elle a courbée encore davantage vers la terre arrive par elle à se redresser, et à regarder le ciel.

* Nous parlons au figuré, cela va sans dire. Le charbon était connu bien avant que la machine à vapeur le convertit en trésor. [Note de Bergson]

Henri BERGSON, *Les Deux Sources de la morale et de la religion*, 1932.

1 Union à Dieu qui ne passe pas par la réflexion mais par la passion du divin.

2 Sur la technique comme fabrication d'un corps artificiel externe, voir texte 3.

▶ LA NATURE
▶ LA RELIGION
▶ LE TRAVAIL

L'ESSENCE DE LA TECHNIQUE

La technique est par essence un instrument de libération. D'abord, elle libère l'être humain des nécessités vitales du boire et du manger en accroissant la production des biens de première nécessité. Ensuite, elle décharge l'homme du poids du travail en en chargeant les machines. Grâce à la technique, le corps de l'homme n'est plus écrasé sous le fardeau du travail. C'est donc par accident que la technique a été détournée de sa fonction essentielle d'instrument de « libération pour tous ». C'est un fait historique, extérieur à la technique elle-même, qui l'a transformée en machine à asservir les uns par la surconsommation de produits superficiels, et tous les autres par la sous-consommation du nécessaire. Il ne faut donc pas incriminer la technique elle-même, mais bien plutôt son utilisation à des fins matérielles.

TECHNIQUE ET RELIGION

En libérant l'homme des urgences vitales, la technique est faite par essence pour l'ouvrir à une vie plus spirituelle, détachée des contraintes matérielles, qui couvre aussi bien les activités intellectuelles comme l'art, la philosophie ou les sciences pratiquées non en vue de leur utilisation technologique mais pour elles-mêmes, que les relations morales des êtres humains entre eux, et, plus fondamentalement, la religion. Ainsi, il n'y a pas à opposer l'essor de la technique et le développement de la vie spirituelle puisque cette dernière a besoin du premier. Un homme privé des secours de la technique serait cantonné à une vie animale : « la mystique appelle la mécanique ». Réciproquement, la technique ne trouve sa raison d'être que dans l'occupation de l'espace de vie spirituelle qu'elle libère. C'est pourquoi, en lieu et place de son utilisation matérielle et économique, il faudrait lui rendre son véritable sens, sa fonction essentielle, qui est de servir à autre chose qu'à l'aménagement technique du séjour terrestre : « la mécanique exigerait une mystique ».

1 La technique n'a-t-elle pour finalité que d'assurer le confort de notre vie matérielle ?

2 Si la technique nous libère des contraintes matérielles, a-t-elle, de ce fait, une fonction spirituelle ?

MARX DIT AUSSI

« La machine entre les mains du capital crée donc des motifs nouveaux et puissants pour prolonger sans mesure la journée de travail [...]. De là ce phénomène merveilleux dans l'histoire de l'industrie moderne, que la machine renverse toutes les limites morales et naturelles de la journée de travail. De là ce paradoxe économique, que le moyen le plus puissant de raccourcir le temps de travail devient par un revirement étrange le moyen le plus infaillible de transformer la vie entière du travailleur et de sa famille en temps disponible pour la mise en valeur du capital. »

Karl MARX, *Le Capital*, I, 1867, trad. J. Roy, 1872.

REPÈRES **essentiel / accidentel**

L'**essence** concerne ce qui définit une chose, alors que les **accidents** désignent tous les changements qui peuvent l'affecter sans pour autant la dénaturer. L'**essence** comprend en outre tous les attributs qui appartiennent nécessairement et universellement à la chose en question. Par exemple, que la somme des angles d'un triangle soit égale à 180° constitue l'**essence** de tout triangle. C'est l'une de ses propriétés essentielles. Mais que tel triangle soit tracé à la craie blanche ou au crayon gris, ce sont des **accidents inessentiels**.

? La technique est-elle au service de l'économie ?

AUX FRONTIÈRES DE LA PHILOSOPHIE

En 1955, Citroën sort un nouveau modèle de voiture : la DS 19. Roland Barthes en propose une analyse qui la montre comme une sorte de divinité qui occupe une place centrale dans les mythologies modernes et fait l'objet d'un véritable culte.

Présentation de la Citroën DS au salon de l'automobile à Paris, 1955.

« Je crois que l'automobile est aujourd'hui l'équivalent assez exact des grandes cathédrales gothiques : je veux dire une grande création d'époque, conçue passionnément par des artistes inconnus, consommée dans son image, sinon dans son usage, par un peuple entier qui s'approprie en elle un objet parfaitement magique.

La nouvelle Citroën tombe manifestement du ciel dans la mesure où elle se présente d'abord comme un *objet* superlatif. Il ne faut pas oublier que l'objet est le meilleur messager de la surnature [...]. La « Déesse » a tous les caractères (du moins le public commence-t-il par les lui prêter unanimement) d'un de ces objets descendus d'un autre univers [...]. La matière elle-même, il est sûr qu'elle soutient un goût de la légèreté, au sens magique. Il y a retour à un certain aérodynamisme, nouveau pourtant dans la mesure où il est moins massif, moins tranchant, plus étale que celui des premiers temps de cette mode [...]. Cette spiritualisation se lit dans l'importance, le soin et la matière des surfaces vitrées. La Déesse est visiblement exaltation de la vitre, et la tôle n'y est qu'une base [...]. Il s'agit donc d'un art humanisé, et il se peut que la Déesse marque un changement dans la mythologie automobile. Jusqu'à présent, la voiture superlative tenait plutôt du bestiaire de la puissance ; elle devient ici à la fois plus spirituelle et plus objective. »

Roland BARTHES, « La Nouvelle Citroën », *Mythologies*, 1957.

? Qu'est-ce qui est sacré ?

Gilbert SIMONDON
1924-1989

TEXTE 13

Qu'est-ce que l'innovation ?

L'automatisation est généralement conçue comme le sommet de la technologie. Mais le véritable défi de la révolution informatique est, depuis le début, de fabriquer une machine capable, non seulement de répéter automatiquement la même opération à l'identique, mais d'apprendre et d'innover.
Une machine peut-elle produire du nouveau ? Cette puissance d'innovation de la technique disqualifie-t-elle l'être humain ?

Or, en fait, l'automatisme est un assez bas degré de perfection technique. Pour rendre une machine automatique, il faut sacrifier bien des possibilités de fonctionnement, bien des usages possibles. L'automatisme, et son utilisation sous forme d'organisation industrielle que l'on nomme *automation*, possède une signification économique ou sociale plus qu'une signification technique. Le véritable perfectionnement des machines, celui dont on peut dire qu'il élève le degré de technicité, correspond non pas à un accroissement de l'automatisme, mais au contraire au fait que le fonctionnement d'une machine recèle une certaine marge d'indétermination. C'est cette marge qui permet à la machine d'être sensible à une information extérieure. C'est par cette sensibilité des machines à de l'information qu'un ensemble technique peut se réaliser, bien plus que par une augmentation de l'automatisme. Une machine purement automatique, complètement fermée sur elle-même dans un fonctionnement prédéterminé, ne pourrait donner que des résultats sommaires. La machine qui est douée d'une haute technicité est une machine ouverte, et l'ensemble des machines ouvertes suppose l'homme comme organisateur permanent, comme interprète vivant des machines les unes par rapport aux autres. Loin d'être le surveillant d'une troupe d'esclaves, l'homme est l'organisateur permanent d'une société des objets techniques qui ont besoin de lui comme les musiciens ont besoin du chef d'orchestre.

Gilbert SIMONDON, *Du mode d'existence des objets techniques*, Introduction, 1958.

▶ LA LIBERTÉ

1. L'autonomie des machines peut-elle se passer de l'être humain ?
2. Qu'est-ce qu'une machine « ouverte » ?

James SILVERMAN,
Une usine Volvo à Göteborg,
juillet 2017.

MATIÈRE À PENSER

L'intelligence artificielle

La robotisation et l'intelligence artificielle connaissent des développements tels que les ordinateurs sont de plus en plus capables d'apprendre de leurs erreurs, opération jusque-là réservée à l'être humain. Olivier Houdé, psychologue spécialisé dans l'intelligence artificielle et le développement cognitif de l'enfant, expérimente une pédagogie de l'inhibition qui exerce les enfants, dès le plus jeune âge, à résister à la pensée instinctive (ou heuristique) pour former de futurs adultes maîtres et enseignants de leurs machines.

Algorithme de rétropropagation de l'erreur

« Lorsqu'un système d'apprentissage automatique commet une erreur en sortie (sa réponse), cela va entraîner en amont une reconfiguration du réseau de neurones artificiels selon une fonction mathématique complexe qui augmente ou diminue la force (le poids) de certaines connexions entre neurones du réseau. C'est par cette rétropropagation de l'erreur que le système se corrige peu à peu et apprend. Un tel algorithme, associé aujourd'hui à la très grande puissance de calcul des ordinateurs et à une quantité de données considérable (big data), est au cœur des nouveaux systèmes d'intelligence artificielle (IA). Car le défi de ce siècle est, en effet, tout à la fois d'éduquer les enfants *et* de coder les ordinateurs, non pas seulement en accumulant des connaissances, des statistiques, du big data, des algorithmes, des couches profondes et insondables, mais en les dotant, face aux biais et heuristiques, d'un robuste mécanisme antagoniste d'inhibition. C'est cela, l'intelligence, résister ! Penser, c'est toujours penser contre soi. »

Olivier HOUDÉ, *L'Intelligence humaine n'est pas un algorithme*, 2019.

Le 23 octobre 2019, la firme américaine Google annonce que Sycamore, son ordinateur quantique, a effectué en 3 minutes et 20 secondes des calculs qui auraient pris plus de 10 000 ans aux supercalculateurs actuels.

▶ LA SCIENCE

? L'homme peut-il être soumis à une machine qu'il a lui-même créée ?

? Qu'est-ce qui motive la course à l'intelligence artificielle ?

Le robot R2-D2, dans *Star Wars, épisode VI : Le retour du Jedi*, réalisé par George LUCAS, 1983.

R2-D2 monte sur la pointe des pieds pour espionner par la fenêtre Luke qui vient d'entrer chez Yoda. Dans *Star Wars*, les robots ont des pensées, des opinions et des sentiments, ce qui contribue à les humaniser.

? La pensée peut-elle être artificielle ?

André LEROI-GOURHAN
1911-1986

TEXTE 14

Sommes-nous maîtres de nos techniques ?

Aussi bien dans la Bible que dans la mythologie grecque puis romaine, la possession du feu symbolise la maîtrise de la métallurgie et, plus largement, de la technique. Or, il est frappant de constater qu'à chaque fois, la technique est associée à une malédiction. Prométhée, qui utilise la ruse pour transgresser la décision de Zeus de cacher le feu aux hommes, est condamné à être enchaîné. Tout se passe comme si la technique avait une nature double : outil d'émancipation d'un côté, instrument de soumission de l'autre. Les usagers de la technique sont-ils des agents libres ?

La coïncidence de la première métallurgie avec les premières cités est plus qu'un fait de hasard ; c'est l'affirmation d'une formule techno-économique qui contient déjà toutes les conséquences de l'histoire des grandes civilisations. [...] Les peuples qui nous ont conservé le souvenir de cette première période des sociétés modernes ont eu conscience du caractère ambigu de l'organisme naissant et ce n'est pas sans motif que le mythe prométhéen reflète à la fois une victoire sur les dieux et un enchaînement, ni que la Bible, dans la Genèse, expose le meurtre d'Abel par l'agriculteur Caïn, bâtisseur de la première ville et ancêtre de son doublet Tubalcaïn[1], premier métallurgiste.

Le technicien est donc bien le maître de la civilisation parce qu'il est le maître des arts du feu. [...] Mais l'artisan est un démiurge asservi. [...] Sa position dans le dispositif techno-économique est une position de subordination : c'est lui qui forge les armes dont usent les chefs, lui qui fond les bijoux que portent leurs femmes, lui qui martèle la vaisselle des dieux. Vulcain tout-puissant, boiteux et ridiculisé. [...] L'atmosphère de malédiction dans laquelle, pour la plupart des civilisations, débute l'histoire de l'artisan du feu, n'est que le reflet d'une frustration intuitivement perçue dès l'origine.

André LEROI-GOURHAN, *Le Geste et la Parole*, I, 1964.

1 Dans la Bible (Genèse 26), le détenteur de la forge est Tubalcaïn, un descendant de Caïn, qui a tué son frère Abel. En même temps que l'être humain accède à la technique à laquelle il doit sa libération, il est frappé de malédiction.

▶ LE BONHEUR
▶ LA LIBERTÉ
▶ LA RELIGION

1. Pourquoi la technique est-elle un objet de crainte ?
2. Les hommes seraient-ils plus heureux sans techniques ?

ROUSSEAU DIT AUSSI

« Pour le poète, c'est l'or et l'argent, mais pour le philosophe ce sont le fer et le blé qui ont civilisé les hommes et perdu le genre humain. »

Jean-Jacques ROUSSEAU, *Discours sur l'origine et les fondements de l'inégalité parmi les hommes*, 1755.

? La technique est-elle un moyen de libération ?

CINÉ PHILO

La Guerre du feu

JEAN-JACQUES ANNAUD, 1981

La Guerre du feu est un film d'aventure franco-canadien réalisé en 1981 par Jean-Jacques Annaud, adapté d'un roman écrit en 1909 par J.-H. Rosny aîné.
Il met en scène l'histoire d'une tribu d'homo sapiens vivant il y a quelques dizaines de milliers d'années, au Paléolithique. La tribu maîtrise la conservation du feu mais ne sait pas le produire. Mais, lors d'une attaque, la source du feu s'éteint. Trois guerriers partent en quête de cet élément magique, objet de convoitises et de luttes pour la survie de l'espèce.
Le film retrace également l'histoire d'un homme freiné dans sa volonté d'aider les siens par une émotion intérieure qu'il découvre, l'amour, grâce à laquelle il passera d'un rapport aux autres fondé sur la force à un rapport fondé sur l'émotion.
Les nouvelles techniques que les protagonistes découvrent tout au long de leur odyssée vont bouleverser leur vie mais leur permettre d'assurer leur postérité.

LE TEMPS

Bas-relief du dieu Kairos, sarcophage en marbre du IIe siècle, d'après un original de Lysippe du IVe siècle avant J.-C., Museo Civico d'Arte Antica, Turin.

Le dieu Kairos, personnification de l'occasion à saisir, est représenté avec des ailes dans le dos et aux pieds, car il est fugace et a vite fait de s'envoler. Chose remarquable, il a une mèche de cheveux sur le devant la tête, mais il est chauve par-derrière. Comme l'explique Rabelais dans *Gargantua* (chapitre 37), « l'occasion a tous ses cheveux au front : quand elle est passée vous ne la pouvez plus révoquer ; elle est chauve par le derrière de la tête et jamais plus ne se retourne. » C'est cela, « saisir l'occasion par les cheveux » ! L'occasion est une trouée dans le cours linéaire du temps continu qui est, lui, mathématiquement mesurable, c'est l'irruption du bon moment qu'il faut savoir mettre à profit. Saisir l'occasion, ni trop tôt ni trop tard, c'est tout un art, qu'on appelle avoir le sens de l'à-propos. Une fois qu'on a laissé passer l'occasion, il est trop tard, on ne pourra plus la rattraper, elle nous aura irrémédiablement échappé et ne se représentera plus.

ARRÊT SUR IMAGE

Que doit-être le temps pour qu'on puisse parler d'occasions ?

LE TEMPS EN QUESTION

En français, nous parlons du temps qui passe comme du temps qu'il fait. La langue anglaise, elle, sépare les deux (*time / weather*). Y a-t-il un lien entre l'idée que nous avons du temps et les phénomènes climatiques ? Le mot *temps* est parent à la fois du mot latin *tempestas*, qui désigne un état de l'atmosphère et, par extension, les événements météorologiques, et du mot *tempestus*, qui signifie « le moment opportun » et qui traduit le mot grec *kairos*. À s'en tenir aux mots, le temps semble tenir à la fois de la surprise et de la tempête.

Le temps place notre existence sous la loi de l'urgence qui nous ballotte entre la peur de rater l'occasion et la hantise de commettre l'irréparable. En sorte que le fait de vivre dans le temps ne nous laisse pas le temps de l'interroger.

1 L'EXPÉRIENCE DU TEMPS Mais qu'est-ce au juste pour nous que le temps ? L'expérience des changements que nous observons en nous et autour de nous suffit-elle à le définir ? C'est à ses effets que nous prenons conscience du temps : les changements dont il affecte toutes choses nous donnent le sens d'une différence entre l'avant et l'après. Du côté du futur, le temps nous expose à l'incertitude de l'imprévisible et, du côté du passé, il nous impose la certitude de l'irréparable, cet attribut tragique de l'irréversible. (p. 460 à p. 467)

2 DU TEMPS À L'ÊTRE Le temps semble d'abord et surtout signer le règne de l'éphémère. Toutefois, le temps de nos calendriers ne contredit-il pas cette image d'un temps destructeur de toutes choses ? Les fêtes ou les commémorations qui se célèbrent à certaines dates reviennent en effet chaque année. Les hommes semblent ainsi avoir une pratique d'un temps qui ne passe pas mais qui revient, de façon cyclique. Le cycle des saisons en offre d'ailleurs le modèle naturel. Aussi l'image du temps qui passe masque-t-elle l'essence véritable du temps qui est d'être cet élément dans lequel les êtres se réalisent. Si bien qu'avancer dans le temps ne serait pas aller vers sa perte mais accomplir progressivement son être. (p. 468 à p. 475)

3 L'ESPACE ET LE TEMPS Nous découpons le temps en trois parties – passé, présent, futur – comme s'il s'agissait d'une ligne composée de segments distincts. Cette représentation du temps l'étale dans l'espace. On le voit avec les horloges où, pour lire l'heure, nous mesurons la distance parcourue par les aiguilles sur le cadran. Mais un trajet dans l'espace est-il la même chose qu'une durée ? Si les parties de l'espace sont inertes, les moments du temps ne sont-ils pas mobiles et vivants ? Quelle différence y a-t-il entre l'espace et le temps ? Est-ce le temps qui est dans l'espace ou l'espace qui baigne dans le temps ? (p. 476 à p. 483)

PANORAMA DE LA NOTION

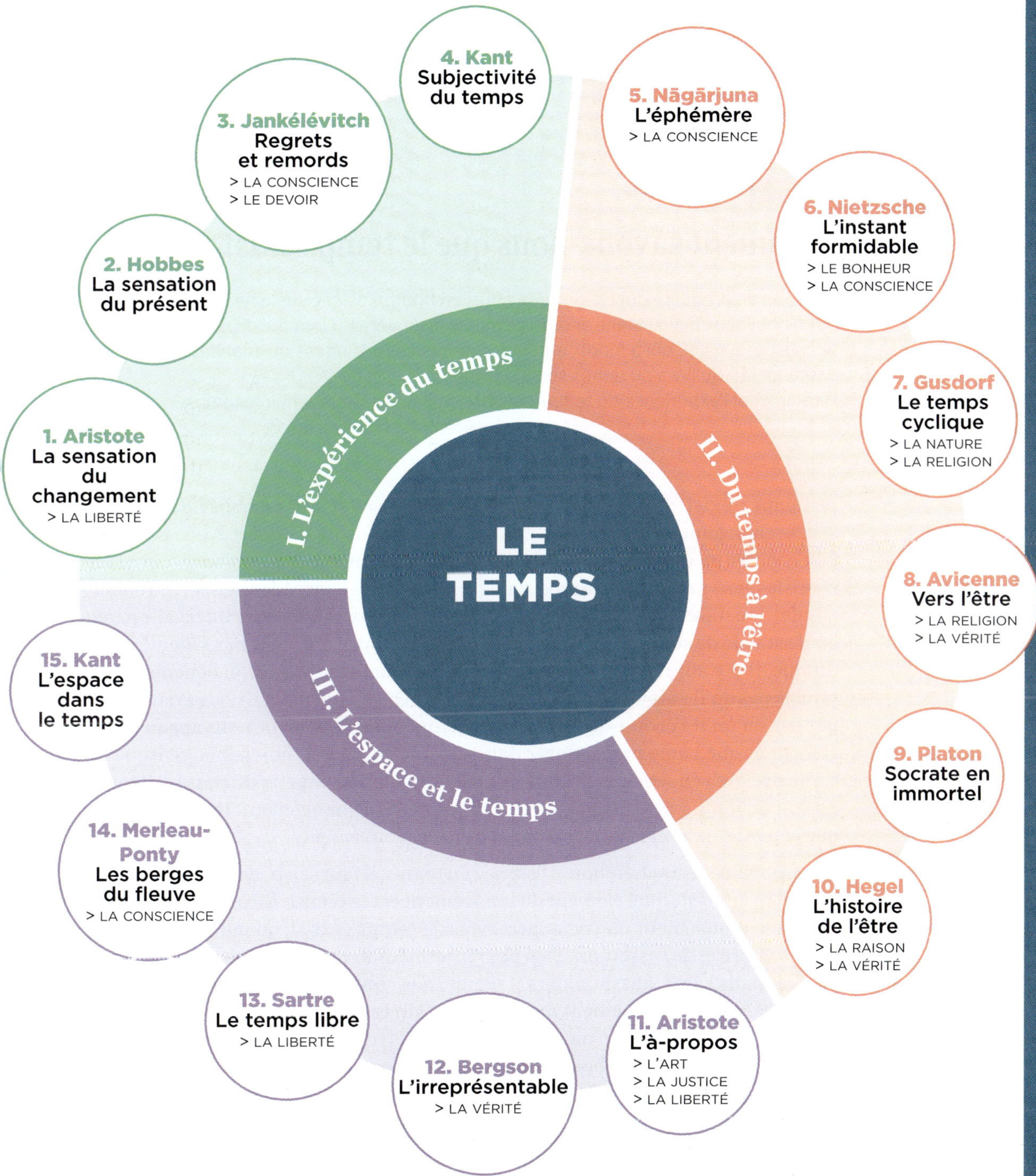

L'expérience du temps

Aux changements que nous constatons, nous savons que le temps existe. Si rien ne changeait, comment pourrait-on avoir le sens du temps ? (texte 1, Aristote) Pourtant, à proprement parler, nous n'avons l'expérience immédiate que du moment présent. D'où tirons-nous donc nos idées du passé et du futur, que nous ne sentons pas ? (texte 2, Hobbes) Le remords n'est-il pas l'expérience indiscutable du poids du passé ? (texte 3, Jankélévitch) Notre sens du temps est-il dérivé de la succession des phénomènes que manifestent ces expériences du temps ? (texte 4, Kant)

ARISTOTE
384 av. J.-C.-
322 av. J.-C.

TEXTE 1 COMMENTÉ

Comment savons-nous que le temps existe ?

La classe de première qui est derrière nous, un bouton d'acné sur le nez qui n'était pas là hier ou ce nouveau cheveu blanc apparu ce matin, la lumière du jour qui disparaît quand le soleil se couche, la neige qui a fondu, autant d'expériences ordinaires qui manifestent que le temps passe. Le fait qu'il y a du temps semble évident.
Mais en quoi l'expérience du temps consiste-t-elle ? Peut-on définir le temps ?

Le temps n'existe [...] pas sans le changement ; en effet, quand nous ne subissons pas de changements dans notre pensée, ou que nous ne les apercevons pas, il ne nous semble pas qu'il se soit passé du temps ; c'est la même impression qu'ont à leur réveil les gens qui, d'après la fable, ont dormi à Sardes auprès des héros[1] : ils relient, en effet, l'instant d'avant à celui d'après et en font un seul, effaçant l'intervalle parce qu'il est vide de sensation. Si donc l'instant n'était pas différent mais identique et unique, il n'y aurait pas de temps ; de même, quand sa variation échappe, il ne semble pas qu'il y ait un temps intermédiaire. Ainsi, puisque, s'il nous arrive de ne pas penser qu'il s'écoule du temps, c'est quand nous ne déterminons aucun changement et que l'âme paraît durer dans un état unique et indivisible, puisque au contraire, c'est en sentant et déterminant que nous disons qu'il s'est passé du temps, on voit qu'il n'y a pas de temps sans mouvement ni changement. Il est donc clair que le temps n'est ni le mouvement, ni sans le mouvement.

Mais, puisque nous cherchons l'essence du temps, il faut saisir, en partant de cette première analyse, quel élément du mouvement est le temps. En effet, c'est en percevant le mouvement que nous percevons le temps : car si, quand nous sommes dans l'ombre et ne ressentons rien par l'intermédiaire du corps, un mouvement se produit dans l'âme, aussitôt alors il semble que simultanément un certain temps se soit passé ; et, inversement quand un certain temps paraît s'être passé, simultanément aussi un certain mouvement paraît s'être produit. Par suite, le temps est mouvement ou quelque chose du mouvement ; comme il n'est pas le mouvement, il est donc quelque chose du mouvement. [...]

Quand donc nous sentons l'instant comme unique au lieu de le sentir, ou bien comme antérieur et postérieur dans le mouvement [...], il semble qu'aucun temps ne s'est passé parce qu'aucun mouvement ne s'est produit. Quand au contraire nous percevons l'antérieur et le postérieur, alors nous disons qu'il y a temps ; voici en effet ce qu'est le temps : le nombre du mouvement selon l'antérieur-postérieur.

ARISTOTE, *Physique*, IV, 11, IVe siècle av. J.-C., trad. H. Carteron, 1926.

1 On sait peu de choses de cette fable qui fait sans doute allusion à un rite pratiqué en Sardaigne, qui consistait à plonger des malades dans un profond sommeil en vue de les guérir, sommeil dont ils sortaient en ayant perdu le sens du temps écoulé pendant qu'ils dormaient.

▶ LA LIBERTÉ

TEMPS ET CHANGEMENT

Pour prouver la corrélation entre le temps et le changement, Aristote part de l'hypothèse opposée en postulant que nous sommes privés de changement. L'exemple des dormeurs de Sardaigne vient illustrer cette privation de changement. La conclusion qui s'impose est que, dans une telle situation, en étant privés de l'expérience des choses qui changent autour de nous, nous perdons le sens du temps. La conséquence positive est donc que le temps est dépendant du changement. C'est par l'expérience de ce qui change au-dehors que nous avons en nous le sens du temps.

LA MESURE DU TEMPS

Aristote désigne par « mouvement », non seulement le déplacement d'un corps dans l'espace, mais aussi ce que nous appelons des changements comme naître, mourir, grandir, rougir. (voir LA NATURE, texte 4, p. 304) Comme il le précise au chapitre 14 des *Catégories* (15a), « il y a six espèces de mouvement : la génération, la corruption, l'accroissement, le décroissement, l'altération et le changement local » (trad. J. Tricot, 1959). Le point commun à tous ces « mouvements » est de supposer une différence entre l'avant (l'antérieur) et l'après (le postérieur). Le temps n'est pas le mouvement lui-même mais « le nombre du mouvement », c'est-à-dire ce qui permet de prendre la mesure d'une différence entre l'instant d'avant et l'instant d'après. Cette différence, c'est la nouveauté qui fait qu'après, ce n'est plus comme avant, que demain est un autre jour, c'est-à-dire un jour « autre », différent du jour précédent. C'est aussi, réciproquement, ce qui fait la spécificité du passé. La surprise est l'expérience de la différence du nouveau, la nostalgie celle de la différence de l'ancien. L'une comme l'autre relève du temps défini comme mesure de la différence inhérente aux mouvements.

1. Peut-on concevoir le temps indépendamment du changement ?
2. Qu'est-ce qui ne change pas ?

ARISTOTE DIT AUSSI

« Nous avons l'habitude de dire que le temps consume, que tout vieillit sous l'action du temps, que tout s'efface sous l'action du temps, mais non qu'on s'instruit ou qu'on devient jeune et beau ; car le temps est en soi plutôt cause de destruction, puisqu'il est nombre du mouvement et que le mouvement défait ce qui est. Par suite, on voit que les êtres éternels en tant qu'éternels ne sont pas dans le temps car le temps ne les enveloppe pas et ne mesure point leur existence, la preuve en est que le temps n'a sur eux aucun effet, parce qu'ils ne sont pas dans le temps. »

ARISTOTE, *Physique*, IV, 12, IVe siècle av. J.-C., trad. H. Carteron, 1926.

? Le temps est-il synonyme de destruction ?

Frans HALS, *Vanité*, 1550, National Gallery, Londres.

Thomas HOBBES
1588-1679

TEXTE 2

Passé, présent, futur, est-ce une même expérience ?

Dans la vie quotidienne, nous ne cessons d'anticiper le futur. Nous préparons notre valise pour le voyage que nous ferons demain. Mais si le futur est ce qui n'existe pas encore, comment pouvons-nous nous en faire une idée ? Ne sommes-nous pas condamnés à nous représenter le futur comme une répétition du passé et, du même coup, à l'amputer de toute nouveauté ? Parce que, par le passé, nous avons observé que le ciel gris était suivi de pluie, par précaution nous fermons la fenêtre. Mais le passé lui-même, dont nous nous servons pour imaginer l'avenir, nous n'en avons pas non plus l'expérience immédiate. Seul le présent nous est donné.
La connaissance que nous avons du passé et du futur est-elle autre chose qu'un produit de notre imagination ?

7. Nul homme ne peut avoir dans l'esprit la conception de l'avenir, l'avenir étant ce qui n'existe point encore ; c'est de nos conceptions du passé que nous formons le futur, ou plutôt nous donnons au passé relativement le nom de futur. Ainsi quand un homme a été accoutumé à voir les mêmes causes suivies des mêmes effets, lorsqu'il voit arriver les mêmes choses qu'il a vues auparavant, il s'attend aux mêmes conséquences. Par exemple, un homme qui a vu souvent des offenses suivies de châtiment, lorsqu'il voit commettre une offense actuellement il s'imagine qu'elle sera punie. Ainsi les hommes appellent *futur* ce qui est conséquent à ce qui est présent. Voilà comme le souvenir devient une prévoyance des choses à venir, c'est-à-dire nous donne l'attente ou la présomption de ce qui doit arriver.

8. De la même manière, si un homme voit actuellement ce qu'il a vu précédemment, il pense que ce qui a précédé ce qu'il a vu auparavant a aussi précédé ce qu'il voit présentement. Par exemple, celui qui a vu qu'il restait des cendres après le feu, lorsqu'il revoit des cendres en conclut qu'il y a eu du feu. C'est là ce qu'on nomme *conjecture* du passé, ou *présomption* d'un fait.

9. Lorsqu'un homme a observé assez souvent que les mêmes causes antécédentes sont suivies des mêmes conséquences, pour que toutes les fois qu'il voit l'antécédent il s'attende à voir la conséquence, ou que lorsqu'il voit la conséquence il compte qu'il y a eu le même antécédent, alors il dit que l'antécédent et le conséquent sont des signes l'un de l'autre ; c'est ainsi qu'il dit que les nuages sont des signes de la pluie qui doit venir, et que la pluie est un signe des nuages passés.

Thomas HOBBES, *De la nature humaine*, 4, § 7-9, 1640,
trad. P. d'Holbach, 1772.

1. Le présent est-il séparé du passé et du futur ?
2. Qu'est-ce qui relie passé, présent et futur ?

→ VERS LE BAC

En quoi notre conception du temps dépend-elle de l'habitude ? Rédiger un paragraphe illustré d'exemples.

Ce que disent les mots

Découper le temps

On est frappé par les multiples sens du mot ***temps*** en français, qui sont souvent par plusieurs mots dans d'autres langues : le temps qu'il fait (en anglais ***weather*** ; en allemand ***Wetter***), le temps qui passe (angl. ***time*** ; all. ***Zeit***), le temps des verbes (angl. ***tense*** ; all. ***Tempus***). C'est que *temps* vient du latin ***tempus*** qui couvre déjà la météorologie (***tempestas***, d'où « température » et « tempête »), la chronologie et la grammaire. On l'a parfois rapproché du grec ***temnô***, « couper », qui ouvre sur des réalités aussi différentes que le temple, un espace sacré que l'on découpe, et la tempe, cette suture osseuse qui fragilise le crâne. La grande question posée par le temps est en effet de savoir comment le découper, le mesurer, c'est-à-dire le maîtriser : des Grecs à Heidegger, *via* Hegel et Nietzsche, il y va de toute l'histoire de la philosophie.

La plus immédiate découpe du temps est liée à la grammaire et s'inscrit dans la langue en présent, passé, futur. Il y a, selon les langues justement, plusieurs manières de désigner ces trois temps. En allemand, on fait la différence entre un passé révolu, ***vergangen***, et un passé qui n'a pas cessé d'être, ***gewesen***. Il existe aussi deux façons de désigner le présent : d'une part, ***Gegenwart***, ce qui est « en face » de nous ou face au passé à quoi il s'oppose et résiste ; d'autre part, ***Anwesenheit***, le présent dans sa présence déployée, ce qui est vraiment là (« l'être-là » pour reprendre une terminologie utilisée par Heidegger). En français, la différence se fait entre le ***futur***, littéralement « ce qui sera », et l'***avenir***, ouvert sur toute la richesse des possibles « à venir ».

Le grec rend sensible deux grandes manières de comprendre le temps : le temps dévorant, ***khronos***, et la durée, ***aiôn***. ***Khronos*** est symbolisé par le dieu *Kronos* (Saturne pour les Romains), qui dévore les uns après les autres ses enfants à leur naissance, à l'image du flux du temps qui engloutit l'instant présent pour en faire sans cesse un passé. (voir tableau ci-contre) *Aiôn* (en latin ***ævum***, le temps de la vie, l'âge) est en revanche sans réel équivalent moderne : il désigne, chez Homère notamment, le fluide vital (le sang, le sperme, la moelle, la sueur, les larmes, la durée d'une vie, le destin d'un homme, l'intensité d'une part de temps). Platon choisit de le rapporter à la vie divine, et ***aiôn*** désigne alors l'éternité. Si l'***aiôn*** résiste à la mesure, le temps ***khronos*** est, quant à lui, réductible à l'espace, donc mathématisable. C'est le temps cosmique, lié au mouvement des astres ; Aristote, en physicien, le définit comme le « nombre du mouvement » et en fait une succession d'« instants ».

Le temps mesurable, ***khronos***, n'est pas seulement confronté à la durée sempiternelle de l'***aiôn***. Il est aussi susceptible d'être « troué » de l'intérieur par l'irruption d'un autre type de temporalité, non spatialisable et non maîtrisable : celle du ***kairos***, rendu par « occasion », « moment opportun ». (voir Arrêt sur image, p. 457) En grec, on l'assimile au ***kairos*** qui désigne le trou, l'espacement entre les fils de chaîne par où passe la navette qui entraîne le fil de trame sur le métier à tisser.

Francisco de GOYA, *Saturne dévorant un de ses fils*, 1819-1823, musée du Prado, Madrid.

Vladimir JANKÉLÉVITCH
1903-1985

TEXTE 3

Quelle est la présence du passé ?

Qu'est-ce que le passé ? Est-ce ce qui n'est plus ou ce qui a été ? Le regret est l'expérience du temps passé qui est perdu à jamais, alors que le remords est celle d'un passé qui ne passe pas, mais qui persiste. Le passé semble ainsi avoir deux faces opposées : l'une par laquelle il penche du côté du néant du « jamais plus », l'autre par laquelle il pèse en tant qu'irréparable. Le regret est la tristesse que ce qui a été ne soit plus, le remords est la douleur que ce qui a été ait été. Le passé nous fait souffrir à la façon tantôt d'un disparu, tantôt d'un revenant. Comment le passé, qui est absence et perte, peut-il être aussi présent ?

On regrette un plaisir disparu, mais on se repent d'un plaisir suspect… Au regret de l'échec, opposons donc maintenant le remords du succès. Le regret voudrait prolonger ; mais le remords voudrait anéantir ; celui-là déplore un passé absent, celui-ci, au contraire, un passé qui n'est que trop présent. L'homme est parfois déchiré entre le regret du plaisir dédaigné et le remords de la faute commise, sans que l'un le console de l'autre : car l'occasion perdue et le péché accompli n'admettent d'autre commune mesure que la temporalité. Un seul mot sert, il est vrai, à désigner ces deux attitudes inverses de la conscience par rapport à un passé qui tantôt l'attire et tantôt le repousse ; on dit : regretter sa jeunesse ; et l'on dit : regretter une mauvaise action ; mais c'est un jeu de mots, car dans le premier cas, il s'agit d'un passé infiniment cher, et que nous voudrions éterniser, alors que dans le second, nous nous détournons avec horreur d'un passé abominable et qui devrait n'avoir jamais existé. L'homme du remords fuit en se bouchant les oreilles : il voudrait, dans le remords, nihiliser son acte, comme le honteux voudrait, dans la honte, nihiliser son être. Le malheur du regret est simplement dans l'impossibilité du retour au passé : le temps seul est coupable, mais non pas moi. Le tragique du remords réside en ceci que j'ai de mes propres mains fabriqué l'impossibilité. Le regret, dans sa nostalgie, crée une image illusoire de ce passé qu'il ne revivra plus. Le remords, au contraire, est une présence, une présence obsédante et qui nous harcèle sans pitié ; loin de s'attarder complaisamment dans l'évocation de son passé, la mauvaise conscience fait tout ce qu'elle peut pour s'en débarrasser, car elle ne supporte plus ce revenant.

Vladimir JANKÉLÉVITCH, *La Mauvaise Conscience*, II, § 2, 1933.

▶ LA CONSCIENCE
▶ LE DEVOIR

❶ Qu'est-ce que la mauvaise conscience ?

❷ À quoi « le poids du passé » tient-il ?

→ VERS LE BAC

À l'aide d'exemples précis, analyser la notion d'irréparable et la distinguer de celle d'irréversibilité.

AUX FRONTIÈRES DE LA PHILOSOPHIE

L'histoire est la connaissance du passé. Seulement, le passé, par définition, ne nous est jamais connu dans son intégralité. En conséquence, l'histoire est un savoir nécessairement partiel. C'est ce que rappelle Paul Veyne dans *Comment on écrit l'histoire*.

« Plus exactement, on visite, de cette cité, ce qui est encore visible, les traces qui en subsistent ; l'histoire est connaissance mutilée. Un historien ne dit pas ce qu'a été l'Empire romain ou la Résistance française en 1944, mais ce qu'il est encore possible d'en savoir. Il va assurément de soi qu'on ne peut pas écrire l'histoire d'événements dont il ne reste aucune trace, mais il est curieux que cela aille de soi : ne prétend-on pas cependant que l'histoire est ou doit être reconstitution intégrale du passé ? N'intitule-t-on pas des livres “Histoire de Rome” ou “La Résistance en France” ? L'illusion de reconstitution intégrale vient de ce que les documents, qui nous fournissent les réponses, nous dictent aussi les questions ; par là, non seulement ils nous laissent ignorer beaucoup de choses, mais encore ils nous laissent ignorer que nous les ignorons. »

Paul VEYNE, *Comment on écrit l'histoire*, 1971.

▶ **LA SCIENCE**

? L'histoire est-elle une science ?

Tommaso di GIOVANNI CASSAI dit MASACCIO, *Adam et Ève chassés du Paradis*, 1428, église Santa Maria del Carmine, Florence.

Sur cette fresque, Masaccio (1401-1428) représente l'épisode de la Bible (Genèse, 2) où Adam et Ève, après avoir commis le péché originel, sont chassés hors du paradis terrestre. Désormais, l'homme devra travailler pour assurer sa survie et la femme enfantera dans la douleur. Le peintre matérialise le remords dans l'ombre d'Adam et Ève qui les enchaîne désormais à ce qu'ils ont fait et qui ne peut pas ne pas avoir été fait. Le passé hante leur présent et pèse sur leur avenir.

? Le pardon consiste-t-il à « effacer » le passé ou à le dépasser, en le reconnaissant ?

Emmanuel KANT
1724-1804

TEXTE 4 COMMENTÉ

D'où tirons-nous notre sens du temps ?

On imagine spontanément que c'est à force d'observer que les jours se suivent que nous sommes parvenus à nous former progressivement notre idée du temps. La succession temporelle semble un fait que nous constatons dans les phénomènes : le beau temps succède à la pluie.
Comment, cependant, soutenir que la succession des phénomènes nous ait donné l'idée de succession, sans voir que cette explication de l'origine de l'idée de temps se mord la queue ? S'il faut que des faits se succèdent pour que nous vienne l'idée de succession, ne faut-il pas d'abord que nous ayons le sens de la succession pour que des faits puissent se succéder ? Notre sens du temps peut-il nous venir de l'expérience ?

1) Le temps n'est pas un concept empirique qui dérive d'une expérience quelconque. En effet, la simultanéité ou succession ne tomberait pas elle-même sous la perception, si la représentation du temps ne lui servait *a priori* de fondement. Ce n'est que sous cette supposition que l'on peut se représenter qu'une chose existe en même temps qu'une autre (simultanément) ou dans des temps différents (successivement)[1].

2) Le temps est une représentation nécessaire qui sert de fondement à toutes les intuitions. On ne saurait exclure le temps lui-même par rapport aux phénomènes en général, quoiqu'on puisse fort bien enlever les phénomènes du temps. Le temps est donc donné *a priori*. En lui seul est possible toute réalité des phénomènes. Ceux-ci peuvent bien disparaître tous ensemble, mais le temps lui-même (comme condition générale de leur possibilité) ne peut être supprimé.

Emmanuel KANT, « Esthétique transcendantale », *Critique de la raison pure*, 1781, trad. B. Pacaud et A. Tremesaygues, 1905.

1 Sur la relation de dépendance de la succession et de la simultanéité à un sens plus originel du temps, à savoir la permanence, voir texte 15 de ce chapitre.

L'EXPÉRIENCE ET LE TEMPS

Imaginer, comme Aristote (voir texte 1 de ce chapitre), que le temps est une idée qui nous est fournie par les données de l'expérience, c'est en proposer une explication circulaire. Si le sujet n'était pas équipé par lui-même du sens du temps, non seulement jamais la succession ne lui serait sensible, mais il ne pourrait jamais en construire l'idée en associant successivement diverses impressions, cette diversité supposant la succession et cette association étant elle-même une opération successive. Ce n'est que successivement que je peux associer d'abord la vue du jour et ensuite la vue de la nuit. Il faut donc bien que j'aie déjà en moi le sens du temps pour pouvoir percevoir que les phénomènes se succèdent. L'association des perceptions ne produit pas la succession mais la présuppose. Le sens du temps ne dérive pas de l'expérience de la succession. Le temps est la condition de possibilité de la succession. Autrement dit, le temps n'est pas une idée que nous acquérons *a posteriori*, après l'avoir puisée dans l'expérience, mais que nous possédons en nous-mêmes *a priori*. Le temps est bien plutôt la condition de possibilité de tout phénomène temporel. Par exemple, nous apprenons *a posteriori* que l'éclair dans un ciel d'orage est suivi du bruit du tonnerre, mais la relation temporelle de succession, elle-même, est en nous *a priori*. Sans le temps comme forme *a priori* de notre sensibilité, nous ne pourrions avoir aucune expérience d'aucun phénomène temporel. Pour pouvoir faire l'expérience que ceci arrive « après » cela, il faut déjà avoir le sens de la succession.

LA FORME DU TEMPS

Qu'est-ce donc que le temps ? Le temps est inhérent à la constitution subjective de notre faculté de sentir. Il est relatif au sujet sentant. Le temps est cette forme originaire qui ne peut être trouvée qu'en nous et aucunement « hors de nous », ainsi que le dit Kant dans l'« Esthétique transcendantale ». Le temps n'a de sens « qu'au point de vue de l'homme ». Il n'y a pas de temps des choses. En dehors du sujet, le temps n'est rien. Si je ne peux m'empêcher de me représenter que les arbres continueraient de pousser si les hommes avaient tous disparu de la surface de la terre, c'est que cette représentation des choses sans l'homme est encore la mienne, c'est-à-dire celle d'un homme et qu'à ce titre, elle est par nature temporelle. L'on objectera alors qu'au temps des dinosaures, l'homme n'existait pas encore et qu'il y avait déjà du temps. Mais le cas est le même : comme ce temps des dinosaures n'est que la représentation que nous nous en faisons, il est inévitable nous y retrouvions le temps, qui est en nous. Ce temps d'avant l'homme reste la représentation *humaine* du temps sans l'homme. Prétendre aller au-delà, c'est prendre la forme subjective de nos représentations pour une propriété de la réalité. Kant parle en ce sens de « l'idéalité » du temps pour signifier que ce n'est rien de réel.

1 L'expérience d'une succession de sensations ne suppose-t-elle pas le sens de la succession ?

2 Quelle est la différence entre la succession et la simultanéité ?

MATIÈRE À PENSER

Le compte à rebours

Alfred Hitchcock a l'habitude de signer ses films en faisant une apparition discrète dans une scène généralement clé. Dans cette scène extraite des *Enchaînés* (*Notorious*), on le voit, à gauche, prendre une coupe de champagne.

Dans cette séquence, un agent de la CIA (joué par Cary Grant) profite d'un bal pour inspecter la cave d'une maison où vivent des nazis. Or, la réserve de champagne se trouve dans cette cave. À mesure que les coupes se vident, le risque grandit que le maître de maison descende à la cave et surprenne l'agent secret.
En filmant les plateaux de coupes de champagne que les serveurs portent à travers les salles de la maison et que les invités vident progressivement, Hitchcock traite cinématographiquement le thème du compte. à rebours. Chaque plateau est métamorphosé en sablier, à cette différence que l'on peut, sinon recharger ces plateaux, du moins ralentir le rythme auquel ils « passent » : la complice de l'agent secret (incarnée par Ingrid Bergman) décline l'offre d'un serveur et gagne ainsi un peu de temps en ne prenant pas de coupe de champagne. Par ce geste, elle retarde un peu l'imminence du danger.

Alfred Hitchcock dans *Les Enchaînés*, réalisé par **Alfred HITCHCOCK**, 1946.

? Le cinéma est-il l'art du temps ? (voir L'ART, texte 12, p. 38)

KANT DIT AUSSI

« Que signifie le mot *après*, je l'ignore, si je n'ai pas d'abord le concept de temps. »

Emmanuel KANT, *Dissertation de 1770*, 1770, trad. P. Mouy, 1967.

? En quoi l'expérience de tout changement suppose-t-elle déjà en nous le sens du changement ?

Du temps à l'être

Le temps est une dent impitoyable qui ronge tout ce qu'il touche. Rien de ce qui est temporel n'est. (texte 5, Nāgārjuna) Si le temps rend tout instant éphémère, ne faut-il pas, dès lors, apprendre à en apprécier la saveur irremplaçable ? (texte 6, Nietzsche) Pourtant, le cycle des saisons ne manifeste-t-il pas un tout autre temps, qui ne passe pas mais revient de façon immuable ? (texte 7, Gusdorf) Ce temps n'est-il pas une sorte d'image mobile de l'éternité ? Peut-on, à partir de notre condition temporelle, espérer accéder à l'éternité ? (texte 8, Avicenne) L'évidence de la mort ne vient-elle pas ruiner cet espoir ? (texte 9, Platon) Le désir de s'affranchir du temps ne repose-t-il pas sur une idée abstraite de sa réalité ? En effet, être dans le temps, n'est-ce pas, plutôt qu'aller à sa perte, se réaliser ? (texte 10, Hegel)

NĀGĀRJUNA
v. 150-v. 250

TEXTE 5

Le temps réduit-il la vie en poussières ?

La dent du temps n'épargne aucune chose. Tout est soumis à un devenir permanent, où se succèdent la vie et la mort. Rien n'a d'essence immuable ni d'existence substantielle. **(voir LA TECHNIQUE, texte 12, Repères, p. 451)** L'expérience du temps, le bonheur de respirer, lié au souffle vital, existe, et donne d'ailleurs lieu à la pratique du yoga. Mais pour autant, le temps lui-même n'existe pas.

55
La vie, assujettie à tant de maux, dure moins
Qu'une bulle d'eau emportée par le vent.
Quelle merveille, alors, d'inspirer puis d'expirer,
De s'assoupir puis de s'éveiller dispos !

56
Calciné, desséché ou décomposé, ce corps finira en immondice ;
Sache-le, il n'a pas d'essence propre.
Consumé, pulvérisé ou putréfié,
Sa nature est de se désintégrer.

NĀGĀRJUNA, *Lettre à un ami*, IIe siècle, trad. K. Rinpoché, 2007.

▶ LA CONSCIENCE

❶ Qu'est-ce qui est éphémère ?

❷ Qu'est-ce qu'une éphéméride ?

NĀGĀRJUNA DIT AUSSI

« Un temps mobile ne se laisse pas saisir. Quant à un temps immobile susceptible d'être saisi, on n'en trouve aucune trace. Comment, alors, parler d'un temps qui n'est pas saisi ?
Si le cours des choses (le temps) existe en présupposant les choses, comment pourra-t-il exister sans elles ? Or, il n'existe en soi aucune chose. Comment donc le temps pourra-t-il exister ? »

NĀGĀRJUNA, *Stances du milieu par excellence*, IIe siècle, trad. G. Bugault, 2002.

? Si le temps est ce qui défait tout ce qu'il fait, peut-il lui-même ne pas se défaire ?

Friedrich NIETZSCHE
1844-1900

TEXTE 6

Sommes-nous condamnés à subir la fuite du temps ?

Tout passe, tout lasse... Les instants se succèdent, basculant les uns après les autres dans le néant du passé. Le temps ne réduit-il pas ainsi notre vie entière à une suite d'instants sans consistance emportés par la loi implacable du sablier ? De ce fait, nous laissons passer les instants sans nous y attacher. Nietzsche renverse cette perspective pour poser le problème oublié de la valeur inappréciable de chaque instant, en imaginant que chacun doit revenir éternellement, comme si le sablier du temps devait se retourner infiniment. Si le temps signe le règne de l'éphémère, ne devrait-il pas nous rendre sensibles, du même coup, à ce que chaque instant a d'irremplaçable ? La philosophie est-elle l'art de se rendre présent à l'instant présent ?

Le poids le plus lourd. – Que dirais-tu si un jour, si une nuit, un démon se glissait jusque dans ta solitude la plus reculée et te dise : « Cette vie telle que tu la vis maintenant et que tu l'as vécue, tu devras la vivre encore une fois et d'innombrables fois ; et il n'y aura rien de nouveau en elle, si ce n'est que chaque douleur et chaque plaisir, chaque pensée et chaque gémissement et tout ce qu'il y a d'indiciblement petit et grand dans ta vie devront revenir pour toi, et le tout dans le même ordre et la même succession – cette araignée-là également, et ce clair de lune entre les arbres, et cet instant-ci et moi-même. L'éternel sablier de l'existence ne cesse d'être renversé à nouveau – et toi avec lui, ô grain de poussière de la poussière ! » – Ne te jetterais-tu pas sur le sol, grinçant des dents et maudissant le démon qui te parlerait de la sorte ? Ou bien te serait-il arrivé de vivre un instant formidable où tu aurais pu lui répondre : « Tu es un dieu, et jamais je n'entendis choses plus divines ! » Si cette pensée s'emparait de toi, elle te métamorphoserait, faisant de toi tel que tu es, un autre être, et peut-être t'écraserait. La question posée à propos de tout et de chaque chose : « Voudrais-tu de ceci encore une fois et d'innombrables fois ? » pèserait comme le poids le plus lourd sur ton action ! Ou combien ne te faudrait-il pas témoigner de bienveillance envers toi-même et la vie pour *ne désirer plus rien* que cette dernière éternelle confirmation, cette dernière éternelle sanction ?

Friedrich NIETZSCHE, *Le Gai Savoir*, III, § 341, 1882, trad. P. Klossowski, 1939.

▶ LE BONHEUR
▶ LA CONSCIENCE

1. Tous les instants se valent-ils ?
2. Y a-t-il des instants d'éternité ?

Camille CLAUDEL, *L'âge mur*, 1898, collection particulière.

Georges GUSDORF
1912-2000

TEXTE 7

Y a-t-il des choses qui se répètent ?

« En ce temps-là... » : ainsi parlent les mythes et les religions. Ce « temps-là » désigne une origine qui revient périodiquement : par exemple, Noël célèbre chaque année la naissance de Jésus-Christ, qui marque le début de l'ère chrétienne. La nature n'a pas un passé révolu et mort une fois pour toutes, mais une origine qui repasse selon un temps cyclique infini et immuable. Le temps n'est pas ici conçu comme une ligne mais comme un cercle clos sur lui-même. Les fêtes qui ponctuent le calendrier célèbrent la répétition d'une première fois originelle, c'est-à-dire le retour du passé. Ainsi, les rites attachés à la lune se retrouvent dans de nombreuses mythologies car la lune croît, décroît et disparaît, laissant le ciel sans lune avant que la lune nouvelle renaisse. Le temps mythique est un temps délivré de la destruction et de la mort. Ce n'est pas un temps qui détruit et qui innove, mais un temps qui conserve et qui répète. Qu'est-ce qu'une origine ?

Au lieu de simplement enregistrer les informations extérieures, il semble que tout l'effort de la connaissance ait pour but de nier les apparences. Celles-ci enseignent surtout la fuite de l'être et du temps, le vieillissement de toutes choses. Or le temps mythique n'est pas un temps de dépérissement. Il conserve, au contraire, et il répète. Le propre du Grand Temps, dans lequel le temps humain se réinsère en fin de compte, est de sauvegarder la plénitude ontologique, en dépit des démentis de l'expérience.

Chaque année de la chronologie comporte son millésime propre, qui l'affecte d'un coefficient unique dans l'histoire. Au contraire, le temps mythique ramène sans cesse les mêmes événements, les mêmes fêtes scandant des saisons identiques. Les temps sacrés de l'année chrétienne stylisent l'existence du fidèle selon un ordre immuable : temps de l'Avent, temps de Noël, temps de la Passion, temps de la Pentecôte... L'histoire humaine, avec son imprévu et ses périls, se trouve ici réduite, ou plutôt sublimée, en fonction d'une histoire transcendante, dont le calendrier reproduit les articulations.

Tout calendrier a donc la valeur d'une liturgie, indépendamment du contexte mythico-culturel dans lequel il s'inscrit. Mort et résurrection des dieux, fondation des villes, légendes et traditions situent chaque jour de l'année en fonction des exigences mythiques, et l'orientent par rapport au Grand Temps. À la limite, le temps mythique paraît ainsi jouer le rôle d'un gigantesque principe d'identité appliqué à la réduction du divers de l'existence humaine. Dans une culture supérieure, l'indienne ou la chrétienne par exemple, le jeu des réductions analogiques peut aller encore plus loin. Le temps de Pâques de l'année chrétienne commémore le sacrifice du Christ et sa résurrection. Mais le Dimanche a, dans la semaine, la même fonction de commémoration.

Georges GUSDORF, *Mythe et Métaphysique, introduction à la philosophie*, 1953.

▶ LA NATURE
▶ LA RELIGION

1. Qu'est-ce qu'une première fois ?
2. Le temps des horloges est-il différent du temps des calendriers ?

AVICENNE
980-1037

TEXTE 8

D'où tenons-nous notre idée de l'éternité ?

Alors que tout ce qui existe semble emporté par le temps, nous avons une idée de l'éternité. C'est même au regard de cette idée de ce qui est impérissable que nous mesurons la différence entre ce qui est et ce qui est éphémère. Dans ce texte, Avicenne distingue l'âme du corps, par quoi nous avons le sens de l'éphémère. Cette différence de nature fait que l'âme, elle, est ouverte aux « réalités divines » par l' « Intelligence agente » dont elle reçoit la lumière. L'intelligence humaine est une capacité qui demande à être activée par une intelligence active. La condition terrestre de l'homme le rend toutefois solidaire des vicissitudes du corps, dont il doit progressivement se détacher. Le paradoxe est donc que l'âme doit retrouver le sens de l'être éternel en partant de l'expérience du temporel. Le temps donne-t-il accès à l'être ?

Lorsqu'à l'âme humaine vient une accointance avec les intelligibles séparés de la matière, lorsque disparaît le besoin de percevoir par les sens, lorsque l'âme se sépare du corps ; sa conjonction avec le rayonnement devient complète, puisque ce qui la retenait prisonnière ici c'était, pour finir, le corps, quoiqu'il ait apporté son concours au commencement. Il en va comme du cavalier qui a monté un cheval pour atteindre quelque endroit et s'y établir. S'il ne peut se séparer du cheval, s'il a trop d'affection pour lui et s'il s'attache à lui, à la fin ce sera le cheval qui le retiendra d'atteindre le but, tout comme au début c'est lui qui le faisait progresser vers ce but. Puisque la cause du perfectionnement de l'âme est l'Intelligence agente[1], que l'Intelligence agente est impérissable, et que son rayonnement se lève constamment, puisque l'âme l'accueille par elle-même et non grâce à un organe quelconque, puisque l'âme est impérissable, – le lien de l'âme avec l'Intelligence agente et son perfectionnement grâce à elle sont perpétuels et l'âme ne subit rien qui l'entrave, aucun désordre, aucun désastre.

AVICENNE, *Le Livre de Science*, v. 1027,
dans *Philosophies d'ailleurs*, trad. C. Jambet, 2009.

1 L'âme humaine ne devient elle-même active que sous l'action de l'intelligence divine de qui elle reçoit « l'illumination » (*ishrâq*).

▶ LA RELIGION
▶ LA VÉRITÉ

1 Pourquoi faut-il échapper au temps ?

2 Aurions-nous le sens de l'éphémère si nous n'avions aucune idée de l'éternité ?

Louis JANMOT,
Le Poème de l'âme. Le vol de l'âme,
XIXe siècle, musée des Beaux-Arts, Lyon.

PLATON
428 av. J.-C. - 348 av. J.-C.

TEXTE 9 COMMENTÉ

Le mort livre-t-il la vérité sur la mort ?

Dans le *Phédon*, Platon raconte la dernière journée de Socrate avant qu'il boive la ciguë et meurt, comme l'ordonne sa condamnation. Criton, l'un des amis de Socrate qui l'entourent dans ses derniers moments, s'inquiète de savoir quelles funérailles les amis de Socrate devront lui faire. Doit-on le brûler ou l'enterrer ? Dans le discours philosophique de Socrate sur l'immortalité de l'âme, Criton n'entend qu'une fable consolatrice devant l'effroi de la mort. La question des soins qu'il faut réserver au cadavre de Socrate est, pour Platon, un faux problème puisque Socrate ne meurt pas. Poser la question de savoir s'il faudra le brûler plutôt que l'enterrer, c'est rester prisonnier de l'illusion que Socrate est une chose qui a l'existence physique d'un corps. Le vrai problème est celui du discours qu'il faut tenir sur la mort.
Qu'en est-il, en vérité, de la mort ?

CRITON : [...] Mais encore, de quelle façon faut-il que nous t'ensevelissions ?

SOCRATE : « Comme il vous plaira ! dit-il ; à condition, il est vrai, que vous vous saisissiez de moi et que je ne fuie pas de vos mains ! » Tout en disant cela, il se mit à rire doucement, et, tournant de notre côté son regard : « Amis ! dit-il, je ne réussis pas à convaincre Criton que moi, je suis ce Socrate qui, en ce moment, converse avec vous et qui met en ordre chacun de ses propos ; il croit au contraire que moi, c'est cet autre Socrate qu'un peu plus tard il verra mort, et il demande, voyez-vous, comment il faudra qu'il m'ensevelisse ! Quant à ce qui, depuis longtemps, a été l'abondante matière de mon discours : que, après que j'aurai bu le poison, je ne demeurerai plus auprès de vous, mais que je partirai, m'en allant vers des félicités qui sont certainement celles des Bienheureux, tout cela, je pense, est pour lui paroles en l'air, destinées en même temps à vous réconforter, et, en même temps, à me réconforter moi aussi. Donnez-moi donc envers Criton, poursuivit-il, une garantie inverse de celle dont il fut pour moi le garant envers mes juges : par serment, il garantissait en effet que je resterais ; à vous de garantir par serment que je ne resterai pas, mais qu'au contraire je partirai, je m'en irai, ce qui permettra à Criton de mieux supporter la chose, ce qui l'empêchera en voyant brûler ou enterrer mon corps, de s'irriter pour moi, à la pensée de tout ce que j'endure d'effroyable, et de dire, au cours de la sépulture, que c'est Socrate qu'il expose, Socrate qu'il transporte, Socrate qu'il enterre ! Sache-le bien en effet, excellent Criton : une expression vicieuse ne détonne pas uniquement par rapport à cela même qu'elle exprime, mais cause encore du mal dans les âmes. Eh bien non ! il faut garder ton sang-froid, il faut dire que ce que tu ensevelis, c'est mon corps, et l'ensevelir de la façon que cela te plaira et que tu estimeras la plus conforme aux usages.

PLATON, *Phédon*, 115c-116a, IVe siècle av. J.-C.,
trad. L. Robin, 1940.

PHILOSOPHIE ET CONSOLATION

Aux oreilles de l'opinion commune qu'incarne Criton, la philosophie est un discours creux. Criton entend le discours philosophique de Socrate comme une fable dont la fonction n'est pas de dire la vérité mais de rassurer en la cachant. La réalité intemporelle de l'âme est perçue par lui comme un conte pour enfants qui aide à s'endormir. La question de la consolation présuppose que la personne meurt. Ainsi, parler des funérailles de Socrate, ce n'est pas prendre soin de son corps, mais faire du mal aux l'âme qui entendent ce discours nocif, en donnant de la consistance à ce qui n'en a pas et en produisant l'illusion d'une solidarité entre l'âme de Socrate et son cadavre. Se soucier des soins à réserver au cadavre incite à imaginer que le destin de l'âme est solidaire de celui du corps. L'urgence n'est pas de prendre soin du corps du mort, mais de prendre soin du langage que l'on tient au sujet de la mort. Le discours métaphysique sur l'immortalité de l'âme ne développe pas une mythologie anxiolytique mais dit la vérité sur l'irréalité de la mort et l'être de l'âme. Parler de l'âme comme l'être de Socrate qui est étranger au devenir, c'est tenir sur elle le discours de la vérité.

RELIGION ET PHILOSOPHIE

Ces trois verbes (« exposer », « transporter », « enterrer ») correspondent très précisément au rite funéraire en vigueur à Athènes à l'époque de Socrate. **(voir Matière à penser ci-dessous)**

L'ILLUSION DE LA MORT

La mort n'est pas un attribut de l'âme mais un accident du corps. C'est le corps de Socrate qui restera en prison. En garantissant aux juges que Socrate restera bien en prison, Criton confond Socrate et son corps, et ne comprend pas que seul le corps restera en prison mais que l'âme de Socrate, elle, se sera bel et bien évadée « vers les félicités des Bienheureux ». Lorsque les amis de Socrate porteront le corps de Socrate pour aller « le brûler ou l'enterrer », celui-ci se sera évadé de cette prison provisoire que fut son corps.

1 La mort est-elle une illusion ?

2 Le corps [*sôma*] est-il un tombeau [*sêma*], comme le dit Socrate en jouant sur la proximité phonétique des deux mots grecs ?

MATIÈRE À PENSER

Indifférence philosophique aux croyances religieuses

Socrate se réfère directement au rite funéraire religieux grec en vigueur à Athènes lorsqu'il interdit de « dire, au cours de la sépulture, que c'est Socrate qu'il expose, Socrate qu'il transporte, Socrate qu'il enterre ! » Robert Flacelière rappelle en effet que l'on devait d'abord « exposer » le corps, puis « l'emporter » hors de la ville, avant de « l'enterrer ». À l'heure de sa mort, Socrate se montre donc indifférent aux croyances de la cité. La philosophie libère des croyances religieuses qui mêlent ce qu'il faut séparer : la matière temporelle et l'âme immortelle.

« Le cadavre est ainsi exposé (*prothésis*) sur un lit d'apparat, pendant un jour ou deux, dans le vestibule de sa maison, les pieds tournés vers la porte.
La scène est représentée sur nombre de vases peints, notamment sur ces lécythes à fond blanc que l'on plaçait sous le lit funéraire. La tête du mort, couronnée de fleurs, repose sur un coussin ; autour de lui, des femmes [...].
Le convoi funèbre (*ecphora*) avait lieu normalement dès le lendemain de l'exposition du corps. La loi de Solon prescrivait : "Le mort sera exposé à l'intérieur de la maison, comme le voudra la famille. Il sera enlevé le lendemain, avant le lever du soleil." À Athènes, les enterrements se font donc en pleine nuit, pour une raison religieuse : on craignait de souiller par la mort les rayons mêmes du soleil. [...]
Au cimetière, toujours situé en dehors des murs de la ville, le corps est soit inhumé, soit brûlé sur un bûcher ; dans ce dernier cas, les cendres et les ossements sont recueillis dans un linge et placés dans une urne. »

Robert FLACELIÈRE, *La Vie quotidienne en Grèce au siècle de Périclès*, 1959.

▶ LE BONHEUR
▶ LA RELIGION

(?) En quoi les rites funéraires autour du corps sont-ils paradoxaux, voire contradictoires ?

Georg Wilhelm Friedrich HEGEL
1770-1831

TEXTE 10 COMMENTÉ

Le temps entraîne-t-il la ruine de l'être ?

La représentation du temps comme le règne d'une destruction inexorable omet que le temps est l'élément dans lequel les choses se développent jusqu'à atteindre leur pleine maturité. Le fruit n'est pas la destruction de la fleur mais sa réalisation. Être, n'est-ce pas actualiser progressivement ce que l'on est ? Le devenir temporel s'oppose-t-il à l'être ?

D'autant plus rigidement la manière commune de penser conçoit l'opposition mutuelle du vrai et du faux, d'autant plus elle a coutume d'attendre dans une prise de position à l'égard d'un système philosophique donné, ou une concordance, ou une contradiction, et dans une telle prise de position elle sait seulement voir l'une ou l'autre. Elle ne conçoit pas la diversité des systèmes philosophiques comme le développement progressif de la vérité ; elle voit plutôt seulement la contradiction dans cette diversité. Le bouton disparaît dans l'éclosion de la fleur, et on pourrait dire que le bouton est réfuté par la fleur. De même par le fruit la fleur est dénoncée comme un faux être-là de la plante ; et le fruit prend la place de la fleur comme sa vérité. Ces formes ne sont pas seulement différentes, mais encore elles se refoulent comme mutuellement incompatibles. Mais leur nature fluide en fait en même temps des moments de l'unité organique dans laquelle elles ne s'opposent pas seulement, mais dans laquelle l'une est aussi nécessaire que l'autre et cette égale nécessité constitue seule la vie du Tout. Au contraire, la contradiction à l'égard d'un système philosophique n'a pas elle-même coutume de se concevoir de cette façon et, d'autre part, la conscience appréhendant cette contradiction ne sait pas la libérer ou la maintenir libre de son caractère unilatéral ; ainsi dans ce qui apparaît sous forme d'une lutte contre soi-même, elle ne sait pas reconnaître des moments réciproquement nécessaires.

Georg Wilhelm Friedrich HEGEL, *Phénoménologie de l'esprit,* Préface, 1807, trad. J. Hyppolite, 1941.

▶ LA RAISON
▶ LA VÉRITÉ

ÊTRE ET DEVENIR

La pomme est l'actualisation de la fleur, qui était elle-même l'actualisation du bouton. Ainsi, être, pour un fruit, c'est devenir, c'est-à-dire actualiser ce qu'il était en puissance. Il n'y a qu'une façon d'être, c'est de se réaliser dans le temps. Le temps n'est donc pas la négation pure et simple de l'être, mais l'élément de sa réalisation. Hegel applique cette solidarité de l'être et du temps à la philosophie elle-même. Les différentes philosophies ne sont pas autant de systèmes isolés, mais des moments successifs d'un seul et même système. Les philosophies sont la réalisation dans l'histoire de La Philosophie. Ces moments ne viennent pas s'ajouter les uns aux autres du dehors, comme des membres étrangers, mais forment la vie même de La Philosophie. Parménide, qui a posé l'être en dehors du devenir, est le bouton de la philosophie. Héraclite, qui a posé le devenir en dehors de l'être, en est la fleur. Et la philosophie de Hegel n'est pas la philosophie individuelle de Hegel, mais le fruit de La Philosophie réalisée, en laquelle s'actualisent toutes les philosophies précédentes. Ce qui explique que la philosophie ait eu à se développer dans le temps, c'est qu'elle n'est pas d'emblée pleinement ce qu'elle est. Elle ne l'est que virtuellement et partiellement. Chaque philosophie est vraie dans ce qu'elle affirme, mais fausse dans ce qu'elle nie. Ainsi, la philosophie de Kant, qui affirme qu'il n'y a de savoir que par le temps et dans le temps, est vraie. Mais elle est fausse en ce qu'elle nie que ce savoir est un savoir de l'être. Réfuter une philosophie, ce n'est pas l'exclure de l'histoire de La Philosophie mais l'y inclure à titre de moment provisoire et partiel mais essentiel. Le temps n'est pas destruction mais dépassement qui conserve ce qui est dépassé : le bouton est conservé dans le fruit qui le dépasse pour le réaliser. Ce développement, qui est le procès de la vérité elle-même, de sa concrétisation progressive, ne se réduit pas à un déroulement historique et contingent. C'est l'ordre de développement nécessaire du concept qui gouverne le procès dialectique suivant lequel le vrai s'actualise de moment en moment. Il faut concevoir le faux non plus comme ce qui s'oppose au vrai dans une relation d'extériorité réciproque, mais comme un moment du vrai.

SE RECONNAÎTRE SOI-MÊME DANS SES AUTRES

La philosophie consiste dans l'acte par lequel la raison « reconnaît », dans l'histoire « des » philosophies, la réalisation progressive de « La » Philosophie. C'est pourquoi Hegel qualifie la philosophie de « spéculative ». L'acte de la raison n'est pas la division, mais la spéculation au sens que Hegel donne à ce mot : « spéculation » vient du latin *speculum*, qui signifie « miroir ». La Philosophie se reconnaît dans les philosophies passées comme en un miroir. Chaque philosophie n'était qu'un moment encore abstrait de La Philosophie qui ne la réalisait pas complètement ni concrètement. Le concret, c'est ce qui croît (du latin *crescere*) en s'unifiant (*cum-*, « avec, en s'unissant »). Il s'agit plus généralement de ne plus opposer l'être et le temps, mais de reconnaître le temps comme l'être en train de se concrétiser.

1 Quelle différence y a-t-il entre le temporaire et le temporel ?

2 Le faux peut-il être un moment du vrai ?

HEGEL DIT AUSSI

« Du point de vue de la nature interne de la philosophie, il n'y a ni prédécesseurs, ni successeurs. »

Georg Wilhelm Friedrich HEGEL, *La Différence entre les systèmes de Fichte et de Schelling*, 1801, trad. B. Gilson, 1986.

? Y a-t-il une histoire de la vérité ?

REPÈRES en puissance / en acte

Le chêne est **en puissance** dans le gland. De même, la philosophie de Hegel était en puissance dans la philosophie de Kant. La Philosophie commence avec celle de Parménide qui contenait en puissance toutes celles qui allaient suivre, jusqu'à la vérité enfin actualisée dans et par la philosophie de Hegel, qui n'est pas la philosophie de Hegel mais La Philosophie **en acte**.

Pierre Joseph REDOUTE, « Citronnier Bigaradier à fruit violet », gravure pour le *Traité des Arbres et des arbustes* de Henri Duhamel du Monceau, 1850, Museo Civico Di Storia Naturale, Milan.

Le fruit réalise la fleur qui réalise le bouton.

L'espace et le temps

Qu'on représente le temps comme une ligne ou comme un cercle, on le traduit dans l'espace. Or, si les parties de l'espace sont inertes, les moments du temps ne sont-ils pas dynamiques ? Si le temps est une ligne, celle-ci ne comporte-t-elle pas des points critiques qui brisent la symétrie entre l'avant et l'après, et ouvrent un avenir incertain ? (texte 11, Aristote) **Que reste-t-il de temporel dans le temps si on le réduit au temps objectif que mesure la science, sinon sa contrefaçon spatiale ?** (texte 12, Bergson) **Le temps n'est-il pas l'autre nom de notre liberté qui fait que le passé n'est pas le maître de notre avenir ?** (texte 13, Sartre) **D'ailleurs, le fleuve qui coule n'est une image pertinente du temps qu'à la condition de le référer au sujet qui observe son flux depuis les berges.** (texte 14, Merleau-Ponty) **Quelles sont donc les relations de l'espace et du temps ?** (texte 15, Kant)

ARISTOTE
384 av. J.-C.-
322 av. J.-C.

TEXTE 11 COMMENTÉ

La ligne droite est-elle une image pertinente du temps ?

Pour signifier l'irréversibilité du cours du temps, les physiciens parlent de la « flèche du temps ». Cette image représente ainsi le temps comme une ligne qui se déroule dans l'espace. Seulement, le propre du temps n'est-il pas de briser la continuité entre l'avant et l'après pour faire surgir du nouveau ? La linéarité ne manque-t-elle pas les ruptures dont les temps est riche ? Que serait un temps où rien n'arriverait que dans la stricte continuité du passé, sinon une contrefaçon abstraite du temps où, finalement, rien, à proprement parler, n'arriverait ? Les surprises du temps ne sont-elles l'autre nom de notre liberté d'action ?

Sur le terrain de l'action et de l'utile, il n'y a rien de fixe, pas plus que dans le domaine de la santé. Et si tel est le caractère de la discussion portant sur les règles générales de la conduite, à plus forte raison encore la discussion qui a pour objet les différents groupes de cas particuliers manque-t-elle également de rigueur, car elle ne tombe ni sous aucun art, ni sous aucune prescription, et il appartient toujours à l'agent lui-même d'examiner ce qu'il est opportun [*ton kairon*] de faire, comme dans le cas de l'art médical, ou de l'art de la navigation. Mais, en dépit de ce caractère du présent exposé, nous devons cependant nous efforcer de venir au secours du moraliste. Ce que tout d'abord il faut considérer, c'est que les vertus en question sont naturellement sujettes à périr à la fois par excès et par défaut, comme nous le voyons dans le cas de la vigueur corporelle et de la santé (car on est obligé pour éclaircir les choses obscures, de s'appuyer sur des preuves manifestes) : en effet, l'excès comme l'insuffisance d'exercice font perdre également la vigueur ; pareillement, dans le boire et le manger, une trop forte ou une trop faible quantité détruit la santé, tandis que la juste mesure la produit, l'accroît et la conserve. Et bien, il en est ainsi pour la modération, le courage et les autres vertus : car celui qui fuit devant tous les périls, qui a peur de tout et qui ne sait rien supporter devient un lâche, tout comme celui qui n'a peur de rien et va au-devant de n'importe quel danger, devient téméraire.

ARISTOTE, *Éthique à Nicomaque*, II, 2, IVe siècle av. J.-C., trad. J. Tricot, 1959.

▶ L'ART
▶ LA JUSTICE
▶ LA LIBERTÉ

LE TEMPS DE L'ACTION

On déduit en raison, mais on agit dans le temps. Il serait aussi absurde d'exiger de l'éthique ou de la politique un savoir certain que de se contenter en mathématiques de raisonnements probables. Aristote marque ainsi la différence de nature entre deux types de savoir : la science rationnelle certaine qui porte sur des objets étrangers au devenir, savoir dont les mathématiques offrent le modèle, et le savoir incertain à finalité pratique qui porte sur ce qui se vérifie non pas toujours mais « le plus souvent [*hos epi to polu*] » et souffre donc, par définition, des exceptions. Le « toujours » ne concerne que les lois théoriques de la connaissance. Le train contingent de la vie pratique interdit de régler son action sur le principe intemporel du Bien et contraint à chercher à accomplir l'action la meilleure possible dans telle situation particulière donnée. Entre la règle éthique et l'action effective, il n'y a pas la distance logique de principe à conséquence mais un délai chronologique qui reste contingent.

SAISIR L'OCCASION

L'éthique ressortit de la *phronésis*, cette prudence qui est un savoir conjectural. Les prescriptions d'ordre général n'ont aucune efficace du fait qu'elles ne prennent pas en compte la situation dans sa singularité, c'est-à-dire dans sa contingence radicale. C'est l'art de savoir tirer profit de l'occasion qui fait de l'occasion un moment opportun. À l'inverse, celui à qui fait défaut le sens de l'à-propos ne voit jamais passer de moment opportun parce que, pour lui, il n'y a pas d'occasion, il n'y a que des instants identiques dans un temps abstrait homogène. L'éthique ne voit pas dans le temps l'obstacle mais l'occasion de la conduite vertueuse. (voir Arrêt sur image, p. 457)

LE VENT DES ACCIDENTS

Aristote mobilise de façon récurrente la médecine et la navigation comme figures emblématiques de l'art d'agir au mieux. Si, d'un point de vue géométrique, la ligne droite est le chemin le plus court, pour le navigateur, la route la plus rapide est souvent la plus longue et comporte de nombreux détours improvisés au gré des tempêtes. De même, le bon médecin n'est pas celui qui prescrit toujours les mêmes ordonnances quel que soit le moment de développement de la maladie, mais celui qui les modifie en fonction des circonstances. Telles sont l'éthique et la politique : un art de l'improvisation attentif aux surprises du temps et capable de s'y adapter. Dans *Le Politique*, Platon mobilise déjà le personnage du médecin-navigateur : un médecin qui aurait laissé des prescriptions écrites à ses patients avant de partir en voyage et qui reviendrait plus tôt que prévu, constatant que leur état aurait évolué « d'une manière imprévue », ce médecin, interroge Platon, devrait-il rester fidèle à ses prescriptions passées, ou savoir se dédire pour en inventer de nouvelles, conformes à la nouvelle situation ? Si la politique est un art, c'est qu'elle est aux prises avec le temps.

1 **Pour agir bien, faut-il nécessairement faire avec le temps ?**

2 **Qu'est-ce qu'improviser ?**

ARISTOTE DIT AUSSI

« Toute pratique et toute production portent sur l'individuel : ce n'est pas l'homme, en effet, que guérit le médecin traitant [...] mais Callias ou Socrate, ou quelque autre individu ainsi désigné [...]. Si donc on possède la notion [*logos*] sans l'expérience, et que, connaissant l'universel, on ignore l'individuel qui y est contenu, on commettra souvent des erreurs de traitement, car ce qu'il faut guérir c'est l'individu. »

ARISTOTE, *La Métaphysique*, A, 1, 981a,
IVe siècle av. J.-C.,
trad. J. Tricot, 1959.

? Le devoir peut-il suivre des règles générales ?

→ VERS LE BAC

Quelle différence existe-t-il entre « faire le bien » et « faire au mieux » ? Rédiger un paragraphe qui examine cette différence en l'appuyant sur des exemples précis.

Henri BERGSON
1859-1941

TEXTE 12

Peut-on traduire le temps dans la langue de l'espace ?

Le mot *temps* pourrait venir du verbe grec *temnô*, qui signifie « couper ». Et de fait, nous découpons spontanément le temps en trois périodes : le passé, le présent et le futur, comme s'il s'agissait de trois segments d'une droite. Chaque instant est lui-même conçu comme un point qui, additionné aux autres, compose la ligne du temps. Ces portions d'espace censées représenter le temps sont posées les unes à côté des autres comme des parties statiques. Mais comment des morceaux d'espace immobiles pourraient-ils représenter le temps qui n'est que mobilité ? Traduire le temps dans la langue de l'espace n'est-ce pas le trahir ?

Je voudrais revenir sur [...] la création continue d'imprévisible nouveauté qui semble se poursuivre dans l'univers. Pour ma part, je crois l'expérimenter à chaque instant. J'ai beau me représenter le détail de ce qui va m'arriver : combien ma représentation est pauvre, abstraite, schématique, en comparaison de l'événement qui se produit ! La réalisation apporte avec elle un imprévisible rien qui change tout. Je dois, par exemple, assister à une réunion ; je sais quelles personnes j'y trouverai, autour de quelle table, dans quel ordre, pour la discussion de quel problème. Mais qu'elles viennent, s'assoient et causent comme je m'y attendais, qu'elles disent ce que je pensais bien qu'elles diraient : l'ensemble me donne une impression unique et neuve, comme s'il était maintenant dessiné d'un seul trait original par une main d'artiste. Adieu l'image que je m'en étais faite, simple juxtaposition, figurable par avance, de choses déjà connues !

Henri BERGSON, *La Pensée et le Mouvant*, 3, 1934.

▶ LA VÉRITÉ

1 Peut-on se représenter le futur ?

2 Que perd-on du temps quand on le représente comme une ligne ?

BERGSON DIT AUSSI

« Devant le spectacle de cette mobilité universelle, quelques-uns d'entre nous seront pris de vertige. Ils sont habitués à la terre ferme ; ils ne peuvent se faire au roulis et au tangage. Il leur faut des points "fixes" auxquels attacher la pensée et l'existence. Ils estiment que si tout passe, rien n'existe ; et que si la réalité est mobilité, elle n'est déjà plus au moment où on la pense, elle échappe à la pensée. Le monde matériel, disent-ils, va se dissoudre, et l'esprit se noyer dans le flux torrentueux des choses. – Qu'ils se rassurent ! Le changement, s'ils consentent à le regarder directement, sans voile interposé, leur apparaîtra bien vite comme ce qu'il peut y avoir au monde de plus substantiel et de plus durable. Sa solidité est infiniment supérieure à celle d'une fixité qui n'est qu'un arrangement éphémère entre des mobilités. »

Henri BERGSON, *La Pensée et le Mouvant*, 5, 1913.

? N'y a-t-il de réel que ce qui ne change pas ?

REPÈRES possible / impossible

Bergson définit le **possible** comme un produit de l'intelligence pratique, qui fait comme si ce qui est nouveau n'était que la réalisation d'une réalité préexistante. En vérité, le possible n'est pas une sorte d'existence par anticipation du réel, mais une reconstruction intellectuelle de celui-ci après coup : il devient, une fois le réel accompli, « rétrospectivement ou rétroactivement possible ». Contrairement à la conception courante, le possible ne précède donc pas, mais suit le réel. Le réel n'est pas enfermé à l'avance « dans je ne sais quelle armoire aux possibles ». Ainsi le possible est-il une négation de l'imprévisible nouveauté du réel. Le possible est une idée abstraite, seul l'**im-possible** est réel.

MATIÈRE À PENSER

Le temps change-t-il avec les cultures ?

Le linguiste américain Benjamin Lee Whorf, qui a étudié la langue des Hopis, note que ces Indiens ont une conception du temps indépendante des représentations spatiales.

« Le plus surprenant, c'est de constater que ces grandes entités générales du monde occidental, comme le temps, la vitesse ou la matière, ne sont pas indispensables à la construction d'une image cohérente de l'univers. Certes, les expériences psychiques que nous classons sous ces rubriques ne sont pas détruites ; mais des catégories dérivées d'autres types d'expériences tiennent une place dominante dans la vision du monde et semblent fonctionner tout aussi bien. La langue Hopi pourrait être appelée un langage dépourvu de temps. Elle reconnaît le temps psychologique, qui est assez semblable à la durée bergsonienne, mais ce "temps" est passablement différent du temps mathématique T utilisé par les physiciens. Parmi les propriétés particulières du temps Hopi se trouve le fait qu'il varie en fonction de chaque sujet, qu'il ne connaît pas de simultanéité et qu'il n'a aucune dimension, c'est-à-dire qu'il ne s'additionne pas. Les Hopis ne disent pas "Je suis resté cinq jours", mais "Je suis parti le cinquième jour." Hopi ne distingue pas le présent, le passé et le futur de l'événement lui-même mais indique quel type de validité le locuteur entend lui donner : rapporter un événement, l'attendre. [...]
La grammaire Hopi, grâce à ses formes appelées aspects et modes, permettent de distinguer facilement entre les situations momentanées, continuelles, ou répétées. [...] Ainsi l'univers peut être décrit sans avoir recours au concept d'un temps dimensionnel. »

Benjamin Lee WHORF, « Science et linguistique », *Technology Review*, 1940, trad. G. Pigeard de Gurbert, 2020.

▶ LE LANGAGE
▶ LA SCIENCE

(?) Quelle est la différence entre un temps objectif et un temps subjectif ?

AUX FRONTIÈRES DE LA PHILOSOPHIE

Dans le chapitre « Un thé chez les Fous » d'*Alice au pays des merveilles* de Lewis Carroll, Alice se scandalise que le Lièvre de Mars et le Chapelier passent tout leur temps à poser des devinettes absurdes sans solution. Comment peut-on ainsi gaspiller son temps ? Le Chapelier lui rétorque alors que le temps n'est pas une chose que l'on pourrait gaspiller : pour parler du temps, Carroll emploie, dans la version originale, en anglais, non le pronom impersonnel *it*, qui convient aux choses, mais le pronom personnel *him*, réservé aux personnes (« If you knew Time as well as I do, you wouldn't talk about wasting *it*. It's *him* »). Lewis Carroll interroge ainsi notre représentation pratique du temps pour en donner, par la fiction, une idée vivante.

« Alice poussa un soupir de lassitude. "Je pense, dit-elle, que vous auriez sûrement mieux à faire de votre temps que de le gaspiller à poser des devinettes auxquelles il n'y a pas de réponse."
"Si vous connaissiez le Temps aussi bien que je le connais moi-même, dit le Chapelier, vous ne parleriez pas de le gaspiller comme une chose. Le Temps est une personne."
"Je ne vois pas ce que vous voulez dire", répondit Alice.
"Bien sûr que vous ne le voyez pas, répliqua le Chapelier en hochant la tête d'un air de souverain mépris. J'ajouterai même que vous ne lui avez jamais parlé, au Temps !"
"Peut-être bien que non, répondit, avec prudence, Alice, mais à mon cours de musique on m'a appris à marquer le temps."
"Ah ! dit le Chapelier, voilà qui explique tout. Le Temps n'admet pas qu'on le veuille marquer comme le bétail." »

Lewis CAROLL, *Alice aux pays des merveilles*, 1865, trad. H. Parisot, 1968.

▶ L'ART
▶ LA SCIENCE
▶ LE TRAVAIL

(?) Peut-on gaspiller le temps ?

Jean-Paul SARTRE
1905-1980

TEXTE 13

Le futur dépend-il du passé ?

Selon que notre enfance a été socialement favorisée ou modeste, notre vie future ne sera-t-elle pas fondamentalement différente ? Il semble évident que le passé pèse sur notre présent au point de conditionner notre avenir. Or, nul ne décide de son passé.
En conséquence, l'impression de pouvoir disposer de son avenir n'est-elle pas une illusion ? Mais ne faut-il pas distinguer le passé en tant que ce qui a été et contre quoi nul ne peut rien, et la signification de ce passé ? D'où le passé tient-il son sens ?

Or la signification du passé est étroitement dépendante de mon projet présent. Cela ne signifie nullement que je puis faire varier au gré de mes caprices le sens de mes actes antérieurs ; mais, bien au contraire, que le projet fondamental que je suis décide absolument de la signification que peut avoir pour moi et pour les autres le passé que j'ai à être. Moi seul en effet peux décider à chaque moment de la portée du passé : non pas en discutant, en délibérant et en appréciant en chaque cas l'importance de tel ou tel événement antérieur, mais en me pro-jetant[1] vers mes buts, je sauve le passé avec moi et je décide par l'action de sa signification. Cette crise mystique de ma quinzième année, qui décidera si elle « a été » pur accident de puberté ou au contraire premier signe d'une conversion future ? Moi, selon que je déciderai – à vingt ans, à trente ans – de me convertir. Le projet de conversion confère d'un seul coup à une crise d'adolescence la valeur d'une prémonition que je n'avais pas prise au sérieux. Qui décidera si le séjour en prison que j'ai fait, après un vol, a été fructueux ou déplorable ? Moi, selon que je renonce à voler ou que je m'endurcis. Qui peut décider de la valeur d'enseignement d'un voyage, de la sincérité d'un serment d'amour, de la pureté d'une intention passée, etc. ? C'est moi, toujours moi, selon les fins par lesquelles je les éclaire. Ainsi tout mon passé est là, pressant, urgent, impérieux, mais je choisis son sens et les ordres qu'il me donne par le projet même de ma fin.

Jean-Paul SARTRE, *L'Être et le Néant*, IV, 1, 2, B, 1943.

1 Sartre écrit le mot avec un trait d'union pour souligner la dimension future de tout projet : ce que nous sommes n'est ni la somme de notre passé ni notre état présent, mais le futur que nous posons librement devant (pro-) nous.

▶ LA LIBERTÉ

1 Quelle est la différence entre un fait passé et son sens ?

2 Le futur peut-il avoir une action sur le passé ?

→ VERS LE BAC

En utilisant les textes 3, 6 et 13, rédiger une dissertation sur le sujet « À quoi tient le poids du passé ? »

Maurice **MERLEAU-PONTY**
1908-1961

TEXTE 14

Le temps est-il comme un fleuve qui coule ?

Héraclite, penseur présocratique, a comparé le temps à un fleuve sans cesse nouveau. La métaphore du flux qui ruisselle semble bien restituer le phénomène temporel. Cependant, il faut bien qu'il y ait quelque chose qui ne change pas pour que l'on puisse mesurer le changement. Pour que le flux lui-même existe, il lui faut bien un théâtre où il puisse défiler, tout comme le fleuve héraclitéen ne peut couler qu'entre des berges qui, elles, ne coulent pas. Le temps qui coule ne renvoie-t-il pas à un temps qui, lui, ne coule pas ?

On dit que le temps passe ou s'écoule. On parle du cours du temps. L'eau que je vois passer s'est préparée, il y a quelques jours, dans les montagnes, lorsque le glacier a fondu ; elle est devant moi, à présent, elle va vers la mer où elle se jettera. Si le temps est semblable à une rivière, il coule du passé vers le présent et l'avenir. Le présent est la conséquence du passé et l'avenir la conséquence du présent. Cette célèbre métaphore est en réalité très confuse. Car, à considérer les choses elles-mêmes, la fonte des neiges et ce qui en résulte ne sont pas des événements successifs, ou plutôt la notion même d'événements n'a pas de place dans le monde objectif. Quand je dis qu'avant-hier le glacier a produit l'eau qui passe à présent, je sous-entends un témoin assujetti à une certaine place dans le monde et je compare ses vues successives : il a assisté là-bas à la fonte des neiges et il a suivi l'eau dans son décours, ou bien, du bord de la rivière, il voit passer après deux jours d'attente les morceaux de bois qu'il avait jetés à la source. Les « événements » sont découpés par un observateur fini dans la totalité spatio-temporelle du monde objectif. Mais, si je considère ce monde lui-même, il n'y a qu'un seul être indivisible et qui ne change pas. Le changement suppose un certain poste où je me place et d'où je vois défiler les choses ; il n'y a pas d'événements sans quelqu'un à qui ils adviennent et dont la perspective finie fonde leur individualité. Le temps suppose une vie sur le temps. Il n'est donc pas comme un ruisseau, il n'est pas une substance fluente. Si cette métaphore a pu se conserver depuis Héraclite jusqu'à nos jours, c'est que nous mettons subrepticement dans le ruisseau un témoin de sa course.

Maurice MERLEAU-PONTY, *Phénoménologie de la perception*, III, 2, 1945.

▶ LA CONSCIENCE

1 Le changement est-il dépendant d'un observateur qui, lui, ne change pas ?

2 Le temps est-il subjectif ?

Le Mirador Rio Serrano, Torres del Paine, Patagonia, Chili.

Emmanuel KANT
1724-1804

TEXTE 15

Le temps ne fait-il que passer ?

Qu'est-ce que le temps ? On le définit généralement, aussi bien en philosophie que dans l'opinion commune, par la succession. Le temps serait responsable de la différence entre hier et aujourd'hui, et si demain est un autre jour, cela est dû au temps qui aura passé entre aujourd'hui et demain.
Mais deux événements qui arrivent en même temps sont-ils en dehors du temps ? Ne dit-on pas justement qu'ils se produisent « en même temps » ? Comment ne pas entendre le temps dans cet « en même temps » ? Si le temps fait la nouveauté, qu'est-ce qui fait la diversité ?

Le temps n'est autre chose que la forme du sens interne, c'est-à-dire de l'intuition de nous-mêmes et de notre état intérieur. En effet, le temps ne peut pas être une détermination des phénomènes extérieurs, il n'appartient ni à une figure, ni à une position, etc. ; au contraire, il détermine le rapport des représentations dans notre état interne[1]. Et, précisément parce que cette intuition intérieure ne fournit aucune figure, nous cherchons à suppléer à ce défaut par des analogies et nous représentons la suite du temps par une ligne qui se prolonge à l'infini et dont les diverses parties constituent une série qui n'a qu'une dimension, et nous concluons des propriétés de cette ligne à toutes les propriétés du temps, avec cette seule exception que les parties de la première sont simultanées, tandis que celles du second sont toujours successives. Il ressort clairement de là que la représentation du temps lui-même est une intuition, puisque tous ses rapports peuvent être exprimés par une intuition extérieure.

Le temps est la condition formelle *a priori* de tous les phénomènes en général. L'espace, en tant que forme pure de l'intuition extérieure, est limité, comme condition *a priori*, simplement aux phénomènes externes. Au contraire, comme toutes les représentations, qu'elles puissent avoir ou non pour objets des choses extérieures, appartiennent, pourtant, en elles-mêmes, en qualité de déterminations de l'esprit, à l'état interne, et, comme cet état interne est toujours soumis à la condition formelle de l'intuition intérieure et que, par suite, il appartient au temps, le temps est une condition *a priori* de tous les phénomènes en général, et, à la vérité, la condition immédiate des phénomènes intérieurs (de notre âme), et, par là même, la condition médiate[2] des phénomènes extérieurs. Si je puis dire *a priori* que tous les phénomènes extérieurs sont déterminés *a priori* dans l'espace et d'après les rapports de l'espace, alors je puis dire d'une manière tout à fait générale, en partant du principe du sens interne, que tous les phénomènes en général, c'est-à-dire tous les objets des sens, sont dans le temps et qu'ils sont nécessairement soumis aux rapports du temps.

Emmanuel KANT, « Esthétique transcendantale », *Critique de la raison pure*, 1781, trad. B. Pacaud et A. Tremesaygues, 1905.

1 Sur ce point et pour le sens de l'expression « *a priori* », voir texte 4 de ce chapitre.

2 Médiate : indirecte.

L'ESPACE ET LE TEMPS

Kant souligne la différence de nature entre le temps et l'espace. Le temps est par nature irreprésentable. Sitôt que nous nous le représentons comme une ligne (ou un cercle), nous lui attribuons des propriétés qui ne sont pas les siennes mais qui sont propres à l'espace. Pour nous faire une représentation du temps, nous sommes contraints de le dénaturer en le spatialisant. Mais cette représentation n'est qu'une « analogie » et non une identification pure et simple du temps à l'espace. Rien n'autorise à convertir une simple contrainte de la représentation en une propriété du temps. Si le mouvement dans l'espace est représentation figurée du temps, ce n'est pas que le temps soit par nature homogène à l'espace mais que l'infirmité naturelle de notre faculté de représentation est telle qu'elle ne peut rien concevoir de temporel qu'en le figurant dans l'espace.

L'ESPACE DANS LE TEMPS

Si l'espace est la forme *a priori* des « phénomènes extérieurs », le temps, lui, est la forme de « tous » les phénomènes en général, aussi bien internes qu'externes. Que pourrait bien être une sensation ou même une intuition *a priori* de l'espace qui nous resterait extérieure ? Pour qu'un donné soit donné, il faut bien qu'il soit donné en nous. Le temps, en tant que sens interne, est ainsi la condition formelle de possibilité de tout donné spatial. Cette universalité du temps et son primat sur l'espace ont pour conséquence de subordonner les relations spatiales aux rapports temporels. La géométrie dans l'espace baigne donc dans le temps. Des parties d'espace (les deux côtés d'une figure géométrique, par exemple) ne peuvent être « à côté » l'une de l'autre que parce qu'elles sont dans l'espace *en même temps*. Or, ce « en même temps » relève de la relation temporelle de simultanéité. L'espace nous est toujours donné de façon spatiotemporelle.

TROIS RAPPORTS DE TEMPS

Le temps ne se limite pas à la succession, comme l'ont cru la plupart des philosophes, avant et après Kant : « les trois modes du temps sont la permanence, la succession, la simultanéité ». La succession, qui est le rapport temporel entre l'avant et l'après, crée la nouveauté. Mais le temps a une autre façon de produire de la différence : la simultanéité, qui est le rapport temporel entre ce qui est coprésent, crée en effet une différence temporelle différente de la nouveauté, à savoir la diversité qui est l'existence dans le même temps de deux choses différentes. Ce brin d'herbe-ci et ce brin d'herbe-là se trouvent ici et là en même temps. La permanence, enfin, n'est ni le temps qui passe ni la simultanéité, mais le temps qui dure. La différence entre l'arbre qui a perdu ses feuilles et le même arbre qui les avait encore hier suppose la permanence de l'arbre lui-même. De même, la main droite du pianiste et sa main gauche qui jouent en même temps supposent la présence permanente du piano et du pianiste. Il n'y a donc de nouveauté successive et de diversité simultanée que sur un fond d'une identité permanente, c'est-à-dire de temps qui dure. La permanence n'est pas l'éternité, mais la durée. Ce temps qui dure pendant que le reste passe ou arrive en même temps, c'est le temps lui-même, dont dépendent la succession et la simultanéité.

1 Quelle est la différence entre la juxtaposition et la simultanéité ?

2 En quoi la nouveauté et la diversité sont-elles des notions qui dépendent du temps ?

KANT DIT AUSSI

« Des espaces différents ne sont pas successifs mais simultanés. »

Emmanuel KANT, « Esthétique transcendantale », *Critique de la raison pure*, 1781, trad. B. Pacaud et A. Tremesaygues, 1905.

? Quelle est la différence entre la nouveauté et la diversité ?

MATIÈRE À PENSER

Dans son livre *Vivre l'espace au Japon*, Augustin Berque distingue deux façons de vivre l'espace correspondant à deux modes du temps différents, la succession et la permanence : on défile dans les rues mais on reste sur l'agora.

« [D]ans la ville japonaise, les activités dévolues chez nous à la place sont généralement assurées par la rue. De nombreux auteurs ont parlé à ce sujet de *michi-no bunka*, "culture du chemin", par opposition à *hiroba-no bunka*, "culture de la place". La fête japonaise, par exemple, ne se tient pas sur une place : elle a lieu soit dans l'enceinte du *tera* bouddhique ou du *jinja* shintoïque, soit dans la rue, auquel cas elle est mobile. L'image de la fête dans la ville, c'est celle d'une procession. »

Augustin BERQUE, *Vivre l'espace au Japon*, 1982.

? Le temps modifie-t-il notre rapport à l'espace ?

CINÉ PHILO

Le Temps retrouvé

RAOUL RUIZ, 1999

Le Temps retrouvé, du réalisateur franco-chilien Raoul Ruiz, est l'adaptation aux accents surréalistes du roman de Marcel Proust *À la recherche du temps perdu*.

Le film est composé d'une longue série de souvenirs que Marcel Proust égrène à la fin de sa vie lorsqu'il attend la mort dans son lit. La narration ne suit pas une temporalité linéaire : les scènes s'enchaînent librement, fruits des associations entre sensations et souvenirs. Le temps se réorganise pour entremêler passé et présent, fusionner des impressions diachroniques d'un même personnage. Proust glisse de façon onirique à travers le temps et l'espace – entre son enfance, les temps de guerre, les soirées chez Madame Verdurin, les étés à la plage – et imagine des dialogues avec lui-même à des âges différents.

Restitution du vécu intime de Marcel, ce film nous immerge dans l'expérience du temps. Il rend manifeste le rapport entre le temps historique, celui de l'histoire d'une société aux normes et aux goûts bien précis, et le temps vécu, celui de l'histoire-récit liée au génie d'un individu singulier, et nous fait comprendre ainsi la force rétrospective du vrai.

LE TRAVAIL

Gustave CAILLEBOTTE, *Les Raboteurs de parquet,* 1875, musée d'Orsay, Paris.

Gustave Caillebotte (1848-1894) est un peintre français. Proche des impressionnistes, son style relève toutefois plutôt du réalisme que l'on prête à Edward Hopper, par exemple. Jugé inconvenant du fait de l'extrême trivialité de son sujet, *Les Raboteurs de parquet* est refusé au Salon de 1875. Torses nus et à genoux sur les lames du parquet qu'ils rabotent, trois hommes y sont représentés. Leur effort physique est d'autant plus sensible que la pièce de l'appartement haussmannien où ils travaillent signale, sinon l'oisiveté, du moins l'aisance et le confort.

ARRÊT SUR IMAGE

1 La posture de ces ouvriers s'explique évidemment par les contraintes techniques de la tâche qu'ils sont en train de réaliser. N'a-t-elle pas aussi une dimension symbolique ?

2 Le travail est-il nécessairement physique ?

3 Cette scène se déroulerait-elle de la même façon aujourd'hui ?

LE TRAVAIL EN QUESTION

De prime abord, la notion de travail donne souvent le sentiment de manquer de la dignité philosophique que l'on reconnaît en revanche spontanément à celles de liberté ou de raison, par exemple. Comment dissiper cette impression, indéniablement trompeuse ? En reprenant conscience de la diversité et de l'importance des plans – anthropologique, juridique et économique, social, moral et politique – où la notion de travail s'avère philosophiquement incontournable.

1 LE TRAVAIL, ENTRE NATURE ET CULTURE Le travail distingue l'espèce humaine. Et, de fait, même minimalement défini comme visant à transformer une matière première, n'est-il pas à l'origine de la différenciation entre nature et culture ? (p. 488 à p. 491)

2 TRAVAIL, PROPRIÉTÉ ET VALEUR Mais si le travail ajoute à la réalité naturelle la forme qui en fait un bien, n'est-il pas également légitime d'y voir le fondement de la propriété et la véritable unité de mesure de sa valeur d'échange ? (p. 492 à p. 497)

3 LA DIVISION DU TRAVAIL Or, parvenu en ce point, pourrait-on encore ignorer la spécificité sociale du travail, l'organisation collective des tâches, ce que l'on appelle la « division du travail » et les difficultés qu'elle soulève ? En quoi consiste-t-elle ? Intéresse-t-elle seulement la répartition des charges et des responsabilités entre corps de métier ? N'a-t-elle pas un certain nombre d'effets indésirables ? Est-elle absolument nécessaire ? (p. 498 à p. 503)

4 TRAVAIL ET POUVOIR Comment ne pas devenir alors plus sensible aux rapports que l'on peut établir entre promotion morale du travail et appel à l'ascèse, souci de la discipline, voire maintien de l'ordre public ? Comment ne pas aussi penser à la servitude et à l'aliénation qui résultent trop systématiquement de l'exploitation économique du travail ? Avec, dans les deux cas, cette même question à l'esprit : réduit à un simple « emploi », à l'occupation productive et rémunératrice, le travail n'équivaut-il pas bel et bien à une privation de liberté ? (p. 504 à p. 511)

5 TRAVAILLER AUTREMENT D'où un dernier problème difficilement négligeable : d'autres rapports sociaux, qui puissent permettre de concilier travail et liberté, sont-ils concevables ? (p. 512 à p. 515)

PANORAMA DE LA NOTION

Le travail, entre nature et culture

Travailler exige de renoncer à l'immédiateté de la satisfaction du désir et suppose un agent capable de se représenter ses propres fins. En ceci, le travail distingue l'humanité et l'arrache à l'instinctivité animale. (textes 1, Kojève, 2, Marx et 3, Marcuse) **Raison pour laquelle on peut aussi y voir l'origine de la culture** (texte 1, Kojève)**, entendue au sens général où celle-ci s'oppose à la nature. Bien que de façon différente, les trois textes reproduits dans cette partie déploient tous ce même argument.**

Alexandre KOJÈVE
1902-1968

TEXTE 1

Le travail forcé de l'esclave, l'origine de la culture ?

Dans cet extrait, Alexandre Kojève commente un célèbre passage de la *Phénoménologie de l'Esprit* de Hegel : la « dialectique du Maître et de l'Esclave ». D'abord à la lutte avec son futur maître, l'esclave a cédé et préféré perdre sa souveraineté plutôt que la vie. Mais cette hiérarchie ne sera que temporaire. Car, en acceptant de rentrer au service de son maître et d'accomplir le travail que celui-ci dédaigne, l'esclave transforme le monde comme sa propre nature et accède ainsi à la culture. En sorte que la satisfaction des désirs de son maître oisif dépendra dorénavant de lui.

Travailler pour un *autre*, c'est agir à l'encontre des *instincts* qui poussent à satisfaire ses *propres* besoins. Il n'y a pas d'*instinct* qui force l'Esclave à travailler pour le Maître. S'il le fait, c'est par *crainte* du Maître. Mais *cette* crainte est autre que celle qu'il a éprouvée au moment de la Lutte : le danger n'est plus *immédiat* ; l'Esclave *sait* seulement que le Maître peut le tuer, il ne le *voit* pas dans l'attitude meurtrière. Autrement dit, l'Esclave, qui *travaille* pour le Maître, refoule ses *instincts* en fonction d'une *idée*, d'un *concept*. Et c'est là précisément ce qui fait de son activité une activité spécifiquement *humaine*, un *Travail*, une *Arbeit*[1]. En agissant, il nie, il transforme le donné, la Nature, *sa* Nature ; et il le fait en fonction d'une *idée*, de ce qui *n'est* pas au sens biologique du mot, en fonction de l'idée d'un *Maître*, c'est-à-dire d'une notion essentiellement *sociale*, humaine, historique. Or, pouvoir transformer le donné naturel en fonction d'une idée *non* naturelle, c'est se trouver en possession d'une *technique*. Et l'idée qui engendre une technique est une idée, un concept *scientifique*. Enfin, posséder des concepts scientifiques, – c'est être doué d'Entendement, de *Verstand*, de la faculté des notions *abstraites*.

L'entendement, la pensée abstraite, la science, la technique, les arts, – tout ceci a donc son origine dans le travail forcé de l'Esclave. [...] Par son Travail, l'esclave aboutit donc au même résultat auquel aboutit le Maître par le risque de la vie dans la Lutte : il ne dépend plus des conditions données, naturelles de l'existence ; il les *modifie* à partir de l'idée qu'il se fait de lui-même. En prenant *conscience* de ce fait, il prend donc conscience de sa *liberté* (*Freiheit*), de son autonomie (*Selbständigkeit*). Et, en se servant de la *pensée* qui naît de son Travail, il forme la *notion* abstraite de la Liberté qui a été réalisée en lui par ce même Travail.

Alexandre KOJÈVE, *Introduction à la lecture de Hegel*, 1947.

1 Voir Ce que disent les mots p. 497.

▶ LA CONSCIENCE
▶ LA LIBERTÉ
▶ LA NATURE
▶ LA RAISON

1 Pourquoi est-ce aussi sa nature que l'esclave transforme en travaillant ?

2 Faut-il nécessairement être contraint pour travailler ?

HEGEL DIT AUSSI

« Le travail [...] est désir *réfréné*, disparition *retardée* : le travail *forme*. Le rapport négatif à l'objet devient *forme* de cet objet même, il devient quelque chose de permanent, puisque justement, à l'égard du travailleur, l'objet a une indépendance. Ce moyen négatif, ou l'*opération* formatrice, est en même temps la *singularité* ou le pur être-pour-soi de la conscience. Cet être-pour-soi, dans le travail, s'extériorise lui-même et passe dans l'élément de la permanence ; la conscience travaillante en vient ainsi à l'intuition de l'être indépendant, comme intuition de *soi-même*. »

Georg Wilhelm Friedrich HEGEL,
Phénoménologie de l'Esprit, 1807,
trad. J. Hyppolite, 1941.

? Les réalités naturelles n'ont-elles pas de forme ?

Esclaves au Brésil en train de nettoyer du *cascalho* (ciment ferrugineux dans lequel on trouve souvent des diamants), 1811, bibliothèque des Arts décoratifs, Paris.

? Cette image sous les yeux, peut-on maintenir que « l'Esclave, qui travaille pour le Maître, refoule ses *instincts* en fonction d'une idée, d'un concept » ? **(voir texte 1)**

Karl MARX
1818-1883

TEXTE 2

Quelle différence entre le comportement industrieux de l'abeille et le travail de l'architecte ?

Ce texte de Marx porte sur l'originalité culturelle du travail humain. Il est d'une importance capitale pour comprendre la critique marxiste du « travail aliéné » **(voir texte 13)**, celui-ci correspondant précisément aux situations dans lesquelles, travaillant, le travailleur ne réalise cependant plus son propre objectif.

Le travail est d'abord un procès qui se passe entre l'homme et la nature, un procès dans lequel l'homme règle et contrôle son métabolisme avec la nature par la médiation de sa propre action. Il se présente face à la matière naturelle comme une puissance naturelle lui-même. Il met en mouvement les forces naturelles de sa personne physique, ses bras et ses jambes, sa tête et ses mains pour s'approprier la matière naturelle sous une forme utile à sa propre vie. Mais en agissant sur la nature extérieure et en la modifiant par ce mouvement, il modifie aussi sa propre nature. Il développe les potentialités qui y sont en sommeil, et soumet à sa propre gouverne le jeu des forces qu'elle recèle. Nous ne nous occupons pas ici des formes primitives du travail, qui relèvent encore de l'instinct animal. Lorsque le travailleur se présente sur le marché comme vendeur de sa propre force de travail, il a laissé derrière lui dans un passé archaïque l'époque où le travail humain n'avait pas encore dépouillé sa première forme instinctuelle. Nous supposons donc ici le travail sous une forme qui appartient exclusivement à l'homme. Une araignée accomplit des opérations qui s'apparentent à celles du tisserand, et une abeille en remontre à maint architecte humain dans la construction de ses cellules. Mais ce qui distingue d'emblée le plus mauvais architecte de la meilleure abeille, c'est qu'il a construit la cellule dans sa tête avant de la construire en cire. Le résultat auquel aboutit le procès de travail était déjà au commencement dans l'imagination du travailleur, existait donc déjà en idée. Non pas qu'il effectue simplement une modification dans la forme de la réalité naturelle : il y réalise en même temps son propre but, qu'il connaît, qui détermine comme une loi la modalité de son action, et auquel il doit subordonner sa volonté.

Karl MARX, *Le Capital*, Livre I, 1867,
trad. coll. dir. par J.-P. Lefèbvre, 2014.

▶ LA LIBERTÉ
▶ LA NATURE
▶ LA RAISON

1 Comparer cet extrait au texte 1. Quelles sont les similitudes et les différences ?

2 Comment peut-on comprendre la distinction que Marx établit implicitement entre « opération » et « travail » ?

MARX ET ENGELS DISENT AUSSI

« On peut distinguer les hommes des animaux par la conscience, par la religion ou par tout ce que l'on voudra. Eux-mêmes commencent à se distinguer des animaux dès qu'ils se mettent à produire leurs moyens d'existence [...]. En produisant leurs moyens d'existence les hommes produisent indirectement leur vie matérielle elle-même. »

Karl MARX, Friedrich ENGELS, *L'Idéologie allemande*, 1845-1846,
éd. établie et annotée par M. Rubel, 1982.

? Que manque-t-il à ces propositions lorsqu'on les compare à ce que Marx avance dans le **texte 2** ?

Herbert MARCUSE
1898-1979

TEXTE 3

Le travail humain doit-il d'abord être compris comme une réalité économique ?

Sociologue marxiste également inspiré par Sigmund Freud, Herbert Marcuse s'efforce ici de soustraire la notion de travail à son intelligence strictement économique afin d'en promouvoir une conception existentielle à ses yeux plus profonde. Ce faisant, il est lui aussi conduit à opposer travail humain et pratiques animales.

Le mouvement de la vie humaine est une *praxis*[1] en ce sens précis que c'est à l'homme lui-même qu'il revient de *faire* son existence : elle est pour lui une tâche à appréhender et à accomplir. De façon permanente, il a à *faire avancer* sa vie alors que, par exemple, l'existence de l'animal est simple et consiste à *laisser advenir* même quand il « fait » quelque chose, construit son nid, repousse un agresseur, cherche sa nourriture. Cette pratique est dans sa totalité « biologiquement sanctionnée », d'après l'expression pertinente de Wexberg[2]. Devant son existence, l'animal n'est pas confronté à une tâche qu'il aurait à accomplir par son être. L'homme, en revanche, se trouve toujours, vis-à-vis de lui-même et de son univers, confronté à une situation qui n'est pas, dès l'abord, immédiatement, sienne. Ne pouvant, ainsi, laisser advenir son existence, il doit s'approprier toute situation en recourant à sa propre « médiation ». Ce processus de médiation est appelé *production et reproduction* [...]. Production et reproduction ne visent nullement le seul mouvement de l'« existence matérielle » au sein de la pratique économique, mais la façon dont est assumée et produite l'existence humaine comme un tout : appropriation de l'existence dans toutes ses sphères – la situation donnée du « monde » qui est notre vis-à-vis immédiat, comme de notre existence même au sein de cette situation –, mouvement de progression et de production permanentes de l'existence et de son univers (sous son aspect « matériel » comme sous son aspect « vital » ou « spirituel »). Cette pratique est, chez l'homme, essentiellement une pratique consciente, visant sciemment son « but » – cette production s'y conformant et s'y mesurant –, une pratique orientée par rapport à des fins.

C'est cette pratique médiatrice et consciente, cette production et reproduction permanente de l'existence humaine (par opposition au laisser-advenir immédiat de l'existence animale, par exemple) qui est la base du *travail*.

Herbert MARCUSE, « Les Fondements philosophiques du concept économique de travail », 1939, *Culture et société*, trad. G. Billy, D. Bresson et J.-B. Grasset, 1970.

1 *Praxis* est un terme grec signifiant « action ». Il s'oppose à *theoria* (« contemplation ») et doit être distingué du terme *poiesis* (« production ») : l'action ayant sa fin en elle-même, la production, dans une œuvre (*ergon*) qui lui est extérieure.

2 Leopold Erwin Wexberg (1889-1957) est un psychiatre autrichien exilé aux États-Unis à partir de 1934. D'abord disciple de Freud, il s'est ensuite rallié aux thèses d'Alfred Adler.

▶ LA CONSCIENCE
▶ LA LIBERTÉ

1 La façon dont Marcuse distingue ici l'action humaine et le comportement animal est-elle convaincante ?

2 L'argumentation proposée dans cet extrait aboutit à identifier travail et *existence* humaine (par opposition à *vie* animale). Que peut-on en penser ?

Travail, propriété et valeur

Par son travail, l'être humain donne forme à la nature et se l'approprie. Aussi le travail peut-il également apparaître comme le fondement du droit de propriété. (textes 4, Locke, et 5, Rousseau) Mais sur ce seul fondement, le droit de propriété ne risque-t-il pas d'entériner un simple rapport de forces ? (texte 5, Rousseau) Enfin, si le travail ajoute à la réalité naturelle la forme qui la rend propre à l'usage ou consommable, n'y a-t-il pas lieu d'y voir la mesure réelle de la valeur de l'objet marchand ? (texte 6, Smith)

TEXTE 4

Le travail confère-t-il un droit sur la chose qu'il transforme ?

John LOCKE
1632-1704

Père fondateur du libéralisme politique, John Locke soutient ici que le travail est à l'origine du droit de propriété. Pourquoi ? Parce qu'il ajoute à la matière ou à la nature un certain nombre de caractéristiques qu'elles ne possédaient pas avant que le travailleur ne les y introduise.

Bien que la terre et toutes les créatures inférieures appartiennent en commun à tous les hommes, chaque homme est cependant *propriétaire* de sa propre *personne*. Aucun autre que lui-même ne possède un droit sur elle. Le *travail* de son corps et *l'ouvrage* de ses mains, pouvons-nous dire, lui appartiennent en propre. Il mêle son *travail* à tout ce qu'il fait sortir de l'état dans lequel la nature l'a fourni et laissé, et il y joint quelque chose qui est le sien ; par là il en fait sa propriété. Cette chose étant extraite par lui de l'état commun où la nature l'avait mise, son *travail* lui ajoute quelque chose qui exclut le droit commun des autres hommes. Car ce *travail* étant indiscutablement la propriété de celui qui travaille, aucun autre homme que lui ne peut posséder de droit sur ce à quoi il est joint, du moins là où ce qui est laissé en commun pour les autres est en quantité suffisante et d'aussi bonne qualité.

Celui qui se nourrit des glands qu'il ramasse sous un chêne et des pommes qu'il cueille sur les arbres de la forêt se les ait certainement appropriés. Personne ne peut nier que cette nourriture ne soit à lui. Je demande donc à quel moment elle devient sienne ? Quand il la digère ? quand il la mange ? quand il l'a fait cuire ? quand il la rapporte chez lui ? Ou bien lorsqu'il l'a ramassée ? Il est évident que si le fait de la ramasser ne suffit pas à la rendre sienne, rien d'autre ne le pourra. Ce *travail* a mis une distinction entre elle et les choses communes. C'est lui qui y a ajouté quelque chose de plus que ce que la nature, qui est la mère commune de tout, avait fait ; par là, elle relève désormais de son droit privé. Dira-t-on qu'il n'avait aucun droit à ces glands ou à ces pommes qu'il s'est ainsi appropriés, parce qu'il n'avait pas le consentement de l'ensemble du genre humain pour les faire siens ? Était-ce donc un vol de prendre ainsi pour soi ce qui appartenait à tous en commun ? Si un tel consentement avait été nécessaire, l'homme serait mort de faim en dépit de l'abondance dont Dieu l'avait pourvu. Nous voyons, dans le cas des terres *communes* qui restent telles par contrat, que c'est le fait de prendre une partie de ce qui est commun, et de la faire sortir de l'état où la nature la laisse, qui est à *l'origine de la propriété* ; car sans cela, ce qui est commun n'est d'aucun usage. Et le fait de prendre telle ou telle partie ne dépend pas du consentement exprès de l'ensemble des copossesseurs. Ainsi, l'herbe qu'a broutée mon cheval, la tourbe que mon serviteur a coupée, et le minerai que j'ai extrait dans tout endroit où j'y avais un droit en commun avec d'autres, deviennent ma *propriété,* sans que quiconque me l'attribue ou y consente. En les faisant sortir de cet état de nature commun où ils se trouvaient, le *travail,* qui était mien, a *établi* sur eux ma *propriété.*

John LOCKE, *Le Second Traité du gouvernement civil*, 1690, trad. J.-F. Spitz et C. Lazzeri, 1994.

▶ LA JUSTICE
▶ LA NATURE

1 Si le travail fonde la propriété, comment comprendre que l'être humain puisse être considéré comme propriétaire de son corps ?

2 Locke ne fixe qu'une seule limite à l'appropriation individuelle des ressources naturelles par le travail : que « ce qui est laissé en commun pour les autres [soit] en quantité suffisante et d'aussi bonne qualité » (l. 10-11). Est-il réaliste de laisser l'individu seul juge de cette appréciation ?

3 On oppose couramment le domaine des faits et celui du droit. Le travail est un fait. Comment peut-il produire du droit ?

REPÈRES en fait / en droit

En droit, dans une démocratie, chacun peut accéder aux plus hautes fonctions de l'État. **En fait**, cependant, seuls certains profils sociaux y parviennent. En opposant le domaine du **droit** à celui des **faits**, on entend donc attirer l'attention sur la différence qu'il y a entre ce qui devrait être, ce qu'il serait légitime d'exiger, et ce qui est, ce que l'on constate effectivement. Dans le contexte ici visé, on distinguera entre la possession d'un bien ou d'un lot, qui est de fait, et la propriété de ce bien ou de ce lot, qui est en revanche de droit.

La récolte des glands, *Codex Vindobonensis*, 1370-1400, Österheichischen Nationalbibliotek, Vienne.

? Du point de vue de Locke, combien y a-t-il de propriétaires sur cette image ?

Jean-Jacques ROUSSEAU
1712-1778

TEXTE 5

Fondé sur le seul travail, le droit de propriété ne risque-t-il pas d'entériner un simple rapport de forces ?

Comme Locke **(texte 4)**, Rousseau commence ici par défendre l'idée que le travail est à l'origine du droit de propriété. Mais, contrairement à son prédécesseur, il suggère aussi que la diversité des capacités de travail et des talents naturels le rend bientôt injuste.

De la culture des terres s'ensuivit nécessairement leur partage ; et de la propriété une fois reconnue les premières règles de justice : car pour rendre à chacun le sien, il faut que chacun puisse avoir quelque chose ; de plus les hommes commençant à porter leurs vues dans l'avenir et se voyant tous quelques biens à perdre, il n'y en avait aucun qui n'eût à craindre pour soi la représaille[1] des torts qu'il pouvait faire à autrui. Cette origine est d'autant plus naturelle qu'il est impossible de concevoir l'idée de la propriété naissante d'ailleurs que de la main-d'œuvre ; car on ne voit pas ce que, pour s'approprier les choses qu'il n'a point faites, l'homme y peut mettre de plus que son travail. C'est le seul travail qui donnant droit au Cultivateur sur le produit de la terre qu'il a labourée, lui en donne par conséquent sur le fond, au moins jusqu'à la récolte, et ainsi d'année en année, ce qui faisant une possession continue, se transforme aisément en propriété. Lorsque les Anciens, dit Grotius[2], ont donné à Cérès[3] l'épithète de législatrice, et à une fête célébrée en son honneur le nom de Thesmophories, ils ont fait entendre par là que le partage des terres a produit une nouvelle sorte de droit. C'est-à-dire le droit de propriété différent de celui qui résulte de la Loi naturelle.

Les choses en cet état eussent pu demeurer égales, si les talents eussent été égaux, et que, par exemple, l'emploi du fer et la consommation des denrées eussent toujours fait une balance exacte ; mais la proportion que rien ne maintenait fut bientôt rompue ; le plus fort faisait plus d'ouvrage ; le plus adroit tirait meilleur parti du sien ; le plus ingénieux trouvait des moyens d'abréger le travail ; le laboureur avait plus besoin de fer, ou le forgeron plus besoin de blé, et en travaillant également, l'un gagnait beaucoup tandis que l'autre avait peine à vivre. C'est ainsi que l'inégalité naturelle se déploie insensiblement avec celle de combinaison et que les différences des hommes, développées par celles des circonstances, se rendent plus sensibles, plus permanentes dans leurs effets, et commencent à influer dans la même proportion sur le sort des particuliers.

Jean-Jacques ROUSSEAU, *Discours sur l'origine et les fondements de l'inégalité parmi les hommes*, 1755.

1 Le terme *représaille* s'emploie couramment au pluriel et renvoie aux mesures de violence, illicites en soi, que prend un État pour répondre à un acte également illicite. Il désigne, par extension, la riposte d'un individu à un mauvais procédé et s'apparente alors à la vengeance. Il est extrêmement rare de l'employer au singulier comme le fait ici Rousseau.

2 Hugo de Groot (également Huig de Groot), dit Grotius (1583-1645), est un juriste humaniste hollandais. Il est, avec quelques autres, à l'origine de la notion moderne de droit naturel.

3 Cérès est la déesse romaine de l'Agriculture, des Moissons et de la Fécondité. Elle est assimilée à la divinité grecque Déméter.

▶ LA JUSTICE
▶ LA NATURE

1 À votre avis, pourquoi Rousseau estime-t-il nécessaire de rapporter l'anecdote qu'il emprunte à Grotius au terme du premier paragraphe de cet extrait ?

2 En quoi le deuxième et dernier paragraphe de l'extrait peut-il être envisagé comme une critique de l'argumentation déployée par Locke dans le texte 4 ?

ROUSSEAU DIT AUSSI

« En général, pour autoriser sur un terrain quelconque le droit de premier occupant, il faut les conditions suivantes. Premièrement, que ce terrain ne soit encore habité par personne ; secondement, qu'on n'en occupe que la quantité dont on a besoin pour subsister ; en troisième lieu, qu'on en prenne possession, non par une vaine cérémonie, mais par le travail et la culture, seul signe de propriété qui au défaut de titres juridiques doive être respecté d'autrui.
En effet, accorder au besoin et au travail le droit de premier occupant, n'est-ce pas l'étendre aussi loin qu'il peut aller ? »

Jean-Jacques ROUSSEAU,
Du contrat social, 1762.

? À quelle situation historique peut-on penser à la lecture de ces lignes ?

REPÈRES droit positif / droit naturel

Par **droit positif**, on entend l'ensemble des lois qui sont effectivement en vigueur dans telle ou telle société à telle ou telle époque. Quant à la notion de **droit naturel**, elle a toujours été plus ou moins liée à l'idée de *jus gentium* (droit des gens) – c'est-à-dire aux règles du droit international, celles qui prévalent là où il n'est plus possible d'en appeler au droit positif d'une société déterminée, comme lorsqu'on voyage, par exemple – et peut signifier deux choses sensiblement différentes selon qu'on se place dans la perspective des Anciens ou dans celle des Modernes. Pour les premiers, elle renvoie à l'existence d'une norme immanente à la nature et comme inscrite au cœur des choses et de l'ordre du monde. C'est le **droit naturel classique**. Pour les seconds, elle désigne l'idée de la justice, telle qu'on peut la fonder sur une théorie de la nature humaine : sur ce qu'est l'être humain, en deçà des particularités qu'il hérite de sa socialisation. **C'est le droit naturel moderne.** Dans un cas comme dans l'autre, le droit naturel peut servir d'étalon et de correctif au droit positif.

Léon Augustin LHERMITTE,
Les moissonneurs,
1888-1889, Art Institute, Chicago.

C'est la fin de la moisson. Un homme et deux femmes travaillent aux champs : ils assemblent en gerbes le blé fauché.

? Faut-il tenir compte de la différence des sexes dans l'analyse de la scène représentée ?

Adam SMITH
1723-1790

TEXTE 6

La quantité de travail, unité de mesure de la valeur marchande ?

Adam Smith est l'un des pionniers de l'économie politique. Dans cet extrait, il affirme que la valeur d'une marchandise et son prix reflètent la quantité de travail qu'elle a exigé de fournir.

Un homme est riche ou pauvre, suivant les moyens qu'il a de se procurer les choses nécessaires, commodes ou agréables de la vie. Mais la division une fois établie dans toutes les branches du travail, il n'y a qu'une partie extrêmement petite de toutes ces choses qu'un homme puisse obtenir directement par son travail ; c'est du travail d'autrui qu'il lui faut attendre la plus grande partie de toutes ces jouissances ; ainsi, il sera riche ou pauvre, selon la quantité de travail qu'il pourra commander ou qu'il sera en état d'acheter.

Ainsi, la *valeur* d'une denrée quelconque pour celui qui la possède et qui n'entend pas en user ou la consommer lui-même, mais qui a intention de l'échanger pour autre chose, est égale à la quantité de *travail* que cette denrée le met en état d'acheter ou de commander.

Le *travail* est donc la mesure réelle de la *valeur échangeable* de toute marchandise.

Le *prix réel* de chaque chose, ce que chaque chose coûte réellement à celui qui veut se la procurer, c'est le travail et la peine qu'il doit s'imposer pour l'obtenir. Ce que chaque chose vaut réellement pour celui qui l'a acquise et qui cherche à en disposer ou à l'échanger pour quelque autre chose, c'est la peine et l'embarras que la possession de cette chose peut lui épargner et qu'elle lui permet d'imposer à d'autres personnes. Ce qu'on achète avec de l'argent ou des marchandises est acheté par du travail, aussi bien que ce que nous acquérons à la sueur de notre front. Cet argent et ces marchandises nous épargnent, dans le fait, cette fatigue. Elles contiennent la valeur d'une certaine quantité de travail, que nous échangerons pour ce qui est supposé alors contenir la valeur d'une quantité égale de travail. Le travail a été le premier prix, la monnaie payée pour l'achat primitif de toutes choses. Ce n'est point avec de l'or ou de l'argent, c'est avec du travail que toutes les richesses du monde ont été achetées originairement ; et leur valeur pour ceux qui les possèdent et qui cherchent à les échanger contre de nouvelles productions, est précisément égale à la quantité de travail qu'elles mettent en état d'acheter ou de commander.

Adam SMITH, *Recherches sur la nature et les causes de la richesse des nations*, I, 1776, trad. G. Garnier, 1976.

▶ LE BONHEUR

1 Comment comprendre le retour de l'adjectif « réelle » / « réel » (l. 12 et l. 14) dans les définitions établies au cours de cet extrait ?

2 La quantité de travail est-elle effectivement la seule mesure de la valeur marchande d'un bien ?

Ce que disent les mots

Le travail-peine et le travail-œuvre

En grec ancien, ***ponos*** renvoie à l'idée de peine et de labeur. ***Ponein*** signifie « se donner de la peine », « faire effort ». Avec les termes *ponos, ponein*, c'est donc la dimension de souffrance et de douleur du travail humain qui est signifiée. Dans une perspective bien différente, les termes ***ergon***, ***ergazomai*** déploient l'idée d'une mise en œuvre, d'une réalisation, d'un accomplissement. Le terme ***skholè*** (mot traduit par ***loisir*** et dont dérive, en français, le mot ***école***) entre donc en opposition avec celui de *ponos*. Cependant, il peut être compatible avec les notions d'*ergon* et d'*ergazomai*. On peut en effet mettre en œuvre, accomplir une œuvre, réaliser une fonction, y compris noble (politique, philosophique, artistique), dans le cadre du loisir, de la *skholè*. En un sens, la ***polis*** est elle-même indissociable de la *skholè*. La *skholè* désigne en effet le temps libre et libéré du travail qui permet d'accomplir toutes les activités supérieures de l'être humain : l'étude, la philosophie, la mathématique, mais aussi la discussion politique sur la place publique (***agora***) ou à l'assemblée (***ecclesia***). Dans l'ouvrage où elle lui sert à caractériser les conditions matérielles de toute activité intellectuelle, le sociologue français Pierre Bourdieu définit la *skholè* ainsi : « temps libre et libéré des urgences du monde qui rend possible un rapport libre et libéré à ces urgences, et au monde » (*Méditations pascaliennes*, 1997).

Quant à l'étymologie latine du mot « travail », elle renvoie à ***tripalium*** (*trepalium* en bas-latin), terme qui désignait un instrument de torture formé de trois pieux et permettant d'immobiliser les animaux pour les ferrer, ou les êtres humains pour les torturer. Les latins considérant également les occupations, les affaires ou les besognes (***negotium***, d'où **« négoce »** en français) comme l'exact contraire (***neg-otium***) du loisir (***otium***).

Si l'on se tourne maintenant vers l'allemand, le travail se dit ***Arbeit***, mot formé à partir de deux racines, ***Erbe***, qui signifie « héritage », et ***Armut***, « pauvreté » : être orphelin, être privé de parents, c'est être un enfant soumis à la douloureuse nécessité de satisfaire ses besoins par soi-même, par ses propres efforts et son propre labeur.

L'anglais dispose enfin de deux termes : ***work*** et ***labour***. Si *work* désigne l'œuvre accomplie par les mains, *labour* signifie, en revanche, le travail pénible et douloureux du corps. C'est pourquoi, dans *Condition de l'homme moderne* (1958) – où elle choisit de distinguer « travail » et « œuvre », justement –, Hannah Arendt rapproche le premier du mot grec *ergon* (on pourrait aussi penser au ***Werk*** allemand) et le second de *ponos* (là encore, on pourrait songer au latin *tripalium* ou à l'allemand *Arbeit*).

Andrea PISTOLESI,
artisanat de poterie, village de Yandabo, Birmanie, 2017.

La division du travail

À l'évidence, la notion de travail devient rapidement indissociable de la question de la justice et des échanges. Or, s'il en va ainsi, c'est que le travail est avant tout une réalité sociale, toute société reposant en effet sur un modèle ou sur un autre de « division du travail ». Mais qu'est-ce que la « division du travail » ? La première forme, la matrice même du lien social ? (texte 7, Platon) Le prolongement social d'une dynamique biologique ? (texte 8, Durkheim) La principale des causes de l'aliénation du travailleur moderne ? (texte 9, Marx et Engels)

TEXTE 7 COMMENTÉ

La division technique du travail, premier acte de la vie sociale ?

PLATON
428 av. J.-C.-
348 av. J.-C.

Dans cet extrait, Socrate le maître de Platon, et Adimante, son frère, s'interrogent : quelles sont l'origine et la genèse de la cité ? Ce qui les conduit immédiatement à établir un lien entre la forme primitive de toute communauté politique et la division technique du travail, précisément.

– Or, selon moi, repris-je, la cité se forme parce que chacun d'entre nous se trouve dans la situation de ne pas se suffire à lui-même, mais au contraire de manquer de beaucoup de choses. Y a-t-il, d'après toi, une autre cause à la fondation d'une cité ?

– Aucune, dit-il.

– Dès lors, un homme recourt à un autre pour un besoin particulier, puis à un autre en fonction de tel autre besoin, et parce qu'ils manquent d'une multitude de choses, les hommes se rassemblent nombreux au sein d'une même fondation, s'associant pour s'entraider. C'est bien à cette société que nous avons donné le nom de cité, n'est-ce pas ?

– Exactement.

– Mais quand un homme procède à un échange avec un autre, qu'il donne ou qu'il reçoive, c'est toujours à la pensée que cela est mieux pour lui ?

– Tout à fait.

– Eh bien, allons, dis-je, construisons en paroles notre cité, en commençant par ses débuts et ce sont nos besoins, semble-t-il, qui en constitueront le fondement.

– Assurément.

– Mais le premier et le plus important des besoins est de se procurer de la nourriture, pour assurer la subsistance et la vie.

– Oui, absolument.

– Le deuxième est celui du logement ; le troisième, celui du vêtement et des choses de ce genre.

– C'est bien cela.

– Mais voyons, repris-je, comment la cité suffira-t-elle à pourvoir à de tels besoins ? Y a-t-il un autre moyen qu'en faisant de l'un un laboureur, de l'autre un maçon, de l'autre un tisserand ? Ajouterons-nous également un cordonnier ou quelque autre artisan pour s'occuper des soins du corps ?

– Certainement.

– La cité réduite aux nécessités les plus élémentaires serait donc formée de quatre ou cinq hommes.

– Il semble bien.

– Mais alors ? Faut-il que chacun d'eux offre le service de son propre travail, le mettant en commun à la disposition de tous les autres, par exemple que le laboureur procure à lui seul les vivres pour quatre et multiplie par quatre le temps et l'effort pour fournir le blé et le partager avec les autres, ou encore, sans se soucier d'eux, qu'il produise pour ses seuls besoins seulement le quart de ce blé, en un quart de temps, et qu'il consacre les trois quarts restants, l'un à la préparation d'une maison, l'autre au vêtement, l'autre à des chaussures, et qu'au lieu de chercher à mettre en commun les choses qu'il possède, il exerce sa propre activité par lui-même et pour lui seul ?

– Sans doute, Socrate, serait-il plus facile de faire ce que tu as dit d'abord.

– Par Zeus, dis-je, rien d'étonnant à cela ! De fait, moi aussi, pendant que tu parles, je réfléchis au fait que chacun de nous, au point de départ, ne s'est pas développé naturellement de manière tout à fait semblable, mais que la nature nous a différenciés, chacun s'adonnant à une activité différente. N'est-ce pas ton avis ?

– C'est bien mon avis. [...]

– Le résultat est que des biens seront produits en plus grande quantité, qu'ils seront de meilleure qualité et produits plus facilement, si chacun ne s'occupe que d'une chose selon ses dispositions naturelles et au moment opportun, et qu'il lui soit loisible de ne pas s'occuper des travaux des autres.

– Très certainement.

– Il faut donc, Adimante, des citoyens en plus grand nombre que les quatre occupés aux tâches dont nous avons parlé. Le laboureur ne fabriquera sans doute pas sa charrue lui-même, s'il veut qu'elle soit de qualité, ni sa houe, ni les autres outils nécessaires au travail de la terre. Le maçon non plus ne fabriquera pas ses outils, il lui en faut beaucoup à lui aussi ; et la même chose peut être dite du tisserand et du cordonnier. N'est-ce pas ?

– C'est vrai.

PLATON, *La République*, II, 369b-370d, IVe siècle av. J.-C., trad. G. Leroux, 2004.

▶ LE BONHEUR
▶ LA JUSTICE
▶ LA NATURE

LA QUESTION DE LA NATURE DE LA CITÉ

La République de Platon a pour question centrale : Qu'est-ce que la justice ? Au début du livre II, Socrate affirme que la justice est une vertu commune à l'âme individuelle et à la cité. Pour définir au mieux l'essence de la justice, on commencera par répondre à la question : Qu'est-ce qu'une cité juste ? Cependant, avant de définir la justice dans la cité, encore faut-il dégager le fondement de toute cité. Pour Platon, ce fondement ne relève pas d'abord d'une aspiration spirituelle, mais d'une nécessité matérielle. La cause de toute cité, c'est la multiplicité de nos besoins matériels et l'incapacité dans laquelle chaque être humain se trouve de les satisfaire sans l'aide des autres.

LE BESOIN, ORIGINE DE LA CITÉ

L'origine du travail est liée à celle de la communauté humaine. Chaque homme échange le produit de son travail, non par générosité, mais dans le but de bénéficier lui-même, en retour, du produit du travail des autres. Adam Smith **(voir texte 6)**, fondateur de la science économique moderne, reprend cette analyse dans *Recherche sur la nature et les causes de la richesse des nations* (1776) : « Ce n'est pas de la bienveillance du boucher, du brasseur ou du boulanger que nous attendons notre dîner, mais plutôt du soin qu'ils apportent à la recherche de leur propre intérêt. » L'origine du travail et de l'échange économique est donc le besoin individuel.

LA DIVISION TECHNIQUE DU TRAVAIL

Ce fondement entraîne nécessairement une division technique du travail. Puisque le but du travail est de satisfaire les besoins, la question de la meilleure méthode de production des biens et des services nécessaires à cette satisfaction est capitale. Si la fin de toute cité est le bien, encore faut-il que le bien matériel, pensé comme satisfaction des besoins corporels, soit réalisé. C'est pourquoi il sera plus efficace que chaque citoyen se spécialise dans une tâche et une seule.

LA DIVERSITÉ NATURELLE DES CAPACITÉS

Cette analyse permet à Platon d'introduire l'un des fondements de sa pensée, à savoir la différence naturelle des capacités individuelles. Plus loin dans le dialogue, l'enjeu sera de sélectionner les « naturels philosophes » pour leur imposer une éducation qui leur permettra, à terme, de gouverner avec sagesse. Mais, à ce niveau élémentaire de développement de la cité, il s'agit de différencier les travailleurs en fonction de leurs aptitudes.

EXTENSION ET DÉVELOPPEMENT DU TRAVAIL

La cité s'agrandira à mesure que les besoins humains se multiplieront. Le destin de la production se trouve alors lié au développement de la technique. Les outils que le travailleur utilisera seront fabriqués par d'autres travailleurs. La technique forme un système cohérent et organisé. Ce système met tous les travailleurs en interdépendance pour l'accomplissement de leurs fonctions, comme la cité accomplit l'interdépendance d'individus d'abord motivés par la satisfaction de leurs besoins corporels. Si cette satisfaction n'est pas une condition suffisante pour accéder au bien commun, conçu par Platon comme bonheur collectif d'une cité gouvernée par les philosophes-rois, elle en est néanmoins une condition nécessaire. Production par le travail et division technique du travail sont indispensables au bonheur social et individuel.

1 **Quelle est l'origine de la cité ?**

2 **Quelle relation Platon établit-il entre la genèse de la cité et le travail humain ?**

Peter BALTEN, *Foire paysanne flamande*, av. 1598, Rijksmuseum, Amsterdam.

? Échanger le produit de notre travail suffit-il à faire de nous des êtres sociaux ?

SMITH DIT AUSSI

« Comme c'est [...] par traité, par troc et par achat que nous obtenons des autres la plupart de ces bons offices qui nous sont mutuellement nécessaires, c'est cette même disposition à trafiquer qui a dans l'origine donné lieu à la *division du travail*. [...] Ainsi, la certitude de pouvoir troquer tout le produit de son travail qui excède sa propre consommation, contre un pareil surplus du produit du travail des autres qui peut lui être nécessaire, encourage chaque homme à s'adonner à une occupation particulière, et à cultiver et perfectionner tout ce qu'il peut avoir de talent et d'intelligence pour cette espèce de travail.
Dans la réalité, la différence des talents naturels entre les individus est bien moindre que nous ne le croyons, et les aptitudes si différentes qui semblent distinguer les hommes de diverses professions quand ils sont parvenus à la maturité de l'âge, n'est pas tant la cause que l'effet de la division du travail, en beaucoup de circonstances. »

Adam SMITH, *Recherches sur la nature et les causes de la richesse des nations*, I, 1776, trad. G. Garnier, 1999.

? Platon et Adam Smith défendent deux conceptions opposées des rapports que la division du travail entretient avec la diversité des dispositions individuelles. Laquelle est la plus juste ? Pourquoi ?

Émile DURKHEIM
1858-1917

TEXTE 8

La division du travail, institution sociale ou phénomène biologique général ?

Issu de l'introduction à l'ouvrage qu'Émile Durkheim consacre à la division du travail social, ce texte rappelle que l'on peut aussi considérer cette division comme un simple cas de figure d'une loi de la nature beaucoup plus générale.

Les spéculations récentes de la philosophie biologique ont achevé de nous faire voir dans la division du travail un fait d'une généralité que les économistes, qui en parlèrent pour la première fois, n'avaient pas pu soupçonner. On sait, en effet, [...] que la loi de la division du travail s'applique aux organismes comme aux sociétés ; on a même pu dire qu'un organisme occupe une place d'autant plus élevée dans l'échelle animale que les fonctions y sont plus spécialisées. Cette découverte a eu pour effet, à la fois, d'étendre démesurément le champ d'action de la division du travail et d'en rejeter les origines dans un passé infiniment lointain, puisqu'elle devient presque contemporaine de l'avènement de la vie dans le monde. Ce n'est plus seulement une institution sociale qui a sa source dans l'intelligence et dans la volonté des hommes ; mais c'est un phénomène de biologie générale dont il faut, semble-t-il, aller chercher les conditions dans les propriétés essentielles de la matière organisée. La division du travail social n'apparaît plus que comme une forme particulière de ce processus général, et les sociétés, en se conformant à cette loi, semblent céder à un courant qui est né bien avant elles et qui entraîne dans le même sens le monde vivant tout entier.

Un pareil fait ne peut évidemment pas se produire sans affecter profondément notre constitution morale ; car le développement de l'homme se fera dans deux sens tout à fait différents suivant que nous nous abandonnons à ce mouvement ou que nous y résisterons. Mais alors une question pressante se pose : de ces deux directions, laquelle faut-il vouloir ? Notre devoir est-il de chercher à devenir un être achevé et complet, un tout qui se suffit à soi-même, ou bien au contraire de n'être que la partie d'un tout, l'organe d'un organisme ? En un mot, la division du travail, en même temps qu'elle est une loi de la nature, est-elle aussi une règle morale de la conduite humaine, et si elle a ce caractère, pour quelles causes et dans quelle mesure ? Il n'est pas nécessaire de démontrer la gravité de ce problème pratique ; car, quelque jugement qu'on porte sur la division du travail, tout le monde sent bien qu'elle est et qu'elle devient de plus en plus une des bases fondamentales de l'ordre social.

Émile DURKHEIM, *De la division du travail social*, 1893.

▶ LE DEVOIR
▶ LA NATURE
▶ LA SCIENCE

1 Si la « division du travail social » n'est bel et bien qu'« une forme particulière » d'un « phénomène de biologie général », peut-on continuer à dire qu'elle a « sa source dans l'intelligence et dans la volonté des hommes » ?

2 Quelle réponse apporter à la « question pressante », dont Émile Durkheim fait état dans le second paragraphe de cet extrait ?

Karl MARX
1818-1883

Friedrich ENGELS
1820-1895

TEXTE 9 COMMENTÉ

Travail divisé, travail aliéné ?

Répartition inégale du travail et des biens, antagonisme de l'intérêt particulier et de l'intérêt général, apparition consécutive de l'État comme entité administrative séparée ayant vocation à le réguler, aliénation du travailleur : Marx et Engels dressent ici un sombre tableau des effets de la division du travail en régime de production capitaliste.

Tout en reposant sur la division naturelle du travail dans la famille et sur la séparation de la société en familles isolées et opposées les unes aux autres, la division du travail, avec toutes ses contradictions, entraîne en même temps la répartition du travail et de ses produits – répartition inégale, certes, en quantité comme en qualité – et, par conséquent, la propriété [...].

En outre, la division du travail fait naître également l'antagonisme entre l'intérêt de chaque individu ou de chaque famille et l'intérêt commun de tous les individus qui communiquent entre eux ; et, à vrai dire, cet intérêt commun n'existe pas simplement dans l'imagination, en tant qu'« idée générale », mais, en premier lieu, dans la réalité, en tant que mutuelle dépendance des individus entre lesquels le travail est divisé.

C'est précisément en raison de cette opposition entre l'intérêt particulier et l'intérêt commun que celui-ci prend, en tant qu'État, une configuration autonome, détachée des intérêts réels, individuels et collectifs, en même temps qu'il se présente comme communauté illusoire, mais toujours sur la base réelle des liens existant dans chaque conglomérat de familles et de tribus, tels que consanguinité, langage, division du travail à une plus grande échelle et autres intérêts [...]. Il s'ensuit que toutes les luttes au sein de l'État, la lutte entre la démocratie, l'aristocratie et la monarchie, la lutte pour le suffrage, etc., ne sont que les formes illusoires [...] dans lesquelles les luttes des différentes classes entre elles sont menées [...] ; il s'ensuit en outre que toute classe qui aspire à la domination [...] doit d'abord s'emparer du pouvoir politique afin de présenter derechef son intérêt comme l'intérêt général [...].

Enfin, et la division du travail nous en fournit d'emblée le premier exemple, aussi longtemps que les hommes se trouvent dans la société primitive, donc aussi longtemps que subsiste la division entre intérêt particulier et intérêt général, et que l'activité n'est pas divisée volontairement mais naturellement, le propre acte de l'homme se dresse devant lui comme une puissance étrangère qui l'asservit, au lieu que ce soit lui qui la maîtrise. En effet, du moment où le travail commence à être réparti, chacun entre dans un cercle d'activités déterminé et exclusif, qui lui est imposé et dont il ne peut s'évader ; il est chasseur, pêcheur, berger ou « critique critique[1] », et il doit le rester sous peine de perdre les moyens qui lui permettent de vivre. Dans la société communiste, c'est le contraire : personne n'est enfermé dans un cercle exclusif d'activités et chacun peut se former dans n'importe quelle branche de son choix ; c'est la société qui règle la production générale et qui me permet ainsi de faire aujourd'hui telle chose, demain telle autre, de chasser le matin, de pêcher l'après-midi, de m'occuper d'élevage le soir et de m'adonner à la critique après le repas, selon que j'en ai envie, sans jamais devenir chasseur, pêcheur, berger ou critique.

Karl MARX, Friedrich ENGELS, *L'Idéologie allemande*, 1845-1846, éd. établie et annotée par M. Rubel, 1982.

1 « Critique critique » est l'expression employée par les frères Bruno et Edgar Bauer, de « jeunes hégéliens », pour désigner leur courant de pensée, largement inspiré par le socialisme utopique allemand et français. Dans leur œuvre *La Sainte Famille ou Critique de la critique critique* (1845), Marx et Engels en dénoncent plus directement l'idéalisme.

▶ LE BONHEUR
▶ L'ÉTAT
▶ LA JUSTICE

DIVISION CAPITALISTE DU TRAVAIL ET CONTRADICTION DES INTÉRÊTS

Le régime de production capitaliste est un système de concurrence généralisée. Les capitalistes sont en concurrence entre eux pour faire le plus grand profit ; les travailleurs le sont pour échapper au chômage et à la misère ; les capitalistes et les prolétaires sont en lutte perpétuelle (lutte des classes). C'est pourquoi le capitalisme est le régime de la contradiction objective entre l'intérêt commun des membres de la société et l'intérêt particulier (intérêt individuel et familial).

TRAVAIL ET ÉTAT CAPITALISTE

Chez Marx, cette contradiction entre intérêt commun et intérêt particulier explique la naissance de l'État. Disposant de ce que Max Weber nomme le « monopole de la violence légitime », l'État est en effet nécessaire pour produire une illusion de communauté, comme pour assurer la préservation des intérêts de la classe dominante, **au besoin par l'usage de la force**. L'État est donc à la fois communauté illusoire et appareil de pouvoir au service de la classe qui possède les moyens de production.

LUTTES INTERNES À L'ÉTAT ET CRITIQUE DE LA DÉMOCRATIE (PARLEMENTAIRE)

La lutte pour le pouvoir est essentiellement une lutte économique, qui prend la forme illusoire d'une lutte politique, idéologique, entre partisans de régimes politiques différents ou, à l'intérieur de la démocratie parlementaire, entre partis différents. Cette lutte interne à la démocratie parlementaire ne permet pas de réconcilier l'intérêt commun et l'intérêt individuel. Pour que cette réconciliation se produise, le prolétariat, c'est-à-dire la classe des travailleurs, doit prendre possession du pouvoir et imposer la socialisation de la production.

DIVISION TECHNIQUE DU TRAVAIL ET ALIÉNATION

Pour assurer le plus grand profit possible aux capitalistes, il faut diviser le travail. Dès lors, chacun se trouve réduit à la fonction qu'il doit accomplir. Le travail est au service du capital et, par conséquent, de l'enrichissement d'une classe. Il n'est pas au service de l'être humain et du développement de ses facultés. Exploitation économique, division du travail et aliénation du travailleur vont donc de pair.

SOCIÉTÉ COMMUNISTE ET ÉMANCIPATION

En mettant en commun les moyens de production, la société communiste devra permettre le libre déploiement de l'énergie physique et intellectuelle des travailleurs, qui pourront alors accomplir plusieurs métiers. Ainsi, les individus ne seront plus réduits à leur fonction. Les diverses capacités, facultés et potentialités corporelles et intellectuelles des hommes pourront s'épanouir au fil de la vie.

1 **La notion d'intérêt particulier n'a-t-elle aucun sens avant l'émergence de la division du travail social ?**

2 **Dans une société communiste, la division du travail a-t-elle disparu ?**

MARX ET ENGELS DISENT AUSSI

« La division du travail n'acquiert son vrai caractère qu'à partir du moment où intervient la division du travail matériel et du travail intellectuel. Dès cet instant, la conscience *peut* vraiment s'imaginer qu'elle est autre chose que la conscience de la pratique établie et qu'elle représente *réellement* quelque chose sans représenter quelque chose de réel : à partir de ce moment, la conscience est capable de s'émanciper du monde et de passer à la formation de la théorie "pure", théologie, philosophie, morale, etc. »

Karl MARX, Friedrich ENGELS, *L'Idéologie allemande*, 1845-1846, éd. établie et annotée par M. Rubel, 1982.

(?) Réfléchir, est-ce ne rien faire ?

Travail et pouvoir

L'analyse marxiste du travail divisé en témoignait déjà : travailler confine trop souvent à la servitude. À telle enseigne que l'on pourrait même finir par avoir l'impression qu'il y a là le résultat d'une stratégie morale et politique délibérée. Et si le travail et sa promotion étaient les instruments du pouvoir ? Et s'ils avaient en effet vocation à nous asservir ou, du moins, à nous discipliner ? Mais comment ? À la façon d'une conduite ascétique ? (texte 10, Weber) **Au moyen de la contrainte scolaire ?** (texte 11, Kant) **En favorisant la mécanisation des comportements ?** (texte 12, Foucault) **En déshumanisant le travailleur ?** (texte 13, Marx)

Max WEBER
1864-1920

TEXTE 10

Travailler, une obligation religieuse ?

Max Weber présente ici les thèses défendues par Richard Baxter, pasteur protestant et représentant d'une éthique puritaine dérivée du calvinisme. Entre ascèse, recherche du salut et célébration de la gloire divine, le travail y occupe une place centrale.

[L']œuvre capitale de Baxter est imprégnée d'une prédication incessante, presque passionnée parfois, en faveur d'un *labeur* dur et continu, que celui-ci soit manuel ou intellectuel. Deux thèmes se conjuguent ici. En premier lieu, le travail a dès longtemps fait ses preuves en tant que *moyen ascétique*, et l'Église d'Occident l'a toujours fort prisé. Cela en opposition marquée non seulement avec l'Orient, mais avec presque toutes les règles monastiques du monde entier. En particulier, le travail est le remède spécifique à employer à titre préventif contre toutes les tentations que le puritanisme a réunies sous le terme d'*unclean life*[1] dont le rôle n'est pas mince. [...] Contre toutes les tentations sexuelles aussi bien que contre les doutes religieux ou le sentiment d'indignité morale, outre une alimentation végétarienne frugale et des bains froids, on dispose du précepte : « Travaille ferme à ta besogne [*Beruf*]. » Le travail cependant est autre chose encore ; il constitue le *but même* de la vie, tel que Dieu l'a fixé. Le verset de saint Paul : « Si quelqu'un ne veut pas travailler, qu'il ne mange pas non plus » vaut pour chacun, et sans restriction. La répugnance au travail est le symptôme d'une absence de la grâce.

Ici se perçoit nettement la différence avec l'attitude du Moyen Âge. Saint Thomas avait, lui aussi, donné son interprétation de la parole de saint Paul. Pour lui, ce n'est que *naturali ratione*[2] que le travail est nécessaire à la subsistance de l'individu et de la communauté. La fin une fois acquise, la prescription cesse d'avoir un sens. Elle est valable pour l'espèce, non pour chaque individu en particulier. Elle ne s'applique pas à celui qui peut vivre de ce qu'il possède sans devoir travailler, et il va sans dire que la contemplation, en tant que forme spirituelle de l'action dans le royaume de Dieu, est placée au-dessus de l'interprétation littérale de ce commandement. Pour la théologie populaire, la forme la plus haute de la « productivité » monastique revenait à accroître le *thesaurus ecclesiae*[3] par les chants et la prière.

Certes, Baxter supprime ces échappatoires au devoir moral de travailler, mais de plus il insiste énergiquement sur le principe que la richesse elle-même ne libère pas de ces prescriptions. Le possédant, lui non plus, ne doit pas manger sans travailler, car même s'il ne lui est pas nécessaire de travailler pour couvrir ses besoins, le commandement divin n'en subsiste pas moins, et il doit lui obéir au même titre que le pauvre. Car la divine Providence a prévu pour chacun sans exception un métier [*calling*[4]] qu'il doit reconnaître et à laquelle il doit se consacrer. Et ce métier ne constitue pas, comme pour le luthéranisme, un destin auquel on doit se soumettre et se résigner, mais un commandement que Dieu fait à l'individu de travailler à la gloire divine.

Max WEBER, *L'Éthique protestante et l'Esprit du capitalisme*, 1905, trad. J. Chavy, 1964.

1 *Unclean life* : vie impure.

2 *Naturali ratione :* du point de vue de la raison naturelle.

3 *Thesaurus ecclesiae*, littéralement : « Trésor de l'église ». L'expression désigne l'ensemble des mérites du Christ et de ses fidèles, ensemble considéré comme un trésor conservé « au ciel » et susceptible de profiter à toutes les âmes pieuses du fait de la communion des saints.

4 *Calling :* vocation.

▶ LE BONHEUR
▶ LE DEVOIR
▶ LA RELIGION

1 Qu'est-ce que l'ascèse ? En quoi le travail peut-il en participer ?

2 Faut-il craindre l'oisiveté ?

AUX FRONTIÈRES DE LA PHILOSOPHIE

Dans le récit biblique de la Genèse, le travail n'est ni un « moyen ascétique » ni un « commandement », mais le châtiment que Dieu inflige à Adam et Ève pour les punir d'avoir désobéi à l'interdit – ne pas manger du fruit de l'arbre de la connaissance du bien et du mal – qu'il les avait enjoint de respecter.

« "Tu as donc mangé de l'arbre dont je t'avais défendu de manger !"
L'homme répondit : "C'est la femme que tu as mise auprès de moi qui m'a donné de l'arbre, et j'ai mangé !"
[...] À la femme, [Dieu] dit : "Je multiplierai les peines de tes grossesses, dans la peine tu enfanteras des fils. Ta convoitise te poussera vers ton mari et lui dominera sur toi." À l'homme, il dit : "Parce que tu as écouté la voix de ta femme et que tu as mangé de l'arbre dont je t'avais interdit de manger, maudit soit le sol à cause de toi ! À force de peines tu en tireras subsistance tous les jours de ta vie. Il produira pour toi épines et chardons et tu mangeras l'herbe des champs. À la sueur de ton visage tu mangeras ton pain, jusqu'à ce que tu retournes au sol, puisque tu en fus tiré. Car tu es glaise et tu retourneras à la glaise." »

Genèse, Bible de Jérusalem.

? Le travail est-il nécessairement pénible ?

Gherardo STARNINA, *La Thébaïde : moines travaillant dans un potager et aux tâches de la vie quotidienne*, v. 1413, Galleria delli Uffizi, Florence.

La Thébaïde est en premier lieu une région méridionale de l'Égypte ancienne. Comme un certain nombre des premiers ermites chrétiens s'y retirèrent pour y mener une vie calme mais industrieuse, le terme a ensuite servi à désigner tout lieu « isolé et sauvage » où, tels les moines qui sont ici représentés, l'on mène ce type d'existence.

? Pourquoi presque tous les protagonistes de cette scène sont-ils représentés ou bien voûtés ou bien la tête penchée vers le sol ?

Emmanuel KANT
1724-1804

TEXTE 11

L'être humain doit-il être forcé à travailler ?

Pour Kant, la réponse est « oui » et c'est même ainsi, ajoute-t-il, qu'il faut concevoir la fonction de l'institution scolaire : contraindre à travailler pour détourner chacun de soi, prévenir l'ennui et les vices qu'il favorise, et, ce faisant, disposer à la droiture morale. Comme s'il s'agissait là d'une version modérée et laïque, surtout, de l'argumentaire puritain que Max Weber restitue dans le texte 10.

Il est de la plus haute importance que les enfants apprennent à travailler. L'homme est le seul animal qui doit travailler. Il lui faut d'abord beaucoup de préparation pour en venir à jouir de ce qui est supposé par sa conservation. La question de savoir si le Ciel n'aurait pas pris soin de nous avec plus de bienveillance, en nous offrant toutes les choses déjà préparées, de telle sorte que nous ne serions pas obligés de travailler, doit assurément recevoir une réponse négative : l'homme, en effet, a besoin d'occupations et même de celles qui impliquent une certaine contrainte. Il est tout aussi faux de s'imaginer que si Adam et Ève étaient demeurés au Paradis, ils n'auraient rien fait d'autre que d'être assis ensemble, chanter des chants pastoraux, et contempler la beauté de la nature. L'ennui les eût torturés tout aussi bien que d'autres hommes dans une situation semblable.

L'homme doit être occupé de telle manière qu'il soit rempli par le but qu'il a devant les yeux, si bien qu'il ne se sente plus lui-même et que le meilleur repos soit pour lui celui qui suit le travail. Ainsi l'enfant doit être habitué à travailler. Et où donc le penchant au travail doit-il être cultivé, si ce n'est à l'école ? L'école est une culture par contrainte. Il est extrêmement mauvais d'habituer les enfants à tout regarder comme un jeu. Il doit avoir du temps pour ses récréations, mais il doit aussi y avoir pour lui un temps où il travaille. Et si l'enfant ne voit pas d'abord à quoi sert cette contrainte, il s'avisera plus tard de sa grande utilité.

Emmanuel KANT, *Réflexions sur l'éducation*, 1803,
trad. A. Philonenko, 1967.

▶ LE BONHEUR
▶ LE DEVOIR

1 Est-ce pour échapper au malheur ou à l'indignité morale qu'il faut travailler ?

2 Si la contrainte est – au moins initialement – nécessaire pour y disposer, peut-on encore parler d'un « penchant au travail » (l. 15) ?

3 En matière d'éducation morale et intellectuelle, la contrainte est-elle toujours efficace et féconde ?

REPÈRES obligation / contrainte

Obligation et **contrainte** limitent notre liberté. Mais là où l'une, l'obligation, est de nature morale et suppose mon acceptation (autonomie), l'autre, la contrainte, est de nature physique et s'impose à mon corps, quoi que je puisse en penser (hétéronomie). Signifié par un panneau de Stop, l'arrêt d'une automobile à un croisement est une obligation. Provoqué par un ralentisseur ou un « dos d'âne », le ralentissement de la même automobile est une contrainte.

→ VERS LE BAC

Rédiger l'introduction du sujet de dissertation : « Travailler est-il un devoir ? »

FREUD DIT AUSSI

« Aucune autre technique pour conduire sa vie ne lie aussi solidement l'individu à la réalité que l'accent mis sur le travail, qui l'insère sûrement tout au moins dans un morceau de la réalité, la communauté humaine. La possibilité de déplacer une forte proportion de composantes libidinales, composantes narcissiques, agressives et mêmes érotiques, sur le travail professionnel et les relations humaines qui s'y rattachent, confère à celui-ci une valeur qui ne le cède en rien à son indispensabilité pour chacun aux fins d'affirmer et justifier son existence dans la société. L'activité professionnelle procure une satisfaction particulière quand elle est librement choisie, donc qu'elle permet de rendre utilisables par sublimation des penchants existants, des motions pulsionnelles poursuivies ou constitutionnellement renforcées. Et cependant le travail, en tant que voie vers le bonheur, est peu apprécié par les hommes. On ne s'y presse pas comme vers d'autres possibilités de satisfaction. »

Sigmund FREUD, *Malaise dans la civilisation*, 1930, trad. Ch. et J. Odier, 1934.

? Ce que Freud dit ici du travail diffère-t-il de ce que Weber et Kant en disent dans les **textes 10 et 11** ?

KANT DIT AUSSI

« Il est deux découvertes humaines que l'on est en droit de considérer comme les plus difficiles : l'art de gouverner les hommes et celui de les éduquer ; et cependant on en est encore à disputer de leurs Idées. »

Emmanuel KANT, *Réflexions sur l'éducation*, Introduction, trad. A. Philonenko, 1966.

? Est-ce pour la même raison que « l'art de gouverner les hommes et celui de les éduquer » sont « les plus difficiles » ?

Un enfant des années 1950 faisant ses devoirs.

? L'étude n'est-elle pas aussi susceptible de procurer du plaisir ?

Michel FOUCAULT
1926-1984

TEXTE 12

À quoi sert le travail en prison ?

Michel Foucault accorde une grande attention aux multiples façons dont le pouvoir s'insinue dans nos vies et nos corps pour les asservir et les gouverner de l'intérieur. Le travail pénal est l'une d'entre elles. Car, à ses yeux, comme à ceux de ses premiers promoteurs, cette pratique revient à compter sur le travail pour produire des « individus mécanisés », c'est-à-dire idéalement dociles et disciplinés.

Le travail pénal ne peut pas être critiqué en raison d'un chômage qu'il provoquerait : par son peu d'étendue, son faible rendement, il ne peut pas avoir d'incidence générale sur l'économie. Ce n'est pas comme activité de production qu'il est intrinsèquement utile, mais par les effets qu'il prend dans la mécanique humaine. Il est un principe d'ordre et de régularité ; par les exigences qui lui sont propres, il véhicule, d'une manière insensible, les formes d'un pouvoir rigoureux ; il plie les corps à des mouvements réguliers, il exclut l'agitation et la distraction, il impose une hiérarchie et une surveillance qui sont d'autant mieux acceptées, et qui s'inscriront d'autant plus profondément dans le comportement des condamnés, qu'elles font partie de sa logique : avec le travail « la règle s'introduit dans une prison, elle y règne sans effort, sans l'emploi d'aucun moyen répressif et violent. En occupant le détenu, on lui donne des habitudes d'ordre et d'obéissance ; on le rend diligent et actif, de paresseux qu'il était [...] avec le temps, il trouve dans le mouvement régulier de la maison, dans les travaux manuels auxquels on l'a assujetti [...] un remède certain contre les écarts de son imagination* ». Le travail pénal doit être conçu comme étant par lui-même une machinerie qui transforme le détenu violent, agité, irréfléchi en une pièce qui joue son rôle avec une parfaite régularité. La prison n'est pas un atelier ; elle est, il faut qu'elle soit en elle-même une machine dont les détenus-ouvriers sont à la fois les rouages et les produits ; elle les « occupe » et cela « continuellement, fût-ce dans l'unique but de remplir leurs moments. Lorsque le corps s'agite, lorsque l'esprit s'applique à un objet déterminé, les idées importunes s'éloignent, le calme renaît dans l'âme** ». Si, au bout du compte, le travail de la prison a un effet économique, c'est en produisant des individus mécanisés selon les normes générales d'une société industrielle : « Le travail est la providence des peuples modernes ; il leur tient lieu de morale, remplit le vide des croyances et passe pour le principe de tout bien. Le travail devait être la religion des prisons. À une société-machine, il fallait des moyens purement mécaniques.*** »

* Bérenger, *Rapport à l'Académie des sciences morales*, 1836. [Note de Foucault]
** Danjou, *Des prisons*, 1821. [Note de Foucault]
*** Faucher, *De la réforme des prisons*, 1838. [Note de Foucault]

Michel FOUCAULT, *Surveiller et punir. Naissance de la prison*, 1975.

▶ L'ÉTAT
▶ LA JUSTICE
▶ LA RELIGION

1 Qu'est-ce que le travail pénal vise à abolir ?

2 Au terme de cet extrait, Foucault cite un passage de l'ouvrage de Léon Faucher : « Le travail devait être la religion des prisons. »
Quelle caractéristique de la vie religieuse la mécanisation des conduites induites par le travail pénal peut-elle en effet rappeler ?

NIETZSCHE DIT AUSSI

« Dans la glorification du “travail”, dans les infatigables discours sur la “bénédiction du travail”, je vois la même arrière-pensée que dans les louanges adressées aux actes impersonnels et utiles à tous : à savoir la peur de tout ce qui est individuel. Au fond, on sent aujourd’hui, à la vue du travail – on vise toujours sous ce nom le dur labeur du matin au soir –, qu’un tel travail constitue la meilleure des polices, qu’il tient chacun en bride et s’entend à entraver puissamment le développement de la raison, des désirs, du goût de l’indépendance. Car il consume une extraordinaire quantité de force nerveuse et la soustrait à la réflexion, à la méditation, à la rêverie, aux soucis, à l’amour et à la haine, il présente constamment à la vue un but mesquin et assure des satisfactions faciles et régulières. »

Friedrich NIETZSCHE, *Aurore*, 1881, trad. J. Hervier, 1989.

Travail et expression de l’individualité sont-ils toujours antinomiques ?

AUX FRONTIÈRES DE LA PHILOSOPHIE

« Ce fut le dernier jour d’avril que la jeune femme accoucha. Les douleurs la prirent l’après-midi, vers quatre heures, comme elle repassait une paire de rideaux chez Mme Fauconnier. Elle ne voulut pas s’en aller tout de suite, restant là à se tortiller sur une chaise, donnant un coup de fer quand ça se calmait un peu [...]. Mais, comme elle parlait de se mettre à des chemises d’homme, elle devint blanche. Elle dut quitter l’atelier, traverser la rue, courbée en deux, se tenant aux murs. [...] Le feu n’était pas à la maison, bien sûr. Elle en avait sans doute pour toute la nuit. Ça n’allait pas l’empêcher en rentrant de préparer le dîner de Coupeau ; ensuite, elle verrait à se jeter un instant sur le lit, sans même se déshabiller. [...] Elle faisait, ce soir-là, un ragoût de mouton avec des hauts de côtelettes. Tout marcha encore bien, pendant qu’elle pelurait ses pommes de terre. Les hauts de côtelettes revenaient dans un poêlon, quand les sueurs et les tranchées reparurent. [...] Si elle accouchait, n’est-ce pas ? ce n’était point une raison pour laisser Coupeau sans manger. Enfin le ragoût mijota sur un feu couvert de cendre. Elle revint dans la chambre, crut avoir le temps de mettre un couvert à un bout de la table. Et il lui fallut reposer bien vite le litre de vin ; elle n’eut plus la force d’arriver au lit, elle tomba et accoucha par terre, sur un paillasson. Lorsque la sage-femme arriva, un quart d’heure plus tard, ce fut là qu’elle la délivra.

Le zingueur travaillait toujours à l’hôpital. Gervaise défendit d’aller le déranger. Quand il rentra, à sept heures, il la trouva couchée, bien enveloppée, très pâle sur l’oreiller. L’enfant pleurait, emmailloté dans un châle, aux pieds de la mère.

– Ah ! ma pauvre femme ! dit Coupeau en embrassant Gervaise. Et moi qui rigolais, il n’y a pas une heure, pendant que tu criais aux petits pâtés !... Dis donc, tu n’es pas embarrassée, tu vous lâches ça, le temps d’éternuer.

Elle eut un faible sourire ; puis, elle murmura :

– C’est une fille. »

Émile ZOLA, *L’Assommoir*, 1877.

Théophile-Alexandre STEINLEIN, *La blanchisseuse*, 1895, musée du Petit-Palais, Genève.

Quel sens accorder à la déclaration sur laquelle se referme cet extrait ?

Karl MARX
1818-1883

TEXTE 13 COMMENTÉ

Déshumaniser pour mieux produire ?

Définissant le travail aliéné, Marx montre ici qu'il aboutit à déposséder le travailleur de sa propre humanité. Parce qu'il y a sans doute un avantage productif à pouvoir compter sur la soumission d'une bête de somme ?

[E]n quoi consiste la dépossession du travail ? D'abord dans le fait que le travail est extérieur à l'ouvrier, c'est-à-dire qu'il n'appartient pas à son être ; que, dans son travail, l'ouvrier ne s'affirme pas, mais se nie ; qu'il ne s'y sent pas satisfait, mais malheureux; qu'il n'y déploie pas une libre énergie physique et intellectuelle, mais mortifie son corps et ruine son esprit. C'est pourquoi l'ouvrier n'a le sentiment d'être à soi qu'en dehors du travail ; dans le travail, il se sent extérieur à soi-même. Il est lui quand il ne travaille pas et, quand il travaille, il n'est pas lui. Son travail n'est pas volontaire, mais contraint. *Travail forcé,* il n'est pas la satisfaction d'un besoin, mais seulement un *moyen* de satisfaire des besoins en dehors du travail. La nature aliénée du travail apparaît nettement dans le fait que, dès qu'il n'existe pas de contrainte physique ou autre, on fuit le travail comme la peste. Le travail aliéné, le travail dans lequel l'homme se dépossède, est sacrifice de soi, mortification. Enfin, l'ouvrier ressent la nature extérieure du travail par le fait qu'il n'est pas son bien propre, mais celui d'un autre, qu'il ne lui appartient pas ; que dans le travail l'ouvrier ne s'appartient pas à lui-même, mais à un autre. Dans la religion, l'activité propre à l'imagination, au cerveau, au cœur humain, opère sur l'individu indépendamment de lui, c'est-à-dire comme une activité étrangère, divine ou diabolique. De même l'activité de l'ouvrier n'est pas son activité propre ; elle appartient à un autre, elle est déperdition de soi-même.

On en vient donc à ce résultat que l'homme (l'ouvrier) n'a de spontanéité que dans ses fonctions animales : le manger, le boire et la procréation, peut-être encore dans l'habitat, la parure, etc. ; et que, dans ses fonctions humaines, il ne sent plus qu'animalité : ce qui est animal devient humain, et ce qui est humain devient animal.

Sans doute, manger, boire, procréer, etc., sont aussi des fonctions authentiquement humaines. Toutefois, séparées de l'ensemble des activités humaines, érigées en fins dernières et exclusives, ce ne sont plus que des fonctions animales.

Karl MARX, *Manuscrits de 1844 (Économie politique et philosophie),* 1844, trad. L. Évrard, M. Jacob, J. Malaquais *et al.*, 1968.

▶ LE BONHEUR
▶ LA LIBERTÉ
▶ LA RELIGION

L'ALIÉNATION EST L'EXTÉRIORITÉ DU TRAVAILLEUR AU TRAVAIL

Aliénation signifie « dépossession », au sens de dépossession de ce qui nous appartient, ou devrait nous appartenir. Le travail étant l'activité *du* travailleur, celui-ci devrait s'y reconnaître, avoir le sentiment d'être maître de son travail, de *le* posséder et de *s'y* posséder. C'est pourtant le contraire qui se produit dans le capitalisme : les êtres humains devraient déployer « une libre énergie physique et intellectuelle » dans la production, mais les faibles salaires et le nombre excessif d'heures passées à travailler font que l'ouvrier s'aliène dans son travail, s'y sent malheureux, physiquement contraint et intellectuellement amoindri. Dans le travail, le travailleur n'est pas lui-même, il est étranger à lui-même (le latin *alienus* signifie « étranger »).

LE PRODUIT ET L'ACTIVITÉ DU TRAVAIL APPARTIENNENT AU CAPITALISTE

Cette aliénation provient de l'exploitation du travailleur. L'exploitation est le concept par lequel Marx analyse le fait suivant : les travailleurs, en produisant des marchandises qui sont ensuite vendues sur un marché, produisent de la richesse. Or, de cette richesse, les salariés sont dépossédés. En effet, le capitaliste doit faire une plus-value, c'est-à-dire s'approprier la part la plus importante possible de la richesse, afin d'augmenter son capital. Plus les salaires seront bas, et le nombre d'heures élevé, plus la plus-value sera élevée. L'aliénation des travailleurs tient donc au fait que le travail doit être exploité dans un régime capitaliste. C'est pourquoi la fin de l'exploitation correspond, pour Marx, à la mise en commun (communisme) et à la socialisation (socialisme) des moyens de production et de la richesse collectivement produite.

LE RAPPORT ENTRE EXPLOITATION ET ALIÉNATION

Le produit *et* l'activité du travail n'appartiennent pas aux travailleurs, mais aux capitalistes. Le travailleur vend sa force de travail, qui est une marchandise, contre un salaire. C'est là la définition du prolétaire. Ce salaire lui permet d'acheter des marchandises. Mais le salaire ne correspond pas à la richesse produite, puisque le travail est exploité. Le salaire ne correspond qu'à la somme d'argent nécessaire à l'ouvrier pour reproduire sa force de travail (pour retourner au travail le lendemain). C'est pourquoi, tout en travaillant, le salarié a le sentiment que son activité appartient à un autre.

UNE DÉSHUMANISATION RADICALE

L'aliénation est dépossession de l'humanité même du travailleur. L'être humain ne s'appartient que dans ses fonctions biologiques (manger, boire, procréer), auxquelles s'ajoutent quelques fonctions sociales (par exemple, se vêtir, boire de l'alcool, entretenir des relations sociales). Si ces fonctions biologiques (animales) deviennent les seules où l'on se sent soi-même, si elles sont érigées « en fins dernières », alors elles réduisent l'humanité de l'homme, elles tendent à le bestialiser.

1 **À quoi Marx compare-t-il implicitement le travail en disant que l'ouvrier y « mortifie son corps » (l. 5) ?**

2 **Sachant comment Marx caractérisait le travail dans le texte 2, la notion de « travail aliéné » n'est-elle pas en partie paradoxale ?**

MARX DIT AUSSI

« Le travail créateur de valeur d'échange se caractérise par le fait que les relations sociales entre les personnes se présentent pour ainsi dire comme inversées, comme un rapport social entre les choses. Ce n'est que si l'on compare une valeur d'usage à une autre en sa qualité de valeur d'échange, que le travail des diverses personnes est comparé sous son aspect de travail égal et général. Si donc il est juste de dire que la valeur d'échange est un rapport entre les personnes, il faut ajouter : un rapport qui se cache sous l'enveloppe des choses. »

Karl MARX, *Contribution à la critique de l'économie politique*, 1859, trad. M. Husson et G. Badia, 1972.

? Comparez ces quelques lignes au **texte 6**. Marx est-il d'accord avec Smith ?

Edgar DEGAS, *Repasseuse à contre-jour*, 1876-1887, National Gallery of Art, Washington.

Penchée sur son ouvrage, une femme repasse une chemise d'homme. Suspendues sur des fils à linge au-dessus d'elle, bien d'autres l'attendent...

? La division sexuelle du travail est-elle encore d'actualité ?

Travailler autrement

Comment réconcilier travail et liberté ? Telle est la question qu'il reste à se poser. En rompant avec l'idéal productiviste et en s'inspirant du rapport que l'on entretient avec le travail lorsque l'économie demeure de simple subsistance ? (texte 14, Clastres) **Ou bien grâce au développement de l'autogestion, c'est-à-dire à l'introduction de la norme démocratique dans le monde du travail ?** (texte 15, Castoriadis)

Pierre CLASTRES
1934-1977

TEXTE 14

La tyrannie du travail est-elle spécifiquement occidentale ?

Élève de Claude Lévi-Strauss, Pierre Clastres est ethnologue et anthropologue. Dans cet extrait, il montre que d'autres civilisations que la nôtre réussissaient à maintenir le travail à une place si circonscrite et marginale qu'il n'y constituait presque jamais une entrave au loisir et à la liberté, de la gent masculine du moins.

C'est ce qui frappa, sans ambiguïté, les premiers observateurs européens des Indiens du Brésil. Grande était leur réprobation à constater que des gaillards pleins de santé préféraient s'attifer comme des femmes de peintures et de plumes au lieu de transpirer sur leurs jardins. Gens donc qui ignoraient délibérément qu'il faut gagner son pain à la sueur de son front. C'en était trop, et cela ne dura pas : on mit rapidement les Indiens au travail, et ils en périrent. Deux axiomes en effet paraissent guider la marche de la civilisation occidentale dès son aurore, le premier pose que la vraie société se déploie à l'ombre protectrice de l'État ; le second énonce un impératif catégorique : il faut travailler.

Les Indiens ne consacraient effectivement que peu de temps à ce que l'on appelle le travail. Et ils ne mouraient pas de faim néanmoins. Les chroniques de l'époque sont unanimes à décrire la belle apparence des adultes, la bonne santé des nombreux enfants, l'abondance et la variété des ressources alimentaires. Par conséquent, l'économie de subsistance qui était celle des tribus indiennes n'impliquait nullement la recherche angoissée, à temps complet, de la nourriture. Donc une économie de subsistance est compatible avec une considérable limitation du temps consacré aux activités productives. Soit le cas des tribus sud-américaines d'agriculteurs, les Tupi-Guarani par exemple, dont la fainéantise irritait tant les Français et les Portugais. La vie économique de ces Indiens se fondait principalement sur l'agriculture, accessoirement sur la chasse, la pêche et la collecte. Un même jardin était utilisé pendant quatre à six années consécutives. Après quoi on l'abandonnait, en raison de l'épuisement du sol ou, plus vraisemblablement, de l'invasion de l'espace dégagé par une végétation parasitaire difficile à éliminer. Le gros du travail, effectué par les hommes, consistait à défricher, à la hache de pierre et par le feu, la superficie nécessaire. Cette tâche, accomplie à la fin de la saison des pluies, mobilisait les hommes pendant un ou deux mois. Presque tout le reste du processus agricole – planter, sarcler, récolter –, conformément à la division sexuelle du travail, était pris en charge par les femmes. Il en résulte donc cette conclusion joyeuse : les hommes, c'est-à-dire la moitié de la population, travaillaient environ deux mois tous les quatre ans ! Quant au reste du temps, ils le vouaient à des occupations éprouvées non comme peine mais comme plaisir : chasse, pêche ; fêtes et beuveries ; à satisfaire enfin leur goût passionné pour la guerre.

Pierre CLASTRES, *La Société contre l'État*, 1974.

▶ LE BONHEUR
▶ L'ÉTAT

1 Les deux axiomes évoqués au terme du premier paragraphe de l'extrait sont-ils indépendants ou bien dépendent-ils l'un de l'autre ?

2 À la fin du texte, Pierre Clastres signale que le temps libre dont les Tupi-Guarani disposaient pouvait aussi servir à satisfaire « leur goût passionné pour la guerre ». En valorisant le travail et l'échange marchand, la culture occidentale entendait-elle déplacer cette passion et parvenir ainsi à pacifier les mœurs ?

NIETZSCHE DIT AUSSI

« Chercher du travail en vue du salaire – voilà en quoi presque tous les hommes sont égaux dans les pays civilisés : pour eux tous, le travail n'est qu'un moyen, non pas le but en soi [...]. Or il se trouve quelques rares personnes qui préfèrent périr plutôt que de se livrer sans *joie* au travail ; ce sont ces natures portées à choisir et difficiles à satisfaire qui ne se contentent pas d'un gain considérable, dès lors que le travail ne constitue pas lui-même le gain de tous les gains. À cette catégorie d'hommes appartiennent les artistes et les contemplatifs de toutes sortes [...]. Tous ceux-là veulent le travail et la nécessité pour autant qu'y soit associé le plaisir, et le travail le plus pénible, le plus dur s'il le faut. Au demeurant, ils sont d'une paresse résolue, dût-elle entraîner l'appauvrissement, le déshonneur, et mettre en danger la santé et la vie. »

Friedrich NIETZSCHE, *Le Gai Savoir*, 1882, trad. P. Klossowski, 1939.

? La création artistique est-elle susceptible de servir de modèle au travail émancipé ?

Famille d'Amérindiens yanomamis, bassin de l'Orénoque, Amazonie, Vénézuela.

La scène se passe en lisière de la forêt Parima au Vénezuela dans un village d'Amérindiens yanomamis. Oisifs et manifestement détendus, enfants et adultes paraissent simplement jouir du temps qui passe.

? L'oisiveté favorise-t-elle la convivialité ?

Cornelius CASTORIADIS
1922-1997

TEXTE 15 COMMENTÉ

Le travail peut-il être démocratique ?

Philosophe français d'origine grecque, Cornelius Castoriadis a d'abord été marxiste. Dans le cadre de la revue qu'il fonde avec Pierre Lefort, *Socialisme ou Barbarie*, il se détache progressivement du marxisme classique et développe une nouvelle théorie du socialisme fondée sur la notion d'autogestion. Celle-ci consiste à introduire la norme démocratique dans le monde du travail.

Nous voulons une société autogérée. Qu'est-ce que cela veut dire ? Une société qui se gère, c'est-à-dire se dirige, elle-même. Mais cela doit être encore précisé. Une société autogérée est une société où toutes les décisions sont prises par la collectivité qui est, chaque fois, concernée par l'objet de ces décisions. C'est-à-dire un système où ceux qui accomplissent une activité décident collectivement ce qu'ils ont à faire et comment le faire, dans les seules limites que leur trace leur coexistence avec d'autres unités collectives. Ainsi, des décisions qui concernent les travailleurs d'un atelier doivent être prises par les travailleurs de cet atelier ; celles qui concernent plusieurs ateliers à la fois, par l'ensemble des travailleurs concernés, ou par leurs délégués élus et révocables ; celles qui concernent toute l'entreprise, par tout le personnel de l'entreprise ; celles concernant un quartier, par les habitants du quartier ; et celles qui concernent toute la société, par la totalité des femmes et des hommes qui y vivent.

Mais que signifie décider ?
Décider, c'est décider soi-même. Ce n'est pas laisser la décision à des « gens compétents », soumis à un vague « contrôle ». Ce n'est pas non plus désigner les gens qui vont, eux, décider. Ce n'est pas parce que la population française désigne, une fois tous les cinq ans, ceux qui feront les lois, qu'elle fait les lois. Ce n'est pas parce qu'elle désigne, une fois tous les sept ans, celui qui décidera de la politique du pays, qu'elle décide elle-même de cette politique. Elle ne décide pas, elle aliène son pouvoir de décision à des « représentants » qui, de ce fait même, ne sont pas et ne peuvent pas être ses représentants. Certes, la désignation de représentants, ou de délégués, par les différentes collectivités, comme aussi l'existence d'organes comités ou conseils formés par de tels délégués sera, dans une foule de cas, indispensable. Mais elle ne sera compatible avec l'autogestion que si ces délégués représentent véritablement la collectivité dont ils émanent, et cela implique qu'ils restent soumis à son pouvoir. Ce qui signifie, à son tour, que celle-ci non seulement les élit, mais peut aussi les révoquer chaque fois qu'elle le juge nécessaire. [...]

Une collectivité autogérée n'est pas une collectivité sans discipline, mais une collectivité qui décide elle-même de sa discipline et, le cas échéant, des sanctions contre ceux qui la violent délibérément. Pour ce qui est, en particulier, du travail, on ne peut pas discuter sérieusement de la question en présentant l'entreprise autogérée comme rigoureusement identique à l'entreprise contemporaine sauf qu'on aurait enlevé la carapace hiérarchique. Dans l'entreprise contemporaine, on impose aux gens un travail qui leur est étranger et sur lequel ils n'ont rien à dire. L'étonnant n'est pas qu'ils s'y opposent, mais qu'ils ne s'y opposent pas infiniment plus que ce n'est le cas. On ne peut croire un seul instant que leur attitude à l'égard du travail resterait la même lorsque leur relation à leur travail sera transformée et qu'ils commenceront à en devenir les maîtres.

Cornelius CASTORIADIS, « Autogestion et hiérarchie », *Quelle démocratie ?*, 1974.

L'AUTOGESTION

Dans une perspective postmarxiste, Castoriadis s'intéresse davantage à la prise de pouvoir des travailleurs dans l'entreprise qu'à l'appropriation économique des moyens de production. Dans cet horizon, il est amené à penser le travail à partir de la notion d'autogestion. Pour que le travailleur soit libre, il faut qu'il puisse lui-même gérer la production. *Autogestion* vient du latin *gestio* (« action de gérer »), et du grec *autos* (« soi-même »). La liberté, c'est donc que les travailleurs gèrent eux-mêmes la production.

LA COEXISTENCE DES COLLECTIFS

L'organisation de cette liberté est essentielle. Qui décide de quoi ? Tel est le problème concret que pose l'autogestion. La réponse de Castoriadis a le mérite d'articuler les champs de décision en fonction du rapport entre l'objet de la décision et le sujet concerné par celle-ci. Tout travailleur (et tout citoyen) concerné par une décision à prendre participera à la délibération et à la décision.

DÉCIDER SOI-MÊME

Pour être effectivement libre, une décision prise à l'intérieur d'un lieu de travail doit être le fruit d'une délibération et d'un choix démocratiques directs. Le grec ancien *démos* signifie « le peuple », et *kratos*, « le pouvoir ». Castoriadis étend donc le champ de la démocratie à la production. Le travail est une affaire politique. Toute représentation est déjà une aliénation de pouvoir. La représentation, dans le travail comme en politique, est contraire à l'autogestion démocratique. Pour être libre, le citoyen doit voter directement les lois, comme le travailleur doit décider directement de l'organisation de la production. Il n'a pas besoin de « représentants ». Ce qui ne signifie cependant pas que les démocraties représentatives qui prévalent dans l'espace culturel marqué par le libéralisme politique correspondent à de pures et simples tyrannies.

REPRÉSENTATION OU DÉLÉGATION ?

Pour des raisons d'organisation, la délégation est nécessaire. Cette délégation du pouvoir dans l'espace de production n'est possible qu'à deux conditions : que les travailleurs puissent élire leurs représentants et que ceux-ci puissent être révoqués à tout moment par l'intermédiaire d'un vote, là aussi. Ainsi, le contrôle du pouvoir des élus par le peuple (des travailleurs et des citoyens) est pleinement assuré.

DISCIPLINE ET TRANSFORMATION DU RAPPORT AU TRAVAIL

Autogestion ne signifie pas « désordre» ou « anomie » (absence de règles). La discipline est constitutive de l'autogestion. Cette discipline n'aura cependant rien de commun avec la discipline qu'impose une hiérarchie. Cette dernière dépossède les travailleurs de leur pouvoir de décider et leur fait éprouver leur travail comme une réalité étrangère à eux-mêmes. Cette discipline sera liée à un nouveau rapport au travail. Il y aura autonomie dans la discipline, discipline dans l'autonomie. L'autonomie renvoie au grec *autos*, « soi-même », et *nomos*, « loi » ou « règle ». La discipline sera obéissance à la loi (ou règle) que la collectivité des travailleurs se sera elle-même prescrite.

1 L'autogestion du travail est-elle envisageable quel que soit le nombre d'acteurs concernés ?

2 Qu'est-ce qui différencie l'autogestion de l'anarchie ?

3 Suffit-il d'être maître de l'organisation de son travail pour y prendre plaisir ?

MATIÈRE À PENSER

Déclaration Universelle des Droits de l'Homme de 1948

Article 23

1. Toute personne a droit au travail, au libre choix de son travail, à des conditions équitables et satisfaisantes de travail et à la protection contre le chômage.
2. Tous ont droit, sans aucune discrimination, à un salaire égal pour un travail égal.
3. Quiconque travaille a droit à une rémunération équitable et satisfaisante lui assurant ainsi qu'à sa famille une existence conforme à la dignité humaine et complétée, s'il y a lieu, par tous autres moyens de protection sociale.
4. Toute personne a le droit de fonder avec d'autres des syndicats et de s'affilier à des syndicats pour la défense de ses intérêts.

Article 24

Toute personne a droit au repos et aux loisirs et notamment à une limitation raisonnable de la durée du travail et à des congés payés périodiques.

(?) Semble-t-il naturel de garantir l'ensemble des droits ici mentionnés ?

CINÉ PHILO

Merci Patron !

FRANÇOIS RUFFIN, 2016

Merci Patron ! est une comédie documentaire réalisée par François Ruffin, fondateur et rédacteur en chef du journal *Fakir*. Sorti en 2016, le film montre comment Ruffin parvient à aider Jocelyne et Serge Klur, au chômage depuis la délocalisation en Pologne de l'usine textile qui les employait près de Maubeuge.

Le couple criblé de dettes est sur le point de voir sa maison saisie par un huissier, mais Ruffin parvient par la ruse à leur fait obtenir un gros chèque de la part de Bernard Arnault, PDG du groupe de luxe LVMH, propriétaire de l'usine.

Comme le groupe craint d'écorner son image, le patron est prêt à tout pour éviter que la presse s'empare de l'affaire, et finalement, la « France d'en bas » réussit à faire chanter la « France d'en haut », sur fond de chômage et de lutte des classes.

LA VÉRITÉ

Lucas CRANACH, *La Bouche de la Vérité*, 1525-1530, collection privée.

Lucas Cranach l'Ancien (1472-1553) est un peintre et graveur allemand de la Renaissance. Son œuvre est marquée par son amitié avec Luther et la réforme protestante mais il peint aussi des scènes profanes, notamment des nus.
Selon une légende antique, la vérité serait un lion qui mordrait les menteurs. Ici, une femme accusée d'adultère par son mari jaloux, est soumise à l'épreuve de la vérité. Elle est questionnée en présence de son mari, d'un magistrat et de son amant, déguisé en fou et qui la tient par la taille. Elle jure alors publiquement qu'à part son mari et ce fou, elle n'a jamais été touchée par personne d'autre. Elle retire sa main sans avoir été mordue par la bouche de la vérité. A-t-elle dit la vérité ? A-t-elle menti ?

ARRÊT SUR IMAGE

1 À l'aide de quel procédé la femme ici accusée parvient-elle à dire vrai tout en mentant ?

2 Qu'en conclure quant au rapport que le langage entretient avec la vérité ?

LA VÉRITÉ EN QUESTION

La vérité, nous la rencontrons d'abord sous la forme d'une multiplicité d'affirmations dont l'unité n'est pas évidente. Par exemple, il est vrai que « 2 et 2 font 4 ». Mais il est vrai aussi que « mes baskets sont roses ». La vérité ici et là est-elle la même ? L'une ne semble rien devoir à l'expérience, l'autre se constate en ouvrant les yeux. Il y a encore bien d'autres vérités : « je m'appelle X », « ce matin, j'ai pris un petit-déjeuner »... Sur le terrain de la vie pratique voire de la morale on trouve aussi des vérités : « il ne faut pas traverser la rue sans regarder », « on ne doit pas mentir »... N'y a-t-il pas, en outre, des vérités fictives ? Par exemple, que le père Noël porte une barbe blanche, n'est-ce pas vrai ? Enfin, l'énoncé « je t'aime » a également sa propre vérité. Mais pourquoi est-ce vrai ? Qu'est-ce qui me permet de le savoir ou de le dire ? Est-ce vrai parce que tout le monde est d'accord, qu'il y a consensus à ce propos ? Est-ce vrai parce la science le prouve ? Est-ce vrai parce que, autrement ce serait invivable ? Parce que c'est la norme ? Parce que c'est sur Internet ? Parce que Platon le dit ? La première tâche de la philosophie est de faire de la vérité un problème plutôt qu'un état de fait qui impose sa loi sans discussion.

1 VÉRITÉ ET RÉALITÉ On peut définir la vérité comme ce que l'on dit ou pense et qui est conforme à ce qui est. Par exemple, si je dis que la neige est blanche et qu'elle est en effet blanche, je dis la vérité. On définit ainsi spontanément la vérité comme l'accord entre ce que nous pensons ou disons et la réalité. Mais la vérité est-elle dans la neige ou dans ce que je dis de la neige ? Quel rapport y a-t-il entre la vérité et la réalité ? La vérité suppose-t-elle que nous connaissions la réalité ? (p. 520 à p. 527)

2 ÉVIDENCE ET CERTITUDE L'évidence n'est-elle pas un critère de la vérité ? Qu'est-ce que l'évidence ? C'est ce qui crève les yeux. Mais ce qui crève les yeux, n'est-ce pas ce qui aveugle ? La vérité est-elle une évidence qui se constate ou une certitude qui se construit ? (p. 528 à p. 533)

3 LA VALEUR DE LA VÉRITÉ De plus, la vérité semble indissociable de la valeur que nous lui accordons spontanément. Pourquoi tenons-nous tellement à la vérité ? Comment comprendre la réprobation qui frappe le faux et le mensonge ? (p. 534 à p. 541)

4 RELATIVITÉ DU VRAI ET DU FAUX Mais la frontière entre le vrai et le faux est-elle étanche ? N'y a-t-il pas des vérités qui deviennent des erreurs, et du faux qui devient vrai ? (p. 542 à p. 545)

PANORAMA DE LA NOTION

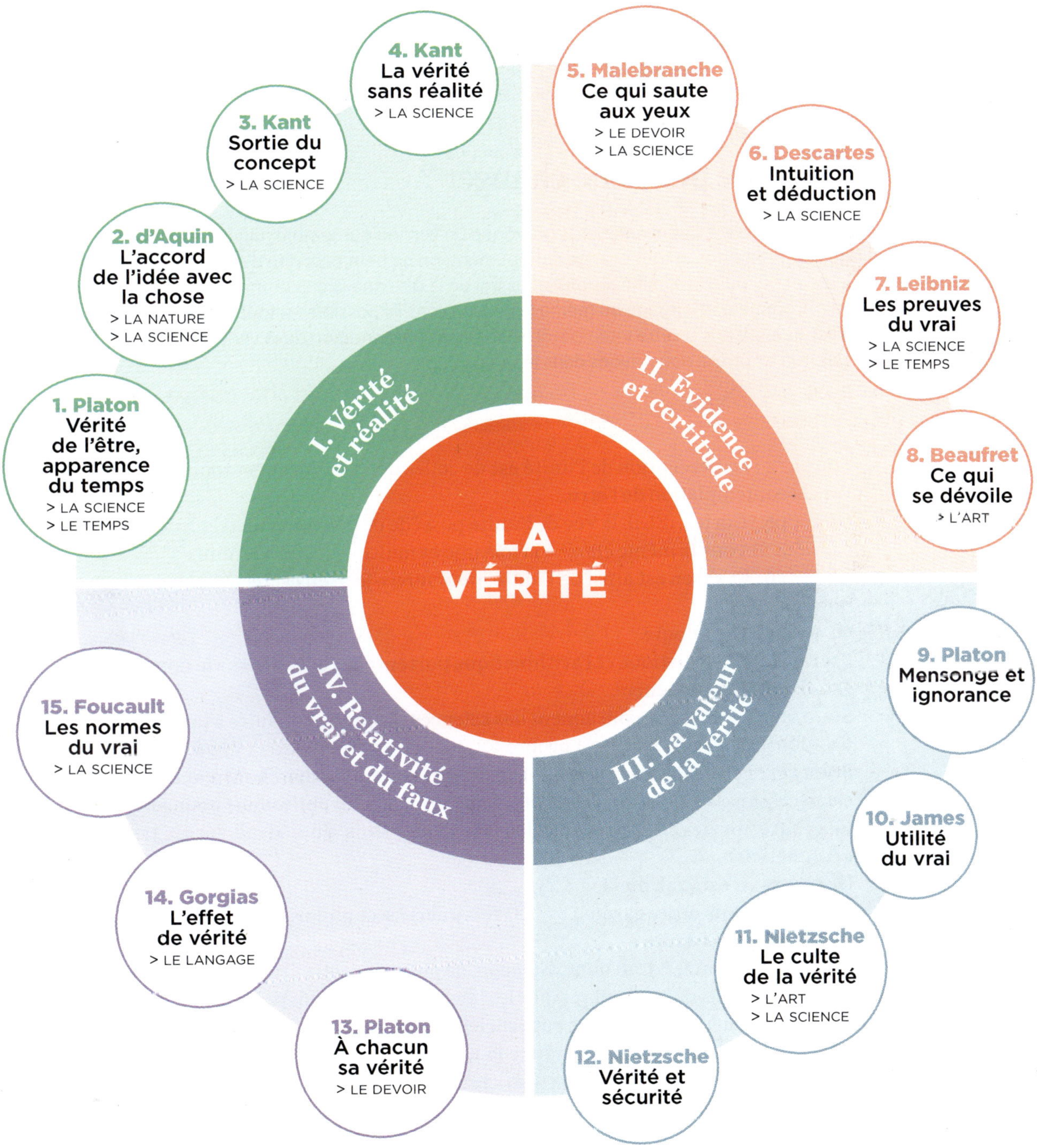

Vérité et réalité

Si le propre des opinions est de changer, la vérité, elle, n'est-elle pas immuable ? (texte 1, Platon) **Mais peut-on parler d'une vérité des choses ? La vérité est-elle dans les choses ou dans la pensée ?** (texte 2, Thomas d'Aquin) **L'accord de la pensée avec elle-même suffit-il à garantir la vérité d'un jugement ?** (texte 3, Kant) **Si la vérité dépend du sujet qui la dit ou la pense, ne faut-il pas, dans ces conditions, distinguer objectivité et réalité ? Une vérité peut-elle être objective sans être réelle ?** (texte 4, Kant)

PLATON
428 av. J.-C.-
348 av. J.-C.

TEXTE 1 COMMENTÉ

La vérité peut-elle changer ?

Le flux incessant des événements provoque un vertige qui semble ruiner jusqu'à l'idée même de vérité. En effet, si tout change continûment, on ne peut plus dire d'aucune chose qu'elle « est » ceci, puisqu'à peine aurons-nous fini de le dire que la chose en question sera devenue cela. Comment le langage ou même la pensée sont-ils possibles si tout devient et que rien n'est ? La saisie d'un être intemporel n'est-elle pas la condition de la vérité ? Mais comment saisir un tel être si nous vivons dans le temps ?

SOCRATE : La perception de l'unité est de celles qui conduisent et tournent l'âme vers la contemplation de l'être.

GLAUCON : Certes, dit-il, la vue de l'unité possède ce pouvoir à un très haut degré, car nous voyons la même chose à la fois une et multiple jusqu'à l'infini.

SOCRATE : Et s'il en est ainsi de l'unité, poursuivis-je, il en est de même pour tout nombre ?

GLAUCON : Sans doute.

Socrate : Or, la logistique et l'arithmétique portent tout entières sur le nombre ?

GLAUCON : Certainement.

SOCRATE : Ce sont par conséquent des sciences propres à conduire à la vérité.

GLAUCON : Oui, éminemment propres.

SOCRATE : Elles sont donc, semble-t-il, de celles que nous cherchons, car l'étude en est nécessaire au guerrier pour ranger une armée, et au philosophe pour sortir de la sphère du devenir et atteindre l'essence, sans quoi il ne serait jamais arithméticien.

GLAUCON : C'est vrai, dit-il.

SOCRATE : Mais notre gardien est à la fois guerrier et philosophe ?

GLAUCON : Sans doute.

SOCRATE : Il conviendrait donc, Glaucon, de prescrire cette étude par une loi, et de persuader à ceux qui doivent remplir les plus hautes fonctions publiques de se livrer à la science du calcul, non pas superficiellement, mais jusqu'à ce qu'ils arrivent, par la pure intelligence, à connaître la nature des nombres ; et de cultiver cette science non pas pour la faire servir aux ventes et aux achats, comme les négociants et les marchands, mais pour l'appliquer à la guerre, et pour faciliter la conversion de l'âme du monde de la génération vers la vérité et l'essence.

GLAUCON : Très bien dit.

SOCRATE : Et j'aperçois maintenant, après avoir parlé de la science des nombres, combien elle est belle et utile, sous bien des rapports, à notre dessein, à condition qu'on l'étudie pour connaître et non pour trafiquer.

GLAUCON : Qu'admires-tu donc si fort en elle ?

SOCRATE : Ce pouvoir, dont je viens de parler, de donner à l'âme un vigoureux élan vers la région supérieure, et de l'obliger à raisonner sur les nombres en eux-mêmes, sans jamais souffrir qu'on introduise dans ses raisonnements des nombres visibles et palpables. Tu sais en effet ce que font les gens habiles en cette science : si l'on essaie, au cours d'une discussion, de diviser l'unité proprement dite, ils se moquent et n'écoutent pas. Si tu la divises, ils la multiplient d'autant, dans la crainte qu'elle n'apparaisse plus comme une, mais comme un assemblage de parties.

GLAUCON : C'est très vrai, dit-il.

SOCRATE : Que crois-tu donc, Glaucon, si quelqu'un leur demandait : « Hommes merveilleux, de quels nombres parlez-vous ? Où sont ces unités, telles que vous les supposez, toutes égales entre elles, sans la moindre différence, et qui ne sont pas formées de parties ? » que crois-tu qu'ils répondraient ?

GLAUCON : Ils répondraient, je crois, qu'ils parlent de ces nombres qu'on ne peut saisir que par la pensée, et qu'on ne peut manier d'aucune autre façon.

SOCRATE : Tu vois ainsi, mon ami, que cette science a l'air de nous être vraiment indispensable, puisqu'il est évident qu'elle oblige l'âme à se servir de la pure intelligence pour atteindre la vérité en soi.

PLATON, *La République*, VII, 525a-526b, IVe siècle av. J.-C.,trad. R. Baccou, 1936.

▶ LA SCIENCE
▶ LE TEMPS

LA VÉRITÉ DE L'ÊTRE

La recherche de la vérité, qui coïncide pour Platon avec l'accès aux réalités intemporelles, exige un travail de la pensée pour « sortir de la sphère du devenir ». Platon emploie le verbe grec *exanaduomai*, qui signifie « émerger », comme si le temps était aussi mouvant que l'océan. Le temps est identifié au roulis de la mer et la recherche de la vérité à un élan vers la région supérieure de la réalité. Cela suppose, comme le dit le texte, « la conversion de l'âme du monde de la génération vers la vérité et l'essence ».

L'IDÉE DE NOMBRE

L'arithmétique n'est pas un simple exemple de science parmi d'autres, elle constitue pour Platon le modèle même de la science : ses objets sont en effet des êtres immuables, étrangers au devenir. Les nombres n'ont pas d'histoire. Par « nombres », Platon n'entend pas les signes matériels et sensibles effectivement manipulés par le mathématicien, mais les purs objets de sa pensée. Non pas le signe, soit l'apparence sensible du nombre telle qu'elle est exposée à divers accidents (énonciation, écriture, effacement, etc.), mais son référent métaphysique, l'essence ou la forme qu'il nomme, qui ne connaît quant à elle ni génération ni corruption. Le paradoxe est que cette idée du nombre, loin de n'être qu'une idée, un simple objet de notre pensée, est pour Platon le seul nombre réel. L'idée du nombre est la réalité du nombre.

1 La vérité est-elle nécessairement intemporelle ?

2 Les mathématiques offrent-elles le modèle de toute vérité ?

3 Peut-il y avoir des vérités sensibles ?

REPÈRES essentiel / accidentel

Que la somme des angles soit égale à 180° est **essentiel** au triangle. En revanche, que tel triangle soit tracé au feutre de telle couleur, tout cela est **accidentel** : cela peut changer sans que son essence (du verbe latin *esse*, « être », par opposition à « devenir ») de triangle en soit affectée.

REPÈRES idéal / réel

L'**idéal** n'est pas autre chose, pour Platon, que le **réel**. Pour mieux dire cette identité entre « idée » et « réel », si contraire à l'usage courant, Hegel a forgé le terme d'***idéel***. Rien n'est plus étranger à la philosophie platonicienne que l'expression « se faire des idées » qui suppose une opposition entre le monde subjectif des idées et le monde objectif du réel.

Thomas d'AQUIN
1225-1274

TEXTE 2

Y a-t-il des choses vraies ?

La vérité qualifie-t-elle un état de choses ou le jugement que nous portons sur cet état de choses ? N'est-elle pas une qualité de la pensée plutôt que des choses ? Ne désigne-t-elle pas la pensée qui dit qu'une chose blanche est blanche, et l'erreur la pensée qui dit qu'une chose est blanche lorsqu'elle ne l'est pas ? Dans ce texte, Thomas d'Aquin soutient que la vérité n'est pas une chose mais une relation, celle de l'adéquation de l'idée et de la chose.

On l'a déjà dit, le vrai, selon sa raison formelle première, est dans l'intelligence. Puisque toute chose est vraie selon qu'elle possède la forme qui est propre à sa nature, il est nécessaire que l'intellect en acte de connaître soit vrai en tant qu'il y a en lui la similitude de la chose connue, similitude qui est sa forme propre en tant qu'il est connaissant. Et c'est pour cela que l'on définit la vérité par la conformité de l'intellect et de la chose. Il en résulte que connaître une telle conformité, c'est connaître la vérité.

Thomas d'AQUIN, *Somme théologique*, t. I, q. 16, art. 2, 1266-1273, trad. A.-D. Sertillanges, 1926, mise à jour par A.-M. Roguet, 2000.

▶ LA NATURE
▶ LA SCIENCE

1 Y a-t-il des choses vraies ?

2 Qu'est-ce qu'une idée fausse ?

ARISTOTE DIT AUSSI

« Il est impossible que le même attribut appartienne et n'appartienne pas en même temps, au même sujet et sous le même rapport. »

ARISTOTE, *La métaphysique*, Γ, 3, 1005b, IVe siècle av. J.-C., trad. J. Tricot, 1959.

« Le faux et le vrai, en effet, ne sont pas dans les choses [...] mais dans la pensée. »

ARISTOTE, *op. cit.*, E, 4, 1027b-1028a.

« Ce n'est pas parce que nous pensons d'une manière vraie que tu es blanc que tu es blanc, mais c'est parce que tu es blanc, qu'en disant cela, nous disons la vérité. »

ARISTOTE, *op. cit.*, θ, 10, 1051b.

? La vérité est-elle nécessairement conforme aux lois de la logique ?

GIOTTO, Personnage féminin tenant la Croix et un parchemin portant la Vérité révélée tout en détruisant une idole, avec des symboles de la Kabbale, *Cycle des vices et des vertus*, XIVe siècle, chapelle des Scrovegni, Padoue.

? La vérité se découvre-t-elle ?

Ce que disent les mots

Trois traditions

Les langues européennes, à l'exception notable du russe, n'ont généralement qu'un mot pour dire ***vérité***, mais la tradition derrière ce mot est composite et hétérogène.
Trois significations principales sont repérables, en particulier grâce à l'étymologie, à travers les mots des différentes langues.

En hébreu, le mot qu'on traduit par « vérité », ***èmète***, appartient au registre de la religion et du droit. Il signifie « solide, durable, stable » et qualifie, dans l'Ancien Testament, l'alliance entre l'homme et Dieu. Le mot anglais ***truth***, dont la racine est la même que celle de ***tree***, « arbre », s'en rapproche quant au sens.

Le mot grec ***alêtheia***, construit la vérité comme ce qui échappe au caché, à l'oubli. Il est composé de la particule privative ***α*** (comme dans « apathie », absence d'émotion) et du verbe ***lanthanô***, « être caché », « oublier », d'où le substantif ***lêthê***, « oubli », qui nomme le fleuve qui sépare les Enfers du monde de la vie.
Martin Heidegger rend constamment *alêtheia* par ***Unverborgenheit***, « dévoilement, décèlement », pour permettre de « repenser [...] la notion courante de vérité » comme « exposition à ce qui se dévoile », « laisser-être ». « Le laisser-être, c'est-à-dire la liberté, est en lui-même ex-position à l'« étant ». Si la vérité est indissociablement celle de l'objet qui se montre et celle du sujet qui s'expose, vérité et sincérité étant prises dans la même ouverture, on peut comprendre alors que son contraire, ***pseudos***, signifie à la fois « faux » et « mensonge ». Ainsi, la phrase de Socrate « Nul n'est méchant volontairement » se comprend mieux si l'ignorance, comprise comme défaut d'ouverture, est la source commune de l'erreur qui fait que l'on se trompe, et du mensonge qui fait que l'on trompe.

En latin, ***veritas***, déterminant pour nombre de langues européennes modernes, est normatif : il désigne la correction et le bien-fondé de la règle ; c'est la vérité juridique que « verrouille » (le rapprochement étymologique est parfois proposé), que « garde » et « conserve » une institution légitime. À rapprocher de l'allemand ***Wahrheit***, « vérité », sur ***wahren***, « garder » (qui donne aussi ***Wahrnehmen***, « percevoir », littéralement : « tenir pour vrai »). La vérité latine est ainsi instituée, et non pas dévoilée. ***Veritas*** qualifie une fonction d'accréditation, celle d'exercer le pouvoir du dernier mot, selon la maxime de droit romain : « la chose jugée est tenue pour la vérité [*res judicata pro veritate accipitur*] ». La *veritas* est alors d'ordre performatif : elle ne désigne pas l'adéquation entre l'énoncé et la réalité, mais l'autorité de la chose jugée, le bien-fondé de l'énoncé juridique, légitime et qui fait foi. C'est cette dimension juridique qui produit le sens de ***verus*** comme « authentifié, authentique », et par là, « réel », comme ensuite dans le français ***vrai*** (« une vraie Rolex »), qui équivaut à l'anglais ***real*** (« *real cream* » : de la « vraie crème », pas un ersatz).

Dans la ligne du sens latin de *veritas*, le terme slave ***pravda***, même s'il donne son titre au journal *La Pravda*, qu'on a l'habitude de rendre par « La Vérité », signifie d'abord la justice, la légitimité, l'équité. C'est le nom du plus ancien recueil de lois fixées par écrit des Slaves de l'Est, la *Pravda* russe (XIe siècle), et il vaut pour le droit et pour l'éthique. Par contraste, un second terme, ***istina***, désigne seulement la « vérité » épistémologique et scientifique, l'« exactitude ».

Ces trois sens principaux ne subsistent pas nécessairement à l'état isolé, ils entrent en composition. On le voit quand on fait l'histoire de la notion de vérité, tantôt définie par sa stabilité et sa constance, tantôt par la manière dont on la découvre et dont elle se manifeste, avec l'évidence qui en résulte, ou encore par l'autorité qui la garantit. Cette notion, que la philosophie a toujours considérée comme centrale, ne va certainement pas de soi.

Emmanuel KANT
1724-1804

TEXTE 3 COMMENTÉ

Suffit-il qu'une pensée soit conforme à la logique pour qu'elle soit vraie ?

Pour qu'une pensée soit vraie, c'est-à-dire conforme à l'objet dont elle affirme ou nie ceci ou cela (c'est une pomme, ce n'est pas une poire), il faut d'abord qu'elle soit en accord avec elle-même. La logique définit en effet les règles qui s'imposent à toute pensée vraie. Une pensée qui se contredit ne peut à l'évidence prétendre à quelque vérité que ce soit. Mais cette forme logique de la pensée suffit-elle à garantir son accord avec un contenu donné ?

L'ancienne et célèbre question par laquelle on prétendait pousser à bout les logiciens [...] est celle-ci : *Qu'est-ce que la vérité?* [...] Mais pour ce qui regarde la connaissance, quant à sa forme simplement (abstraction faite de tout contenu), il est [...] clair qu'une logique, en tant qu'elle traite des règles générales et nécessaires de l'entendement, doit exposer, dans ces règles mêmes, les critères de la vérité. Car ce qui les contredit est faux, puisque l'entendement s'y met en contradiction avec les règles générales de sa pensée et, par suite, avec lui-même. Mais ces critères ne concernent que la forme de la vérité, c'est-à-dire de la pensée en général et, s'ils sont, à ce titre, très justes, ils sont pourtant insuffisants. Car une connaissance peut fort bien être complètement conforme à la forme logique, c'est-à-dire ne pas se contredire elle-même, et cependant être en contradiction avec l'objet. Donc le critère simplement logique de la vérité, c'est-à-dire l'accord d'une connaissance avec les lois générales et formelles de l'entendement et de la raison est, il est vrai, la condition *sine qua non* et, par suite, la condition négative de toute vérité ; mais la logique ne peut pas aller plus loin ; aucune pierre de touche ne lui permet de découvrir l'erreur qui atteint non la forme, mais le contenu. La logique générale résout donc en ses éléments tout le travail formel de l'entendement et de la raison et présente ces éléments comme principes de toute appréciation logique de notre connaissance. Cette partie de la logique [...] est par là même la pierre de touche au moins négative de la vérité, puisqu'il faut tout d'abord examiner et apprécier toute connaissance, quant à sa forme, d'après ces règles, avant de l'éprouver quant à son contenu, pour établir si, par rapport à l'objet, elle renferme une vérité positive. Mais, comme la simple forme de la connaissance, aussi d'accord qu'elle puisse être avec les lois logiques, est bien loin par là de suffire à établir la vérité matérielle (objective) de la connaissance, personne ne peut se risquer à l'aide de la logique seule, à juger des objets et à en affirmer la moindre des choses, sans en avoir auparavant entrepris une étude approfondie, en dehors de la logique.

Emmanuel KANT, « Théorie transcendantale de la méthode »,
Critique de la raison pure, II, 1781,
trad. B. Pacaud et A. Tremesaygues, 1905.

▶ LA SCIENCE

CONDITION NÉGATIVE DE LA VÉRITÉ

Une pensée qui ne se conforme pas aux règles de la logique, notamment au principe de non-contradiction qui interdit d'affirmer une chose et son contraire, ne peut être vraie. La logique fixe ainsi les critères négatifs de la vérité : nulle pensée ne peut être vraie si elle ne respecte pas la logique. La logique constitue le critère formel de toute vérité.

SORTIR DU CONCEPT

Mais la logique ne dit rien du rapport de la pensée à un objet. Elle ne concerne que l'accord de la pensée avec elle-même. Si la logique constitue la condition nécessaire de toute vérité, elle ne peut donc valoir comme condition suffisante de la vérité. Pour qu'un jugement soit vrai, il faut encore et surtout qu'il soit conforme à l'objet sur lequel il porte. Or cet objet ne peut pas être donné à la pensée ni par la pensée. Nous n'avons pas d'intuition intellectuelle. Seule notre sensibilité, qui est notre faculté passive, peut recevoir un donné. La matière ou le contenu de toute connaissance est ainsi donné en dehors de la logique qui concerne la pensée ou l'entendement et ses règles. La vérité demande ainsi à sortir des concepts de l'entendement pour recevoir une matière sensible. Ce contenu sensible de toute connaissance vraie est conditionné par la subjectivité de notre faculté de sentir. En conséquence, la vérité n'est pas l'accord de la pensée et du réel ou de l'idée et de la chose, mais l'accord de notre entendement et de notre sensibilité. La vérité est l'accord interne au sujet connaissant entre sa faculté de penser et sa faculté de sentir.

1 Quelle est la différence entre l'affirmation « c'est logique » et l'affirmation « c'est vrai » ?

2 Une affirmation illogique est-elle nécessairement fausse ?

KANT DIT AUSSI

« Pour juger synthétiquement d'un concept, il faut sortir de ce concept et même recourir à l'intuition dans laquelle il est donné. En effet, si l'on s'en tenait à ce qui est contenu dans le concept, le jugement serait simplement analytique, c'est-à-dire qu'il ne serait qu'une explication de la pensée. »

Emmanuel KANT, « Théorie transcendantale de la méthode », *Critique de la raison pure*, I, 1, 1781, trad. B. Pacaud et A. Tremesaygues, 1905.

? Qu'est-ce qui manque à une proposition logique vraie pour être une connaissance ?

REPÈRES analyse / synthèse

Un jugement qui se contente **d'analyser** les attributs contenus à l'intérieur d'un concept ne nous apprend rien de plus que ce que nous savions déjà avec le concept en question. Un tel jugement **analytique** ne donne donc aucune connaissance objective. Pour connaître la vérité objective, il ne suffit pas **d'analyser** des concepts. Il faut encore et surtout réaliser la **synthèse** d'une forme logique et d'une matière sensible. La connaissance objective est cette **synthèse** interne au sujet connaissant entre son entendement et sa sensibilité.

Fresque murale représentant la grammaire, la logique, la rhétorique et la musique, XVe siècle, cathédrale du Puy, Le Puy-en-Velay.

? Peut-on définir la vérité par l'accord de la raison avec elle-même ?

Emmanuel KANT
1724-1804

TEXTE 4 COMMENTÉ

Qu'est-ce qu'une vérité objective ?

Dans le langage courant, nous identifions « objectivité » et « réalité » que nous opposons à ce qui est subjectif. La réalité désigne les choses telles qu'elles sont en elles-mêmes, indépendamment de nous.
Mais l'objectivité qualifie l'objet qui est, d'après l'étymologie latine (*objectum*), ce qui est « jeté » (*-jectum*) « devant » (*ob-*). Or l'objet ne se jette pas lui-même. De plus, « devant » qui l'ob-jet est-il jeté, sinon devant un sujet ? Dès lors, n'y a-t-il d'objectivité que par un sujet et pour un sujet ? Ne faut-il pas revoir la relation entre réalité, objectivité et subjectivité ?

C'est donc nous-mêmes qui introduisons l'ordre et la régularité dans les phénomènes que nous appelons Nature[1], et nous ne pourrions les trouver s'ils n'y avaient pas été mis originairement par nous ou par la nature de notre esprit. En effet, cette unité de la nature doit être une unité nécessaire, c'est-à-dire certaine *a priori*[2] de la liaison des phénomènes. Mais comment pourrions-nous mettre en avant *a priori* une unité synthétique, si les sources originaires de connaissance de notre esprit ne contenaient pas *a priori* des principes subjectifs d'une telle unité, et si ces conditions subjectives n'étaient pas en même temps objectivement valables, étant les principes de la possibilité de reconnaître en général un objet dans l'expérience. [...] La sensibilité nous donne des formes (de l'intuition), mais l'entendement, des règles. Celui-ci est toujours occupé à épier les phénomènes dans le dessein de leur trouver quelques règles. Les règles, en tant qu'objectives (par suite, comme appartenant nécessairement à la connaissance de l'objet), s'appellent des lois. Bien que l'expérience nous fasse connaître beaucoup de lois, celles-ci ne sont pourtant que des déterminations particulières de lois encore plus élevées, dont les plus hautes (auxquelles sont soumises toutes les autres) procèdent *a priori* de l'entendement même ; elles ne sont pas dérivées de l'expérience[3], mais elles procurent au contraire aux phénomènes leur conformité aux lois et par ce moyen rendent l'expérience possible. L'entendement n'est donc pas simplement un pouvoir de se faire des règles par la comparaison des phénomènes, il est lui-même une législation pour la nature, c'est-à-dire que sans l'entendement il n'y aurait nulle part de nature, je veux dire d'unité synthétique du divers des phénomènes d'après des règles.

Emmanuel KANT, *Critique de la raison pure*, I, 2, 1781,
trad. B. Pacaud et A. Tremesaygues, 1905.

1 La nature n'est pas le monde, qui est inconnaissable. Les lois de la nature ne sont pas tirées du monde tel qu'il est en lui-même, mais de l'entendement du sujet connaissant. La nature est notre produit.

2 Qui n'est pas le résultat de l'expérience mais qui relève du sujet qui conditionne toute expérience possible. Sur le sens de l'*a priori* chez Kant. (voir LE TEMPS, texte 4, p. 466)

3 L'expérience ne fournit que des données singulières qui peuvent tout au plus être généralisées mais jamais universalisées. À partir des données de l'expérience on ne peut pas conclure de façon universelle en disant « jamais » ou « toujours ». Au niveau de l'expérience, on en reste au « souvent », qui inclut la possibilité d'exceptions. L'universalité des lois de la nature vient donc d'une règle qui n'a pas été dérivée de l'expérience mais se trouve à l'origine dans notre entendement.

▶ LA SCIENCE

→ VERS LE BAC

Pourquoi faut-il distinguer réalité et objectivité ? Rédiger un paragraphe étayé d'exemples qui permette de redéfinir la notion de vérité en la désolidarisant de la notion de réalité.

OBJECTIVITÉ ET SUBJECTIVITÉ

Comme l'explique Kant dans la *Critique de la raison pure* (« Analytique des principes », chapitre 1), les objets de la connaissance ne sont pas des choses en soi (ou « noumènes »), mais des phénomènes, c'est-à-dire de simples représentations que nous construisons au moyen des catégories de notre entendement, et notamment avec le concept de cause et à partir des données que nous recevons à travers les cadres spatio-temporels de notre sensibilité. Les noumènes sont les choses telles qu'elles sont en elles-mêmes, dans leur réalité indépendante de nous, alors que les phénomènes sont ces mêmes choses mais telles que nous nous les représentons selon nos facultés. Ainsi les lois de Newton sont vraies sans pour autant être réelles.

Les données sont d'emblée subjectives puisqu'elles sont toutes informées par l'espace et le temps qui ne sont pas dans le réel mais en nous, dans notre façon de sentir. Kant met en garde contre le réalisme naïf qui prend les objets de la science pour des choses en soi. Il n'y a pas d'« il y a » de l'objet. L'objet est par définition une production subjective, il n'a donc pas de réalité en soi. L'espace et le temps qui conditionnent tout objet ne sont pas des propriétés des choses mais des formes qui tiennent à « la constitution subjective de notre esprit » (« Esthétique transcendantale », § 2). La subjectivité de l'objet connu ne signifie pas pour autant que la vérité soit relative à chaque individu. L'originalité de Kant est d'identifier « subjectivité » et « universalité », dans la mesure où « subjectif » ne veut pas dire pour « moi », mais pour « nous tous », sujets doués des mêmes facultés. Kant qualifie ce sujet de « transcendantal » pour désigner, non un moi individuel, mais un Je universel. Comme le dit Kant dans la *Critique de la faculté de juger*, la connaissance objective repose sur un « principe subjectif, mais inhérent de manière indissoluble à l'espèce humaine », c'est-à-dire relatif non pas à tel individu ou à tel groupe d'individus, mais commun à tous les hommes. Ainsi, loin de s'opposer à la subjectivité, l'objectivité est indissociable de la subjectivité qui la fonde et dont elle est le produit. Il faut donc bien distinguer d'un côté l'objectivité subjective de la connaissance, et de l'autre la réalité qui est inconnaissable.

1 Qu'est-ce qu'un savoir objectif ?

2 Faut-il opposer objectivité et subjectivité ?

MATIÈRE À PENSER

Relativité et subjectivité

Dans le *Dialogue sur les deux plus grands systèmes du monde* (1632), Galilée fait parler Salviati, son porte-parole, avec Simplicio, défenseur de la physique d'Aristote, et Sagredo, l'honnête homme qui ne demande qu'à être convaincu. Aristote écrit dans la *Physique*, que « le léger c'est ce qui est transporté naturellement vers le haut, le lourd vers le bas » (livre IV, 212a). Galilée introduit l'idée révolutionnaire qu'il n'y a pas des choses en mouvement et d'autres en repos, ni de haut ou de bas en soi, mais que mouvement et repos, haut et bas sont relatifs à un observateur. Soit un marin assis sur un bateau quittant le port : du point de vue du mousse qui se trouve sur le même bateau, le marin est au repos, mais si l'on regarde le marin depuis le quai, il est en mouvement.

« La physique aristotélicienne établit une différence intrinsèque entre repos et mouvement lié à l'existence d'un ordre cosmique en vertu duquel chaque objet possède dans l'univers une place, un "lieu" qui lui est propre, car il est conforme à sa nature, vers lequel il tend à revenir s'il en est écarté et où il reste immobile si rien ne vient l'en déloger. La tendance au repos est en quelque sorte constitutif de la matière. C'est une conception toute différente qui est défendue par Salviati. Le mouvement n'est pas un changement corrélatif d'une transformation. C'est une modification des relations des rapports entre les choses. Ce n'est que cela. Car cette modification laisse les choses elles-mêmes complètement indifférentes. Qu'elles soient en mouvement ou au repos ne les affecte nullement dans leur être. Le mouvement est un état au même titre que le repos ; pas plus que le repos, le mouvement n'est un changement d'état. Les choses sont extérieures à leur mouvement. Ce qui revient à dire que le mouvement ne concerne jamais un seul corps isolé. Ce que Galilée a introduit, c'est en fin de compte l'idée *a priori* surprenante que le mouvement est affaire de point de vue. »

Françoise BALIBAR,
Galilée, Newton lus par Einstein,
1994.

? Qu'est-ce que la relativité ?

? La relativité est-elle compatible avec la vérité ?

Évidence et certitude

Le vrai n'est-il pas ce qui se constate immédiatement et s'impose à tous ? (texte 5, Malebranche) Y a-t-il un critère de vérité ? (texte 6, Descartes) L'évidence suffit-elle à garantir la vérité ? La vérité ne doit-elle pas être produite par un raisonnement plutôt qu'être reçue comme une évidence ? (texte 7, Leibniz) La vérité peut-elle se réduire à un accord de la pensée avec elle-même sans perdre l'idée de découverte qui lui semble inhérente ? (texte 8, Beaufret)

Nicolas MALEBRANCHE
1638-1715

TEXTE 5

La vérité est-elle ce qui saute aux yeux ?

Le propre d'une vérité, n'est-ce pas de se montrer par elle-même, dans une évidence qui s'impose sans équivoque ? Le mot *évidence* vient du verbe latin *videre* (*video*, « je vois ») et désigne ainsi ce qui se voit, ce qui saute aux yeux. Mais d'où vient l'accord universel des hommes entre eux au sujet des vérités qu'ils ont en commun ?

Je vois, par exemple, que 2 fois 2 font 4, et qu'il faut préférer son ami à son chien, et je suis certain qu'il n'y a point d'homme au monde qui ne le puisse voir aussi bien que moi. Or, je ne vois point ces vérités dans l'esprit des autres, comme les autres ne les voient point dans le mien. Il est donc nécessaire qu'il y ait une raison universelle[1] qui m'éclaire et tout ce qu'il y a d'intelligence. Car si la raison que je consulte n'était pas la même qui répond aux Chinois, il est évident que je ne pourrais pas être aussi assuré que je le suis, que les Chinois voient les mêmes vérités que je vois. Ainsi la raison que nous consultons quand nous rentrons dans nous-mêmes, est une raison universelle. Je dis quand nous rentrons en nous-mêmes, car je ne parle pas ici de la raison que suit un homme passionné. Lorsqu'un homme préfère la vie de son cheval à celle de son cocher, il a ses raisons, mais ce sont des raisons particulières dont tout homme raisonnable a horreur. Ce sont des raisons qui dans le fond ne sont pas raisonnables, parce qu'elles ne sont pas conformes à la souveraine raison, ou à la raison universelle que tous les hommes consultent.

Nicolas MALEBRANCHE, *De la recherche de la vérité,* Éclaircissement (10ᵉ), 1674.

1 Malebranche désigne ainsi la Raison de Dieu en qui les hommes voient les vérités universelles.

▶ LE DEVOIR
▶ LA SCIENCE

1 Les passions nous masquent-elles nécessairement la vérité ?

2 Quelle différence y a-t-il entre une vérité mathématique et une vérité morale ?

→ VERS LE BAC

Rédiger un paragraphe qui analyse la différence entre le bien et le vrai, en donnant des exemples.

René DESCARTES
1596-1650

TEXTE 6

La vérité se montre-t-elle d'elle-même ?

Lorsque j'affirme qu'Istanbul est la capitale de la Turquie, ce que je dis est faux, et néanmoins je crois que c'est vrai. Comment est-il possible que l'on confonde le vrai et le faux ? La vérité doit bien contenir en elle une marque distinctive, faute de quoi nous ne pourrions jamais être certain de connaître la vérité.
À quoi reconnaît-on la vérité ? Y a-t-il un critère de vérité qui permette de distinguer sans risque d'erreur le vrai et le faux ?

***43.** Que nous ne saurions faillir en ne jugeant que des choses que nous apercevons clairement et distinctement.*
Mais il est certain que nous ne prendrons jamais le faux pour le vrai tant que nous ne jugerons que de ce que nous apercevons clairement et distinctement ; parce que Dieu n'étant point trompeur, la faculté de connaître qu'il nous a donnée ne saurait faillir, ni même la faculté de vouloir, lorsque nous ne l'étendons point au-delà de ce que nous connaissons. Et quand même cette vérité n'aurait pas été démontrée, nous sommes naturellement si enclins à donner notre consentement aux choses que nous apercevons manifestement, que nous n'en saurions douter pendant que nous les apercevons de la sorte.

***45.** Ce que c'est qu'une perception claire et distincte.*
[...] [L]a connaissance sur laquelle on peut établir un jugement indubitable doit être non seulement claire, mais aussi distincte. J'appelle claire celle qui est présente et manifeste à un esprit attentif ; de même que ce que nous disons voir assez fort, et que nos yeux sont disposés à les regarder ; et distincte, celle qui est tellement précise et différente de toutes les autres, qu'elle ne comprend en soi que ce qui paraît manifestement à celui qui la considère comme il faut.

René DESCARTES, *Principes de la philosophie*, art. 43 et 45, 1644,
trad. abbé Picot, prieur du Rouvre, 1647.

▶ LA SCIENCE

1 Qu'est-ce qu'une idée claire ? Donner un exemple

2 Qu'est-ce qu'une idée distincte ? Donner un exemple.

Henri-Louis FRANÇOIS, *Le Génie de la peinture s'inspirant de la Vérité*, 1891, musée d'Orsay, Paris.

DESCARTES DIT AUSSI

« Ce qui est ici grandement à remarquer, c'est que sa perception n'est point une vision, ni un attouchement, ni une imagination, et ne l'a jamais été, quoiqu'il semblât ainsi auparavant, mais seulement une inspection de l'esprit. »

DESCARTES, *Méditations métaphysiques*,
2e méditation, 1641,
trad. L. C. d'Albert de Luynes, 1647.

? Pourquoi la pensée est-elle comparée à la vue plutôt qu'au toucher ?

Gottfried Wilhelm LEIBNIZ
1646-1716

TEXTE 7

La vérité a-t-elle besoin d'être démontrée ?

Au livre III des *Éléments* (proposition 2), qui traite des propriétés du cercle, le mathématicien Euclide prend la peine de démontrer un théorème géométrique qui semble pourtant évident, à savoir que la droite qui joint A et B, deux points quelconques placés sur la circonférence d'un cercle, passe nécessairement à l'intérieur du cercle. Pourquoi la simple évidence qui se constate ne suffit-elle pas à garantir la vérité ? La vérité peut-elle être une donnée immédiate ou doit-elle être le résultat d'un travail de la raison ?

D'où il naît une autre question, savoir si toutes les vérités dépendent de l'expérience[1], c'est-à-dire de l'induction et des exemples, ou s'il y en a qui ont encore un autre fondement. Car si quelques événements se peuvent prévoir avant toute épreuve qu'on en ait faite, il est manifeste que nous y contribuons quelque chose de notre part. Les sens, quoique nécessaires pour toutes nos connaissances actuelles, ne sont point suffisants pour nous les donner toutes, puisque les sens ne donnent jamais que des exemples, c'est-à-dire des vérités particulières ou individuelles. Or tous les exemples qui confirment une vérité générale, de quelque nombre qu'ils soient, ne suffisent pas pour établir la nécessité universelle de cette même vérité, car il ne suit pas que ce qui est arrivé arrivera toujours de même. Par exemple les Grecs et Romains et tous les autres peuples de la terre ont toujours remarqué qu'avant le décours de 24 heures, le jour se change en nuit, et la nuit en jour. Mais on se serait trompé, si l'on avait cru que la même règle s'observe partout, puisqu'on a vu le contraire dans le séjour de Nova Zembla[2]. Et celui-là se tromperait encore qui croirait que c'est dans nos climats au moins une vérité nécessaire et éternelle, puisqu'on doit juger que la terre et le soleil même n'existent pas nécessairement, et qu'il y aura peut-être un temps où ce bel astre ne sera plus, au moins dans sa présente forme, ni tout son système. D'où il paraît que les vérités nécessaires, telles qu'on les trouve dans les mathématiques pures et particulièrement dans l'arithmétique et dans la géométrie, doivent avoir des principes dont la preuve ne dépende point des exemples, ni par conséquence du témoignage des sens ; quoique sans les sens on ne se serait jamais avisé d'y penser. C'est ce qu'il faut bien distinguer, et c'est ce qu'Euclide a si bien compris, qu'il démontre souvent par la raison ce qui se voit assez par l'expérience et par les images sensibles.

Gottfried Wilhelm LEIBNIZ, *Nouveaux Essais sur l'entendement humain*, Préface, 1765.

1 Voir note 3, texte 4, Kant, p. 526.

2 Archipel de l'océan Arctique au nord de la Russie, où la nuit polaire dure plusieurs mois.

▶ LA SCIENCE
▶ LE TEMPS

1. Donner un exemple, est-ce fournir une preuve ?
2. Pourquoi faut-il démontrer ce qui est évident ?

HOBBES DIT AUSSI

« Quoiqu'un homme ait vu constamment jusqu'ici le jour et la nuit se succéder, cependant il n'est pas pour cela en droit de conclure qu'ils se succéderont toujours de même, ou qu'ils se sont ainsi succédé de toute éternité. L'expérience ne fournit aucune conclusion universelle. »

Thomas HOBBES, *De la nature humaine*, IV, § 10, 1640, trad. P. d'Holbach, 1772.

REPÈRES universel / général

Les exemples peuvent au mieux permettre de conclure à une vérité **générale** mais jamais **universelle**. J'ai beau avoir vu chaque matin le jour se lever, je ne peux pas en conclure qu'il se lève toujours le matin. On ne peut pas sauter du « souvent » au « toujours ». À l'inverse, ce n'est pas seulement en **général** que les rayons d'un cercle donné ont tous la même longueur, c'est une vérité **universelle**.

? La connaissance du passé permet-elle de se faire une idée du futur ? (voir LE TEMPS, texte 2, p. 462)

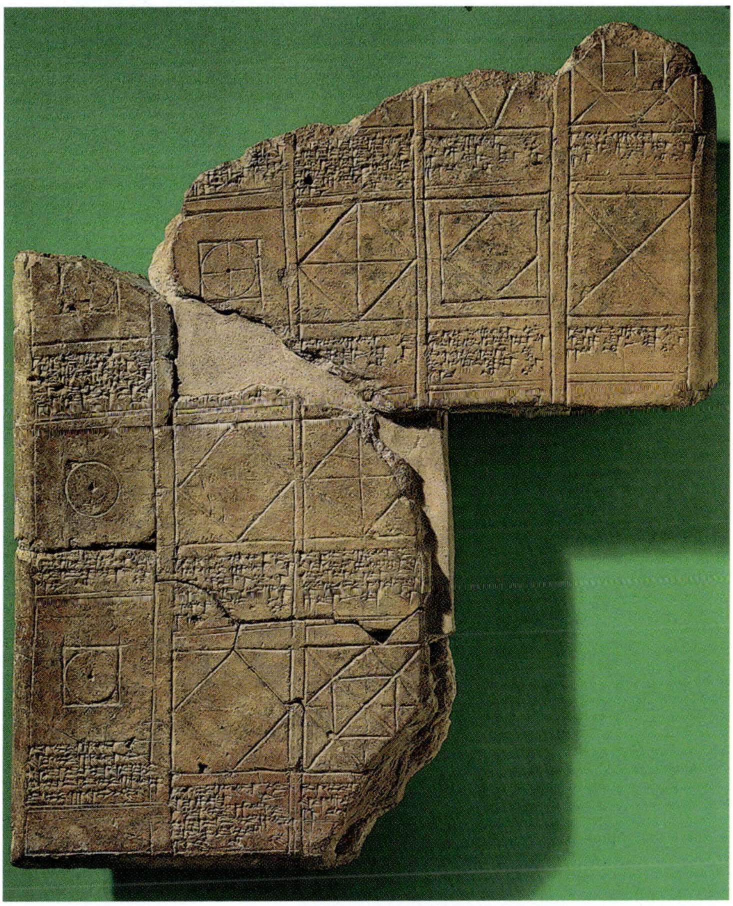

Tablette babylonienne, représentation grossière d'une tentative d'évaluation de l'aire d'un cercle à partir de l'aire d'un carré circonscrit, entre – 1999 et – 1000, British Museum, Londres.

? La vérité mathématique peut-elle être considérée comme le modèle de toute vérité ?

REPÈRES nécessaire / contingent

Est **nécessaire** ce qui ne peut pas ne pas être (comme mourir pour un être vivant), ainsi que ce qui ne peut pas être autrement qu'il est (comme les propriétés des figures géométriques ; par exemple, la somme des angles d'un triangle est toujours égale à 180°). La **nécessité** permet de conclure à l'universalité, puisqu'elle exclut toute possibilité d'exception. Il s'agit de ce qui est vrai pour tous, en tout temps et en tout lieu. À l'opposé, le **contingent** se vérifie seulement pour certains cas, parfois ou souvent, en tel lieu mais non pas toujours. Est **contingent** ce qui peut être aussi bien que ne pas être (comme la neige en hiver), ainsi que ce qui peut être ainsi ou autrement (la neige peut être abondante ou rare).

Jean BEAUFRET
1907-1982

TEXTE 8

Qu'est-ce que découvrir la vérité ?

En grec ancien, « vérité » se dit *alêtheia* : ce mot est formé de la racine *lêthê* qui signifie « caché, voilé » ou « oublié », et de la particule privative *a-* (comme dans « a-mnésie » : « sans mémoire »). La vérité est ici conçue comme ce qui se dé-voile, sort de l'oubli. Jean Beaufret, l'un des premiers traducteurs de Heidegger en France, rend ici compte du lien que celui-ci établit entre vérité et dévoilement (en allemand *Un-verborgenheit*) en se fondant sur le mot grecque *alêtheia*.
Définir la verité par une certitude produite par la raison, n'est-ce pas la réduire à un accord de la pensée avec elle-même et, par conséquent, à la seule cohérence interne des propositions qui l'explicitent ? Or l'idée de vérité ne suppose-t-elle pas l'ouverture de la pensée à autre chose qu'elle ? Dans la découverte de la vérité, est-ce la pensée qui a l'intiative ?

L'épisode essentiel de l'histoire qui débute l'*alêtheia* des Grecs n'est pas tant sa fixation dans le latin *veritas* que, à l'origine du monde moderne, la mutation cartésienne de la *vérité* en *certitude*. N'est vrai, selon Descartes, que ce qui nous est certain. Or, font deux celui qui, par exemple, est certain d'avoir la mer devant lui, parce que ses sensations visuelles, olfactives, auditives et tactiles ne peuvent s'expliquer qu'à partir de là, et celui à qui la découverte devant lui de la mer arrache le cri que, parvenus au faîte d'une hauteur, les soldats de Xénophon poussèrent, paraît-il, d'une voix unanime : « *Thalassa* », la mer !

Or, qui est davantage devant la mer ? Le cartésien quand il en est sûr et certain, ou le soldat de Xénophon à qui elle se découvre ?

Jean BEAUFRET, *Entretiens avec Frédéric de Towarnicki*, 1984.

▶ L'ART

❶ Peut-on définir la vérité comme ce qui nous arrache un cri ?

❷ La vérité est-elle construite ou donnée ?

James McNEILL WHISTLER, *Harmonie en bleu et argent : Trouville*, 1965, Isabella Stewart Gardner Museum, Boston.

? Quelle est la différence entre la recherche de la vérité et la découverte de la vérité ?

AUX FRONTIÈRES DE LA PHILOSOPHIE

Le poète René Char, ami de Martin Heidegger et de Jean Beaufret, dédie à ce dernier le poème intitulé « La barque à la proue altérée », où il décrit le philosophe « tiré violemment du dehors » par la présence du monde.

« De même qu'un partage de cendres est promesse ébrasée d'un feu revenant, en hommage à votre présence éminente dont la pensée répandue n'a cessé d'éclairer l'antérieur et le présent, le carillon des gestes prochains et le regard devenu esprit, je me suis plu à reconstituer l'essor, cher Jean Beaufret, où vous engagez quelquefois votre barque pour le plaisir de la voir voguer.
Les philosophes d'origine sont les philosophes dont l'existence, l'inspiration, la vue, l'arête et l'expression ne supportent que peu de temps l'intérieur cloisonné de la pensée didactique. Ils sont tirés violemment du dehors pour s'unir sans précaution à l'inconnu des êtres, à leur déroutante anthologie, ainsi qu'aux troubles cycloniques de l'univers. Ils possèdent à leur insu un don de nouveauté inaltérable : ils fécondent en s'étoilant et se fertilisent en se creusant. Ils sont la solitude et le nombre, l'imaginaire et son aire déchiquetée, d'un lointain de cristal, d'une approche de prairie. L'amont de la philosophie ne peut être correctement mesuré par personne. Il s'enflamme dans la nuit humaine et se perd derrière ses multiples tournants. C'est à cette Histoire sans histoire que s'adossent les poèmes qui se perpétuent en nous éveillant. Ainsi les philosophes et les poètes d'origine possèdent-ils la Maison, mais restent-ils des errants sans atelier ni maison. »

René CHAR, « La Barque à la proue altérée »,
Recherche de la base au sommet, 1955.

? Le poète et le philosophe peuvent-ils avoir une vision commune de la vérité ?

Horace VERNET, *Joseph Vernet attaché à un mât étudie les effets de la tempête*, 1822, musée Calvet, Avignon.

? La prise de recul est-elle un gage de vérité ?

La valeur de la vérité

La notion de vérité semble inséparable du prix que nous lui accordons. La condamnation du mensonge ne suppose-t-elle pas que la vérité a une valeur qui doit être respectée ? (texte 9, Platon) À quoi cette valeur tient-elle ? (texte 10, James) La science ne repose-t-elle pas elle-même sur une foi en la vérité et un rejet de tout ce qui ne se prête pas à ses calculs ? Y a-t-il un culte scientifique de la vérité ? (texte 11, Nietzsche) La valeur de la vérité ne conduit-elle pas à la redéfinir comme l'accord, non de la pensée et du réel, mais des hommes entre eux ? (texte 12, Nietzsche)

TEXTE 9

Pourquoi condamnons-nous le mensonge ?

PLATON
428 av. J.-C.-
348 av. J.-C.

L'ignorance est une absence de savoir. Ainsi l'ignorant ne peut pas mentir. Pour mentir, en effet, il faut connaître la vérité. Cacher intentionnellement la vérité suppose de la connaître. Le menteur qui connaît la vérité et la dissimule semble à cet égard supérieur à l'ignorant qui est privé de la possibilité de mentir. Il peut dire le faux mais ne peut pas mentir. Pourquoi répugnons-nous à reconnaître la supériorité du menteur sur l'ignorant, alors qu'il apparaît comme le maître de la vérité qui la possède si bien qu'il en dispose à volonté ? Pourquoi faut-il respecter la vérité ?

SOCRATE : [...] Les hommes faux, d'après toi, ce sont, n'est-ce pas ? des gens qui, à l'égard des choses sur lesquelles précisément ils sont faux, ont capacité, intelligence, connaissance, savoir...

HIPPIAS : Effectivement, c'est ce que je dis !

SOCRATE : Par ailleurs, ne dis-tu pas qu'autres sont les hommes vrais et ceux qui sont faux, et aussi opposés que possible les uns par rapport aux autres ?

HIPPIAS : C'est ce que je dis.

SOCRATE : Voyons donc ! Parmi les gens qui ont capacité et savoir, d'une part il y en a, semble-t-il, qui, d'après tes propres paroles, sont les hommes faux ?

HIPPIAS : Oui, rien de plus certain !

SOCRATE : D'autre part, quand tu dis des hommes faux qu'ils ont capacité et savoir à l'égard de cette fausseté même, entends-tu qu'ils ont la capacité de dire le faux s'il leur plaît ? ou que cette capacité leur manque, à l'égard précisément des choses sur lesquelles ils disent faux ?

HIPPIAS : J'entends, pour ma part, qu'ils ont cette capacité.

SOCRATE : En sorte que, pour formuler la chose en résumé, les hommes faux sont ceux qui ont à la fois un savoir et une capacité leur permettant de dire faux ?

HIPPIAS : Oui.

SOCRATE : Ainsi donc un homme, à qui manquent la capacité de dire faux et le savoir nécessaire, ne saurait être un homme faux ?

HIPPIAS : Il en est comme tu dis.

SOCRATE : Or, il y a capacité chez quiconque, en somme, fera ce qu'il lui plaît, au moment où cela lui plaira : je ne veux pas dire sans en être empêché par la maladie et par des causes analogues mais ce dont je parle, c'est plutôt une capacité comme

celle que tu as d'écrire mon nom quand il te plait. N'est-ce pas à qui sera dans ce cas que tu appliques le qualificatif « capable » ?
HIPPIAS : Oui.
SOCRATE : Et maintenant, dis-moi, Hippias, n'as-tu pas une compétence incontestée en matière de calculs et dans la science du calcul ?
HIPPIAS : Une compétence supérieure à celle de tout le monde, Socrate !
SOCRATE : Donc, si même on te demandait quel est le produit de 3 fois 700 tu répondrais là-dessus avec la plus grande célérité et une exactitude supérieure ?
HIPPIAS : Hé oui ! absolument !
SOCRATE : N'est-ce pas parce que, sur ce chapitre, tu es très capable et très savant ?
HIPPIAS : Oui.
SOCRATE : Mais es-tu seulement très savant et très capable ? ou n'as-tu pas encore la perfection en ces matières de calcul, où tu es précisément très capable et très savant ?
HIPPIAS : La perfection aussi, bien certainement, Socrate !
SOCRATE : Donc, la vérité en ces matières, tu la dirais avec une capacité supérieure, n'est-ce pas ?
HIPPIAS : Je le crois pour ma part !
SOCRATE : Et qu'en serait-il pour la fausseté sur ces mêmes matières ? Ainsi que tu l'as fait auparavant, réponds-moi, Hippias, avec noblesse et majesté : si l'on te demandait « 3 fois 700, combien cela fait-il », est-ce que ce n'est pas toi qui pourrais le mieux fausser la vérité, toi qui toujours, dans les mêmes conditions, pourrais dire à ce sujet des choses fausses, quand il te plairait de fausser la vérité et de ne jamais répondre juste ? Ou bien est-ce celui qui ne sait pas calculer, qui serait, plus que toi quand il te plaît, capable de fausse la vérité ? N'arriverait-il pas plutôt maintes fois que cet homme qui ne sait pas, quand il voudra dire faux, au contraire dise vrai involontairement, si cela se trouve et du fait même qu'il ne sait pas, tandis que toi, toi qui sais, si toutefois il te plaisait de fausse la vérité, ce serait toujours dans les mêmes conditions que tu la fausserais ?

PLATON, *Le Petit Hippias*, IVe siècle av. J.-C., trad. L. Robin, 1940.

1 La vérité est-elle un problème de connaissance ? **2** Y a-t-il un devoir de vérité ?

MATIÈRE À PENSER

Fake news ou « infox » (mot-valise formé avec « information » et « intox »)

S'appuyant sur le livre récent de Yochai Benkler, Robert Faris et Hal Robert, *Network Propaganda* (2018), le sociologue Dominique Cardon écrit :

« Les études rencontrent les plus grandes difficultés du monde à montrer que la publicité politique a un effet mesurable sur ceux qui y sont exposés et si cet effet – franchement faible – existe, il est très éloigné de la mythologie qui s'est constituée autour de l'idée que grâce à ses big data, à l'intelligence artificielle et à un modèle psychologique subtil (en réalité d'une très grande banalité), *Cambridge analytica* a été capable de fabriquer une information sur mesure pour faire changer d'avis les électeurs de façon personnalisée. Il faut souligner ce résultat à l'heure où, de façon parfaitement complice, ceux qui vendent ce marketing de précision comme ceux qui le dénoncent font croire ensemble à son irrésistible efficacité. »

Dominique CARDON, « Pourquoi avons-nous si peur des fake news ? », *Analyse, Opinion, Critique*, juin 2019.

? Pourquoi avons-nous peur d'être trompé ?

William JAMES
1842-1910

TEXTE 10

Pourquoi tenons-nous à la vérité ?

Si la vérité est le pur objet théorique d'une recherche désintéressée, comment comprendre que nous accordions à cette idée tant de prix ? D'où vient la valeur de la vérité ? Pour poser ce problème, il faut reconduire la vérité au besoin pratique qui est à son origine. Cela exige de s'affranchir de toute une tradition philosophique qui a considéré la vérité comme une idée sacrée, « cette fameuse idole de la tribu », comme dit James au début de la 7e leçon du *Pragmatisme*. James redéfinit la vérité par sa fonction pratique : l'idée vraie, c'est celle qui marche.

Pour préciser cet exposé, qui serait trop vague, et pour le compléter par l'étude des résultats qui vous le rendront plus intéressant, je dois d'abord vous rappeler ce fait que, posséder des pensées vraies, c'est, à proprement parler, posséder de précieux instruments pour l'action. Je dois aussi vous rappeler que l'obligation d'acquérir ces vérités, bien loin d'être une creuse formule impérative tombée du ciel, ou d'être, pour notre esprit, un arrêt de développement qu'il s'imposerait à lui-même, se justifie, au contraire, par d'excellentes raisons pratiques.

Il n'est que trop évident qu'il nous importe, dans la vie, d'avoir des croyances vraies en matière de faits. Nous vivons au milieu de réalités qui peuvent nous être infiniment utiles ou infiniment nuisibles. Doivent être tenues pour vraies, dans ce premier domaine de la vérification, les idées nous disant quelles sortes de réalités, tantôt avantageuses pour nous, tantôt funestes, sont à prévoir ; et le premier des devoirs de l'homme est de chercher à les acquérir. Ici, la possession de la vérité, au lieu, tant s'en faut ! d'être à elle-même sa propre fin, n'est qu'un moyen préalable à employer pour obtenir d'autres satisfactions vitales. Si je m'égare dans les bois, que je me sente pris par la faim, et que je tombe sur ce qui me semble être un chemin fréquenté par les vaches, il m'importe extrêmement de songer à une habitation humaine qui doit se trouver au bord de ce chemin, car le fait d'y penser, puis d'agir en conséquence, me tire d'affaire. La pensée vraie, dans ce cas, est utile, parce qu'elle porte sur un objet utile.

La valeur pratique des idées vraies tient donc, tout d'abord, à l'importance pratique que leur objet a pour nous. L'objet d'une idée vraie n'a d'ailleurs pas toujours cette importance. La maison de tout à l'heure peut, dans une autre circonstance, n'avoir pour moi aucune utilité : alors, quoique vérifiable, l'idée que j'en ai manquera de tout à-propos et ferait mieux de rester à l'état latent.

Toutefois, il n'y a guère d'objet qui ne puisse, un jour ou l'autre, avoir une importance momentanée. Il existe donc un avantage manifeste à posséder une réserve de vérités « surnuméraires », d'idées pouvant être vraies pour des circonstances simplement possibles.

William JAMES, *Le Pragmatisme*, 6e leçon, 1907,
trad. E. Brun, 1911.

1. La vérité est-elle de l'ordre de ce qui est ou de ce que l'homme fait ?
2. Qu'est-ce qui permet de vérifier la vérité d'une idée ?

BERGSON DIT AUSSI

« James s'en tient à l'expérience. L'expérience nous présente un flux de phénomènes : si telle ou telle affirmation relative à l'un d'eux nous permet de maîtriser ceux qui le suivront ou même simplement de les prévoir, nous disons de cette affirmation qu'elle est vraie. Une proposition telle que « la chaleur dilate les corps », proposition suggérée par la vue de la dilatation d'un certain corps, fait que nous prévoyons comment d'autres corps se comporteront en présence de la chaleur ; elle nous aide à passer d'une expérience ancienne à des expériences nouvelles ; c'est un fil conducteur, rien de plus. La réalité coule ; nous coulons avec elle ; et nous appelons vraie toute affirmation qui, en nous dirigeant à travers la réalité mouvante, nous donne prise sur elle et nous place dans de meilleures conditions pour agir. On voit la différence entre cette conception de la vérité et la conception traditionnelle. Nous définissons d'ordinaire le vrai par sa conformité à ce qui existe déjà : James le définit par sa relation à ce qui n'existe pas encore. Le vrai, selon William James, ne copie pas quelque chose qui a été ou qui est : il annonce ce qui sera, ou plutôt il prépare notre action sur ce qui va être. La philosophie a une tendance naturelle à vouloir que la vérité regarde en arrière : pour James elle regarde en avant. »

Henri BERGSON, Préface de la traduction française du *Pragmatisme* de W. James, 1911.

? La vérité est-elle une idée désintéressée ?

L'acteur britannique Basil Rathbone (1892-1967) dans le rôle de Sherlock Holmes.

? Quelle idée de la recherche de la vérité l'enquête policière donne-t-elle ?

Friedrich NIETZSCHE
1844-1900

TEXTE 11 COMMENTÉ

N'y a-t-il de vérité que scientifique ?

L'époque moderne se caractérise par la croyance commune que la science détient le monopole de la vérité. Le paradoxe est que dans l'espace social, la science ne se donne pas comme une idée que l'on étudie, mais s'impose comme une autorité que l'on respecte. Il suffit qu'un savoir soit présenté comme scientifique pour qu'il fasse aussitôt autorité sans plus d'examen. L'adjectif « scientifique » fonctionne sur le terrain de la crédulité plutôt que sur celui de la rationalité. Ne faut-il pas interroger ce véritable culte moderne de la science ? La vérité elle-même n'est pas, plutôt qu'une idée, une idole dont il revient à la philosophie de démasquer le fond religieux ?

La « science » en tant que préjugé. – Il résulte des lois de la hiérarchie que des savants [...] ne doivent du tout être admis à voir les *grands* problèmes et points d'interrogation proprement dits ; ni leur courage ni leur regard ne sauraient y suffire, – avant tout, leur besoin qui en fait des chercheurs, leur manière d'anticiper et de désirer intérieurement que les choses soient constituées *de telle ou telle façon*, leur crainte et leur espoir, n'en viennent que trop tôt à se tranquilliser, à se satisfaire. [...] Il en est de même de cette croyance dont se satisfont à présent tant de savants matérialistes, la croyance à un monde qui est censé avoir son équivalent et sa mesure dans la pensée humaine, dans les concepts humains de valeurs, la croyance à un « monde de la vérité » qu'il serait possible de saisir de façon définitive au moyen de notre étroite petite raison humaine. – Qu'est-ce à dire ? Accepterions-nous vraiment de laisser ainsi se dégrader l'existence jusqu'à un servile exercice de calcul, à une vie casanière de mathématicien ? Qu'on se garde avant tout de vouloir la dépouiller de son caractère *ambigu*. [...] Que seule une interprétation du monde soit légitime, où *vous autres* subsistiez légitimement, où l'on ne puisse explorer et continuer de travailler scientifiquement que dans *votre sens* (– vous voulez dire somme tout *de façon mécaniste*[1] ?) et qui n'admette autre chose que compter, calculer, peser, voir et saisir, voilà qui n'est que balourdise et naïveté, quand ce ne serait pas de l'aliénation, du crétinisme. Ne serait-il pas en revanche fort vraisemblable que ce que l'existence a de plus superficiel et de plus extérieur – de plus apparent, son épiderme, ce qui la rend palpable — fût la *première* chose que l'on pût saisir ? Peut-être même la seule chose ? Une interprétation « scientifique » du monde, telle que vous l'entendez, resterait par conséquent l'une des plus *stupides*, c'est-à-dire l'une des plus pauvres en significations de toutes les interprétations imaginables. [...] Mettons que l'on n'estime la *valeur* d'une musique que d'après la quantité d'éléments susceptibles d'être comptés, calculés, réduits en formules, – pareille estimation « scientifique » de la musique, combien absurde ne serait-elle pas ! Qu'en aurait-on retenu, compris, reconnu ! Rien, strictement rien de ce qui en fait essentiellement de la « musique » !

Friedrich NIETZSCHE, *Le Gai Savoir*, V, § 373, 1882, trad. P. Klossowski, 1939.

1 La mécanique est la science du mouvement des corps inertes. Elle relève, pour Nietzsche, d'un anthropomorphisme qui consiste à imaginer la nature comme une vaste machine, comme si elle avait été fabriquée par un ingénieur.

▶ L'ART
▶ LA SCIENCE

LA « SCIENCE » ET LE SAVOIR

Si Nietzsche écrit « *science* » entre guillemets, c'est pour indiquer d'emblée qu'il ne faut pas l'entendre littéralement ni la prendre au sérieux. La science n'est pas tant un savoir qu'un système de représentations qui n'a pas d'ancrage dans la réalité. Plus encore, dans la mesure où elle fait l'objet d'un culte, elle est un département de la religion. Elle est, de toutes les « ombres de Dieu » (§ 108), la plus tenace et la plus active. À quoi bon la mort de Dieu si nous croyons toujours à la science ? Le dieu moderne n'est plus dans une synagogue, une église, un temple, ou une mosquée, il a trouvé refuge dans les laboratoires. On ne croit plus à la puissance de Jupiter, on croit en l'atome. (voir LA SCIENCE, texte 6, p. 404)

LE « MONDE DE LA VÉRITÉ »

L'illusion que cultive la science est celle d'une correspondance entre ses concepts et le réel. Elle oublie que ses théories ne sont pas autre chose que des produits de la pensée humaine. Nietzsche les appelle même des « métaphores » pour souligner leur appartenance à l'imaginaire. La science cultive le mythe d'un « monde de la vérité » qu'il lui appartiendrait de dévoiler. En fait de découvertes scientifiques il n'y a que des inventions. Dès lors, à la croyance en un seul monde, ne faut-il pas préférer l'idée d'une pluralité des mondes : le monde de la musique, celui de la peinture, le monde de la biologie, le monde des mathématiques qui sont autant de créations humaines ?

L'INESTIMABLE

L'exemple de la musique permet d'une part de ridiculiser la science en la confrontant à un objet dont la nature lui échappe par définition : que dit-on du *Boléro* de Ravel quand on indique qu'il est construit sur un rythme à trois temps ? Toute l'originalité musicale de cette œuvre consiste précisément à enrichir sans cesse ce rythme banal en introduisant à chaque fois de nouveaux instruments. En sorte que ne s'occuper que du rythme du *Boléro* c'est rater sa richesse musicale. D'autre part, Nietzsche fait valoir, avec le cas de la musique, l'ensemble plus vaste de tout ce qui n'est pas mesurable. On peut penser bien sûr aux autres arts mais, plus largement, aux sentiments, aux désirs... Peut-on mesurer une angoisse ? La joie est-elle une grandeur ? Tout ce qui n'a pas de grandeur qui se prête à une « estimation scientifique » n'a-t-il pas justement une valeur inappréciable ?

1 N'y a-t-il de vérité que du mesurable ?

2 Quelle différence y a -t-il entre une grandeur et une valeur ?

NIETZSCHE DIT AUSSI

« Si quelqu'un cache une chose derrière un buisson, qu'il la recherche au même endroit et la trouve en effet, on ne va pas spécialement célébrer cette recherche et cette trouvaille : pourtant c'est bien ainsi que les choses se passent avec la recherche et la découverte de la "vérité" dans le secteur de la raison. »

Friedrich NIETZSCHE, *Vérité et mensonge au sens extra-moral*, 1896, trad. N. Gascuel, 1997.

? Quelle est la différence entre chercher la vérité et rechercher la vérité ?

→ VERS LE BAC

Rédiger un paragraphe étayé d'exemples pour analyser la différence entre « évaluer » et « mesurer ».

AUX FRONTIÈRES DE LA PHILOSOPHIE

Dans son poème « La Maison du berger », Vigny dénonce la science qui emprisonne le monde dans des métaphores pauvres (« un anneau »). Il se désole de voir le monde « plongé dans un calcul silencieux et froid », et présente l'art comme ce sursaut de l'imagination qui peut seul nous sauver de la grisaille des représentations scientifiques. D'où son exclamation : « Poésie ! Ô trésor ! Perle de la pensée ! » (« La Maison du berger », II, *Les Destinées*, 1844).

« La distance et le temps sont vaincus. La science
Trace autour de la Terre un chemin triste et droit.
Le monde est rétréci par notre expérience,
Et l'équateur n'est plus qu'un anneau trop étroit. »

Alfred de VIGNY, « La Maison du berger », I, *Les Destinées*, 1844.

? Peut-on parler de vérité en art ?

Friedrich NIETZSCHE
1844-1900

TEXTE 12

Pourquoi faut-il respecter la vérité ?

La tromperie est collectivement condamnée. Réciproquement, le respect de la vérité s'impose comme un devoir social. La question se pose donc de savoir si la vérité concerne la connaissance ou la cohésion sociale. Sous le souci de vérité faut-il soupçonner un besoin de sécurité ?

Dans la mesure où l'individu veut se maintenir face à d'autres individus, il n'utilise l'intellect, dans un état de choses naturel, qu'à des fins de travestissement : or, étant donné que l'homme, à la fois par nécessité et par ennui, veut vivre dans une société et dans un troupeau, il a besoin d'un accord de paix et cherche du moins à faire disparaître de son univers le plus grossier *bellum omnium contra omnes*[1]. Cet accord de paix ressemble à un premier pas dans l'acquisition de notre énigmatique instinct de vérité. Maintenant en effet se trouve fixé cela qui désormais sera de droit « la vérité », c'est-à-dire qu'on invente une désignation constamment valable et obligatoire des choses, et la législation du langage donne aussi les premières lois de la vérité : car le contraste entre vérité et mensonge se produit ici pour la première fois. Le menteur utilise les désignations valables, les mots, pour faire apparaître l'irréel comme réel : il dit par exemple : « je suis riche » alors que « pauvre » serait pour son état la désignation correcte. Il maltraite les conventions établies par des substitutions arbitraires et même des inversions de noms. S'il fait cela par intérêt et en plus d'une façon nuisible, la société lui retirera sa confiance et du même coup l'exclura. Ici les hommes ne craignent pas tant le fait d'être trompés que le fait qu'on leur nuise par cette tromperie : à ce niveau-là aussi, ils ne haïssent pas au fond l'illusion, mais les conséquences pénibles et néfastes de certains genres d'illusions. Une restriction analogue vaut pour l'homme qui veut seulement la vérité : il désire les conséquences agréables de la vérité, celles qui conservent la vie, mais il reste indifférent face à la connaissance pure et sans effets et ressent même de l'hostilité à l'égard des vérités éventuellement nuisibles et destructrices. Et puis surtout : qu'en est-il de ces fameuses conventions du langage ? Seraient-elles des produits de la connaissance, du sens de la vérité, est-ce que les désignations et les choses se recouvrent ? Le langage est-il l'expression adéquate de toutes les réalités ?

Friedrich NIETZSCHE, *Vérité et mensonge au sens extra-moral*, 1896,
trad. N. Gascuel, 1997.

1 « Guerre de tous contre tous » : référence à l'état de nature tel que le définit Hobbes.
(voir LA NATURE, texte 14, p. 326)

▶ L'ÉTAT
▶ LE LANGAGE

1. La vérité est-elle une notion sociale ?
2. Y a-t-il des vérités qui dérangent ?

CONFUCIUS DIT AUSSI

« Zilu [un disciple de Confucius] demanda au Maître :
– Si le prince de Wei vous confiait les rênes du gouvernement, quel serait votre premier soin ?
– Rectifier les noms, répondit Confucius.
– Vraiment ? Vous divaguez, Maître ? Rectifier les noms, mais à quoi bon ?
– Triple buse ! s'emporta le Maître, quand on ne sait pas on se tait ! Si les noms ne sont pas corrects, les propos ne seront pas conformes. Si les propos ne sont pas conformes, les affaires ne pourront être réglées. Si les affaires ne peuvent être réglées, les rites et la musique ne pourront fleurir ; les rites et la musique n'étant pas florissants, les châtiments seront injustes, et les châtiments étant injustes, le peuple ne saura plus où mettre ni pieds ni mains. C'est pourquoi le prince donne des noms qui assurent cohérence aux discours et tient des discours qui peuvent se traduire dans les actes. Oui, un sage, en ce qui concerne le langage, veille à ne rien employer au hasard, et à rien d'autre ! »

CONFUCIUS, « Tseu-lou »,
Les Entretiens de Confucius et ses disciples, XIII,
ve siècle av. J.-C., trad. J. Levi, 2018.

Le Palais : la salle de Confucius de la province de Chan-toung, XVIIIe siècle, BnF, Paris.

? Les mots ont-ils pour fonction de dire les choses comme elles sont ?

AUX FRONTIÈRES DE LA PHILOSOPHIE

Alors qu'il sort de l'asile de Rodez où il a été enfermé, Artaud écrit un livre sur Van Gogh, un autre artiste lui aussi déclaré « fou » par la société. Il dénonce la « vérité » de la psychiatrie qui sert à maintenir l'ordre social et enferme la lucidité des artistes.

« C'est ainsi qu'une société tarée a inventé la psychiatrie pour se défendre des investigations de certaines lucidités supérieures dont les facultés de divination gênaient.

Gérard de Nerval n'était pas fou, mais il fut accusé de l'être afin de jeter le discrédit sur certaines révélations capitales qu'il s'apprêtait à faire,

et outre que d'être accusé, il fut encore frappé à la tête, physiquement frappé à la tête une certaine nuit afin de perdre la mémoire des faits monstrueux qu'il allait révéler et qui, sous l'action de ce coup, passèrent en lui sur le plan supranaturel, parce que toute la société, occultement liguée contre sa conscience, fut à ce moment-là assez forte pour lui faire oublier leur réalité.

Non, Van Gogh n'était pas fou, mais ses peintures étaient des feux grégeois, des bombes atomiques, dont l'angle de vision, à côté de toutes les autres peintures qui sévissaient à cette époque, eût été capable de déranger gravement le conformisme larvaire de la bourgeoisie second Empire et des sbires de Thiers, de Gambetta, de Félix Faure, comme ceux de Napoléon III.

Car ce n'est pas un certain conformisme de mœurs que la peinture de Van Gogh attaque, mais celui même des institutions. Et même la nature extérieure, avec ses climats, ses marées et ses tempêtes d'équinoxe ne peut plus, après le passage de Van Gogh sur terre, garder la même gravitation.

À plus forte raison sur le plan social, les institutions se désagrègent et la médecine fait figure de cadavre inutilisable et éventé, qui déclare Van Gogh fou.

En face de la lucidité de Van Gogh qui travaille, la psychiatrie n'est plus qu'un réduit de gorilles eux-mêmes obsédés et persécutés et qui n'ont, pour pallier les plus épouvantables états de l'angoisse et de la suffocation humaines, qu'une ridicule terminologie,

digne produit de leurs cerveaux tarés. »

Antonin ARTAUD, *Van Gogh, le suicidé de la société*, 1947.

? Peut-on avoir raison tout seul ?

Relativité du vrai et du faux

Peut-on dire : « À chacun sa vérité » ? (texte 13, Platon) La vérité est-elle de l'ordre de ce qui est ou de ce que l'on dit ? (texte 14, Gorgias) À quoi reconnaît-on la vérité ? (texte 15, Foucault)

PLATON
428 av. J.-C.-
348 av. J.-C.

TEXTE 13

La vérité est-elle subjective ?

Platon fait parler Protagoras, un sophiste qui soutient, dans un livre perdu qui s'appelait probablement *La Vérité*, que « l'homme est la mesure de toutes choses ». Platon interprète cette thèse dans le sens où chaque individu serait le seul juge de ce qui est vrai pour lui. L'idée de vérité conserve-t-elle un sens si elle n'a aucun critère ni objectif ni même intersubjectif ? Faut-il sacrifier l'idéal d'une vérité universelle et éternelle au profit d'une multiplicité d'appréciations individuelles et changeantes ?

PROTAGORAS : Car j'affirme, moi, que la vérité est telle que je l'ai définie, que chacun de nous est la mesure de ce qui est et de ce qui n'est pas, mais qu'un homme diffère infiniment d'un autre précisément en ce que les choses sont et paraissent autres à celui-ci, et autres à celui-là. Quant à la sagesse et à l'homme sage, je suis bien loin d'en nier l'existence ; mais par homme sage j'entends précisément celui qui, changeant la face des objets, les fait apparaître et être bons à celui à qui ils apparaissaient et étaient mauvais. Et ne va pas de nouveau donner la chasse aux mots de cette définition ; je vais m'expliquer plus clairement pour te faire saisir ma pensée. Rappelle-toi, par exemple, ce qui a été dit précédemment, que les aliments paraissent et sont amers au malade et qu'ils sont et paraissent le contraire à l'homme bien portant. Ni l'un ni l'autre ne doit être représenté comme plus sage – cela n'est même pas possible – et il ne faut pas non plus soutenir que le malade est ignorant, parce qu'il est dans cette opinion, ni que l'homme bien portant est sage, parce qu'il est dans l'opinion contraire. Ce qu'il faut, c'est faire passer le malade à un autre état, meilleur que le sien. De même, en ce qui concerne l'éducation, il faut faire passer les hommes d'un état à un état meilleur ; mais, tandis que le médecin le fait par des remèdes, le sophiste le fait par des discours. Jamais en effet on n'est parvenu à faire qu'un homme qui avait des opinions fausses ait ensuite des opinions vraies, puisqu'il n'est pas possible d'avoir des opinions sur ce qui n'est pas, ni d'autres impressions que celles que l'on éprouve, et celles-ci sont toujours vraies.

PLATON, *Théétète*, 166d-167d, IVe siècle av. J.-C., trad. E. Chambry, 1938.

▶ LE DEVOIR

1. Quelle est la différence entre « être » et « apparaître » ?
2. Pourquoi faudrait-il distinguer ces termes ?

GORGIAS
v. 480 av. J.-C.-
v. 380 av. J.-C.

TEXTE 14

Le vrai et le faux sont-ils autre chose que des effets de langage ?

Gorgias prend la défense d'Hélène de Troie, qui n'a pas cédé à Pâris mais qui a été littéralement terrassée par la puissance persuasive du discours. Il plaide l'innocence d'Hélène. La rhétorique des sophistes, qui pratiquent les discours doubles (*dissoï logoï*), relève de l'art de faire paraître le grand petit et le petit grand. Loin d'être enfermé dans le cercle des mots, le discours a des effets bien réels sur les âmes comme un médicament à des effets sur le corps. Que reste-t-il de l'idée de vérité, si le discours a le pouvoir de se jouer du vrai et du faux ? Vrai et faux sont-ils autre chose que des effets que le langage peut faire, défaire et refaire ?

Si c'est par force qu'elle fut ravie, forcée contre tout droit et outragée contre toute justice, il est évident que le ravisseur, comme ayant commis l'outrage, est coupable d'injustice, et que celle qui a été ravie, comme ayant reçu l'outrage, a subi un tort. [...] Mais si celui qui l'a persuadée, qui a fait illusion sur son âme, est le discours, il n'est pas difficile non plus de la défendre contre cette accusation-là et de détruire la charge ainsi : le discours est un grand souverain, qui, au moyen du plus petit et du plus inapparent des corps, parachève les actes les plus divins ; car il a le pouvoir de mettre fin à la peur, écarter la peine, produire la joie, accroître la pitié. [...] Survient en ceux qu'ils écoutent le frisson qui transit de peur, la pitié qui abonde en larmes, le deuil à qui plaît la douleur, et l'âme éprouve, devant des bonheurs et des revers qui sont le fait d'actions et de corps étrangers, par l'entremise des discours, une passion qui lui est propre. [...] Les incantations que les dieux inspirent viennent à travers les mots du discours conduire le plaisir, éconduire la peine ; car la puissance de l'incantation, pénétrant l'opinion de l'âme, l'attire, la persuade, la transforme par magie. On a découvert des arts doubles*, de sorcellerie et de magie, capables d'être des erreurs de l'âme et des illusions de l'opinion. Tant il y en a qui ont persuadé et persuadent tant de gens et de tant de choses en fabriquant un discours faux. [...] Quelle cause empêche donc que, de la même manière, Hélène aussi qui, n'était pas jeune, fût comme un lieu pour la violence, par violence ravie ? Car le discours, qui persuade, fait nécessité à l'âme, qu'il persuade, à la fois d'être persuadée des choses qui sont dites et d'être consentante aux choses qui sont faites.

* Capables de dire et de faire croire une chose et son contraire, le vrai et le faux ou le mensonger ». [Note de B. Cassin]

GORGIAS, *Éloge d'Hélène*, Vᵉ siècle av. J.-C., trad. B. Cassin dans *L'Effet sophistique*, 1995.

▶ LE LANGAGE

1. Peut-on parler d'une magie du langage ?
2. La vérité est-elle autre chose que ce que l'on dit ?

Michel FOUCAULT
1926-1984

TEXTE 15 COMMENTÉ

Y a-t-il des normes du vrai ?

Les règles de l'hérédité mises aux au jour par Gregor Mendel (voir Matière à penser ci-contre) et publiées en 1866 dans un article intitulé « Expériences sur les hybrides végétaux », ont été ignorées par la communauté des biologistes pendant près de quarante ans pour être enfin redécouvertes en 1900, notamment par Hugo de Vries. Comment comprendre que la science ait pu prendre un tel retard sur elle-même ? Pourquoi une vérité nouvelle n'est-elle pas d'emblée reconnue ?

On s'est souvent demandé comment les botanistes ou les biologistes du XIXe siècle avaient bien pu faire pour ne pas voir que ce que Mendel disait était vrai. Mais c'est que Mendel parlait d'objets, mettait en œuvre des méthodes, se plaçait sur un horizon théorique, qui étaient étrangers à la biologie de son époque. Sans doute Naudin[1], avant lui, avait-il posé la thèse que les traits héréditaires étaient discrets ; cependant, aussi nouveau ou étrange que fût ce principe, il pouvait faire partie – au moins à titre d'énigme – du discours biologique. Mendel, lui, constitue le trait héréditaire comme objet biologique absolument nouveau, grâce à un filtrage qui n'avait jamais été utilisé jusque-là : il le détache de l'espèce, il le détache du sexe[2] qui le transmet ; et le domaine où il l'observe est la série indéfiniment ouverte des générations où il apparaît et disparaît selon des régularités statistiques. Nouvel objet qui appelle de nouveaux instruments conceptuels, et de nouveaux fondements théoriques. Mendel disait vrai, mais il n'était pas « dans le vrai » du discours biologique de son époque : ce n'était point selon de pareilles règles qu'on formait des objets et des concepts biologiques ; il a fallu tout un changement d'échelle, le déploiement de tout un nouveau plan d'objets dans la biologie pour que Mendel entre dans le vrai et que ses propositions alors apparaissent (pour une bonne part) exactes. Mendel était un monstre vrai, ce qui faisait que la science ne pouvait pas en parler ; cependant que Schleiden, par exemple, une trentaine d'années auparavant, niant en plein XIXe siècle la sexualité végétale, mais selon les règles du discours biologique, ne formulait qu'une erreur disciplinée.

Michel FOUCAULT, *L'Ordre du discours*, 1971.

1 Charles Naudin, auteur en 1862 d'un *Mémoire sur les hybrides du règne végétal,* qui précède Mendel mais ne le prépare pas, tant la nouveauté de la méthode de Mendel lui reste étrangère.

2 Avant Mendel, on attribuait spontanément l'hérédité au sexe. Mâle et femelle sont équivalents dans l'hybridation et déterminent les caractères à parts égales.

▶ LA SCIENCE

NOUVEAUTÉ HORS LA LOI

Le trait héréditaire est traité par Mendel comme un objet nouveau qui n'entre pas dans l'ordre du discours biologique de son époque. Les lois d'apparition ou de disparition du caractère sont des lois statistiques alors que la science reste encore accrochée à l'idéal d'un déterminisme strict qui la rend aveugle aux phénomènes qui, sans être nécessaires, ont une régularité calculable. Les lois de Mendel font un usage biologique du concept sociologique et statistique de population, ce qui était vu par la communauté scientifique comme une importation étrangère. Celle-ci était « incapable de penser en termes de populations », comme l'explique Ernst Mayr dans *Qu'est-ce que la biologie ?* (1998). Sans doute les éleveurs avaient-ils la pratique de l'hybridation, mais, comme le rappelle François Jacob dans la *Logique du vivant, une histoire de l'hérédité* (1970), la théorie leur restait inaccessible : « si l'œuvre de Mendel reste ignorée pendant plus de trente ans, c'est que ni les biologistes de profession, ni les éleveurs, ni les horticulteurs ne sont encore en mesure d'adopter son attitude ».

DIRE VRAI, ÊTRE DANS LE VRAI

Une science n'est pas la pure et simple archive du vrai mais suppose un code de conduite, des normes de raisonnement, tout un ordre du discours qui fonctionne à la fois comme principe de validation et comme principe d'exclusion de tous les discours qui ne se plie pas à ce code et à ces normes. Dans son cours du Collège de France intitulé *Il faut défendre la société* (1976), Foucault montre qu'il y a une « police disciplinaire des savoirs ». Cette « disciplinarisation des savoirs » a pour effet d'étouffer, de marginaliser et de disqualifier toute une série de savoirs étrangers à l'ordre du discours de La Science. La biologie est une *discipline*, c'est-à-dire un dispositif de contrôle des discours. Comme l'explique Foucault, « Mendel disait vrai, mais il n'était pas "dans le vrai" du discours biologique de son époque. » La théorie de Mendel apparaissait comme proprement monstrueuse au regard de la biologie établie. À l'inverse, Schleiden niant trente ans avant Mendel la sexualité végétale, mais respectant la police théorique de la biologie de l'époque, produit ce qu'il faut bien appeler avec Foucault « une erreur disciplinée ». Mendel, quant à lui, était « un monstre vrai ». **(voir LA SCIENCE, texte 11, p. 414)**

1 À quoi reconnaît-on la vérité ?

2 Quelle différence y a-t-il entre des critères de vérité et des normes du vrai ?

FOUCAULT DIT AUSSI

« Le XVIIIe siècle a été le siècle de la mise en discipline des savoirs, c'est-à-dire l'organisation interne de chaque savoir comme une discipline ayant, dans son champ propre, à la fois des critères de sélection qui permettent d'écarter le faux savoir, le non-savoir, des formes de normalisation et d'homogénéisation des contenus, des formes de hiérarchisation, et enfin une organisation interne de centralisation de ces savoirs. [...] Donc aménagement de chaque savoir comme discipline et, d'autre part, étalement de ces savoirs ainsi disciplinarisés de l'intérieur, leur mise en communication, leur répartition, leur hiérarchisation réciproque en une espèce de champ global ou de discipline globale que l'on appelle précisément *la* "science". La science n'existait pas avant le XIXe siècle. »

Michel FOUCAULT,
« Il faut défendre la société »,
Cours au Collège de France (1975-1976), 1976.

? Qu'est-ce qu'une discipline ?

MATIÈRE À PENSER

La population, nouvel objet de science

Les lois de Mendel montrent que l'hybridation d'un pois jaune et lisse et d'un pois vert et ridé donnera exclusivement des pois jaunes et lisses à la première génération, et que, à la deuxième, 9/16 seront jaunes et lisses, 3/16 verts et lisses, 3/16 jaunes et ridés, et 1/16 vert et ridé. La vitesse de reproduction des pois permet d'avoir une population sur laquelle le calcul de probabilité s'applique.

Schéma exposant les trois lois de Mendel

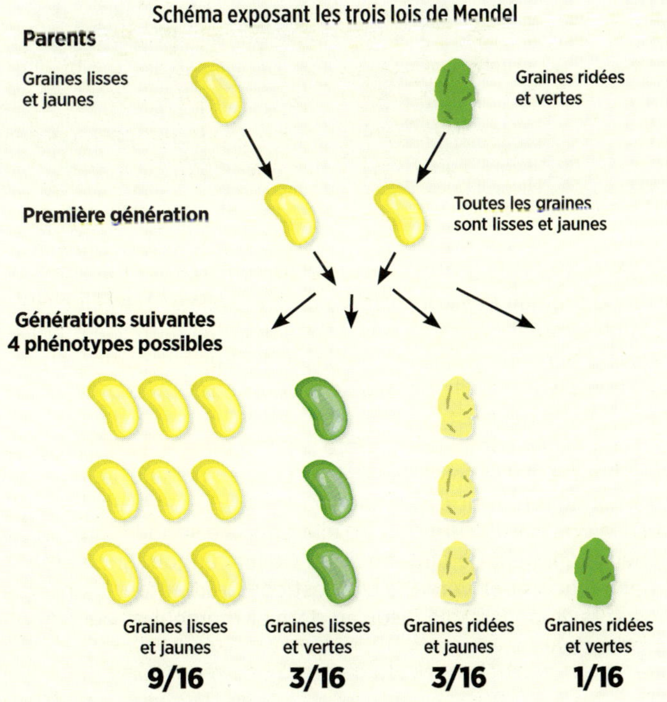

? Le probable est-il incertain ?

CINÉ PHILO

Les Diaboliques

HENRI-GEORGES CLOUZOT, 1955

Les Diaboliques est un thriller psychologique français réalisé par Henri-Georges Clouzot, inspiré du roman *Celle qui n'était plus,* de Boileau-Narcejac (1952).
Dans un internat pour garçons, l'épouse et la maîtresse du directeur Michel Delasalle, poussées par son comportement cruel et abusif, conspirent pour l'assassiner. Quelques jours après leur méfait, le corps de Michel disparaît : des événements troublants laissent croire que Michel n'est peut-être pas mort.
Ce récit policier compliqué adopte le point de vue de l'épouse, Christina, femme fébrile qui supporte mal le poids de la vérité et sa culpabilité. Le film nous mène sur une fausse piste : on ignore tout de la machination qui ne sera révélée qu'à la fin. La chute n'est efficace que par la cohésion qu'elle apporte soudain aux éléments manquants, et le suspense qui tient de bout en bout. Ce film angoissant, admirablement interprété par Simone Signoret et Véra Clouzot, est construit autour d'une vérité aux retournements constants, impénétrable jusqu'au dernier moment et qui n'apparaît que dans sa force rétrospective.

ANNEXES

Persona
INGMAR BERGMAN, 1966

Persona est un drame psychologique suédois de 1966, écrit et réalisé par Ingmar Bergman.
Le titre, *Persona,* reprend le mot latin pour « masque » et renvoie à la théorie de la *personnalité* de Carl Jung, qui pose une identité externe séparée de l'âme (*alma*), que l'on projette comme une image publique, un « personnage » auquel on s'identifie.

▶ LA CONSCIENCE

Moi, Daniel Blake
KEN LOACH, 2016

Palme d'Or du festival de Cannes de 2016, *I, Daniel Blake* (*Moi, Daniel Blake*), relate l'histoire d'un menuisier anglais obligé d'arrêter temporairement son activité professionnelle, à 59 ans, à cause de problèmes cardiaques. Il essaie alors d'obtenir des aides sociales, mais se confronte à la dureté et à l'absence d'empathie de la bureaucratie administrative, qui le force à retrouver un emploi sous peine de ne plus obtenir d'aides, alors que son médecin lui interdit tout travail.
Le film montre dans quelle mesure la rationalisation étatique des dépenses sociales conduit à une forme d'inhumanité, de destruction de l'individu, alors même que l'État est censé le servir.

▶ L'ÉTAT

Le Cabinet du docteur Caligari
ROBERT WIENE, 1919

Das Cabinet des Dr. Caligari (Le Cabinet du docteur Caligari), du réalisateur allemand Robert Wiene, inaugure le mouvement expressionniste au cinéma, en représentant le réel de manière stylisée et parfois distordue, pour faire jaillir sur la toile les affects, les expressions, les troubles des différents personnages.
Le héros, Francis, enquête sur les manipulations apparemment perverses et criminelles du docteur Caligari. Francis ne cesse de vouloir démasquer les méfaits du docteur, mais, petit à petit, les frontières entre le rêve et la réalité, la raison et la folie se brouillent et conduisent le spectacteur à réviser le jugement qu'il porte sur les différents personnages.
Ce film manifeste les forces souterraines qui habitent les individus et peuvent influer leur subjectivité et leur rapport à la réalité et aux autres. Ces forces inconscientes conduisent à appréhender le réel de façon déformée.

▶ L'INCONSCIENT

Délits flagrants
RAYMOND DEPARDON, 1994

Être devant la Justice, qu'est-ce que cela veut dire ? Dans son documentaire *Délits flagrants* (1994), Raymond Depardon donne des visages et des voix à un principe ordinairement abstrait dans nos esprits. Ce film retrace pour la première fois à l'écran l'itinéraire procédural des personnes arrêtées en flagrants délits, depuis leur arrivée au dépôt de la Préfecture de police jusqu'à l'entretien avec l'avocat : une plongée sans filet dans le quotidien de l'institution judiciaire.
Depardon propose une forme de cinéma singulièrement nue, fondée sur le huis clos et le langage, qui permet de mesurer la distance entre le monde de la justice et celui de la petite délinquance. De la dame suicidaire qui vole dans les grands magasins à la jeune prostituée qui démarre les voitures en raccordant les fils électriques, du mari accusé d'avoir frappé sa femme au petit ado bourgeois qui se fait une frayeur en taguant un wagon de la RATP, les réponses et les questions se percutent, par-delà le fossé du langage, par-delà le mensonge et la mauvaise foi, avec des effets tragi-comiques. Et si, après tout, le gardien devant la porte de la Loi dans la parabole de Kafka n'était autre que le langage lui-même ?

▶ LA JUSTICE

Imitation Game
MORTEN TYLDUM, 2014

Dans *Imitation Game*, Morten Tyldum adapte la biographie d'Alan Turing faite par Andrew Hodges.
Pendant la Seconde Guerre mondiale, les services secrets britanniques chargent un mathématicien de 27 ans, Turing, de déchiffrer les messages codés par la machine de cryptage allemande Enigma, réputée inviolable.
Le test de Turing, aussi appelé « jeu d'imitation », est le principe qui aide Turing et son équipe (voir photo) à casser le code Enigma et contribue ainsi à la victoire des Alliés. L'objectif du test, qui est devenu un élément central de l'informatique théorique et de l'étude de l'intelligence artificielle, est de savoir si une machine est capable de tromper un interlocuteur humain, en lui faisant croire qu'il dialogue avec un autre humain. Le film montre comment les vies de millions d'hommes peuvent dépendre de travaux scientifiques abstraits et d'une application méthodique de la logique et de la raison. Mais dans l'Angleterre des années 1940, l'homosexualité de Turing est un crime : il acceptera la castration chimique, et l'homme de science exceptionnel sera retrouvé pendu.

▶ LA RAISON

Minority Report
STEVEN SPIELBERG, 2002

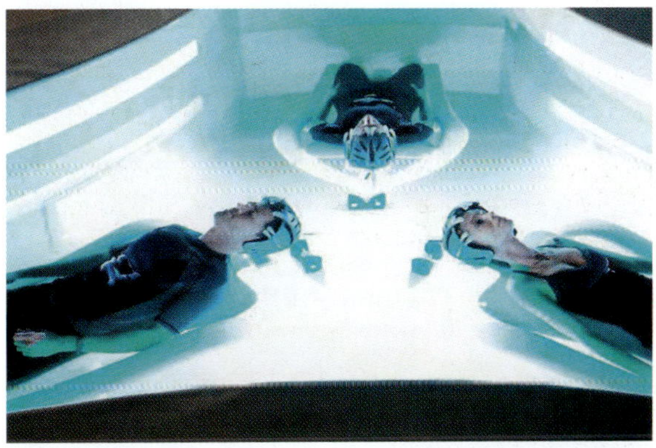

Minority Report est un film de science-fiction américain adapté d'une nouvelle de Philip K. Dick et réalisé par Steven Spielberg. En 2054 à Washington, John Anderton (joué par Tom Cruise) est un agent de police chargé d'une organisation gouvernementale expérimentale appelée PréCrime. Grâce aux visions des précogs, des triplés mutants capables de précognition, les autorités peuvent prédire et empêcher les meurtres, réduisant le taux d'homicide à zéro. Le monde cyberpunk, froid et métallique de Spielberg pose la question du libre arbitre et des dilemmes moraux qui l'accompagnent : une fois notre avenir révélé, avons-nous la capacité de changer le cours de nos actions, de faire mentir le « destin » ? Les personnes arrêtées avant de commettre un homicide auraient-elles la possibilité de changer au dernier moment ? Si oui, devons-nous leur accorder le bénéfice du doute au péril de la vie de leurs victimes ? Lorsqu'Anderton est accusé du pré-homicide d'un homme qu'il ne connaît pas, il doute pour la première fois du système auquel il vouait une confiance absolue. Il s'enfuit, enquête et découvre que les cas présentant un futur alternatif sont en effet identifiés par un « rapport minoritaire » ignoré par le système pour préserver sa crédibilité. Ce rapport, créé par le désaccord entre les visions des triplés, restitue la place du libre arbitre au sein d'une société dystopique et met en question les mesures de surveillance et de sécurité adoptées dans notre monde après les attentats du 11 septembre 2001.

▶ LA LIBERTÉ

L'Enfant sauvage
FRANÇOIS TRUFFAUT, 1969

L'Enfant sauvage est l'adaptation par François Truffaut des *Mémoires et rapport sur Victor de l'Aveyron* rédigés par le Dr Jean Itard.
En 1800, un enfant d'une douzaine d'années, privé de toute relation sociale depuis son plus jeune âge, est découvert par des paysans dans une forêt de l'Aveyron. Confié au Dr Itard, spécialiste de la surdité et de l'éducation spécialisée, Victor se trouve dans une confusion totale alors qu'il est mis au contact de la vie en société : manières, langage, conscience, relations et sensibilité, tout lui fait défaut. Pendant neuf mois, Itard livre quotidiennement un véritable combat pour tenter de faire de cet « être inférieur » (pris pour un sourd-muet attardé et inextricablement violent) un jeune homme qui montrera, petit à petit, des signes d'affection, d'intelligence et de sensibilité. Telle est la distance qui sépare cet enfant, au sens étymologique strict (*in-fans* en latin, « celui qui ne parle pas ») de l'enfant qui, éduqué par l'apprentissage d'un langage partagé, se découvre capable de questionner le monde et de se mettre lui-même en question.

▶ LE LANGAGE

The Truman Show
PETER WEIR, 1998

Dans *The Truman Show*, film américain réalisé par Peter Weir, Truman Burbank est né et élevé à l'intérieur d'un gigantesque studio de télévision créé pour ressembler à la vraie vie. Filmé en permanence par 5 000 caméras, Truman est, malgré lui, le protagoniste d'une émission télévisée à succès. L'illusion est maintenue par son entourage : les gens qu'il fréquente (sa mère, sa femme, son meilleur ami…) sont tous des comédiens dirigés par le producteur de ce monde factice, Christof. Dans cet univers contrôlé et scénarisé, menant une existence trop idéale et monotone, Truman s'ennuie.
Un événement échappant au contrôle des scénaristes vient perturber ce monde factice : la chute d'un projecteur qui semble tomber du ciel. Cet incident agit

comme l'élément perturbateur qui fait naître le doute chez Truman. Ce doute n'a de cesse de croître au fil du temps. Lorsqu'il prend conscience de la supercherie, Truman (*true-man*, « homme vrai » en anglais) va tout faire pour fuir ce monde afin de découvrir la vérité qu'on lui aurait cachée toute sa vie. Truman choisit enfin la porte qui mène vers un monde inconnu et incertain où, Christof le prévient, il n'y a pas plus de vérité que dans le monde qu'il a créé pour lui.
Critique de la société du spectacle, ce film est aussi l'adaptation moderne de la caverne de Platon : Truman vit d'illusions. C'est en regardant au dehors qu'il découvre la vérité.

▶ **LA VÉRITÉ**

Celui qui a tué la mort
NICK GRINDE, 1939

The Man They Could Not Hang (*Celui qui a tué la mort*) est un film d'horreur réalisé par l'Américain Nick Grinde, sorti juste après l'invention de la circulation extra-corporelle par Charles Lindbergh et Alexis Carrel, domaine de la médecine qui ouvre la voie à la chirurgie vasculaire.
Le Dr Saavard et son assistant le Dr Stoddard inventent un cœur artificiel capable de redonner vie à des personnes décédées. Bob, un jeune étudiant de médecine, se porte volontaire pour le tester, mais Savaard est arrêté par la police avant qu'il ne puisse le ressusciter. Lorsqu'il est condamné à la pendaison pour meurtre, Savaard déplore que les gens ne comprennent pas le bénéfice potentiel de ses recherches. En effet, en cas de succès, son cœur artificiel pourrait sauver de nombreuses vies perdues lors d'interventions chirurgicales.
Ainsi, même si la science est censée être objective et étrangère aux jugements de valeur, le dilemme moral du film (« Savaard est-il un meurtrier ? ») montre qu'une éthique accompagne et, parfois, limite la science. Les progrès de la science impliquent des changements de paradigmes, qui nous obligent à adapter notre façon de voir le monde aux nouvelles découvertes. Des questions jusqu'alors inconcevables voient le jour, et remettent en cause des définitions et des catégories jusqu'alors incontestables.

▶ **LA SCIENCE**

Le Destin
YOUSSEF CHAHINE, 1997

Le Destin est un film du réalisateur égyptien Youssef Chahine sur la vie du philosophe musulman Ibn Rusd, Averroès de son nom latin, qui pense une relation symbiotique entre la religion, la raison et les sciences. Dans cette Andalousie multiculturelle du XIIe siècle, le calife Al-Mansur cède aux pressions des intégristes et ordonne que toutes les œuvres du philosophe médecin soient brûlées. Pour les préserver, ses disciples et ses proches décident d'en faire des copies et de les transporter à l'étranger.
Chahine oppose l'obscurantisme d'une application rigide et sans recul des textes religieux à la puissance de la réflexion, jointe à la vertu du chant, de la danse, de la poésie, des arts. Il montre comment l'intolérance et le fanatisme provoquent des fractures qui traversent les siècles et les sociétés. Son message vise l'ensemble des religions puisque le prologue rappelle les méfaits de l'Inquisition médiévale.

▶ **LA RELIGION**

MÉTHODOLOGIE DES **ÉPREUVES DU BACCALAURÉAT**

- Le programme de philosophie n'est pas composé de « thèmes » mais de « notions ». C'est une indication essentielle pour bien comprendre la nature et l'esprit des épreuves de philosophie : on expose ce que l'on sait sur un thème, alors qu'une notion définit un champ de problèmes qu'il faut savoir poser. Un thème appelle un exposé, une notion fait appel au questionnement. Un sujet sur la notion de Liberté, par exemple, ne demande pas à l'élève de dire ce qu'il en sait, mais de dégager les problèmes que la question posée soulève. En sorte que l'usage qu'il pourra faire dans son devoir des thèses de philosophes devra impérativement venir après avoir posé le problème auquel elles répondent. Tout le savoir acquis en philosophie n'a de valeur *philosophique* qu'à la condition d'être au service d'un questionnement. La culture philosophique ne sert pas à étaler un savoir, mais à poser, à instruire et parfois à résoudre des problèmes. Le programme (Bulletin officiel spécial du 25 juillet 2019) précise bien que le traitement des notions et la lecture des textes philosophiques « sont toujours ordonnés aux questions examinées ».
- Il ajoute que les notions « ne font pas l'objet d'un traitement séparé ». Les problèmes que pose la notion de Liberté peuvent par exemple engager la notion de Devoir ou celle d'Inconscient, de même que la notion de Religion peut soulever des problèmes qui concernent la notion de Science. Les sujets de baccalauréat peuvent ainsi porter sur deux notions du programme. L'élève devra donc veiller dans sa préparation à ne pas isoler les notions les unes des autres, mais à s'intéresser aux relations qu'elles entretiennent entre elles. Cela ne signifie pas pour autant que chaque notion n'a pas un contenu propre, avec son champ de problèmes délimités. Mais le champ de problèmes propre à une notion comprend aussi certains problèmes qu'elle a en commun avec telle ou telle autre notion.

LES ÉPREUVES

Il y a une **épreuve écrite obligatoire** et une **épreuve orale de contrôle** (dans le cadre du second groupe d'épreuves).
- L'épreuve écrite dure **4 heures**.
- L'épreuve orale dure **40 minutes**.

L'ÉPREUVE ÉCRITE OBLIGATOIRE DE LA VOIE GÉNÉRALE

- Trois sujets sont proposés **au choix** : deux dissertations et une explication de texte.
- Les sujets proposés à l'examen sont rigoureusement déterminés par **les notions inscrites au programme** et par le caractère homogène de l'ensemble qu'elles composent.
- Les sujets portent soit sur **une seule notion du programme interrogée dans l'une de ses dimensions essentielles**, soit sur **l'articulation de notions figurant au programme**.

La dissertation

- Les sujets de dissertation **prennent toujours la forme d'une question**. Ils sont formulés de sorte que les notions auxquelles ils se réfèrent soient **clairement identifiables**.
- Ils ne prennent pas directement pour objet les distinctions figurant dans la liste des repères.
- Leur formulation peut toutefois utiliser un des termes d'une distinction.

L'explication de texte

- La **liste des auteurs** définit le périmètre de choix des sujets d'examen : les extraits qui vous sont proposés pour l'explication de texte sont obligatoirement empruntés aux auteurs figurant dans la liste.
- Le texte **se rapporte explicitement à une ou à plusieurs notions du programme**.

Aucun type d'exercice ne doit *a priori* être privilégié : vous devez **être capable de faire l'un et l'autre** afin de vous laisser véritablement le choix le jour de l'épreuve. Car même si chaque type d'exercice a ses spécificités, les qualités philosophiques requises sont fondamentalement les mêmes : il s'agit en effet d'**instruire un problème**, soit à partir de l'étude d'une question, soit à partir de la lecture d'un texte.

Un objectif : développer son esprit philosophique

- L'enseignement philosophique a pour fin, non de délivrer des connaissances à propos de la philosophie et des philosophes qu'il s'agirait de répéter le jour de l'examen, mais de **dispenser une formation** qui développe et structure le sens de ce qui fait problème là où en apparence rien ne fait problème

– Si le **sens du problème définit l'esprit philosophique**, le **penchant encyclopédique pour les thèses et le goût scolaire des solutions le détruisent**. Un tel exposé peut être instruit et intelligent, il n'en demeure pas moins qu'il n'a rien de philosophique.

On peut rappeler ici la moquerie d'Emmanuel Kant (*Anthropologie du point de vue pragmatique*, § 59, trad. A. Philonenko, 1994) à l'encontre de ces « *géants* de l'érudition, qui en sont aussi les *cyclopes*, car il leur manque un œil : celui de la vraie philosophie qui permet à la raison d'utiliser opportunément cette masse de savoir historique qui pourrait charger cent chameaux. »

À l'image du chameau écrasé sous un savoir simplement appris, on préférera donc résolument l'image de l'abeille que propose Montaigne dans les *Essais* (livre I, chap. XXVI, 1580) : de même que celle-ci fait son miel du thym et de la marjolaine, de même l'élève étudiera les œuvres de Platon, d'Aristote ou de Kant « pour en faire un ouvrage tout sien, à savoir son jugement. »

– Il s'agit d'**apprendre à penser philosophiquement par soi-même**. Ce qui ne veut dire ni penser tout seul, sans les nourrir des pensées des philosophes, ni répéter ces pensées sans se les approprier.

À cet égard, interdisez-vous l'usage des *-ismes* (épicurisme, rationalisme, idéalisme, empirisme, etc.) qui installent la pensée dans le confort dogmatique de thèses qui prétendent dispenser de *définir* l'idée qu'on emploie et de poser le problème qui lui correspond.

– Apprendre et comprendre sont indissociables. C'est ce que dit Descartes dans les *Règles pour la direction de l'esprit* (Règle 3, 1628, trad. J. Brunschwig, 1977) : « Nous ne deviendrons jamais philosophes si nous avons lu tous les raisonnements de Platon et d'Aristote, et si nous sommes incapables de porter un jugement assuré sur les sujets qu'on nous propose. »

Pour instaurer un rapport philosophique à une question comme à un texte, il faut rompre avec la logique ordinaire selon laquelle une question appelle une réponse. Le travail philosophique consiste à se demander quels problèmes soulèvent une question de dissertation ou un texte philosophique. Une réponse à une question, comme la thèse d'un texte, n'ont pas d'existence philosophique si elles sont affirmées sans qu'aucun problème inhérent à la question ou au texte n'ait été préalablement posé.

L'ÉPREUVE ORALE DE CONTRÔLE

Temps de préparation : **20 minutes**

Temps de passage : **20 minutes** (10 minutes d'explication d'un texte ; 10 minutes d'entretien avec l'examinateur)

● Dans le cadre du second groupe d'épreuves, l'épreuve orale de philosophie porte sur l'œuvre qui a fait l'objet d'une étude suivie au cours de l'année scolaire.

● L'épreuve consiste en une explication de texte présentée par le candidat, suivie d'un entretien avec l'examinateur. Sur le fond, les attentes sont les mêmes que celle de l'explication de texte écrite.

(voir p. 568 et p. 579)

L'ÉPREUVE ÉCRITE OBLIGATOIRE DE LA VOIE TECHNOLOGIQUE

● En série technologique, à l'écrit, il y a également trois sujets au choix : deux sujets de dissertation et une explication de texte. Seule l'explication de texte diffère des sujets de la série générale. Les conseils de méthode de l'explication de texte en série générale restent néanmoins valides. (voir p. 568 à p. 575) L'épreuve orale est la même qu'en série générale. (voir p. 579)

● **L'explication de texte philosophique en série technologique**

● Le texte est accompagné d'une série de questions qui ont pour but de guider le candidat dans la rédaction de son explication de texte.

A - Éléments d'analyse : il s'agit d'expliquer (voir p. 569) les passages clés du texte.

B - Éléments de synthèse : il s'agit identifier la question (voir p. 569 à p. 571) à laquelle répond le texte et de reconstruire la démarche de l'auteur en suivant l'ordre du texte. (voir p. 572 à p. 574)

C - Commentaire : il s'agit d'éclairer et d'examiner la position de l'auteur dans ce texte, en utilisant à la fois les étapes précédentes et la culture philosophique acquise dans l'année. (voir p. 577)

● La connaissance de la doctrine de l'auteur du texte n'est pas requise pour expliquer le texte, qui a été choisi pour sa lisibilité.

● Pour rédiger son explication de texte, le candidat a le choix entre :

1. répondre dans l'ordre aux questions posées, en les concevant comme des étapes successives et solidaires ;

2. suivre le développement de son choix.

Il doit indiquer son choix au début de sa copie.

I. MÉTHODOLOGIE DE LA **DISSERTATION**

1. L'ESPRIT DE L'EXERCICE

La méthode de la dissertation repose sur une seule et même exigence fondamentale : reconduire la question aux problèmes qui lui confèrent un sens philosophique. Pour ce faire, il est nécessaire de ne pas valider le sujet proposé en se contentant de l'évidence de sa signification première.

En philosophie, il n'y a qu'une façon de défendre un sujet, c'est de l'attaquer. Il est en effet impossible d'imposer un traitement philosophique à une question sans lui arracher les problèmes qu'elle pose et que son sens évident voudrait passer sous silence.
Vous n'avez pas d'autre choix que de cerner les problèmes que pose la question du sujet.

Accepter la question telle qu'elle se présente et chercher des réponses à cette dernière, c'est s'interdire de la traiter philosophiquement. **Le risque majeur en philosophie n'est pas d'abord le hors sujet, mais le hors discipline :** on peut dire ce que l'on sait, accumuler des thèses de philosophes sans jamais penser philosophiquement. Faute de poser un problème, le propos ne peut que dresser un catalogue de réponses et perdre, par là même, tout sens philosophique.

Un problème consiste dans **les difficultés plus ou moins cachées** que véhicule la question posée, et **sans lesquelles le sujet reste au niveau de l'évidence commune**. S'attaquer à la question exige de la soumettre à un questionnement qui met au jour les difficultés qu'elle soulève, voire les contradictions ou les impossibilités qu'elle suppose en silence. Assumer ce qui résiste à la compréhension, c'est proprement engager une réflexion philosophique.

Résoudre un problème suppose de l'avoir d'abord posé. Et il se peut aussi qu'en philosophie, les difficultés internes à la question posée soient insurmontables. L'important est de prendre le temps de bien poser les problèmes plutôt que de tenter de les résoudre. En effet, l'essentiel n'est pas que la philosophie parvienne à réduire ou à dépasser ces résistances premières ou qu'elle s'y heurte de façon durable, mais qu'elle s'y confronte. S'il n'y avait rien d'obscur, il n'y aurait rien à éclairer, s'il n'y avait rien qui résiste à la compréhension immédiate, il n'y aurait pas de philosophie.

La dissertation a pour finalité de dégager explicitement le ou les problèmes que pose une question : dans la vie quotidienne, une question appelle une réponse ; en philosophie, une question soulève un ou des problèmes.

2. LE TRAVAIL AU BROUILLON

2.1 ANALYSER LE SUJET

L'analyse du sujet est une étape cruciale de votre travail. Elle vous permet de **bien cerner la question posée** et de ne pas tomber dans le hors sujet.

ÉTAPE 1 Identifier la question

Où la question se rencontre-t-elle ?
– La première urgence est de vous demander **où la question se rencontre** et de chercher des cas concrets qui confirment que cette question se pose effectivement.
– Cette **première approche du sujet** permet à la fois d'en avoir **une compréhension concrète** et **de ne pas rester dans l'abstraction** où la pensée ne pourra que s'égarer.

Il est indispensable de commencer par montrer que la question se pose : où ? quand ? comment ? dans quels domaines ?

– Il faut ensuite chercher des **contre-exemples** qui permettent de **dégager des sens différents** ou même contradictoires de la question.
– Enfin, demandez-vous si les différents cas ou situations, qui vérifient que la question, se pose peuvent être regroupés par **familles d'exemples** illustrant la même idée, le même sens. Essayez idéalement de disposer de deux ou trois catégories d'exemples, qui vous permettront de déployer la question et son traitement en fonction de cas concrets.

Le rôle des exemples n'est jamais décoratif. Les exemples permettent non seulement de guider la réflexion, mais encore de donner un contenu aux idées philosophiques qui seront mobilisées.

- **Sur quoi la question porte-t-elle ?**

– Une question porte sur **un objet précis**. Tous les mots de la question ne font pas l'objet de la question. Il importe donc de bien identifier l'objet de la question.

C'est sur cet objet que la dissertation devra concentrer la réflexion.

– Prenons trois sujets proposés récemment au baccalauréat :

Sujet 1 : « Le travail permet-il de prendre conscience de soi ? »
→ La question porte sur le travail, non sur la conscience de soi.

Sujet 2 : « L'art transforme-t-il notre conscience du réel ? »
→ L'objet de cette question est l'art.

Sujet 3 : « Serions-nous plus libres sans l'État ? »
→ L'objet de ce sujet est « nous... libres »

- **Quelle est la question précise ?**

La détermination de la question précise qui est posée permet de délimiter le sujet et de le traiter dans sa formulation spécifique, au lieu de parler en général de la notion ou, pire, de traiter la notion comme un thème et de faire un exposé au lieu d'une dissertation.

Pour chacun des trois sujets suivants, identifier la question, en suivant les trois points : où la question se rencontre-t-elle ? Sur quoi porte-t-elle ? Quelle est la question ?

– « Est-il possible d'échapper au temps ? »
(série L, 2019)
– « L'artiste est-il maître de son œuvre ? »
(série S, 2014)
– « Peut-on renoncer à la vérité ? »
(série L, 2018)

ÉTAPE 2 Identifier les problèmes

- Après avoir analysé la question, vous devez ensuite **adopter un recul critique** à son égard et **identifier les difficultés** qu'elle soulève.

- Il s'agit alors de mettre au jour deux ou trois problèmes qui feront ensuite l'objet des deux ou trois parties de la dissertation.

- Prenons l'exemple d'une question courante, « Quelle heure est-il ? » (qui ne ferait pas l'objet d'un sujet de baccalauréat), pour montrer quel traitement philosophique l'on pourrait en faire.

– À la question « Quelle heure est-il ? », dans la vie de tous les jours, on répondra « Il est midi ». En philosophie, on questionnera la question. Peut-on poser à une heure, qui par définition est passagère, la question « est-il » qui vise l'être de l'heure, son essence, c'est-à-dire précisément ce qui ne passe pas ? Une heure *est*-elle ? Une heure peut-elle *être*, elle qui ne fait que devenir : midi devient treize heures, treize heures devient quatorze heures, etc. ? On le voit, la question « Quelle heure *est*-il ? » constitue un problème.

– On peut aussi soulever le problème que pose la question « Quelle » : il s'agit de choisir, parmi toutes les heures, *quelle* est la bonne pour le moment présent. Mais cela suppose que toutes les heures font partie d'un tout englobant les Heures. Or les heures ont-elles quoi que ce soit de commun qui permette de les considérer comme des unités abstraites faisant partie d'un même tout ? Chaque heure n'est-elle pas un moment unique du temps, dont la nouveauté tranche sur l'heure passée et que l'heure suivante ne répétera pas ? N'y a-t-il pas une singularité de chaque heure qui interdit de l'inclure dans l'ensemble indifférencié des Heures ? Lorsque telle heure se présente, n'est-ce pas la première fois que cette heure-ci arrive ? Et n'est-ce pas tout autant la dernière fois que cette heure se présente. Une heure peut-elle se présenter une deuxième fois ? Le propre du temps n'est-il pas que rien ne s'y répète jamais ? La question « *Quelle* heure est-il » constitue à nouveau un problème.

- Il y a **plusieurs façons d'identifier les problèmes que pose une question**.

Option 1 Utiliser les contre-exemples trouvés lors de l'analyse de la question

C'est-à-dire chercher à voir s'ils ne contestent pas le bien-fondé de la question, s'ils ne l'invalident pas. Il faut pratiquer à l'encontre du sujet l'esprit de contradiction plutôt que d'accepter docilement ce qu'il pose sans discussion.

Option 2 Opérer des distinctions entre les termes employés dans le sujet et leurs synonymes

En philosophie, il n'y a pas de synonymes : s'il y a deux mots, mêmes proches, c'est qu'ils désignent deux idées ou deux choses distinctes. Il ne s'agit pas de mobiliser un vocabulaire technique et encore moins un jargon, mais tout simplement de **produire une pensée précise**.

Par exemple, un *acte* n'est pas un *geste* : l'acte est délibéré, repose donc sur une intention et relève de la liberté, alors que le geste est machinal, instinctif, involontaire. Une gifle que l'on donne sous le coup de la colère, c'est un geste qui nous a échappé. Une gifle portée dans l'intention de la donner, c'est un acte. L'acte engage notre responsabilité alors que le geste est de l'ordre du réflexe involontaire. On doit répondre de ses actes. Nos gestes, eux, sont à peine les nôtres. Ainsi, poser le problème « Sommes-nous responsables de nos actes ? », ce peut être montrer que c'est un faux problème dans la mesure où la notion d'acte présuppose la notion de responsabilité, à la différence de la notion de geste qui, elle, désigne l'involontaire.

Option 3 **Remonter de la question à ces présuppositions silencieuses**

Les présuppositions d'une question sont **tout ce qui doit préalablement être posé pour que la question ait un sens.**

Par exemple, si je dis : « j'ai perdu mes lunettes », cela présuppose que 1) j'avais des lunettes, 2) je ne les ai plus ; 3) ce sont des choses que l'on a, de l'ordre de l'avoir. Si je ne peux pas dire « j'ai perdu 6 millions d'euros », c'est bien parce que je ne les ai jamais eus ! Ainsi, poser le problème « Peut-on perdre sa liberté ? » présuppose que 1) on a sa liberté, 2) la liberté est de l'ordre des choses que l'on a. À partir de là, on pourrait poser (c'est-à-dire traiter) le problème en interrogeant ses présupposés : 1) a-t-on déjà eu la liberté : comment perdre une chose que l'on n'a jamais eue ? 2) La liberté est-elle une chose que l'on a ? Ma liberté est-elle un bien que je possède et dont on peut me déposséder, ou est-ce mon être, ce que je suis ?

Option 4 **Repérer la forme de la question**

Les questions des sujets peuvent prendre différentes formes, dont les principales sont présentées dans le tableau ci-dessous.

Les quatre façons de problématiser la question peuvent se conjuguer : un contre-exemple et une distinction, l'analyse de la question et ses présupposés, etc.

LES DIFFÉRENTES FORMES DE QUESTIONS

Forme de la question	Sens	Exemples de sujets
Qu'est-ce que X ?	Cette question porte sur la définition, sur l'essence de X, mais non sur son existence, sa réalité. → On peut se demander si X que l'on définit existe. On peut dire ce qu'est le père Noël, cela ne dit rien de son existence.	« Qu'est-ce qu'un mot juste ? »
« X est-il Y ? »	Interrogation sur la pertinence de la définition suggérée par le sujet. → Cela présuppose que X est de l'ordre de ce qui *est*, des choses qui ont un être, une essence immuable. Cela pose le problème de la nature temporelle (progressive, historique, éphémère, finie) de X.	« Être libre, est-ce faire ce que l'on veut ? » « Être heureux, est-ce satisfaire tous ses désirs ? »
Y a-t-il X ?	Cette question porte sur l'existence de X, sa réalité, non sur sa définition, sur l'essence de X. → Mais pour se demander s'il y en a, ne faut-il pas d'abord savoir ce que c'est ? Comment savoir s'il y a de la confiture dans le placard si on ne sait pas ce que c'est ?	« Y a-t-il des devoirs universels ? »
« Peut-on... ? »	Question de la possibilité entendue en plusieurs sens : **a.** possibilité pratique : « Est-ce réalisable ? », « A-t-on les moyens de... ? » **b.** possibilité morale : « A-t-on le droit de... ? » **c.** possibilité juridique : « est-ce autorisé, légal ? » → « On » ce n'est ni « je » ni « nous » : « on » c'est tout le monde en général, mais personne en particulier. « Nous » c'est un sujet collectif particulier : nous les élèves de tel lycée. → Cela pose la question de la validité universelle de la question, abstraction faite du temps, du lieu, des personnes. → La question de la possibilité suffit-elle : ne faut-il pas surtout poser la question du devoir ? « Peut-on ? » peut-il être dissocié de « doit-on ? » ? **d.** possibilité logique : « est-ce concevable ? » « Cela n'implique-t-il pas une contradiction, une impossibilité logique ? » Il s'agit alors d'interroger les conditions de possibilité.	**a.** « Peut-on tout dire ? » **b.** « Peut-on juger objectivement d'une autre culture ? » **c.** « Peut-on ne pas être soi-même ? »

« Faut-il... ? » **« Doit-on... ? »**	Question de la nécessité physique : « Sommes-nous contraints de... ? », « Peut-on ne pas ? » Question du devoir, de l'obligation : ➜ La question du devoir présuppose celle du pouvoir : il faut bien que je puisse pour que se pose la question de savoir si je dois. À l'inverse un devoir impossible n'a pas de sens (les élèves doivent prendre le cours en chinois). Ainsi à la question « doit-on ? » ou « faut-il ? » on pourra poser le problème « peut-on ? ». ➜ On peut se demander si « il faut » ne sert pas d'excuse pour échapper à son devoir et à sa responsabilité : prétendre qu'« il faut que je rentre » évite de dire « je ne veux pas venir chez toi ».	« Faut-il avoir peur de l'État ? » « Doit-on respecter la nature ? » « Faut-il travailler ? »
« Pourquoi... ? » **« À quoi bon... ? »**	Interrogation sur les causes : « Quelle(s) est/sont la/les cause(s) qui a/ont produit tel effet ? » ➜ On peut distinguer « pourquoi », qui vise les causes passées (pourquoi y a-t-il de la fumée ? parce qu'il y a eu un feu), et « pour quoi », qui concerne un but futur et suppose une intention. Cette distinction engage la question de la liberté : « pourquoi » met le futur sous la dépendance du passé, « pour quoi » suppose un agent libre de poser ses fins. Interrogation sur les raisons, c'est-à-dire sur la finalité, le but, l'objectif voire, plus généralement, sur le sens. ➜ « À quoi bon » n'est pas à proprement parler une question : elle ne comporte pas l'inversion du sujet propre à la forme interrogative. On peut donc y entendre une affirmation déguisée en question : un mépris, un rejet. « À quoi bon en parler encore » : c'est inutile. La question ne se pose plus, on connaît la réponse, la réponse est dans cette question, qui est une fausse question.	« Pourquoi rechercher la vérité ? » « À quoi bon expliquer une œuvre d'art ? »
« Suffit-il... ? » **et les sujets définitionnels (du premier type) comprenant une restriction : « X n'est-il que Y ? »**	Interrogation sur la raison suffisante ou sur la réduction d'un concept à un autre : « X peut-il être réduit à Y ? », « Est-ce suffisant de définir X par X ? » ➜ X n'est-il que Y : cela présuppose que X est Y : l'est-il ? On peut poser ce problème à cette question.	« Suffit-il d'avoir raison pour convaincre ? » « L'artiste n'est-il qu'un technicien ? »

À retenir

→ L'analyse du sujet permet de tenir compte de la spécificité de celui-ci et d'éviter le hors-sujet.

→ Elle repose aussi sur des distinctions conceptuelles et des exemples précisément analysés.

→ L'objectif est d'instruire les problèmes que l'on peut poser à une question.

→ Elle permet enfin et surtout de poser les problèmes dont la dissertation va entreprendre le traitement ordonné et donc de décider d'un plan.

À éviter

→ Exposer les connaissances pour elles-mêmes, juxtaposer des réponses, accumuler des thèses, bref oublier le problème.

→ N'analyser qu'un seul concept / une seule partie du sujet.

→ Juxtaposer les définitions.

→ Ne pas donner d'exemples qui permettent de faire apparaître le sens de la question et l'usage des termes.

s'entraîner

EXERCICE 1 **Identifier la question**

Analyser les sujets suivants :
a. en montrant quelle est la question posée ;
b. en montrant que la question se pose ;
c. en explicitant quel est son objet.

Sujet 1 : « L'artiste est-il maître de son œuvre ? »
Sujet 2 : « Vivons-nous pour être heureux ? »
Sujet 3 : « Peut-on se passer de religion ? »
Sujet 4 : « Le travail est-il libérateur ? »
Sujet 5 : « Y a-t-il des devoirs envers soi-même ? »

EXERCICE 2 **Identifier les problèmes**

Dégager au moins deux problèmes pour chacune des questions identifiées, en utilisant les quatre procédés possibles, en les conjuguant au besoin (contre-exemples, distinctions, présupposés, formes de la question).

2.2 CONSTRUIRE UN PLAN

- Il est exclu de rédiger au fil de la plume. **La conception d'un plan est indispensable pour organiser la progression du propos, assurer sa cohérence et lui donner une orientation.**
- On attend que vous construisiez une réflexion **qui assure la position et le traitement ordonné et progressif des problèmes que pose le sujet**. Ainsi, la dissertation suppose un **engagement** de votre part.
- Le plan doit être suffisamment **détaillé au brouillon**, sans être totalement rédigé. Il doit comprendre :
- deux ou trois grandes parties ;
- leur articulation : les transitions qui expliquent le passage de l'une à l'autre ;
- leur contenu respectif essentiel : problème, arguments, exemples et références à des textes philosophiques, distinctions conceptuelles.

ÉTAPE 1 Identifier l'évidence

- Il faut, dans un premier temps, identifier la réponse évidente et spontanée que l'on apporterait à la la question telle qu'elle est formulée par le sujet. Cette évidence fournira le point de départ dont la réflexion s'écartera ensuite.
Par exemple, pour le sujet « Dépend-il de nous d'être heureux ? », l'évidence serait formulée en ces termes : « Il ne dépend pas de nous d'être heureux dans la mesure où le bonheur repose sur le hasard, sur des circonstances dont nous ne sommes pas maîtres. »
À l'inverse, une erreur manifeste serait, par exemple, de consacrer une partie entière à la définition du bonheur : cela reviendrait à la traiter comme un thème et non comme une notion.
- **La formulation d'une évidence exclut toute référence doctrinale.** On ne formule pas une hypothèse en commençant par : « Selon *tel auteur*... ». On s'appuie sur un constat, une définition communément partagée, une idée reçue, un dicton, etc.

ÉTAPE 2 Hiérarchiser les problèmes et élaborer un plan

- Les problèmes qui ont été identifiés dans l'analyse préparatoire du sujet, doivent maintenant être **ordonnés** et **hiérarchisés**, en partant du **problème qui se présente le premier à l'encontre de l'évidence initiale**, jusqu'au **problème plus profond, plus caché, mais central**. C'est à cela que tient la **progressivité** de la réflexion.
- Cet ordre décide de celui des parties, qui peuvent être au nombre de deux ou de trois :

Plan en deux parties :
1. L'évidence
2. Le premier problème

Plan en trois parties :
1. L'évidence
2. Le premier problème
3. Le second problème

Il faut **éviter le trop fameux plan du type thèse / antithèse / synthèse** qui accumule tous les défauts en juxtaposant des thèses sans poser de problèmes.

- **L'articulation des parties**
- Les parties **ne doivent pas être juxtaposées, mais articulées au moyen de transitions.** (voir p. 565) Cela signifie qu'entre la fin de l'une et le début de la suivante, **le questionnement doit créer un lien explicite**.
- Une dissertation compte **plusieurs étapes d'une pensée suivie**. Chaque partie doit être un moment d'une seule et même pensée, qui se cherche, s'élabore, se construit progressivement.

Il faudrait d'ailleurs parler de membres, au sens de ceux d'un organisme vivant, plutôt que de parties : les membres sont solidaires, alors que des parties sont posées les unes à côté des autres et sont extérieures les unes aux autres et n'ont pas de lien interne.

À retenir

→ **Ordonner les parties en allant de l'évidence au problème le plus profond.**
→ **Veiller aux transitions qui assurent la continuité de la pensée du début jusqu'à la fin de la dissertation.**

s'entraîner

EXERCICE **Pour chaque sujet, identifier une évidence et deux problèmes, en les hiérarchisant.**

Sujet 1 : « Le langage ne sert-il qu'à communiquer ? »
Sujet 2 : « Faut-il avoir peur de la technique »
Sujet 3 : « Les énoncés scientifiques sont-ils toujours vrais ? »

À éviter

→ **Analyser séparément les notions du sujet.**
→ **Énoncer des thèses sans avoir posé de problèmes.**

3. LA RÉDACTION

3.1 STRUCTURE DE LA DISSERTATION

● Une dissertation doit être **organisée** selon une progression cohérente du propos :
- l'**introduction** analyse le sujet de façon à formuler les problèmes qu'il pose, du plus évident au plus profond, au plus radical ;
- le **développement** est articulé autour d'une évidence initiale et d'au moins un problème dont le traitement fait l'objet d'une partie distincte : deux parties si la dissertation expose une évidence et pose un problème, trois parties si elle expose une évidence et pose deux problèmes ;
- la **conclusion** reprend les étapes de la dissertation, depuis la question initiale jusqu'aux différents problèmes rencontrés, et éventuellement résolus, partant de l'évidence.

La conclusion insistera sur **le gain philosophique de la dissertation** : à partir d'une question, on a pu, grâce à une réflexion philosophique poser tel et tel problème et, le cas échéant, leur apporter une solution, ou formuler une hypothèse, ou montrer la nature irréductible du problème.
À une évidence initiale qui prétendait s'imposer et dispenser de la questionner, on a arraché les problèmes qu'elle posait et qu'elle aurait voulu passer sous silence.

3.2 INTRODUCTION

L'introduction témoigne de la **compréhension de la spécificité du sujet**. Par conséquent, il est important d'en soigner la rédaction, qui peut être faite préalablement au brouillon.

● **Les enjeux de l'introduction**
- L'introduction a pour objet d'**identifier les difficultés sur lesquelles repose l'intitulé proposé**.
- Elle a pour fonction de **formuler explicitement le ou les problèmes que pose la question**, et de **les ordonner** selon leur profondeur. L'ordre des problèmes annonce ainsi l'ordre des moments du développement.
- Ce premier moment introductif **reprend des éléments de l'analyse** du sujet qui permettent d'énoncer l'évidence, de poser les problèmes et de préciser les **étapes de la réflexion**.

ÉTAPE 1 Premier paragraphe : énoncer l'évidence qu'appelle la question

● À partir d'une définition simple et d'un exemple convaincant, poser une **réponse évidente** qui semble dispenser de poser la question.

Il faut **bannir toute affirmation générale et infondée** du type : « De tout temps, les hommes ont pensé... ».

- Par exemple, pour le sujet « Dépend-il de nous d'être heureux ? », il peut être utile de rappeler l'étymologie du terme *heureux* qui renvoie à la chance, au hasard (*l'heur*), mais inutile de répertorier tous les sens du concept de *bonheur*. Il vous appartient donc de juger ce qui est pertinent pour introduire l'évidence.

ÉTAPE 2 Deuxième paragraphe : définir l'ordre des problèmes

- La deuxième étape consiste à **poser les difficultés inhérentes au sujet** qui se **déduisent de l'analyse** de la question et de l'identification des problèmes. (voir p. 554)
- Il ne s'agit pas de répéter la question ni de la reformuler, mais de montrer en quoi elle présente une difficulté.

Utiliser la forme interrogative. Trop d'introductions s'autodétruisent en accumulant les affirmations sans poser aucun problème. La fonction de l'introduction est d'**introduire** les problèmes qui vont faire l'objet de la dissertation et non de poser dogmatiquement des thèses.

ÉTAPE 3 Troisième paragraphe : annoncer le plan

- Le troisième moment de l'introduction présente les **étapes du questionnement**. Ainsi, il **découle directement de l'ordre des problèmes**.
- L'annonce du plan ne consiste pas à énumérer des titres ni à identifier des thèmes et encore moins à asséner des thèses. Elle **formule les problèmes** qui seront examinés et montre comment ils s'**articulent de façon cohérente et progressive, en fonction de l'ordre dans lequel ils se présentent, du plus simple au plus profond**.

s'entraîner

EXERCICE **Rédiger une introduction pour le sujet suivant :**

« Le travail permet-il de prendre conscience de soi ? » (série S, 2013)

À retenir

→ Utiliser l'analyse du sujet pour montrer en quoi il pose problème.

→ Déduire chaque étape de l'introduction de l'étape précédente :

évidence → position des problèmes → formulation de l'ordre des problèmes (annonce du plan)

À éviter

→ Répéter ou reformuler le sujet.

→ Poser une question sans la déduire de l'analyse préalable du sujet.

→ Énoncer des thèses au lieu de formuler des problèmes.

✪ Quelques conseils de présentation

- La **structure** de la dissertation doit être **visible dans la forme** même de votre copie.
- Il est ainsi souhaitable de **sauter une ligne** entre l'introduction et le développement ainsi qu'entre le développement et la conclusion.
- Un alinéa simple, sans saut de ligne, peut être utile à l'intérieur de chaque partie pour distinguer ses moments internes.
- Il ne faut pas sauter de ligne dans l'introduction, mais faire trois alinéas.

3.3 LE DÉVELOPPEMENT

Des outils pour rédiger le développement

- Chaque partie qui compose votre dissertation doit être constituée d'arguments, illustrés d'exemples et étayés de références qui permettent d'établir des distinctions conceptuelles.
- Le lien entre ces éléments est assuré par la **réflexion qui doit être argumentative**.

Rédiger un argument

- Le **développement** consiste en un **raisonnement structuré autour de problèmes** formulés comme autant de difficultés internes au sujet. Ces problèmes sont eux-mêmes **produits par des arguments** qui donnent à chaque partie et à l'ensemble de la dissertation son unité et sa rigueur.
- En effet, il ne s'agit pas seulement d'affirmer ce que l'on pense, il faut le **justifier**.
  – Ainsi, **la dissertation ne doit pas être l'exposé de simples opinions**.
  – Les arguments doivent posséder un certain **degré de généralité, voire d'universalité**.
  – Elle **ne doit pas non plus être fondée sur une juxtaposition d'exemples**.

Les arguments doivent participer au raisonnement cohérent de votre développement, pensez donc à les hiérarchiser.

Identifier les différents types d'arguments

Type d'argument	Exemple
L'argument logique	« Peut-on ne pas être soi-même ? » Il semble contradictoire d'admettre que l'on puisse être soi-même et ne pas l'être. Raisonnement par l'absurde : pour prouver qu'il y a du vide entre les atomes, Épicure part de l'hypothèse inverse et déduit l'absurdité de celle-ci : s'il n'y a pas de vide (p) alors il n'y a pas de mouvement (q), or il y a du mouvement (non q), donc il y a du vide (non p).
L'argument fondé sur une définition du concept ou des définitions des concepts	« Les lois peuvent-elles être injustes ? » Si les lois s'imposent à tous de la même manière et que l'injustice réside dans un traitement inégalitaire, alors les lois ne peuvent être injustes. On peut aussi mobiliser la « sagesse populaire » qui s'exprime, par exemple, dans les dictons.
L'argument empirique, tiré de l'expérience	« Le travail fait-il obstacle à notre liberté ? » À la fin du XIXe siècle, le taylorisme développe le travail à la chaîne. C'est précisément sous cette forme que nous pouvons considérer le travail comme aliénant.
L'argument fondé sur une référence philosophique	« Faut-il être sage pour être heureux ? » Si la sagesse réside dans le choix rationnel des désirs, alors elle est la condition du bonheur. C'est précisément ce que permet d'établir la thèse développée par Épicure dans la *Lettre à Ménécée*.

s'entraîner

EXERCICE **Développer deux arguments autres qu'empiriques pour appuyer l'idée que le travail fait obstacle à notre liberté.**

Utiliser un exemple ou une référence

• Les exemples

– Une dissertation sans exemples est vide.

– Les exemples ne doivent jamais être exposés pour eux-mêmes, mais doivent **s'intégrer dans la structure du raisonnement.**

– Les exemples **ne se substituent pas aux arguments**. Ils constituent **des preuves à l'appui des arguments**, si bien qu'une juxtaposition d'exemples ne peut tenir lieu d'argumentation.

– En outre, ils doivent être **sélectionnés avec précaution** : ils ne doivent pas être triviaux ou autoréférentiels, c'est-à-dire faire référence à votre expérience quotidienne. Les exemples tirés du vécu peuvent être mobilisés à condition de leur donner une portée générale et qu'ils ne concernent pas la vie personnelle d'un individu. Vous pouvez emprunter les exemples à tout domaine extraphilosophique (littérature, sciences, histoire, sociologie, etc.), **pour peu qu'ils soient précisément analysés**.

Les exemples doivent donc être précis, choisis et non vagues et communs.

– Par exemple, pour le sujet « **Peut-il être juste de désobéir aux lois ?** », il peut être pertinent d'utiliser l'exemple des « Justes parmi les Nations », qui se sont opposés aux lois antisémites durant la Seconde Guerre mondiale, ou celui d'Antigone, dans la pièce du même nom de Sophocle, qui s'oppose à la loi de Créon refusant de donner une sépulture à son frère.

Puis, pour préciser le sens du concept de *juste*, vous pouvez aussi réfléchir à ce que signifie « chanter *juste* » ou une « *juste* répartition ». Ces exemples peuvent être **empruntés à nombre de domaines extra-philosophiques** comme l'histoire ou la littérature. Dans cette perspective, les raisons pour lesquelles Jean Valjean (dans *Les Misérables* de Victor Hugo) est incarcéré au bagne – il a volé du pain pour nourrir les sept enfants de sa sœur – peuvent être éclairantes.

• Les références à des textes philosophiques

– Vous pouvez aussi **exploiter tel passage philosophique précis d'un texte** en montrant comment il permet de traiter directement la question telle qu'elle est envisagée dans la partie que vous rédigez.

– Pas plus que les exemples, les textes philosophiques ne valent par eux-mêmes. C'est l'**explication précise** de tel passage de tel texte, en fonction du sujet précis qui est traité, qui **confère au texte choisi sa valeur argumentative**. Si la dissertation utilise les textes philosophes, ce n'est pas pour en extraire des **citations,** mais pour en tirer des **explications**. Et chaque explication de texte doit elle-même partir du **problème** qu'elle permet de poser au sujet et **montrer en quoi la référence sert le raisonnement**.

Il est donc **inutile de multiplier les références sans explications** et ces dernières doivent être **précisément identifiées** : l'auteur et le titre de l'œuvre doivent être mentionnés à chaque fois. Les références ne doivent **pas être allusives,** mais être consciencieusement analysées.

s'entraîner

EXERCICE **Utiliser le texte suivant pour poser un problème aux sujets 1 et 2.**

Sujet 1 : « Le travail permet-il de prendre conscience de soi ? »
Sujet 2 : « La nature peut-elle être belle ? »

> [L]'homme se constitue pour soi par son activité *pratique*, parce qu'il est poussé à se trouver lui-même, à se reconnaître lui-même dans ce qui lui est donné immédiatement, dans ce qui s'offre à lui extérieurement. Il y parvient en changeant les choses extérieures, qu'il marque du sceau de son intériorité et dans lesquelles il ne retrouve que ses propres déterminations. L'homme agit ainsi, de par sa liberté de sujet, pour ôter au monde extérieur son caractère farouchement étranger et pour ne jouir des choses que parce qu'il y retrouve une forme extérieure de sa propre réalité. Ce besoin de modifier les choses extérieures est déjà inscrit dans les premiers penchants de l'enfant : le petit garçon qui jette des pierres dans le torrent et admire les ronds qui se forment dans l'eau admire en fait une œuvre par laquelle il bénéficie du spectacle de sa propre activité.
>
> **Georg Wilhelm Friedrich HEGEL**, *Esthétique*, Introduction, 1835, trad. S. Jankélévitch, 1945.

Faire et mobiliser des distinctions conceptuelles

• Ainsi, des exemples sans concepts sont aveugles. Pour **affiner votre raisonnement**, vous devez donc être en mesure de **mobiliser des distinctions conceptuelles**. Les principales sont données dans la liste des repères au programme. (voir ci-après)

• Pour rechercher les différents sens des concepts, vous pouvez aussi commencer par **consulter un dictionnaire de la langue française** et, par la suite, si vous en sentez la nécessité, un dictionnaire philosophique.

Par exemple, *la justice* peut désigner (1) **l'institution** chargée de faire appliquer les lois existantes dans un État donné; elle donne alors lieu à des jugements rendus par des magistrats. Mais elle peut également revêtir un sens moral : elle est, dès lors (2), **la vertu de l'impartialité et de l'ordre**.

• Mais pour **préciser davantage encore les usages des termes, ou si vous êtes dans les conditions réelles du baccalauréat** (où aucun usuel n'est consultable), outre les définitions générales, il faut réfléchir aux **distinctions conceptuelles** et à des **exemples simples**. Les **distinctions conceptuelles ne doivent pas être massives**.

Par exemple, s'arrêter à la distinction *justice / injustice* n'est, en l'occurrence, que de peu d'intérêt. En effet, la philosophie consiste à **affiner la définition du concept**. Ainsi, on peut réfléchir à ce qui distingue la justice de la loi, de la vengeance, de l'égalité, de l'équité, de la justesse ou encore de la bonté.

> L'astuce consiste à **rechercher les synonymes du concept dans le langage ordinaire et à tenter de trouver des critères de distinction**. Vous pourrez ainsi procéder dans le développement non par association d'idées, mais par distinctions conceptuelles successives.

• Le lexique philosophique n'est pas tant technique que **précis : il établit des distinctions conceptuelles là où le langage courant voit des synonymes** (*geste* et *acte*, *chose* et *objet*, *loi* et *règle*, *morale* et *éthique*, *guerre* et *état de guerre*. **(pour ce dernier, voir LA NATURE, texte 14, p. 326)**

• Un concept permet aussi de **saisir l'unité profonde de ce que l'on oppose d'ordinaire**. Faire d'un mot un concept, c'est pouvoir **identifier dans un exemple singulier un cas général et lui donner la valeur d'un argument**.

> L'idée n'est pas tant de pouvoir réciter tel ou tel repère que de comprendre que la pensée philosophique exige la précision, ce qui passe par la distinction entre des termes que la langue courante confond. Vous pourrez ainsi produire vos propres distinctions, attestant par là un savoir-faire philosophique.

• **Les repères du programme**

absolu / relatif
abstrait / concret
en acte / en puissance
analyse / synthèse
concept / image / métaphore
contingent / nécessaire
croire / savoir
essentiel / accidentel
exemple / preuve
expliquer / comprendre
en fait / en droit
formel / matériel
genre / espèce / individu
hypothèse / conséquence / conclusion
idéal / réel
identité / égalité / différence
impossible / possible
intuitif / discursif
légal / légitime
médiat / immédiat
objectif / subjectif / intersubjectif
obligation / contrainte
origine / fondement
persuader / convaincre
principe / cause / fin
public / privé
ressemblance / analogie
théorie / pratique
transcendant / immanent
universel / général / particulier / singulier
vrai / probable / certain

– Il faut être capable de **mobiliser ces repères à bon escient**.
Par exemple, le sujet « Peut-on juger objectivement d'une culture ? » présuppose que vous sachiez distinguer *objectif* et *subjectif*. (voir LA VÉRITÉ, texte 4, p. 526) La distinction vous permettra d'**affiner votre lecture du sujet**.
– Cependant, les repères ne servent pas seulement à préciser le sens du sujet, ils permettent également de **préciser votre pensée dans le cours du développement**.

Si, par exemple, vous ne faites pas spontanément la distinction entre *expliquer* et *comprendre* dans l'analyse du sujet « À quoi bon expliquer une œuvre d'art ? », vous pouvez introduire cette distinction dans le cours du développement pour poser votre problème et vous demander si une œuvre d'art peut se comprend, dans la mesure où l'artiste lui a donné un sens, bien qu'elle soit inexplicable.

À retenir

→ **Les repères permettent de préciser le sens du sujet et d'affiner la réflexion.**

→ **Ils doivent être mobilisés à bon escient et définis.**

→ **L'essentiel est que le propos produise des distinctions entre termes proches ou synonymes afin de poser un problème qui traite précisément le sujet.**

s'entraîner

EXERCICE 1 Relier le repère à l'exemple correspondant et expliquez la distinction conceptuelle.

Repères	Exemples
en acte • en puissance •	• Un musicien joue de la musique. • Le même musicien dort.
expliquer • comprendre •	• Le mouvement de la balle est causé par le coup de pied du joueur. • Ce joueur a frappé la balle pour marquer un but.
genre • espèce • individu •	• Ce léopard a été aperçu près du village. • On peut observer des léopards en Afrique du Sud. • Les léopards appartiennent à la famille des félidés.
obligation • contrainte •	• J'aide quelqu'un à traverser la rue. • Je donne mon portefeuille sous la menace.
essentiel • accidentel •	• La pensée appartient à l'homme. • L'homme a deux mains et deux jambes.
en fait • en droit •	• Les hommes naissent libres. • Ils sont soumis aux plus forts.

EXERCICE 2 Trouver des exemples permettant de justifier les distinctions conceptuelles suivantes.

1. persuader / convaincre
2. public / privé
3. légal / légitime
4. concept / image / métaphore
5. idéal / réel

À retenir

→ Articuler les arguments au problème examiné et les arguments les uns aux autres.

→ Faire varier les types d'arguments.

→ Les exemples et les références doivent servir un argument lui-même permettant d'instruire le problème que pose la partie où il intervient.

→ Ils doivent être précisément analysés.

À éviter

→ Juxtaposer les exemples et utiliser les références comme des arguments d'autorité (Platon l'a dit donc c'est vrai).

→ Utiliser des exemples triviaux ou personnels.

→ Utiliser des arguments d'autorité. La seule référence à un auteur n'est pas suffisante si elle n'est pas elle-même justifiée.

→ Juxtaposer des exemples.

Rédiger la conclusion d'une partie

• À la fin de chaque partie de votre développement, vous allez devoir rédiger une conclusion. Cette conclusion permet de faire le point sur votre réflexion avant de passer au problème suivant.

Rédiger une transition

• La dissertation doit être **continue**, si bien que les parties ne doivent **pas être juxtaposées**.
• Le passage d'une partie à la suivante doit être progressif, sans rompre le fil de la pensée en sautant à une autre idée. Les transitions d'une partie à l'autre sont donc **essentielles**.

Privilégiez les conjonctions de coordination pour bien faire apparaître la cohérence de votre propos.

• La transition introduit un **problème** qui va faire l'objet de cette nouvelle partie. Ce n'est donc pas le lieu ni le moment de poser une réponse.
Pensez à rédiger la transition au style interronégatif. Cela vous évitera de procéder par affirmation et de ruiner aussitôt la transition en sautant d'une thèse à l'autre.
• La transition ne doit pas se limiter à une ou deux phrases. Elle doit développer le **problème** de la nouvelle partie.
• Chaque transition se décompose en deux temps :
- un **bilan récapitulatif :** on rappelle le résultat de la conclusion de la partie précédente ;
- un **passage exposant la ou les difficultés** soulevées par la conclusion de la partie précédente.
• Soulever des difficultés est une étape fondamentale. Pensez pour cela l'analyse du sujet. Il existe **plusieurs manières de le faire** (cette typologie n'est pas exhaustive) :
- introduire un **contre-exemple** ;
- introduire une **distinction conceptuelle** ;
- montrer qu'il y a une **faille dans le raisonnement adverse** ;
- **critiquer les prémisses du raisonnement** (« On a supposé que… Or… ») ;
- **critiquer les définitions** dont on a, jusqu'alors, fait usage, en en introduisant d'autres ou en jouant sur la polysémie d'un mot.

Il est souhaitable de **rédiger les transitions au brouillon** car elles sont les plus susceptibles de pâtir du manque de temps.

Une trame « type » pour rédiger le développement

La première partie

- Pour commencer votre première partie, commencez par donner un **exemple précis** (non pas « Molière », mais « telle scène de tel acte de telle pièce ») **et pertinent** (la référence recherchée : un film *de* tel réalisateur plutôt qu'un film *avec* telle vedette). Cet exemple doit illustrer la réponse évidente à la question que pose le sujet, et qui va être développée dans cette première partie.
- Développez ensuite cette évidence en lui donnant un contenu et une consistance philosophique en mobilisant les éléments détaillés précédemment : arguments, exemples et références, distinctions conceptuelles.
- Conclusion de la première partie : poser l'affirmation évidente qui résout la question en soulignant l'argument décisif et en donnant le sentiment que la dissertation est terminée.

La deuxième partie

- La transition doit, comme indiqué précédemment, rappeler le résultat de la conclusion de la première partie et puis exposer les difficultés soulevées par celle-ci pour introduire le problème suivant, celui qui sera traité dans la deuxième partie.
- Le développement doit réunir les mêmes éléments que la première partie : arguments, exemples et références, distinctions conceptuelles.

– En guise de conclusion de la deuxième partie, montrez que le problème posé à la première partie a permis de révéler une difficulté que celle-ci ne pouvait pas résoudre puisqu'elle ne la voyait tout simplement pas. Insistez sur le gain, pour la réflexion philosophique, de cette deuxième partie.

- **La troisième partie**

– La transition : la méthode est la même que pour la transition précédente (entre la première et la deuxième partie). Mais, cette fois-ci, vous devez introduire le **problème** le plus caché, celui qui va atteindre le sens profond du sujet.

– Le développement doit contenir les mêmes éléments que les deux premières parties : exemples, distinctions conceptuelles, explications de textes.

– La conclusion de la partie : il faut montrer que le problème posé à la seconde partie a permis de révéler une difficulté que celle-ci ne pouvait pas résoudre, puisqu'elle ne la voyait pas. La conclusion doit insister sur la radicalité de cet ultime problème qui a mis au jour le sens profond du sujet.

s'entraîner

EXERCICE **Rédiger une dissertation sur le sujet suivant, en utilisant les textes 1 et 12 du chapitre sur LA VÉRITÉ et les textes 1 et 16 du chapitre sur LA SCIENCE :**

« La recherche de la vérité peut-elle être désintéressée ? » (série L 2010)

3.4 LA CONCLUSION

Pensez à réserver **15 minutes** à l'élaboration de la conclusion au brouillon et à son écriture au propre.

- La conclusion est un moment de **récapitulation**. Ainsi, il convient de **ne pas poser de nouveaux problèmes** – en particulier, de problèmes qui auraient dû être traités dans le développement.
- La conclusion reprend les **étapes de la réflexion** (l'évidence initiale, le premier problème, le second problème), et souligne les insuffisances des deux premières étapes et la richesse philosophique du dernier problème posé.
- **La conclusion n'apporte pas d'éléments de réflexion nouveaux et n'introduit pas de citation de dernière minute**.
- **Il est fermement déconseillé de proposer une ouverture** : en philosophie, on ne lance pas une question dans le vide. Si l'on pose une question, on doit montrer que l'on est en mesure d'en assumer les problèmes : autant dire qu'une question d'ouverture, loin de **conclure** la dissertation, en appellerait une seconde !
- Vous pouvez, en revanche, **conclure sur la richesse philosophique obtenue au terme de cette réflexion** : en invalidant une fausse question, en disqualifiant une évidence superficielle, on a découvert une thèse paradoxale, un problème insoupçonné. La philosophie ne se joue pas entre une question et des réponses, mais entre de fausses questions et un vrai problème.

s'entraîner

EXERCICE **Rédiger une dissertation sur le sujet suivant, en utilisant les textes du chapitre sur LA SCIENCE :**

« À quoi reconnaît-on une science ? »

À retenir

→ **La conclusion a pour fonction de récapituler les étapes de la dissertation.**

→ **L'ouverture est à proscrire.**

→ **Elle conclut : elle n'introduit donc rien de nouveau.**

À éviter

→ **Poser une question qui aurait dû être traitée dans le développement.**

→ **Introduire une citation sans rapport avec ce qui a été dit jusque-là.**

→ **Poser une question très générale à titre d'ouverture.**

✪ Les points clés d'une bonne dissertation

1. Analyser mot à mot l'intitulé dans sa formulation spécifique pour ne pas faire un exposé sur un thème général (la liberté, le désir, la conscience, etc.), mais bien poser tel problème particulier et construire le plan en fonction des distinctions conceptuelles propres à **ce sujet-ci**.

2. Argumenter à partir d'une question au lieu d'accumuler les affirmations gratuites.

3. Étayer le propos d'exemples choisis.

4. Interroger la façon particulière dont le problème se pose dans **tel texte précis** tiré de telle œuvre de tel philosophe au lieu de se contenter de topos généraux sur une doctrine en général et de l'emploi de *-ismes* (l'idéalisme, le matérialisme, le marxisme, etc.).

Ultime conseil pratique : supprimer dans l'écriture toute référence au vocabulaire scolaire que l'on utilise en cours (« sujet », « thème », « problématique », « partie », « plan », « citation ») qui rappelle au lecteur qu'il a affaire à un devoir, afin de lui donner au contraire le plaisir de lire un texte philosophique.

LA MÉTHODE COMME NOTION PHILOSOPHIQUE

Le mot *méthode* est formé de la racine grecque *hodos* qui veut dire le « chemin », la « voie », et du préfixe *meta-* qui signifie un mouvement (comme dans « métaphore » qui signifie littéralement « transport » : le sens « déménage » d'une chose à une autre). Ainsi la méthode, en philosophie, c'est le chemin à travers lequel la pensée avance.

Parménide, penseur dit « présocratique » (c'est-à-dire antérieur à Socrate), oppose le chemin (*hodos*) philosophique de la vérité et le « sentier battu » (*patou* en grec) des illusions communes où l'opinion s'égare. Si chaque philosophie définit sa méthode, c'est qu'elle est indissociable de son contenu philosophique et n'a donc rien de formel. Par exemple, si Nietzsche écrit des aphorismes c'est que sa philosophie considère l'unité comme une abstraction, et le multiple et le changeant comme le concret. Aussi la multiplicité d'aphorismes qui composent son œuvre articule la diversité vivante qu'il s'agit de penser, alors qu'un traité ou un système ne pourrait que perdre la pensée dans le vide. Le *Discours de la méthode* de Descartes expose les préceptes pour conduire sa raison dans la recherche de la vérité et les maximes pour guider sa volonté dans l'action morale. Bref, en philosophie la méthode n'est pas une recette mais un problème de fond.

MÉTHODOLOGIE DE L'**EXPLICATION DE TEXTE**

1. L'ESPRIT DE L'EXERCICE

L'explication de texte est le **deuxième exercice** proposé à l'épreuve du baccalauréat. Le texte est toujours lié à une **notion** du programme au moins.

La *Note de Service* définissant les épreuves (Bulletin officiel spécial du 13 février 2020) dit que le candidat « doit rendre compte d'une compréhension précise du texte et du **problème** dont il est l'expression **ou** la solution. »
Ici, vous devez bien prêter attention au « **ou** » : si un texte philosophique ne propose pas nécessairement une solution à un problème, il pose **toujours** un problème. C'est ce problème qu'il pose que vous devez **identifier** et qui doit **faire l'objet de votre explication**. La formulation éventuelle d'une solution au problème posé par le texte doit rester subordonnée à l'explication et à la construction du **problème**.

Il y a deux façons possibles de poser, d'expliquer et d'examiner le problème d'un texte : ou bien en discutant ce qu'il dit au fur et à mesure que se présentent les points critiques décisifs, ou bien en expliquant d'abord ce que le texte dit, pour réserver à une seconde partie du devoir la discussion. Dans les deux cas, il importe de s'assurer que l'on a bien compris ce que dit le texte pour ne pas discuter des choses qu'il ne dit pas.

C'est votre capacité à reconstruire le problème du texte qui est évaluée. Toute formulation d'une thèse extraite du texte doit donc découler de la position préalable d'un problème.

Le texte proposé à l'étude est toujours extrait d'une œuvre de **l'un des auteurs du programme**.

Antiquité et Moyen Âge	Les présocratiques ; Platon ; Aristote ; Zhuangzi ; Épicure ; Cicéron ; Lucrèce ; Sénèque ; Épictète ; Marc Aurèle ; Nāgārjuna ; Sextus Empiricus ; Plotin ; Augustin ; Avicenne ; Anselme ; Averroès ; Maïmonide ; Thomas d'Aquin ; Guillaume d'Occam.
Période moderne	N. Machiavel ; M. Montaigne (de) ; F. Bacon ; T. Hobbes ; R. Descartes ; B. Pascal ; J. Locke; B. Spinoza ; N. Malebranche ; G. W. Leibniz ; G. Vico ; G. Berkeley ; Montesquieu ; D. Hume ; J.-J. Rousseau ; D. Diderot ; E. Condillac (de) ; A. Smith ; E. Kant ; J. Bentham.
Période contemporaine	G.W.H. Hegel ; A. Schopenhauer ; A. Comte ; A.-A. Cournot ; L. Feuerbach ; A. Tocqueville (de) ; J.-S. Mill ; S. Kierkegaard ; K. Marx ; F. Engels ; W. James ; F. Nietzsche ; S. Freud ; E. Durkheim ; H. Bergson ; E. Husserl ; M. Weber ; Alain ; M. Mauss ; B. Russell ; K. Jaspers ; G. Bachelard ; M. Heidegger ; L. Wittgenstein ; W. Benjamin ; K. Popper ; V. Jankélévitch ; H. Jonas ; R. Aron ; J.-P. Sartre ; H. Arendt ; E. Levinas ; S. de Beauvoir ; C. Lévi-Strauss ; M. Merleau-Ponty ; S. Weil ; J. Hersch ; P. Ricœur ; E. Anscombe ; I. Murdoch ; J. Rawls ; G. Simondon ; M. Foucault ; H. Putnam.

La Note de service précise que « le candidat n'est tenu de connaître, ni la doctrine de l'auteur, ni son œuvre, en totalité ou en partie. »
Cela signifie que l'objectif de l'explication de texte n'est pas de dire ce que vous savez de l'auteur du texte ni de sa philosophie. Le texte est choisi de façon à être **compréhensible par lui-même**, du moment que vous avez reçu une formation philosophique vous permettant de **traiter de façon élémentaire les notions du programme**. La lisibilité du texte ne requiert aucun savoir doctrinal.
Concrètement, vous pouvez **choisir d'expliquer le texte d'un auteur dont vous n'avez jamais entendu parler**. C'est d'ailleurs le cas le plus probable. Et dans le cas où il s'agit d'un texte dont vous connaissez l'auteur, vous devez absolument **vous retenir de plaquer ce que vous savez** sur les quelques lignes qui vous sont proposées à expliquer le jour du baccalauréat.

2. COMMENT RÉUSSIR SON EXPLICATION DE TEXTE ?

Il s'agit de comprendre et expliquer de manière spécifique, structurée et argumentée le **problème** posé par le texte.

L'explication doit ainsi **mettre en évidence ce qui demeurait à l'état implicite ou semblait obscur**.

Ce n'est pas une épreuve d'érudition.

3. COMMENT LIT-ON UN TEXTE PHILOSOPHIQUE ?

- Un texte philosophique a pour centre de gravité le problème qu'il pose. **Voir le problème et analyser sa formulation spécifique**, c'est donc l'exigence nécessaire, et suffisante, de l'explication de texte.
- **Il ne faut donc pas s'arrêter sur le thème du texte** car ce serait se condamner à rater le problème particulier qu'il pose au profit de considérations générales sans intérêt.
- **Il ne faut pas non plus réduire le texte à une thèse** : ce serait aussi manquer le problème qui détient le sens du texte philosophique. La thèse qu'un texte soutient éventuellement ne peut valoir qu'à la condition de venir résoudre un problème : poser le problème du texte est donc un préalable incontournable à l'exposition de sa thèse.

4. QU'EST-CE QU'EXPLIQUER ?

- **Il ne s'agit pas de commenter** (dire autre chose que ce que dit le texte) **ni de paraphraser** (redire ce que dit déjà le texte) ; **il s'agit d'*expliquer*** c'est-à-dire de formuler explicitement ce que le texte dit implicitement. L'explication (le mot vient du latin *explicare* qui signifie « déplier », « mettre à plat ») consiste à déployer, **exposer le sens précis d'un texte**, **le cheminement d'une pensée et ses enjeux**.

EXEMPLE 1

Par exemple, si **Descartes** écrit que le voyageur égaré dans une forêt doit marcher « le plus droit » possible, cela signifie qu'il ne peut pas marcher « tout droit ». Entre la droite du géomètre et l'itinéraire de l'homme d'action, il y a les détours inhérents à la pratique, qui tiennent à la fois aux obstacles sur le chemin et à l'adversité des actions d'autrui.
De même, Descartes ne dit pas, dans la dernière partie du *Discours de la méthode*, que la technique nous rend « maîtres et possesseurs de la nature », mais « ***comme*** maître et possesseurs de la nature » : pour Descartes en effet, seul Dieu est maître et possesseur de la nature. L'oublier serait se prendre pour Dieu. « Comme » veut donc dire « pour ainsi dire » : ce n'est qu'une façon de parler. Et ce « comme » décide du sens précis de cette phrase. L'omettre, c'est faire dire à Descartes autre chose que ce qu'il dit.

EXEMPLE 2

Ou encore, expliquer la fameuse phrase de Hobbes dans l'épître dédicatoire *Du Citoyen* (qu'il emprunte à Plaute dans *La Comédie des ânes*), selon laquelle, à l'état de nature, « l'homme est un loup pour l'homme ». Il s'agira de ne pas lui faire dire ce qu'elle ne dit pas, à savoir que « l'homme est un loup » : c'est « pour l'homme » qu'il l'est. Expliquer cette phrase, ce sera donc souligner que la violence n'est pas inhérente à l'homme en tant qu'individu pris isolément, à la nature humaine, et comprendre que c'est la relation interhumaine qui génère de la violence entre eux. C'est la relation à autrui qui est une relation conflictuelle aussi longtemps qu'elle n'est pas soumise à une convention politique. Ce n'est donc pas la nature de l'homme, mais bien la relation naturelle entre eux qui engendre la violence. C'est dans la relation à l'autre que l'homme devient un loup pour l'homme. **(voir LA NATURE, texte 14, p. 326)**

EXEMPLE 3

De même, **Rousseau** demande « Pourquoi l'homme seul est-il sujet à *devenir* imbécile ? » (*Discours sur l'origine et les fondements de l'inégalité parmi les hommes*, 1re partie), et ne dit donc pas du tout que « l'homme seul *est* imbécile », puisque c'est au contraire pour lui l'aptitude au progrès qui définit l'homme dont il donne une preuve négative par la possibilité proprement humaine de régresser, c'est-à-dire de *devenir* imbécile, chose impossible à un animal qui, n'ayant rien acquis, ne peut rien perdre non plus et n'est donc pas « sujet à devenir imbécile. »

- Expliquer, c'est ainsi **prendre l'auteur au mot** ; c'est **expliquer la phrase exacte** (pas un mot de plus ni de moins), **le mot précis** (et pas un autre) **en se demandant pourquoi c'est tel mot** qui est employé par l'auteur. C'est aussi **expliquer le mot ou la phrase en les confrontant à leur contraire.**

C'est enfin **se demander pourquoi l'auteur dit ce qu'il dit et non pas le contraire** afin de montrer que, dans la perspective de l'auteur du texte, ce serait absurde, aberrant, contradictoire ou tout simplement faux, voire illusoire. Instruire un problème, c'est toujours confronter ce que dit l'auteur à une autre affirmation possible.

- En outre, l'explication consiste à **aller de l'abstrait au concret**, en donnant un exemple qui illustre un passage théorique ou conceptuel, et à remonter du concret à l'abstrait en dégageant la portée théorique et conceptuelle d'un exemple donné par l'auteur (pourquoi cet exemple ?). Naturellement il faut aussi **expliquer conceptuellement ce qui est conceptuel**.

> Donner un exemple en philosophie ce n'est pas seulement illustrer un concept préexistant, mais aussi contribuer à **construire celui-ci**. La philosophie a horreur du vide. L'urgence est d'abord de ne pas laisser le texte déconnecté des perceptions et de se demander **où les concepts présents dans le texte se rencontrent concrètement**, c'est-à-dire dans l'expérience, y compris intérieure.

5. LE TRAVAIL AU BROUILLON

Plusieurs lectures du texte sont nécessaires. Au départ, **lisez le texte en entier** deux ou trois fois, en prenant votre temps, pour vous imprégner de son contenu.

Ne cherchez pas à l'analyser ou le comprendre trop vite, cela pourrait vous mener à des contresens. Crayon en main, **travaillez le texte directement**, en entourant ou soulignant certains éléments, afin de rester toujours proche de la « lettre » du texte, et ne pas le commenter « de loin ».

À retenir

→ **L'explication n'est pas une paraphrase du texte, mais doit rendre compte, par l'analyse précise et approfondie de l'argumentation de l'auteur, du problème qu'il pose.**

À éviter

→ **L'explication n'est pas la traduction en langage courant d'un langage philosophique qui semble obscur. Elle n'est pas un résumé du texte.**

→ **Raconter ce que l'on sait sur l'auteur du texte.**

→ **Parler du thème du texte.**

→ **Exposer la thèse du texte sans avoir posé son problème.**

5.1 DÉTERMINER LE PROBLÈME DU TEXTE

C'est à **partir du problème du texte** que l'on peut comprendre l'intérêt philosophique de celui-ci.

Un même texte peut soulever des problèmes différents.

Il y a à cet égard une certaine latitude, en sorte que l'important est que vous posiez **un** problème **tiré directement du texte**.

Le problème traité par le texte est **parfois implicite**.

Dans l'introduction de l'explication de texte, vous devez **expliquer le problème**, c'est-à-dire **expliquer, en quelques phrases, pourquoi la question que vous formulez constitue un véritable problème philosophique** (comme on le fait en dissertation).

EXEMPLE

On nous conteste de tous côtés le droit d'admettre un inconscient psychique et de travailler scientifiquement avec cette hypothèse. Nous pouvons répondre à cela que l'hypothèse de l'inconscient est nécessaire et légitime, et que nous possédons de multiples preuves de l'existence de l'inconscient. Elle est nécessaire, parce que les données de la conscience sont extrêmement lacunaires ; aussi bien chez l'homme sain que chez le malade, il se produit fréquemment des actes psychiques qui, pour être expliqués, présupposent d'autres actes qui, eux, ne bénéficient pas du témoignage de la conscience. Ces actes ne sont pas seulement les actes manqués et les rêves, chez l'homme sain, et tout ce qu'on appelle symptômes psychiques et phénomènes compulsionnels chez le malade ; notre expérience quotidienne la plus personnelle nous met en présence d'idées qui nous viennent sans que nous en connaissions l'origine, et de résultats de pensée dont l'élaboration nous est demeurée cachée. Tous ces actes conscients demeurent incohérents et incompréhensibles si nous nous obstinons à prétendre qu'il faut bien percevoir par la conscience tout ce qui se passe en nous en fait d'actes psychiques ; mais s'ordonnent dans un ensemble dont on peut montrer la cohérence, si nous interpolons les actes inconscients inférés.

Sigmund FREUD, « L'inconscient », *Métapsychologie*, 1915,
trad. J. Laplanche et J.-B. Pontalis, 1940.

→ Un des problèmes de ce texte est : si l'inconscient existe, comment pourrait-il être l'objet d'une science ? Pour entreprendre l'étude scientifique de l'inconscient, ne faut-il pas en prendre conscience ? Mais prendre conscience de l'inconscience, n'est-ce pas le rendre conscient et par là même le détruire comme inconscient ? On peut identifier ce problème dans la conjonction « et » de la première phrase du texte : « d'admettre un inconscient psychique ***et*** de travailler scientifiquement avec cette hypothèse. »

→ Un autre problème que pose ce texte est : comment un homme pourrait-il ne pas se reconnaître dans un acte qui le surprend, voire le dégoûte si cet acte est le résultat d'une intention consciente ?

On peut utiliser la distinction **cause** consciente / **origine** inconsciente (le mot *origine* est présent dans le texte).

s'entraîner

EXERCICE **Rédiger l'introduction** (voir p. 576) **du texte d'Alain du chapitre LE BONHEUR, p. 56, en utilisant les mots du texte.**

1. Poser d'abord le problème du texte dans les mots de l'auteur.
2. Formuler ensuite sa thèse si le texte en soutient une.
3. Dégage les enjeux de ce problème.
4. Exposer brièvement ses étapes principales.

À retenir

→ **Le problème doit être précis, et expliqué en introduction.**

À éviter

→ **Il ne faut pas en rester à une question vague, mais formuler un problème précis, tiré des mots du texte.**

5.2 IDENTIFIER LA THÈSE

- Si le texte en soutient une, **identifiez la thèse**.
- À défaut, considérer **la position du problème comme la position de l'auteur**.

s'entraîner

EXERCICE **Formuler, avec les mots de l'auteur, la position de l'auteur (sa thèse ou, à défaut, le problème qu'il pose) du texte de Lucrèce du chapitre LE LANGAGE, p. 232, et du texte de Kant du chapitre LA NATURE, p. 322.**

5.3 DÉGAGER LA STRUCTURE ARGUMENTATIVE DU TEXTE

- **Dégagez la structure argumentative**, c'est-à-dire mettez au jour l'enchaînement des idées, les liens entre elles.
- Un texte philosophique progresse par **étapes**. Pour bien comprendre le texte, il faut **identifier les** étapes et leurs articulations.
- Mettre au jour la structure argumentative du texte vous permet de **ne pas en rester à une juxtaposition des différentes idées qui ne montre pas leur lien logique**. Au contraire, mettre au jour la cohérence de l'argumentation vous amènera ensuite à **comprendre les enjeux du texte, et à dépasser la simple répétition des arguments.**
- C'est une seule et même pensée qui circule du début jusqu'à la fin du texte. Vous devez **reconstruire la logique du texte, son ordre argumentatif**, qui peut avoir sa rigueur explicite, mais aussi **ses coups de force, ses sauts logiques**, ou **ses glissements** plus ou moins subreptices. Tout n'est pas logique dans un texte philosophique. C'est pourquoi **il vous faut aussi interroger la nature de la méthode mise en œuvre par l'auteur**.

ÉTAPE 1 Relire le texte

- Relisez le texte en étant attentif à la mise en page, à la ponctuation, aux **connecteurs logiques** (mais, cependant, or, etc.), aux **articulations**, ou aux moments où le propos de l'auteur semble s'infléchir et prendre une autre direction. Entourez les termes ou tracez des traits sur votre texte pour les identifier clairement.

Le texte qui vous est donné est constitué d'une vingtaine de lignes ; vous pourrez généralement identifier 2, 3 ou 4 parties dans l'argumentation.

s'entraîner

EXERCICE **Dégager la structure argumentative du texte de Rousseau du chapitre LA NATURE, p. 329, et du texte de Bachelard du chapitre LA SCIENCE, p. 420.**

1. Distinguer les différentes étapes du texte.
2. Expliquer le lien qui permet à l'auteur de passer de l'une à l'autre.

ÉTAPE 2 Reconstituer le raisonnement

- Au brouillon, **reformulez** chacune des étapes identifiées, en explicitant à la fois **ce que l'auteur dit**, mais aussi **ce qu'il fait** (est-ce qu'il donne une définition, développe un exemple, répond à une objection... ?).
- Formulez ensuite le **lien logique** entre ces différentes parties. Pour cela, retrouvez les **questions** sous-jacentes : cherchez quelle question pourrait être posée à la fin d'une partie, qui puisse introduire le propos de la partie suivante. Cela **vous aidera également à rédiger les transitions** de votre explication.

Passer du temps à établir la structure argumentative du texte vous aidera, dans la suite de l'explication, à **dépasser le stade de la paraphrase**. Ne négligez donc pas cette étape.

EXEMPLE

Tous ces coureurs se donnent bien de la peine. Tous ces joueurs de ballon se donnent bien de la peine. Tous ces boxeurs se donnent bien de la peine. On lit partout que les hommes cherchent le plaisir ; mais cela n'est pas évident ; il semble plutôt qu'ils cherchent la peine et qu'ils aiment la peine. Le vieux Diogène disait : « Ce qu'il y a de meilleur c'est la peine. » On dira là-dessus qu'ils trouvent tous leur plaisir dans cette peine qu'ils cherchent ; mais c'est jouer sur les mots ; c'est « bonheur » et non « plaisir » qu'il faudrait dire ; et ce sont deux choses très différentes, aussi différentes que l'esclavage et la liberté.

On veut agir, on ne veut pas subir. Tous ces hommes qui se donnent tant de peine n'aiment sans doute pas le travail forcé ; personne n'aime le travail forcé ; personne n'aime les maux qui tombent ; personne n'aime sentir la nécessité. Mais aussitôt que je me donne librement de la peine, me voilà content. J'écris ces propos. « Voilà bien de la peine » dira quelque écrivain qui vit de sa plume ; seulement personne ne m'y force ; et ce travail voulu est un plaisir, ou un bonheur, pour mieux parler. Le boxeur n'aime pas les coups qui viennent le trouver ; mais il aime ceux qu'il va chercher. Il n'est rien de si agréable qu'une victoire difficile, dès que le combat dépend de nous. Dans le fond, on n'aime que la puissance. Par les monstres qu'il cherchait et qu'il écrasait, Hercule se prouvait à lui-même sa puissance. Mais dès qu'il fut amoureux, il sentit son propre esclavage et la puissance du plaisir ; tous les hommes sont ainsi ; et c'est pourquoi le plaisir les rend tristes.

ALAIN, *Propos sur le bonheur*, 1925.

→ **Structure argumentative**

I. L'auteur remet en cause l'opinion commune selon laquelle les hommes cherchent le plaisir. Certains semblent chercher la peine. En réalité, ils ne cherchent pas le plaisir, mais le bonheur.

Transition : Mais alors, comment le bonheur peut-il être trouvé dans la peine ?

II. En réalité, ce n'est pas la peine qui est recherchée, mais la liberté.

Transition : Le bonheur équivaut-il alors à la liberté ?

III. Plus précisément, le bonheur consiste pour l'homme à ressentir librement sa puissance.

La paraphrase est le danger majeur de cet exercice, car il peut sembler difficile de déterminer à quel moment votre propos ne fait que reformuler le texte, et à quel moment il l'explique véritablement.

Si votre propos s'en tient à une paraphrase du texte, cela signifie qu'il se contente de **reformuler** les idées du texte, sans les expliquer, ni les discuter.

s'entraîner

EXERCICE **Formuler les enjeux du texte de Hobbes du chapitre LE TEMPS, p. 462, et du texte Malebranche du chapitre LA VÉRITÉ, p. 528.**

À retenir

- → **Dégager la structure argumentative du texte.**
- → **Formulez les questions sous-jacentes qui permettent de passer d'une partie à l'autre du texte.**

À éviter

- → **Il ne faut pas juxtaposer les différentes étapes de l'argumentation sans montrer leur lien.**
- → **Pour cela, évitez d'employer les termes « ensuite », « puis », « après », mais précisez le lien entre les différentes idées.**

ÉTAPE 3 Repérer les enjeux du texte

● Une fois que vous avez travaillé le texte, en l'expliquant au brouillon, vous pouvez formuler les enjeux du texte, c'est-à-dire ce qui fait **l'intérêt** du texte, ce en quoi la position défendue par l'auteur est **originale**.

● Pour cela, interrogez la **démarche** de l'auteur. Pourquoi pose-t-il ce problème ? Pourquoi énonce-t-il cette thèse ? Que fait-il ? Cherche-t-il à définir un concept ? À répondre à une objection ?

Mais aussi : Qu'est-ce que le texte nous amène à penser ou repenser ? Quelles sont les conséquences ?

● Tâchez de **qualifier** la nature ces enjeux pour montrer que vous saisissez les différents champs d'application du problème : le texte a-t-il un enjeu politique ? Moral ? Esthétique ? Épistémologique ?

La formulation des enjeux vous permet de **ne pas en rester à une paraphrase du texte**, mais d'en saisir l'intérêt philosophique.

s'entraîner

EXERCICE **Rédiger une explication de texte complète du texte de Simondon du chapitre LA TECHNIQUE, p. 453, et du texte de Sartre du chapitre LA LIBERTÉ, p. 288.**

À retenir

→ **Formuler les enjeux permet de mettre en valeur l'intérêt philosophique du texte.**

À éviter

→ **L'enjeu n'est pas une simple reformulation de la thèse.**

ÉTAPE 4 L'analyse du texte

● En partant de la structure argumentative dégagée, vous devez expliquer chaque partie du texte en détail. Identifiez donc, dans chacun des moments délimités (qui correspondront aux grandes parties de votre explication), les **différentes idées ou points importants**, qui formeront les différents paragraphes ou « sous-parties » de chaque partie.

Il faut prêter attention à la dernière phrase du texte : si l'extrait a été découpé ainsi, c'est que l'on doit l'expliquer jusque-là. Il peut être utile de confronter la dernière phrase du texte à la première afin d'en saisir l'unité.

● Vous devez élaborer un **plan détaillé** du texte, dans lequel vous reprenez chaque élément à expliquer, et la **manière** dont vous allez l'expliquer.

● **Les outils à mobiliser pour expliquer chaque partie ou élément du texte.**

Si vous connaissez l'auteur du texte, vos connaissances doivent être utilisées seulement **dans la mesure où elles éclairent le sens du texte précis qui vous est donné**. Aucune connaissance de l'auteur n'est de toute façon attendue. Évitez donc de « plaquer » des connaissances sur le texte, alors que celui-ci peut traiter d'un tout autre problème.

– **Outil 1** : **cherchez un exemple** pour mieux comprendre l'argument de l'auteur, ou analysez l'exemple donné par le texte s'il y en a un. Attention, cet exemple ne doit pas être trivial, mais relever de l'expérience commune, ou d'un autre champ du savoir (sciences, histoire, littérature...). (voir Méthodologie de la dissertation p. 562)

– **Outil 2** : **Demandez-vous ce que l'auteur « fait », le statut de l'élément que vous expliquez** : l'auteur donne-t-il une définition ? Présente-t-il un argument ? Un exemple ? S'oppose-t-il à une autre thèse ? Vous devez déterminer le statut de chaque élément du texte.

- **Outil 3** : **Définissez les notions philosophiques** présentes dans le texte. Tout ce vocabulaire, qu'il s'agisse des notions ou des **repères** du programme, doit être connu et utilisé afin de clarifier le sens du texte.

- **Outils 4** : **Repérez les présupposés du texte, et ce à quoi le texte s'oppose** : qu'est-ce que le texte suppose, ou tient pour acquis ? Est-ce qu'une thèse adverse est évoquée explicitement ? Est-ce que l'auteur s'oppose à une opinion commune ?

- **Outils 5** : **Montrez le lien du passage** que vous êtes en train d'expliquer avec ce qui suit, ou ce qui précède. Autrement dit, **faites ressortir la progression argumentative** du texte : même si vous avez « découpé » le texte en différentes parties ou éléments, vous ne devez pas expliquer ces éléments séparément, mais toujours montrer la cohérence de leur enchaînement.

Si vous parlez de « découpage », donnez à ce mot son sens philosophique en proposant de vous comporter avec le texte comme le « boucher » dont parle Platon dans le *Phèdre* (265e) qui découpe la bête selon ses « articulations naturelles » de façon à ce que la division des parties ne ruine pas la totalité organique, mais la souligne au contraire, chaque membre divisé (chaque « partie ») prenant sa place dans le tout (le texte dans son ensemble).

- **Si un passage vous semble obscur**, il ne faut pas le passer sous silence, mais au contraire, **affronter cette difficulté**, et proposer une interprétation, et même préciser que vous n'êtes pas certain de celle-ci.

Reconnaître et affronter une difficulté de compréhension est une qualité en philosophie, la passer sous silence est un défaut.

- Pour cet exercice, autant que pour la dissertation, la culture **philosophique** acquise au cours de l'année est évidemment utile, à condition d'être au service du **problème** *précis* que pose *ce* texte.

À retenir

→ Il ne faut pas passer sous silence une difficulté, mais l'assumer et proposer une hypothèse d'interprétation.

À éviter

→ Il faut éviter l'analyse des procédés stylistiques du texte si celle-ci n'est pas reliée au propos philosophique du texte.

→ Il ne faut pas « segmenter » l'explication, c'est-à-dire citer des morceaux de texte puis les reformuler, sans montrer leur lien.

→ Éviter de plaquer sur les mots du texte des définitions rencontrées ailleurs.

6. LA RÉDACTION DE L'EXPLICATION

6.1 LE PLAN DE L'EXPLICATION DE TEXTE

Une explication de texte a, au même titre que la dissertation, **un plan** :
- l'**introduction** dégage d'abord le problème du texte, formule ensuite sa thèse si le texte en soutient une, dégage les enjeux de ce problème, et expose brièvement ses étapes principales ;
- le **développement** a autant de parties que le texte lui-même : il consacre une partie à chaque partie du texte. Il propose une explication linéaire et structurée des parties successives du texte, à l'aide de définitions, de distinctions conceptuelles, d'exemples. L'explication de texte suppose de discuter ce qu'il dit, ou bien au fur et à mesure que l'on rencontre les points critiques ; ou bien dans une seconde partie suivant l'explicitation de ce que dit le texte. On fera alors :
- **éventuellement une partie consacrée à une lecture critique du texte**, si votre explication n'a pas fait droit à cette critique au fur et à mesure de son développement, mobilisant des références philosophiques acquise en cours. On se retrouve alors dans une dissertation dont la première partie aurait été faite avec le texte ;
- la **conclusion** qui reprend le cheminement argumentatif du texte et rappelle l'intérêt ou l'originalité du problème qu'il pose.

6.2 INTRODUCTION

L'introduction est une étape très importante car c'est la première chose que le correcteur lira. Elle donne une première idée de votre compréhension du texte, et doit donc être **rédigée avec soin**, de préférence au **brouillon**, puis recopiée.

Comme pour une dissertation, il faut partir de **l'évidence** : que dit-on spontanément du problème que pose le texte ? L'auteur peut contredire cette évidence ou la justifier de façon originale et proprement philosophique.

À partir de cette évidence, vous devez **tirer le problème que pose le texte**, pour la contester.

Vous devez ensuite énoncer la façon dont l'auteur résout ce problème (sa thèse), s'il le résout ou, à défaut, souligner la radicalité du problème qu'il pose.

La position d'un philosophe se trouve d'abord dans le problème qu'il pose.

Vous devez aussi indiquer le concept ou le couple de concepts qui, dans le texte, contiennent la façon originale qu'il a de poser le problème.

Enfin, retracez rapidement les étapes de l'argumentation de l'auteur, en indiquant précisément **l'unité** de sens de chaque partie (du début jusqu'à « ... » ligne... : numéroter les lignes du texte) et ainsi que les **liens** entre chaque partie.

6.3 PARTIE 1 : L'EXPLICATION

L'explication suit **linéairement** les grandes parties du texte. Elle comporte donc **autant de parties que le texte**.

Chaque partie doit être **structurée** en plusieurs paragraphes, qui expliquent linéairement les idées, arguments, exemples ou notions importantes du texte.

L'explication doit rendre intelligible la **lettre du texte** et s'attacher aux détails de l'argumentation.

Pour chaque partie, demandez-vous :
- Quelle est son unité de sens ? Quel est le concept, le mot ou l'exemple qui l'exprime ?
- De quelle nature cette partie est-elle ? Doxique (l'auteur rapporte une opinion commune ou traditionnelle en philosophie) ? Polémique (de *polemos*, le « combat ») ? Critique ? Hypothétique (l'auteur fait une hypothèse : imaginons que, si...) ? Thétique (l'auteur soutient sa thèse) ? Argumentative (noter qu'un exemple peut avoir valeur d'argument) ? Illustrative (l'auteur donne un exemple) ? Problématique ?

Notez qu'un exemple peut fonctionner de façon argumentative, hypothétique, voire thétique, tout comme une hypothèse peut être un argument ou un raisonnement par l'absurde. Une opinion peut également recevoir une légitimation philosophique et valoir comme une thèse.

L'utilisation de références extérieures : comme pour la dissertation, lorsque vous faites référence à un texte philosophique, il faut être très précis (nom de l'auteur, titre de l'ouvrage, chapitre...) et **montrer en quoi il éclaire le problème posé par l'auteur du texte à expliquer.**

Les transitions : la fin de chaque grande partie, rédigez une transition qui récapitule ce que l'auteur a montré dans la partie précédente, et soulève le problème qui permet de passer d'une partie à l'autre. Pour cela, **retrouvez la question sous-jacente**, qui peut encore être posée à la fin d'une partie, et qui trouve une réponse dans la suite du texte.

À retenir

→ L'explication doit être linéaire.

→ Elle doit éclairer les passages du texte les plus difficiles, et expliciter l'implicite des passages qui semblent les plus simples.

→ Vous devez à la fois étudier de près la lettre du texte, et savoir prendre un recul critique sur celui-ci : ces changements de perspective, ou de focalisation, doivent être fréquents au cours de votre explication.

À éviter

→ Il ne faut pas juxtaposer les différentes idées du texte, mais au contraire montrer leur lien, leur cohérence au sein du texte, et en dehors du texte.

→ Il ne faut pas « plaquer » sur le texte les connaissances que vous possédez sur le thème ou sur l'auteur, mais montrer comment celles-ci vous permettent d'éclairer le texte.

6.4 PARTIE 2 : LA LECTURE CRITIQUE DU TEXTE

Cette seconde partie n'est pas obligatoire : vous ne devez la faire que si vous disposez d'outils philosophiques pertinents pour envisager le problème posé par le texte d'un point de vue critique ou pour l'approfondir ou l'élargir.

Le texte ne doit pas devenir un prétexte pour réciter un cours sur la notion sur laquelle il porte.

Il est donc indispensable de citer tel ou tel passage du texte pour en proposer une lecture différente de celle de l'auteur.

Cette partie critique doit commencer par **une transition**, sur le modèle de celle de la dissertation (voir p. 565), afin de justifier la nécessité de poser un problème au problème du texte : un problème qui **montre les limites du problème** que pose l'auteur, son insuffisance, voire son caractère illusoire.

Cette partie facultative a pour but de mesurer la **pertinence** des idées qui ont été analysées, si cela n'a pas été fait auparavant..

Vous devez pour cela en faire **l'examen critique**, en vous interrogeant sur l'intérêt et les limites de chaque idée ou de chaque argument.

Vous pouvez vous demander :
- Cet argument est-il évident ? Pouvons-nous défendre une autre idée ? Vous pouvez ici aussi vous appuyer sur des références vues en cours, mais toujours de manière à faire ressortir l'intérêt du texte que vous expliquez.
- L'argument est-il assez rigoureux ? Est-il justifié ? Est-il toujours valable ?
- À partir de là, voyez quelles sont les **objections** qui pourraient être faites au propos de l'auteur.

Ces objections peuvent être formulées sous forme de questions que vous posez au texte, afin de rendre votre propos plus dynamique.

À retenir

→ Discuter la thèse de l'auteur ou ses arguments permet de faire ressortir les problèmes qui sont en jeu dans le texte.

À éviter

→ Il ne faut pas donner son avis en louant ou en critiquant l'auteur. La discussion ne doit pas être un « avis personnel », mais le moment où vous mesurez l'intérêt philosophique et la pertinence du propos de l'auteur.

6.5 CONCLUSION

- Rappelez le problème qui a été posé par ce texte.
- Retracez chaque étape du texte pour aboutir à la formulation de ce qu'il y a de décisif dans ce passage : le problème qu'il pose et, le cas échéant, sa thèse.
- Soulignez l'introduction dans ce texte d'un concept ou d'un couple de concepts dépositaires de son originalité, de son caractère irremplaçable.
- Enfin, deux options :

– **Option 1, sans partie critique** : montrez comment le problème posé ici permet d'en finir avec le faux problème qui empêchait de poser le vrai problème. Insistez sur l'originalité et la richesse de ce texte. Montrez en quoi la discussion du texte a permis d'apprécier la pertinence de la position de l'auteur et de son argumentation.

– **Option 2, avec une partie critique** : soulignez la limite de ce texte que la lecture critique a permis de dépasser.

Dans tous les cas, il s'agit de **montrer que l'on sort de cette lecture riche d'un problème qui nous avait jusque-là échappé** et que l'auteur a justement mis au jour.

La richesse philosophique d'un texte ne réside pas tant dans telle thèse, et encore moins dans tel *-isme*, que dans le fait de poser un problème inédit qui met au jour une difficulté insoupçonnée jusque-là.

À retenir

→ **La conclusion doit récapituler le cheminement argumentatif du texte.**

À éviter

→ **Ne pas ajouter de nouvelles idées dans la conclusion.**

✪ Les points clés d'une bonne explication de texte

1 Organiser toute l'explication de texte – y compris son éventuelle critique – autour du **problème** que l'auteur pose dans le texte et non en fonction de sa « doctrine ». En philosophie une thèse n'est pas autre chose qu'un **problème bien posé**.

2 Analyser le texte dans le détail en **distinguant** nettement ses concepts des termes voisins ou synonymes. Il n'y a pas de synonymes en philosophie. S'il s'en trouve, il faut les interroger car l'acte même de traiter deux mots différents comme des synonymes n'est pas gratuit, mais a une signification.

3 Mettre au jour les présupposés de tel mot, telle expression, telle phrase, tel exemple, en se demandant : « si l'auteur écrit que… cela ne suppose-t-il pas que… ? »

4 Ne pas se contenter d'expliquer les idées une à une, mais reconstruire le mouvement de pensée qui donne son **unité** organique au texte. Monter que l'unité du texte se trouve dans le **problème** qu'il pose, que du début à la fin c'est le même problème qui se déploie.

5 Expliquer le texte selon un double mouvement qui va de **l'abstrait** au concret et du **concret** à l'abstrait : retrouver dans les concepts le concret, le contenu d'expérience dont ils se nourrissent, et inversement, retrouver dans le contenu concret le concept qui s'y développe. **Sensibiliser**, imager, expérimenter les concepts et **conceptualiser** les représentations, les images, les intuitions.

MÉTHODOLOGIE DE L'**ÉPREUVE ORALE DE CONTRÔLE**

Dans le cadre du second groupe d'épreuves, l'épreuve orale de philosophie porte sur l'œuvre qui a fait l'objet **d'une étude suivie au cours de l'année scolaire**.

L'épreuve consiste en une explication de texte présentée par le candidat, suivie d'un entretien avec l'examinateur. Sur le fond, **les attentes sont les mêmes que celle de l'explication de texte écrite**.

Ce qui différencie cette épreuve de contrôle de l'épreuve écrite, c'est que vous avez étudié le livre d'où est tiré le texte, que vous ne disposez que de 20 minutes pour préparer son explication, et qu'il s'agit d'une épreuve orale.

Vous devez **vous adresser à l'examinateur** et ne pas vous contenter de lire votre brouillon.

Votre prise de parole sera suivie d'un entretien avec l'examinateur qui **vous posera des questions**, non dans le but de vous piéger, mais de vous donner l'occasion d'éclairer, de préciser, d'approfondir, d'élargir ou de corriger, ce qui demanderait à l'être.

Il s'agit donc d'**un dialogue avec l'examinateur**, ce qui implique que vous pensiez à voix haute, en première personne.

Du fait de la durée de cette épreuve orale, **il vous faut aller à l'essentiel** :
- **Posez le problème** : le texte étant tiré d'une œuvre que vous connaissez, vous devez pouvoir préciser la place du problème du texte proposé à l'examen dans l'argumentation d'ensemble de l'œuvre.
- **Vérifiez** la réalité de ce problème à l'aide d'un exemple (tiré du texte ou non).
- Puis donnez, éventuellement, la thèse que propose l'auteur, ou, à défaut, l'originalité du problème posé.
- **Distinguez** le concept ou le couple de concepts que le texte comporte et qui contiennent le sens du problème posé qui constitue alors sa position.
- **Mettez en évidence** les différentes étapes de la réflexion de l'auteur, en soulignant leurs liens.
- **Expliquez** les passages clés, en produisant des distinctions entre tel mot du texte et un synonyme auquel, dans la perspective du texte, on peut l'opposer. Expliquer linéairement le texte, en discutant ses points critiques décisifs au fur et à mesure qu'ils se rencontrent, ou dans un second moment, après avoir explicité que dit l'auteur.

À retenir

→ **Avoir le courage de prendre au sérieux le problème que pose le texte.**

→ **Utiliser ce que l'on sait de l'œuvre, non pour réciter des connaissances, mais pour instruire le problème précis du texte à expliquer le jour de l'épreuve.**

À éviter

→ **Exposer une thèse avant d'avoir pris le temps de poser le problème du texte.**

→ **Dire ce que l'on sait, sans se soucier ni du texte ni du problème qu'il pose.**

✪ Les points clés d'une bonne épreuve orale

1. Organiser l'explication et mobiliser la connaissance de l'œuvre et plus largement sa culture philosophique en fonction du **problème** tiré du passage à expliquer.

2. S'appuyer au moins sur un exemple, tiré du texte, de l'œuvre ou de la culture générale ou philosophique ou de l'expérience commune.

3. Construire le propos en produisant des distinctions conceptuelles.

L'ANTIQUITÉ ET LE MOYEN ÂGE

–600

PARMÉNIDE
VIe siècle av. J.-C.–
milieu du Ve av. J.-C.

- *Le Poème*

–500

GORGIAS
v. 480 av. J.-C.–
v. 380 av. J.-C.

- *Du non-être ou De la nature*

ANTIPHON
v. 480 av. J.-C.–
411 av. J.-C.

- *Sur la concorde*
- *Sur la vérité*
- *Sur la politique*

PLATON
428 av. J.-C.–
348 av. J.-C.

–400

- *Gorgias*
- *Phédon*
- *Théétète*
- *Le Sophiste*
- *Le Politique*
- *La République*

ARISTOTE
384 av. J.-C.–
322 av. J.-C.

- *Physique*
- *La Métaphysique*
- *Les Politiques*
- *Éthique à Nicomaque*

ZHUĀNG ZHŌU
v. 369 av. J.-C.–
286 av. J.-C.

- *Zhuangzi*

–300

ÉPICURE
341 av. J.-C.–
270 av. J.-C.

–200

- *Lettre à Hérodote*
- *Lettre à Pythoclès*
- *Lettre à Ménécée*
- *Maximes capitales*

CICÉRON
106 av. J.-C.–
43 av. J.-C.

–100

- *Traité des devoirs*
- *Tusculanes*
- *De finibus*

LUCRÈCE
v. 98 av. J.-C.–
v. 55 av. J.-C.

- *De la nature des choses*

SÉNÈQUE
4 av. J.-C.–65

00

- *De la brièveté de la vie*
- *De la vie heureuse*
- *Lettres à Lucilius*

ÉPICTÈTE
50–125

- *Les Entretiens*
- *Le Manuel*

100

Auteur	Dates	Repère	Œuvres
Marc **AURÈLE**	121–180	150	• *Pensées pour moi-même*
NĀGĀRJUNA	v. 150–v. 250		• *Lettre à un ami* • *Traité du Milieu*
SEXTUS EMPIRICUS	160–210		• *Hypotyposes pyrrhoniennes* • *Contre les professeurs* • *Contre les dogmatiques*
PLOTIN	205–270	200	• *Ennéades*
AUGUSTIN	354–430	400	• *Confessions* • *La Cité de Dieu* • *De la Trinité*
AVICENNE	980–1037	1000	• *Livre des directives et remarques* • *Le Livre de Science* • *Canon de la médecine*
ANSELME	1033–1109		• *Du grammairien* • *De la vérité* • *Du libre arbitre*
AVERROÈS	1126–1198	1100	• *Discours décisif* • *Dévoilement des méthodes de démonstration des dogmes de la religion musulmane* • *Sur la béatitude de l'âme*
Moïse **MAÏMONIDE**	1138–1204		• *Épître de la conversion* • *Guide des égarés* • *Traité des aphorismes*
Thomas **d'AQUIN**	1225–1274	1200	• *De l'être et de l'essence* • *Somme contre les Gentils* • *Somme théologique*
Guillaume **d'OCCAM**	1285–1347	1300	• *Somme de logique* • *Intuition et abstraction* • *Traité sur la prédestination*

LA PÉRIODE MODERNE

Philosophe	Dates	Repère	Œuvres
Nicolas **MACHIAVEL**	1469-1527	1500	• *Art de la guerre* • *La Mandragore* • *Le Prince*
Michel **de MONTAIGNE**	1533-1592		• *Essais*
Francis **BACON**	1561-1626	1550	• *Novum Organum (La Méthode nouvelle)* • *Historia naturalis* • *La revue des sciences*
Thomas **HOBBES**	1588-1679		• *De la nature humaine* • *Du citoyen* • *Léviathan*
René **DESCARTES**	1596-1650	1600	• *Discours de la méthode* • *Méditations métaphysiques* • *Principes de philosophie* • *Passions de l'âme*
Blaise **PASCAL**	1623-1662		• *Préface au Traité du vide* • *L'Art de persuader* • *Pensées*
John **LOCKE**	1632-1704		• *Essai sur l'entendement humain* • *Lettre sur la tolérance* • *Traité sur le gouvernement civil*
Baruch **SPINOZA**	1632-1677		• *Traité théologico-politique* • *Éthique* • *Traité de la réforme de l'entendement humain*
Nicolas **MALEBRANCHE**	1638-1715		• *De la recherche de la vérité* • *Traité de morale* • *Entretiens sur la mort*
Gottfried Wilhelm **LEIBNIZ**	1646-1716	1650	• *Discours de métaphysique* • *Essais de théodicée* • *La Monadologie* • *Nouveaux Essais sur l'entendement humain*

Giambattista **VICO** 1668-1744		• *La Science nouvelle* • *De la méthode des études de notre temps* • *Origine de la poésie et du droit*
George **BERKELEY** 1685-1753		• *Théorie de la vision* • *Principes de la connaissance humaine* • *Trois dialogues entre Hylas et Philonous*
Charles Louis **de MONTESQUIEU** 1689-1755		• *Les Lettres persanes* • *De l'esprit des lois* • *Essai sur le goût*
David **HUME** 1711-1776	1700	• *Traité de la nature humaine* • *Enquête sur l'entendement humain* • *Dialogues sur la religion naturelle*
Jean-Jacques **ROUSSEAU** 1712-1778		• *Discours sur l'origine et les fondements de l'inégalité parmi les hommes* • *Du contrat social ou Principes du droit politique* • *Émile ou De l'éducation*
Denis **DIDEROT** 1713-1784		• *Pensées philosophiques* • *Lettre sur les aveugles* • *Le Rêve de d'Alembert* • *Encyclopédie*
Étienne Bonnot **de CONDILLAC** 1714-1780		• *Essai sur l'origine des connaissances humaines* • *Traité des sensations* • *Traité des animaux*
Adam **SMITH** 1723-1790		• *Théorie des sentiments moraux* • *Recherche sur la nature et les causes de la richesse des nations*
Emmanuel **KANT** 1724-1804		• *Critique de la raison pure* • *Critique de la raison pratique* • *Critique de la faculté de juger* • *Projet de paix perpétuelle*
Jeremy **BENTHAM** 1748-1832	1750	• *Le Panoptique* • *Déontologie*

LA PÉRIODE CONTEMPORAINE

Auteur	Dates	Œuvres
Georg Wilhelm Friedrich **HEGEL**	1770-1831	• *La Phénoménologie de l'Esprit* • *L'Encyclopédie des sciences philosophiques en abrégé* • *Principes de la philosophie du droit* • *La Raison dans l'Histoire* • *Esthétique ou Philosophie de l'art*
Arthur **SCHOPENHAUER**	1788-1860	• *Le Monde comme volonté et comme représentation* • *De la quadruple racine du principe de raison suffisante* • *Sur la vue et les couleurs*
Auguste **COMTE**	1798-1857	• *Cours de philosophie positive* • *Discours sur l'esprit positif* • *Système de politique positive*
Antoine-Augustin **COURNOT**	1801-1877 (1800)	• *Essai sur les fondements de nos connaissances et sur les caractères de la critique philosophique* • *Considérations sur la marche des idées et des événements dans les temps modernes* • *Matérialisme, vitalisme, rationalisme*
Ludwig **FEUERBACH**	1804-1872	• *Pensées sur la mort et l'immortalité* • *L'Essence du christianisme* • *Principes de la philosophie de l'avenir*
Alexis **de TOCQUEVILLE**	1805-1859	• *De la démocratie en Amérique*
John Stuart **MILL**	1806-1873	• *Principes d'économie politique* • *De la liberté* • *L'Utilitarisme*
Søren Aabye **KIERKEGAARD**	1813-1855	• *Ou bien ou bien* • *La Maladie à la mort* • *Le Concept d'angoisse*
Karl **MARX**	1818-1883	• *Les Luttes de classes en France* • *Le Capital*
MARX et **ENGELS**		• *Critique de la critique critique ou La Sainte Famille* • *L'Idéologie allemande* • *Manifeste du parti communiste*
Friedrich **ENGELS**	1820-1895	• *La Situation de la classe laborieuse en Angleterre*
William **JAMES**	1842-1910	• *Les Variétés de l'expérience religieuse* • *Le Pragmatisme*
Friedrich **NIETZSCHE**	1844-1900	• *Humain trop humain* • *Ainsi parlait Zarathoustra* • *Le Gai Savoir* • *Généalogie de la morale* • *Le Crépuscule des idoles*
Sigmund **FREUD**	1856-1939 (1850)	• *L'Interprétation des rêves* • *Introduction à la psychanalyse* • *Ma vie et la psychanalyse* • *Malaise dans la civilisation*
Émile **DURKHEIM**	1858-1917	• *De la division du travail social* • *Le Suicide* • *Les Formes élémentaires de la vie religieuse : le système totémique en Australie*
Henri **BERGSON**	1859-1941	• *Essai sur les données immédiates de la conscience* • *Le Rire* • *L'Évolution créatrice* • *La Pensée et le Mouvant*
Edmund **HUSSERL**	1859-1938	• *Idées directrices pour une phénoménologie et une philosophie phénoménologique pures* • *Méditations cartésiennes* • *La Crise des sciences européennes et la phénoménologie transcendantale*
Max **WEBER**	1864-1920	• *L'Éthique protestante et l'Esprit du capitalisme* • *Le Savant et le Politique* • *Économie et société*
ALAIN	1868-1951	• *Système des beaux-arts* • *Mars ou la Guerre jugée* • *Propos sur le bonheur*
Marcel **MAUSS**	1872-1950	• *Essai sur la nature et la fonction du sacrifice* • *Esquisse d'une théorie générale de la magie* • *Essai sur le don, forme et raison de l'échange dans les sociétés archaïques*
Bertrand **RUSSELL**	1872-1970	• *Problèmes de philosophie* • *Science et religion* • *La Connaissance humaine, son but et ses limites*
Karl **JASPERS**	1883-1969	• *Introduction à la philosophie* • *L'Illusion philosophique* • *Initiation à la méthode philosophique*

Gaston **BACHELARD**	1884–1962		• *Le Nouvel Esprit scientifique* • *La Psychanalyse du feu* • *La Formation de l'esprit scientifique* • *Le Rationalisme appliqué*
Martin **HEIDEGGER**	1889–1976		• *Être et Temps* • *Chemins qui ne mènent nulle part* • *Temps et Être*
Ludwig **WITTGENSTEIN**	1889–1951		• *Tractatus logico-philosophicus* • *Investigations philosophiques* • *Le Cahier bleu*
Walter **BENJAMIN**	1892–1940		• *L'Œuvre d'art à l'époque de sa reproductibilité technique* • *Expérience et pauvreté* • *Critique de la violence*
Karl **POPPER**	1902–1994	1900	• *La Société ouverte et ses ennemis* • *Conjectures et réfutation* • *L'Univers irrésolu, plaidoyer pour l'indéterminisme*
Vladimir **JANKÉLÉVITCH**	1903–1985		• *La Mauvaise Conscience* • *L'Ironie* • *La Mort*
Hans **JONAS**	1903–1993		• *Évolution et liberté* • *Le Concept de Dieu après Auschwitz* • *Le Principe responsabilité*
Raymond **ARON**	1905–1983		• *La Philosophie critique de l'histoire* • *L'Opium des intellectuels* • *Dix-huit leçons sur la société industrielle*
Jean-Paul **SARTRE**	1905–1980		• *La Nausée* • *L'Être et le Néant* • *Les Mots*
Hannah **ARENDT**	1906–1975		• *Les Origines du totalitarisme* • *Condition de l'homme moderne* • *La Crise de la culture*
Emmanuel **LEVINAS**	1906–1995		• *Le Temps et l'Autre* • *Totalité et Infini* • *Autrement qu'être ou Au-delà de l'essence* • *Éthique et Infini*
Simone **de BEAUVOIR**	1908–1986		• *Le Deuxième Sexe* • *Les Mandarins* • *Mémoires d'une jeune fille rangée*
Claude **LÉVI-STRAUSS**	1908–2009		• *Structures élémentaires de la parenté* • *Tristes Tropiques* • *Anthropologie structurale*
Maurice **MERLEAU-PONTY**	1908–1961		• *Phénoménologie de la perception* • *Sens et non-sens* • *L'Œil et l'esprit* • *Le Visible et l'Invisible*
Simone **WEIL**	1909–1943		• *La Connaissance surnaturelle* • *La Condition ouvrière* • *Oppression et liberté*
Jeanne **HERSCH**	1910–2000		• *L'Illusion philosophique* • *L'Étonnement philosophique* • *Éclairer l'obscur*
Paul **RICŒUR**	1908–2009		• *Philosophie de la volonté* • *La Métaphore vive* • *Temps et Récit*
Elizabeth **ANSCOMBE**	1919–2001		• *L'Intention* • *Métaphysique et philosophie de l'esprit* • *Éthique, religion et politique*
Iris **MURDOCH**	1919–1999		• *La Souveraineté du Bien* • *Un homme à catastrophes* • *L'Élève du philosophe*
John **RAWLS**	1921–2002		• *Théorie de la justice* • *Libéralisme politique*
Gilbert **SIMONDON**	1924–1989		• *Du mode d'existence des objets techniques* • *L'Individuation à la lumière des notions de forme et d'information* • *L'Individuation psychique et collective*
Michel **FOUCAULT**	1926–1984		• *Histoire de la folie à l'âge classique* • *Les Mots et les choses* • *L'Ordre du discours* • *L'Archéologie du savoir* • *Histoire de la sexualité*
Hilary Whitehall **PUTNAM**	1926–2016		• *Raison, vérité et histoire* • *Représentation et réalité* • *L'Éthique sans l'ontologie*

A

B

C

Crédits iconographiques

Couverture : Image Fundació Gala-Salvador Dalí, Figueres © Salvador Dalí, Fundació Gala-Salvador Dalí, Adagp, Paris 2020.

Intérieur : P. 17 et 500 : Archives Nathan. **P. 20 et 30, 34 et 474** : BI/Ph. Coll. Archives Larbor. **P. 22, 50, 155, 214, 282, 406, 428, 460 et 476** : BIS/Ph. © Archives Nathan. **P. 23** : Les Temps modernes © Roy Export S. A. S. **P. 24 et 26, 72, 95, 216, 278, 472, 498, 520, 534 et 542** : BIS / Ph. H. Josse © Archives Larbor. **P. 28, 104, 204, 286, 377 h, 352, 404, 469, 538 et 540** : BIS/Ph. Coll. Archives Larbor. **P. 29 et 238** : BIS/Ph.Patrice Pascal © Archives Larbor. **P. 29** : Henri Cartier-Bresson/Magnum Photos. **P. 31 g** : Archives Larbor. **P. 31 d** : Scala/Archives Larbor BIS. **P. 32, 174, 242, 366, 424, 450 et 478** : BIS/Ph.Charmet © Archives Larbor. **P. 33, 42, 58, 86, 222, 268, 280, 338, 354, 446, 466, 482, 506, 524 et 526** : BIS/Ph. Coll. Archives Larbor. **P. 35** : Arnaud Chicurel/Hémis.fr. **P. 36 h g** : Zuma Press/Aurimages. **P. 36 b** : Agathe Poupeney/Divergence. **P. 36 h d** : Warner Bros/Coll. Christophe L. **P. 36 h m** : Ullstein Bild/Akg-Images. **P. 37, 82, 92, 130, 272, 288, 320, 350, 434 et 480** : Photo12/ Ullstein Bild. **P. 38 h g, 94, 178, 180, 190, 191, 254, 378 et 418** : © Helene BAMBERGER/Opale via Leemage. **P. 39** : Georges Pierre/Films Georges de Beauregard, Rome Paris Films, SNC/Coll. Christophe L. **P. 40, 164 et 200** : BIS / Ph. H. Josse © Archives Larbor. **P. 41** : Archives Larbor. **P. 43 h** : Image of the MMA, The Metropolitan Museum of Art/Dist. RMN-Grand Palais © Adagp, Paris 2020. **P. 43 b d** : Flaming Pumpkin/iStock. **P. 43 b g** : Victor Habbick Visions/SPL. **P. 44 h, 184, 256 et 444** : © Effigie/Leemage. **P. 45 g** : René-Gabriel Ojeda/RMN-Grand Palais © Succession Picasso 2020. **P. 45 d** : Patrick Gries/RMN-Grand Palais. **P. 46 h** : CBS Films, Riverstone Pictures, SPK Pictures/Coll. Christophe L. **P. 46 b** : Van Gogh Museum/Archives Larbor. **P. 47** : Hubert Josse/Archives Larbor. **P. 51** : Hervé Lewandowski/RMN-Grand Palais. **P. 52** : BIS / Ph. © Archives Nathan. **P. 53** : DeAgostini/Leemage. **P. 54, 80, 173, 270, 336, 348, 394, 408 et 529** : BIS/ Ph.Guiley-Lagache © Archives Bordas. **P. 55** : Aisa/Leemage. **P. 56, 188 et 340** : © Rue des Archives/AGIP. **P. 59** : Roger Corbeau/Coll. Archives Larbor. **P. 60, 154 et 266** : BIS/Ph. Coll. Archives Larbor. **P. 61 h** : Liberty Films II/Coll. Christophe L. **P. 61 b** : Sedif, Les Films du Carrosse, Janus/The Kobal Collection/ Aurimages. **P. 62, 202, 337, 348 et 421** : BIS / Ph. © Archives Nathan. **P. 63** : Bridgeman Images. **P. 64 et 522** : BIS / Ph. © Archives Nathan. **P. 65, 100, 178, 180, 190, 191, 318, 378 et 418** : BIS / Ph. DR Coll. Archives Larbor. **P. 66, 96, 198, 206, 207, 382 et 494** : BIS / Ph. Jean Tarascon © Archives Larbor. **P. 67** : Bridgeman Images/Leemage. **P. 68** : © Costa/Leemage. **P. 69** : BIS/Ph. Coll. Archives Larbor. **P. 69 b** : AKG-Images. **P. 70** : BRIDGEMAN IMAGES. **P. 73** : Bridgeman Images/Leemage. **P. 74 et 212** : BIS / Ph. Scala © Archives Larbor. **P. 75** : BIS / Ph. Coll. Archives Larbor. **P. 75 b** : Photo Josse/ Leemage. **P. 76** : Metampo Cinematografica, Cecci GoriGroup, Tiger Cinematografico/Coll. Christophe L. **P. 77 h et p.3 h g** : © Luisa Ricciarini/Leemage. **P. 81 b d** : Collection Dagli Orti / Musée du Louvre Paris / Gianni Dagli Orti / Aurimages. **P. 85 h d** : JAMES KING-HOLMES/HENRY LUCKHOO/SPL/ COSMOS. **P. 85 b g** : François GUENET/Divergence. **P. 87, 290 et 492** : BIS / Ph. © National Portrait Gallery - Archives Larbor. **P. 90** : Leemage. **P. 93 d m** : akg-images / British Library. **P. 97 b g** : Mathieu Menard / Hans Lucas. **P. 97 d m** : ph.x-DR. **P. 98, 211, 364 et 501** : Leemage.com. **P. 99 d** : ©Gusman/ Leemage. **P. 101 b g** : Collection Christophel © Nouvelles éditions de films Photo Etienne George. **P. 102** : BIS / Ph. T. Scott © Archives Larbor. **P. 103 d** : © Valletta Vittorio/AGF/Leemage. **P. 103 m** : © Bridgeman Images. **P. 106 h g, 292, 380, 440, 490, 502 et 510** : BIS / Ph. J.L. Charmet © Archives Larbor. **P. 106 b** : BIS / Ph. Jean-Loup Charmet © Archives Larbor. **P. 107 b** : akg-images. **P. 108 h** : COLLECTION CHRISTOPHEL © Groucho II Film Partnership / Silver Pictures. **P. 109 h et 3 h d** : AKG-Images. **P. 113 d m** : leemage.com. **P. 115 m** : ©Reza/Webistan. **P. 116 h g** : Costa /Leemage. **P. 117 d m** : Antoine Merlet/Hans Lucas. **P. 118 h** : © DeAgostini/Leemage. **P. 120 h** : Frederic REGLAIN/GAMMA. **P. 126 h** : © Olivier Roller / Divergence. **P. 128 h** : © Université d'Angers. **P. 129 h** : copyright de l'Institut Eric Weil. **P. 134 h g** : akg-images. **P. 135 g** : Art Media/Heritage Images/Coll. Christophel. **P. 137 m d** : Droits réservés. **P. 137 b d** : © Studio Lipnitzki/Roger-Viollet. **P. 139** : Bridgeman images. **P. 140 h** : © Rue des Archives/SPPS. **141 b** : Rue des Archives. **P. 142** : Collection Christophel © Cinetel/Silver Films/Enalpa Film. **P. 143 et p 4g** : Robert Doisneau/Rapho. **P. 146, 264 et 462** : BIS/ Ph.Jeanbor © Archives Bordas. **P. 149** : BIS/Ph.Coll.Archives Larbor. **P. 150** : Musée Carnavalet/Ville de Paris. **P. 152 h** : DR. **P. 152 b** : GETTY IMAGES France/Time Life Pictures/ Leonard McCombe. **P. 153 h** : BNF/Gallica. **P. 153 b** : WWW.herodote.net. **P. 156 et 504** : © Artis Library, University of Amsterdam. **P. 157** : BIS / Ph. Mas © Archives Larbor. **P. 158** : KHARBINE-TAPABOR. **P. 159** : AKG-Images. **P. 160** : © Mario Dondero/Leemage. **P. 162, 201, 508 et 544** : © Jerry BAUER/Opale/Leemage. **P. 163** : Le Procès 1962 réal : Orson Welles Anthony Perkins. Collection Christophel © Paris-Europa Productions. **P. 165** : BIS / Ph. Hubert Josse © Archives Larbor. **P. 167 h** : © Rue des Archives/Everett/CSU. **P. 167 b** : © The Granger Collection, New York / The Granger Collection. **P. 168 h** : La Prise de pouvoir par Louis XIV 1966 real Roberto Rossellini Jean Marie Patte.Christophe L Collection © ORTF. **P. 168 b** : Moi Daniel Blake 2016 Real Ken Loach. Collection Christophel © Les films du fleuve / Why not Productions / Wild bunch. **P. 169 reprise 4d** : AKG-Images. **P. 172, 218, 240, 334, 356 et 530** : BIS / Ph. Coll. Archives Larbor. **P. 175** : Image of the MMA, The Metropolitan Museum of Art/Dist RMN-Grand Palais. **P. 176** : REA/ © Jean-Paul Guilloteau/L'Express. **P. 181** : Photo Josse/Bridgeman Images. **P. 182** : © Jerry Bauer/Opale/Leemage. **P. 183** : Thierry Le Mage/RMN-Grand Palais © Adagp, Paris 2020. **P. 185** : © Ulf Andersen / Aurimages. **P. 186** : © Renelise, CC-BY-SA-4.0. **P. 187** : © Keystone Zurich/SSPS/Bridgeman Images. **P. 189** : Jean Bernard/Leemage © The Estate of Francis Bacon/All rights reserved/Adagp, Paris and DACS, London 2020. **P. 192** : © Despatin & Gabeli/Opale/Leemage. **P. 193** : Philippe Halsman/ Magnum Photos © Salvador Dalí, Fundació Gala-Salvador Dalí, Adagp, Paris 2020. **P. 194** : Selznick International Pictures, Vanguard Films/Coll. Christophe L. **P. 195 h et p.5 hg** : Collection Christophel © 20th Century Fox Home Entertainment. **P. 199 m d** : Coll. Jonas/KHARBINE-TAPABOR. © ADAGP, Paris, 2020. **P. 201** : BIS/Ph. Michel Didier © Archives Larbor. **P. 205 m** : KEYSTONE-FRANCE/GAMMA-RAPHO. **P. 210** : © De Agostini/Leemage. **P. 212** : BIS/ Ph.Scala © Archives Larbor. **P. 215 b** : d Nicolas MESSYASZ/Hans Lucas. **P. 217 b** : d Manuel Cohen/Aurimages ADAGP, Paris, 2020. **P. 219 b** : Photo12/Alamy/Hoberman Collection. **P. 220** : AURIMAGES/Ulf Andersen. **P. 223 b d** : © Frédéric Grimaud/Divergence. **P. 224 h** : Archipel 33/Entre Chien et Loup / BBQ_DFY / Aurimages. **P. 225 h et 5 h d** : COLLECTION CHRISTOPHEL © Playfilm Productions. **P. 228 h et 244** : © Rue des Archives/RDA. **P. 229 b** : © SPL - Science Photo Library/Ian Cuming/ Biosphoto. **P. 231 b g** : © United archives/leemage. **P. 232, 306 et 396** : EILA TERRY/SPL/COSMOS. **P. 233** : © Médiathèque communautaire de Moulins, Droits réservés. **P. 234 b** : Momnoï/ISTOCK. **P. 236** : BIS/ Ph. Coll. Archives Bordas. **P. 237 b** : © Tohier / Photomobile / Andia.fr. **P. 239** : © Peyo-2020-Licensed through I.M.P.S.(Bruxelles). **P. 241 b** : Lionel Fourneaux / Hans Lucas. **P. 242 b d** : © www.bridgemanart.com. **P. 243 m** : © Rue des Archives/Everett. **P. 249 b** : Kurita KAKU/GAMMA. **P. 250** : Ulf Andersen / Aurimages. **P. 253 h** : ©Helene BAMBERGER/Opale via Leemage. **P. 255 b** : © Serge COHEN/Opale via Leemage. **P. 257 m** : Leemage.com. **P. 258 h** : Ulf Andersen / Aurimages. **P. 259 b** : © DeAgostini/Leemage © ADAGP, Paris, 2020. **P. 260 b** : Collection Christophel © Lola Films / Noé Productions. **P. 261 reprise 6 g** : Franquin © Dupuis/Dargaud-Lombard, 2020. **P. 265** : Laurent Paillier/ Le Pictorium. **P. 266** : Akg-Images © Adagp, Paris 2020. **P. 269** : Beaux-Arts de Paris/Dist RMN-Grand Palais. **P. 273** : AKG-Images. **P. 274** : BIS/Archives Larbor. **P. 275** : Photo © Beaux-Arts de Paris, Dist. RMN-Grand Palais / image Beaux-arts de Paris © Droits réservés. **P. 276** : © Rémi Mathis, CC-BY-SA. **P. 277** : Jean-Luc de Laguarigue. **P. 281** : Nhet Sokheng/ECCC/AFP. **P. 283** : Photo Josse/Leemage. **P. 284** : © John Foley/Opale/Leemage. **P. 285** : Bridgeman Images. **P. 287** : Nero/The Kobal Coll./ Aurimages. **P. 291** : Franck Raux/RMN-Grand Palais. **P. 294** : Animal de Luz Films, Kinemascope Films-DR/Coll. Christophe L. **P. 295 h et 6 h d** : BIS/Ph. H. Josse © Archives Larbor. **P. 299 m d** : © imageBROKER/Norbert Probst/Biosphoto. **P. 300 h g** : Manuel Cohen / Epicureans. **P. 300 b** : © Pierre Huguet-Dubief/Biosphoto. **P. 301** : © Electa/Leemage. **P. 303 h** : akg-images / Erich Lessing. **P. 305 h g** : BIS/Ph. Coll. Archives Larbor. **P. 305 b d** : BIS / Ph. © Naturhitorisches museum, Wien - Archives Larbor. **P. 310 b** : collection christophel © Films Andre Paulvé. **P. 311 h g** : © Catherine Helie/ Gallimard via Opale. **P. 312 b g** : © Corentin Fohlen/Divergence. **P. 313 d** : AKG-Images. **P. 314 h g et 481** : ADOC-PHOTOS. **P. 314** : BIS/© Archives Larbor. **P. 315 b** : ©DeAgostini/Leemage. **P. 318 b d** : AKG-Images. **P. 319 b** : BIS/Ph. Coll.Archives Larbor. **P. 323 d** : La Documentation Française © DILA. **P. 323 h g** : UIG-GETTY. **P. 325 d** : AKG-Images. **P. 328 d** : ©Ravenna/Leemage. **P. 330 b** : COLLECTION CHRISTOPHEL © Paramount Vantage. **P. 331** : © Gift of M. Knoedler & Co.1898/The Metropoltan Museum of Art, New York. **P. 335** : © Duvallon / Leemage. **P. 336** : BIS/Ph. Eileen Tweedy © Archives Larbor. **P. 341** : © DPA/ Picture Alliance / Leemage. **. 344** : © Ulf Andersen/Aurimages. **P. 345** : © Photo12 /Alamy/Pictorial Press Ltd. **P. 347** : BIS/Ph. G. Dagli Orti © Archives LarborP. **P. 349** : © Granger Coll. NY/Aurimages. **P. 353** : BIS © Archives Larbor. **P. 355** : © Cameraphoto/ akg-images. **P. 357** : © MoreVector/Shutterstock. **P. 359** : © Coll. Dagli Orti/Musée National Anthropologique, Mexique/Gianni Dagli Orti/Aurimages. **P. 360** : © United Artists / Fantasy Films/The Kobal Collection/Aurimages. **P. 361 et 7 d** : image musée du quai Branly - Jacques Chirac/RMN. **P. 367** : © Jean-Louis Nou/akg-images. **P. 368** : TORREGANO Jacques/Divergence. **P. 369** : © Collection KHARBINE-TAPABOR. **P. 370** : AKG-Images:Bildarchiv. **P. 371** : © Pascal Victor/ ArtComPress via Leemage. **P. 372** : Leemage/Raffael. **P. 374** : BIS / Ph. © Archives Nathan. **P. 377 b** : AKG-Images. **P. 379** : © Artothek/LA COLLECTION/Adagp, Paris 2020. **P. 381** : © Christie's/ Artothek/LA COLLECTION. **P. 383** : Musée Carvalet/photo PARIS MUSÉES. **P. 385** : AKG-Images/ © Man Ray 2015 Trust/Adagp, Paris 2020. **P. 386** : © Marcello Mencarini/Leemage. **P. 388** : CHAUMEIL Marc/Divergence. **P. 390** : Procès de Jeanne d'Arc 1962 real Robert Bresson Florence Delay Collection Christophel © Agnes Delahaie Productions. **P. 391 reprise 8 g** : Dagli-Orti/ DeAgostini/Leemage. **P. 397 g** : Michael Sardo/Shutterstock. **P. 397 d** : Filadendron/iStock. **P. 397 m d** : Tony Mills/Shutterstock. **P. 397 m** : Gudkov Andrey/Shutterstock. **P. 397 m g** : Photoshoot/ Shutterstock. **P. 398, 412 et 414** : BIS / Ph. © Fondation Mérieux, Lyon - Archives Larbor. **P. 400, 420 et 431 h** : © Coll. Bourgeron/Bridgeman Images/Leemage. **P. 401 h** : Photo Josse/Leemage. **P. 402 b reprise 551 g** : The Granger Coll. New York/Christophe L. **P. 402** : AURIMAGES /© Ulf Andersen. **P. 403** : Imagno/La Collection. **P. 405** : Jean-Paul Dumontier/La Collection. **P. 407** : History & Art Coll./ Alamy/Photo12. **P. 409** : SPL. **P. 410** : BIS/Ph. Jeanbor © Coll. Archives Larbor. **P. 411** : Paulo de Oliveira/Biosphoto. **P. 413 g** : The Wellcome Library, CC-BY-SA-4.0. **P. 413 d** : K. H. Fung/SPL. **P. 415** : The New York Society Historical Society/Getty. **P. 416** : BRIDGEMAN IMAGES. **P. 419** : Luc Joubert/Archives Larbor © Salvador Dalí, Fundació Gala-Salvador Dalí, Adagp, Paris 2020. **P. 422** : Veneranda Biblioteca Ambrosiana/Mondadori/Leemage. **P. 423 b** : This is That Productions/Y Productions/Coll. Christophe L. **P. 423 et 528** : BIS / Ph. H. Josse © Archives Larbor. **P. 424 h** : Atacama Production/Coll. Christophe L. **P. 424 b** : Atacama Production/Coll. Christophe L. **P. 425** : Metro Goldwyn Mayer/Coll. Christophe L. **P. 429** : Patrick Aventurier/Gamma-Rapho. **P. 431 b** : Oxford Scientific Archive/Heritage Images/Christophe L. **P. 432 et 455** : © Studio Harcourt, Ministère de la Culture, Médiathèque de l'Architecture et du Patrimoine/Dist RMN-Grand Palais. **P. 433 h** : Franck Raux/RMN-Grand Palais. **P. 433 b** : Peter Hirth/Laif/Réa. **P. 436** : © SSPS/BRIDGEMAN IMAGES. **P. 437** : The Estate of Alberto Giacometti, Fondation Giacometti, Paris/Bridgeman Images © Succession Alberto Giacometti (Fondation Alberto et Annette Giacometti, Paris + Adagp, Paris) 2020. **P. 438** : ROGER-VIOLLET. **P. 439** : Malcom Varon, The Metropolitan Museum of Art/Dist RMN-Grand Palais. **P. 441** : Jean-Philippe Breleur © Adagp, Paris 2020. **P. 442 g** : Jean-Paul Dumontier/La Collection. **P. 442 d** : Tristan Lafranchis/Akg-Images. **P. 443 h** : Science Source/Akg-Images. **P. 443 b** : Animals Animals/Hémis.fr. **P. 445** : Franquin © Dupuis/Dargaud-Lombard, 2020. **P. 447 g** : Michael Teller/Akg-Images. **P. 447 d** : Arturo Gonzales Producciones Cinematograficas, Produzioni Europee Associati/Coll. Christophe L. **P. 448 et 536** : © Houghton Library, Harvard University. **P. 449** : © Hannah Assouline/Opale/Leemage. **P. 449 b** : Rick Maulana/Nurphoto/AFP. **P. 452** : Dominique Berretty/Gamma-Rapho. **P. 453 b** : James Silverman/The New York Times-Redux/ Réa. **P. 453** : Droits Réservés. **P. 454** : Google. **P. 454 b** : Lucas Film, Walt Disney/Coll. Christophe L. **P. 456** : International Cinema Corporation, Cine Trail/Coll. Christophe L. **P. 457 reprise 9 g** : Heritage Images/Fine Art Images/Akg-Images. **P. 461** : The National Gallery, London/Akg-Images. **P. 463** : Bridgeman Images/Leemage. **P. 464** : © Maurice Rougemont/Opale/Leemage. **P. 465** : Raffael/ Leemage. **P. 467** : RKO Radio Pictures/Coll. Christophe L. **P. 468** : © Gelug Lineage, CC-BY-SA. **P. 469** : AKG-Images. **P. 470** : © Anne Lise Volmer, CC-BY-SA-4.0. **P. 471** : BIS / Ph. Coll. Archives Larbor. **P. 471** : BIS/Ph. G.Tomish © Archives Larbor. **P. 471** : René-Gabriel Ojeda/RMN-Grand Palais. **P. 475** : A. De Gregorio/De Agostini/Akg-Images. **P. 481** : Tane-Mahuta/iStock. **P. 484** : Eric Caro/ Gemini Fils/Photo12. **P. 485 reprise 9 d** : Archives Larbor. **P. 488** : Droits Réservés. **P. 489** : Archives Charmet/Bridgeman Images. **P. 491** : © DPA/Picture Alliance/Leemage. **P. 493** : Archives Alinari, Florence/Dist. RMN-Grand Palais. **P. 495** : AKG-Images. **P. 496** : © Protonk, CC-BY-SA-2.0. **P. 497** : Andrea Pistolesi/Hemis.fr. **P. 505** : DeAgostini/Leemage. **P. 507** : SSPL/Getty. **P. 509** : AKG-Images. **P. 511** : Archives Larbor. **P. 513** : UIG/Getty. **P. 514** : © Sophie Bassouls/Leemage. **P. 516** : Jour2fête, Mille et Une Production, Fakir/Coll. Christophe L. **P. 517 reprise 10 g** : Heritage Images/Fine Art Images/Christophe L. **P. 522** : A. Dagli Orti/De Agostini/Akg-Images. **P. 525** : CM/Dixon/Heritage Images/Akg Images. **P. 529 b** : RMN-Grand Palais. **P. 531** : The British Museum/Coll. Archives Larbor. **P. 532** : Droits Réservés. **P. 532** : Erich Lessing/Akg-Images. **P. 533** : Peter Horree/Alamy/Photo12. **P. 537** : The Granger Coll./Christophe L. **P. 541** : image BNF/BNF/Dist. RMN-Grand Palais. **P. 543** : AKG-Images. **P. 546** : Filmsonor/Coll. Christophe L. **P. 547** : Christian Irrgang/Focus/Cosmos **P. 548 h g** : Collection CHRISTOPHEL © Svensk Filmindustri. **P. 548 b g** : Collection Christophel © Les films du fleuve/Why not Productions / Wild. **P. 548 m d** : BIS / Ph. Coll. Archives Larbor. **P. 549 h g** : Collection Christophel © Double D Copyright Films. **P. 549 b g** : Photo Credit : Weinstein Company/ Studiocanal/The Kobal Collection/English, Jack/Aurimages. **P. 549 m d** : COLLECTION CHRISTOPHEL © Cruise Wagner Productions / Blue Tulip Productions. **P. 550 m g et 10 b d** : Collection Christophel © Les films du Carosse photo Pierre Zucca. **P. 550 m d** : COLLECTION CHRISTOPHEL © Paramount Pictures / Scott Rudin Productions. **P. 551 m** : Collection Christophel © France 2 Cinéma/MISR International Films/Ognon Pictures.

Crédits des textes

P. 20-21, P. 34-35, P. 308-309 et P. 562 : © Aubier, Flammarion, trad. S. Jankélévitch, 1995, 1997. **P. 21 b d** : © Arthème, Fayard, 2006. **P. 22-23** : © Le Livre de Poche, trad. M. Magnien, 2002. **P. 28** : © Gallimard, « Folio », trad. Ph. Lacoue-Labarthe, 1994. **P. 29** : © Gallimard, 1980. **P. 31 d** : © Éditions du CNRS, 2010. **P. 31 g et P. 346** : © Pocket, un département d'Univers poche, pour la présente édition, trad. K. Papaioannou, 1965. **P. 33, P. 42 et P. 302-303** : © Vrin, trad. A. Philonenko, 1965. **P. 37** : © Gallimard, 1948. **P. 38 et P. 287** : © Minuit, 1985. **P. 44** : © Denoël, 1952. **P. 50-51, P. 214, P. 282-283, P. 476** : © Vrin, trad. J. Tricot, 1959. **P. 45** : © Grasset, trad. L. Leclanché reprise par V. Gerard-Powell, 2007. **P. 52** : © Gallimard, trad. E. Bréhier, 1962. **P. 56, P. 573** : © Gallimard, 1925. **P. 64 h** : © Vrin, trad. E. Gilson, 1998. **P. 64 b** : © Éditions du Seuil, M. Milner pour la trad. française, 1951. **P. 65** : © P.U.F., trad. P. Cotet, R. Laîné, J. Stute-Cardiot, 1994. **P. 68 et P. 116-117** : © P.U.F., trad. C. Audard, P. Thierry, 1998. **P. 74 b** : © Flammarion, 2009. **P. 74 h et P. 212** : © P.U.F., trad. M. Conche, 1987. **P. 82** : © Gallimard, 1947. **P. 84** : © Gallimard, 1944. **P. 85** : © P.U.F., 2004. **P. 86** : © Vrin, trad. M. Foucault, 1964. **P. 87 h** : © Éditions du Seuil, « Points Essais », 1998 pour la trad. française de E. Balibar. **P. 89** : © 1966, Gallimard-Seuil, « Points Essais », 2014. **P. 90-91** : © P.U.F., trad. M. de Launay, 1994. **P. 92-93, P. 272-273, P. 288-289 h, P. 320, P. 434 et P. 480** : © Gallimard, 1943. **P. 94** : © Minuit, 1969. **P. 95** : © Flammarion, trad. L. Brisson, 2005. **P. 100 et P. 180** : © Payot, trad. A. Bourguignon, P. Cotet, A. Cherki, 1922. **P. 102-103** : © Flammarion, trad. P. Baranger, P. Saltel, 1995. **P. 104** : © Gallimard, trad. G. Bianquis, 1935. **P. 106, P. 380, P. 490 b et P. 502-503** : © Gallimard, « Folio », trad. M. Rubel, 1982. **P. 112, P. 122 et P. 132 h** : © Flammarion, trad. A. Renaut, 1994. **P. 113 h** : © Flammarion, trad. J.-P. Fussler, 2003. **P. 113 b et P. 505 b** : © Éditions du Cerf-Éditions Fleurus, 2001. **P. 118-119** : © Gallimard, trad. É. Bréhier, 1962. **P. 120-121** : © Éditions du Seuil, « Points Essais », 2009, 1987 pour la trad. française de C. Aubard. **P. 123** : © Éditions du Seuil, « Points Essais », 2000. **P. 124-125** : © Le Livre de Poche, trad. L. Langlois, 1997. **P. 126** : © Gallimard, 2007. **P. 127 g** : © Gallimard, « Folio », trad. L. Lenglet, à partir de la trad. de Ch. B. Dupont-White, 1990. **P. 127 d** : © Le Monde-AFP, 2019. **P. 128** : © Raison publique, 2017. **P. 129** : © Vrin, 1961. **P. 130-131** : © Gallimard, 1946. **P. 132 b** : © Le Monde, 1957. **P. 134** : © Éditions de l'Herne, trad. S. Rochefort-Guillouet, A. Suberchicot, 1994. **P. 135 d** : © Gallimard, « Folio », trad. P. Mazon, 1947. **P. 135 g, P. 290 et P. 492-493** : © P.U.F., trad. J.-F. Spitz, C. Lazzeri, 1994. **P. 136-137 et P. 151** : © P.U.F., trad. J.-F. Kervégan, 1998. **P. 138, P. 404-405, P. 469, P. 513 b et P. 538** : © Gallimard, « Folio », trad. P. Klossowski, 1939. **P. 139, P. 353** : © Flammarion, trad. G. Bianquis, 2006. **P. 140 et P. 167** : © Droit Réservés, trad. A. Guérin, M. Leibovici, 1966. **P. 146-147, P. 203 et P. 326-328** : © Dalloz, trad. F. Tricaud, 1971. **P. 152 et P. 512-513 h** : © Minuit, 1974. **P. 155** : © Les Belles Lettres, trad. J. Aubonnet, 1971. **P. 156-157** : © La Découverte, trad. C. Colliot-Thélène, 2003. **P. 158** : © P.U.F., trad. J.-L. Fournel, J.-C. Zancarini, 2000. **P. 160** : © Éditions Sociales, 1976. **P. 162 b** : © Gallimard, 1976. **P. 162 h** : © Gallimard-Le Seuil, 2004. **P. 163** : © Flammarion, trad. B. Lortholary, 1983. **P. 166** : © Vrin, trad. J. Gibelin, 1970. **P. 176** : © Odile Jacob, 2014. **P. 178-179 et P. 191** : © Payot, trad. S. Jankélévitch mod., 2001. **P. 179 d** : © P.U.F., trad. D. Berger et J. Laplanche, 1969. **P. 179 g** : © Fayard, 1988. **P. 182** : © Éditions du Seuil, « Points Essais », 1990. **P. 184** : © P.U.F., 1949. **P. 185** : © Éditions du Seuil, 1997. **P. 186** : © Les Arènes, 2005. **P. 187 h** : © Payot, 1985. **P. 187 b** : © Gallimard, trad. J. Fauve, 1971. **P. 188** : © Gallimard, 1916. **P. 190** : © Payot, trad. O. Mannoni, 2013. **P. 192** : © Flammarion, 2001. **P. 196 et P. 473** : © Fayard, 1959. **P. 201** : © Gallimard, 1979. **P. 204** : © Gallimard, « Folio », trad. I. Hildenbrand, J. Gratien, 1966. **P. 210** : © Gallimard, trad. D. Delattre, J.-L. Poirier, 1988. **P. 213** : © Actes Sud, trad. A. Markovicz, 1996. **P. 215** : © P.U.F., 1979. **P. 218 et P. 356** : © Hatier, trad. P. Schrecker, 1954. **P. 220** : © Fayard, 1982. **P. 222** : © Bordas, trad. J.-M. Muglioni, 1981. **P. 223 b** : © Libella, 2019. **P. 228-229 et P. 244-245** : © Gallimard, 1966. **P. 232-233, P. 306 et P. 396** : © Les Belles Lettres, trad. A. Ernoult, 1994. **P. 234** : © Odile Jacob, trad. M.-F. Desjeux, 1999. **P. 238 b** : © Gallimard, 1951. **P. 238 h** : © Éditions du Seuil, 1971, « Point Essais », 2016. **P. 246-247 h** : © Classiques Garnier, trad. E. Chambry, 1939. **P. 247 b** : © Éditions Desclée de Brouwer, 1974, pour la traduction française d'A. Chouraqui. **P. 248** : © Gallimard, trad. C. Heim, 1999. **P. 249 et P. 483** : © P.U.F., 1982. **P. 250-251 h** : © Bayard, 2004. **P. 251 b** : © Éditions du Seuil, « Points Essais », 2000 pour la trad. française de D. Thouard. **P. 252-253** : © Classiques Garnier, trad. E. Chambry, 1936. **P. 253** : © Gallimard, 1947. **P. 254** : © Minuit, 1993. **P. 255** : © Gallimard, 1997. **P. 256** : © Plon, 1955. **P. 258** : © Éditions du Seuil, 1981. **P. 259** : © Gallimard, 1994. **P. 264-265** : © Gallimard, trad. G. Mairet, 2000. **P. 267** : © La Lettre du Collège de France, 2010. **P. 274** : © Vrin, trad. R. Muller, 2015. **P. 284-285** : © Éditions de l'Éclat, trad. C. Pichevin, 1994. **P. 289 b** : © Gallimard, 1964. **P. 291 m** : © Éditions du Seuil, 1950. **P. 291 h et P. 376** : © Vrin, trad. J. Gibelin revue par M. Naar, 1982. **P. 293** : © Fayard, 1999. **P. 310** : © Gallimard, 1983. **P. 311-312 h** : © L'Humanité, 2012. **P. 312 d** : © Gallimard, 1958. **P. 313** : © La Découverte, trad. M. Wiznitzer, 2001. **P. 314** : © Gallimard, 1945. **P. 315 et P. 455** : © Albin Michel, 1964. **P. 323 et P. 506** : © Vrin, trad. A. Philonenko, 1967. **P. 341 h** : © Minuit, trad. M. Wittig, 1968. **P. 341 b** : © Gallimard-Le Seuil, 1995. **P. 342-343** : © Galimard, « Folio », 1973. **P. 344-345, P. 412** : © Gallimard, 1970. **P. 350** : © Gallimard, 1938. **P. 355** : © Flammarion, trad. H. Plard, 1946. **P. 368** : © Grasset, 1972. **P. 370** : © Éditions du Cerf, trad. M. B. de Launay, C. Prompsy, 1990. **P. 371 b** : © Hazan, 1948. **P. 371 h** : © Labor et Fides, 1984. **P. 372-373 h** : © Flammarion, trad. M. Geoffroy, 1996. **P. 373 b** : © Fleurus, trad. V. Aubin, C. Michon, D. Moreau, 1993. **P. 378** : © P.U.F., trad. A. Balseinte, J.-G. Delarbre, D. Hartmann, 1995. **P. 377** : © Flammarion, trad. E. Blondel, 1994. **P. 379** : © Gallimard, trad. D. Messier, 2012. **P. 381 et P. 504-505 h** : © Plon, trad. J. Chavy, 1964. **P. 386-387 h** : © Gallimard, 1945. **P. 387 b** : © Le Point, 13 janvier 1996. **P. 388-389 h** : © Dalloz, 2005. **P. 389 b** : © Libération, 2015. **P. 397** : © P.U.F., trad. M. Conche, 1987. **P. 400** : © Vrin, 1938. **P. 402 et P. 411 b** : © Fayard, 1981. **P. 403** : © Christian Bourgois, 1986. **P. 406-407** : © Vrin, trad. J. Tricot, 1939. **P. 408** : © Classiques Garnier, trad. J. Brunschwig, 1963. **P. 411 h** : © Gallimard, 1970. **P. 415 b** : © Droits Réservés, trad. G. Charpy, M. Saint-Upery, 1999. **P. 416** : © Fondation Jakobson-Minuit, trad. J.-P. Boons, R. Zygouris, 1969. **P. 418** : © Gallimard, trad. M. Bonaparte, 1928. **P. 420** : © Gallimard, 1938. **P. 428** : © Les Belles Lettres, trad. P. Louis, 1957. **P. 431** : © P.U.F., 1949. **P. 432-433** : © Albin Michel, 1971. **P. 435** : © Gallimard, 2012. **P. 436** : © Droits réservés, trad. F. Vézin, 1986. **P. 443** : © Albin Michel, 1945. **P. 444-445** : © Plon, 1962. **P. 448 et P. 536** : © Flammarion, trad. E. le Brun, 2011. **P. 449** : © La Découverte, 2015. **P. 452** : © Éditions du Seuil, 1957, « Point Essais », 2014. **P. 453** : © Aubier, Flammarion, 2012. **P. 454** : © Odile Jacob, 2019. **P. 464** : © Aubier, Flammarion, 1982, 2019. **P. 465** : © 1971, Éditions du Seuil, « Point Histoire », 2015. **P. 468 h** : © Padmakara, trad. K. Rinpoché, 2007. **P. 468 b** : © Gallimard, trad. B. Bugault, 2002. **P. 470** : © Flammarion, 1953. **P. 471** : © trad. C. Jambet, 2008, Hermann, www.editions-hermann.fr. **P. 474** : © Aubier, Flammarion, trad. J. Hyppolite, 1978. **P. 477 et P. 522** : © Vrin, trad. J. Tricot, 1933. **P. 479 h** : © Guillaume Pigeard de Gurbert, 2020. **P. 479 b** : © Flammarion, trad. H. Parisot, 1968. **P. 481** : © Gallimard, 1945. **P. 488-489 h** : © Gallimard, 1947. **P. 489 b** : © Avec l'aimable autorisation de Flammarion. **P. 490 h** : © P.U.F., trad. coll. dir. par J.-P. Lefèbvre, 2014. **P. 491** : © Suhrkamp-Minuit, trad. G. Billy, D. Bresson, J.-B. Grasset, 1970. **P. 497** : © Minuit, 1966. **P. 497** : © Éditions du Seuil, 1997. **P. 498-499** : © Flammarion, trad. G. Leroux, 2004, 2016. **P. 508** : © Gallimard, 1975. **P. 509** : © Gallimard, « Folio », trad. J. Hervier, 1989. **P. 510** : © Gallimard, trad. L. Évrard, M. Jacob, J. Malaquais et *al.*, 1968. **P. 511** : © Éditions Sociales, trad. M. Husson, G. Badia, 1972. **P. 514** : © Sandre, 1974. **P. 522** : © Éditions du Cerf, trad. A.-D. Sertillanges, 1926. **P. 527** : © P.U.F., 1984. **P. 532** : © P.U.F., 1984. **P. 533** : © Gallimard, 1955. **P. 535** : © AOC (Analyse, Opinion, Critique), www.aoc.media, 20 juin 2019. **P. 537** : Avec l'aimable autorisation de Flammarion. **P. 539-540** : © Actes Sud, trad. N. Gascuel, 1997. **P. 541** : © Albin Michel, trad. J. Levi, 2018. **P. 542** : © Flammarion, trad. E. Chambry, 1967. **P. 543** : © Gallimard, trad. B. Cassin, 1995. **P. 544** : © Gallimard, 1971. **P. 545** : © Gallimard-Le Seuil, 1997. **P. 570** : © P.U.F., trad. J. Laplanche, J.-B. Pontalis, 1940.

Achevé d'imprimer en Avril 2020 par Bona SpA en Italie
Dépôt légal: Mai 2020 - N° d'éditeur: 10259061 - 10260224